本書

獲國家古籍整理出版專項經費、「古文字與中華文明傳承

發展工程」資助

係國家社科基金重大項目「中國古代石刻文獻著錄總目」

（19ZDA288）階段性成果

中國古代石刻研究叢書

王連龍　主編

日本藏中國古代石刻拓本著録輯目

（下）

王連龍　編撰

社會科學文獻出版社

目 録

唐（618—690）

[武德]

2391 蘇玉華墓誌　唐武德二年（619）五月二
十五日／1

2392 黃葉和尚墓誌　唐武德三年（620）九月
四日／1

2393 秦王告少林寺教碑　唐武德四年（621）
四月／1

2394 李公太夫人張氏墓誌　唐武德五年
（622）十二月二十日／1

2395 觀音寺碣　唐武德五年（622）／2

2396 庫狄真相墓誌　唐武德六年（623）六月
五日／2

2397 李月相墓誌　唐武德八年（625）十二月
二十五日／2

2398 宗聖觀記碑　唐武德九年（626）二月十
五日／2

2399 孔子廟堂碑　唐武德九年（626）十二月
二十九日／2

[貞觀]

2400 蘭亭記　唐貞觀二年（628）二月二日／3

2401 段君夫人張女羨墓誌　唐貞觀二年
（628）十一月七日／4

2402 胡永墓誌　唐貞觀二年（628）十一月三
十日／4

2403 郭通墓誌　唐貞觀二年（628）十一月三
十日／4

2404 譚伍墓誌　唐貞觀三年（629）六月二十
五日／4

2405 李武就造像記　唐貞觀四年（630）六月
三十日／4

2406 昭仁寺碑　唐貞觀四年（630）十一月
／4

2407 房彥謙碑　唐貞觀五年（631）三月二日
／5

2408 劉節墓誌　唐貞觀五年（631）七月十五
日／6

2409 化度寺碑　唐貞觀五年（631）十一月二
十二日／6

2410 涅槃經題刻　唐貞觀五年（631）／6

2411 九成宮醴泉銘　唐貞觀六年（632）四月
十六日／7

2412 戚纂妻趙氏墓誌　唐貞觀六年（632）五
月／8

2413 大法師行記　唐貞觀六年（632）八月二
十日／8

2414 靈裕法師墓塔銘　唐貞觀六年（632）八
月／8

2415 張叡墓誌　唐貞觀七年（633）二月一日
／8

2416 賈通墓誌　唐貞觀七年（633）六月十四
日／8

2417　張明墓誌　唐貞觀七年（633）七月二十四日／8

2418　韓遠墓誌　唐貞觀七年（633）十月二十八日／9

2419　張岳墓誌　唐貞觀八年（634）三月四日／9

2420　邢弁墓誌　唐貞觀八年（634）三月二十二日／9

2421　宇文英刻石　唐貞觀八年（634）十二月一日／9

2422　般若波羅蜜經殘石并刻經記殘石　唐貞觀八年（634）□月十五日／9

2423　敖倉粟窖刻字　唐貞觀八年（634）／9

2424　静琬造像記　唐貞觀八年（634）／10

2425　汝南公主墓誌　唐貞觀十年（636）十一月十六日／10

2426　王護墓誌　唐貞觀十一年（637）二月二十九日／10

2427　竇娘子墓誌　唐貞觀十一年（637）二月二十九日／10

2428　羅君副墓誌　唐貞觀十一年（637）七月八日／10

2429　裴鏡民碑　唐貞觀十一年（637）十月二十一日／11

2430　徐師暮墓誌　唐貞觀十一年（637）十月二十二日／11

2431　温彦博碑　唐貞觀十一年（637）十月／11

2432　唐遜夫人柳婆歸墓誌　唐貞觀十二年（638）閏二月二十七日／12

2433　堪法師灰身塔記　唐貞觀十二年（638）四月八日／12

2434　明相總持□造像記　唐貞觀十二年（638）□月二十六日／12

2435　張琼碑　唐貞觀十三年（639）二月十一日／13

2436　僧順禪師舍利塔銘　唐貞觀十三年（639）二月二十三日／13

2437　濟瀆等字碑　唐貞觀十三年（639）／13

2438　王吉祥造像記　唐貞觀十三年（639）／13

2439　馬周造像記　唐貞觀十三年（639）／13

2440　張君夫人秦詳兒墓誌　唐貞觀十四年（640）正月十七日／14

2441　楊恭仁墓誌　唐貞觀十四年（640）三月十二日／14

2442　唐太宗屏風書　唐貞觀十四年（640）四月二十二日作。／14

2443　僧順禪師散身塔記　唐貞觀十四年（640）五月二十三日／14

2444　姜行本紀功碑　唐貞觀十四年（640）六月二十五日／14

2445　魏君夫人雷氏墓誌　唐貞觀十四年（640）十一月三日／15

2446　孟保同墓誌　唐貞觀十四年（640）十一月九日／15

2447　于孝顯碑　唐貞觀十四年（640）十一月十日／15

2448　慧静法師經塔銘　唐貞觀十五年（641）四月二十三日／15

2449　薄氏墓誌　唐貞觀十五年（641）五月二十五日／16

2450　梁凝達墓誌　唐貞觀十五年（641）九月十五日／16

2451　李英墓誌　唐貞觀十五年（641）十月五日／16

2452　侯君夫人劉氏墓誌　唐貞觀十五年（641）十月九日／16

2453　伊闕佛龕碑　唐貞觀十五年（641）十一月／17

2454　杜榮墓誌　唐貞觀十五年（641）十二月十五日／17

2455　孟法師碑　唐貞觀十六年（642）五月 / 18

2456　劉粲墓誌　唐貞觀十六年（642）六月二十五日 / 18

2457　昆沙妻楊玉姿墓誌　唐貞觀十六年（642）七月二十日 / 18

2458　蔡季亮造像記　唐貞觀十六年（642）八月七日 / 18

2459　大智迴論師灰身塔　唐貞觀十六年（642）十月十日 / 18

2460　劉政墓誌　唐貞觀十六年（642）十一月二十日 / 18

2461　段志玄碑　唐貞觀十六年（642）□月十八日 / 19

2462　姚孝寬墓誌　唐貞觀十七年（643）十月二十七日 / 19

2463　陸讓碑　唐貞觀十七年（643）十一月二十六日 / 19

2464　虞信墓誌　唐貞觀十八年（644）二月十六日 / 20

2465　大智□律師灰身塔記　唐貞觀十八年（644）四月十二日 / 20

2466　霍恭墓誌　唐貞觀十八年（644）七月十一日 / 20

2467　張鍾葵墓誌　唐貞觀十八年（644）十月九日 / 20

2468　法師俗姓崔舍利塔記銘　唐貞觀十八年（644）十月十五日 / 20

2469　清信女大申優婆夷灰身塔記　唐貞觀十九年（645）二月八日 / 20

2470　霍漢墓誌　唐貞觀十九年（645）六月二十五日 / 21

2471　王君愕墓誌　唐貞觀十九年（645）十月十四日 / 21

2472　大雲法師灰身塔記　唐貞觀十九年（645）十二月 / 21

2473　晋祠銘　唐貞觀二十年（646）正月二十六日 / 21

2474　宋君夫人班氏墓誌　唐貞觀二十年（646）二月二十七日 / 22

2475　張世祖造像記　唐貞觀二十年（646）三月二日 / 22

2476　尼静感禪師灰身塔記　唐貞觀二十年（646）三月二十一日 / 22

2477　大海雲法師灰身塔記　唐貞觀二十年（646）四月八日 / 23

2478　楊德墓誌　唐貞觀二十年（646）四月二十四日 / 23

2479　張君夫人齊氏墓誌　唐貞觀二十年（646）五月十一日 / 23

2480　李護墓誌　唐貞觀二十年（646）六月一日 / 23

2481　張鍾葵墓誌　唐貞觀二十年（646）十月九日 / 24

2482　傅叔墓誌　唐貞觀二十年（646）十月十四日 / 24

2483　孫佰悦灰身塔記　唐貞觀二十年（646）十月十五日 / 24

2484　段師墓誌　唐貞觀二十年（646）十一月二日 / 24

2485　薛蹟墓誌　唐貞觀二十年（646）十二月十四日 / 24

2486　大明歡律師支提塔記德頌　唐貞觀二十年（646） / 25

2487　張優婆夷姊妹灰身塔記　唐貞觀二十一年（647）二月十五日 / 25

2488　元質墓誌　唐貞觀二十一年（647）四月六日 / 25

2489　田弘道造像記　唐貞觀二十一年（647）四月七日 / 25

2490　慧休法師刻石記德文　唐貞觀二十一年（647）四月八日 / 25

2491　萬德墓誌　唐貞觀二十一年（647）六月五日／25

2492　孔長寧墓誌　唐貞觀二十一年（647）八月二十八日／26

2493　張育墓誌　唐貞觀二十二年（648）二月二十一日／26

2494　徐純墓誌　唐貞觀二十二年（648）二月／26

2495　文安縣主墓誌　唐貞觀二十二年（648）三月二十二日／26

2496　思順坊老幼造彌勒像碑　唐貞觀二十二年（648）四月八日／26

2497　尼圓藏灰身塔記　唐貞觀二十二年（648）四月八日／27

2498　張行滿墓誌　唐貞觀二十二年（648）四月二十三日／27

2499　丘蘊墓誌　唐貞觀二十二年（648）六月二十三日／27

2500　智海法師灰身塔記　唐貞觀二十二年（648）七月八日／27

2501　張通墓誌　唐貞觀二十二年（648）七月二十七日／28

2502　孔穎達碑　唐貞觀二十二年（648）九月／28

2503　簫造像記　唐貞觀二十二年（648）／29

2504　關英墓誌　唐貞觀二十三年（649）三月十一日／29

2505　楊昭墓誌　唐貞觀二十三年（649）三月十七日／29

2506　劉君夫人楊成其墓誌　唐貞觀二十三年（649）六月十八日／29

2507　李良墓誌　唐貞觀二十三年（649）七月十八日／29

2508　唐太宗哀册　唐貞觀二十三年（649）八月／30

2509　王文驚夫人趙氏墓誌　唐貞觀二十三年（649）九月四日／30

2510　善行法師灰身塔記　唐貞觀二十三年（649）□月八日／30

2511　裴藝碑　唐貞觀二十三年（649）／30

[永徽]

2512　朱玉造像記　唐永徽元年（650）正月二十三日／31

2513　粟優婆夷灰身塔記　唐永徽元年（650）二月八日／31

2514　益州學館廟堂記　唐永徽元年（650）二月三十日／31

2515　智傅造像記　唐永徽元年（650）四月八日／31

2516　智旭造像記　唐永徽元年（650）六月／31

2517　豆盧寬碑　唐永徽元年（650）六月／31

2518　樊興碑　唐永徽元年（650）七月九日／32

2519　劉造像記　唐永徽元年（650）十月一日／32

2520　張藥墓誌　唐永徽元年（650）十一月一日／32

2521　大法珎法師灰身塔記　唐永徽元年（650）十二月八日／32

2522　王年造像記　唐永徽元年（650）／33

2523　王師德等造像記　唐永徽元年（650）／33

2524　潘卿墓誌　唐永徽二年（651）正月二十七日／33

2525　道雲法師灰身塔記　唐永徽二年（651）四月八日／33

2526　王寶英妻張氏觀世音造像記　唐永徽二年（651）四月八日／33

2527　牛進達墓誌　唐永徽二年（651）四月十日／33

2528　郝榮墓誌　唐永徽二年（651）四月二十一日／34

2529　王造像記　唐永徽二年（651）六月五日／34

2530　高士廉碑　唐永徽二年（651）六月／34

2531　蕭勝墓誌　唐永徽二年（651）八月二十日／34

2532　段簡璧墓誌　唐永徽二年（651）八月二十三日／35

2533　孫遷墓誌　唐永徽二年（651）九月六日／35

2534　楊藝墓誌　唐永徽二年（651）九月十六日／35

2535　樊慶造像記　唐永徽二年（651）九月三十日／35

2536　隨清娛墓誌　唐永徽二年（651）九月／35

2537　大智禪師灰身塔記　唐永徽二年（651）十月八日／36

2538　韓造像記　唐永徽二年（651）十月／36

2539　李神符碑　唐永徽二年（651）十月／36

2540　右衞府長史等造像記　唐永徽二年（651）十一月十二日／36

2541　王貴和造像記　唐永徽二年（651）／36

2542　王君墓誌　唐永徽二年（651）／36

2543　房仁裕母李氏神道碑　唐永徽三年（652）二月十五日／37

2544　張善同造像記　唐永徽三年（652）三月一日／37

2545　造觀音菩薩像記　唐永徽三年（652）三月八日／37

2546　楊行□妻王造像記　唐永徽三年（652）四月七日／37

2547　王寶英妻張造像記　唐永徽三年（652）四月八日／37

2548　趙善勝造像記　唐永徽三年（652）八月二十七日／37

2549　趙安墓誌　唐永徽三年（652）十月十三日／38

2550　魏怡墓誌　唐永徽三年（652）十月二十五日／38

2551　段會墓誌　唐永徽三年（652）十一月七日／38

2552　斛斯君夫人索氏墓誌　唐永徽三年（652）十一月二十九日／38

2553　李君政造像記　唐永徽三年（652）十二月九日／38

2554　大慈恩寺大雁塔門　唐永徽三年（652）／38

2555　左文福造像記　唐永徽四年（653）正月二日／39

2556　張洛墓誌　唐永徽四年（653）正月二十一日／39

2557　劉裕墓誌　唐永徽四年（653）二月二十日／39

2558　張逸墓誌　唐永徽四年（653）三月二十一日／39

2559　造觀音菩薩像記　唐永徽四年（653）三月／39

2560　王倫妻陳造像記　唐永徽四年（653）三月／40

2561　爲妻陳母□息□造像記　唐永徽四年（653）三月／40

2562　顔人墓誌　唐永徽四年（653）三月十日／40

2563　許思言造像記　唐永徽四年（653）四月八日／40

2564　朱造像記　唐永徽四年（653）五月五日／40

2565　李智墓誌　唐永徽四年（653）五月十日／40

2566　萬年宮銘　唐永徽四年（653）五月十五日／41

2567　楊逸墓誌　唐永徽四年（653）六月二十六日／41

2568　周藻墓誌　唐永徽四年（653）七月二十三日／41

2569　王師亮造像記　唐永徽四年（653）八月十日／41

2570　史君夫人田代墓誌　唐永徽四年（653）八月十一日／42

2571　郭愛同造像記　唐永徽四年（653）十月八日／42

2572　周智冲造像記　唐永徽四年（653）十月八日／42

2573　雁塔三藏聖教序　唐永徽四年（653）十月十日／42

2574　楊吴生墓誌　唐永徽四年（653）十月二十二日／43

2575　程元裕兄弟等造像記　唐永徽四年（653）十一月二十五日／44

2576　段會墓誌　唐永徽四年（653）十二月十九日／44

2577　清信□造像記　唐永徽四年（653）／44

2578　慧登法師灰身塔銘　唐永徽五年（654）二月二日／44

2579　趙嘉并夫人郭氏墓誌　唐永徽五年（654）二月二十一日／44

2580　□母造像記并騫思歸題名　唐永徽五年（654）二月二十九日／44

2581　張婆樂婆造像記　唐永徽五年（654）二月二十九日／45

2582　王素墓誌　唐永徽五年（654）二月三十日／45

2583　清信女韓造像記　唐永徽五年（654）三月十日／45

2584　竹奴子造像記　唐永徽五年（654）三月二十日／45

2585　王才墓誌　唐永徽五年（654）三月二十四日／45

2586　李信墓誌　唐永徽五年（654）三月二十七日／46

2587　韓敬□造像　唐永徽五年（654）三月／46

2588　永徽五年造像記　唐永徽五年（654）五月五日／46

2589　鄧思孝等造像記　唐永徽五年（654）五月五日／46

2590　海德禪師灰身塔記　唐永徽五年（654）五月八日／46

2591　辛崇敏造像記　唐永徽五年（654）五月二十日／46

2592　造阿彌陀菩薩像記　唐永徽五年（654）五月／46

2593　王賓墓誌　唐永徽五年（654）閏五月十六日／47

2594　姬推墓誌　唐永徽五年（654）八月十七日／47

2595　房基墓誌　唐永徽五年（654）八月二十三日／47

2596　楊貴墓誌　唐永徽五年（654）九月二十五日／47

2597　韓懷墓誌　唐永徽五年（654）十月七日／47

2598　登思信造釋迦像　唐永徽五年（654）／48

2599　王仲儉墓誌　唐永徽五年（654）／48

2600　張廉穆墓誌　唐永徽六年（655）二月九日／48

2601　王寬墓誌　唐永徽六年（655）二月九日／48

2602　盧萬春墓誌　唐永徽六年（655）三月三日／48

2603　吕夫人張須摩墓誌　唐永徽六年（655）三月四日／48

2604　韓仲良碑　唐永徽六年（655）三月十四日／49

2605　吕宗元造像記　唐永徽六年（655）五月二日／49

2606　桓彥墓誌　唐永徽六年（655）五月三日 / 49

2607　黃羅漢墓誌　唐永徽六年（655）七月一日 / 49

2608　楊康妻劉妙美墓誌　唐永徽六年（655）十二月七日 / 50

2609　高儼仁墓誌　唐永徽六年（655）十二月二十五日 / 50

2610　正蒙造像記　唐永徽六年（655）/ 50

2611　薛收碑　唐永徽六年（655）/ 50

2612　田□□造像記　唐永徽年間（650—655）/ 50

2613　德相造像記　唐永徽年間（650—655）/ 51

2614　張玄德造像記　唐永徽年間（650—655）/ 51

[顯慶]

2615　陳智察妻侯五具造像記　唐顯慶元年（656）二月六日 / 51

2616　李智海造像記　唐顯慶元年（656）二月二十三日 / 51

2617　趙通墓誌　唐顯慶元年（656）六月四日 / 51

2618　清河太夫人李氏碑　唐顯慶元年（656）六月十五日 / 51

2619　趙善勝造像記　唐顯慶元年（656）六月三十日 / 52

2620　韓玄墓誌　唐顯慶元年（656）八月五日 / 52

2621　陳僧受造像記　唐顯慶元年（656）八月 / 52

2622　王政則及妻造像　唐顯慶元年（656）九月 / 52

2623　崔敦禮碑　唐顯慶元年（656）十月十八日 / 52

2624　唐儉墓誌　唐顯慶元年（656）十一月二十四日 / 52

2625　首律師高德頌碑　唐顯慶元年（656）十二月八日 / 53

2626　程騭墓誌　唐顯慶元年（656）十二月十二日 / 53

2627　王寬墓誌　唐顯慶元年（656）十二月 / 53

2628　宋海寶妻□造像記　唐顯慶元年（656）□月十日 / 53

2629　造優填王像并五十三佛等記　唐顯慶元年（656）□月十五日 / 53

2630　王段墓誌　唐顯慶二年（657）正月十四日 / 53

2631　馮仁剛灰身塔記　唐顯慶二年（657）二月二十七日 / 54

2632　仁儉□造像記　唐顯慶二年（657）三月四日 / 54

2633　元則墓誌　唐顯慶二年（657）三月八日 / 54

2634　段秀墓誌　唐顯慶二年（657）三月二十一日 / 54

2635　張相墓誌　唐顯慶二年（657）四月十六日 / 55

2636　王立墓誌　唐顯慶二年（657）六月三日 / 55

2637　緱綱墓誌　唐顯慶二年（657）七月十六日 / 55

2638　杜詢妻崔素墓誌　唐顯慶二年（657）七月二十七日 / 55

2639　瘞琴銘并般若波羅蜜多心經　唐顯慶二年（657）八月一日 / 55

2640　孔玉墓誌　唐顯慶二年（657）九月十七日 / 56

2641　呂士安造像記　唐顯慶二年（657）十月二十六日 / 56

2642　李信墓誌　唐顯慶二年（657）十一月六日 / 56

2643　張士貴墓誌　唐顯慶二年（657）十一月十八日／56

2644　姚忠節墓誌　唐顯慶二年（657）十一月二十二日／56

2645　招提寺聖教序　唐顯慶二年（657）十二月十五日／57

2646　安静墓誌　唐顯慶二年（657）十二月十九日／57

2647　支懷墓誌　唐顯慶二年（657）十二月十九日／57

2648　房仁裕神道碑　唐顯慶二年（657）／57

2649　相原府校尉觀音造像記　唐顯慶二年（657）／57

2650　元萬子墓誌　唐顯慶三年（658）正月十四日／58

2651　慕容麗墓誌　唐顯慶三年（658）正月二十三日／58

2652　妙信法師灰身塔記　唐顯慶三年（658）二月八日／58

2653　妙德法師灰身塔記　唐顯慶三年（658）二月八日／58

2654　僧海禪師方墳記　唐顯慶三年（658）二月二十五日／58

2655　張胤碑　唐顯慶三年（658）三月／58

2656　常奉造像記　唐顯慶三年（658）四月三日／59

2657　信法寺彌陀像碑　唐顯慶三年（658）四月八日／59

2658　吕小師灰身塔記　唐顯慶三年（658）四月八日／59

2659　王法墓誌　唐顯慶三年（658）四月二十日／59

2660　楊真藏造像記　唐顯慶三年（658）四月／59

2661　張君夫人王媛墓誌　唐顯慶三年（658）五月二十一日／60

2662　李靖碑　唐顯慶三年（658）五月／60

2663　馬壽墓誌　唐顯慶三年（658）九月十八日／60

2664　張婉墓誌　唐顯慶三年（658）九月二十二日／61

2665　爨君妻張端墓誌　唐顯慶三年（658）九月二十三日／61

2666　王居士磚塔銘　唐顯慶三年（658）十月十二日／61

2667　楊道綱墓誌　唐顯慶三年（658）十月二十三日／62

2668　杜長史妻薛瑶華墓誌　唐顯慶三年（658）十二月一日／62

2669　霍萬墓誌　唐顯慶三年（658）十二月十三日／62

2670　王貴和造像記　唐顯慶三年（658）／62

2671　爨君協造像記　唐顯慶四年（659）二月八日／62

2672　楊士墓誌　唐顯慶四年（659）三月二十五日／63

2673　張安都墓誌　唐顯慶四年（659）四月三日／63

2674　僧義造像記　唐顯慶四年（659）四月七日／63

2675　尉遲敬德碑　唐顯慶四年（659）四月十四日／63

2676　尉遲敬德墓誌　唐顯慶四年（659）四月十四日／64

2677　蘇斌墓誌　唐顯慶四年（659）四月十四日／64

2678　德咸造像記　唐顯慶四年（659）四月十五日／64

2679　武上□造像記　唐顯慶四年（659）四月十五日／64

2680　馬伏陀造像記　唐顯慶四年（659）五月二十一日／64

2681　王有□造龕記　唐顯慶四年（659）六月十四日／64

2682　李大娘造像記　唐顯慶四年（659）七月四日／65

2683　支懷墓誌　唐顯慶四年（659）七月九日／65

2684　田通墓誌　唐顯慶四年（659）七月十日／65

2685　會福寺主□嵐造像記　唐顯慶四年（659）七月十五日／65

2686　劉弘義造像記　唐顯慶四年（659）八月一日／65

2687　大唐紀功頌碑　唐顯慶四年（659）八月十五日／66

2688　豆盧遜墓誌　唐顯慶四年（659）八月二十八日／66

2689　董明墓誌　唐顯慶四年（659）十月二十七日／66

2690　李淑碑　唐顯慶四年（659）十月二十九日／66

2691　皇甫弘敬墓誌　唐顯慶四年（659）十月三十日／67

2692　焦孝達造像記　唐顯慶四年（659）十月／67

2693　李三墓誌　唐顯慶四年（659）十一月十八日／68

2694　張英墓誌　唐顯慶四年（659）十二月十二日／68

2695　□□義釋迦觀音勢至造像記　唐顯慶四年（659）／68

2696　馬伏□及妻劉氏造像記　唐顯慶四年（659）／68

2697　柴進委造像記　唐顯慶四年（659）／68

2698　趙玄慶造像記　唐顯慶五年（660）正月四日／68

2699　賈元叡墓誌　唐顯慶五年（660）二月二日／69

2700　翟惠隱墓誌　唐顯慶五年（660）二月二日／69

2701　趙客師龕内劉□造像記　唐顯慶五年（660）二月／69

2702　王行寶造像記　唐顯慶五年（660）四月二十日／69

2703　僧善德造像記　唐顯慶五年（660）四月／69

2704　顏襄子墓誌　唐顯慶五年（660）五月二日／69

2705　宇文修多羅墓誌　唐顯慶五年（660）五月三日／70

2706　張懷文墓誌　唐顯慶五年（660）七月十五日／70

2707　楊君植造像記　唐顯慶五年（660）七月二十日／70

2708　任德墓誌　唐顯慶五年（660）七月二十七日／70

2709　上官紹施石造優填王像記　唐顯慶五年（660）八月二日／70

2710　平百濟國碑　唐顯慶五年（660）八月十五日／70

2711　李君妻韓氏墓誌　唐顯慶五年（660）八月十六日／71

2712　關預仁夫人茹氏墓誌　唐顯慶五年（660）九月四日／71

2713　敦敬墓誌　唐顯慶五年（660）十月二十九日／72

2714　耿文訓墓誌　唐顯慶五年（660）十一月十二日／72

2715　梁夫人姚弟墓誌　唐顯慶五年（660）十一月二十九日／72

2716　宋海寶妻緒造像記　唐顯慶五年（660）□月十一日／72

2717　劉□造像記　唐顯慶五年（660）／72

2718　郭造像記　唐顯慶五年（660）／72

2719　造像刻經記　唐顯慶五年（660）／73

2720　崔誠墓誌　唐顯慶五年（660）／73

2721　張武墓誌　唐顯慶六年（661）二月七日／73

2722　王敏墓誌　唐顯慶六年（661）二月十九日／73

2723　雙束碑　唐顯慶六年（661）二月二十二日／73

2724　□璋墓誌　唐顯慶六年（661）二月□日／74

2725　朱琳墓誌　唐顯慶六年（661）二月八日／74

2726　馬大娘造像記　唐顯慶年間（656—661）／74

2727　劉典豐造像記　唐顯慶年間（656—661）／74

2728　王文詡等造像題名　唐顯慶年間（656—661）／74

2729　孫冬扇造像記　唐顯慶年間（656—661）／74

2730　鄭行衆勝姊妹造像記　唐顯慶年間（656—661）／75

2731　王文詥造像　唐顯慶年間（656—661）／75

[龍朔]

2732　龍朔元年造像　唐龍朔元年（661）二月／75

2733　李玄奕兄弟等造像記　唐龍朔元年（661）三月八日／75

2734　王寬墓誌　唐龍朔元年（661）三月十九日／75

2735　吳吉甫造像記　唐龍朔元年（661）四月二十日／75

2736　王朗并夫人魏氏墓誌　唐龍朔元年（661）四月二十一日／76

2737　崔玄表妻郭造像記　唐龍朔元年（661）五月一日／76

2738　韓弁智造像記　唐龍朔元年（661）六月十日／76

2739　侯君夫人譚二娘墓誌　唐龍朔元年（661）八月二十一日／76

2740　張婆造像記　唐龍朔元年（661）九月二十三日／77

2741　竹妙墓誌　唐龍朔元年（661）九月二十三日／77

2742　爨君墓誌　唐龍朔元年（661）十月八日／77

2743　郭壽墓誌　唐龍朔元年（661）十月十一日／78

2744　房寶子墓誌　唐龍朔元年（661）十月十一日／78

2745　張寶墓誌　唐龍朔元年（661）十月二十三日／78

2746　張興墓誌　唐龍朔元年（661）十月二十三日／78

2747　文林郎光襄造像記　唐龍朔元年（661）十一月二十三日／78

2748　婁氏造優填王造像　唐龍朔元年（661）十一月／78

2749　袁相墓誌　唐龍朔元年（661）十二月十一日／79

2750　造觀世音佛像記　唐龍朔元年（661）十二月／79

2751　楊妻韓造像記　唐龍朔元年（661）／79

2752　陳阿稜造像記　唐龍朔元年（661）／79

2753　鞏縣石窟造像記　唐龍朔元年（661）／79

2754　劉仁願紀功碑　唐龍朔元年（661）／79

2755　張君墓誌　唐龍朔元年（661）／80

2756　張伯通墓誌　唐龍朔二年（662）四月十四日／80

2757　賈令珪墓誌　唐龍朔二年（662）四月十四日／80

2758　侯君夫人竇氏墓誌　唐龍朔二年（662）
　　　五月二十六日／80

2759　馮夫人墓誌　唐龍朔二年（662）五月二
　　　十六日／81

2760　尔朱氏夫人董氏墓誌　唐龍朔二年
　　　（662）六月二日／81

2761　張禮墓誌　唐龍朔二年（662）六月二十
　　　七日／81

2762　安太清造像記　唐龍朔二年（662）七月
　　　十五日／81

2763　劉媚兒造像記　唐龍朔二年（662）七月
　　　十五日／81

2764　索玄墓誌　唐龍朔二年（662）七月二十
　　　二日／82

2765　斛斯祥墓誌　唐龍朔二年（662）七月二
　　　十二日／82

2766　李君懷妻造像記　唐龍朔二年（662）七
　　　月／82

2767　宮君夫人秦冲墓誌　唐龍朔二年（662）
　　　八月十日／82

2768　皇甫相貴墓誌　唐龍朔二年（662）九月
　　　四日／82

2769　杜君綽碑　唐龍朔二年（662）十月二十
　　　五日／83

2770　麴善岳墓誌　唐龍朔二年（662）十月二
　　　十八日／83

2771　許洛仁碑　唐龍朔二年（662）十一月十
　　　七日／83

2772　楊□□造像記　唐龍朔二年（662）□月
　　　四日／84

2773　净□造像記　唐龍朔二年（662）／84

2774　孫君夫人宋氏墓誌　唐龍朔三年（663）
　　　二月十二日／84

2775　段文會墓誌　唐龍朔三年（663）四月二
　　　日／84

2776　常才造像記　唐龍朔三年（663）四月八
　　　日／85

2777　司馬等造像記　唐龍朔三年（663）四月
　　　八日／85

2778　□神遠造像記　唐龍朔三年（663）四月
　　　／85

2779　龍朔三年造像記　唐龍朔三年（663）四
　　　月／85

2780　唐沙墓誌　唐龍朔三年（663）五月二十
　　　日　／85

2781　同州三藏聖教序　唐龍朔三年（663）六
　　　月二十三日／85

2782　張君夫人程令秀墓誌　唐龍朔三年
　　　（663）八月二十一日／86

2783　斛斯處張夫人墓誌　唐龍朔三年（663）
　　　十月四日／87

2784　道因法師碑　唐龍朔三年（663）十月十
　　　日／87

2785　袁相墓誌　唐龍朔三年（663）十一月十
　　　八日／88

2786　道藏灰身塔記　唐龍朔三年（663）十一
　　　月二十一日／88

2787　鄧威墓誌　唐龍朔□年（661—663）三
　　　月十一日／88

［麟德］

2788　焦寶南墓誌　唐麟德元年（664）正月
　　　／88

2789　吕德妻陳氏墓誌　唐麟德元年（664）正
　　　月二十五日／89

2790　李文墓誌　唐麟德元年（664）二月十八
　　　日／89

2791　王才墓誌　唐麟德元年（664）三月十三
　　　日／89

2792　秦寶墓誌　唐麟德元年（664）三月二十
　　　五日／90

2793　樂玄德墓誌　唐麟德元年（664）四月七
　　　日／90

2794　張君實造像記　唐麟德元年（664）五月
　　　六日／90

2795 王寬等十人造像記 唐麟德元年（664）七月九日／90

2796 李敬碑 唐麟德元年（664）十月二十三日／90

2797 鄭仁泰墓誌 唐麟德元年（664）十月二十三日／91

2798 張鬼墓誌 唐麟德元年（664）十月二十七日／91

2799 孟師墓誌 唐麟德元年（664）十一月二日／91

2800 梁秀墓誌 唐麟德元年（664）十一月五日／91

2801 段頤并夫人藺氏墓誌 唐麟德元年（664）十一月五日／91

2802 袁弘毅墓誌 唐麟德元年（664）十一月十六日／92

2803 王達墓誌 唐麟德元年（664）十一月二十八日／92

2804 强偉墓誌 唐麟德元年（664）十一月二十八日／92

2805 李如可孫女造像 唐麟德元年（664）十一月／92

2806 成淑墓誌 唐麟德元年（664）十二月十一日／92

2807 田客奴造道像 唐麟德二年（665）正月三日／93

2808 成氏妻劉尚墓誌 唐麟德二年（665）正月三日／93

2809 侯僧達墓誌 唐麟德二年（665）閏三月二十八日／93

2810 任君夫人王師墓誌 唐麟德二年（665）五月十三日／93

2811 史信墓誌 唐麟德二年（665）七月十二日／93

2812 索達墓誌 唐麟德二年（665）八月三日／93

2813 柳尚遠妻宇文氏墓誌 唐麟德二年（665）八月十五日／94

2814 朱造像記 唐麟德二年（665）八月二十三日／94

2815 楊客僧墓誌 唐麟德二年（665）九月二十五日／94

2816 王仁表墓誌 唐麟德二年（665）十月五日／94

2817 程君妻周氏墓誌 唐麟德二年（665）十月十一日／94

2818 田信墓誌 唐麟德二年（665）十月十八日／95

2819 程知節墓誌 唐麟德二年（665）十月二十二日／95

2820 李震墓誌 唐麟德二年（665）十一月／95

2821 智□造道像 唐麟德二年（665）／95

2822 焦弘慶兄弟造像 唐麟德二年（665）／95

2823 惠仁寶造像記 唐麟德二年（665）／95

2824 郭師德造像記 唐麟德二年（665）／96

2825 唐造像記殘石 唐麟德□年（664—665）／96

2826 □意灰身支提塔記 唐麟德年間（664—665）／96

[乾封]

2827 田博妻桑氏墓誌 唐乾封元年（666）二月十二日／96

2828 邊敏墓誌 唐乾封元年（666）三月二十九日／96

2829 趙宗墓誌 唐乾封元年（666）四月二十四日／96

2830 崔冲墓誌 唐乾封元年（666）六月十九日／97

2831 張仁墓誌 唐乾封元年（666）七月三日／97

2832　丁孝範造阿彌陀像記　唐乾封元年（666）七月十五日／97

2833　許大德并妻楊造像記　唐乾封元年（666）七月十五日／97

2834　郭君夫人楊氏墓誌　唐乾封元年（666）九月七日／97

2835　張行恭墓誌　唐乾封元年（666）十月十七日／97

2836　于志寧碑　唐乾封元年（666）十一月二日／98

2837　紀國陸妃碑　唐乾封元年（666）十二月九日／98

2838　韋珪墓誌　唐乾封元年（666）十二月二十九日／98

2839　王道智墓誌　唐乾封二年（667）二月十八日／99

2840　趙君夫人梁氏墓誌　唐乾封二年（667）二月十八日／99

2841　劉貴寶供養題記　唐乾封二年（667）二月／99

2842　孟善應妻趙造像記　唐乾封二年（667）四月六日／99

2843　李表墓誌　唐乾封二年（667）四月七日／99

2844　孟大娘造像記　唐乾封二年（667）四月八日／99

2845　法藏造像記　唐乾封二年（667）四月十五日／100

2846　令狐熙碑　唐乾封二年（667）五月／100

2847　張兄仁夫人墓誌　唐乾封二年（667）六月十三日／100

2848　陳壽墓誌　唐乾封二年（667）七月二日／100

2849　楊智積墓誌　唐乾封二年（667）八月十八日／100

2850　僧秤造像　唐乾封二年（667）八月／100

2851　王和墓誌　唐乾封二年（667）十月二十二日／101

2852　王纂墓誌　唐乾封二年（667）十月二十二日／101

2853　段儉夫人李弟墓誌　唐乾封二年（667）十月二十八日／101

2854　王洪範碑　唐乾封二年（667）十一月／101

2855　杜慶墓誌　唐乾封二年（667）十二月十七日／102

2856　孫造像記　唐乾封二年（667）十二月／102

2857　婁敬墓誌　唐乾封二年（667）閏十二月十七日／102

2858　謝通墓誌　唐乾封二年（667）閏十二月十七日／102

2859　張朗墓誌　唐乾封二年（667）閏十二月二十七日／102

2860　張對墓誌　唐乾封三年（668）正月二十五日／103

2861　清信弟君造像記　唐乾封三年（668）二月十一日／103

2862　靖徹妻王氏墓誌　唐乾封三年（668）二月十六日／103

2863　韋氏造像記　唐乾封年間（666—668）／103

［總章］

2864　尉尚仁母張曜墓誌　唐總章元年（668）二月三十日／103

2865　閻玄墓誌　唐總章元年（668）三月七日／104

2866　王尹農造像記　唐總章元年（668）四月八日／104

2867　王旡尋造像記　唐總章元年（668）四月／104

2868　李鉢頭母王造像記　唐總章元年（668）五月一日／104

2869　孫處信墓誌　唐總章元年（668）五月十九日／104

2870　張神熾姚武達等造像記　唐總章元年（668）六月二十四日／104

2871　王玄藏造像記　唐總章元年（668）六月／105

2872　彭義墓誌　唐總章元年（668）七月二十四日／105

2873　王操造像記　唐總章元年（668）九月八日／105

2874　王合造像記　唐總章元年（668）九月八日／105

2875　張客朗等造像記　唐總章元年（668）九月二十三日／105

2876　李泰墓誌　唐總章元年（668）十一月二日／105

2877　柳常柱造像記　唐總章元年（668）／106

2878　陰氏造像記　唐總章元年（668）／106

2879　王德墓誌　唐總章二年（669）二月十一日／106

2880　王令墓誌　唐總章二年（669）三月二十八日／106

2881　高崇業等造像記　唐總章二年（669）四月二十三日／106

2882　劉君夫人斛斯氏墓誌　唐總章二年（669）五月十九日／107

2883　張君妻朱氏墓誌　唐總章二年（669）六月二十六日／107

2884　□業法藏尚等造像記　唐總章二年（669）六月／107

2885　康達墓誌　唐總章二年（669）七月八日／107

2886　姜義琮造像記　唐總章二年（669）七月十五日／107

2887　蕢公夫人造像記　唐總章二年（669）七月二十九日／107

2888　曹德墓誌　唐總章二年（669）八月二十六日／108

2889　楊行褘墓誌　唐總章二年（669）八月二十六日／108

2890　耿君妻惠氏墓誌　唐總章二年（669）十一月十五日／108

2891　蘭德墓誌　唐總章二年（669）十二月一日／108

2892　獨孤歡辭造像記　唐總章二年（669）十二月／108

2893　玄導刻經題記　唐總章二年（669）／108

2894　李勣墓誌　唐總章三年（670）二月六日／108

2895　道安禪師塔銘　唐總章三年（670）二月十五日／109

[咸亨]

2896　程義墓誌　唐咸亨元年（670）三月十二日／109

2897　李孝同碑　唐咸亨元年（670）五月二十四日／109

2898　樂達墓誌　唐咸亨元年（670）七月十四日／109

2899　三尊石佛造像記　唐咸亨元年（670）八月二日／110

2900　張軌墓誌　唐咸亨元年（670）閏九月二十日／110

2901　趙夫人墓誌　唐咸亨元年（670）十月一日／110

2902　王大禮墓誌　唐咸亨元年（670）十月四日／110

2903　唐□□墓誌　唐咸亨元年（670）十月四日／111

2904　司馬興并夫人張氏墓誌　唐咸亨元年（670）十月四日／111

2905　樂玄墓誌　唐咸亨元年（670）十月二十八日／111

2906 仵欽墓誌　唐咸亨元年（670）十一月三日／111

2907 斛斯政則墓誌　唐咸亨元年（670）十一月十日／111

2908 張曉墓誌　唐咸亨元年（670）□月二十日／111

2909 □君墓誌　唐咸亨元年（670）／112

2910 申恭墓誌　唐咸亨元年（670）／112

2911 劉明墓誌　唐咸亨元年（670）／112

2912 碧落碑　唐咸亨元年（670）／112

2913 張知□造像記　唐咸亨二年（671）二月／113

2914 韓昱墓誌　唐咸亨二年（671）三月九日／113

2915 奇玄表墓誌　唐咸亨二年（671）五月十四日／113

2916 謝慶墓誌　唐咸亨二年（671）七月十二日／113

2917 張阿難碑　唐咸亨二年（671）九月二十日／113

2918 王二娘造像記　唐咸亨二年（671）九月／114

2919 李福墓誌　唐咸亨二年（671）十二月二十七日／114

2920 李世民妃燕氏墓誌　唐咸亨二年（671）十二月二十七日／114

2921 □恢墓誌　唐咸亨二年（671）十二月／114

2922 王師墓誌　唐咸亨三年（672）正月二十二日／114

2923 張祖墓誌　唐咸亨三年（672）二月二十二日／115

2924 王玄墓誌　唐咸亨三年（672）五月二十四日／115

2925 盧承業墓誌　唐咸亨三年（672）八月十四日／115

2926 封泰墓誌　唐咸亨三年（672）八月十四日／115

2927 張弘墓誌　唐咸亨三年（672）十月二十七日／116

2928 張義墓誌　唐咸亨三年（672）十一月二十二日／116

2929 李子如墓誌　唐咸亨三年（672）十二月三日／116

2930 集王聖教序　唐咸亨三年（672）／116

2931 謝慶夫墓誌　唐咸亨三年（672）／118

2932 金剛般若波羅蜜經　唐咸亨三年（672）／118

2933 孫行基造像記　唐咸亨四年（673）正月／118

2934 韋機造盧舍那佛造像　唐咸亨四年（673）正月／118

2935 朱遠墓誌　唐咸亨四年（673）二月二十八日／119

2936 慕容知禮墓誌　唐咸亨四年（673）二月二十八日／119

2937 王夫人墓誌　唐咸亨四年（673）四月五日／119

2938 張翌墓誌　唐咸亨四年（673）五月十七日／119

2939 邊真墓誌　唐咸亨四年（673）六月二十六日　／119

2940 韓節墓誌　唐咸亨四年（673）八月二日／120

2941 曹澄墓誌　唐咸亨四年（673）八月十四日／120

2942 劉君妻諶□娘墓誌　唐咸亨四年（673）八月二十七日／120

2943 韓仁師墓誌　唐咸亨四年（673）九月二十一日／120

2944 楊晟墓誌　唐咸亨四年（673）十月三日／120

2945　王儉墓誌　唐咸亨四年（673）十月四日 / 120

2946　鄭惠王石塔記　唐咸亨四年（673）十月八日 / 121

2947　惠簡造像記　唐咸亨四年（673）十一月七日 / 121

2948　韓寶才墓誌　唐咸亨四年（673）十一月九日 / 121

2949　王君夫人姜氏墓誌　唐咸亨五年（674）二月四日 / 121

2950　唐夫人史氏墓誌　唐咸亨五年（674）二月二十九日 / 122

2951　黄素墓誌　唐咸亨五年（674）四月三十日 / 122

2952　懷伯等造像　唐咸亨五年（674）五月八日 / 122

2953　嚴大娘造像　唐咸亨五年（674）六月 / 122

2954　劉守忠墓誌　唐咸亨五年（674）八月十三日 / 122

2955　費君墓誌　唐咸亨年間（670—674） / 122

[上元]

2956　安樂寺觀無量壽佛經碑　唐上元元年（674）七月六日 / 123

2957　王君夫人柏氏墓誌　唐上元元年（674）八月二十九日 / 123

2958　馬周碑　唐上元元年（674）十月六日 / 123

2959　王義墓誌　唐上元元年（674）十一月二十五日 / 124

2960　華岳廟王宥等題名　唐上元元年（674） / 124

2961　劉奉芝墓誌　唐上元二年（675）正月十一日 / 124

2962　王仁恪造像記　唐上元二年（675）三月十五日 / 124

2963　孝敬皇帝睿德碑　唐上元二年（675）八月十九日 / 124

2964　阿史那忠碑　唐上元二年（675）十月十五日 / 125

2965　劉洪墓誌　唐上元二年（675）十月二十七日 / 125

2966　楊茂道墓誌　唐上元二年（675）十一月五日 / 125

2967　張冲兒墓誌　唐上元二年（675）十一月九日 / 125

2968　張君夫人程大燕墓誌　唐上元二年（675）十一月九日 / 126

2969　楊軌墓誌　唐上元二年（675）十一月二十一日 / 126

2970　□壽墓誌　唐上元二年（675）十一月二十一日 / 126

2971　楊君墓誌　唐上元二年（675）十一月 / 126

2972　李君羨夫人劉氏墓誌　唐上元二年（675）十二月一日 / 126

2973　周遠志等造像記　唐上元二年（675）十二月八日 / 127

2974　陳懷儼墓誌　唐上元三年（676）正月二十二日 / 127

2975　史君夫人趙氏墓誌　唐上元三年（676）正月二十二日 / 127

2976　馬懷墓誌　唐上元三年（676）二月二十二日 / 127

2977　王婆造像記　唐上元三年（676）三月 / 128

2978　明徵君碑　唐上元三年（676）四月二十五日 / 128

2979　武懷亮墓誌　唐上元三年（676）四月二十九日 / 128

2980　樂歸墓誌　唐上元三年（676）五月十八日 / 129

2981　張客墓誌　唐上元三年（676）十月八日
／ 129

2982　趙婆造觀音像記　唐上元三年（676）十
月二十日／ 129

2983　盧舍那大石像記　唐上元三年（676）十
二月三十日／ 129

2984　楊造像記　唐上元□年（674—676）□
月□五日／ 129

［儀鳳］

2985　張虔福墓誌　唐儀鳳元年（676）四月九
日／ 130

2986　許洛仁妻宋氏墓誌　唐儀鳳元年（676）
五月二十四日／ 130

2987　王通墓誌　唐儀鳳元年（676）十一月七
日／ 130

2988　王君義墓誌　唐儀鳳元年（676）十一月
二十一日／ 130

2989　崔元久妻盧造像記　唐儀鳳二年（677）
五月十五日／ 130

2990　修孔子廟詔表祭文碑　唐儀鳳二年（677）
七月／ 131

2991　李勣碑　唐儀鳳二年（677）十月六日
／ 131

2992　魏法師碑　唐儀鳳二年（677）十一月十
五日／ 131

2993　侯元墓誌　唐儀鳳二年（677）十二月八
日／ 132

2994　張君妻王氏墓誌　唐儀鳳二年（677）十
二月十八日／ 132

2995　周廣墓誌　唐儀鳳三年（678）正月十四
日／ 132

2996　唐嘉會墓誌　唐儀鳳三年（678）二月十
四日／ 132

2997　八正造像記　唐儀鳳三年（678）三月九
日／ 133

2998　大唐聖帝感舍利銘　唐儀鳳三年（678）
四月八日／ 133

2999　司馬道墓誌　唐儀鳳三年（678）五月十
七日／ 133

3000　彌勒成佛經碑　唐儀鳳三年（678）七月
十五日／ 133

3001　李惠妻孫造像　唐儀鳳三年（678）七月
／ 133

3002　王文曉墓誌　唐儀鳳三年（678）十二月
二十日／ 134

3003　黄行基造像　唐儀鳳三年（678）／ 134

3004　令狐德棻碑　唐儀鳳三年（678）／ 134

3005　井李村大像碑　唐儀鳳四年（679）二月
八日／ 134

3006　姬恭仁墓誌　唐儀鳳四年（679）三月十
一日／ 134

3007　馬君起造石浮圖記　唐儀鳳四年（679）
三月二十六日／ 135

3008　王留墓誌　唐儀鳳四年（679）五月五日
／ 135

3009　高光復造像記　唐儀鳳四年（679）六月
八日／ 135

3010　趙造像記　唐儀鳳年間（676—679）／ 135

3011　韋尉諧及妻皇甫造像記　唐儀鳳年間
（676—679）／ 135

［調露］

3012　袁雄墓誌　唐調露元年（679）四月三日
／ 136

3013　李弘裕墓誌　唐調露元年（679）七月十
九日　／ 136

3014　王慶墓誌　唐調露元年（679）八月十二
日／ 136

3015　元仁師墓誌　唐調露元年（679）十月二
日／ 136

3016　張曄墓誌　唐調露元年（679）十月二日
／ 136

3017　康續墓誌　唐調露元年（679）十月八日
／ 137

3018　管真墓誌　唐調露元年（679）十月十四日／137

3019　孫真城墓誌　唐調露元年（679）十月十四日／137

3020　張仁墓誌　唐調露元年（679）十月二十三日／137

3021　杜秀墓誌　唐調露元年（679）十月二十五日／137

3022　馬珍及夫人吳氏合葬墓誌　唐調露元年（679）十一月二十日／138

3023　高珍墓誌　唐調露元年（679）十二月十三日／138

3024　泉男生墓誌　唐調露元年（679）十二月二十六日／138

3025　安神儼墓誌　唐調露二年（680）二月二十八日／138

3026　玄照造像記　唐調露二年（680）七月十五日／139

3027　仁藻玄敏等造像記　唐調露二年（680）七月／139

3028　陳七娘造像記　唐調露二年（680）／139

3029　智境造像記　唐調露二年（680）／139

[永隆]

3030　胡處貞造像記　唐永隆元年（680）九月三十日／140

3031　光相造像記　唐永隆元年（680）十一月八日／140

3032　范初造像記　唐永隆元年（680）十一月十九日／140

3033　韓文則造像記　唐永隆元年（680）十一月二十日／140

3034　杜因果造像記　唐永隆元年（680）十一月二十日／140

3035　索義弘墓誌　唐永隆元年（680）十一月二十三日／141

3036　胡弘突造像記　唐永隆元年（680）十一月二十九日／141

3037　智運造像記　唐永隆元年（680）十一月／141

3038　供養造像記　唐永隆元年（680）十二月八日／141

3039　陳處貞造像記　唐永隆元年（680）十二月三十日／141

3040　□貞造地藏菩薩像記　唐永隆元年（680）十二月三十日／141

3041　□爲陳七□及子□造像　唐永隆元年（680）十二月／142

3042　侯神照并妻張造像記　唐永隆二年（681）正月十三日／142

3043　侯二娘造像記　唐永隆二年（681）正月十五日／142

3044　崔懷儉造像記　唐永隆二年（681）正月二十日／142

3045　王善相妻禄氏墓誌　唐永隆二年（681）二月九日／142

3046　陳處貞造像記　唐永隆二年（681）二月二十一日／143

3047　法樂法師墓誌　唐永隆二年（681）三月二十三日／143

3048　侯玄熾造像記　唐永隆二年（681）四月八日／143

3049　智隱造像記　唐永隆二年（681）四月八日／143

3050　妙義造像記　唐永隆二年（681）四月九日／143

3051　□□造彌陀記　唐永隆二年（681）四月九日／144

3052　王君墓誌　唐永隆二年（681）四月二十一日／144

3053　莊儼安樂净土成佛記　唐永隆二年（681）四月二十三日／144

3054　真智造像記　唐永隆二年（681）五月八日／144

3055　康君墓誌　唐永隆二年（681）八月六日 / 144

3056　韋檀特墓誌　唐永隆二年（681）八月十八日 / 144

3057　傅黨仁等造像記　唐永隆二年（681）九月十二日 / 145

3058　張惠哲造像記　唐永隆二年（681）/ 145

3059　净住寺釋迦文賢劫像碑　唐永隆年間（680—681）/ 145

[開耀]

3060　開業寺碑　唐開耀二年（682）二月八日 / 145

[永淳]

3061　李君妻裴太一墓誌　唐永淳元年（682）四月七日 / 145

3062　李才仁墓誌　唐永淳元年（682）七月十八日 / 146

3063　李元軌墓誌　唐永淳元年（682）七月二十九日 / 146

3064　李聞禮墓誌　唐永淳元年（682）七月 / 146

3065　賈文行墓誌　唐永淳元年（682）八月十二日 / 146

3066　康磨伽墓誌　唐永淳元年（682）十月十四日 / 146

3067　康留買墓誌　唐永淳元年（682）十月十四日 / 147

3068　趙義墓誌　唐永淳元年（682）十一月二十五日 / 147

3069　扶餘隆墓誌　唐永淳元年（682）十二月二十四日 / 147

3070　李孟姜墓誌　唐永淳元年（682）十二月二十五日 / 147

3071　楊君夫人杜芬墓誌　唐永淳二年（683）二月十四日 / 148

3072　張懿墓誌　唐永淳二年（683）二月十五日 / 148

3073　好因造像記　唐永淳二年（683）九月八日 / 148

3074　蘇絹爲亡弟造像記　唐永淳二年（683）九月八日 / 148

3075　蘇絹爲亡乳母造像記　唐永淳二年（683）九月八日 / 149

3076　唐天后御製詩　唐永淳二年（683）九月二十五日 / 149

3077　孟君夫人麻氏墓誌　唐永淳二年（683）十一月十七日 / 149

[嗣聖]

3078　王寶墓誌　唐嗣聖元年（684）二月九日 / 149

[文明]

3079　趙奴子造像記　唐文明元年（684）四月八日 / 149

3080　孫義普墓誌　唐文明元年（684）五月二十一日 / 150

3081　孫通墓誌　唐文明元年（684）七月十二日 / 150

3082　王岐墓誌　唐文明元年（684）八月五日 / 150

3083　高宗述聖記　唐文明元年（684）八月 / 150

3084　夫人程氏塔銘　唐文明元年（684）十月 / 150

[光宅]

3085　安元壽墓誌　唐光宅元年（684）十月二十四日 / 150

3086　盧君夫人李灌頂墓誌　唐光宅元年（684）十一月十三日 / 151

3087　孟君夫人李娘墓誌　唐光宅元年（684）十一月二十五日 / 151

3088　駱思忠造像記　唐光宅元年（684）/ 151

[垂拱]

3089　張貞墓誌　唐垂拱元年（685）三月十六日 / 151

3090　德相造金剛般若經頌　唐垂拱元年（685）四月八日／152

3091　柳永錫墓誌　唐垂拱元年（685）七月二十一日／152

3092　八都壇碑　唐垂拱元年（685）十月一日／152

3093　太上老君石像碑　唐垂拱元年（685）十二月四日／152

3094　法浄造像記　唐垂拱元年（685）十二月／153

3095　洛州河南造像記　唐垂拱元年（685）／153

3096　張師滿造阿彌陀像記　唐垂拱二年（686）二月八日／153

3097　白鶴觀碑　唐垂拱二年（686）二月／153

3098　張覽墓誌　唐垂拱二年（686）三月二十日／153

3099　王徵君臨終口授銘　唐垂拱二年（686）四月四日／153

3100　龍豊倫造像記　唐垂拱二年（686）五月八日／154

3101　夏侯□造像記　唐垂拱二年（686）五月十五日／154

3102　管基墓誌　唐垂拱二年（686）六月四日／154

3103　王君意爲天皇天后造像記　唐垂拱二年（686）七月十五日／154

3104　王君意爲父母造像記　唐垂拱二年（686）七月十五日／154

3105　魏莊妻阿造像記　唐垂拱二年（686）七月十五日／155

3106　史夫人李造像記　唐垂拱二年（686）十二月八日／155

3107　李山德等造碑　唐垂拱二年（686）十二月／155

3108　陳冲墓誌　唐垂拱二年（686）十二月二十八日／155

3109　梁思亮墓誌　唐垂拱二年（686）／155

3110　梁思亮等造像記　唐垂拱三年（687）正月十五日／155

3111　冊丘海深造像記　唐垂拱三年（687）正月／155

3112　伏寶造一佛二菩薩記　唐垂拱三年（687）二月十六日／156

3113　薛福妻等造像記　唐垂拱三年（687）二月十六日／156

3114　戴婆等造像記　唐垂拱三年（687）二月十六日／156

3115　蘇伏寶造像記　唐垂拱三年（687）二月十六日／156

3116　路敬潜妻盧造像記　唐垂拱三年（687）三月五日／156

3117　金莫神造像記　唐垂拱三年（687）四月八日／156

3118　徐□造阿彌像救苦觀世音菩薩記　唐垂拱三年（687）六月二十五日／156

3119　孝節造像記　唐垂拱三年（687）六月二十五日／157

3120　劉志榮造像記　唐垂拱三年（687）九月二十三日／157

3121　蕃浮丘夫人李氏墓誌　唐垂拱三年（687）十月二十九日／157

3122　樂師□君墓誌　唐垂拱三年（687）十月二十九日／157

3123　冊丘海深造彌勒像　唐垂拱三年（687）十月三十日／157

3124　龐德威墓誌　唐垂拱三年（687）十一月二十二日／157

3125　劉孝光造像記　唐垂拱三年（687）□月八日／158

3126　青州寧義寺經藏碑　唐垂拱三年（687）／ 158

3127　書譜　唐垂拱三年（687）／ 158

3128　樂邱墓誌　唐垂拱三年（687）／ 159

3129　李善智墓誌　唐垂拱四年（688）正月二十三日／ 159

3130　陳護墓誌　唐垂拱四年（688）正月二十三日／ 159

3131　魏夫人祠碑　唐垂拱四年（688）正月／ 159

3132　秦弘等造像記　唐垂拱四年（688）三月二十六日／ 159

3133　慧頵禪師造塔銘　唐垂拱四年（688）四月八日／ 159

3134　美原神泉詩碑　唐垂拱四年（688）四月／ 160

3135　田玄達妻衡夫人墓誌　唐垂拱四年（688）五月一日／ 160

3136　蕭洛賓墓誌　唐垂拱四年（688）五月二十七日／ 160

3137　呂行端墓誌　唐垂拱四年（688）七月十七日／ 160

3138　張君墓誌　唐垂拱四年（688）九月三日／ 161

3139　張安安墓誌　唐垂拱四年（688）十月二十四日／ 161

3140　楊寶墓誌　唐垂拱四年（688）十月二十四日／ 161

［永昌］

3141　門和墓誌　唐永昌元年（689）六月八日／ 161

3142　釋法如禪師行狀　唐永昌元年（689）七月二十九日／ 162

3143　資聖寺造像殘石　唐永昌元年（689）／ 162

3144　張玄弼墓誌　唐永昌三年（691）九月三日／ 162

［載初］

3145　狄知遜碑　唐載初元年（690）正月／ 162

3146　張元福造像記　唐載初元年（690）五月二日／ 162

3147　胡元慶造像記　唐載初元年（690）五月十五日／ 162

3148　劉大獎妻姚造像記　唐載初元年（690）六月三日／ 162

3149　乙速孤神慶碑　唐載初元年（690）二月十九日／ 163

3150　周慕容夫人稚英墓誌　唐載初元年（690）六月十五日／ 163

武周（690—705）

［天授］

3151　侯臺碑殘石　武周天授元年（690）／ 164

3152　崔□造像記　武周天授元年（690）／ 164

3153　行文昌造阿彌記　武周天授元年（690）／ 164

3154　嵩山寺碑　武周天授二年（691）正月十五日／ 164

3155　李大娘造像記　武周天授二年（691）正月／ 164

3156　格善義夫人斛斯氏墓誌　武周天授二年（691）二月七日／ 165

3157　李杜蕃造像記　武周天授二年（691）二月八日／ 165

3158　楊行勛造像記　武周天授二年（691）三月五日／ 165

3159　張乾勗妻王造像記　武周天授二年（691）三月十二日／ 165

3160　張元福造像記　武周天授二年（691）三月三十日／ 165

3161　故瞻法師影塔銘　武周天授二年（691）四月八日／166

3162　李大娘二娘造像記　武周天授二年（691）四月八日／166

3163　蔡大娘爲七代父母造像記　武周天授二年（691）四月十四日／166

3164　李居士造像記　武周天授二年（691）四月／166

3165　杜文疆造像記　武周天授二年（691）五月二十八日／166

3166　王智通墓誌　武周天授二年（691）六月三日／167

3167　張君妻田氏墓誌　武周天授二年（691）六月三日／167

3168　杜山威等造像銘　武周天授二年（691）九月十七日／167

3169　焦松墓誌　武周天授二年（691）十月二十四日／167

3170　雙束碑　武周天授二年（691）□月十日／167

3171　普樂寺碑　武周天授二年（691）／168

3172　周行者造像記　武周天授二年（691）／168

3173　張玄弼墓誌　武周天授三年（692）正月六日／168

3174　張敬之墓誌　武周天授三年（692）正月六日／168

3175　張慶之墓誌　武周天授三年（692）正月六日／168

3176　張景之墓誌　武周天授三年（692）正月六日／169

3177　大雲寺彌勒重閣碑　武周天授三年（692）正月十八日／169

3178　王□造像記　武周天授□年（690—692）／169

[如意]

3179　丁君義造像記　武周如意元年（692）閏五月五日／169

3180　申暑義墓誌　武周如意元年（692）九月十八日／169

3181　朱四娘造浮圖銘　武周如意元年（692）／169

[長壽]

3182　邢政墓誌　武周長壽元年（692）十月十九日／170

3183　許琼妻李夫人墓誌　武周長壽二年（693）正月二十九日／170

3184　任智滿造像記　武周長壽二年（693）四月二十三日／170

3185　和錢墓誌　武周長壽二年（693）四月二日／170

3186　王義墓誌　武周長壽二年（693）八月十五日／170

3187　咎斌墓誌　武周長壽二年（693）八月二十八日／171

3188　程仵郎墓誌　武周長壽二年（693）十月十七日／171

3189　莫義墓誌　武周長壽二年（693）十二月十三日／171

3190　武周造像記　武周長壽二年（693）／171

3191　楊順墓誌　武周長壽二年（693）／171

3192　程玄景墓誌　武周長壽三年（694）正月九日／172

3193　張懷寂墓誌　武周長壽三年（694）二月六日／172

3194　劉通墓誌　武周長壽三年（694）五月十三日／172

3195　韋瓊造像記　武周長壽□年（692—694）／172

[延載]

3196　關師墓誌　武周延載元年（694）五月二十六日　／172

3197　劉儉墓誌　武周延載元年（694）七月二十七日／172

3198　王寶泰趙玄勖等造西方净土佛龕記　武周
　　　延載元年（694）八月三十日／173

3199　佛説菩薩呵色欲經并僧玄景等題名　武周
　　　延載元年（694）八月／173

3200　房懷亮墓誌　武周延載元年（694）十月
　　　二十三日／173

［證聖］

3201　神□造廿五佛記　武周證聖元年（695）
　　　正月十四日／173

3202　解知□造像記　武周證聖元年（695）三
　　　月／174

3203　元思叡造地藏像記　武周證聖元年
　　　（695）四月八日／174

3204　齊朗墓誌　武周證聖元年（695）十二月
　　　二十一日／174

［天册萬歲］

3205　封抱墓誌　武周天册萬歲元年（695）十
　　　月二十八日／174

3206　王思訥墓誌　武周天册萬歲二年（696）
　　　正月十一日／174

［萬歲登封］

3207　馬夫人石二娘墓誌　武周萬歲登封元年
　　　（696）正月九日／174

3208　封祀壇碑　武周萬歲登封元年（696）十
　　　二月／175

［萬歲通天］

3209　梁曔墓誌　武周萬歲通天元年（696）五
　　　月二十日／175

3210　孔思義造像記　武周萬歲通天元年
　　　（696）五月二十三日／175

3211　仇道朗墓誌　武周萬歲通天元年（696）
　　　五月二十六日／175

3212　李客師造像記　武周萬歲通天元年
　　　（696）六月／176

3213　崔鋭夫人高漆娘墓誌　武周萬歲通天元年
　　　（696）七月六日／176

3214　梁師亮墓誌　武周萬歲通天二年（697）
　　　三月六日／176

3215　馮善廓等造浮圖銘　武周萬歲通天二年
　　　（697）四月十四日／176

3216　劉洪預墓誌　武周萬歲通天二年（697）
　　　五月二日／177

3217　劉含章夫人李五娘墓誌　武周萬歲通天二
　　　年（697）六月二十一日／177

3218　韓仁惠墓誌　武周萬歲通天二年（697）
　　　八月二十一日／177

3219　鄭迥寺游詩・謝幾綜寺訪智力寺游記　武
　　　周萬歲通天二年（697）十二月二十二日
　　　／177

［神功］

3220　張素墓誌　武周神功元年（697）十月二
　　　十二日／177

3221　王緒太夫人郭氏墓誌　武周神功元年
　　　（697）十月二十二日／178

［聖曆］

3222　令孤勝藥師瑠璃光佛造像記　武周聖曆元
　　　年（698）五月二十八日／178

3223　裴咸墓誌　武周聖曆元年（698）十月二
　　　十三日／178

3224　雙束碑　武周聖曆元年（698）／178

3225　馬神貴造像記　武周聖曆二年（699）正
　　　月二十三日／178

3226　潘尊師碣　武周聖曆二年（699）二月八
　　　日／179

3227　王慶祚墓誌　武周聖曆二年（699）二月
　　　十二日／179

3228　王弘則墓誌　武周聖曆二年（699）二月
　　　十七日／179

3229　隱子弘墓誌　武周聖曆二年（699）二月
　　　十七日／179

3230　房逸墓誌　武周聖曆二年（699）二月十
　　　七日／179

3231　王弘安妻觀音造像記　武周聖曆二年（699）二月二十日／179

3232　龍龕道場銘　武周聖曆二年（699）二月二十三日／180

3233　貞隱子墓誌　武周聖曆二年（699）二月／180

3234　諱素軒墓誌　武周聖曆二年（699）二月／180

3235　姬素墓誌　武周聖曆二年（699）三月二十七日／180

3236　裴大娘造佛龕記　武周聖曆二年（699）五月／180

3237　昇仙太子碑　武周聖曆二年（699）六月十九日／180

3238　程瞻墓誌　武周聖曆二年（699）七月二日／181

3239　慕容君夫人費婉墓誌　武周聖曆二年（699）八月九日／181

3240　慕容昇墓誌　武周聖曆二年（699）八月九日／181

3241　張順墓誌　武周聖曆二年（699）八月九日／181

3242　慕容知廉墓誌　武周聖曆二年（699）八月九日／182

3243　王大貞寺彌勒觀音地藏造像記　武周聖曆二年（699）九月二十日／182

3244　張達墓誌　武周聖曆二年（699）十月二十八日／182

3245　姚恭墓誌　武周聖曆二年（699）十二月十日／182

3246　韓君相妻劉造像記　武周聖曆二年（699）十二月／182

3247　大方廣佛花嚴經石幢　武周聖曆二年（699）／182

3248　董智力母陽氏彌勒佛造像記　武周聖曆二年（699）／183

3249　戴希晋墓誌　武周聖曆三年（700）二月二日／183

3250　仙壇山銘　武周聖曆三年（700）三月十八月／183

3251　于大猷碑　武周聖曆三年（700）十一月十二日／183

3252　高慈墓誌　武周聖曆三年（700）十二月十七日／183

［久視］

3253　夏日游石淙詩并序　武周久視元年（700）三月十九日／184

3254　薛剛墓誌　武周久視元年（700）五月二十四日／184

3255　張守素墓誌　武周久視元年（700）十月五日／184

3256　褚承恩墓誌　武周久視元年（700）十月二十二日／184

3257　王二娘造石浮圖記　武周久視元年（700）十月二十三日／185

3258　馮名墓誌　武周久視元年（700）十月二十八日／185

3259　李石夫妻墓誌　武周久視元年（700）十一月十六日／185

3260　秋日宴石淙序　武周久視元年（700）／185

［大足］

3261　趙守訥妻陳氏阿彌陀佛造像記　武周大足元年（701）二月二十四日／185

3262　趙思暘阿彌陀佛造像記　武周大足元年（701）二月二十四日／186

3263　楊君墓誌　武周大足元年（701）二月二十九日／186

3264　趙進墓誌　武周大足元年（701）四月二十三日／186

3265　長孫夫人墓誌　武周大足元年（701）六月／186

3266　王君妻橋氏墓誌　武周大足元年（701）八月六日／186

3267　老妻等阿彌陀佛造像記　武周大足元年（701）八月十八日／186

3268　大雲寺碑　武周大足元年（701）十一月／186

[長安]

3269　張翬墓誌　武周長安二年（702）正月五日／187

3270　郭義□等阿彌陀觀音勢至等造像記　武周長安二年（702）正月十四日／187

3271　順陵殘碑　武周長安二年（702）正月／187

3272　造像記殘石　武周長安二年（702）二月／187

3273　杜并墓誌　武周長安二年（702）四月十二日／187

3274　泉男産墓誌　武周長安二年（702）四月二十三日／188

3275　尉門道墓誌　武周長安二年（702）六月十七日／188

3276　昉思忠造像記　武周長安二年（702）七月十五日／188

3277　紀信碑　武周長安二年（702）七月／188

3278　馬文妻董造像記　武周長安二年（702）九月／188

3279　馬居墓誌　武周長安二年（702）十一月二十二日／189

3280　張廉夫人樊氏墓誌　武周長安二年（702）十二月十日／189

3281　武后母楊氏殘石　武周長安二年（702）／189

3282　劉齊賢墓誌　武周長安三年（703）正月四日／189

3283　宋越客妻鹿三娘造像記　武周長年三年（703）正月五日／189

3284　王嘉墓誌　武周長安三年（703）二月十七日／190

3285　張嘉墓誌　武周長安三年（703）二月十七日／190

3286　賈楚墓誌　武周長安三年（703）二月十七日／190

3287　周履潔墓誌　武周長安三年（703）二月二十八日／190

3288　張矩墓誌　武周長安三年（703）二月二十八日／190

3289　袁五姬造阿彌陀像記　武周長安三年（703）四月八日／191

3290　王則墓誌　武周長安三年（703）四月十一日／191

3291　信法寺造真容像碑　武周長安三年（703）七月十五日／191

3292　高延貴造像記　武周長安三年（703）七月十五日／191

3293　韋均造像記　武周長安三年（703）九月三日／191

3294　郭方剛阿彌陀佛造像記　武周長安三年（703）九月八日／192

3295　蕭元眘造彌勒像記　武周長安三年（703）九月九日／192

3296　李承嗣造阿彌陀像記　武周長安三年（703）九月十五日／192

3297　寶慶寺石佛天蓋及造像記　武周長安三年（703）九月十五日／192

3298　德感造觀音像　武周長安三年（703）九月十五日／193

3299　寶慶寺十一面觀音像　武周長安三年（703）九月十五日／193

3300　寶慶寺姚元之造像記　武周長安三年（703）九月十五日／193

3301　李承嗣造像記　武周長安三年（703）九月／193

3302　蕭元眘造像記　武周長安三年（703）九月／193

3303　楊君妻杜氏墓誌　武周長安三年（703）十月十五日／193

3304　智□師造塔銘　武周長安三年（703）十月二十五日／194

3305　寶慶寺蕭元眘造像右脇菩薩上半身　武周長安三年（703）／194

3306　魏懷静造像記　武周長安四年（704）二月二日／194

3307　尉遲弘楷造像記　武周長安四年（704）二月十日／194

3308　陳昌宗造像記　武周長安四年（704）二月二十三日／194

3309　高建昌造像記　武周長安四年（704）二月二十四日／195

3310　宋婆造像記　武周長安四年（704）二月二十四日／195

3311　陳暉造像記　武周長安四年（704）二月二十四日／195

3312　韓寄生造像記　武周長安四年（704）二月二十七日／195

3313　李符妻摯氏墓誌　武周長安四年（704）三月五日／195

3314　王弘楷造像記　武周長安四年（704）三月十日／195

3315　李隆業造像記　武周長安四年（704）三月二十七日／195

3316　趙思錫造觀音像銘記　武周長安四年（704）九月一日／196

3317　姚元景造像記　武周長安四年（704）九月十八日／196

3318　寶慶寺石佛像　武周長安四年（704）九月十八日／196

3319　唐石刻題記　武周長安四年（704）九月二十二日／196

3320　王敏墓誌　武周長安四年（704）九月二十三日／196

3321　百門陂碑　武周長安四年（704）九月／197

3322　楊亮墓誌　武周長安四年（704）十月二十一日／197

3323　武周造像記殘石　武周長安四年（704）十二月二十二日／197

3324　武周題記　武周長安年間（701—704）／197

3325　金剛般若波羅蜜經　武周長安年間（701—704）／197

3326　阿彌陀經　武周長安年間（701—704）／197

3327　付法藏因緣傳　武周長安年間（701—704）／197

3328　□□妻劉造像記　武周長安年間（701—704）／198

3329　里可承妻王婆造像記　武周長安年間（701—704）／198

3330　王仁則造像記　武周長安年間（701—704）／198

3331　賈造像記并懷智造像記　武周長安年間（701—704）／198

3332　王思業造像記　武周長安年間（701—704）／198

3333　甘大娘造像記　武周長安年間（701—704）／198

3334　普光師造像記　武周長安年間（701—704）／198

3335　霍三娘造像記　武周長安年間（701—704）／199

3336　楊婆造像記　武周長安年間（701—704）／199

3337　裴素月造像記并吳冲兒造像記　武周長安年間（701—704）／199

3338　姚思造像記　武周長安年間（701—704）／199

3339　爲亡兄鹿德造像記　武周長安年間（701—704）／199

3340　韓弘造像記　武周年間（690—705）／199

3341　武周造像記殘石　武周年間（690—705）／199

3342　華塔寺題刻　武周年間（690—705）／200

3343　武周佛像題名　武周年間（690—705）／200

唐（705—907）

[神龍]

3344　安令節墓誌　唐神龍元年（705）三月五日／201

3345　趙祖福阿彌陀佛造像記　唐神龍元年（705）三月二十七日／201

3346　□利妻燕氏彌勒佛造像記　唐神龍元年（705）三月二十七日／201

3347　義□等地藏觀音造像記　唐神龍元年（705）四月／201

3348　劉四恩造像記　唐神龍元年（705）八月／202

3349　王思道等阿彌陀佛造像記　唐神龍元年（705）九月／202

3350　康悊墓誌　唐神龍元年（705）十一月二十六日／202

3351　楊文愕等造阿彌陀像記　唐神龍元年（705）十一月二十八日／202

3352　祝綝碑　唐神龍元年（705）／202

3353　辛六娘造像記　唐神龍二年（706）三月八日／202

3354　門下省行尚書省文刻石　唐神龍二年（706）四月六日／203

3355　孫惠并夫人李氏墓誌　唐神龍二年（706）五月七日／203

3356　信行禪師興教碑　唐神龍二年（706）八月／203

3357　大通禪師碑　唐神龍二年（706）十月／203

3358　般若心經　唐神龍二年（706）／203

3359　王昕夫人李清禪墓誌　唐神龍三年（707）四月六日／203

3360　識法師頌盧公清德文　唐神龍三年（707）五月八日／204

3361　恩恩造像記　唐神龍三年（707）七月十四日／204

3362　造地藏菩薩業道像記　唐神龍三年（707）七月十四日／204

3363　亡宮墓誌　唐神龍三年（707）八月十九日／204

3364　唐造像記　唐神龍三年（707）九月三十日／204

3365　高仁敬刻石　唐神龍三年（707）／205

[景龍]

3366　賜盧正道敕　唐景龍元年（707）十月／205

3367　龍興觀老子道德經　唐景龍二年（708）正月／205

3368　王素臣墓誌　唐景龍二年（708）二月二十四日／205

3369　鮑□刻石　唐景龍二年（708）三月十三日／206

3370　唐殘造像　唐景龍二年（708）三月／206

3371　楊務勤造像記　唐景龍二年（708）八月／206

3372　趙本質妻温氏墓誌　唐景龍二年（708）十月二十七日／206

3373　姚二娘造像　唐景龍二年（708）十月／206

3374　王操及妻穆氏合祔墓誌　唐景龍二年（708）十一月八日／206

3375　于賁墓誌　唐景龍二年（708）十一月二十七日／207

3376　陳蘭茂刻石　唐景龍二年（708）／207

3377 法琬禪師碑 唐景龍三年（709）五月十日 / 207

3378 政信人造像記 唐景龍三年（709）七月八日 / 208

3379 魏國夫人裴氏墓誌 唐景龍三年（709）七月十九日 / 208

3380 許公及妻楊氏合葬誌 唐景龍三年（709）七月十九日 / 208

3381 唐造像記殘石 唐景龍三年（709）九月二十一日 / 208

3382 梁嘉運墓誌 唐景龍三年（709）十月二日 / 208

3383 臧南金妻白光倩墓誌 唐景龍三年（709）十一月二十日 / 209

3384 申屠行墓誌 唐景龍三年（709）十二月二日 / 209

3385 雙束碑 唐景龍三年（709）/ 209

3386 □六娘造像記 唐景龍四年（710）三月 / 209

3387 □瑤墓誌 唐景龍四年（710）四月四日 / 209

3388 陸寂證墓誌 唐景龍四年（710）五月五日 / 209

3389 陳守素妻李夫人墓誌 唐景龍四年（710）五月十日 / 209

3390 吾四娘等造像記 唐景龍四年（710）/ 210

[景雲]

3391 波斯國酋長阿羅憾墓誌 唐景雲元年（710）四月一日 / 210

3392 蕭思享墓誌 唐景雲二年（711）二月十五日 / 210

3393 蕭思亮墓誌 唐景雲二年（711）二月十五日 / 210

3394 獨孤仁政碑 唐景雲二年（711）二月二十七日 / 210

3395 王□造石浮屠銘 唐景雲二年（711）四月八日 / 211

3396 盧玢墓誌 唐景雲二年（711）四月九日 / 211

3397 張冬至及妻趙氏墓誌 唐景雲二年（711）五月四日 / 211

3398 白知新夫人鄭氏墓誌 唐景雲二年（711）十月十九日 / 211

3399 郭思訓墓誌 唐景雲二年（711）十二月五日 / 211

3400 邑義十六人等造像記 唐景雲二年（711）十二月 / 212

3401 鄭仁愷碑 唐景雲□年（710—712）□月二十八日 / 212

[太極]

3402 何氏墓誌 唐太極元年（712）二月十日 / 212

3403 崔孝昌墓誌 唐太極元年（712）二月二十一日 / 212

3404 賀玄道墓誌 唐太極元年（712）三月四日 / 212

3405 王天墓誌 唐太極元年（712）三月十五日 / 213

3406 田義起石浮圖頌 唐太極元年（712）四月八日 / 213

[延和]

3407 蕭貞亮墓誌 唐延和元年（712）七月十八日 / 213

3408 將軍柱國史石像銘 唐延和元年（712）七月 / 213

[先天]

3409 荆□□寺地藏觀音造像記 唐先天元年（712）四月四日 / 214

3410 □□等造石塔記 唐先天元年（712）八月八日 / 214

3411 趙楚□造阿彌陀石像 唐先天元年（712）九月十五日 / 214

3412 馮本紀孝碑 唐先天元年（712）十一月七日 / 214

3413　趙克廉墓誌　唐先天元年（712）十一月
十九日／214

3414　□高及夫人陳氏合葬墓誌　唐先天元年
（712）十一月十九日／214

3415　契苾明碑　唐先天元年（712年）十二月
十六日／214

3416　平公碑　唐先天元年（712）／215

3417　張□□妻裴造像記　唐先天二年（713）
五月／215

3418　大像邑之碑　唐先天二年（713）十月
／215

3419　劉穆墓誌　唐先天二年（713）十一月十
二日／215

［開元］

3420　杜潛輝造像記　唐開元元年（713）二月
九日／216

3421　□□造像記　唐開元元年（713）十一月
／216

3422　段法智造像記　唐開元元年（713）十一
月／216

3423　張賓造像記　唐開元元年（713）十一月
／216

3424　周公祠碑　唐開元元年（713）十二月五
日／216

3425　遷柩記　唐開元二年（714）二月二日
／216

3426　杜潛輝造像記　唐開元二年（714）二月
九日／216

3427　鴻臚井碑　唐開元二年（714）五月十八
日／217

3428　戴令言墓誌　唐開元二年（714）十二月
七日／217

3429　鄭玄果墓誌　唐開元二年（714）十二月
二十九日／217

3430　王慶興妻張氏合葬墓誌　唐開元二年
（714）十二月／217

3431　劉君幡竿銘　唐開元三年（715）正月二
十八日／218

3432　少林寺戒壇銘　唐開元三年（715）正月
／218

3433　宮人墓誌　唐開元三年（715）二月二十
日／218

3434　邢思賢墓誌　唐開元三年（715）二月二
十日／218

3435　王頵墓誌　唐開元三年（715）三月二十
四日／218

3436　馮貞祐妻孟十一娘墓誌　唐開元三年
（715）四月九日／218

3437　韋利器等造像記　唐開元三年（715）八
月十日／219

3438　丘悅贊造像　唐開元三年（715）八月十
日／219

3439　真性造像記　唐開元三年（715）九月
／219

3440　姚懿碑　唐開元三年（715）十月十三日
／219

3441　崔哲夫人源氏墓誌　唐開元三年（715）
十月二十二日／219

3442　胡□墓誌　唐開元三年（715）十月二十
五日／219

3443　法藏禪師塔銘　唐開元四年（716）五月
二十七日／220

3444　先聖廟堂碑　唐開元四年（716）五月
／220

3445　義福禪師碑　唐開元四年（716）六月十
七日／220

3446　高應墓誌　唐開元四年（716）十一月十
九日／220

3447　裴君妻賀蘭氏墓誌　唐開元四年（716）
十二月十九日／221

3448　靳隱兒墓誌　唐開元五年（717）二月十
一日／221

3449　葉有道碑　唐開元五年（717）三月八日 / 221

3450　張敬琮母王婆造像記　唐開元五年（717）三月 / 221

3451　姚彝碑　唐開元五年（717）四月二十七日 / 221

3452　尹尊師碑　唐開元五年（717）十月二日 / 222

3453　趙敬玄墓誌　唐開元五年（717）十一月六日 / 222

3454　王子麟墓誌　唐開元六年（718）正月十四日 / 222

3455　安祥墓誌　唐開元六年（718）正月十六日 / 222

3456　李貞墓誌　唐開元六年（718）正月二十六日 / 222

3457　燕紹墓誌　唐開元六年（718）五月三日 / 222

3458　蔣楚賓妻于氏墓誌　唐開元六年（718）七月十日 / 223

3459　正覺浮圖銘　唐開元六年（718）七月十五日 / 223

3460　韋頊墓誌　唐開元六年（718）七月二十九日 / 223

3461　柏梯寺碑　唐開元六年（718）十月一日 / 223

3462　賈黄中墓誌　唐開元六年（718）十月二十四日 / 223

3463　劉元超墓誌　唐開元六年（718）十一月十九日 / 224

3464　王君夫人橋氏墓誌　唐開元六年（718）/ 224

3465　東海鬱林觀東巖壁記　唐開元七年（719）正月 / 224

3466　李神珧功德廟碑　唐開元七年（719）正月 / 224

3467　吴藏師造像記　唐開元七年（719）正月 / 225

3468　金剛般若波羅密經　唐開元七年（719）四月 / 225

3469　于知微碑　唐開元七年（719）六月三日 / 225

3470　吕文倩墓誌　唐開元七年（719）六月十八日 / 225

3471　唐貞休德政碑　唐開元七年（719）七月 / 226

3472　王仁皎碑　唐開元七年（719）十月 / 226

3473　張君夫人郭華嚴墓誌　唐開元七年（719）十一月七日 / 226

3474　鮮于氏墓誌　唐開元七年（719）十一月十九日 / 226

3475　孫氏石像碑　唐開元七年（719）/ 227

3476　修定寺記碑　唐開元七年（719）/ 227

3477　韋希損墓誌　唐開元八年（720）正月八日 / 227

3478　華嶽精享昭應碑　唐開元八年（720）三月 / 227

3479　居德寺碑　唐開元八年（720）四月八日 / 227

3480　李思訓碑　唐開元八年（720）六月二十八日 / 228

3481　王慶墓碣　唐開元八年（720）九月十一日 / 228

3482　梁方并夫人張氏墓誌　唐開元八年（720）十月二十三日 / 229

3483　程禮造像記　唐開元八年（720）/ 229

3484　楊普會造像記并楊婆造像記　唐開元八年（720）/ 229

3485　四海造像記　唐開元八年（720）/ 229

3486　本願寺舍利塔碑　唐開元九年（721）二月十五日 / 229

3487　契苾夫人墓誌　唐開元九年（721）二月二十五日／230

3488　北嶽府君碑　唐開元九年（721）三月二十六日／230

3489　山頂石浮圖銘　唐開元九年（721）四月八日／230

3490　賈感墓誌　唐開元九年（721）四月九日／230

3491　桓歸秦墓誌　唐開元九年（721）七月十六日／230

3492　張思道墓誌　唐開元九年（721）十月十日／231

3493　興福寺斷碑　唐開元九年（721）十月二十三日／231

3494　樊覽墓誌　唐開元九年（721）十月二十八日／232

3495　王慶墓誌　唐開元九年（721）十一月六日／232

3496　荀懷節墓誌　唐開元九年（721）十二月二十四日／232

3497　左中孚造像記　唐開元九年（721）／232

3498　玄方律師像塔銘　唐開元十年（722）三月一日／232

3499　李文安造石浮屠銘　唐開元十年（722）四月八日／232

3500　崔紹妻廬氏墓誌　唐開元十年（722）五月二日／233

3501　韋抗功德碑　唐開元十年（722）六月七日／233

3502　董虔運墓誌　唐開元十年（722）九月二十九日／233

3503　奉先寺大盧舍那像龕記　唐開元十年（722）十二月十二日／233

3504　田嵩墓誌　唐開元十一年（723）正月二十八日／233

3505　董守貞墓誌　唐開元十一年（723）二月一日／234

3506　執失善光墓誌　唐開元十一年（723）二月十三日／234

3507　樊晋客墓誌　唐開元十一年（723）四月二十一日／234

3508　雍張墓誌　唐開元十一年（723）四月二十六日／234

3509　老子孔子顔子贊殘石　唐開元十一年（723）五月九日／234

3510　娑羅樹碑　唐開元十一年（723）十月二日／235

3511　阿史那氏墓誌　唐開元十一年（723）十月十日／235

3512　王玄起妻李氏墓誌　唐開元十一年（723）十月十日／235

3513　王玄起墓誌　唐開元十一年（723）十月十日／236

3514　柏谷塢莊碑　唐開元十一年（723）十一月四日／236

3515　少林寺賜田敕　唐開元十一年（723）十二月二十一日／236

3516　□仁智造像記　唐開元十一年（723）／236

3517　田靈芝墓誌　唐開元十一年（723）／236

3518　御史臺精舍碑　唐開元十一年（723）／236

3519　高延福墓誌　唐開元十二年（724）正月二十一日／237

3520　郭方剛阿彌陀佛造像記　唐開元十二年（724）正月三十日／238

3521　宋運妻王氏墓誌　唐開元十二年（724）五月十四日／238

3522　淨業法師塔銘　唐開元十二年（724）六月十五日／238

3523　唐端權殯誌　唐開元十二年（724）六月二十六日／238

3524　楊將軍新莊像銘　唐開元十二年（724）十月八日／239

3525 寶慶寺石佛　唐開元十二年（724）十月八日／239

3526 吴善墓誌　唐開元十二年（724）十一月二十六日／239

3527 紀茂重墓誌　唐開元十二年（724）十一月二十八日／239

3528 李敬墓誌　唐開元十二年（724）十二月十一日／240

3529 常道觀敕　唐開元十二年（724）閏十二月／240

3530 乙速孤行儼碑　唐開元十三年（725）二月十六日／240

3531 尹伏生塔銘　唐開元十三年（725）四月二十六日／240

3532 述聖頌　唐開元十三年（725）六月九日／241

3533 善才寺碑　唐開元十三年（725）十月／241

3534 索崇墓誌　唐開元十三年（725）十一月二十三日／241

3535 伯夷叔齐碑　唐開元十三年（725）／241

3536 薛君妻裴氏墓誌　唐開元十四年（726）二月二十三日／241

3537 鄭戎墓誌　唐開元十四年（726）五月十九日／242

3538 紀泰山銘　唐開元十四年（726）九月／242

3539 張詮墓誌　唐開元十四年（726）十一月十日／243

3540 畢恭墓誌　唐開元十四年（726）十一月二十三日／243

3541 □文炬造像記　唐開元十四年（726）十二月十四日／243

3542 思恒律師墓誌　唐開元十四年（726）十二月十五日／243

3543 裴民墓誌　唐開元十四年（726）／243

3544 端州石室記　唐開元十五年（727）正月二十五日／244

3545 造七級浮圖及彌陀像　唐開元十五年（727）正月／244

3546 鄭玄泰石浮圖銘　唐開元十五年（727）二月八日／244

3547 朱行斌墓誌　唐開元十五年（727）二月十七日／244

3548 方律師像塔銘　唐開元十五年（727）三月一日／245

3549 房君妻崔順墓誌　唐開元十五年（727）四月十三日／245

3550 李和墓誌　唐開元十五年（727）六月十三日／245

3551 鄭温球墓誌　唐開元十五年（727）七月二十七日／245

3552 王公女十八娘墓誌　唐開元十五年（727）八月九日／245

3553 北嶽恒山祠碑　唐開元十五年（727）八月／245

3554 道安禪師碑　唐開元十五年（727）十月二十一日／246

3555 崔嚴墓誌　唐開元十五年（727）十月二十八日／246

3556 匹婁君妻靳氏墓誌　唐開元十六年（728）二月五日／246

3557 楊元一造像記　唐開元十六年（728）三月十日／246

3558 少林寺碑　唐開元十六年（728）七月十五日／246

3559 楊淡造陀羅尼經幢　唐開元十六年（728）十一月八日／247

3560 佛頂尊勝陀羅尼經幢　唐開元十六年（728）十二月十五日／247

3561 敬節法師塔銘　唐開元十七年（729）七月十五日／247

3562　□同人墓誌　唐開元十七年（729）八月
二十六日／247

3563　宋君妻甘感墓誌　唐開元十七年（729）
九月十九日／248

3564　軒轅□盈造像　唐開元十七年（729）九
月／248

3565　龍角山慶唐觀紀聖銘　唐開元十七年
（729）九月／248

3566　高嶸墓誌　唐開元十七年（729）十月十
六日／248

3567　劉龍樹墓誌　唐開元十七年（729）十一
月十六日／248

3568　法澄塔銘　唐開元十七年（729）十一月
二十三日／248

3569　王道元造像記　唐開元十八年（730）閏
六月／249

3570　臧懷亮墓誌　唐開元十八年（730）八月
二十一日／249

3571　麓山寺碑　唐開元十八年（730）九月十
一日／249

3572　劉庭訓墓誌　唐開元十八年（730）十月
十六日／250

3573　契苾嵩墓誌　唐開元十八年（730）十一
月二十二日／250

3574　劉嗣仙造石浮圖記　唐開元十九年
（731）二月二十日／250

3575　胡明期母曹氏墓誌　唐開元十九年
（731）四月七日／250

3576　如來造像記　唐開元十九年（731）五月
八日／251

3577　佛弟子□□□弟思潤造像記　唐開元十九
年（731）九月十三日／251

3578　崔紹墓誌　唐開元二十年（732）六月六
日／251

3579　王怡墓誌　唐開元二十年（732）九月二
日／251

3580　源光俗妻郭氏墓誌　唐開元二十年
（732）九月二日／251

3581　闕特勤碑　唐開元二十年（732）十月七
日／251

3582　房惠琳墓誌　唐開元二十一年（733）三
月十二日／252

3583　李仁德墓誌　唐開元二十一年（733）四
月十三日／252

3584　堅行禪師塔銘　唐開元二十一年（733）
閏六月一日／252

3585　張喦妻魏氏墓誌　唐開元二十一年
（733）七月二十五日／252

3586　杜君妻張氏墓誌　唐開元二十一年
（733）八月八日／253

3587　張點墓誌　唐開元二十一年（733）十月
十六日／253

3588　張軨墓誌　唐開元二十一年（733）十月
十六日／253

3589　江璀墓誌　唐開元二十一年（733）十一
月二十二日／253

3590　井真成墓誌　唐開元二十二年（734）二
月四日／253

3591　源君妻薛淑墓誌　唐開元二十二年
（734）三月十一日／254

3592　裴肅墓誌　唐開元二十二年（734）三月
二十四日／254

3593　段貞墓誌　唐開元二十二年（734）八月
十四日／254

3594　張休光墓誌　唐開元二十二年（734）十
月二十二日／254

3595　代國長公主碑　唐開元二十二年（734）
十二月三日／254

3596　蕭令臣墓誌　唐開元二十三年（735）二
月十日／255

3597　鄭諶墓誌　唐開元二十三年（735）二月
二十三日／255

3598　董靜志造像記　唐開元二十三年（735）七月三十日／255

3599　梁義方墓誌　唐開元二十三年（735）閏十一月三日／255

3600　趙壽墓誌　唐開元二十三年（735）閏十一月三日／255

3601　北嶽神廟碑　唐開元二十三年（735）閏十一月／256

3602　法華寺碑　唐開元二十三年（735）十二月八日／256

3603　令長新誡　唐開元二十四年（736）二月七日／256

3604　龐履温碑　唐開元二十四年（736）二月／257

3605　白鹿泉神君祠碑　唐開元二十四年（736）三月／257

3606　鄭會碑　唐開元二十四年（736）五月／257

3607　大智禪師碑　唐開元二十四年（736）九月十八月／257

3608　神寶寺碑　唐開元二十四年（736）十月五日／258

3609　邵真及馬夫人墓誌　唐開元二十四年（736）十月二十六日／258

3610　姜義葬誌　唐開元二十四年（736）／259

3611　景賢大師身塔記　唐開元二十五年（737）八月十二日／259

3612　不空法師塔記　唐開元二十五年（737）八月／259

3613　亡宮墓誌　唐開元二十五年（737）十月二十七日／259

3614　李勛并夫人鄧氏墓誌　唐開元二十五年（737）十一月十四日／259

3615　尉遲迴廟碑　唐開元二十六年（738）正月／260

3616　殷夫人碑　唐開元二十六年（738）正月／260

3617　惠隱禪師塔銘　唐開元二十六年（738）二月六日／260

3618　盧實信功德塔銘　唐開元二十六年（738）五月十五日／260

3619　元氏墓誌　唐開元二十六年（738）五月十七日／261

3620　李承乾墓誌　唐開元二十六年（738）五月二十九日／261

3621　任城縣橋亭記　唐開元二十六年（738）七月十四日／261

3622　佛頂尊勝陀羅尼經并序　唐開元二十六年（738）七月二十二日／261

3623　王固己墓誌　唐開元二十六年（738）閏八月六日／261

3624　裴君妻元氏權殯誌　唐開元二十六年（738）九月十一日／261

3625　龍興觀道德經　唐開元二十六年（738）十月八日／262

3626　李敬固妻朱氏墓誌　唐開元二十七年（739）正月四日／262

3627　易州鐵像頌　唐開元二十七年（739）三月／262

3628　趙庭墓誌　唐開元二十七年（739）八月二十四日／263

3629　白知新墓誌　唐開元二十七年（739）十月十四日／263

3630　常來及妻龐氏墓誌　唐開元二十七年（739）十月二十五日／263

3631　趙庭秀墓誌　唐開元二十七年（739）十月二十六日／263

3632　崔玄隱墓誌　唐開元二十七年（739）十月二十六日／263

3633　張孚墓誌　唐開元二十八年（740）六月十四日／264

3634　田琬德政碑　唐開元二十八年（740）十月十六日／264

3635　康庭蘭墓誌　唐開元二十八年（740）十月十七日／264

3636　山頂石浮屠後記　唐開元二十八年（740）／264

3637　開元造像碑　唐開元二十八年（740）／264

3638　裴坦墓誌　唐開元二十九年（741）二月二十日／265

3639　裴積墓誌　唐開元二十九年（741）二月二十日／265

3640　啜禄夫人鄭氏墓誌　唐開元二十九年（741）二月二十一日／265

3641　唐儉碑　唐開元二十九年（741）二月／265

3642　夢真容碑　唐開元二十九年（741）六月一日／265

3643　石壁寺碑　唐開元二十九年（741）六月二十四日／266

3644　豆善富墓誌　唐開元二十九年（741）八月十八日／266

3645　崔君妻朱氏墓誌　唐開元二十九年（741）八月二十日／266

3646　王琳墓誌　唐開元二十九年（741）十一月二日／266

3647　張景陽墓誌　唐開元二十九年（741）十一月二十五日／267

3648　斐道安墓誌　唐開元二十九年（741）／267

3649　盧公李夫人墓誌　唐開元三十年（742）□月三日／267

3650　楊思勗造像記　唐開元□□年（713—722）四月二十三日／267

3651　高力士等一百六十人造無量壽像記　唐開元□年（713—722）／267

3652　雲居寺石經堂碑　唐開元□年（713—741）二月八日／267

3653　王行果殘碑　唐開元末（713—741）／268

3654　内侍省功德碑　唐開元年間（713—741）／268

3655　金仙長公主碑　唐開元年間（713—741）／268

3656　牛氏像龕碑　唐開元年間（713—741）／268

3657　佛説阿彌陀經　唐開元年間（713—741）／268

［天寶］

3658　李秀碑　唐天寶元年（742）正月十日／269

3659　張本墓誌　唐天寶元年（742）正月二十六日／269

3660　王泠然墓誌　唐天寶元年（742）正月三十日／269

3661　盧正道碑　唐天寶元年（742）二月八日／269

3662　賈令琬墓誌　唐天寶元年（742）三月二十八日／269

3663　魏元墓誌　唐天寶元年（742）四月十四日／270

3664　趙巨源墓誌　唐天寶元年（742）四月二十三日／270

3665　兖公頌碑　唐天寶元年（742）四月二十三日／270

3666　陳令望造蜜多心經碑　唐天寶元年（742）四月／271

3667　鄭瑁墓誌　唐天寶元年（742）五月十六日／271

3668　何簡墓誌　唐天寶元年（742）七月三十日／271

3669　創建清真寺碑　唐天寶元年（742）八月／271

3670　吏部南曹石幢頌并序并佛頂尊勝陀羅尼經　唐天寶元年（742）九月／271

3671　嚴仁墓誌　唐天寶元年（742）十月十七日／272

3672　靈巖寺碑　唐天寶元年（742）十一月十五日／272

3673　苑玄亮墓誌　唐天寶元年（742）十一月十九日／272

3674　徐嶠墓誌　唐天寶元年（742）十一月／272

3675　李元福妻翬造像　唐天寶元年（742）／273

3676　告華嶽府君文　唐天寶元年（742）／273

3677　大般若波羅多經卷第九　唐天寶元年（742）／273

3678　陳當意造石仙宮記　唐天寶二年（743）四月二十三日／273

3679　王之渙墓誌　唐天寶二年（743）五月二十二日／273

3680　王秦客墓誌　唐天寶二年（743）十月二十日／273

3681　姚晅墓誌　唐天寶二年（743）十月二十日／274

3682　崔君妻獨孤氏墓誌　唐天寶二年（743）十一月二日／274

3683　陳周子墓誌　唐天寶二年（743）十一月十四日／274

3684　隆闡法師碑　唐天寶二年（743）十二月十一日／274

3685　王訓墓誌　唐天寶三載（744）二月二十一日／275

3686　嵩陽觀碑　唐天寶三載（744）二月／275

3687　李褘夫人吕氏墓誌　唐天寶三載（744）閏二月三日／275

3688　盧友度墓誌　唐天寶三載（744）三月九日／276

3689　索思禮墓誌　唐天寶三載（744）八月十二日／276

3690　宇文琬墓誌　唐天寶三載（744）十月二十日／276

3691　圓濟和上身塔銘　唐天寶三載（744）／276

3692　尊勝陀羅尼鐵塔　唐天寶四載（745）二月八日／276

3693　石臺孝經　唐天寶四載（745）九月一日／277

3694　□永墓誌　唐天寶四載（745）十月五日／278

3695　寇南容墓誌　唐天寶四載（745）十月十三日／278

3696　劉升墓誌　唐天寶四載（745）十月十三日／278

3697　王爽墓誌　唐天寶四載（745）十月二十五日／278

3698　諸葛明哲妻韓氏墓誌　唐天寶四載（745）十月二十五日／278

3699　任令則神道碑　唐天寶四載（745）十二月二十八日／279

3700　佛頂尊勝陀羅尼經　唐天寶四載（745）／279

3701　杜福隱造像記　唐天寶五載（746）四月八日／279

3702　净藏禪師身塔銘　唐天寶五載（746）十月六日／279

3703　竇居士神道碑　唐天寶六載（747）二月八日／279

3704　張軫墓誌　唐天寶六載（747）十月十二日／280

3705　李迪墓誌　唐天寶六載（747）十一月二十五日／280

3706　李戡墓誌　唐天寶六載（747）十二月二十日／280

3707　成君墓誌　唐天寶六載（747）／280

3708　王李昌墓誌　唐天寶六載（747）／281

3709　佛頂尊勝陀羅尼塔銘　唐天寶七載（748）五月十三日／281

3710　王尚客等六十人造陁羅尼經幢　唐天寶七載（748）五月十五日／281

3711　安天王碑　唐天寶七載（748）五月二十五日／281

3712　潘智昭墓誌　唐天寶七載（748）七月五日／281

3713　大慈禪師墓誌　唐天寶七載（748）十一月十八日／281

3714　李君夫人竇氏墓誌　唐天寶七載（748）十一月二十四日／282

3715　王同福并夫人裴雍熙墓誌　唐天寶七載（748）十一月三十日／282

3716　林禪師神道碑　唐天寶八載（749）正月十五日／282

3717　李擬官造彌陀像　唐天寶八載（749）三月二十六日／282

3718　薛義墓誌　唐天寶八載（749）七月二十八日／282

3719　康君翟氏墓誌　唐天寶八載（749）八月十日／283

3720　盧復墓誌　唐天寶九載（750）二月十三日／283

3721　張椅墓誌　唐天寶九載（750）二月十四日／283

3722　靈運禪師功德塔碑　唐天寶九載（750）四月十五日／283

3723　郭虛己墓誌　唐天寶九載（750）五月十五日／283

3724　張超佛頂尊勝陀羅尼經幢　唐天寶九載（750）八月二十九日／283

3725　裴妻韋氏墓誌　唐天寶九載（750）十月六日／284

3726　李系墓誌　唐天寶九載（750）十一月十七日／284

3727　李華墓誌　唐天寶九載（750）十二月七日／284

3728　崔虞延墓誌　唐天寶十載（751）三月二十二日／284

3729　慕容氏女墓誌　唐天寶十載（751）四月十一日／284

3730　張君妻郭班墓誌　唐天寶十載（751）八月二十二日／284

3731　裴肅及妻陽氏合葬墓誌　唐天寶十載（751）十月二十四日／285

3732　王志悌墓誌　唐天寶十載（751）十一月五日／285

3733　李諶妻崔氏墓誌　唐天寶十載（751）十二月十一日／285

3734　永泰寺碑頌　唐天寶十一載（752）三月五日／285

3735　多寶塔碑　唐天寶十一載（752）四月二十二日／285

3736　崔錡墓誌　唐天寶十一載（752）十月十一日／286

3737　劉君妻王光贊墓誌　唐天寶十一載（752）十一月二十七日／286

3738　柴閱墓誌　唐天寶十一載（752）十二月六日／287

3739　張璬墓誌　唐天寶十二載（753）二月十二日／287

3740　賈隱并夫人杜氏墓誌　唐天寶十二載（753）二月二十四日／287

3741　永泰寺尊勝陀羅尼經幢　唐天寶十二載（753）六月三日／287

3742　張朏墓誌　唐天寶十二載（753）八月二十六日／287

3743　楊珣碑　唐天寶十二載（753）八月／287

3744　王晋等造佛菩薩像　唐天寶十二載（753）十月／288

3745 劉氏造像記　唐天寶十二載（753）十月 / 288

3746 張元忠夫人令狐氏墓誌　唐天寶十二載（753）十二月四日 / 288

3747 優婆姨段常省塔銘　唐天寶十二載（753）/ 288

3748 曹仁墓誌　唐天寶十三載（754）正月十三日 / 288

3749 净元造像記　唐天寶十三載（754）四月二十六日 / 289

3750 張惢墓誌　唐天寶十三載（754）五月七日 / 289

3751 黃攝妻劉氏墓誌　唐天寶十三載（754）八月十日 / 289

3752 釋慧沼等造石橋記　唐天寶十三載（754）八月 / 289

3753 李詥墓誌　唐天寶十三載（754）閏十一月二十九日 / 289

3754 東方朔畫贊碑　唐天寶十三載（754）十二月一日 / 289

3755 哥舒翰紀功碑　唐天寶十三載（754）/ 290

3756 韓貞瓚女二娘造像記　唐天寶十四載（755）正月三十日 / 290

3757 張安生墓誌　唐天寶十四載（755）二月十二日 / 290

3758 崔克讓墓誌　唐天寶十四載（755）二月十六日 / 291

3759 韋瓊墓誌　唐天寶十四載（755）五月十三日 / 291

3760 少林寺神王碑　唐天寶十四載（755）八月十五日 / 291

3761 崔夫人墓誌　唐天寶十四載（755）九月十七日 / 291

3762 張毗羅墓誌　唐天寶十四載（755）十一月十七日 / 291

3763 張希古墓誌　唐天寶十五載（756）四月二日 / 292

3764 劉智墓誌　唐天寶十五載（756）五月十九日 / 292

3765 唐造塔記　唐天寶十七載（758）/ 292

3766 劉□村石橋碑　唐天寶年間（742—756）/ 292

燕（756—763）

[聖武]

3767 李玢墓誌　燕聖武元年（756）十二月五日 / 293

3768 王淆墓誌　燕聖武二年（757）正月二十五日 / 293

3769 徐懷隱墓誌　燕聖武二年（757）十月十六日 / 293

3770 長孫君妻杜氏墓誌　燕聖武二年（757）十月十七日 / 293

唐

[至德]

3771 顏魯公華嶽題名　唐至德元載（756）十月十二日 / 295

3772 城隍廟碑　唐至德二載（757）八月 / 295

3773 憫忠寺寶塔頌　唐至德二載（757）十一月十五日 / 295

3774 威神寺大德禪師墓誌　唐至德二載（757）十二月 / 295

3775 光福寺額敕　唐至德三載（758）四月十三日 / 296

3776 龍曰寺西龕石壁詩刻　唐至德三載（758）四月十三日 / 296

[乾元]

3777 謁金天王神祠題記　唐乾元元年（758）十月十二日 / 296

3778　縉雲縣城隍廟記　唐乾元二年（759）八月／296

[上元]

3779　佛説觀無量壽經碑　唐上元元年（760）七月／296

3780　文林郎王君夫人墓誌　唐上元元年（760）八月二十二日／297

3781　西嶽廟華陰令王宥等題名　唐上元元年（760）十二月十□日／297

3782　放生池碑　唐上元元年（760）／297

3783　劉奉芝墓誌　唐上元二年（761）正月十一日／297

[寶應]

3784　離堆記殘石　唐寶應元年（762）五月／297

3785　崔克讓妻張氏墓誌　唐寶應元年（762）十月六日／297

3786　焦璀墓誌　唐寶應元年（762）十二月二十七日／298

3787　高力士墓誌　唐寶應二年（763）四月十二日／298

3788　丘據題名　唐寶應二年（763）六月八日／298

[廣德]

3789　元復業墓誌　唐廣德元年（763）八月十四日／298

3790　臧懷恪碑　唐廣德元年（763）十月／298

3791　郭家廟碑　唐廣德二年（764）十一月二十一日／299

3792　争座位帖　唐廣德二年（764）十一月／299

[永泰]

3793　白道生神道碑　唐永泰元年（765）三月二十四日／301

3794　怡亭銘　唐永泰元年（765）五月十一日／301

3795　鄭忠墓碑　唐永泰元年（765）／301

3796　南詔德化碑　唐永泰元年（765）／301

3797　李寶臣紀功頌　唐永泰二年（766）七月一日／301

3798　陽華巖銘　唐永泰二年（766）／302

[大曆]

3799　王君妻何氏墓誌　唐大曆元年（766）六月二十一日／302

3800　栖先塋記　唐大曆二年（767）三月／302

3801　浯溪銘　唐大曆二年（767）四月／303

3802　峿臺銘　唐大曆二年（767）六月十五日／303

3803　王訓墓誌　唐大曆二年（767）八月七日／303

3804　會善寺戒壇碑　唐大曆二年（767）十一月／304

3805　三墳記　唐大曆二年（767）／304

3806　李楷洛碑　唐大曆三年（768）三月／305

3807　張義琬墓誌　唐大曆三年（768）八月十九日／305

3808　㾟廎銘　唐大曆三年（768）閏八月九日／305

3809　大證禪師碑　唐大曆四年（769）三月二十四日／305

3810　寶君妻崔氏墓誌　唐大曆四年（769）十月二十日／305

3811　逍遥樓題字　唐大曆五年（770）正月一日／306

3812　庾賁德政頌　唐大曆五年（770）九月三日／306

3813　臧希晏碑　唐大曆五年（770）十月十五日／306

3814　徐浩等題靈泉寺詩　唐大曆六年（771）四月十五日／306

3815　麻姑仙壇記　唐大曆六年（771）四月／306

3816　少林寺同光禪師塔銘　唐大曆六年（771）六月二十七日／307

3817　大唐中興頌　唐大曆六年（771）六月／307

3818　薦福寺臨壇大戒德律師碑　唐大曆六年（771）七月十五日／308

3819　永仙觀碑　唐大曆六年（771）十月／308

3820　雙束碑　唐大曆七年（772）正月二十三日／308

3821　八關齋會報德記　唐大曆七年（772）五月八日／308

3822　李玄静碑　唐大曆七年（772）八月十四日／309

3823　宋璟碑　唐大曆七年（772）九月二十五日／309

3824　元結碑　唐大曆七年（772）十一月二十六日／310

3825　般若臺題名　唐大曆七年（772）／311

3826　薛嵩碑　唐大曆八年（773）十月／311

3827　文宣王廟新門記　唐大曆八年（773）十二月一日／311

3828　干禄字書　唐大曆九年（774）正月／312

3829　張鋭墓誌　唐大曆九年（774）三月四日／312

3830　王忠嗣碑　唐大曆十年（775）四月三日／312

3831　如顏律師墓誌　唐大曆十年（775）七月十八日／312

3832　崔昭墓誌　唐大曆十年（775）十月二十四日／313

3833　姤神祠碑　唐大曆十一年（776）五月六日／313

3834　王景秀墓誌　唐大曆十一年（776）八月二十九日／313

3835　舜廟碑　唐大曆十一年（776）／313

3836　王履清碑　唐大曆十二年（777）二月二十日／313

3837　平蠻頌　唐大曆十二年（777）五月二十五日／313

3838　崔沔墓誌　唐大曆十三年（778）四月八日／314

3839　無憂王寺寶塔碑　唐大曆十三年（778）四月二十五日／314

3840　李國清墓誌　唐大曆十三年（778）四月二十七日／314

3841　辛雲妻李氏墓誌　唐大曆十三年（778）七月二十四日／314

3842　李嘉珍墓誌　唐大曆十三年（778）十月二十五日／315

3843　一切如來心真言及記　唐大曆十三年（778）／315

3844　段行琛碑　唐大曆十四年（779）閏五月十三日／315

3845　吳延陵季子廟碑　唐大曆十四年（779）七月二十七日／315

3846　馬璘新廟碑　唐大曆十四年（779）七月／315

3847　顏勤禮碑　唐大曆十四年（779）／316

3848　蕭俱興墓誌　唐大曆十五年（780）正月十六日／316

3849　天清地寧刻石　唐大曆年間（766—779）／317

［建中］

3850　雙束碑　唐建中元年（780）二月九日／317

3851　顏氏家廟碑　唐建中元年（780）七月一日／317

3852　獨秀山新聞石室記　唐建中元年（780）
　　　八月二十八日／318

3853　崔祐甫墓誌　唐建中元年（780）十一月
　　　二十四日／318

3854　景教流行中國碑　唐建中二年（781）正
　　　月七日／319

3855　賈嬪墓誌　唐建中二年（781）三月二十
　　　三日／320

3856　邢超俗墓誌　唐建中二年（781）十月十
　　　五日／320

3857　不空和尚碑　唐建中二年（781）十一月
　　　十五日／320

3858　張孝忠山亭再葺記　唐建中二年（781）
　　　／321

3859　嗣曹王妃鄭氏墓誌　唐建中三年（782）
　　　十月九日／321

3860　宋儼墓誌　唐建中四年（783）四月二十
　　　七日／321

［貞元］

3861　段干木廟銘　唐貞元元年（785）八月七
　　　日／321

3862　李戡妃鄭中墓誌　唐貞元二年（786）七
　　　月二十二日／322

3863　張延賞殘碑　唐貞元三年（787）十月五
　　　日／322

3864　韋端妻王氏墓誌　唐貞元六年（790）二
　　　月二十三日／322

3865　石柱佛名　唐貞元六年（790）七月一日
　　　／322

3866　正性墓誌　唐貞元六年（790）十月八日
　　　／322

3867　法玩禪師塔銘　唐貞元七年（791）十月
　　　／323

3868　盧嶠墓誌　唐貞元八年（792）二月十八
　　　日／323

3869　李皋墓誌　唐貞元八年（792）三月十一
　　　日／323

3870　張公妻王氏墓誌　唐貞元八年（792）三
　　　月二十二日／323

3871　聖母帖　唐貞元九年（793）五月／324

3872　澄空墓誌　唐貞元九年（793）八月
　　　／324

3873　盧嶠夫人崔氏墓誌　唐貞元九年（793）
　　　十月三日／324

3874　諸葛武侯新廟碑　唐貞元十一年（795）
　　　正月十九日／324

3875　陳諸墓誌　唐貞元十一年（795）四月十
　　　二日／325

3876　王仲堪墓誌　唐貞元十三年（797）四月
　　　六日／325

3877　石崇俊墓誌　唐貞元十三年（797）八月
　　　十九日／325

3878　靈慶公神祠碑　唐貞元十三年（797）八
　　　月二十日／325

3879　李侯七墓銘　唐貞元十三年（797）十一
　　　月三日／325

3880　實照墓誌　唐貞元十三年（797）十二月
　　　十九日／326

3881　雙束碑　唐貞元十四年（798）／326

3882　草書千字文　唐貞元十五年（799）六月
　　　十七日／326

3883　崔程墓誌　唐貞元十五年（799）八月十
　　　三日／327

3884　徐浩碑　唐貞元十五年（799）十一月二
　　　十四日／327

3885　游石室新記　唐貞元十五年（799）／327

3886　張氏墓誌　唐貞元十六年（800）二月五
　　　日／327

3887　鄭淮墓誌　唐貞元十七年（801）五月五
　　　日／327

3888　豆盧君妻魏氏墓誌　唐貞元十七年
　　　（801）十一月十四日／328

3889　李藩殤女墓石記　唐貞元十七年（801）
　　　十二月三日／328

3890　演公塔銘　唐貞元十八年（802）正月二十二日／328

3891　張氏女殤墓誌　唐貞元十八年（802）正月二十七日／328

3892　張游藝墓誌　唐貞元十八年（802）十二月一日／328

3893　韓弇妻韋氏墓誌　唐貞元十九年（803）正月九日／329

3894　李公璵等題名　唐貞元十九年（803）五月／329

3895　畢游江墓誌　唐貞元十九年（803）七月一日／329

3896　王刬墓誌　唐貞元十九年（803）閏十月七日／329

3897　武珶妻裴氏墓誌　唐貞元二十年（804）七月一日／329

3898　李廣業碑　唐貞元二十年（804）十一月十三日／329

3899　楚金禪師碑　唐貞元二十一年（805）七月二十五日／330

3900　爛柯山殘碑　唐貞元年間（785—805）／330

［永貞］

3901　張譣妻樊氏墓誌　唐永貞元年（805）十月二十日／331

3902　李蕭墓誌　唐永貞元年（805）十二月／331

［元和］

3903　魏和墓誌　唐元和元年（806）二月十五日／331

3904　孟簡題名　唐元和元年（806）三月三日／331

3905　劉通妻張氏墓誌　唐元和元年（806）八月二十五日／331

3906　裴承章墓誌　唐元和元年（806）十一月二十六日／332

3907　李昕妻姜氏墓誌　唐元和二年（807）二月八日／332

3908　乘廣禪師碑　唐元和二年（807）五月二十七日／332

3909　高岑墓誌　唐元和二年（807）八月十七日／332

3910　李卅三娘墓誌　唐元和三年（808）五月十九日／332

3911　裴復墓誌　唐元和三年（808）七月二十二日／333

3912　諸葛武侯祠堂碑　唐元和四年（809）二月二十九日／333

3913　王大劍墓誌　唐元和四年（809）十月十三日／333

3914　陳諸妻獨孤氏墓誌　唐元和四年（809）十月二十四日／333

3915　孫素朱壙誌　唐元和四年（809）十一月十八日／334

3916　袁秀巖墓誌　唐元和五年（810）二月二日／334

3917　彭夫人墓誌　唐元和五年（810）九月十二日／334

3918　尊勝阿陀羅尼經幢　唐元和六年（811）正月二十四日／334

3919　智者大師修禪道場碑　唐元和六年（811）十一月十二日／334

3920　王君妻薄氏墓誌　唐元和六年（811）十一月十二日／335

3921　周孝侯碑　唐元和六年（811）／335

3922　符載妻李氏墓誌　唐元和七年（812）八月七日／335

3923　狄梁公祠碑　唐元和七年（812）十月五日／335

3924　秦士寧妻王氏墓誌　唐元和八年（813）二月二十五日／336

3925　顧師閔墓誌　唐元和八年（813）三月四日／336

3926　劉通墓誌　唐元和八年（813）十月十八日／336

3927　張曛墓誌　唐元和八年（813）十一月二十三日／336

3928　高承金合祔墓誌　唐元和八年（813）十二月十七日／336

3929　和上塔銘　唐元和八年（813）十二月二十六日／337

3930　李常容墓誌　唐元和八年（813）／337

3931　李術墓誌　唐元和九年（814）正月十九日／337

3932　建福寺界場記　唐元和九年（814）二月二日／337

3933　陳志清墓誌　唐元和九年（814）十月六日／337

3934　劉密妻崔氏墓誌　唐元和九年（814）十月六日／337

3935　魏邈墓誌　唐元和十年（815）四月八日／338

3936　李輔光墓誌　唐元和十年（815）四月二十五日／338

3937　劉性忠墓誌　唐元和十年（815）七月三日／338

3938　臧協妻向氏墓誌　唐元和十年（815）十月十二日／338

3939　石默啜墓誌　唐元和十一年（816）八月二十四日／339

3940　李岸并夫人徐氏墓誌　唐元和十一年（816）十一月二十九日／339

3941　裴琚墓誌　唐元和十一年（816）／339

3942　佛頂尊勝陁羅尼　唐元和十二年（817）正月／339

3943　菩提達摩大師碑　唐元和十二年（817）五月十二日／339

3944　李崗墓誌　唐元和十二年（817）六月二十四日／340

3945　張士陵墓誌　唐元和十二年（817）八月三日／340

3946　徐州使院新修石幢記　唐元和十二年（817）八月十二日／340

3947　趙日誠妻宗氏墓誌　唐元和十二年（817）九月二十九日／340

3948　韋契義墓誌　唐元和十三年（818）七月三日／340

3949　西門珍墓誌　唐元和十三年（818）七月二十日／341

3950　李德孫墓誌　唐元和十三年（818）七月二十七日／341

3951　般若心經　唐元和十四年（819）三月二十四日／341

3952　蕭子昂墓誌　唐元和十四年（819）三月二十五日／341

3953　崔載墓誌　唐元和十四年（819）十一月十六日／342

3954　趙氏墓誌　唐元和十五年（820）二月十二日／342

3955　韋端墓誌　唐元和十五年（820）五月一日／342

3956　弓君并妻郭氏墓誌　唐元和十五年（820）十月二十七日／342

3957　司馬君妻孫堅静墓誌　唐元和十五年（820）十一月二十二日／343

3958　覺公紀德碑　唐元和十五年（820）／343

3959　李光進神道碑　唐元和十五年（820）／343

3960　何叔平妻劉氏墓誌　唐元和年間（806—820）／343

［長慶］

3961　朱孝誠碑　唐長慶元年（821）二月五日／343

3962　劉和墓誌　唐長慶元年（821）五月二十五日／343

3963　柳州羅池廟碑　唐長慶元年（821）／344

3964　卜璀墓誌　唐長慶二年（822）十一月十六日／344

3965　梁守謙功德銘　唐長慶二年（822）十二月一日／344

3966　唐蕃會盟碑　唐長慶二年（822）／344

3967　石壁寺特賜寺莊山林地土四至記　唐長慶三年（823）五月二十三日／345

3968　顔永墓誌　唐長慶四年（824）二月二十九日／345

[寶曆]

3969　南溪元巖銘　唐寶曆元年（825）正月八日／345

3970　石忠政墓誌　唐寶曆元年（825）八月九日／345

3971　諸葛澄墓誌　唐寶曆元年（825）九月十五日／345

3972　游石室記　唐寶曆元年（825）九月二十／346

3973　李紳題名　唐寶曆元年（825）／346

3974　南溪詩并序　唐寶曆二年（826）三月七日／346

3975　鄭仲連墓誌　唐寶曆二年（826）十一月七日／346

[大和]

3976　何允墓誌　唐大和元年（827）五月二十五日／346

3977　盧士瓊墓誌　唐大和元年（827）九月一日／346

3978　李晟碑　唐大和三年（829）四月六日／347

3979　盧昂墓誌　唐大和三年（829）十月二十六日／347

3980　王逖墓誌　唐大和四年（830）二月二十七日／347

3981　鄭準墓誌　唐大和四年（830）八月二十五日／347

3982　强君妻杜氏墓誌　唐大和四年（830）九月二十九日／347

3983　高誠墓誌　唐大和四年（830）十月一日／348

3984　吳達墓誌　唐大和四年（830）十月二十日／348

3985　永穆觀主能師銘誌　唐大和四年（830）十月二十日／348

3986　佛説灌頂經　唐大和五年（831）／348

3987　李君并夫人韓氏墓誌　唐大和五年（831）／348

3988　馬儆墓誌　唐大和六年（832）二月二十一日／349

3989　甄叔大師塔銘　唐大和六年（832）四月三十日／349

3990　王承宗妻李元素墓誌　唐大和六年（832）五月八日／349

3991　劉密墓誌　唐大和六年（832）七月十六日／349

3992　崔乾夫墓誌　唐大和六年（832）七月／350

3993　聚慶墓誌　唐大和六年（832）十月二十六日／350

3994　佛頂尊勝陀羅尼經幢　唐大和六年（832）／350

3995　崔慎經夫人墓誌　唐大和七年（833）二月六日／350

3996　辛幼昌墓誌　唐大和七年（833）三月二十七日／350

3997　崔蕃墓誌　唐大和七年（833）十一月八日／350

3998　阿育王寺常住田碑　唐大和七年（833）十二月一日／351

3999　寂照和尚碑　唐大和七年（833）十二月／351

4000　楊迥墓誌　唐大和八年（834）八月二十四日／351

4001　周著墓誌　唐大和八年（834）十一月八日／351

4002　李紳墓誌　唐大和九年（835）二月二十二日／352

4003　杜君妻李氏墓誌　唐大和九年（835）四月十日／352

4004　楊孝直墓誌　唐大和九年（835）四月二十五日／352

4005　龍宮寺碑　唐大和九年（835）四月二十五日／352

4006　浩誠禪師碑銘　唐大和九年（835）六月十日／352

［開成］

4007　尊勝陀羅尼幢　唐開成元年（836）四月／353

4008　李彥崇墓誌　唐開成元年（836）七月三十／353

4009　馮宿碑　唐開成二年（837）五月／353

4010　九經字樣　唐開成二年（837）／354

4011　開成石經　唐開成二年（837）／354

4012　桂休源妻崔霞墓誌　唐開成三年（838）三月十六日／355

4013　陳汭墓誌　唐開成三年（838）四月二十二日／355

4014　陳韞墓誌　唐開成三年（838）四月／355

4015　大泉寺新三門記　唐開成三年（838）十一月二十六日／355

4016　符璘碑　唐開成三年（838）／355

4017　三藏法師玄奘塔銘　唐開成四年（839）五月十六日／356

4018　大慈恩寺基公塔銘　唐開成四年（839）五月／356

4019　衛君妻輔氏墓誌　唐開成四年（839）八月二十七日／356

4020　楊澄妻程家淑墓誌　唐開成四年（839）／357

4021　陳宣魯墓誌　唐開成五年（840）四月二十一日／357

4022　張嬋墓誌　唐開成五年（840）五月九日／357

4023　趙君妻夏侯氏墓誌　唐開成五年（840）十一月二十四日／357

［會昌］

4024　陳君妻蔣氏墓誌　唐會昌元年（841）二月十三日／357

4025　佛頂尊勝陀羅尼經碑　唐會昌元年（841）九月／358

4026　王方徹墓誌　唐會昌元年（841）十月十三日／358

4027　李珤墓誌　唐會昌元年（841）十一月二十四日／358

4028　玄秘塔碑　唐會昌元年（841）十二月二十八日／358

4029　李光曾墓誌　唐會昌二年（842）六月／359

4030　曲元縝墓誌　唐會昌二年（842）八月二十三日／359

4031　趙君妻張氏墓誌　唐會昌三年（843）五月二十六日／359

4032　賈政墓誌　唐會昌三年（843）八月二十八日／360

4033　元晦疊彩山記　唐會昌四年（844）七月／360

4034　柳氏長殤女墓誌　唐會昌五年（845）六月二十一日／360

4035　柳老師墓誌　唐會昌五年（845）六月二十一日／360

4036　魏邈妻趙氏墓誌　唐會昌五年（845）十一月二十三日／360

4037　米九娘墓誌　唐會昌六年（846）正月九日／361

4038　韋塤妻溫氏墓誌　唐會昌六年（846）六月二日／361

4039　衛景初墓誌　唐會昌六年（846）十月五
日／361

[大中]

4040　劉舉墓誌　唐大中元年（847）八月二十
一日／361

4041　劉元簡買地券　唐大中元年（847）八月
／362

4042　契苾君妻何氏墓誌　唐大中元年（847）
十月二日／362

4043　周公祠靈泉碑　唐大中二年（848）十一
月二十日／362

4044　劉沔碑　唐大中二年（848）十二月
／362

4045　佛頂尊勝陀羅尼經幢　唐大中三年
（849）正月一日／362

4046　王守琦墓誌　唐大中四年（850）正月二
十三日／363

4047　翟君妻高婉墓誌　唐大中四年（850）十
月五日／363

4048　盧夫人墓誌　唐大中四年（850）十月二
十八日／363

4049　郭儵墓誌　唐大中四年（850）十二月十
七日／364

4050　劉繼墓誌　唐大中四年（850）十二月二
十九日／364

4051　尊勝陀羅尼經幢　唐大中四年（850）
／364

4052　敕内莊宅使牒　唐大中五年（851）正月
十五日／364

4053　張奉岊等題名碑　唐大中五年（851）二
月二十一日／364

4054　曲元縝妻李氏墓誌　唐大中五年（851）
十月二十三日／364

4055　寶樓閣隨心陀羅尼　唐大中五年（851）
十二月二十日／365

4056　董惟清墓誌　唐大中六年（852）六月十
九日／365

4057　劉公妻郭氏墓誌　唐大中六年（852）閏
七月九日／365

4058　張再清墓誌　唐大中六年（852）十月二
十四日／365

4059　魏公先廟碑　唐大中六年（852）十一月
／365

4060　杜順和尚行記　唐大中六年（852）□月
二十四日／366

4061　朱敬之妻盧子玉墓誌　唐大中七年
（853）四月十三日／366

4062　高元裕碑　唐大中七年（853）十一月十
日／366

4063　盧知宗妻鄭子章墓誌　唐大中八年
（854）二月二十九日／366

4064　靈巖寺修方山證明功德記　唐大中八年
（854）四月八日／367

4065　趙建遂并夫人董氏王氏合祔墓誌　唐大中
九年（855）二月十七日／367

4066　定慧禪師碑　唐大中九年（855）十月十
三日／367

4067　張嬰墓誌　唐大中九年（855）十月二十
六日／368

4068　盧子妻鄭氏墓誌　唐大中九年（855）十
月二十八日／368

4069　劉公妻霍氏墓誌　唐大中十年（856）正
月二十九日／368

4070　義初等題記　唐大中十年（856）三月
／368

4071　李畫墓誌　唐大中十年（856）六月
／369

4072　賈從贄墓誌　唐大中十年（856）七月一
日／369

4073　李君墓誌　唐大中十年（856）十月二十
四日／369

4074　鄭恕己墓誌　唐大中十年（856）十一月
九日／369

4075　崔坤造陀羅尼經碑　唐大中十一年（857）六月十五日／369

4076　復東林寺碑　唐大中十一年（857）／370

4077　鄭恒并夫人崔氏墓誌　唐大中十二年（858）二月二十七日／370

4078　藩懷謙造經幢　唐大中十二年（858）十月／370

4079　郎官石柱題名碑　唐大中十二年（858）／370

4080　廣惠塔銘　唐大中十三年（859）六月／370

4081　孫徽妻韋氏墓誌　唐大中十三年（859）八月二十日／371

4082　盧公則墓誌　唐大中十三年（859）十月十二日／371

4083　孫嗣初妻韋氏墓誌　唐大中十四年（860）二月二十七日／371

4084　袁公妻王氏墓誌　唐大中十四年（860）四月五日／371

4085　鄭堡墓誌　唐大中十四年（860）十月二十一日／371

［咸通］

4086　翰林酒樓記　唐咸通二年（861）正月／372

4087　馬惟良夫人王氏合祔墓誌　唐咸通三年（862）正月七日／372

4088　王惟劍及妻崔氏墓誌　唐咸通三年（862）十月八日／372

4089　趙璜墓誌　唐咸通三年（862）十月十四日／372

4090　侯真人降生臺記　唐咸通三年（862）／372

4091　藥師琉璃光如來本願功德經・造塔功德經　唐咸通三年（862）／373

4092　程修己墓誌　唐咸通四年（863）四月十七日／373

4093　重建磁州佛殿記殘石　唐咸通四年（863）六月十八日／373

4094　王剿造陀羅尼經幢　唐咸通四年（863）八月二十一日／373

4095　咸通塔碑　唐咸通四年（863）／373

4096　李扶墓誌　唐咸通五年（864）二月十三日／373

4097　王仲建并夫人張氏墓誌　唐咸通六年（865）十月二十二日／374

4098　魏惟儼等題名　唐咸通六年（865）／374

4099　劉仕俌墓誌　唐咸通八年（867）正月二十五日／374

4100　禹□題名　唐咸通八年（867）五月／374

4101　李彬妻宇文氏墓誌　唐咸通八年（867）八月六日／374

4102　佛頂尊勝陀羅尼經幢并唐李公先修記　唐咸通九年（868）三月三日／375

4103　釋文演造陀羅尼刻石　唐咸通九年（868）三月二十七日／375

4104　魏涿墓誌　唐咸通九年（868）七月十八日／375

4105　孫方紹墓誌　唐咸通九年（868）八月十一日／375

4106　劉遵禮墓誌　唐咸通九年（868）十一月八日／375

4107　鄭少雅及夫人孫氏墓誌　唐咸通九年（868）十一月八日／375

4108　大般若經殘石　唐咸通十年（869）／376

4109　公都墓誌　唐咸通十一年（870）二月二十四日／376

4110　曲阜縣文宣王廟記　唐咸通十一年（870）三月十日／376

4111　戎仁訥夫人劉氏墓誌　唐咸通十一年（870）三月二十一日／376

4112　二十八人造像磚　唐咸通十一年（870）七月十五日／377

4113　大悲心陀羅尼刻石　唐咸通十二年

（871）/ 377

4114　大般若經卷第四百七十五附側面題名　唐
咸通十五年（874）四月八日 / 377

4115　張君妻劉永墓誌　唐咸通十五年（874）
閏四月十四日 / 377

4116　王容墓誌　唐咸通□年（860—874）七
月十八日 / 377

［乾符］

4117　趙君妻蘇氏墓誌　唐乾符元年（874）十
一月二十七日 / 378

4118　高思温墓誌　唐乾符三年（876）五月六
日 / 378

4119　張氏墓誌　唐乾符四年（877）四月二十
二日 / 378

4120　李顓墓誌　唐乾符四年（877）七月十日
/ 378

4121　尊勝陀羅尼經幢　唐乾符五年（878）七
月十四日 / 378

4122　張居直墓誌　唐乾符五年（878）七月十
五日 / 378

4123　楊芸墓誌　唐乾符五年（878）十月二十
八日 / 379

4124　大悲心陀羅尼經幢　唐乾符六年（879）
九月 / 379

［廣明］

4125　應天禪院尼禪大德塔銘　唐廣明元年
（880）七月九日 / 379

4126　張師儒墓誌　唐廣明元年（880）十月五
日 / 379

4127　老子道德經幢　唐廣明元年（880）十一
月八日 / 380

4128　尊勝陀羅尼經幢　唐廣明二年（881）四
月九日 / 380

［中和］

4129　祖君妻楊氏墓誌　唐中和元年（881）十
一月八日 / 380

4130　王君墓誌　唐中和二年（882）二月二十

四日 / 380

4131　范寓墓誌　唐中和二年（882）十一月十
八日 / 380

4132　敬延祚墓誌　唐中和三年（883）二月十
一日 / 381

4133　戚高墓誌　唐中和三年（883）十月二十
七日 / 381

［光啓］

4134　龍興寺尊勝陀羅尼殘幢　唐光啓四年
（888）四月 / 381

［大順］

4135　楊公妻李氏墓誌　唐大順二年（891）二
月十七日 / 381

4136　孫君墓誌　唐大順二年（891）十一月二
十四日 / 381

［景福］

4137　萬壽寺記　唐景福元年（892）八月一日
/ 382

4138　索勛紀德碑　唐景福元年（892）九月
/ 382

4139　憫忠寺重藏舍利記　唐景福元年（892）
十二月十八日 / 382

4140　龍興觀碑　唐景福二年（893）七月
/ 382

［乾寧］

4141　李氏再修功德記　唐乾寧元年（894）十
月五日 / 382

4142　臥龍寺經幢　唐乾寧元年（894）/ 383

4143　韋靖建永昌寨記　唐乾寧二年（895）十
二月十九日 / 383

4144　惠化寺僧緣遇等題名　唐乾寧五年
（898）四月八日 / 383

4145　崔巘并鄭夫人墓誌　唐乾寧五年（898）
八月六日 / 383

［天祐］

4146　樹腹碑　唐天祐二年（905）/ 383

4147　王審知德政碑　唐天祐三年（906）十二

月一日／383

唐無紀年

4148　等慈寺碑　唐刻，無紀年／385

4149　皇甫誕碑　唐刻，無紀年／385

4150　牛秀碑　唐刻，無紀年／386

4151　房玄齡碑　唐刻，無紀年／387

4152　褚亮碑　唐刻，無紀年／387

4153　太宗征高麗殘碑　唐刻，無紀年／387

4154　張敬因碑殘石　唐刻，無紀年／387

4155　周道務碑　唐刻，無紀年／388

4156　崔公德政殘碑　唐刻，無紀年／388

4157　藏真律公帖　唐刻，無紀年／388

4158　蘇昱德政碑　唐刻，無紀年／388

4159　楊公紀德頌碑　唐刻，無紀年／388

4160　齊太公廟碑　唐刻，無紀年／388

4161　王處存刻老子碑　唐刻，無紀年／389

4162　張□碑　唐刻，無紀年／389

4163　昭陵陪葬碑　唐刻，無紀年／389

4164　輕車將軍碑　唐刻，無紀年／389

4165　周府君碑額　唐刻，無紀年／389

4166　千字文殘石　唐刻，無紀年／389

4167　房山金剛經碑　唐刻，無紀年／390

4168　唐碑殘石　唐刻，無紀年／390

4169　刘君墓誌　唐刻，無紀年／390

4170　廉公墓誌　唐刻，無紀年／390

4171　□君墓誌　唐刻，無紀年／391

4172　刘君妻侯氏墓誌　唐刻，無紀年／391

4173　王君墓誌　唐刻，無紀年／391

4174　杜君夫人朱氏墓誌　唐刻，無紀年／391

4175　高難墓誌　唐刻，無紀年／391

4176　李夫人墓誌　唐刻，無紀年／391

4177　竇君妻楊氏墓誌　唐刻，無紀年／392

4178　趙君墓誌　唐刻，無紀年／392

4179　喬難墓誌　唐刻，無紀年／392

4180　宮人墓誌　唐刻，無紀年／392

4181　刘妻侯氏墓誌　唐刻，無紀年／392

4182　唐墓誌殘石　唐刻，無紀年／392

4183　李公墓誌蓋　唐刻，無紀年／393

4184　□君并夫人嚴氏墓誌蓋　唐刻，無紀年／393

4185　張君墓誌蓋　唐刻，無紀年／393

4186　張君墓誌蓋　唐刻，無紀年／393

4187　張君墓誌蓋　唐刻，無紀年／393

4188　張君墓誌蓋　唐刻，無紀年／393

4189　郭君墓誌蓋　唐刻，無紀年／394

4190　陳君墓誌蓋　唐刻，無紀年／394

4191　陳君墓誌蓋　唐刻，無紀年／394

4192　封君墓誌蓋　唐刻，無紀年／394

4193　元君墓誌蓋　唐刻，無紀年／394

4194　唐君墓誌蓋　唐刻，無紀年／394

4195　王君墓誌蓋　唐刻，無紀年／394

4196　王君墓誌蓋　唐刻，無紀年／395

4197　王君墓誌蓋　唐刻，無紀年／395

4198　康君墓誌蓋　唐刻，無紀年／395

4199　賈君墓誌蓋　唐刻，無紀年／395

4200　胡君墓誌蓋　唐刻，無紀年／395

4201　高君墓誌蓋　唐刻，無紀年／395

4202　崔君妻墓誌蓋　唐刻，無紀年／395

4203　崔君墓誌蓋　唐刻，無紀年／396

4204　□君墓誌蓋　唐刻，無紀年／396

4205　姚君墓誌蓋　唐刻，無紀年／396

4206　傅君妻梁氏墓誌蓋　唐刻，無紀年／396

4207　董君墓誌蓋　唐刻，無紀年／396

4208　高氏墓誌蓋　唐刻，無紀年／396

4209　孫君墓誌蓋　唐刻，無紀年／396

4210　宮人墓誌銘蓋　唐刻，無紀年／397

4211　獨孤夫人墓誌蓋　唐刻，無紀年／397

4212　張夫人墓誌蓋　唐刻，無紀年／397

4213　賈君墓誌蓋　唐刻，無紀年／397

4214　樂□□墓誌蓋　唐刻，無紀年／397

4215　□君墓誌蓋　唐刻，無紀年／397

4216　刘君墓誌蓋　唐刻，無紀年／397

4217　蔣氏子墓誌蓋　唐刻，無紀年／398

4218　辛君墓誌蓋　唐刻，無紀年／398

4219　王氏墓誌蓋　唐刻，無紀年／398

4220　賀君墓誌蓋　唐刻，無紀年／398

4221　趙君墓誌蓋　唐刻，無紀年／398

4222　趙君墓誌蓋　唐刻，無紀年／398

4223　趙君墓誌蓋　唐刻，無紀年／398

4224　李氏墓誌蓋　唐刻，無紀年／399

4225　梁氏墓誌蓋　唐刻，無紀年／399

4226　袁君合葬墓誌蓋　唐刻，無紀年／399

4227　臧君墓誌蓋　唐刻，無紀年／399

4228　仁君墓誌蓋　唐刻，無紀年／399

4229　陽君妻墓誌蓋　唐刻，無紀年／399

4230　史公妻王氏墓誌蓋　唐刻，無紀年／399

4231　封君合葬墓誌蓋　唐刻，無紀年／400

4232　仇公墓誌蓋　唐刻，無紀年／400

4233　哥舒季通葬馬銘　唐刻，無紀年／400

4234　靈寶黃帝中元天文　唐刻，無紀年／400

4235　靈寶黑帝五天文　唐刻，無紀年／400

4236　順天后符命　唐刻，無紀年／400

4237　五仙女靈鎮神文　唐刻，無紀年／401

4238　陀羅尼咒經刻石　唐刻，無紀年／401

4239　心經刻石　唐刻，無紀年／401

4240　阿彌陀經刻石　唐刻，無紀年／401

4241　大方廣佛華經刻石　唐刻，無紀年／401

4242　大教王經刻石　唐刻，無紀年／402

4243　□□皿經轉不轉品　唐刻，無紀年／402

4244　金剛經刻石　唐刻，無紀年／402

4245　陀羅尼經刻石　唐刻，無紀年／403

4246　大般若波羅蜜多經刻石　唐刻，無紀年／403

4247　百塔寺心經刻石　唐刻，無紀年／404

4248　妙法蓮華經刻石　唐刻，無紀年／404

4249　大方廣佛華嚴經刻石　唐刻，無紀年／404

4250　大般涅槃經刻石　唐刻，無紀年／404

4251　靈寶無量度人上品妙經刻石　唐刻，無紀年／404

4252　常清净經刻石　唐刻，無紀年／404

4253　梵字曼陀羅　唐刻，無紀年／404

4254　法華經刻石　唐刻，無紀年／405

4255　佛經刻石　唐刻，無紀年／405

4256　碑林經幢　唐刻，無紀年／405

4257　延慶寺經幢　唐刻，無紀年／405

4258　玄超等造經幢　唐刻，無紀年／405

4259　使院石幢記　唐刻，無紀年／405

4260　大唐善業泥題字　唐刻，無紀年／406

4261　重修唐安寺記　唐刻，無紀年／406

4262　沙彌修清真塔銘　唐刻，無紀年／406

4263　馮鳳翼等造像記　唐刻，無紀年／406

4264　魏文智等造像記　唐刻，無紀年／406

4265　悉達多禪師碣銘　唐刻，無紀年／406

4266　韓曳司徒端造優填王像記　唐刻，無紀年／407

4267　張丘造像記　唐刻，無紀年／407

4268　比丘如來造像記　唐刻，無紀年／407

4269　張仁廓造像記　唐刻，無紀年／407

4270　張楊等造浮圖記　唐刻，無紀年／407

4271　劉老村造像記　唐刻，無紀年／407

4272　孫仁德等造像記　唐刻，無紀年／407

4273　薩氏造浮圖銘　唐刻，無紀年／408

4274　鮮于長造像記　唐刻，無紀年／408

4275　牛氏造像記　唐刻，無紀年／408

4276　王清信造像記　唐刻，無紀年／408

4277　韋氏造像記　唐刻，無紀年／408

4278　憨精造像記　唐刻，無紀年／408

4279　鞏縣造像記　唐刻，無紀年／408

4280　曇欽造像記　唐刻，無紀年／409

4281　玄詣造像記　唐刻，無紀年／409

4282　智運造像記　唐刻，無紀年／409

4283　章造像記　唐刻，無紀年／409

4284　常元造像記　唐刻，無紀年／409

4285　薛君造浮圖銘　唐刻，無紀年／409

4286　韋利器等造像記　唐刻，無紀年／409

4287　曹白居造像記　唐刻，無紀年／410

4288　西庵儀造像記　唐刻，無紀年／410

4289　向育王造像記　唐刻，無紀年／410

4290　王元吉造像記　唐刻，無紀年／410

4291　陽信令元□造像記　唐刻，無紀年／410

4292　袁福才造像記　唐刻，無紀年／410

4293　杜世敬造像記　唐刻，無紀年／410

4294　闍德寂造像記　唐刻，無紀年／411

4295　劉國造像記　唐刻，無紀年／411

4296　奚行儻造像記　唐刻，無紀年／411

4297　張師政兄弟造像記　唐刻，無紀年／411

4298　道貞造像記　唐刻，無紀年／411

4299　李德造像記　唐刻，無紀年／411

4300　爲息男造像記　唐刻，無紀年／411

4301　裴沼造像記　唐刻，無紀年／412

4302　闍玄造像記　唐刻，無紀年／412

4303　南中府主簿造像記　唐刻，無紀年／412

4304　法貴僧安造像記　唐刻，無紀年／412

4305　□惠造像記　唐刻，無紀年／412

4306　田文基母李造像記　唐刻，無紀年／412

4307　王福昌造像記　唐刻，無紀年／412

4308　李元哲造像記　唐刻，無紀年／413

4309　常文才女舍利造像記　唐刻，無紀年／413

4310　于尚範并妻韋造像記　唐刻，無紀年／413

4311　李四娘造像記　唐刻，無紀年／413

4312　盧永吉造像記　唐刻，無紀年／413

4313　邊義造像記　唐刻，無紀年／413

4314　寂仁師造像記　唐刻，無紀年／413

4315　知道造像記　唐刻，無紀年／414

4316　張延暉造像記　唐刻，無紀年／414

4317　迦葉造像記　唐刻，無紀年／414

4318　楊大福造像記　唐刻，無紀年／414

4319　蔡意娘造像記　唐刻，無紀年／414

4320　糜思造像記　唐刻，無紀年／414

4321　柳造像記　唐刻，無紀年／414

4322　祐胡子造像記　唐刻，無紀年／415

4323　温玉造像記　唐刻，無紀年／415

4324　皇甫文剛并妻造像記　唐刻，無紀年／415

4325　田婆造像記　唐刻，無紀年／415

4326　杜法力造像記　唐刻，無紀年／415

4327　魏大娘造像記　唐刻，無紀年／415

4328　韓婆奴造像記　唐刻，無紀年／415

4329　時頎造像記　唐刻，無紀年／416

4330　吕思敬造像記　唐刻，無紀年／416

4331　段扶考造像記　唐刻，無紀年／416

4332　李男等造像記　唐刻，無紀年／416

4333　興書造像記　唐刻，無紀年／416

4334　韋克己及妻楊眷屬造像記　唐刻，無紀年／416

4335　劉子道造像記　唐刻，無紀年／416

4336　張大温造像記　唐刻，無紀年／417

4337　劉王□母姬造像記　唐刻，無紀年／417

4338　陳儒造像記　唐刻，無紀年／417

4339　孫處德造像記　唐刻，無紀年／417

4340　朱武政等造像記　唐刻，無紀年／417

4341　王恩造像記　唐刻，無紀年／417

4342　高最忠造像記　唐刻，無紀年／417

4343　陳恒山造像記　唐刻，無紀年／418

4344　張□貞造像記　唐刻，無紀年／418

4345　邠王阿妳造像記　唐刻，無紀年／418

4346　王惠達造像記　唐刻，無紀年／418

4347　薩孤弘亶造像記　唐刻，無紀年／418

4348　朱昌造像記　唐刻，無紀年／418

4349　王休母董造像記　唐刻，無紀年／418

4350　劉□軌造像記　唐刻，無紀年／419

4351　徐乞德造像記　唐刻，無紀年／419

4352　梁文雄母韋供養記　唐刻，無紀年／419

4353　梁文雄父供養記　唐刻，無紀年／419

4354　采宣明造像記　唐刻，無紀年／419

4355　高及妻男造像記　唐刻，無紀年／419

4356　都寶剎寺尼造像記　唐刻，無紀年／419

4357　高善達造像記　唐刻，無紀年／420

4358　王承穎造像記　唐刻，無紀年／420

4359　劉大娘造像記　唐刻，無紀年／420

4360　妻張爲史敬博造像記　唐刻，無紀年／420

4361　任右藏丞造像記　唐刻，無紀年／420

4362　比丘尼□□造像記　唐刻，無紀年／420

4363　侯李五造像記　唐刻，無紀年／420

4364　善相造像記　唐刻，無紀年／421

4365　弁空造像記　唐刻，無紀年／421

4366　深解造像記　唐刻，無紀年／421

4367　張珂造像記　唐刻，無紀年／421

4368　爲亡過去父老亡兄等造像記　唐刻，無紀年／421

4369　郄五娘造像記　唐刻，無紀年／421

4370　楊文遇造像記　唐刻，無紀年／421

4371　王文禮造像記　唐刻，無紀年／422

4372　靖空真晤供養題記　唐刻，無紀年／422

4373　行香上座題記　唐刻，無紀年／422

4374　李去泰造像記　唐刻，無紀年／422

4375　李保妻楊造像記　唐刻，無紀年／422

4376　張三娘造像記　唐刻，無紀年／422

4377　張法海造像記　唐刻，無紀年／422

4378　淳于知道造像記　唐刻，無紀年／423

4379　九娘造像記　唐刻，無紀年／423

4380　容胡造像記　唐刻，無紀年／423

4381　楊隱妻造像記　唐刻，無紀年／423

4382　劉金仁造像記　唐刻，無紀年／423

4383　劉天庶造像記　唐刻，無紀年／423

4384　劉俊造像記　唐刻，無紀年／423

4385　丁義造像記　唐刻，無紀年／424

4386　造春花菩薩像記　唐刻，無紀年／424

4387　李桃樹母造像記　唐刻，無紀年／424

4388　張景齊造像記　唐刻，無紀年／424

4389　趙伍兒造像記　唐刻，無紀年／424

4390　爲父母造像記　唐刻，無紀年／424

4391　文林郎造像記　唐刻，無紀年／424

4392　李□□□樹提伽及大娘造像記　唐刻，無紀年／425

4393　梁持戒造像記　唐刻，無紀年／425

4394　皀天妻造像記　唐刻，無紀年／425

4395　澤大娘造像記　唐刻，無紀年／425

4396　史毛等造像記　唐刻，無紀年／425

4397　姚養造像記　唐刻，無紀年／425

4398　宋思德造像記　唐刻，無紀年／425

4399　惠菀造像記　唐刻，無紀年／426

4400　兄弟安長題記　唐刻，無紀年／426

4401　郭阿□李阿六造像記　唐刻，無紀年／426

4402　范一題名　唐刻，無紀年／426

4403　楊二娘張二娘張大娘造像記　唐刻，無紀年／426

4404　王元禮造像記　唐刻，無紀年／426

4405　高造像記　唐刻，無紀年／426

4406　宮造像記　唐刻，無紀年／427

4407　可敦造像記　唐刻，無紀年／427

4408　王奇奴造像記　唐刻，無紀年／427

4409　梁喜王造像記　唐刻，無紀年／427

4410　吳行軌造像記并仁方造像記　唐刻，無紀年／427

4411　杜大娘造像記　唐刻，無紀年／427

4412　趙行整造像記　唐刻，無紀年／427

4413　成大娘造像記　唐刻，無紀年／428

4414　高思儉造像記　唐刻，無紀年／428

4415　田婆張三娘造像記　唐刻，無紀年／428

4416　周有意造像記　唐刻，無紀年／428

4417　任成造像記　唐刻，無紀年／428

4418　索惠命造像記　唐刻，無紀年／428

4419　祝三兒造像記　唐刻，無紀年／428

4420　僧造尊像記　唐刻，無紀年／429

4421　霍元裕造像記　唐刻，無紀年／429

4422　張善惠造像記　唐刻，無紀年／429

4423　李哲造像記　唐刻，無紀年／429

4424　任王二人造像記　唐刻，無紀年／429

4425 買本造像記 唐刻, 無紀年 / 429

4426 孫英仁造像記 唐刻, 無紀年 / 429

4427 孔文昌造像記 唐刻, 無紀年 / 430

4428 趙敬本造像記 唐刻, 無紀年 / 430

4429 張任二人造像記 唐刻, 無紀年 / 430

4430 杜静本造像記 唐刻, 無紀年 / 430

4431 趙懷信造像記 唐刻, 無紀年 / 430

4432 張行軌造像記 唐刻, 無紀年 / 430

4433 楊侍郎造像記 唐刻, 無紀年 / 430

4434 患風造像記 唐刻, 無紀年 / 431

4435 楊公主造像記 唐刻, 無紀年 / 431

4436 樂賓造像記 唐刻, 無紀年 / 431

4437 韓曳雲司徒端等造像記 唐刻, 無紀年 / 431

4438 李二娘造像記 唐刻, 無紀年 / 431

4439 周行立妻聶男思恭造像記 唐刻, 無紀年 / 431

4440 陳婆妳造像記 唐刻, 無紀年 / 431

4441 任大娘造像記 唐刻, 無紀年 / 432

4442 惠徹身造像記 唐刻, 無紀年 / 432

4443 姚祚造像記 唐刻, 無紀年 / 432

4444 裴羅漢造像記 唐刻, 無紀年 / 432

4445 趙二娘造像記 唐刻, 無紀年 / 432

4446 陳琢造像記 唐刻, 無紀年 / 432

4447 張阿僧妻吕造像記 唐刻, 無紀年 / 432

4448 郭九娘造像記 唐刻, 無紀年 / 433

4449 馬思賢造像記 唐刻, 無紀年 / 433

4450 仵作六娘造像記 唐刻, 無紀年 / 433

4451 張仵郎造像記 唐刻, 無紀年 / 433

4452 楊大娘造像記 唐刻, 無紀年 / 433

4453 劉崇春造像記 唐刻, 無紀年 / 433

4454 高大娘造像記 唐刻, 無紀年 / 433

4455 邢自省造像記 唐刻, 無紀年 / 434

4456 趙慶造像記 唐刻, 無紀年 / 434

4457 伊大道造像記 唐刻, 無紀年 / 434

4458 王仁楷造像記 唐刻, 無紀年 / 434

4459 文鄉仁妻扶餘造像記 唐刻, 無紀年 / 434

4460 張七娘造像記 唐刻, 無紀年 / 434

4461 迪國王母造像記 唐刻, 無紀年 / 434

4462 陳荆解造像記 唐刻, 無紀年 / 435

4463 董法素造像記 唐刻, 無紀年 / 435

4464 吴白胤造像記 唐刻, 無紀年 / 435

4465 何早妻王造像記 唐刻, 無紀年 / 435

4466 龐守一造像記 唐刻, 無紀年 / 435

4467 石行果妻王造像記 唐刻, 無紀年 / 435

4468 張慶□造像記 唐刻, 無紀年 / 435

4469 造菩薩像記 唐刻, 無紀年 / 436

4470 義昧造像記 唐刻, 無紀年 / 436

4471 净命造像記 唐刻, 無紀年 / 436

4472 郝造像記 唐刻, 無紀年 / 436

4473 李伏等題名 唐刻, 無紀年 / 436

4474 王元國妻劉爲興願記 唐刻, 無紀年 / 436

4475 吉婆題記 唐刻, 無紀年 / 436

4476 沈舍裕造像記 唐刻, 無紀年 / 437

4477 閬州造像記 唐刻, 無紀年 / 437

4478 郭文雅題名 唐刻, 無紀年 / 437

4479 供佛彼光題記 唐刻, 無紀年 / 437

4480 修行造像記 唐刻, 無紀年 / 437

4481 李二娘造像記 唐刻, 無紀年 / 437

4482 由貴造像記 唐刻, 無紀年 / 437

4483 弟子□妻□一心供養記 唐刻, 無紀年 / 438

4484 陳總持造像記 唐刻, 無紀年 / 438

4485 世善造像記 唐刻, 無紀年 / 438

4486 元超題記 唐刻, 無紀年 / 438

4487 張慧造像記 唐刻, 無紀年 / 438

4488 □處月造像記 唐刻, 無紀年 / 438

4489 王四娘造像記 唐刻, 無紀年 / 438

4490 王倫妻陳女婆造像記 唐刻, 無紀年 / 439

4491　爲法界衆生造像記　唐刻，無紀年／439

4492　姚等造像記　唐刻，無紀年／439

4493　保造像記　唐刻，無紀年／439

4494　楊□褘造像記　唐刻，無紀年／439

4495　造觀音菩薩像記　唐刻，無紀年／439

4496　李阿保造像記　唐刻，無紀年／439

4497　盧玄機母劉造像記　唐刻，無紀年／440

4498　許阿難造像記　唐刻，無紀年／440

4499　任藥尚造像記　唐刻，無紀年／440

4500　宋樂石佛姊妹二人造像記　唐刻，無紀年／440

4501　上品往生造像記　唐刻，無紀年／440

4502　目得恩造像記　唐刻，無紀年／440

4503　□□縣開國公造像記　唐刻，無紀年／440

4504　白貴等造像記　唐刻，無紀年／441

4505　時聰造像記　唐刻，無紀年／441

4506　藥方洞造像記　唐刻，無紀年／441

4507　優填王造像記　唐刻，無紀年／441

4508　僧暉造像記　唐刻，無紀年／441

4509　張承基造像記　唐刻，無紀年／441

4510　夏侯叔造像記　唐刻，無紀年／442

4511　杜穩定造像記　唐刻，無紀年／442

4512　李素質妻曹造像記　唐刻，無紀年／442

4513　王懷忠等六人造像記　唐刻，無紀年／442

4514　趙大娘等造像記　唐刻，無紀年／442

4515　法明造像記　唐刻，無紀年／442

4516　李五德造像記　唐刻，無紀年／442

4517　普會造像記　唐刻，無紀年／443

4518　張大娘等七人造像記　唐刻，無紀年／443

4519　造阿彌陀像記　唐刻，無紀年／443

4520　康□□造像記　唐刻，無紀年／443

4521　弘福造像記　唐刻，無紀年／443

4522　李三娘造像記　唐刻，無紀年／443

4523　趙懷義造像記　唐刻，無紀年／443

4524　道進法明造像記　唐刻，無紀年／444

4525　嚴三娘造像記　唐刻，無紀年／444

4526　楊優婆夷造像記　唐刻，無紀年／444

4527　夏侯迴洛造像記　唐刻，無紀年／444

4528　慈恩寺雁塔陶造像記　唐刻，無紀年／444

4529　惠宣造像記　唐刻，無紀年／444

4530　王餘慶造像記　唐刻，無紀年／444

4531　何文義造像記　唐刻，無紀年／445

4532　净住寺釋迦像銘　唐刻，無紀年／445

4533　張尊師造像碑額　唐刻，無紀年／445

4534　王枕女造像記　唐刻，無紀年／445

4535　許懷等造像記　唐刻，無紀年／445

4536　普淵造像記　唐刻，無紀年／445

4537　□弘造像記　唐刻，無紀年／446

4538　張懷□造像記　唐刻，無紀年／446

4539　大像爲高道妙造像記　唐刻，無紀年／446

4540　高懷王等造像記　唐刻，無紀年／446

4541　僧慧福造像記　唐刻，無紀年／446

4542　孫蘭國等造像記　唐刻，無紀年／446

4543　符楷等造像記　唐刻，無紀年／446

4544　息造無上天尊像　唐刻，無紀年／447

4545　知覺造像記　唐刻，無紀年／447

4546　姚山寶造像記　唐刻，無紀年／447

4547　常文才造像記　唐刻，無紀年／447

4548　右□戚并妻馬造像記　唐刻，無紀年／447

4549　佛龕造像記　唐刻，無紀年／447

4550　李懷璧等造像記　唐刻，無紀年／447

4551　唐造像記　唐刻，無紀年／448

4552　魚洋等四人題名　唐刻，無紀年／448

4553　文水武玄題字　唐刻，無紀年／448

4554　福德長壽題字　唐刻，無紀年／448

4555　天大大好也題字　唐刻，無紀年／448

4556　應教佛石等字殘石　唐刻，無紀年／448

4557　郁久閭明達題名　唐刻，無紀年／448

4558　郗士美等題名　唐刻，無紀年／449

4559　劉荆海等題名　唐刻，無紀年／449

4560　梁義深等九人題名　唐刻，無紀年／449

4561　張秀恭等題名　唐刻，無紀年／449

4562　劉令璋等題名　唐刻，無紀年／449

4563　劉京召等題名　唐刻，無紀年／449

4564　凌煙閣功臣像　唐刻，無紀年／449

4565　昭陵六駿石刻　唐刻，無紀年／450

4566　吳道子画神王像　唐刻，無紀年／450

4567　寶慶寺壁門佛像　唐刻，無紀年／450

4568　三尊佛龕造像　唐刻，無紀年／450

4569　力士像　唐刻，無紀年／451

4570　石造坐佛　唐刻，無紀年／451

4571　四面塔造像　唐刻，無紀年／451

4572　綫刻畫像石　唐刻，無紀年／451

4573　牡丹獅子文樣石刻　唐刻，無紀年／451

4574　石佛臺座花紋　唐刻，無紀年／452

4575　畫象石床　唐刻，無紀年／452

4576　草獸形畫象臺座　唐刻，無紀年／452

4577　南響堂山石窟紋飾　唐刻，無紀年／452

4578　普照寺石佛臺座　唐刻，無紀年／452

4579　靈巖寺石柱刻樣　唐刻，無紀年／452

4580　牡丹唐草綫刻臺座　唐刻，無紀年／453

4581　石廓綫刻畫像　唐刻，無紀年／453

4582　陳蕃監造墓門扉　唐刻，無紀年／453

4583　唐畫像石　唐刻，無紀年／453

4584　聽松刻石　唐刻，無紀年／454

4585　白鸚鵡賦　唐刻，無紀年／454

4586　四望山記　唐刻，無紀年／454

4587　義净將來梵書刻石　唐刻，無紀年／455

4588　大慈恩寺大雁塔楣石刻文　唐刻，無紀年／455

4589　沙彌尼勤策塔銘殘石　唐刻，無紀年／455

4590　謙卦刻石　唐刻，無紀年／455

4591　泰山頂漢石殘字　唐刻，無紀年／455

4592　石槽欄頌　唐刻，無紀年／456

4593　薦福寺塔刻石　唐刻，無紀年／456

4594　虞世南大字　唐刻，無紀年／456

4595　破邪論序　唐作，無紀年／456

4596　秋興八首帖　唐作，無紀年／456

4597　妹至帖　唐作，無紀年／456

4598　地皇湯帖　唐作，無紀年／457

4599　肚痛帖　唐作，無紀年／457

4600　裴將軍詩　唐作，無紀年／457

4601　晋唐小楷　唐作，無紀年／457

五代十國·梁（907—923）

［開平］

4602　比丘尼造像記　梁開平二年（908）／458

4603　穆君弘墓誌　梁開平四年（910）十月十七日／458

［乾化］

4604　李琮造像記　梁乾化五年（915）六月三日／458

4605　惠光舍利塔銘　梁乾化五年（915）十月八日／458

［貞明］

4606　朗空大師日月栖雲塔銘　梁貞明三年（917）十一月十五日／459

4607　謝彦璋墓誌　梁貞明六年（920）十一月十五日／459

4608　糦德元墓誌　梁貞明六年（920）十二月二十三日／459

［龍德］

4609　錢鏐題名　梁龍德元年（921）十一月一日／459

五代十國·吳（892—937）

[天祐]

4610 孟璠墓誌 吳天祐十二年（915）閏二月
　　 五日／460

4611 張宗諫墓誌 吳天祐十三年（916）四月
　　 一日／460

4612 王處直再修文宣王廟院記 吳天祐十五年
　　 （918）四月二十一日／460

五代十國·唐（923—936）

[天祐]

4613 法門寺塔廟記 唐天祐十九年（922）二
　　 月二十六日／461

[同光]

4614 吳君妻曹氏墓誌 唐同光三年（925）正
　　 月二十二日／461

4615 法華禪師塔銘 唐同光四年（926）三月
　　 十六日／461

[天成]

4616 孫拙墓誌 唐天成二年（927）二月十五
　　 日／462

4617 張君墓誌 唐天成二年（927）十一月一
　　 日／462

4618 崔詹墓誌 唐天成二年（927）十一月七
　　 日／462

[長興]

4619 張思永妻田氏建佛頂尊勝大悲心陀羅尼經
　　 幢 唐長興三年（932）二月二十二日
　　 ／462

五代十國·晋（936—946）

[天福]

4620 百巖寺七佛記 晋天福二年（937）四月
　　 八日／463

4621 彌勒下生成佛經殘石 晋天福三年
　　 （938）／463

4622 十力世尊經殘石 晋天福三年（938）
　　 ／463

4623 冷求等開路記 晋天福四年（939）五月
　　 二十五日／463

4624 □日寺功德碑 晋天福四年（939）九月
　　 ／464

4625 興法寺真空禪師塔碑銘 晋天福五年
　　 （940）七月十八日／464

4626 馬文操神道碑 晋天福五年（940）十一
　　 月十一日／464

4627 李氏墓誌 晋天福五年（940）十一月二
　　 十三日／464

4628 張敬思尊勝陀羅尼經塔 晋天福七年
　　 （942）三月十八日／464

4629 尊勝陀羅尼經幢 晋天福七年（942）三
　　 月二十二日／464

4630 佛説尊勝陀羅尼經 晋天福七年（942）
　　 ／464

[開運]

4631 王仁珪等造像記 晋開運元年（944）五
　　 月／465

4632 方永福造像記 晋開運元年（944）七月
　　 十五日／465

4633 費十娘造像記 晋開運元年（944）七月
　　 二十八日／465

4634 何景安造像記 晋開運元年（944）七月
　　 ／465

4635 何承握造像記 晋開運元年（944）七月
　　 ／465

4636 胡延福并妻造像記 晋開運元年（944）
　　 七月／465

4637 夏承厚造像記 晋開運元年（944）七月
　　 ／465

4638 潘彦□并妻陳十二娘造像記 晋開運元年
　　 （944）／466

4639　汪仁勝造像記　晋開運元年（944）／466

4640　朱仁榮造像記　晋開運元年（944）／466

4641　潘保成造像記　晋開運元年（944）／466

4642　顧君勝造像記　晋開運元年（944）／466

4643　徐綽造像記　晋開運元年（944）／466

4644　徐安造像記　晋開運元年（944）／466

4645　金珂造像記　晋開運元年（944）／467

4646　徐步行造像記　晋開運元年（944）／467

4647　何廷堅并妻陳氏造像記　晋開運元年
　　　（944）／467

4648　姚并聞□娘造像記　晋開運元年（944）
　　　／467

4649　沈思□造像記　晋開運元年（944）／467

4650　壽千春造像記　晋開運元年（944）／467

4651　孫郐造像記　晋開運元年（944）／467

4652　沈承邦造像記　晋開運元年（944）／468

4653　李七娘造像記　晋開運元年（944）／468

4654　符二娘造像記　晋開運元年（944）／468

4655　羅三十四娘造像記　晋開運元年（944）
　　　／468

4656　朱□娘造像記　晋開運元年（944）／468

4657　金十二娘造像記　晋開運元年（944）
　　　／468

4658　宿明造像記　晋開運元年（944）／468

4659　會遠造像記　晋開運元年（944）／469

4660　何勝并妻姚二娘造像記　晋開運元年
　　　（944）／469

4661　吳延造像記　晋開運元年（944）／469

4662　胡敬造像記　晋開運元年（944）／469

4663　樂十一娘造像記　晋開運元年（944）
　　　／469

4664　弟子成造像記　晋開運元年（944）／469

4665　孫□造像記　晋開運元年（944）／469

4666　陸一娘造像記　晋開運元年（944）／470

4667　□敬造像記　晋開運元年（944）／470

4668　爲保安身造像記　晋開運元年（944）
　　　／470

4669　晋造像記　晋開運元年（944）／470

4670　趙重進裝修摩騰大師真身及金剛一對等記
　　　晋開運二年（945）正月十五日／470

4671　郭令威造像記　晋開運二年（945）三月
　　　二日／470

4672　傅可詢造像記　晋開運二年（945）三月
　　　十五日／470

4673　朱四娘造像記　晋開運二年（945）三月
　　　／471

4674　鍾延時造像記　晋開運二年（945）四月
　　　一日／471

4675　王延胤墓誌　晋開運二年（945）四月十
　　　四日／471

4676　朱公卞造像記　晋開運二年（945）四月
　　　十五日／471

4677　翟氏七娘造像記　晋開運二年（945）五
　　　月五日／471

4678　錢二娘造像記　晋開運二年（945）五月
　　　五日／471

4679　尊勝陀羅尼經幢　晋開運二年（945）六
　　　月二十一日／471

4680　壽存古造像記　晋開運二年（945）六月
　　　／472

4681　馬珞并妻金一娘造像記　晋開運二年
　　　（945）九月／472

4682　袁文鉉造像記　晋開運二年（945）十月
　　　／472

4683　王安造像記　晋開運二年（945）十月
　　　／472

4684　李承□造像記　晋開運二年（945）十月
　　　／472

4685　莫仁威造像記　晋開運二年（945）十月
　　　／472

4686　周天仁紹造像記　晋開運二年（945）十
　　　月／472

4687　当院徒弟造像記　晋開運二年（945）十
　　　月／473

4688　楊□造像記　晋開運二年（945）十月 / 473

4689　蔣超并妻沈□娘造像記　晋開運二年（945）/ 473

4690　佛頂尊勝陀羅尼經幢　晋開運二年（945）/ 473

4691　陳及造像記　晋開運二年（945）/ 473

4692　守忠造像記　晋開運二年（945）/ 473

4693　陳承藴造像記　晋開運二年（945）/ 473

4694　楊一娘造像記　晋開運二年（945）/ 474

4695　弟子朱造像記　晋開運二年（945）/ 474

五代十國·漢（947—950）

[乾祐]

4696　秦彦滔造像記　漢乾祐元年（948）五月 / 475

4697　顧邦造像記　漢乾祐元年（948）十月 / 475

4698　朱知家造像記　漢乾祐二年（949）九月 / 475

4699　郭張造像記　漢乾祐三年（950）三月二十一日 / 475

五代十國·周（951—960）

[廣順]

4700　滕紹宗造像記　周廣順元年（951）四月 / 476

4701　章二娘造像記　周廣順元年（951）十月七日 / 476

4702　曹德馴造像記　周廣順二年（952）九月 / 476

4703　僧願昭造像記　周廣順三年（953）二月 / 476

[顯德]

4704　萬佛溝采石記　周顯德元年（954）十二月 / 477

4705　佛頂尊勝陀羅尼經　周顯德元年（954）/ 477

4706　韓通夫人董氏墓誌　周顯德二年（955）九月七日 / 477

4707　任公屏盜碑銘　周顯德二年（955）閏九月一日 / 477

4708　田仁訓墓誌　周顯德二年（955）十二月三日 / 477

4709　蕭處仁墓誌　周顯德三年（956）七月二十四日 / 477

4710　夏保威造像記　周顯德三年（956）/ 478

4711　尊勝陀羅尼經幢　周顯德五年（958）二月三日 / 478

4712　崇化寺西塔基記　周顯德五年（958）七月二十八日 / 478

4713　許氏建佛説大佛頂陀羅尼經幢　周顯德五年（958）/ 478

4714　張萬進造像記　周顯德六年（959）二月 / 478

4715　栖巖寺新修舍利塔殿經藏記　周顯德六年（959）九月九日 / 478

4716　梁文誼造像記　周顯德六年（959）十一月 / 478

五代十國·前蜀（891—925）

[乾德]

4717　路氏造像記　前蜀乾德六年（924）/ 479

五代十國·吴越（893—978）

4718　金剛經　吴越刻，無紀年 / 480

4719　周勢□造像記并皇帝二字題字　吴越刻，無紀年 / 480

4720　吳延爽造像記　吳越刻，無紀年／480

五代十國·南漢（917—971）

[光天]
4721　金元師買地券　南漢光天元年（942）三月／481

[大寶]
4722　匡真大師實性碑　南漢大寶元年（958）十二月／481

4723　馬氏二十四娘買地券　南漢大寶五年（962）十月一日／481

4724　鐵塔題記　南漢大寶十年（967）／482

4725　資福院邵廷珸造鎮像塔記　南漢大寶年間（958—971）／482

五代十國·南唐（937—975）

[保大]
4726　金剛經碑　南唐保大五年（947）十二月二十八日／483

五代十國·後蜀（925—965）

[廣政]
4727　佛頂尊勝陁羅尼經　後蜀廣政十七年（954）六月／484

五代十國無紀年

4728　妙因塔柱所題佛語　五代十國刻，無紀年／485

4729　栖霞寺舍利塔釋迦八相圖　五代十國刻，無紀年／485

4730　栖霞寺舍利塔蟠龍圖　五代十國刻，無紀年／486

4731　栖霞寺舍利塔力士圖　五代十國刻，無紀年／486

4732　戴彥并妻沈一娘造像記　五代十國刻，無紀年／486

4733　胡曹并妻楊七娘造像記　五代十國刻，無紀年／486

4734　江廷濟等造像記　五代十國刻，無紀年／486

4735　郭延寶造像記　五代十國刻，無紀年／486

4736　張仁裕造像記　五代十國刻，無紀年／487

4737　金匡藝造像記　五代十國刻，無紀年／487

4738　俞承慶造像記　五代十國刻，無紀年／487

4739　俞仁□造像記　五代十國刻，無紀年／487

4740　沈河造像記　五代十國刻，無紀年／487

4741　沈坥造像記　五代十國刻，無紀年／487

4742　翁松造像記　五代十國刻，無紀年／487

4743　凌仁贊造像記　五代十國刻，無紀年／488

4744　宋達造像記　五代十國刻，無紀年／488

4745　申德全造像記　五代十國刻，無紀年／488

4746　張福造像記　五代十國刻，無紀年／488

4747　羅景滔造像記　五代十國刻，無紀年／488

4748　王□并妻徐三娘造像記　五代十國刻，無紀年／488

4749　志□從造像記　五代十國刻，無紀年／488

4750　戴超造像記　五代十國刻，無紀年／489

4751　陳邦造像記　五代十國刻，無紀年／489

4752　金可求題記　五代十國刻，無紀年／489

4753　池彬造像記　五代十國刻，無紀年／489

4754　沈宗爲亡妻程十娘造像記　五代十國刻，無紀年／489

4755　沈宗并妻張二娘造像記　五代十國刻，無紀年／489

4756　陳太等三人造像記　五代十國刻，無紀年／489

4757　張遇造像記　五代十國刻，無紀年／490

4758　志清造像記　五代十國刻，無紀年／490

4759　馬□唄造像記　五代十國刻，無紀年／490

4760　秦邦造像記　五代十國刻，無紀年／490

4761　楊敬修造像記　五代十國刻，無紀年／490

4762　太史程造像記　五代十國刻，無紀年／490

4763　楊□并妻馮七娘造像記　五代十國刻，無紀年／490

4764　管軍都□□造像記　五代十國刻，無紀年／491

4765　潘四娘造像記　五代十國刻，無紀年／491

4766　胡一娘造像記　五代十國刻，無紀年／491

4767　朱一娘造像記　五代十國刻，無紀年／491

4768　奉國寺丁大師造像記　五代十國刻，無紀年／491

4769　德緣造像記　五代十國刻，無紀年／491

4770　净超造像記　五代十國刻，無紀年／491

4771　净堅造像記　五代十國刻，無紀年／492

4772　道圓造像記　五代十國刻，無紀年／492

4773　王普剛造像記　五代十國刻，無紀年／492

4774　許珆造像記　五代十國刻，無紀年／492

4775　盛氏造像記　五代十國刻，無紀年／492

4776　金五娘造像記　五代十國刻，無紀年／492

4777　集福延鴻禪院積善大德造像記　五代十國刻，無紀年／492

4778　徐七娘造像記　五代十國刻，無紀年／493

4779　蔣氏造像記　五代十國刻，無紀年／493

4780　西門巡檢將曹造像記　五代十國刻，無紀年／493

4781　宋大娘等造像記　五代十國刻，無紀年／493

4782　宋湯郎造像記　五代十國刻，無紀年／493

4783　大德造像記　五代十國刻，無紀年／493

4784　馮造像記　五代十國刻，無紀年／493

4785　俞四娘造像記　五代十國刻，無紀年／494

4786　楊□軍頭都虞候造像記　五代十國刻，無紀年／494

4787　陸大造像記　五代十國刻，無紀年／494

4788　弟子倫造像記　五代十國刻，無紀年／494

4789　樓□爲亡考造像記　五代十國刻，無紀年／494

4790　□□伏爲自身造像記　五代十國刻，無紀年／494

4791　造一軀永充供養造像記　五代十國刻，無紀年／494

4792　石屋洞造像記十四種　五代十國刻，無紀年／495

北宋（960—1127）

[建隆]

4793　韓通墓誌　北宋建隆元年（960）二月二日／496

4794　江王乳母杏氏墓誌　北宋建隆四年（963）五月十日／496

4795　爲亡妣吴九娘造像記　北宋建隆四年（963）五月／496

4796　許八娘造像記　北宋建隆四年（963）七月／496

[乾德]

4797　李十娘造像記　北宋乾德二年（964）五月／497

4798　篆書千字文　北宋乾德三年（965）十二月二十八日／497

4799　阮四娘造像記　北宋乾德三年（965）／497

4800　三體陰符經　北宋乾德四年（966）四月十三日／498

4801　篆書千字文序　北宋乾德五年（967）九月二十八日／498

4802　擬惠休上人詩　北宋乾德五年（967）十二月二十五日／498

4803　摩利支天經陰符經碑　北宋乾德六年（968）十一月九日／498

4804　廣法師舍利塔幢　北宋乾德六年（968）／499

4805　高僧傳序碑　北宋乾德年間（963—968）／499

[開寶]

4806　靈穩寺大佛頂陀羅尼經幢并新建佛閣寶幢願文　北宋開寶二年（969）閏五月／499

4807　天寧寺井欄題字　北宋開寶二年（969）七月十八日／499

4808　馬測墓誌　北宋開寶三年（970）十月十七日／499

4809　王氏三十七娘造像記　北宋開寶三年（970）／500

4810　尊勝陀羅尼經幢　北宋開寶四年（971）十一月十一日／500

4811　慶恩造像記　北宋開寶四年（971）／500

4812　大宋新修南海廣利王廟碑　北宋開寶六年（973）十月九日／500

[太平興國]

4813　沈繼宗造金剛般若波羅蜜經并般若波羅蜜多心經　北宋太平興國二年（977）十月八日／500

4814　沈繼宗造十善業道經要略并佛説天請問經　北宋太平興國二年（977）十月八日／501

4815　太上老君常清静經　北宋太平興國五年（980）三月二十一日／501

4816　崔公人户綦珪等修造彌勒佛題銘記　北宋太平興國七年（982）七月二十一日／501

4817　龍興寺新修三門記　北宋太平興國八年（983）十二月二十三日／501

4818　藥繼能墓誌　北宋太平興國九年（984）四月二日／501

[雍熙]

4819　張敬德墓誌　北宋雍熙二年（985）十月九日／502

[端拱]

4820　新譯三藏聖教序　北宋端拱元年（988）十月七日／502

4821　錢俶墓誌　北宋端拱二年（989）正月十五日／502

[淳化]

4822　温仁墓誌　北宋淳化元年（990）十二月一日／502

4823　安天王廟碑銘　北宋淳化二年（991）八月九日／502

4824　淳化閣帖　北宋淳化三年（992）／503

4825　隴西字殘石　北宋淳化四年（993）／503

4826　劉緒施義井欄記　北宋淳化五年（994）正月／503

[咸平]

4827　夢英大師碑　北宋咸平元年（998）正月三日／503

4828　偏旁字源目録并夢英自序　北宋咸平二年（999）六月十五日／504

4829　造八身羅漢像記　北宋咸平二年（999）十月／504

4830　維恩天竺靈隱二寺游記　北宋咸平二年（999）/ 504

4831　高贊宋造像記　北宋咸平三年（1000）二月 / 505

4832　周延慶造像記　北宋咸平三年（1000）五月 / 505

4833　董延贊造像記　北宋咸平三年（1000）五月 / 505

4834　周延紹造像記　北宋咸平三年（1000）五月 / 505

4835　董□金造像記　北宋咸平三年（1000）五月 / 505

4836　吳□造像記　北宋咸平三年（1000）五月 / 505

4837　蘇氏七娘造第十六尊者像記　北宋咸平三年（1000）十月 / 505

4838　□文大造像記　北宋咸平三年（1000）/ 506

4839　儲匡贊造像記　北宋咸平三年（1000）/ 506

4840　俞贊造像記　北宋咸平三年（1000）/ 506

4841　造□□□第十三像記　北宋咸平四年（1001）二月 / 506

4842　儲匡贊造羅漢像記　北宋咸平四年（1001）三月 / 506

4843　湯用造像記　北宋咸平四年（1001）三月 / 506

4844　朱承贊造像記　北宋咸平四年（1001）五月 / 506

4845　苻昭愿墓誌　北宋咸平四年（1001）八月二十一日 / 507

4846　張旺造像記　北宋咸平四年（1001）十月 / 507

4847　樊仁厚造像記　北宋咸平四年（1001）十月 / 507

4848　趙□造像記　北宋咸平四年（1001）十月 / 507

4849　沈九娘造像記　北宋咸平四年（1001）十月 / 507

4850　洪二娘造像記　北宋咸平四年（1001）十月 / 507

4851　呂七娘造像記　北宋咸平四年（1001）十月 / 507

4852　造羅漢像記　北宋咸平四年（1001）/ 508

4853　戴贊造像記　北宋咸平五年（1002）/ 508

4854　莊五娘造像記　北宋咸平五年（1002）/ 508

4855　李□興造像記　北宋咸平五年（1002）/ 508

4856　田德□造羅漢像記　北宋咸平六年（1003）/ 508

4857　慶還造像記　北宋咸平年間（998—1003）/ 508

4858　造八身□□尊者像記　北宋咸平年間（998—1003）/ 508

4859　陸承□造像記　北宋咸平年間（998—1003）/ 509

4860　□宮判官元聲造像記　北宋咸平年間（998—1003）/ 509

4861　慈光院比丘麟□造像記　北宋咸平年間（998—1003）/ 509

4862　周德保男造像記　北宋咸平年間（998—1003）/ 509

4863　唐仁□造像記　北宋咸平年間（998—1003）/ 509

4864　陳行善爲母親魏造像記　北宋咸平年間（998—1003）/ 509

4865　錢簡□造像記　北宋咸平年間（998—1003）/ 509

4866　周延□造像記　北宋咸平年間（998—1003）／510

4867　胡二娘造像記　北宋咸平年間（998—1003）／510

4868　陶延□造像記　北宋咸平年間（998—1003）／510

4869　俞朗造像記　北宋咸平年間（998—1003）／510

4870　汪仁禮造像記　北宋咸平年間（998—1003）／510

4871　吳勝造像記　北宋咸平年間（998—1003）／510

4872　呂□造羅漢像記　北宋咸平年間（998—1003）／510

4873　智興造像記　北宋咸平年間（998—1003）／511

4874　黃爲亡考亡妣造像記　北宋咸平年間（998—1003）／511

4875　□□謹造羅漢像記　北宋咸平年間（998—1003）／511

4876　王近造像記　北宋咸平年間（998—1003）／511

4877　花勝□造像記　北宋咸平年間（998—1003）／511

4878　朱文□造像記　北宋咸平年間（998—1003）／511

4879　王仁禮爲伊七娘造像記　北宋咸平年間（998—1003）／511

4880　弟子□□□淨財造像記　北宋咸平年間（998—1003）／512

4881　二娘造彌陀像記　北宋咸平年間（998—1003）／512

4882　造羅漢像記　北宋咸平年間（998—1003）／512

4883　一身保狀造像記　北宋咸平年間（998—1003）／512

4884　北宋造像記　北宋咸平年間（998—1003）／512

4885　梵芝題名　北宋咸平年間（998—1003）／512

4886　梵芝游此地題名　北宋咸平年間（998—1003）／512

4887　龍泓洞造像記　北宋咸平年間（998—1003）／513

[景德]

4888　元贊造香幢記　北宋景德四年（1007）四月八日／513

[大中祥符]

4889　登泰山謝天書述二聖功德之銘碑　北宋大中祥符元年（1008）十月二十七日／513

4890　文宣王贊碑　北宋大中祥符元年（1008）十一月一日／513

4891　般若心經序　北宋大中祥符二年（1009）四月一日／513

4892　玄聖文宣王贊并加號詔　北宋大中祥符五年（1012）八月二十二日／514

4893　俞獻可題名　北宋大中祥符五年（1012）九月九日／514

[天禧]

4894　寇萊公像　北宋天禧二年（1018）九月十三日／514

4895　勃興頌　北宋天禧三年（1019）／514

4896　中嶽醮告文　北宋天禧三年（1019）九月／514

[乾興]

4897　耿□妻宮等造像記　北宋乾興元年（1022）正月／514

4898　胡承德造像記　北宋乾興元年（1022）／515

[天聖]

4899　張希顏等題名　北宋天聖元年（1023）二月／515

4900　佛頂尊勝陀羅尼幢　北宋天聖二年（1024）／515

4901　祖士衡墓誌　北宋天聖三年（1025）三月／515

4902　高福題名　北宋天聖四年（1026）三月三日／515

4903　丁裕題記　北宋天聖四年（1026）三月三日／516

4904　勸慎刑文　北宋天聖六年（1028）五月十二日／516

4905　慎刑箴　北宋天聖六年（1028）五月十二日／516

4906　重修白水縣獄記　北宋天聖六年（1028）十一月二十二日／516

4907　孔勖祖廟祝文　北宋天聖八年（1030）三月七日／517

4908　絳州重修夫子廟碑　北宋天聖十年（1032）／517

4909　大丞相父定公游靈巖詩　北宋天聖間（1023—1032）／517

[明道]

4910　符承煦墓誌　北宋明道三年（1034）三月十三日／517

[景祐]

4911　孟疑造像記　北宋景祐元年（1034）六月八日／518

4912　中書省下永興軍牒碑　北宋景祐二年（1035）二月八日／518

4913　孔道輔祖廟祭文　北宋景祐二年（1035）六月九日／518

4914　大平興國院千人邑重建定光如來真身　北宋景祐三年（1036）二月十五日／518

4915　陳璉造像記　北宋景祐三年（1036）九月／519

4916　佛頂尊勝陀羅尼經　北宋景祐五年（1038）三月二十二日／519

4917　青州佛寺記殘石　北宋景祐年間（1034—1038）／519

[寶元]

4918　葉清臣題名　北宋寶元二年（1039）四月／519

4919　般若心經殘石　北宋寶元二年（1039）七月十五日／519

4920　衛廷譯夫人徐氏墓誌　北宋寶元二年（1039）八月十三日／520

[慶曆]

4921　公堂銘　北宋慶曆元年（1041）／520

4922　李永德題名　北宋慶曆四年（1044）九月二十三日／520

4923　普通塔記　北宋慶曆五年（1045）二月一日／520

4924　天下昇平四民清刻石　北宋慶曆八年（1048）四月二十八日／520

4925　尊勝陀羅尼經幢　北宋慶曆八年（1048）九月二十六日／520

[皇祐]

4926　重修北嶽廟記　北宋皇祐二年（1050）正月十九日／521

4927　金陵牛首山普覺寺辟支佛塔記　北宋皇祐二年（1050）三月三日／521

4928　錢德範等題名　北宋皇祐二年（1050）六月一日／521

4929　吳沆吉妻杜氏墓誌　北宋皇祐三年（1051）十月七日／521

4930　復唯識廨院記　北宋皇祐三年（1051）／521

4931　游岱嶽觀記　北宋皇祐四年（1052）三月二十日／521

4932　平蠻三將題名　北宋皇祐四年（1052）四月／522

4933　李若清等泰山王母殿題名　北宋皇祐五年（1053）四月／522

［至和］

4934　京兆府小學規　北宋至和元年（1054）
　　　／522

4935　蘇安世題名　北宋至和二年（1055）三
　　　月二十二日／522

［嘉祐］

4936　宋嘉祐石經孝經殘石　北宋嘉祐元年
　　　（1056）／522

4937　辟支塔功德記　北宋嘉祐三年（1058）
　　　四月二十日／522

4938　草書碑　北宋嘉祐三年（1058）十月九
　　　日／523

4939　李師中詩　北宋嘉祐五年（1060）五月
　　　二十八日／523

4940　泉州萬安橋記　北宋嘉祐五年（1060）
　　　十二月／523

4941　靈巖寺千佛殿記　北宋嘉祐六年（1061）
　　　六月十五日／523

4942　宋頌　北宋嘉祐七年（1062）六月一日
　　　／523

4943　魯孔子廟碑題記　北宋嘉祐七年（1062）
　　　／524

4944　沈遼等題名　北宋嘉祐八年（1063）五
　　　月／524

4945　僧守忠碑　北宋嘉祐八年（1063）七月
　　　二日／524

［治平］

4946　張正中墓表　北宋治平元年（1064）六
　　　月二十七日／524

4947　余澡題名　北宋治平元年（1064）／524

4948　晝錦堂碑　北宋治平二年（1065）三月
　　　十三日／525

4949　張奕墓誌　北宋治平三年（1066）十月
　　　三日／525

4950　吳文秀造像記　北宋治平四年（1067）
　　　六月／525

4951　李舜舉白龍池題名　北宋治平四年
　　　（1067）／525

［熙寧］

4952　東鎮安公行宮碑　北宋熙寧元年（1068）
　　　五月／525

4953　平王廟碑　北宋熙寧元年（1068）十月
　　　二十八日／525

4954　孫覺等題名　北宋熙寧元年（1068）十
　　　二月／526

4955　魏處約妻趙氏墓誌　北宋熙寧二年
　　　（1069）十一月十五日／526

4956　送靈巖寺義公上人詩　北宋熙寧二年
　　　（1069）／526

4957　瀧岡阡表　北宋熙寧三年（1070）四月
　　　十五日／526

4958　送靈巖寺詳公詩　北宋熙寧三年（1070）
　　　九月十三日／526

4959　韓恬墓誌　北宋熙寧四年（1071）二月
　　　二十八日／526

4960　寶成院賞牡丹詩　北宋熙寧五年（1072）
　　　二月／527

4961　隆興寺佛經石刻　北宋熙寧五年（1072）
　　　九月十五日／527

4962　任顥墓誌　北宋熙寧五年（1072）十一
　　　月二十七日／527

4963　潘景純巚題名　北宋熙寧七年（1074）
　　　五月／527

4964　李時亮詩　北宋熙寧八年（1075）八月
　　　四日／527

4965　藥洲題字　北宋熙寧八年（1075）／527

4966　黃樓賦　北宋熙寧十年（1077）七月四
　　　日／527

4967　臥龍寺梵書唵字贊　北宋熙寧十年
　　　（1077）／528

［元豐］

4968　東嶽廟蓮盆銘　北宋元豐元年（1078）
　　　正月一日／528

4969　張頡題名　北宋元豐元年（1078）八月
七日／528

4970　表忠觀碑殘石　北宋元豐元年（1078）
八月／528

4971　家人卦　北宋元豐元年（1078）／529

4972　題靈巖寺詩　北宋元豐二年（1079）正
月五日／529

4973　趙仲佸墓誌　北宋元豐二年（1079）五
月十一日／529

4974　敕封順應侯碑　北宋元豐二年（1079）
七月／529

4975　東嶽高里山相公廟新□長脚竿記碑　北宋
元豐三年（1080）三月／529

4976　趙仲佸妻劉氏墓誌　北宋元豐三年
（1080）三月／529

4977　奉寄靈巖寺長老確公大師題記　北宋元豐
三年（1080）十月二十五日／530

4978　顏才甫題記　北宋元豐三年（1080）十
月／530

4979　陳倩題名　北宋元豐三年（1080）十二
月五日／530

4980　從冠軍建平王登廬山香爐峰詩　北宋元豐
三年（1080）／530

4981　寶藏二字刻石　北宋元豐三年（1080）
／530

4982　劉四郎墓碣　北宋元豐四年（1081）七
月十二日／530

4983　歸去來辭詩　北宋元豐四年（1081）九
月二十二日／530

4984　李時亮題名　北宋元豐四年（1081）
／531

4985　前赤壁賦　北宋元豐五年（1082）七月
十六日／531

4986　後赤壁賦　北宋元豐五年（1082）十月
十五日／531

4987　南山順濟龍王廟記　北宋元豐六年（1083）
十一月二十七日／531

4988　韓魏琦祠堂記　北宋元豐七年（1084）
六月／531

4989　造人黨修石道記　北宋元豐七年（1084）
七月三十日／531

4990　東林寺普通塔碑銘　北宋元豐七年
（1084）九月二十日／531

4991　楚頌帖　北宋元豐七年（1084）十月二
日／532

4992　吳執中妻宇文氏墓誌　北宋元豐七年
（1084）十二月十九日／532

4993　僧清則爲母丁氏安立石卯塔記　北宋元豐
八年（1085）三月／532

4994　題興安王廟詩碣　北宋元豐八年（1085）
／532

［元祐］

4995　重修鄒國公廟牒　北宋元祐元年（1086）
三月一日／532

4996　司馬旦等題名　北宋元祐元年（1086）
四月六日／532

4997　劉袞白龍池題名　北宋元祐二年（1087）
正月四日／532

4998　司馬光神道碑　北宋元祐二年（1087）
正月八日／533

4999　布袋圖贊　北宋元祐三年（1088）七月
一日／533

5000　禹王廟題字　北宋元祐四年（1089）
／533

5001　李英公神道碑題記　北宋元祐四年
（1089）／533

5002　蘇軾等題名　北宋元祐五年（1090）三
月／533

5003　京兆府府學新移石經記　北宋元祐五年
（1090）九月二十日／534

5004　渾忠武公祠堂記　北宋元祐五年（1090）
／534

5005　孫覽題名　北宋元祐六年（1091）三月
二十四日／534

5006　觀山樵書題名　北宋元祐六年（1091）
四月 / 534

5007　伯夷叔齊墓碑　北宋元祐六年（1091）
六月八日 / 534

5008　宸奎閣碑　北宋元祐六年（1091）正月
/ 534

5009　醉翁亭記　宋元祐六年（1091）十一月
/ 535

5010　七佛偈　北宋元祐六年（1091）/ 535

5011　趙瞻碑　北宋元祐七年（1092）五月二
十五日 / 535

5012　吳賁墓誌　北宋元祐七年（1092）八月
九日 / 535

5013　蔡安持題記　北宋元祐七年（1092）十
月 / 535

5014　韓文公廟碑　北宋元祐七年（1092）
/ 536

5015　曹娥碑　北宋元祐八年（1093）正月
/ 536

5016　佛頂尊勝陁羅尼經　北宋元祐九年
（1094）正月二十九日 / 536

5017　王評記殘　北宋元祐年間（1086—1094）
/ 536

5018　四至界石員碣殘字　北宋元祐年間
（1086—1094）/ 536

[紹聖]

5019　石盆銘　北宋紹聖元年（1094）四月
/ 537

5020　佛牙贊　北宋紹聖元年（1094）十月
/ 537

5021　靈裕法師碑銘　北宋紹聖元年（1094）
十二月八日 / 537

5022　盧約題名　北宋紹聖二年（1095）七月
/ 537

5023　胡宗回題名　北宋紹聖二年（1095）
/ 537

5024　唐少卿遇仙記　北宋紹聖三年（1096）
正月 / 538

5025　白龍池題名　北宋紹聖三年（1096）二
月十五日 / 538

5026　梁子美唱和詩　北宋紹聖三年（1096）
三月 / 538

5027　觀自在菩薩如意輪陀羅尼經　北宋紹聖三
年（1096）六月 / 538

5028　宣聖四十四代墓碑　北宋紹聖三年
（1096）十月 / 538

5029　梁才甫題名　北宋紹聖三年（1096）十
二月一日 / 538

5030　寶月大師碑銘　北宋紹聖三年（1096）
十二月二十二日 / 538

5031　晉祠前金神銘　北宋紹聖四年（1097）
三月 / 539

5032　德光等白龍池題名　北宋紹聖四年
（1097）三月 / 539

5033　韓宗厚墓誌　北宋紹聖四年（1097）九
月二十二日 / 539

5034　趙揚夫人蘇氏墓誌　北宋紹聖四年
（1097）十月十四日 / 539

5035　游師雄墓誌　北宋紹聖四年（1097）十
月十七日 / 539

[元符]

5036　史二墓誌　北宋元符二年（1099）三月
五日 / 540

5037　元符造像記　北宋元符二年（1099）四
月五日 / 540

5038　張壽之題名　北宋元符二年（1099）九
月 / 540

5039　許端卿題名　北宋元符三年（1100）五
月十九日 / 540

5040　趙習之等白龍池題名　北宋元符三年
（1100）七月 / 540

5041　石匠呂全等白龍池題名　北宋元符三年
（1100）十月一日 / 540

5042　韓存中應濟之等白龍池題名　北宋元符三年（1100）十月二十七日／540

5043　順應侯碑　北宋元符三年（1100）／541

[建中靖國]

5044　皇甫偊等白龍池題名　北宋建中靖國元年（1101）三月二十六日／541

5045　任良等白龍池題名　北宋建中靖國元年（1101）三月／541

5046　三十六峰賦碑　北宋建中靖國元年（1101）九月二十三日／541

5047　譚掞題名　北宋建中靖國元年（1101）／541

5048　程大昌和詩　北宋建中靖國元年（1101）／541

[崇寧]

5049　湘南樓記　北宋崇寧元年（1102）四月／542

5050　李珪白龍池題名　北宋崇寧元年（1102）八月七日／542

5051　查應辰等題名　北宋崇寧元年（1102）八月二十八日／542

5052　靈巖寺楞嚴經偈　北宋崇寧元年（1102）十一月／542

5053　李益授等白龍池題名　北宋崇寧二年（1103）四月二十五日／542

5054　慧悟大師功德幢　北宋崇寧二年（1103）五月六日／542

5055　重書宋璟碑側記　北宋崇寧二年（1103）七月一日／543

5056　馮緄碑　北宋崇寧三年（1104）三月五日／543

5057　元祐黨籍碑　北宋崇寧三年（1104）六月／543

5058　題中興聖磨崖詩　北宋崇寧三年（1104）／543

5059　李衛公西嶽書　北宋崇寧三年（1104）五月十五日／544

5060　符守誠墓誌　北宋崇寧四年（1105）正月十三日／544

5061　吳栻題詩三首　北宋崇寧五年（1106）四月／544

5062　郭巨石室石柱題記　北宋崇寧五年（1106）七月三日／544

5063　王若愚題名　北宋崇寧五年（1106）八月／544

[大觀]

5064　馬元磚誌　北宋大觀元年（1107）四月二十五日／544

5065　章迪墓表　北宋大觀元年（1107）五月一日／544

5066　吳道子畫先聖像　北宋大觀元年（1107）閏十月二十五日／545

5067　大觀聖作碑　北宋大觀二年（1108）八月二十九日／545

5068　崇興橋記　北宋大觀二年（1108）九月三十日／545

5069　靈巖寺篆書佛説大乘般若波羅蜜多心經　北宋大觀三年（1109）正月／545

5070　定州崇寧寺施入記　北宋大觀三年（1109）四月五日／545

5071　張莊題名　北宋大觀四年（1110）六月十六日／546

5072　郭景脩墓誌　北宋大觀四年（1110）閏八月十二日／546

5073　韓公輔題名　北宋大觀四年（1110）／546

5074　孔聖手植檜贊　北宋大觀年間（1107—1110）／546

[政和]

5075　南和尚頌碑　北宋政和元年（1111）十月十一日／546

5076　陳仲宜題名　北宋政和元年（1111）／546

5077　唐進德題名　北宋政和二年（1112）三月二十七日／547

5078　韓氏妻時氏改葬記　北宋政和二年（1112）七月／547

5079　王先之題名　北宋政和二年（1112）九月／547

5080　楊書思題名　北宋政和二年（1112）九月／547

5081　錢旦墓誌　北宋政和二年（1112）十二月十九日／547

5082　謝勳題名　北宋政和三年（1113）二月二十九日／547

5083　敬善寺題記　北宋政和三年（1113）閏四月七日／547

5084　劉子晋等白龍池題名　北宋政和四年（1114）八月七日／548

5085　趙子明謝雨記　北宋政和五年（1115）四月二十一日／548

5086　政和墓磚　北宋政和五年（1115）四月二十三日／548

5087　姜族安中等題名　北宋政和五年（1115）十月十八日／548

5088　李堯文題名　北宋政和六年（1116）閏正月十九日／548

5089　夏鰭謁孔廟題名　北宋政和六年（1116）八月十五日／548

5090　宣聖四十六代墓碑　北宋政和六年（1116）十一月／549

5091　陳煜墓誌　北宋政和七年（1117）四月十三日／549

5092　李端臣詩　北宋政和七年（1117）七月二十七日／549

5093　華陽觀尚書省劄子　北宋政和七年（1117）八月／549

5094　胡琮墓誌　北宋政和七年（1117）十二月二十九日／549

5095　王焕飯僧題記　北宋政和八年（1118）六月二十七日／549

5096　王母殿題名　北宋政和八年（1118）／550

5097　圓測法師舍利塔銘碑　北宋政和八年（1118）／550

5098　曹邁李彦弼題名　北宋政和年間（1111—1118）／550

5099　揚庭等題名　北宋政和年間（1111—1118）／550

[重和]

5100　杜宗象墓誌　北宋重和二年（1119）二月十四日／550

[宣和]

5101　郝肆夫人趙氏墓誌　北宋宣和元年（1119）四月二十七日／550

5102　劉鎰題名　北宋宣和元年（1119）六月十六日／551

5103　羅什法師塔記　北宋宣和元年（1119）六月／551

5104　姜子正等白龍池題名　北宋宣和二年（1120）正月／551

5105　李致一題記　北宋宣和二年（1120）三月十八日／551

5106　李顯道等白龍池題名　北宋宣和二年（1120）四月十九日／551

5107　苻俌墓誌　北宋宣和二年（1120）六月三日／551

5108　少林寺普通塔　北宋宣和三年（1121）四月／552

5109　真相院釋迦舍利塔銘　北宋宣和三年（1121）十月／552

5110　秀峰禪院捨莊田記　北宋宣和四年（1122）正月一日／552

5111　榮事堂記　北宋宣和四年（1122）五月二十日／552

5112　廟子二十五户優免差税牓　北宋宣和四年（1122）八月／552

5113　先師鄒國公孟子廟記　北宋宣和四年（1122）十月十五日／552

5114　龍洞記　北宋宣和四年（1122）十二月十二日／552

5115　養氣湯方刻石　北宋宣和四年（1122）／553

5116　朱濟道游靈巖寺七絶二首　北宋宣和五年（1123）二月九日／553

5117　天慶禪院住持顯達大師塔記銘　北宋宣和五年（1123）二月十五日／553

5118　靈巖山秀峰寺公據　北宋宣和五年（1123）二月／553

5119　唯識頌并中邊分別論　北宋宣和五年（1123）二月／553

5120　妙空禪師塔銘　北宋宣和五年（1123）七月二十日／553

5121　妙空老師自題像贊　北宋宣和五年（1123）八月三日／553

5122　尊勝陀羅尼經幢　北宋宣和五年（1123）八月五日／554

5123　澄悟大師塔銘　北宋宣和五年（1123）九月一日／554

5124　祭汾東王文碣　北宋宣和五年（1123）／554

5125　齊古施五百羅漢記　北宋宣和六年（1124）八月／554

5126　蔡懌題名　北宋宣和六年（1124）／554

5127　篆文五箴　北宋宣和六年（1124）／554

5128　楊損題名　北宋宣和七年（1125）六月十日／554

5129　陀羅尼經　北宋宣和年間（1119—1125）／555

［靖康］

5130　吕成之題名　北宋靖康元年（1126）六月四日／555

5131　祖師塔記　北宋靖康元年（1126）／555

5132　題靈巖寺詩　北宋元豐二年（1079）／555

5133　唐鐸題記　北宋靖康元年（1126）／555

5134　十六羅漢圖　北宋靖康元年（1126）／555

南宋（1127—1279）

［紹興］

5135　孫覿題名　南宋紹興四年（1134）十月十七日／556

5136　送紫巖張先生北伐詩　南宋紹興五年（1135）／556

5137　禹迹圖　南宋紹興六年（1136）四月／556

5138　華夷圖　南宋紹興六年（1136）十月／556

5139　唐孝稱題名　南宋紹興六年（1136）／557

5140　孝經刻石　南宋紹興九年（1139）十月一日／557

5141　朱近買地券　南宋紹興九年（1139）十一月一日／557

5142　吴郡重修大成殿記碑　南宋紹興十一年（1141）四月一日／557

5143　韓世忠題名　南宋紹興十二年（1142）三月五日／557

5144　張淵道題名　南宋紹興十二年（1142）／557

5145　南宋石經　南宋紹興十三年（1143）／558

5146　吴郡登科題名　南宋紹興十五年（1145）／558

5147　汪恪題名　南宋紹興十八年（1148）六月二十八日／558

5148　張平叔真人歌　南宋紹興十八年（1148）十二月二十九日／558

5149　張淵道題名　南宋紹興十八年（1148）／558

5150　路質夫方務德題名　南宋紹興十九年（1149）二月十四日／558

5151　栖霞子銘　南宋紹興十九年（1149）／559

5152　余先生論金液還丹歌訣　南宋紹興二十二年（1152）／559

5153　穿雲巖刻石　南宋紹興二十四年（1154）二月／559

5154　呂原忠華景洞詩　南宋紹興二十四年（1154）三月七日／559

5155　宣聖及七十二弟子像贊　南宋紹興二十六年（1156）十二月／559

5156　妙喜泉銘　南宋紹興二十七年（1157）三月一日／559

5157　天童覺和尚碑　南宋紹興二十八年（1158）四月／559

5158　六和塔刻經　南宋紹興二十九年（1159）／560

5159　北禪寺井欄銘　南宋紹興三十年（1160）／560

[隆興]

5160　焦山陸務觀等題銘　南宋隆興二年（1164）十一月三十日／560

5161　開化寺尚書省牒碑　南宋隆興二年（1164）十二月一日／560

[乾道]

5162　陸游等題記　南宋乾道元年（1165）二月三日／560

5163　廣照和尚忌辰追修公據　南宋乾道三年（1167）十二月／561

5164　朱熹贈張栻詩　南宋乾道三年（1167）／561

5165　中興聖德頌　南宋乾道七年（1171）四月／561

5166　范成大題名　南宋乾道九年（1173）／561

[淳熙]

5167　蔣子明題名　南宋淳熙二年（1175）六月／561

5168　范至能題名　南宋淳熙二年（1175）／562

5169　論語問政章　南宋淳熙二年（1175）／562

5170　虞帝廟碑　南宋淳熙三年（1176）四月／562

5171　府學題字　南宋淳熙三年（1176）十二月／562

5172　李景淳題名　南宋淳熙三年（1176）／562

5173　岳商卿詩序　南宋淳熙四年（1177）十一月二日／562

5174　劉子羽神道碑　南宋淳熙六年（1179）十月一日／562

5175　梁次張題名　南宋淳熙八年（1181）八月二日／563

5176　閻才元父子西山題名　南宋淳熙九年（1182）四月五日／563

5177　王正己題名　南宋淳熙九年（1182）六月十日／563

5178　吳琚觀焦山瘞鶴銘詩　南宋淳熙十一年（1184）正月／563

5179　潘時等題名　南宋淳熙十二年（1185）三月／563

5180　周惇頤題名　南宋淳熙十二年（1185）／564

5181　詹儀之題名　南宋淳熙十三年（1186）／564

5182　王翰作石刻須菩提像　南宋淳熙十六年（1189）七月／564

5183　孔子顏淵像　南宋淳熙十六年（1189）/ 564

[紹熙]

5184　李妙香墓誌　南宋紹熙元年（1190）七月 / 564

5185　朱希顏題名　南宋紹熙元年（1190）十月 / 564

5186　山河堰落成記　南宋紹熙五年（1194）二月二十四日 / 564

5187　開通褒斜道石刻釋文并碑陰題記　南宋紹熙五年（1194）三月 / 565

[慶元]

5188　潘宗伯等造橋格題字釋文并跋　南宋慶元元年（1195）八月十五日 / 566

5189　朱希顏詩　南宋慶元元年（1195）/ 566

5190　吳學組田籍記　南宋慶元二年（1196）正月 / 566

5191　竹鶴題字　南宋慶元二年（1196）四月 / 566

5192　盧坦對杜黃裳語　南宋慶元二年（1196）四月 / 566

5193　杜思恭刻陸游手迹　南宋慶元三年（1197）四月 / 566

5194　王岳題名　南宋慶元三年（1197）/ 567

5195　董世儀題名　南宋慶元四年（1198）正月八日 / 567

5196　周葵神道碑　南宋慶元四年（1198）/ 567

[嘉泰]

5197　乳洞詩　南宋嘉泰二年（1202）正月八日 / 567

[開禧]

5198　沈寧同妻徐氏等造像記　南宋開禧元年（1205）三月九日 / 567

5199　食飯保傅造像記　南宋開禧元年（1205）四月三日 / 568

5200　□□同妻盛造像記　南宋開禧元年（1205）四月 / 568

5201　聞氏□寧施財造像記　南宋開禧元年（1205）八月五日 / 568

5202　□悠游俸造像記　南宋開禧元年（1205）八月 / 568

5203　胡六八開井石記　南宋開禧二年（1206）八月 / 568

5204　吳學續置田記　南宋開禧二年（1206）十月 / 568

[嘉定]

5205　明州比丘僧造像記　南宋嘉定元年（1208）五月一日 / 569

5206　寧遠記　南宋嘉定元年（1208）九月 / 569

5207　鮮于申之題名　南宋嘉定三年（1210）三月 / 569

5208　平亭詩　南宋嘉定三年（1210）十月十六日 / 569

5209　管湛題名　南宋嘉定五年（1212）六月 / 569

5210　方信孺刻陸游書詩境　南宋嘉定七年（1214）正月 / 569

5211　方信孺詩　南宋嘉定七年（1214）四月 / 570

5212　張自明詩　南宋嘉定七年（1214）七月 / 570

5213　卦德亭銘　南宋嘉定七年（1214）九月 / 570

5214　蘇州學記　南宋嘉定八年（1215）十月十五日 / 570

5215　羅池廟迎送神祠碑　南宋嘉定十年（1217）/ 570

5216　鄒應龍題名　南宋嘉定十年（1217）/ 570

5217　平江府添助學田記　南宋嘉定十三年（1220）十二月 / 570

5218　葉任道題名　南宋嘉定十五年（1222）/ 571

[寶慶]

5219　寶慶題名　南宋寶慶二年（1226）/ 571

5220　石堰修祀記　南宋寶慶二年（1226）/ 571

[紹定]

5221　給復學田公牒一　南宋紹定元年（1228）七月 / 571

5222　給復學田公牒二　南宋紹定元年（1228）十一月 / 571

5223　傅二娘造石水覓記　南宋紹定二年（1229）七月十五日 / 571

5224　吳學復田記　南宋紹定二年（1229）八月十五日 / 572

5225　平江圖　南宋紹定二年（1229）/ 572

5226　給復學田省劄　南宋紹定三年（1230）九月 / 572

5227　吳學義廩規約　南宋紹定六年（1233）八月 / 572

[端平]

5228　文辭磚　南宋端平二年（1235）/ 572

[嘉熙]

5229　吕祖磚王濟美題名　南宋嘉熙元年（1237）正月三日 / 572

5230　皇帝聖旨亞聖公後裔□免差發碑　南宋嘉熙元年（1237）十一月 / 573

5231　王説等題名　南宋嘉熙元年（1237）/ 573

5232　徐清叟題名　南宋嘉熙三年（1239）/ 573

[淳祐]

5233　思無邪公生明題字　南宋淳祐元年（1241）正月 / 573

5234　道統贊　南宋淳祐元年（1241）正月 / 573

5235　疏廣戒子弟語　南宋淳祐元年（1241）四月 / 573

5236　謝達題名　南宋淳祐元年（1241）/ 574

5237　圓悟法師凝寂塔碑　南宋淳祐四年（1244）/ 574

5238　徐敏子題名　南宋淳祐六年（1246）/ 574

5239　天文圖　南宋淳祐七年（1247）十一月 / 574

5240　帝王紹運圖　南宋淳祐七年（1247）十一月 / 574

5241　墜理圖　南宋淳祐七年（1247）十一月 / 574

5242　陸德興等題名　南宋淳祐八年（1248）/ 575

5243　總所撥歸本學圍租公據　南宋淳祐十一年（1251）五月 / 575

5244　曾原一趙希㮊題名　南宋淳祐十二年（1252）五月 / 575

[寶祐]

5245　重修□國公廟記　南宋寶祐三年（1255）三月 / 575

5246　觀德題字　南宋寶祐四年（1256）四月 / 575

5247　朱埴題名　南宋寶祐六年（1258）/ 575

5248　開慶紀功磨崖　南宋寶祐六年（1258）/ 576

[景定]

5249　朱襓孫題名　南宋景定五年（1264）/ 576

[咸淳]

5250　菊庵長老靈塔　南宋咸淳元年（1265）/ 576

5251　敕賜安福院記　南宋咸淳三年（1267）十二月 / 576

5252　廣州光孝寺大鑒禪師殿記　南宋咸淳五年（1269）十一月七日 / 576

5253　趙冰壺贈僧頑石詩　南宋咸淳八年（1272）六月十九日 / 576

5254　揚州州學藏書樓記　南宋咸淳九年（1273）七月／577

5255　宣聖像　南宋咸淳十年（1274）七月／577

［德祐］

5256　忠祐廟敕封告據　南宋德祐二年（1276）正月／577

宋無紀年

5257　雲淵碑　宋刻，無紀年／578

5258　宋殘碑　宋刻，無紀年／578

5259　墓表殘石　宋刻，無紀年／578

5260　盧公墓誌蓋　宋刻，無紀年／578

5261　仇公墓誌蓋　宋刻，無紀年／578

5262　金剛般若波羅蜜經　宋刻，無紀年／579

5263　井隱寺大佛頂陀羅尼幢　宋刻，無紀年／579

5264　知道爲入遼兄造像記　宋刻，無紀年／579

5265　余祺造像記　宋刻，無紀年／579

5266　陳立程顯忠造像記　宋刻，無紀年／579

5267　徐待詔造像記　宋刻，無紀年／579

5268　姚中同妻王氏造像記　宋刻，無紀年／579

5269　秦輝并妻造像記　宋刻，無紀年／580

5270　蓋聞妙智三知造像記　宋刻，無紀年／580

5271　六和塔施主造像記　宋刻，無紀年／580

5272　直翁等造像記　宋刻，無紀年／580

5273　張維造像記　宋刻，無紀年／580

5274　孫師聖造像記　宋刻，無紀年／580

5275　三生石題字　宋刻，無紀年／580

5276　明如題字　宋刻，無紀年／581

5277　一七日至題字　宋刻，無紀年／581

5278　贈張南軒詩　宋刻，無紀年／581

5279　蘇軾醉中詩　宋刻，無紀年／581

5280　趙夔詩　宋刻，無紀年／581

5281　白梅倡和詩　宋刻，無紀年／581

5282　吕愿忠六洞詩　宋刻，無紀年／581

5283　滑懋刻張公詩　宋刻，無紀年／582

5284　楊絳詩　宋刻，無紀年／582

5285　張挺詩　宋刻，無紀年／582

5286　梁安世詩　宋刻，無紀年／582

5287　劉希旦詩　宋刻，無紀年／582

5288　石俛書梅公瘴説　宋刻，無紀年／582

5289　朱希顏刻石曼卿書　宋刻，無紀年／582

5290　洪邁石屏記　宋刻，無紀年／583

5291　蘇仁弼題名　宋刻，無紀年／583

5292　趙善恭題名　宋刻，無紀年／583

5293　鄭子壽等題名　宋刻，無紀年／583

5294　趙子蕭邵伯高題名　宋刻，無紀年／583

5295　常恭題名　宋刻，無紀年／583

5296　張栻題名　宋刻，無紀年／583

5297　廖重能題名　宋刻，無紀年／584

5298　詹體仁題名　宋刻，無紀年／584

5299　黄德琬題名　宋刻，無紀年／584

5300　劉煒題名　宋刻，無紀年／584

5301　熊飛題名　宋刻，無紀年／584

5302　劉愈題名　宋刻，無紀年／584

5303　任忠益題名　宋刻，無紀年／584

5304　衢州殘題名　宋刻，無紀年／585

5305　劉霧題名　宋刻，無紀年／585

5306　韓伯康題名　宋刻，無紀年／585

5307　張覲題名　宋刻，無紀年／585

5308　關蔚宗題名　宋刻，無紀年／585

5309　許中甫題名　宋刻，無紀年／585

5310　許慶題名　宋刻，無紀年／585

5311　程子立題名　宋刻，無紀年／586

5312　李端臣題名　宋刻，無紀年／586

5313　黄庭堅題名　宋刻，無紀年／586

5314　米芾題名　宋刻，無紀年／586

5315　會真宮題名　宋刻，無紀年／586

5316　興慶宮圖　宋刻，無紀年／586

5317　婦人畫像　宋刻，無紀年／587

5318　觀世音畫像　宋刻，無紀年／587

5319　李白脱鞾像　宋刻，無紀年／587

5320　米芾臨蘭亭序　宋刻，無紀年／587

5321　群玉堂帖·第八卷殘帖　宋刻，無紀年
　　　／587

遼（907—1125）

［會同］

5322　佛頂尊勝陀羅尼幢　遼會同九年（946）
　　　正月／588

［應曆］

5323　智辛塔記　遼應曆二年（952）十月二十
　　　五日／588

5324　薦福大師尊勝陀羅尼幢　遼應曆七年
　　　（957）六月二十一日／588

［乾亨］

5325　張正嵩墓誌　遼乾亨三年（981）十一月
　　　八日／589

［統和］

5326　尊勝陀羅尼經幢　遼統和二十年（1002）
　　　二月四日／589

5327　王隣墓誌　遼統和二十四年（1006）十
　　　一月一日／589

5328　王説墓誌　遼統和二十六年（1008）八
　　　月二十日／589

5329　尊勝陀羅尼經幢　遼統和二十八年
　　　（1010）七月九日／589

［開泰］

5330　演妙大師等施財題名碑　遼開泰元年
　　　（1012）／590

［太平］

5331　永興宮都署韓紹勳題記　遼太平六年
　　　（1026）正月十七日／590

5332　宋匡世墓誌　遼太平六年（1026）三月
　　　七日／590

5333　耶律隆緒哀册并蓋　遼太平十一年
　　　（1031）十一月二十一日／590

［重熙］

5334　佛頂尊勝陀羅尼幢　遼重熙四年（1035）
　　　十月十四日／591

5335　張哥墓誌　遼重熙四年（1035）十一月
　　　二十九日／591

5336　佛頂尊勝陀羅尼經幢　遼重熙六年
　　　（1037）二月一日／591

5337　韓橛墓誌　遼重熙六年（1037）二月
　　　／591

5338　張思忠墓誌　遼重熙八年（1039）二月
　　　十七日／591

5339　大寶積經　遼重熙十一年（1042）／592

5340　佛頂尊勝陀羅尼經幢　遼重熙二十年
　　　（1051）六月一日／592

［清寧］

5341　房山四大部經成就碑記　遼清寧四年
　　　（1058）三月一日／592

5342　耶律隆緒欽愛皇后哀册并蓋　遼清寧四年
　　　（1058）五月四日／592

［咸雍］

5343　無礙大悲心陀羅尼幢　遼咸雍三年
　　　（1067）十一月十日／593

5344　静安寺碑　遼咸雍八年（1072）／593

［太康］

5345　耶律宗真仁懿皇后哀册蓋　遼太康二年
　　　（1076）六月十日／593

5346　王用□墓誌　遼太康二年（1076）八月
　　　二十五日／593

5347　藏掩感應舍利記　遼太康六年（1080）
　　　四月二十八日／593

5348　藥師鑄像臺座銘　遼太康六年（1080）
　　　八月十六日／594

5349　尊勝陀羅尼經幢　遼太康六年（1080）
　　　／594

5350　耶律隆緒仁德皇后哀册并蓋　遼太康七年
　　　（1081）十月八日／594

［大安］

5351　蕭儀置門枕刻石二段　遼大安三年（1087）五月／594

5352　尊勝陀羅尼經幢　遼大安三年（1087）六月二日／594

5353　孫法師澄方遺行銘　遼大安六年（1090）三月八日／595

5354　鄭恪墓誌　遼大安六年（1090）十月二十四日／595

5355　貫劫經卷第一　遼大安九年（1093）／595

5356　大憫忠寺舍利函記　遼大安十年（1094）四月二十二日／595

5357　摩訶般若波羅蜜經殘石　遼大安年間（1085—1094）／596

［壽昌］

5358　般若波羅蜜多心經　遼壽昌元年（1095）十二月二十□日／596

5359　賈師訓墓誌　遼壽昌三年（1097）四月十七日／596

5360　興國寺太子誕聖邑碑　遼壽昌四年（1098）七月三日／596

5361　智炬如來破地獄真言頂幢　遼壽昌五年（1099）三月十二日／597

5362　慈智大德佛頂尊勝大悲陀羅尼幢　遼壽昌五年（1099）四月十三日／597

5363　龍興創造香幢記　遼壽昌六年（1100）／597

［乾統］

5364　耶律洪基哀册并蓋　遼乾統元年（1101）六月二十三日／597

5365　耶律洪基宣懿皇后哀册并蓋　遼乾統元年（1101）六月二十三日／598

5366　發菩提心戒本　遼乾統八年（1108）／598

5367　遼塔幢　遼乾統十年（1110）四月／598

［天慶］

5368　甘露王陀羅尼頂幢　遼天慶元年（1111）十月二十七日／598

5369　靈感寺釋迦佛舍利塔碑　遼天慶六年（1116）八月十三日／598

5370　柳氏墓誌　遼天慶七年（1117）十□月／599

5371　蘇悉地羯羅供養法　遼天慶七年（1117）／599

5372　雲居寺續秘藏石經塔記　遼天慶八年（1118）五月十七日／599

5373　李公幢記　遼天慶十年（1120）三月二十九日／599

5374　陀羅尼經幢　遼天慶十年（1120）四月十五日／599

遼無紀年

5375　遼代斷碑　遼刻，無紀年／600

5376　佛頂尊勝陀羅尼經幢　遼刻，無紀年／600

5377　大教王經六十二府殘石　遼刻，無紀年／600

5378　海城隆昌州遼墓畫像石　遼刻，無紀年／600

西夏（1038—1227）

［天祐民安］

5379　重修感通塔碑　西夏天祐民安五年（1094）正月十五日／602

5380　西夏文字拓本　西夏刻，無紀年／602

金（1115—1234）

［天會］

5381　陀羅尼經幢　金天會九年（1131）四月／603

5382　游武州東雪山寺記碑　金天會十一年（1133）／603

5383　大金皇弟都統經略郎君行記　金天會十二年（1134）十一月十四日／603

5384　朔州馬邑縣重建桑乾神廟記　金天會十三年（1135）九月十四日／603

[天眷]

5385　真言陀羅尼幢　金天眷二年（1139）四月二十一日／604

[皇統]

5386　僧思照等造佛殿記殘石　金皇統元年（1141）四月／604

5387　妙空禪師塔　金皇統二年（1142）六月一日／604

5388　定公禪師塔銘　金皇統二年（1142）十月十日／604

5389　靈峰院千佛洞碑　金皇統三年（1143）七月十五日／604

5390　濟州雙城縣令劉唐明堂世系碑陰　金皇統四年（1144）二月六日／605

5391　普照禪寺碑　金皇統四年（1144）十月二十日／605

5392　梵本般若波羅蜜多心經　金皇統五年（1145）／605

5393　傅大士十勸并梵相　金皇統六年（1146）八月十五日／605

5394　龍興之寺四大字　金皇統六年（1146）／606

5395　任瀛贈雲禪師詩刻石　金皇統七年（1147）三月二十八日／606

5396　崔氏墓誌　金皇統九年（1149）正月／606

5397　寂照禪師塔銘　金皇統九年（1149）五月一日／606

5398　寶公長老開堂疏　金皇統九年（1149）八月／606

[天德]

5399　張行願并夫人高氏墓誌　金天德二年（1150）九月十一日／606

[貞元]

5400　龐鑒建陀羅尼幢　金貞元元年（1153）十月五日／607

5401　石經寺故秀公□誌　金貞元二年（1154）二月十四日／607

5402　通照正覺首座墓誌　金貞元三年（1155）正月／607

[正隆]

5403　李山靈巖山詩三首　金正隆元年（1156）四月十三日／607

5404　游靈巖寺記　金正隆元年（1156）五月七日／607

5405　少林禪寺西堂老師和尚塔銘　金正隆二年（1157）十月一日／607

5406　重修碑院七賢堂記　金正隆四年（1159）三月／608

5407　古柏行碑　金正隆五年（1160）九月／608

[大定]

5408　西京大華嚴寺重修薄伽藏教記　金大定二年（1162）／608

5409　净法界陀羅尼真言頂幢　金大定三年（1163）二月二十四日／608

5410　普照禪院牒　金大定四年（1164）七月一日／608

5411　梵本般若波羅蜜多心經　金大定六年（1166）／609

5412　海龍女真字摩崖石刻　金大定七年（1167）三月／609

5413　柏林院三千邑碑記　金大定七年（1167）九月十八日／609

5414　前住持嵩山少林寺端禪師塔銘　金大定八年（1168）／609

5415　宣聖四十九代墓碑　金大定九年（1169）／609

5416　馬君墓碑　金大定十年（1170）十一月八日／609

5417　陳氏蓋殿題記　金大定十年（1170）四月二十三日／610

5418　楊伯昌造陀羅尼經幢　金大定十一年（1171）二月二十一日／610

5419　重修康澤王廟記　金大定十一年（1171）九月／610

5420　李惠深墓誌　金大定十三年（1173）正月／610

5421　尚書禮部薦福禪院牒　金大定十三年（1173）四月／610

5422　寶公禪師塔銘　金大定十三年（1173）十月七日／610

5423　法寶塔銘　金大定十四年（1174）七月一日／611

5424　皇女唐國公主祀靈巖寺頌　金大定十五年（1175）五月十五日／611

5425　遼州晋先大夫廟碑　金大定十五年（1175）十月十九日／611

5426　西京大普恩寺重修大殿記　金大定十六年（1176）八月一日／611

5427　完顔希尹神道碑　金大定十六年（1176）／611

5428　劉瑋建寺畫像記　金大定十七年（1177）七月十三日／612

5429　智炬如來心破地獄真言頂幢　金大定十七年（1177）七月二十四日／612

5430　三清觀道士趙師通等鐘銘　金大定十七年（1177）八月十五日／612

5431　平陽武氏墓表　金大定十七年（1177）／612

5432　陝州後修塔記　金大定十八年（1178）六月十七日／612

5433　禮部令史題名記　金大定十八年（1178）八月三日／613

5434　大昊天寺妙行大師行狀碑　金大定二十年（1180）八月十五日／613

5435　陀羅尼頂幢　金大定二十年（1180）九月／613

5436　龍興寺廣惠大師經幢銘　金大定二十年（1180）十月一日／613

5437　經幢殘石　金大定二十一年（1181）正月二十七日／613

5438　陀羅尼經幢　金大定二十一年（1181）閏三月／614

5439　紀宗建經幢記　金大定二十一年（1181）四月十六日／614

5440　陀羅尼真言頂幢　金大定二十一年（1181）八月二十三日／614

5441　趙景興靈柩記　金大定二十二年（1182）二月二十六日／614

5442　栖雲老人題名　金大定二十二年（1182）／614

5443　重修宣聖廟碑　金大定二十三年（1183）四月二十六日／614

5444　滌公長老開堂記　金大定二十三年（1183）九月／615

5445　幙始公碑　金大定二十三年（1183）／615

5446　劉瘦兒建頂幢　金大定二十四年（1184）二月十六日／615

5447　艾宏建頂幢　金大定二十四年（1184）二月／615

5448　戒壇院威公山主塔銘　金大定二十五年（1185）二月二十八日／615

5449　得勝陀頌碑　金大定二十五年（1185）七月二十八日／615

5450　李訓墓誌　金大定二十六年（1186）八月十六日／616

5451　才公禪師塔銘　金大定二十七年（1187）十一月二十七日／616

5452 寶嚴大師塔銘 金大定二十八年（1188）／616

5453 英公禪師塔銘 金大定二十九年（1189）二月十五日／616

5454 皇伯漢王造佛經 金大定年間（1161—1189）／616

[明昌]

5455 西京大普恩寺重修釋迦如來成道碑銘 金明昌元年（1190）十二月八日／617

5456 程明遠墓誌 金明昌二年（1191）正月二十四日／617

5457 赫兟題名 金明昌二年（1191）十一月十五日／617

5458 大奉國寺賢聖題名記 金明昌三年（1192）正月一日／617

5459 大乘莊嚴寶王經六字大明陀羅尼經幢 金明昌三年（1192）三月十八日／617

5460 佛頂尊勝陀羅尼幢 金明昌三年（1192）七月／617

5461 尚公成建經幢 金明昌三年（1192）九月／618

5462 路伯達七絶 金明昌五年（1194）二月十五日／618

5463 王珩七絶 金明昌五年（1194）十月十五日／618

5464 靈巖寺田園界至圖 金明昌五年（1194）／618

5465 智照和尚開堂疏碑 金明昌六年（1195）二月／618

5466 王荆公詩石刻 金明昌六年（1195）四月／618

5467 靈巖寺田園記 金明昌六年（1195）十月二十三日／619

5468 戒壇院齋僧功德記 金明昌七年（1196）／619

[承安]

5469 緱山詩刻 金承安二年（1197）十一月十四日／619

5470 定州圓教院記 金承安三年（1198）三月三十日／619

5471 陳渙等題名 金承安四年（1199）／619

5472 大司農鄭公碑 金承安五年（1200）三月／620

5473 王重陽書無夢令詞碑 金承安五年（1200）／620

[泰和]

5474 陀羅尼經幢 金泰和元年（1201）七月／620

5475 奧屯良弼餞飲題記 金泰和六年（1206）二月十一日／620

5476 劉公佐墓誌 金泰和八年（1208）十月二十五日／620

[大安]

5477 觀世音像并贊 金大安元年（1209）二月十五日／620

5478 達磨祖師隻履西歸相 金大安元年（1209）二月二十二日／621

5479 三教聖象 金大安元年（1209）七月十五日／621

5480 彌勒大士應化像 金大安元年（1209）八月十五日／621

5481 嵩山永禪寺均庵主塔記 金大安元年（1209）十一月十五日／621

5482 敦公□等題記 金大安元年（1209）／621

5483 李乂造蕭儀置門枕一副 金大安三年（1211）五月二十三日／621

5484 張實刊造蕭儀置門枕一副 金大安三年（1211）五月二十六日／621

5485 重修鄒國公廟記 金大安三年（1211）六月十五日／622

5486 句阿王玉容建頂幢記 金大安三年（1211）十月三日／622

[興定]

5487 北青女真字摩崖石刻　金興定二年（1218）七月／622

5488 二祖大師像　金興定五年（1221）三月十五日／622

5489 重修面壁庵記　金興定六年（1222）二月／622

5490 新修雪庭西舍記　金興定六年（1222）二月／622

[正大]

5491 宴台女真進士題名碑　金正大元年（1224）六月十五日／623

5492 重修府學教養碑　金正大二年（1225）／623

金無紀年

5493 女真字碑殘石　金刻，無紀年／624

5494 吴立禮吴克禮題名　金刻，無紀年／624

5495 密語真言頂幢　金刻，無紀年／624

5496 生天真言頂幢　金刻，無紀年／624

5497 陀羅尼真言幢　金刻，無紀年／624

5498 法舍利真言　金刻，無紀年／624

5499 姚慶温建頂幢　金刻，無紀年／625

元（1271—1368）

[太宗]

5500 祖堂贊三歲洞府功畢銘　元太宗七年（1235）／626

5501 總真玉室莊嚴慶成作祝文　元太宗八年（1236）五月／626

5502 披雲創鑿石室尊像　元太宗八年（1236）七月／626

[憲宗]

5503 建龍興觀碑　元憲宗七年（1257）／626

[中統]

5504 王明道墓誌　元中統元年（1260）四月三日／627

5505 宣聖四十九代孔琇墓碑　元中統二年（1261）八月十五日／627

5506 宣聖五十八代孔端修墓碑　元中統二年（1261）八月十五日／627

5507 宣聖五十四代衍聖公孔之全墓碑　元中統五年（1264）三月二十五日／627

[至元]

5508 靈巖寺創建龍藏之記　元至元元年（1264）二月十五日／627

5509 東平府路宣慰張公登泰山記　元至元二年（1265）二月十五日／627

5510 趙宣子墳廟碑　元至元二年（1265）／628

5511 覺聚題記石扉　元至元四年（1267）三月／628

5512 少林寺乳峰仁公禪師塔誌銘　元至元五年（1268）四月十三日／628

5513 趙君墓碑　元至元十年（1273）二月十日／628

5514 福公禪師塔銘　元至元十年（1273）九月十日／628

5515 西京大華嚴寺佛日圓照明公和尚碑銘　元至元十年（1273）／628

5516 宣聖四十八代孔端頤墓碑　元至元十三年（1276）十二月／628

5517 宣聖四十九代孔瑋墓碑　元至元十三年（1276）十二月／629

5518 大龍山石壁寺圓明禪師道行碑　元至元十五年（1278）六月／629

5519 栖雲王真人開澇水記　元至元十六年（1279）七月／629

5520 靈巖寺第二十五代方公禪師塔銘　元至元十九年（1282）六月十五日／629

5521　普顯壽塔記　元至元十九年（1282）八月十五日／629

5522　靈巖寺第二十六代福公禪師塔銘　元至元十九年（1282）十月□日／629

5523　崇國寺皇帝聖旨碑　元至元二十一年（1284）二月十九日／629

5524　宣慰謝公述修考妣功德之記　元至元二十一年（1284）五月十一日／630

5525　重修東嶽蒿里山神祠碑　元至元二十一年（1284）十月十五日／630

5526　靈巖寺第二十九代新公禪師塔銘　元至元二十二年（1285）十二月二十六日／630

5527　固公監寺塔銘　元至元二十四年（1287）二月二十七日／630

5528　重修李白酒樓記　元至元二十五年（1288）九月九日／630

5529　矩公宗主塔銘　元至元二十六年（1289）三月／630

5530　褚氏先塋碑　元至元二十七年（1290）二月／631

5531　解鹽司新修鹽池神廟碑　元至元二十七年（1290）八月十五日／631

5532　趙文輝太白樓題詩　元至元二十九年（1292）二月十五日／631

5533　脫脫夫人造金剛手菩薩聖像記　元至元二十九年（1292）閏六月／631

5534　楊造多聞天王像記　元至元二十九年（1292）八月／631

5535　濟州重修廟學後記　元至元二十九年（1292）／631

5536　濟州重建大成殿記　元至元三十年（1293）二月／631

5537　趙君墓誌　元至元三十年（1293）七月／632

5538　靈巖足庵蕭公禪師道行碑　元至元三十年（1293）九月九日／632

5539　柏林寺元聖旨碑　元至元三十年（1293）十月／632

5540　廣公提點壽碑　元至元三十一年（1294）五月／632

5541　孔子廟學聖旨　元至元三十一年（1294）七月／632

[元貞]

5542　崇奉儒學聖旨碑　元元貞元年（1295）正月／633

5543　鄒孟子廟碑記　元元貞元年（1295）八月一日／633

5544　宣授太原路都僧錄安公碑　元元貞元年（1295）八月／633

5545　黃庭堅書劉明仲墨竹賦　元元貞二年（1296）三月／633

5546　上清正一宮聖旨碑　元元貞二年（1296）五月／633

5547　復庵和尚塔銘　元元貞二年（1296）七月／633

5548　重修康澤王廟碑　元元貞二年（1296）／634

5549　重修東嶽行宮廟記　元元貞三年（1297）正月三日／634

[大德]

5550　趙君墓誌　元大德元年（1297）閏十一月二十四日／634

5551　中山府大開元寺重修佛塔記　元大德元年（1297）／634

5552　唐帝廟碑　元大德元年（1297）／634

5553　加封五鎮聖詔碑　元大德二年（1298）二月／634

5554　申德茂御香題記　元大德二年（1298）五月九日／635

5555　重建至聖文宣王廟記　元大德二年（1298）十月十五日／635

5556　韓魏王新廟碑　元大德二年（1298）十一月二十六日／635

5557　普惠大師道公庵主塔銘　元大德三年（1299）二月四日／635

5558　大元加號碑　元大德三年（1299）八月／635

5559　郁氏少林寺鼓樓石柱記　元大德四年（1300）七月／635

5560　靈巖寺第三十一代桂庵達公禪師道行碑　元大德五年（1301）三月□日／635

5561　石氏少林寺鼓樓石柱記　元大德六年（1302）六月／636

5562　馮士安壙記　元大德七年（1303）二月／636

5563　桑乾河神顯應洪濟王廟碑　元大德七年（1303）五月／636

5564　義州重修大奉國寺碑　元大德七年（1303）九月／636

5565　僧智利建觀音圖贊　元大德八年（1304）四月／636

5566　大元國師法旨碑　元大德九年（1305）三月二十三日／636

5567　關帝廟碑　元大德十年（1306）四月／637

5568　宣聖五十一代孔元質墓碑　元大德十年（1306）七月／637

5569　仁宗皇帝讚達磨大師渡江圖　元大德十一年（1307）二月二十二日／637

5570　宣授少林住持達公禪師塔銘　元大德十一年（1307）四月／637

5571　加封孔子詔書碑　元大德十一年（1307）七月／637

5572　聖旨禁約曉諭碑　元大德十一年（1307）十月／638

5573　石壁寺宣授上都路都僧録寬公法行記碑　元大德十一年（1307）十一月／638

[至大]

5574　宣授少林提舉興福普照藏雲大師山公庵主塔銘　元至大元年（1308）七月十六日／638

5575　答失蠻重裝佛像記　元至大三年（1310）九月／638

5576　吳學糧田續記　元至大四年（1311）三月／638

5577　宗派圖　元至大四年（1311）十月／638

5578　妙行大師琇公碑　元至大四年（1311）／639

[皇慶]

5579　大崇國寺崇教大師演公碑銘　元皇慶元年（1312）三月／639

5580　曲阜亞聖兗國公廟榜文　元皇慶元年（1312）八月三日／639

5581　陋巷故宅圖　元皇慶元年（1312）／639

5582　華藏莊嚴世界海圖　元皇慶二年（1313）七月／639

5583　靈巖寺第三十二代普耀月庵海公禪師道行碑　元皇慶二年（1313）八月一日／639

5584　敕建大都路總治碑　元皇慶二年（1313）十月／640

[延祐]

5585　先師亞聖鄒國公續世系圖記　元延祐元年（1314）三月／640

5586　開化寺聖旨碑　元延祐元年（1314）四月十五日／640

5587　孔子像　元延祐元年（1314）五月／640

5588　元皇慶二年聖旨碑　元延祐元年（1314）七月二十八日／640

5589　靈巖寺第三十三代古巖就公禪師道行碑　元延祐元年（1314）九月十五日／640

5590　舉公提點壽塔　元延祐元年（1314）九月十五日／641

5591　正法大禪師裕公碑　元延祐元年（1314）十一月六日／641

5592　敕藏御服碑　元延祐二年（1315）三月三日／641

5593　舍利塔記　元延祐二年（1315）三月／641

5594　泰山玉皇頂刻石　元延祐二年（1315）
八月十五日／641

5595　宗公提點壽塔銘　元延祐二年（1315）
八月十五日／641

5596　教公首座壽塔　元延祐二年（1315）八
月十五日／642

5597　運公維那壽塔銘　元延祐二年（1315）
八月十五日／642

5598　重修廟學碑　元延祐二年（1315）八月
十五日／642

5599　太白樓賦　元延祐二年（1315）九月九
日／642

5600　泰安州申准執照碑　元延祐二年（1315）
九月／642

5601　靈巖寺聖旨碑附碑側　元延祐二年
（1315）九月／642

5602　任城二賢祠堂記　元延祐三年（1316）
六月／643

5603　追封邾國公宣獻夫人聖旨碑　元延祐三年
（1316）七月／643

5604　永泰寺祖代供養塔銘　元延祐四年
（1317）五月／643

5605　代祀北鎮記　元延祐四年（1317）六月
／643

5606　何瑋神道碑　元延祐四年（1317）／643

5607　白雲五華宮記　元延祐五年（1318）三
月二十八日／643

5608　少林禪師第十代妙嚴弘法大禪師古巖就公
和尚道行碑　元延祐五年（1318）六月
／644

5609　少林寺請疏碑　元延祐五年（1318）六
月／644

5610　宣授大名僧錄正宗弘法大師慶公塔　元延
祐五年（1318）七月十日／644

5611　嵩山少林寺和公山主塔銘　元延祐五年
（1318）九月／644

5612　慈濟大師封號記　元延祐五年（1318）
／644

5613　南無大師重修真定府大龍興寺功德記　元
延祐六年（1319）四月／644

5614　謝恩祭奠之記　元延祐六年（1319）六
月十五日／644

5615　元延祐六年碑　元延祐六年（1319）七
月／645

5616　甸城修道碑　元延祐七年（1320）十一
月／645

［至治］

5617　平江路重修儒學記　元至治元年（1321）
七月十三日／645

5618　大元敕賜重修鹽池神廟碑記　元至治元年
（1321）十二月十二日／645

5619　明德真人道行碑　元至治二年（1322）
十一月十五日／645

5620　仙人萬壽宮重建記　元至治二年（1322）
十一月十五日／646

5621　崇德真人之記　元至治二年（1322）十
一月十五日／646

5622　添公副寺塔銘　元至治二年（1322）十
一月／646

5623　善公主壽塔　元至治三年（1323）正月
十五日／646

［泰定］

5624　亞聖邾國公五十三代孫監修提領　元泰定
元年（1324）二月四日／646

5625　邱公墓碑　元泰定元年（1324）三月
／646

5626　常州真如院刹竿石刻　元泰定元年
（1324）／646

5627　光孝寺達摩像贊碑　元泰定元年（1324）
／647

5628　祖師在法性古像　元泰定元年（1324）
／647

5629 全寧路新建儒學記　元泰定二年（1325）六月二日／647

5630 聚公院主壽塔銘　元泰定三年（1326）正月二十日／647

5631 壽公禪師捨財重建船舟殿記　元泰定三年（1326）三月／647

5632 楊敬德于欽同登太白樓詩　元泰定三年（1326）六月十日／647

5633 謁孟子廟記　元泰定三年（1326）／647

5634 毗盧寺敕賜藏經記　元泰定四年（1327）／648

5635 皇帝聖旨給孟氏佃户公憑碑　元泰定五年（1328）正月／648

[致和]

5636 邾國公祠堂記　元致和元年（1328）五月一日／648

5637 孟子廟貲田記　元致和元年（1328）七月／648

5638 田彬等創修牛王德勝將軍行宫廟記　元致和元年（1328）九月／648

[天曆]

5639 舉公提點勲績施財記　元天曆二年（1329）正月／649

5640 玄真觀記　元天曆二年（1329）三月／649

5641 大元敕賜開府儀同三司領諸路道教事張公碑銘　元天曆二年（1329）五月／649

5642 張留孫碑　元天曆二年（1329）五月／649

5643 曹超然李絅太白樓題詩　元天曆二年（1329）十月／649

5644 宣聖五十一代孔元孝墓碑　元天曆三年（1330）三月／649

5645 宣聖五十二代墓碑　元天曆三年（1330）三月／650

5646 宣聖五十三代孔浣墓碑　元天曆三年（1330）三月／650

5647 重修文憲王廟之記附額　元天曆三年（1330）／650

[至順]

5648 蕭處仁等題名　元至順元年（1330）七月／650

5649 白塔村碑　元至順元年（1330）十月二十五日／650

5650 靈巖寺聖旨碑　元至順元年（1330）十二月／650

5651 康君墓誌　元至順元年（1330）／650

5652 亨公首座壽塔記　元至順二年（1331）七月／651

5653 靈巖寺亨公道行勲績壽塔記　元至順二年（1331）七月／651

5654 加封鄒國亞聖公聖旨碑　元至順二年（1331）九月／651

5655 大元加封兗國復聖公制詞并大元追封兗國夫人制詞　元至順二年（1331）九月／651

5656 靈巖寺第三十四代慧公禪師碑塔銘　元至順二年（1331）十月五日／651

5657 御香碑記　元至順二年（1331）十月／652

5658 國書皇太后懿旨碑　元至順二年（1331）／652

5659 唐石壁禪寺甘露義壇碑　元至順三年（1332）三月／652

5660 致嚴堂記　元至順四年（1333）二月／652

5661 張處約靈巖詩　元至順四年（1333）二月／652

5662 府學附地經界碑　元至順四年（1333）七月／653

5663 新修平江路學記　元至順四年（1333）九月／653

5664 張公先德碑　元至順四年（1333）／653

[元統]

5665　加封顏子父母妻懿旨　元元統二年（1334）正月二十六日／653

5666　加封顏子父母妻謚議　元元統二年（1334）正月二十六日／653

5667　曲阜泗水等縣達魯花赤鐵哥答公宗支碑　元元統二年（1334）二月／653

5668　加封顏子父母制詞碑　元元統二年（1334）五月／653

5669　鄧昌世祝文　元元統二年（1334）六月八日／654

5670　宣聖五十三代墓碑　元元統二年（1334）八月／654

5671　張氏先塋碑　元元統三年（1335）正月／654

5672　元代聖旨碑　元元統三年（1335）七月十四日／654

5673　孫真人孫德彧道行碑　元元統三年（1335）九月二日／654

5674　萬權墓誌　元元統三年（1335）九月五日／654

[後至元]

5675　圓明廣照大師舉公提點勳績塔銘　元後至元二年（1336）四月十五日／655

5676　西湖書院重修大成殿記　元後至元二年（1336）五月／655

5677　石經山雲居寺藏經記題額　元後至元二年（1336）六月一日／655

5678　加封孔子號詔碑　元後至元二年（1336）九月／655

5679　武當山大五龍靈應萬壽宮碑　元後至元三年（1337）三月二十日／655

5680　暴書堂碑　元後至元三年（1337）四月一日／655

5681　鄒國亞聖公廟興造記　元後至元三年（1337）六月十五日／656

5682　濟州重修尊經閣記　元後至元三年（1337）六月／656

5683　李欽嗣墓誌　元後至元三年（1337）十一月二十四日／656

5684　靈巖寺第三十五代無爲容公禪師道行碑　元後至元四年（1338）三月一日／656

5685　通宗英德大師輔成堂提點揮公碑記　元後至元四年（1338）五月一日／656

5686　竹温臺碑　元後至元四年（1338）五月／657

5687　創建洙泗書院記　元後至元四年（1338）八月／657

5688　顯教圓通大師照公和尚塔銘　元後至元五年（1339）正月／657

5689　御香代祀碑　元後至元五年（1339）二月／657

5690　五臺山大萬聖佑國寺弘教大師碑　元後至元五年（1339）八月／657

5691　石鼓文音訓碑　元後至元五年（1339）／657

5692　説文系統圖　元後至元五年（1339）／657

5693　乳峰和尚塔銘　元後至元五年（1339）／658

5694　顯教圓通大師照公和尚塔銘　元後至元五年（1339）／658

5695　鄒國復聖公五十五代孫顏公墓碑　元後至元六年（1340）二月十五日／658

5696　宣聖五十三代孔治神道碑　元後至元六年（1340）七月／658

[至正]

5697　大元泰山靈巖寺創建龍藏記　元至正元年（1341）二月／658

5698　息庵禪師道行碑　元至正元年（1341）三月／658

5699　重修華嚴堂經本記　元至正元年（1341）五月八日／659

5700 重修真武廟施地施米記　元至正元年（1341）五月 / 659

5701 明德大師輔成堂提點貞吉祥碑記　元至正元年（1341）十一月 / 659

5702 明德大師貞公塔銘　元至正元年（1341）十一月 / 659

5703 靈巖寺第三十九代息庵讓公禪寺道行碑　元至正元年（1341）十一月 / 659

5704 息庵禪師道行碑記　元至正元年（1341）十一月 / 659

5705 勝鬘獅子吼一乘大方便方廣經　元至正元年（1341）/ 660

5706 曹元用太白樓題詩　元至正二年（1342）三月十五日 / 660

5707 馮祐墓誌　元至正二年（1342）四月九日 / 660

5708 周源義行銘　元至正二年（1342）四月 / 660

5709 宣聖五十四代孔思古墓碑　元至正三年（1343）五月 / 660

5710 濟州新遷二賢祠記碑　元至正三年（1343）五月 / 660

5711 北鎮廟代祀記　元至正三年（1343）十月 / 660

5712 太原文廟宣聖兗公小景　元至正三年（1343）十月 / 661

5713 武林弨箇記　元至正三年（1343）十二月 / 661

5714 子思書院新廟記　元至正四年（1344）二月一日 / 661

5715 重修宣聖廟碑　元至正四年（1344）閏二月 / 661

5716 重修長生觀記　元至正四年（1344）十一月 / 661

5717 重繪賢像記　元至正四年（1344）十一月 / 661

5718 居庸關城壁佛經　元至正五年（1345）/ 661

5719 玄中寺聖旨碑　元至正五年（1345）/ 662

5720 御香代祀記　元至正六年（1346）三月 / 662

5721 石扉題記　元至正六年（1346）五月 / 662

5722 瑞麥圖　元至正七年（1347）三月三日 / 662

5723 重立石佛碑記　元至正七年（1347）七月 / 663

5724 鹽池神御香記　元至正七年（1347）八月 / 663

5725 荊南承天禪院叢蘭精舍碑　元至正七年（1347）十月十五日 / 663

5726 大元敕賜灌頂國師阿麻剌室利板的達建寺功德碑　元至正七年（1347）/ 663

5727 緵德寧功行碑　元至正八年（1348）二月 / 663

5728 張成墓碑　元至正八年（1348）三月一日 / 663

5729 莫高窟六字真言碑　元至正八年（1348）五月 / 664

5730 雪巖和尚碑　元至正八年（1348）十一月二十日 / 664

5731 津公禪者塔　元至正九年（1349）四月 / 664

5732 嵩山祖庭少林禪寺第十一代住持鳳林珪公禪師行狀碑　元至正九年（1349）四月 / 664

5733 鳳林禪師宗派圖　元至正九年（1349）四月 / 664

5734 洪公提點塔銘　元至正九年（1349）四月 / 664

5735 創塑七十子像記　元至正九年（1349）五月 / 665

5736　靄公提點壽塔銘　元至正九年（1349）十月／665

5737　敕賜鄒國復聖公新廟記　元至正九年（1349）十一月二十五日／665

5738　莫簡墓誌　元至正九年（1349）／665

5739　敞公倉主壽塔銘　元至正十年（1350）八月／665

5740　重建懷聖寺記　元至正十年（1350）八月／666

5741　兀氏也仙帖木題名　元至正十年（1350）／666

5742　進士題名碑　元至正十一年（1351）二月／666

5743　大都崇國寺重修建碑　元至正十一年（1351）四月十一日／666

5744　緊那羅像碑　元至正十一年（1351）／666

5745　龍興觀正一宗派圖　元至正十一年（1351）／667

5746　瀋陽路城隍廟記　元至正十二年（1352）八月／667

5747　太師右丞相過鄒祀孟子碑　元至正十二年（1352）八月／667

5748　雲泉普潤禪師隆公塔銘　元至正十三年（1353）八月／667

5749　少林淳拙禪師塔記　元至正十四年（1354）二月／667

5750　聖旨碑　元至正十四年（1354）七月十四日／668

5751　達魯花赤忽篤禄拜亞聖廟記　元至正十四年（1354）七月二十三日／668

5752　朔州林衙崇福寺量公禪師施財遺迹記　元至正十四年（1354）十月六日／668

5753　游靈巖寺記　元至正十五年（1355）正月一日／668

5754　宣聖五十四代衍聖公孔思晦墓碑　元至正十五年（1355）二月／668

5755　大奉國寺莊田記　元至正十五年（1355）六月／668

5756　杭州路重建廟學碑　元至正十五年（1355）／668

5757　宣聖五十二代孫孔之容墓碑　元至正十六年（1356）四月／669

5758　代祀碑　元至正十七年（1357）三月／669

5759　歸暘禹王廟詩　元至正二十二年（1362）／669

5760　帝舜廟碑　元至正二十三年（1363）四月／669

5761　萬壽宮聖旨碑　元至正二十三年（1363）十月二十三日／669

5762　敕賜大崇國寺壇主隆安選公特賜澄慧國師傳戒碑　元至正二十四年（1364）九月／669

5763　國子中選生題名記　元至正二十六年（1366）／669

5764　重修宣聖廟記　元至正二十六年（1366）／670

元無紀年

5765　大禹王碑　元刻，無紀年／671

5766　御服碑　元刻，無紀年／671

5767　回教墓碑　元刻，無紀年／671

5768　康公墓誌　元刻，無紀年／671

5769　雷彪重裝題名　元刻，無紀年／671

5770　阿里□重裝題名　元刻，無紀年／672

5771　戚□題名　元刻，無紀年／672

5772　前度劉郎詩　元刻，無紀年／672

5773　房山十字景教石刻　元刻，無紀年／672

5774　龍興觀宗支恒產記　元刻，無紀年／672

5775　趙孟頫天冠山詩　元刻，無紀年／672

5776　釋朗公令旨　元刻，無紀年／672

5777　趙子昂臨蘭亭序　元刻，無紀年／673

5778 行書千字文　元刻，無紀年／673

5779 石佛龕　元刻，無紀年／673

5780 造像記　元刻，無紀年／673

5781 月空首座浩公壽塔銘　元刻，無紀年／673

5782 靈巖寺御書閣玉皇像記　元刻，無紀年／673

5783 游靈巖寺詩　元刻，無紀年／673

5784 趙孟頫書蜀山圖歌　元刻，無紀年／674

5785 佛頂尊勝陀羅尼　元刻，無紀年／674

5786 梵文經幢　元刻，無紀年／674

5787 陀羅尼經　元刻，無紀年／674

5788 經幢殘石　元刻，無紀年／674

5789 石槨墓畫像　元刻，無紀年／674

5790 社稷神位　元刻，無紀年／674

5791 終南山古樓觀道祖説經臺之圖　元刻，無紀年／675

明（1368—1644）

[洪武]

5792 謁孟廟七律　明洪武元年（1368）六月一日／676

5793 少林寺定公禪師碑　明洪武二年（1369）四月／676

5794 讀孟子廟記　明洪武三年（1370）正月／676

5795 明太祖封五嶽等詔碑　明洪武三年（1370）六月三日／676

5796 孟氏宗支記　明洪武四年（1371）三月／677

5797 方山璧公禪師壽碑　明洪武五年（1372）／677

5798 明洞宗山休堂聯傳道行碑　明洪武五年（1372）／677

5799 蘇州府學圖　明洪武六年（1373）六月／677

5800 陳了翁格言　明洪武六年（1373）／677

5801 樓桑廟詩刻　明洪武七年（1374）二月／677

5802 程羽蕭詩刻　明洪武七年（1374）二月／677

5803 李思迪題記　明洪武七年（1374）／678

5804 謁孟子廟記　明洪武八年（1375）六月三日／678

5805 宣聖五十五代墓碑　明洪武九年（1376）八月／678

5806 宣聖五十五代衍聖公墓碑　明洪武十年（1377）十月／678

5807 宣聖五十四代墓碑　明洪武十一年（1378）二月／678

5808 宣聖五十四代墓碑　明洪武十二年（1379）四月／678

5809 謁孟子廟記　明洪武十三年（1380）四月／678

5810 宣聖五十二代墓碑　明洪武十四年（1381）三月／678

5811 宣聖五十四代墓碑　明洪武十四年（1381）三月／679

5812 宣聖五十四代墓碑　明洪武十四年（1381）／679

5813 重修顏廟記　明洪武十五年（1382）八月／679

5814 宣聖五十四代墓碑　明洪武十六年（1383）十一月六日／679

5815 宣聖五十四代墓碑　明洪武十六年（1383）十一月／679

5816 宣聖五十二代墓碑　明洪武十六年（1383）十一月／679

5817 元福堂提點禎公壽塔銘　明洪武十六年（1383）／679

5818 重修兖國復聖廟記　明洪武十□年（1377—1386）十月／680

5819 宣聖五十四代墓碑　明洪武二十年（1387）八月／680

5820　宣聖五十五代墓碑　　明洪武二十年
（1387）八月／680

5821　重修廟垣記　明洪武二十三年（1390）
五月十五日／680

5822　大慈山會集諸祖列名　明洪武二十三年
（1390）六月／680

5823　松庭和尚壽塔銘　明洪武二十五年
（1392）四月八日／680

5824　嵩海禪師定公行實碑　明洪武二十五年
（1392）四月／680

5825　淳拙禪師才公塔銘　明洪武二十五年
（1392）五月五日／681

5826　宣聖五十五代衍聖公神道碑　明洪武三十
年（1397）九月／681

［建文］

5827　創建清真寺碑記　明建文四年（1402）
／681

［永樂］

5828　宣聖五十一代墓碑　明永樂二年（1404）
二月／681

5829　宣聖五十四代墓碑　明永樂二年（1404）
二月／681

5830　宣聖五十二代墓碑　明永樂二年（1404）
五月／681

5831　齊門無量壽院林園詩碑　明永樂二年
（1404）七月二十九日／682

5832　重修兩廡記　明永樂三年（1405）八月
／682

5833　天妃聖母廟碑　明永樂六年（1408）四
月／682

5834　錫蘭山鄭和碑　明永樂七年（1409）四
月一日／682

5835　敕修奴兒干永寧寺碑　明永樂十一年
（1413）九月／682

5836　宣聖五十四代墓碑　　明永樂十一年
（1413）十一月二日／682

5837　宣聖五十六代墓誌　明永樂十二年
（1414）九月／683

5838　少林寺人山大和尚行實碑　明永樂十四年
（1416）／683

5839　宣聖五十六代墓碑　　明永樂十五年
（1417）三月／683

5840　榮國公神道碑　明永樂十六年（1418）
八月十三日／683

5841　遼東郡都指揮劉公紀功摩崖碑　明永樂十
八年（1420）／683

5842　龍圖閣直學士御史中丞孔公墓碑　明永樂
十九年（1421）十月／683

5843　林公古山和尚靈骨塔記　明永樂十九年
（1421）／684

5844　宣聖五十三代墓碑　　明永樂二十年
（1422）十月／684

5845　般若波羅蜜多心經　明永樂二十一年
（1423）二月一日／684

5846　宣聖五十一代墓碑　　明永樂二十二年
（1424）五月／684

5847　宣聖五十四代墓碑　　明永樂二十二年
（1424）五月／684

［宣德］

5848　製龍封孔公鑒及妻胡氏衍聖公及夫人碑
明宣德元年（1426）二月二日／684

5849　宣聖五十八代衍聖公墓表　明宣德元年
（1426）十月一日／684

5850　皇帝特贈孔思政曲阜縣服妻李氏孺人服碑
明宣德元年（1426）十二月十二日／685

5851　新創順河廟碑　明宣德二年（1427）四
月／685

5852　石經歌　明宣德二年（1427）七月一日
／685

5853　宣聖及七十二弟子圖　明宣德二年
（1427）／685

5854 宣聖五十四代孔思政神道碑　明宣德四年（1429）四月十日／685

5855 王輔神墓表　明宣德四年（1429）四月／685

5856 復聖五十七代孫顏池墓碑　明宣德六年（1431）三月／685

5857 重建永寧寺記碑　明宣德八年（1433）三月／686

5858 皇帝特錫孔公鏜承郎服特封夫人王氏孺人服碑　明宣德九年（1434）四月二十九日／686

5859 宣聖五十五代墓碑　明宣德九年（1434）四月／686

5860 敕任孔譚行在雲南道監察御史特封妻王氏孺人祗服碑　明宣德十年（1435）十月二十一日／686

5861 西天佛子大國師班丹札釋壽像記殘碑　明宣德十年（1435）／686

[正統]

5862 宣聖五十九代墓碣銘　明正統二年（1437）十月十一日／686

5863 陳祥墓誌　明正統二年（1437）十月二十九日／686

5864 宣聖五十八代墓碑　明正統二年（1437）十月／687

5865 靈巖寺重建五花殿記　明正統五年（1440）九月十五日／687

5866 竇敬墓誌　明正統六年（1441）二月十七日／687

5867 重修子思書院記　明正統六年（1441）十月十三日／687

5868 敕賜兗國復聖公新廟碑　明正統六年（1441）十一月四日／687

5869 重修鄒國亞聖公廟記　明正統八年（1443）三月／687

5870 白雲觀重修記　明正統九年（1444）二月／688

5871 皇帝祭告醫巫閭山碑　明正統九年（1444）四月二十四日／688

5872 敕賜智化禪寺記　明正統九年（1444）九月九日／688

5873 普恩禪寺安置藏經碑　明正統十年（1445）正月十五日／688

5874 双塔崇興禪寺頒賜大藏經敕諭碑　明正統十年（1445）二月十五日／688

5875 虞集詩十二首　明正統十年（1445）／688

5876 孔哲墓誌　明正統十二年（1447）三月二十一日／688

5877 重修石塔寺碑　明正統十二年（1447）四月八日／689

5878 敕賜居庸關泰安禪寺修建碑　明正統十三年（1448）六月／689

5879 濟寧重修大成殿記　明正統十三年（1448）七月／689

5880 遼東都司宋真碑　明正統十三年（1448）八月十六日／689

5881 賜經碑　明正統十三年（1448）八月／689

[景泰]

5882 崔源墓誌　明景泰元年（1450）七月十七日／689

5883 敕特進孔譓文林郎特贈妻黃氏孺人碑　明景泰元年（1450）八月二十七日／690

5884 敕特孔希武文林郎曲阜知縣妻胡氏特封太孺人服碑　明景泰元年（1450）八月二十七日／690

5885 重修兗國復聖廟記付額　明景泰元年（1450）十月／690

5886 重修寶慶寺記碑　明景泰二年（1451）十一月／690

5887 趙公墓碑　明景泰三年（1452）三月／690

5888　文殊菩薩真容赴殿圖　明景泰三年（1452）五月二十四日／690

5889　敕賜藏經閣記　明景泰四年（1453）二月／691

5890　宣聖五十六代墓碑　明景泰五年（1454）二月／691

5891　凝然禪師道行碑　明景泰六年（1455）十一月／691

5892　段公禪師宗派圖　明景泰六年（1455）十一月／691

5893　追贈孔承慶衍聖公妻王氏特封衍聖公夫人碑　明景泰六年（1455）十二月二十五日／691

［天順］

5894　皇帝諭祭僧録道遐碑付遺像贊　明天順元年（1457）／691

5895　武略將軍兗州護衛鎮撫吉公墓碑　明天順二年（1458）三月／691

5896　皇帝敕諭護持山西五臺山顯通寺碑　明天順二年（1458）五月二十八日／692

5897　敕賜崇恩寺剌麻桑渴巴辣實行碑　明天順二年（1458）九月／692

5898　銀州重修圓通塔寺碑　明天順三年（1459）九月／692

5899　重修大悲閣記　明天順四年（1460）十二月／692

5900　牧愛堂碑　明天順四年（1460）／692

5901　謁孟子廟詩　明天順六年（1462）十二月三日／692

5902　皇帝聖旨碑　明天順六年（1462）十二月十五日／693

5903　重修鹽池神廟記　明天順七年（1463）四月十四日／693

［成化］

5904　釋迦如來成道記　明成化元年（1465）二月二十三日／693

5905　皇帝祭北鎮廟碑　明成化元年（1465）四月八日／693

5906　新開通濟渠記　明成化元年（1465）／693

5907　重修東嶽廟記　明成化二年（1466）六月／693

5908　宣聖五十八代墓碑　明成化四年（1468）二月／693

5909　辦善大國師加封西天佛子追封大通寶舍利碑　明成化四年（1468）四月八日／694

5910　敕賜五大普恩禪寺第一代開山臺喇嘛功行碑　明成化四年（1468）四月八日／694

5911　紀師徒功德碑　明成化五年（1469）／694

5912　朱熹書易經屏　明成化六年（1470）二月十五日／694

5913　遼陽天王寺重修碑記　明成化七年（1471）四月／694

5914　鄭剛妻孫氏墓誌　明成化七年（1471）九月十四日／695

5915　鄭剛墓誌　明成化七年（1471）九月十四日／695

5916　汝太白樓題詩　明成化八年（1472）四月十五日／695

5917　助賜修造碑　明成化八年（1472）十一月／695

5918　樂助善緣碑　明成化八年（1472）十一月／695

5919　李靖獻書西嶽大王碑　明成化八年（1472）／695

5920　雷音洞重修記　明成化九年（1473）五月／695

5921　誥封灌頂廣喜國師塔銘　明成化十年（1474）八月／696

5922　韓杜社修善記　明成化十年（1474）十月／696

5923　成化十二年御製碑　明成化十二年
（1476）十二月二十二日／696

5924　皇帝祭告醫巫閭山碑　明成化十三年
（1477）五月八日／696

5925　章氏壙誌　明成化十三年（1477）／696

5926　誥封圓頂頓慈濟國師碑　明成化十六年
（1480）四月八日／696

5927　補修光祖國師真際靈塔記　明成化十六年
（1480）八月／696

5928　詠孟子廟七律　明成化十七年（1481）
四月十八日／697

5929　諭祭衍聖公夫人王氏文　明成化十七年
（1481）六月三日／697

5930　宣聖五十七代墓碑　明成化二十年
（1484）三月／697

5931　從公無方碑銘　明成化二十年（1484）
四月八日／697

5932　謁孟子廟七律　明成化二十年（1484）
八月十五日／697

5933　歲寒松竹題字　明成化二十一年（1485）
九月／697

5934　魯國重修萬壽宮碑　明成化二十一年
（1485）十月／697

5935　御製六祖壇經法寶序　明成化二十一年
（1485）十一月／698

5936　敕賜普濟寺碑記　明成化二十三年
（1487）正月／698

5937　重修瀋陽長安禪寺碑　明成化二十三年
（1487）四月八日／698

5938　錢塘下扇□士刊觀世音菩薩記　明成化二
十三年（1487）六月／698

[弘治]

5939　宣聖五十五代墓碑　明弘治元年（1488）
二月／698

5940　佛頂尊勝總持神咒　明弘治元年（1488）
五月二十一日／698

5941　謁孟子廟七律　明弘治元年（1488）八
月／699

5942　祀孟子廟記　明弘治元年（1488）九月
二十六日／699

5943　謁兗國復聖公廟詩　明弘治元年（1488）
九月／699

5944　宣聖五十七代墓碑　明弘治二年（1489）
二月十三日／699

5945　重建清真寺記　明弘治二年（1489）五
月一日／699

5946　新建環翠樓記　明弘治二年（1489）
／699

5947　楊釋重修記　明弘治二年（1489）／699

5948　倭寇碑　明弘治二年（1489）／700

5949　李儁墓誌　明弘治三年（1490）十二月
十九日／700

5950　環翠樓七言排律詩　明弘治四年（1491）
／700

5951　趙府重修五臺山羅睺寺碑記　明弘治五年
（1492）四月八日／700

5952　敕建大吉祥顯通禪寺修淨業長期碑　明弘
治五年（1492）四月八日／700

5953　皇帝祭醫巫閭山碑　明弘治六年（1493）
五月五日／700

5954　北鎮祈雨碑　明弘治六年（1493）五月
五日／700

5955　謁孟子廟七律　明弘治七年（1494）三
月十五日／701

5956　遷建廣寧東嶽廟記　明弘治七年（1494）
三月二十四日／701

5957　錢塘縣秦□造像記　明弘治七年（1494）
四月十九日／701

5958　增修廣寧崇興寺記　明弘治七年（1494）
六月／701

5959　宣聖五十七代墓表　明弘治八年（1495）
三月／701

5960　北鎮廟重修記　明弘治八年（1495）八月十五日／701

5961　監臨官李瀚等臨闈誓詞碑　明弘治八年（1495）／701

5962　復聖六十世顏信墓碑　明弘治九年（1496）十一月／702

5963　重修易州龍興觀經幢記　明弘治十年（1497）正月十五日／702

5964　復聖五十九世顏士宣墓碑　明弘治十年（1497）二月／702

5965　伊府西鄂王妃郭氏壙誌文　明弘治十一年（1498）十月八日／702

5966　孟子廟七律　明弘治十二年（1499）正月／702

5967　鐵林禪師行實碑記　明弘治十二年（1499）三月／702

5968　孫磐母曹氏壙記　明弘治十三年（1500）三月六日／702

5969　五臺山重建殊祥寺記　明弘治十三年（1500）／703

5970　謁孟子廟七律二首　明弘治十四年（1501）三月／703

5971　李儁夫人韓氏墓誌　明弘治十五年（1502）正月十五日／703

5972　孫貴墓誌　明弘治十五年（1502）八月二十一日／703

5973　復聖六十世孫處士顏贊墓碑　明弘治十六年（1503）三月一日／703

5974　弘治十六年諭祭衍聖公孔弘泰碑　明弘治十六年（1503）十月八日／703

5975　重建解州鹽池神祠記附額　明弘治十七年（1504）三月／704

5976　敕賜普濟禪寺孤月禪師行實碑　明弘治十七年（1504）七月／704

5977　北鎮請雨祭告碑　明弘治十八年（1505）正月／704

[正德]

5978　望海堝真武廟得勝碑　明正德元年（1506）三月／704

5979　北鎮武宗即位奉告碑　明正德元年（1506）十月十五日／704

5980　宣聖六十一代衍聖公墓碑　明正德二年（1507）二月／704

5981　李欽夫人吳氏墓誌　明正德二年（1507）六月十二日／704

5982　欽差山西御馬太監韋敏蓋造五臺山東頂銅瓦殿碑　明正德二年（1507）七月十五日／705

5983　趙縣小石橋欄干及修造記　明正德二年（1507）八月／705

5984　宣聖五十八代墓碑　明正德三年（1508）二月／705

5985　欽差山西御馬太監韋敏蓋造五臺山東頂銅瓦殿碑　明正德三年（1508）八月／705

5986　御製重修顏子廟碑記　明正德四年（1509）四月十六日／705

5987　重修北鎮廟碑記　明正德四年（1509）六月十五日／705

5988　重修顏廟落成記附額　明正德四年（1509）七月／705

5989　喬宇東嶽祝文　明正德五年（1510）／706

5990　尊勝陀羅尼經幢　明正德五年（1510）／706

5991　御製祭文　明正德六年（1511）四月／706

5992　宣聖五十八代墓碑　明正德六年（1511）五月／706

5993　顏子廟詩　明正德七年（1512）三月／706

5994　尊崇道經寺記碑　明正德七年（1512）七月／706

5995　伊府西鄂恭靖王合葬壙誌文　明正德七年（1512）十月九日／706

5996　復聖五十六世孫顏美墓碑　明正德八年（1513）四月／707

5997　復聖六十一世孫處士顏銅墓碑　明正德八年（1513）四月／707

5998　月舟禪師行實碑　明正德八年（1513）十二月一日／707

5999　重修觀音寺記　明正德八年（1513）／707

6000　宋武安王山河廟詩　明正德九年（1514）三月／707

6001　景易題名　明正德九年（1514）七月三日／707

6002　敕賜普濟禪寺記　明正德九年（1514）／707

6003　謁孟子廟七律　明正德十年（1515）正月七日／708

6004　張志得等造像記　明正德十年（1515）四月四日／708

6005　王譓等造觀音像記　明正德十年（1515）四月十三日／708

6006　李青等觀世音造像記　明正德十年（1515）四月／708

6007　謁孟子廟記　明正德十年（1515）八月一日／708

6008　皇帝賜名廣宗寺碑　明正德十年（1515）十一月五日／708

6009　李東陽書宋范成大詩　明正德十年（1515）／708

6010　乾清坤寧二宮石材記　明正德十一年（1516）正月／709

6011　朱裳撈鹽詩并序　明正德十一年（1516）五月／709

6012　壽萱題字　明正德十一年（1516）六月十五日／709

6013　那羅延神護法示迹碑　明正德十二年（1517）正月／709

6014　兗州府滋陽縣儒學記　明正德十二年（1517）七月十六日／709

6015　韓琦墓誌　明正德十二年（1517）／709

6016　新修河東鹽池禁門垣隍記　明正德十三年（1518）三月十三日／709

6017　新修河東陝西轉運鹽使司鹽池周垣碑　明正德十三年（1518）三月／710

6018　鼓山鄉堂補修聖僧遺記　明正德十三年（1518）六月二十六日／710

6019　善士張清修廟記　明正德十三年（1518）七月十五日／710

6020　敕賜靈應宮碑記　明正德十三年（1518）七月十五日／710

6021　韶音調詞　明正德十三年（1518）／710

6022　顏廟詩　明正德十四年（1519）／710

6023　孫貴夫人項妙明墓誌　明正德十五年（1520）十二月二日／710

6024　張祐詩　明正德十六年（1521）／711

6025　澤會等造像記　明正德年間（1506—1521）／711

6026　張□等造像記　明正德年間（1506—1521）／711

6027　楊懷造像記　明正德年間（1506—1521）／711

6028　呂賢造像記　明正德年間（1506—1521）／711

6029　張雄等造像記　明正德年間（1506—1521）／711

6030　楊能等造像記　明正德年間（1506—1521）／711

6031　李青等造像記　明正德年間（1506—1521）／712

6032　孫成等造像記　明正德年間（1506—1521）／712

6033　陳鑒等造像記　明正德年間（1506—1521）／712

6034　張與等造像記　明正德年間（1506—1521）／712

[嘉靖]

6035　萬壽宮重修記　明嘉靖元年（1522）十月／712

6036　集李邕書曹娥碑　明嘉靖元年（1522）／712

6037　州統聖賢贊　明嘉靖二年（1523）四月十五日／712

6038　楊秦等題記　明嘉靖二年（1523）至萬曆三年（1575）／713

6039　藐姑射山碑　明嘉靖三年（1524）十月／713

6040　重修洙泗講壇記　明嘉靖三年（1524）十一月／713

6041　五臺山敕賜普濟禪寺大空滿禪師重修功德記　明嘉靖四年（1525）七月二十九日／713

6042　海光樓別詩　明嘉靖五年（1526）三月／713

6043　謁顏廟詩　明嘉靖五年（1526）五月六日／713

6044　周公廟樂章并序　明嘉靖五年（1526）八月七日／713

6045　山東布政使釋菜碑　明嘉靖五年（1526）九月二十五日／714

6046　修治洙河碑　明嘉靖五年（1526）／714

6047　送邃庵楊公題　明嘉靖五年（1526）／714

6048　宋儒范氏心箴　明嘉靖六年（1527）十二月三日／714

6049　程子四箴之内言箴　明嘉靖六年（1527）十二月／714

6050　渠堰志　明嘉靖七年（1528）十一月／714

6051　胡松游三海巖詩　明嘉靖七年（1528）／714

6052　過顏井詩　明嘉靖八年（1529）七月／715

6053　肇修嶧山大通巖祀孔子顏曾思孟石像記　明嘉靖八年（1529）七月／715

6054　續宗鹽池小坐詩　明嘉靖九年（1530）／715

6055　兗國復聖公六十世顏諱墓碑　明嘉靖十年（1531）三月十一日／715

6056　復聖六十一代孫顏鐔墓碑　明嘉靖十年（1531）三月／715

6057　少林寺營造祖龕記　明嘉靖十年（1531）四月／715

6058　宣聖五十二代墓碑　明嘉靖十一年（1532）二月二十二日／715

6059　復聖六十一代孫處士顏慶墓碑　明嘉靖十一年（1532）三月／716

6060　鹽池虎異記　明嘉靖十一年（1532）十一月一日／716

6061　叙虎吉文　明嘉靖十一年（1532）十一月十九日／716

6062　文徵明書玉磬山房記　明嘉靖十一年（1532）／716

6063　讀顏廟絕句二首　明嘉靖十二年（1533）二月二十三日／716

6064　王世隆詩　明嘉靖十三年（1534）／716

6065　余光海光樓賦附額　明嘉靖十四年（1535）二月／716

6066　河東運司重修鹽池神廟記　明嘉靖十四年（1535）三月／717

6067　陋巷井碑　明嘉靖十五年（1536）正月／717

6068　恭謁顏廟詩　明嘉靖十五年（1536）二月十五日／717

6069　簡霄謁朱仙鎮岳廟祠題詩　明嘉靖十五年（1536）三月／717

6070　長洲縣學重修儒學碑　明嘉靖十五年（1536）／717

6071　太空禪師靈塔記　明嘉靖十六年（1537）四月二十日／717

6072　開元寺塔内碑記　明嘉靖十六年（1537）九月／717

6073　秋日謁孟廟詩　明嘉靖十六年（1537）／718

6074　蘇祐何贊海光樓詩　明嘉靖十七年（1538）三月十五日／718

6075　玉公大和尚緣起實行功德碑　明嘉靖十七年（1538）四月八日／718

6076　五臺山大塔院寺重修阿育王所建釋迦文佛直身舍利寶塔碑　明嘉靖十七年（1538）七月／718

6077　王常等供養記　明嘉靖十八年（1539）九月九日／718

6078　陶謨詩　明嘉靖十八年（1539）九月十五日／718

6079　九日赴海光樓約詩　明嘉靖十八年（1539）／718

6080　劉欽順詩　明嘉靖十九年（1540）六月十四日／719

6081　劉泉海光樓詩　明嘉靖十九年（1540）六月十八日／719

6082　新三龍王廟記　明嘉靖十九年（1540）九月十三日／719

6083　舒遷鹽池詩　明嘉靖十九年（1540）十二月／719

6084　孟子廟記　明嘉靖十九年（1540）／719

6085　重修玄帝廟記　明嘉靖十九年（1540）／719

6086　欽差敕建五臺山大萬聖佑國禪寺碑記　明嘉靖二十年（1541）三月／719

6087　送張風泉之詩　明嘉靖二十一年（1542）二月二十二日／720

6088　兖州知府乞賜祭田碑　明嘉靖二十一年（1542）七月二十日／720

6089　黄行可詩　明嘉靖二十一年（1542）十一月／720

6090　魏謙吉詩　明嘉靖二十二年（1543）正月十七日／720

6091　敕建大隆善護國寺卜堅參承繼祖傳住持碑　明嘉靖二十二年（1543）十月／720

6092　嚴鳳墓誌　明嘉靖二十三年（1544）正月八日／720

6093　曲阜縣重修聖廟碑　明嘉靖二十四年（1545）三月／720

6094　阿拉伯文碑　明嘉靖二十四年（1545）／721

6095　重修曲阜縣儒學記　明嘉靖二十五年（1546）十二月十一日／721

6096　謁顔廟詩　明嘉靖二十六年（1547）二月／721

6097　宣聖五十八代墓碑　明嘉靖二十六年（1547）四月／721

6098　孔幹承墓碑　明嘉靖二十六年（1547）四月／721

6099　敕賜普濟禪寺第□代吉登禪師行實碑記　明嘉靖二十六年（1547）六月／721

6100　謁復聖公古詩　明嘉靖二十六年（1547）十二月／721

6101　鎮邊寺碑　明嘉靖二十六年（1547）／721

6102　鎮州廣惠寺多寶塔記　明嘉靖二十七年（1548）三月／722

6103　少林寺三奇和尚封塔銘　明嘉靖二十七年（1548）／722

6104　復聖六十二代龍潭顔君墓碑　明嘉靖二十八年（1549）三月二十一日／722

6105　孔希武側室李孺人墓碣　明嘉靖二十八年（1549）四月／722

6106　張穆及妻方氏合葬墓誌　明嘉靖二十八年（1549）十一月二日／722

6107　特贈孔公杰徵仕郎特封妻劉氏太孺人服碑　明嘉靖三十年（1551）三月十日／722

6108　薦福寺小雁塔北門題記　明嘉靖三十年（1551）八月薦福寺小雁塔／723

6109　柏林寺增修大慈殿碑記　明嘉靖三十一年（1552）十月十五日／723

6110　李良臣并夫人王氏墓誌　明嘉靖三十一年（1552）十二月／723

6111　特贈孔彥學文林郎曲阜知縣服妻陳氏孺人碑　明嘉靖三十二年（1553）三月八日／723

6112　徽府造緊那羅像　明嘉靖三十二年（1553）／723

6113　兗州知府朱應奎謁廟詩　明嘉靖三十四年（1555）正月二日／723

6114　重建本願寺石佛塔記銘　明嘉靖三十四年（1555）三月／723

6115　宣聖六十二代衍聖公墓碑　明嘉靖三十五年（1556）三月／724

6116　重鐫解池形勝之圖　明嘉靖三十五年（1556）／724

6117　靈隱五兀山人詩　明嘉靖三十五年（1556）／724

6118　五臺開山歷代傳芳萬古題名記　明嘉靖三十六年（1557）六月十日／724

6119　懸筆詩碑　明嘉靖三十七年（1558）／724

6120　受堂海莊山人海光樓詩　明嘉靖三十八年（1559）二月十二日／724

6121　復聖六十世顏詢墓碑　明嘉靖三十八年（1559）二月／724

6122　護國關王廟義會碑記　明嘉靖三十八年（1559）／725

6123　吳道子畫宣聖遺像　明嘉靖三十九年（1560）／725

6124　宣聖五十八代神道碑　明嘉靖四十年（1561）三月／725

6125　明世宗敕賜嵩山少林禪寺第二十四世竺東萬公和靈塔旨　明嘉靖四十年（1561）四月八日／725

6126　宣聖五十九代墓碑　明嘉靖四十年（1561）四月／725

6127　宣聖五十二代衍聖公墓碑　明嘉靖四十年（1561）／725

6128　顏魯野墓碑　明嘉靖四十二年（1563）四月／725

6129　吳道子筆孔子及顏回　明嘉靖四十二年（1563）／726

6130　欽依住持少林寺嗣曹洞第二十四代當代傳法小山禪師行實　明嘉靖四十四年（1565）三月一日／726

6131　混元三教九流圖　明嘉靖四十四年（1565）三月／726

6132　創建響堂石欄杆記　明嘉靖四十四年（1565）五月／726

6133　乾没哪塔扁囤和尚靈塔　明嘉靖四十四年（1565）八月／726

6134　太上五帝使墓碑　明嘉靖四十四年（1565）／726

6135　少林寺釋迦如來雙迹靈相圖　明嘉靖四十五年（1566）二月十五日／726

6136　復聖六十一代孫顏公鈇墓碑　明嘉靖四十五年（1566）三月／727

6137　復聖六十二代孫顏重禮墓碑　明嘉靖四十五年（1566）三月／727

6138　重修子思書院記　明嘉靖四十五年（1566）五月／727

6139　僧錄司焚修五臺山牒碑　明嘉靖四十五年（1566）十月二十日／727

6140　五臺僧錄司免糧卷案碑　明嘉靖四十五年（1566）十月二十一日／727

6141　敕賜普濟禪寺第四代海公和尚靈塔碑記
明嘉靖四十五年（1566）／727

6142　楓橋夜泊詩　明嘉靖年間（1522—1566）
／727

6143　三游洞記　明嘉靖年間（1522—1566）
／728

6144　陳鳳梧詩刻　明嘉靖年間（1522—1566）
／728

［隆慶］

6145　古墨相圖記　明隆慶元年（1567）八月
／728

6146　皇帝祭北鎮廟碑　明隆慶元年（1567）
九月十六日／728

6147　宋秀買地券　明隆慶二年（1568）三月
四日／728

6148　五臺山鳳林寺徹天和尚行實碑　明隆慶三
年（1569）四月／728

6149　重修圓照寺碑記　明隆慶三年（1569）
／728

6150　謁孟子廟七律　明隆慶四年（1570）正
月五日／729

6151　題弘濟橋記　明隆慶四年（1570）／729

6152　碧山寺孫枝詩　明隆慶五年（1571）八
月二十五日／729

6153　考公靈塔碑記　明隆慶五年（1571）
／729

6154　小山禪師塔銘　明隆慶六年（1572）五
月／729

［萬曆］

6155　皇帝祭北鎮廟碑　明萬曆元年（1573）
五月十三日／729

6156　河南府登封縣下少林寺帖　明萬曆元年
（1573）十月二十一日／730

6157　醉白堂記　明萬曆二年（1574）二月一
日／730

6158　環湖道人詩　明萬曆二年（1574）／730

6159　謁顏廟詩　明萬曆三年（1575）正月
／730

6160　宋定墓誌　明萬曆三年（1575）二月三
日／730

6161　李廷龍秋日游少林韻詩　明萬曆三年
（1575）七月十六日／730

6162　智化寺額　明萬曆五年（1577）三月三
日／730

6163　御史王藻昭告復聖碑　明萬曆五年
（1577）閏八月九日／731

6164　山東巡撫趙賢謁告碑　明萬曆六年
（1578）二月十六日／731

6165　陋巷故址刻石　明萬曆六年（1578）二
月／731

6166　重修復聖顏子廟碑　明萬曆六年（1578）
九月／731

6167　無窮禪師碑　明萬曆六年（1578）／731

6168　重修周公廟落成記　明萬曆七年（1579）
八月／731

6169　復聖六十三代孫處士顏從濂墓碑　明萬曆
七年（1579）十月一日／731

6170　復聖六十三代嫡孫顏光弼墓碑　明萬曆八
年（1580）三月／732

6171　坦然和尚塔記　明萬曆八年（1580）九
月／732

6172　關中雁峰王傅詩　明萬曆九年（1581）
正月／732

6173　五臺山都綱司爲大田敏清浮糧以蘇民田事
帖碑　明萬曆九年（1581）七月十二日
／732

6174　重修上華嚴寺碑　明萬曆九年（1581）
／732

6175　王雪樵妻吴氏墓誌　明萬曆九年（1581）
／732

6176　敕重建大塔院寺碑記　明萬曆十年
（1582）七月／732

6177　清凉國師華嚴經疏緣起　明萬曆十年（1582）/ 733

6178　重修善化寺碑記　明萬曆十一年（1583）三月十六日 / 733

6179　王之召墓誌　明萬曆十二年（1584）二月 / 733

6180　息庵禪師宗派之圖附王三錫游少林寺詩　明萬曆十二年（1584）/ 733

6181　五臺山普濟寺和尚功行靈塔　明萬曆十三年（1585）四月一日 / 733

6182　復聖刻石　明萬曆十四年（1586）二月 / 733

6183　泰山行宮禮醮記　明萬曆十五年（1587）五月 / 733

6184　御史鍾化民昭告碑　明萬曆十八年（1590）二月八日 / 734

6185　董基詩　明萬曆十八年（1590）五月九日 / 734

6186　趙可光等朱仙鎮岳廟題詩　明萬曆十八年（1590）八月 / 734

6187　慧理大師塔銘　明萬曆十八年（1590）/ 734

6188　衆春園記　明萬曆十九年（1591）八月 / 734

6189　秣陵卜氏朱仙鎮岳廟題詩　明萬曆二十年（1592）二月十五日 / 734

6190　奉敕重修鹽池神廟碑記　明萬曆二十年（1592）四月 / 734

6191　金剛般若波羅蜜經　明萬曆二十年（1592）五月十九日 / 735

6192　邢雲路詩　明萬曆二十年（1592）五月 / 735

6193　復涿州石經山琬公塔院記　明萬曆二十年（1592）七月十五日 / 735

6194　五臺山重建佛頂碑記　明萬曆二十年（1592）八月十五日 / 735

6195　兗州府重修靈應祠記　明萬曆二十三年（1595）/ 735

6196　趙顧光兄弟題名　明萬曆二十三年（1595）/ 736

6197　石經寺施茶碑記　明萬曆二十四年（1596）二月房山石經山 / 736

6198　謁孟夫子廟七律　明萬曆二十四年（1596）四月 / 736

6199　創修鹽池石工碑記附額　明萬曆二十五年（1597）/ 736

6200　宣聖六十一代墓碑　明萬曆二十六年（1598）三月 / 736

6201　題孟廟五言古詩　明萬曆二十六年（1598）三月 / 736

6202　重修滋陽縣儒學記　明萬曆二十七年（1599）五月 / 736

6203　復聖六十三代顏從美墓碑　明萬曆二十七年（1599）九月二十四日 / 737

6204　復聖六十一代顏公和墓碑　明萬曆二十七年（1599）九月二十四日 / 737

6205　廣化寺彌陀會記　明萬曆二十七年（1599）/ 737

6206　復聖六十四代顏敬亭墓碑　明萬曆二十九年（1601）三月 / 737

6207　創建靈感觀音堂記　明萬曆二十九年（1601）/ 737

6208　南京栖霞寺神禹碑記　明萬曆三十一年（1603）二月 / 737

6209　五臺縣禁約牒碑　明萬曆三十一年（1603）八月十五日 / 737

6210　鎮夷門額　明萬曆三十一年（1603）八月 / 738

6211　峨眉山普賢金殿碑　明萬曆三十一年（1603）/ 738

6212　鹽池生花誌喜詩　明萬曆三十二年（1604）六月十九日 / 738

6213 五嶽真形圖 明萬曆三十二年（1604）／738

6214 曾大裕鹽儲記 明萬曆三十三年（1605）四月／738

6215 玉峰和尚法嗣西竺上公傳及碑記 明萬曆三十三年（1605）六月十五日／738

6216 重修北鎮廟記 明萬曆三十四年（1606）十一月／738

6217 創建三元廟碑記 明萬曆三十五年（1607）四月／739

6218 侍御康公特祭鹽池諸神廟碑附額 明萬曆三十五年（1607）閏六月十五日／739

6219 敕諭山西五臺山敕建護國聖光永明寺住持福登及衆人等碑 明萬曆三十五年（1607）九月四日／739

6220 重修殊像寺碑記 明萬曆三十六年（1608）四月／739

6221 史松峰妻楊氏墓誌 明萬曆三十六年（1608）十二月七日／739

6222 鄒縣重修孟廟記 明萬曆三十六年（1608）十二月／739

6223 道公碑銘 明萬曆三十七年（1609）正月／740

6224 楊五山墓誌 明萬曆三十八年（1610）閏三月二十五日／740

6225 利瑪竇墓碑 明萬曆三十八年（1610）／740

6226 重修子思書院記 明萬曆三十九年（1611）三月／740

6227 韓陵碑 明萬曆三十九年（1611）六月／740

6228 敕封妙峰真正佛子清涼妙高處碑 明萬曆四十年（1612）／740

6229 廣州光孝寺重修六祖菩提碑記 明萬曆四十年（1612）／740

6230 泡子河開創太清宮碑 明萬曆四十一年（1613）三月／741

6231 五臺山各寺免糧碑記 明萬曆四十一年（1613）三月／741

6232 謁孟子廟七律 明萬曆四十二年（1614）／741

6233 蘇州虎丘刻石 明萬曆四十二年（1614）／741

6234 王策岳廟題詩 明萬曆四十三年（1615）／741

6235 茅山鬱岡重建乾元觀碑記 明萬曆四十四年（1616）五月／741

6236 重修南宗六祖大鑒禪師寶塔碑記 明萬曆四十五年（1617）／741

6237 靈峰寺修塑記 明萬曆四十五年（1617）正月一日／742

6238 徐公家訓碑 明萬曆四十五年（1617）二月／742

6239 重修鹽池神廟記附額 明萬曆四十五年（1617）十月一日／742

6240 滋陽劉侯學田記 明萬曆四十六年（1618）二月／742

6241 知縣李鳳翔捐俸置買祭田碑 明萬曆四十六年（1618）九月／742

6242 洪翼岳廟祠題詩 明萬曆四十六年（1618）／742

6243 恭謁孟廟作七律 明萬曆四十七年（1619）五月／742

6244 興隆寺比丘禁步圓滿修建□華大會功德碑記 明萬曆四十八年（1620）正月／743

6245 王在晉致祭碑 明萬曆四十八年（1620）四月五日／743

6246 滋邑楊侯重學官兼開啓聖祠宇記 明萬曆四十八年（1620）十月／743

6247 天仙廟重修造像功德碑 明萬曆四十八年（1620）／743

6248 塔山安寧寺重修觀音閣碑記 明萬曆四十八年（1620）／743

6249　敕建清凉五臺山翻修殊祥寺碑記　明萬曆
　　　年間（1573—1620）／743

6250　重修文殊菩薩發塔碑　明萬曆年間
　　　（1573—1620）／743

6251　孫瑋表平倭功略殘石　明萬曆年間
　　　（1573—1620）／744

［天啓］

6252　小西天施茶亭新建石記　明天啓三年
　　　（1623）十二月八日／744

6253　大方廣佛華嚴經　明天啓三年（1623）
　　　／744

6254　米元章墓記　明天啓四年（1624）五月
　　　十五日／744

6255　子思作中庸處　明天啓五年（1625）六
　　　月／744

6256　宣聖六十一代墓碑　明天啓五年（1625）
　　　十月一日／744

6257　白衣觀音　明天啓五年（1625）／744

6258　關羽像　明天啓六年（1626）／745

［崇禎］

6259　華山大圖　明崇禎元年（1628）／745

6260　斷機堂七律　明崇禎二年（1629）九月
　　　四日／745

6261　優免顏氏雜差闔族感恩記　明崇禎四年
　　　（1631）二月／745

6262　宣聖六十四代衍聖公墓碑　明崇禎四年
　　　（1631）四月／745

6263　游感花巖詩崔世石跋　明崇禎四年
　　　（1631）／745

6264　雷音洞題字　明崇禎四年（1631）／745

6265　復聖六十四代顏弘紳墓碑　明崇禎五年
　　　（1632）二月十七日／746

6266　息馬地建醮報恩功德記　明崇禎五年
　　　（1632）五月／746

6267　重修下華嚴寺碑記　明崇禎五年（1632）
　　　／746

6268　宣聖六十一代墓碑　明崇禎八年（1635）
　　　／746

6269　重修鹽池神廟記　明崇禎九年（1636）
　　　正月十五日／746

6270　宣聖六十二代墓碑　明崇禎九年（1636）
　　　三月一日／746

6271　重修永明寺七處九會殿碑記　明崇禎九年
　　　（1636）十月／746

6272　玉皇上帝廟預賀聖誕碑記　明崇禎十年
　　　（1637）十一月／747

6273　重修昊天至尊廟記　明崇禎十年（1637）
　　　／747

6274　姚誠立河東鹽池賦　明崇禎十一年
　　　（1638）正月一日／747

6275　清理祭田記　明崇禎十一年（1638）七
　　　月／747

6276　寶華山隆昌寺同住略禁　明崇禎十一年
　　　（1638）／747

6277　顏伯貞贈修職敕命碑　明崇禎十二年
　　　（1639）三月／747

6278　復聖六十五代顏廉吾及夫人墓碑　明崇禎
　　　十二年（1639）十月／747

6279　復聖六十四代孫顏弘素墓記　明崇禎十二
　　　年（1639）十一月／748

6280　改正顏族地糧原詳碑　明崇禎十三年
　　　（1640）五月／748

6281　宋慈雲遵式瑞光塔銘　明崇禎十三年
　　　（1640）／748

6282　新法地平日晷圖　明崇禎十五年（1642）
　　　／748

6283　復聖六十三代顏從善墓碑　明崇禎十六年
　　　（1643）三月／748

6284　復聖六十五代顏賡明墓碑　明崇禎十六年
　　　（1643）十月／748

明無紀年

6285 孝經殘石　明刻，無紀年／749

6286 廬山栖賢寺米萬鍾詩碑　明刻，無紀年／749

6287 孔承業詩碑　明刻，無紀年／749

6288 明代碑額　明刻，無紀年／749

6289 明碑陰題名附額　明刻，無紀年／749

6290 明碑陰　明刻，無紀年／750

6291 瑞光塔記　明刻，無紀年／750

6292 大同雲岡石佛寺記　明刻，無紀年／750

6293 延壽寺大明祖庭世統題記　明刻，無紀年／750

6294 王母殿題名　明刻，無紀年／750

6295 皇明五臺山助修寶塔高僧檀信題名記　明刻，無紀年／750

6296 知覺寺住山無壞空禪師壽塔銘　明刻，無紀年／750

6297 顔子廟篆文石刻　明刻，無紀年／751

6298 易序卦傳殘石　明刻，無紀年／751

6299 八大題字　明刻，無紀年／751

6300 太極圖説殘石　明刻，無紀年／751

6301 性理韻語殘刻　明刻，無紀年／751

6302 董其昌書李白詩　明刻，無紀年／751

6303 魯壁題字　明刻，無紀年／752

6304 李成梁等題名　明刻，無紀年／752

6305 劉擢德等題名　明刻，無紀年／752

6306 謁顔子廟詩　明刻，無紀年／752

6307 徐世隆記夢五言詩　明刻，無紀年／752

6308 漢張衡四思篇　明刻，無紀年／752

6309 晋陸機泰山吟　明刻，無紀年／753

6310 李翰林酒樓記　明刻，無紀年／753

6311 完顔偉游少陵臺兼太白樓懷古詩　明刻，無紀年／753

6312 張士儁等岳廟祠題詩　明刻，無紀年／753

6313 朱仙岳廟祠題詩　明刻，無紀年／753

6314 胡江游龍隱巖詩　明刻，無紀年／753

6315 明人詩　明刻，無紀年／753

6316 劉真人贊　明刻，無紀年／754

6317 韶音洞題記　明刻，無紀年／754

6318 智化寺萬佛閣須彌座及羅漢臺雕刻　明刻，無紀年／754

6319 智化寺法輪殿基壇雕刻　明刻，無紀年／754

6320 易縣龍興觀宗支恒産形圖　明刻，無紀年／754

6321 蘭亭圖　明刻，無紀年／754

6322 華山全圖　明刻，無紀年／754

6323 顔回像　明刻，無紀年／755

6324 顔子廟唐柏圖　明刻，無紀年／755

6325 述聖遺像　明刻，無紀年／755

清（1636—1911）

[天聰]

6326 大金喇嘛法師寶記　清天聰四年（1630）四月／756

6327 重建玉皇廟碑記　清天聰四年（1630）九月／756

6328 娘娘廟碑記　清天聰四年（1630）十月／756

6329 重修娘娘廟碑記　清天聰九年（1635）十月十日／756

[崇德]

6330 揚古里追封碑　清崇德二年（1637）十一月／757

6331 蓮華净土實勝寺碑記　清崇德三年（1638）七月／757

6332 大清皇帝功德碑　清崇德四年（1639）十二月八日／757

6333 重修無垢净光舍利佛塔碑銘　清崇德六年（1641）／757

[順治]

6334　護國永光寺碑記　清順治二年（1645）
五月／758

6335　增修舍利塔寺碑記　清順治二年（1645）
九月二十四日／758

6336　敕建護國延壽寺碑　清順治二年（1645）
／758

6337　清風勝會碑記　清順治六年（1649）三
月／758

6338　五臺碧山寺募造羅漢聖像功德記　清順治
七年（1650）八月／759

6339　額筆倫并先祖誥封碑　清順治八年
（1651）八月二十一日／759

6340　石漢并夫人玉甲氏誥封碑　清順治八年
（1651）八月二十一日／759

6341　重修鹽池神廟碑記　清順治九年（1652）
四月／759

6342　五臺碧山寺造像功德碑記　清順治十年
（1653）四月八日／759

6343　圖爾格碑　清順治十一年（1654）四月
十八日／759

6344　費英東碑　清順治十一年（1654）四月
十八日／759

6345　額亦都碑　清順治十一年（1654）四月
十八日／760

6346　安達禮碑　清順治十一年（1654）五月
十一日／760

6347　索尼曾祖父特黑訥曾祖母納剌氏碑　清順
治十三年（1656）四月／760

6348　索尼祖父扈世穆祖母納剌氏碑　清順治十
三年（1656）四月／760

6349　索尼父碩色母誥封碑　清順治十三年
（1656）四月／760

6350　索尼先祖三代敕封碑　清順治十三年
（1656）四月／760

6351　冷格里賜諡碑　清順治十三年（1656）
十二月十一日／761

6352　佟養性碑　清順治十四年（1657）二月
十九日／761

6353　圖爾格誥封碑　清順治十四年（1657）
三月十日／761

6354　梅勒章京誥封碑　清順治十四年（1657）
三月十日／761

6355　蘇公碑記　清順治十四年（1657）三月
／761

6356　關維奇并夫人王氏墓碑　清順治十四年
（1657）四月／761

6357　查哈尼等碑　清順治十四年（1657）四
月／761

6358　超合羅碑　清順治十四年（1657）七月
十一日／762

6359　雅希禪碑　清順治十五年（1658）三月
十五日／762

6360　大喇嘛墳塔碑　清順治十五年（1658）
七月十七日／762

6361　西棚老會碑　清順治十五年（1658）
／762

6362　重修大龍興寺轉輪藏記　清順治十六年
（1659）二月二十四日／762

6363　東嶽廟禪塵碑記　清順治十六年（1659）
八月／762

6364　穆爾察碑　清順治十六年（1659）／762

6365　京都大隆善護國寺新續臨濟正宗碑記　清
順治十八年（1661）七月／763

6366　衛奇誥封碑　清順治年間（1644—1661）
／763

[康熙]

6367　帝舜彈琴臺詩　清康熙元年（1662）
／763

6368　車爾格碑　清康熙三年（1664）八月
／763

6369　吴道子觀世音菩薩像　清康熙三年
（1664）／763

6370　愛松古先烈功德碑　清康熙四年（1665）
二月十八日／763

6371　達海碑　清康熙四年（1665）四月／764

6372　重修河東鹽池諸神廟記　清康熙四年
（1665）六月／764

6373　湯若望墓碑　清康熙四年（1665）／764

6374　聶克塞碑　清康熙五年（1666）五月十
二日／764

6375　索尼曾祖父母誥封碑　清康熙六年
（1667）六月／764

6376　索尼祖父母誥封碑　清康熙六年（1667）
六月／765

6377　索尼父母誥封碑　清康熙六年（1667）
六月／765

6378　宜爾登賜謚碑　清康熙六年（1667）七
月二十七日／765

6379　遼陽城撫近門額　清康熙八年（1669）
七月二十一日／765

6380　達海巴克式碑　清康熙九年（1670）四
月十七日／765

6381　杜甫像　清康熙十年（1671）／765

6382　石經山雷音寺施香火地碑記　清康熙十一
年（1672）七月／766

6383　佟愛父義方并母納喇氏誥封碑　清康熙十
二年（1673）七月二十八日／766

6384　東棚二聖會碑記　清康熙十二年（1673）
／766

6385　重修五臺山佛舍利塔碑　清康熙十三年
（1674）四月八日／766

6386　何元英詩　清康熙十三年（1674）／766

6387　安達里父賴□庫并母敦覺羅氏誥封碑　清
康熙十四年（1675）十二月十四日／766

6388　宜爾登碑　清康熙十五年（1676）十月
四日／766

6389　張爾鋪禮臺事迹　清康熙十五年（1676）
／767

6390　五臺聖境題字　清康熙十七年（1678）
／767

6391　關中八景　清康熙十九年（1680）／767

6392　陌巷井碑　清康熙二十年（1681）十月
／767

6393　皇帝祭北鎮廟碑　清康熙二十一年
（1682）九月十日／767

6394　天冠山詩　清康熙二十一年（1862）
／767

6395　安公碑　清康熙二十二年（1683）五月
二十五日／767

6396　述聖遺像　清康熙二十二年（1683）
／768

6397　甘棠遺愛記　清康熙二十三年（1684）
／768

6398　菊薰之歌　清康熙二十五年（1686）
／768

6399　張鵬翮歌董樓詩　清康熙二十五年
（1686）／768

6400　岳託碑　清康熙二十七年（1688）十一
月／768

6401　福陵神功聖德碑　清康熙二十七年
（1688）十二月五日／768

6402　游晋祠記石刻　清康熙二十七年（1688）
／768

6403　涿州聖會碑記　清康熙二十八年（1689）
三月／769

6404　大塔重建碑　清康熙二十八年（1689）
七月／769

6405　大修池陽祠宇記　清康熙二十九年
（1690）四月／769

6406　青峰頂造像建亭記　清康熙三十年
（1691）八月／769

6407　關祠碑　清康熙三十四年（1695）八月
／769

6408　寧静致遠題字　清康熙三十六年（1697）
／769

6409 重修白衣送子觀音殿起盆會碑記 清康熙三十八年（1699）／770

6410 江閭鹽池廟 清康熙三十九年（1700）／770

6411 揚古里碑 清康熙三十九年（1700）／770

6412 火帝真君廟記 清康熙四十年（1701）十一月／770

6413 清聖祖仁皇帝御筆 清康熙四十一年（1702）正月／770

6414 光孝寺重建六祖殿宇拜亭碑記 清康熙四十一年（1702）／770

6415 顧揚載碑 清康熙四十二年（1703）三月／770

6416 皇帝祭北鎮廟碑 清康熙四十二年（1703）六月十二日／771

6417 安塔穆碑 清康熙四十二年（1703）八月二十九日／771

6418 御製中臺菩薩頂碑 清康熙四十六年（1707）七月十五日／771

6419 御製五臺山顯通寺碑 清康熙四十六年（1707）七月十九日／771

6420 御製五臺山廣宗寺碑 清康熙四十六年（1707）七月十九日／771

6421 御製五臺山栖賢寺碑 清康熙四十六年（1707）七月十九日／771

6422 北鎮廟碑 清康熙四十七年（1708）十一月／771

6423 靈官保碑 清康熙四十九年（1710）九月／772

6424 御製羅睺寺碑文 清康熙四十九年（1710）十月／772

6425 觀音大士像 清康熙四十九年（1710）十二月十九日／772

6426 白居易寄韜光禪師詩并答詩 清康熙四十九年（1710）／772

6427 御製五臺殊像寺碑 清康熙四十九年（1710）／772

6428 御製五臺碧山寺碑 清康熙四十九年（1710）／772

6429 御製護國寺碑文 清康熙五十年（1711）正月／772

6430 皇上萬壽無疆碑 清康熙五十年（1711）三月十八日／773

6431 重修太平興國寺碑記 清康熙五十年（1711）八月／773

6432 重修興隆寺碑記 清康熙五十一年（1712）六月／773

6433 重修金剛窟般若寺功德碑記 清康熙五十三年（1714）八月／773

6434 重修池神廟碑記 清康熙五十六年（1717）十二月／773

6435 重修清凉山羅睺寺碑記 清康熙六十一年（1722）二月／773

6436 三保姚郭氏碑 清康熙六十一年（1722）三月／774

6437 御製崇國寺碑 清康熙六十一年（1722）／774

6438 康熙帝賜山西布政使書 清康熙年間（1662—1722）／774

6439 康熙年未詳碑 清康熙年間（1662—1722）／774

6440 古柏題辭石刻 清康熙年間（1662—1722）／774

[雍正]

6441 清世宗書岷峨稱重鎮碑 清雍正二年（1724）四月四日／774

6442 重修娘娘廟碑 清雍正三年（1725）四月／775

6443 平定青海告成太學碑 清雍正三年（1725）五月十七日／775

6444 北鎮廟碑 清雍正五年（1727）九月四日／775

6445　天龍古寺會館碑記　清雍正五年（1727）／ 775

6446　重修開元寺寶塔佛像碑記　清雍正七年（1729）十月／ 775

6447　建三泉寺碑記　清雍正十二年（1734）八月／ 775

6448　孔子像　清雍正十二年（1734）／ 775

6449　重修京都城隍廟掛燈會碑記　清雍正十二年（1734）／ 776

6450　歸化城會盟碑陰丹津等題名　清雍正十三年（1735）正月／ 776

6451　雲臺山二十四景　清雍正十三年（1735）／ 776

[乾隆]

6452　意園處士墓碑　清乾隆三年（1738）十月一日／ 777

6453　額騰義碑　清乾隆四年（1739）十月／ 777

6454　御筆西番蓮石刻　清乾隆四年（1739）／ 777

6455　宋蘇文忠公笠履像　清乾隆五年（1740）五月二十日／ 777

6456　重修善化寺碑記　清乾隆五年（1740）／ 777

6457　醫王山十景　清乾隆七年（1742）／ 777

6458　西崖道人詩　清乾隆七年（1742）／ 778

6459　岳陽樓記　清乾隆八年（1743）／ 778

6460　周景柱太原晋祠記　清乾隆十二年（1747）／ 778

6461　御製菩薩頂碑文　清乾隆十四年（1749）三月／ 778

6462　御製殊像寺碑文　清乾隆十四年（1749）三月／ 778

6463　雍正八年上諭碑　清乾隆十五年（1750）七月／ 778

6464　御製大螺頂碑　清乾隆十五年（1750）十二月／ 778

6465　重修蓮花池東西二渠碑　清乾隆十六年（1751）五月／ 779

6466　盧溝曉月碑　清乾隆十六年（1751）七月／ 779

6467　藥王傳善聖會碑記　清乾隆十七年（1752）四月／ 779

6468　王太公祖承修少林寺工程記　清乾隆十七年（1752）九月／ 779

6469　北鎮廟古松圖并乾隆御題詩　清乾隆十九年（1754）九月二十四日／ 779

6470　游醫巫閭山五言詩　清乾隆十九年（1754）／ 779

6471　聖水盆題詩　清乾隆十九年（1754）／ 780

6472　避暑山莊詩　清乾隆二十年（1755）／ 780

6473　重修漢孝子郭公祠記碑　清乾隆二十二年（1757）五月／ 780

6474　各省城隍白紙簿籍老會碑　清乾隆二十二年（1757）五月／ 780

6475　萬壽興隆寺養老義會碑　清乾隆二十二年（1757）／ 780

6476　拜孟子廟詩　清乾隆二十五年（1760）／ 780

6477　重修正覺寺碑　清乾隆二十六年（1761）／ 780

6478　乾隆登黛螺頂詩　清乾隆二十七年（1762）三月／ 781

6479　馬王老會碑記　清乾隆三十年（1765）／ 781

6480　郎世寧墓碑　清乾隆三十一年（1766）六月十日／ 781

6481　獻花老會題名碑　清乾隆三十二年（1767）三月／ 781

6482　公議傳膳音樂聖會碣文　清乾隆三十二年（1767）四月／ 781

6483 張九齡像 清乾隆三十五年（1770）/ 781

6484 白鸚鵡賦翁方綱釋文并跋 清乾隆三十六年（1771）七月五日 / 781

6485 太原縣重修唐叔祠記 清乾隆三十七年（1772）/ 782

6486 文津閣記 清乾隆三十九年（1774）/ 782

6487 緞行恭逢聖會記 清乾隆四十年（1775）四月 / 782

6488 畢沅奏摺碑 清乾隆四十年（1775）十二月十三日 / 782

6489 薩爾滸山記 清乾隆四十一年（1776）二月 / 782

6490 七佛塔碑記 清乾隆四十二年（1777）十月 / 782

6491 顏懋企墓表 清乾隆四十二年（1777）/ 783

6492 廣寧道中詩 清乾隆四十三年（1778）八月 / 783

6493 祭北鎮醫巫閭山詩 清乾隆四十三年（1778）八月 / 783

6494 觀音閣即景詩 清乾隆四十三年（1778）八月 / 783

6495 游醫巫閭雜詠 清乾隆四十三年（1778）九月 / 783

6496 重修泗水橋記 清乾隆四十四年（1779）八月 / 783

6497 藥王聖前公議傳膳老會碑記 清乾隆四十四年（1779）/ 784

6498 清財神聖會碑 清乾隆四十四年（1779）/ 784

6499 蘭亭詩記并題跋 清乾隆四十五年（1780）/ 784

6500 賜額賞銀碑 清乾隆四十六年（1781）六月十五日 / 784

6501 宋左詩墓表 清乾隆四十六年（1781）十二月 / 784

6502 畢沅德政碑 清乾隆四十六年（1781）/ 784

6503 鹽池廟重修廟記 清乾隆四十八年（1783）八月一日 / 784

6504 觀音閣即景詩 清乾隆四十八年（1783）九月 / 785

6505 廣寧道中詩 清乾隆四十八年（1783）九月 / 785

6506 醫巫閭四景題詩 清乾隆四十八年（1783）/ 785

6507 乾隆帝御筆詩 清乾隆五十一年（1786）三月 / 785

6508 施銀永垂不朽碑 清乾隆五十一年（1786）十月十五日 / 785

6509 至靈鷲峰文殊寺即寺詩碑 清乾隆五十一年（1786）/ 785

6510 重立漢武祠石記 清乾隆五十二年（1787）/ 785

6511 白雲觀詩碑 清乾隆五十三年（1788）二月 / 786

6512 重修白雲觀碑記 清乾隆五十三年（1788）三月 / 786

6513 濟寧天后宮碑 清乾隆五十三年（1788）八月十五日 / 786

6514 避暑山莊詩 清乾隆五十三年（1788）/ 786

6515 創立公會議地碑記 清乾隆五十四年（1789）六月 / 786

6516 蘇軾像 清乾隆五十四年（1789）/ 786

6517 重修蘇州府學記 清乾隆五十四年（1789）/ 786

6518 晋祠難老泉序 清乾隆五十五年（1790）/ 787

6519 乾隆御筆詩碑 清乾隆五十七年（1792）三月 / 787

6520 彰癉十敬牌老會碑記 清乾隆五十七年（1792）五月／787

6521 佛公祠記 清乾隆五十七年（1792）七月一日／787

6522 小滄浪記 清乾隆五十七年（1792）七月十三日／787

6523 題小滄浪詩 清乾隆五十七年（1792）七月／787

6524 永護聖會碑記 清乾隆五十九年（1794）／787

6525 重修古林院大殿戲樓碑記 清乾隆六十年（1795）／788

6526 乾隆耕織圖石刻 清乾隆年間（1736—1795）／788

6527 賜直隸總督周元理詩 清乾隆年間（1736—1795）／789

6528 賜直隸總督梁肯堂詩碑 清乾隆年間（1736—1795）／789

6529 賜直隸總督劉峩詩 清乾隆年間（1736—1795）／789

6530 乾隆萬壽山五百羅漢堂記 清乾隆年間（1736—1795）／789

［嘉慶］

6531 重修塔碑記 清嘉慶三年（1798）六月／789

6532 雷祖勝會碑 清嘉慶五年（1800）／789

6533 顔思成墓碑 清嘉慶六年（1801）九月／789

6534 顔幼民墓碑 清嘉慶六年（1801）十月／790

6535 河東觀察使劉大觀題詞 清嘉慶六年（1801）／790

6536 敕賜祖庭少林釋氏源流五家宗派世譜 清嘉慶七年（1802）四月／790

6537 重建北齊臨淮王像碑記 清嘉慶七年（1802）六月／790

6538 甦道人生壙誌 清嘉慶七年（1802）／790

6539 世孝祠記 清嘉慶七年（1802）／790

6540 軒轅聖會碑 清嘉慶九年（1804）七月／791

6541 薩爾滸山詠詩 清嘉慶十年（1805）二月／791

6542 重修莊嚴碑記 清嘉慶十四年（1809）七月／791

6543 藥王殿同心獻燈聖會文引 清嘉慶十五年（1810）／791

6544 五臺贊 清嘉慶十六年（1811）閏三月／791

6545 涼山記 清嘉慶十六年（1811）閏三月／791

6546 張應辰過韓侯嶺詩 清嘉慶十六年（1811）／791

6547 賜直隸布政使方受疇詩碑 清嘉慶十六年（1811）／792

6548 賜直隸總督温受惠詩碑 清嘉慶十六年（1811）／792

6549 重修復聖廟碑記 清嘉慶十七年（1812）二月／792

6550 蘇東坡像 清嘉慶二十一年（1816）／792

6551 張應辰詩 清嘉慶二十二年（1817）／792

［道光］

6552 白石道人像 清道光元年（1821）二月／792

6553 廬山東嶽廟門壁碑 清道光三年（1823）六月／792

6554 七姬權厝志 清道光三年（1823）／793

6555 林和靖像 清道光五年（1825）／793

6556 諸葛亮像 清道光六年（1826）／793

6557 白雲觀火祖殿香燈布施勒名之碑記 清道光六年（1826）／793

6558 王省山吊晋祠古柏詩 清道光七年（1827）/ 793

6559 重修白雲觀宗師廡記 清道光八年（1828）十二月 / 793

6560 北鎮醫巫閭山詩 清道光九年（1829）/ 793

6561 朱夫子治家格言 清道光十一年（1831）/ 794

6562 重修咸陽縣城碑記 清道光十三年（1833）十月 / 794

6563 九皇會碑記 清道光十四年（1834）九月 / 794

6564 修建舜彈琴處牌樓記 清道光十五年（1835）/ 794

6565 重修鹽池神廟碑記 清道光十七年（1837）五月 / 794

6566 重修孟母三遷祠斷機堂碑記 清道光二十年（1840）六月 / 794

6567 清真寺宗規碑 清道光二十年（1840）/ 795

6568 蘇東坡像 清道光二十三年（1843）/ 795

6569 顧亭林先生祠記 清道光二十三年（1843）/ 795

6570 白雲觀真君殿香火地記 清道光二十四年（1844）七月 / 795

6571 吳昌碩生壙誌 清道光二十四年（1844）/ 795

6572 創建華林寺五百羅漢堂碑記 清道光二十九年（1849）/ 795

6573 僧滋亭上人修補藏經并整頓寺務記 清道光三十年（1850）正月 / 795

[咸豐]

6574 祥河潼關十二連寨記 清咸豐三年（1853）/ 796

6575 古耿龍門全圖 清咸豐四年（1854）/ 796

6576 龍門山全圖 清咸豐五年（1855）二月 / 796

6577 徐繼畬上黨團練防堵成功詩 清咸豐五年（1855）/ 796

6578 沈魏皆書朱竹垞聯 清咸豐五年（1855）/ 796

6579 萬壽香社置産碑 清咸豐六年（1856）七月 / 796

6580 顧亭林祠堂記 清咸豐六年（1856）十月 / 797

6581 沈魏皆晋祠聖母廟碑 清咸豐六年（1856）/ 797

6582 蘇軾像 清咸豐七年（1857）/ 797

6583 莫春古吳潘介繁紀游 清咸豐九年（1859）三月 / 797

6584 漢淮陰侯設背水陣處 清咸豐九年（1859）/ 797

[同治]

6585 襟江書院記 清同治二年（1863）/ 797

6586 味和堂晋祠詩 清同治三年（1864）/ 797

6587 大同厲壇碑 清同治四年（1865）七月 / 798

6588 厲壇勒亡伍骨冢碑記 清同治五年（1866）五月 / 798

6589 興隆寺辦馬全會碑 清同治五年（1866）/ 798

6590 興隆寺激請善會碑 清同治五年（1866）/ 798

6591 大同孤魂廟重修記 清同治六年（1867）六月 / 798

6592 重建葛仙祠記 清同治六年（1867）/ 798

6593 重修蘇州府學後記 清同治七年（1868）/ 799

6594 黃庭堅書幽蘭賦 清同治八年（1869）/ 799

6595　重修半山亭記　清同治九年（1870）/ 799

6596　孝兩祠祀典碑　清同治十年（1871）九月 / 799

6597　萬壽興隆寺養老院置香火記　清同治十二年（1873）/ 799

6598　梁武帝河中之水歌　清同治十二年（1873）/ 799

6599　書院義倉碑　清同治十三年（1874）/ 800

[光緒]

6600　丁寶楨詩　清光緒元年（1875）/ 800

6601　晋祠圖石刻　清光緒三年（1877）/ 800

6602　重修東關馬頭碑　清光緒四年（1878）/ 800

6603　揚州東關馬頭坊額　清光緒四年（1878）/ 800

6604　諸葛亮前出師表　清光緒四年（1878）/ 800

6605　諸葛亮後出師表　清光緒四年（1878）/ 801

6606　流芳碑　清光緒五年（1879）六月四日 / 801

6607　歐陽修像　清光緒五年（1879）/ 801

6608　衆檀重修舍利寶塔文碑　清光緒六年（1880）十月 / 801

6609　邱長春真人事實碑　清光緒八年（1882）七月一日 / 801

6610　欽差敕建五臺山大萬聖佑國南山極樂寺重建萬人碑記　清光緒九年（1883）七月一日 / 801

6611　葉公等置買香花散記　清光緒十一年（1885）六月 / 801

6612　泰興縣慶雲寺照潭和尚身塔銘　清光緒十一年（1885）/ 802

6613　大佛寺公建善會碑　清光緒十一年（1885）/ 802

6614　顧頤壽重修白雲觀記　清光緒十二年（1886）三月十九日 / 802

6615　劉效祖重修白雲觀記　清光緒十二年（1886）三月十九日 / 802

6616　長春邱真人道行碑　清光緒十二年（1886）三月二十一日 / 802

6617　白雲觀長春供會碑記　清光緒十二年（1886）三月 / 802

6618　重修白雲觀碑記　清光緒十二年（1886）四月八日 / 803

6619　七審道行碑　清光緒十二年（1886）四月十四日 / 803

6620　崑陽王真人通行碑　清光緒十二年（1886）四月十四日 / 803

6621　趙士賢重修白雲觀記　清光緒十二年（1886）四月十四日 / 803

6622　重勒碑石之記　清光緒十二年（1886）四月十四日 / 803

6623　羅真人道行碑　清光緒十二年（1886）四月十四日 / 803

6624　六幢亭記　清光緒十二年（1886）七月六日 / 803

6625　玉清關香火田記　清光緒十二年（1886）/ 804

6626　重修南宮縣學記　清光緒十二年（1886）/ 804

6627　重修呂祖殿碑記　清光緒十三年（1887）四月一日 / 804

6628　知五臺山縣事高曉諭裁免六月廟期影射索碑　清光緒十三年（1887）六月一日 / 804

6629　重修三泉寺大佛殿碑記　清光緒十三年（1887）六月 / 804

6630　高鳳泰施銀流芳碑　清光緒十四年（1888）十一月二十五日 / 804

6631　真如自在題字　清光緒十四年（1888）/ 804

6632　劉素雲募捐記　清光緒十五年（1889）
　　　三月／805

6633　重修呂祖殿靈感碑記　清光緒十五年
　　　（1889）四月十四日／805

6634　福緣喜慶碑　清光緒十五年（1889）四
　　　月／805

6635　贈體智徐公布施序　清光緒十五年
　　　（1889）六月／805

6636　置石獅子一對記碑　清光緒十五年
　　　（1889）／805

6637　果澄師施銀萬古碑　清光緒十五年
　　　（1889）／805

6638　四御殿皇壇香火記　清光緒十六年
　　　（1890）七月十五日／805

6639　白雲觀拓修雲集山房小引　清光緒十六年
　　　（1890）七月十五日／806

6640　巡撫禁革行力支備錫鐵札碑　清光緒十七
　　　年（1891）正月／806

6641　重修鹽池神廟碑記　清光緒十七年
　　　（1891）八月十五日／806

6642　那木濟勒旺楚克萬代碑　清光緒十八年
　　　（1892）八月十五日／806

6643　欽命五臺山敕建萬聖佑國南山極樂禪寺碑
　　　記　清光緒十八年（1892）九月／806

6644　纚行聖會碑記　清光緒十九年（1893）
　　　／806

6645　重修大佛寺莊大石佛像碑　清光緒二十年
　　　（1894）／806

6646　興隆寺養老義會緣起碑　清光緒二十一年
　　　（1895）／807

6647　萬聖佑國南山極樂寺香火齋田碑記　清光
　　　緒二十四年（1898）／807

6648　大禹陵碑　清光緒二十六年（1900）
　　　／807

6649　設粥廠施濟記　清光緒二十七年（1901）
　　　九月／807

6650　雲溪方丈功德碑記　清光緒二十八年
　　　（1902）八月／807

6651　大同孤魂廟修記　清光緒三十年（1904）
　　　／807

6652　特授陽城縣正堂沈稟准禁絶尼章程六條
　　　清光緒三十年（1904）／808

6653　介神祠敕賜封號碑　清光緒三十年
　　　（1904）／808

6654　嚴子陵像　清光緒三十三年（1907）
　　　／808

6655　会稽刻石殘字　清光緒三十三年（1907）
　　　／808

6656　蓮池書院六幢亭記　清光緒三十四年
　　　（1908）五月一日／808

[宣統]

6657　隆興寺意定和尚功德碑　清宣統元年
　　　（1909）九月／808

6658　修震澤許塘記　清宣統二年（1910）
　　　／808

6659　重修寶塔碑記　清宣統三年（1911）
　　　／809

清無紀年

6660　天澤碑　清刻，無紀年／810

6661　曹公碑　清刻，無紀年／810

6662　釋朗公開堂碑　清刻，無紀年／810

6663　臨張遷碑　清刻，無紀年／810

6664　臨麓山寺碑　清刻，無紀年／810

6665　清真寺回文碑　清刻，無紀年／810

6666　果親王書詩碑　清刻，無紀年／811

6667　靈巖飯僧田碑　清刻，無紀年／811

6668　模刻嶧山碑　清刻，無紀年／811

6669　康衢擊壤碑　清刻，無紀年／811

6670　滿文碑　清刻，無紀年／811

6671　刻經殘石　清刻，無紀年／812

6672 上蘭五龍祠場圃記　清刻，無紀年／812

6673 臨書譜　清刻，無紀年／812

6674 臨集王書般若心經　清刻，無紀年／812

6675 貞淑婦人墓記　清刻，無紀年／812

6676 吳熙載臨玉枕蘭亭　清刻，無紀年／812

6677 莫友芝隸書刻石　清刻，無紀年／813

6678 吳昌碩臨石鼓文　清刻，無紀年／813

6679 吳昌碩刻石　清刻，無紀年／813

6680 吳昌碩西泠印社記　清刻，無紀年／813

6681 八大山人臨河序　清刻，無紀年／813

6682 青山歌　清刻，無紀年／813

6683 石經跋　清刻，無紀年／813

6684 林氏墓銘　清刻，無紀年／814

6685 造橋記　清刻，無紀年／814

6686 大般涅槃經偈　清刻，無紀年／814

6687 王享邑義等造塔寺銘　清刻，無紀年／814

6688 玄德方之等字殘石　清刻，無紀年／814

6689 成滿殘石　清刻，無紀年／814

6690 尊勝陀羅尼經幢　清刻，無紀年／814

6691 宏濟施銀永垂記　清刻，無紀年／815

6692 擊壤處　清刻，無紀年／815

6693 祠堂述古記　清刻，無紀年／815

6694 小滄浪亭柱集詩序　清刻，無紀年／815

6695 左宗棠書聯　清刻，無紀年／815

6696 岡禮游晉祠詩　清刻，無紀年／815

6697 真山晉源之柏　清刻，無紀年／815

6698 毛昌傑小碑林記　清刻，無紀年／816

6699 楊霈過邯鄲題盧生臥像　清刻，無紀年／816

6700 張應徵登歌樓詩　清刻，無紀年／816

6701 李月桂飲虞舜彈琴處詩　清刻，無紀年／816

6702 項錫胤飲虞舜彈琴處詩　清刻，無紀年／816

6703 龍興寺鑄金銅像菩薩并蓋大悲寶閣序　清刻，無紀年／816

6704 龍興寺大悲閣須彌座石刻　清刻，無紀年／816

6705 謁孟子廟五律　清刻，無紀年／817

6706 謁孟子廟七絕三首　清刻，無紀年／817

6707 十方檀信徒流芳萬古題名記　清刻，無紀年／817

6708 北山寺詩　清刻，無紀年／817

6709 南路口詩　清刻，無紀年／817

6710 文天祥像　清刻，無紀年／817

6711 張天師像　清刻，無紀年／817

6712 杜甫像　清刻，無紀年／818

6713 丁敬像　清刻，無紀年／818

6714 岳飛像　清刻，無紀年／818

6715 元始天尊像　清刻，無紀年／818

6716 孔子周流圖　清刻，無紀年／818

6717 至聖先師孔子廟圖　清刻，無紀年／819

6718 河東鹽池圖　清刻，無紀年／820

6719 焦山勝境全圖　清刻，無紀年／820

6720 甘露勝境全圖　清刻，無紀年／820

6721 銀山勝境全圖　清刻，無紀年／820

6722 金山勝境全圖　清刻，無紀年／820

6723 天平禁山圖　清刻，無紀年／820

6724 鄭燮竹圖　清刻，無紀年／820

無紀年

6725 歸元寺歸元十大願碑　無紀年／821

6726 重建瓦官寺祝釐□□聖壽記碑　無紀年／821

6727 敕賜嵩顯禪寺碑　無紀年／821

6728 石鼓書院神禹碑　無紀年／821

6729 占春園記碑　無紀年／821

6730 南華寺六祖像碑　無紀年／822

6731 佛頂尊勝陀羅尼咒之帔碑　無紀年／822

6732 道窟碑文　無紀年／822

6733 少林寺歷代墓塔銘　無紀年／822

6734 西林寺塔磚銘　無紀年／822

6735　重建能仁寺大雄寶殿記　無紀年 / 822

6736　西域寺大殿前佛幢　無紀年 / 822

6737　涿州司候内坊方實建頂幢　無紀年 / 823

6738　米氏女墓誌蓋　無紀年 / 823

6739　孫模葬柩磚　無紀年 / 823

6740　戴傳妻磚　無紀年 / 823

6741　孟珍妻焦磚　無紀年 / 823

6742　忠孝二字刻石　無紀年 / 823

6743　石虎　無紀年 / 823

6744　石門　無紀年 / 824

6745　玉盆　無紀年 / 824

6746　袞雪　無紀年 / 825

6747　雲門山陽石壁題銘　無紀年 / 825

6748　寶山石窟石刻　無紀年 / 826

6749　小西天雷音洞題名　無紀年 / 826

6750　唐大敏造像記　無紀年 / 826

6751　無字造像記　無紀年 / 827

6752　端方藏石造像記　無紀年 / 827

6753　□顯造像記　無紀年 / 827

6754　與不生等字殘石　無紀年 / 827

6755　阿彌陀佛題字　無紀年 / 827

6756　大悲菩薩題字　無紀年 / 827

6757　河内觀心寺本尊後背銘　無紀年 / 827

6758　佛教殘石　無紀年 / 828

6759　樂亭篆文石刻　無紀年 / 828

6760　泰山頂上作記　無紀年 / 828

6761　孫慶之等白龍池題名　無紀年 / 828

6762　歸元寺觀音大士聖像　無紀年 / 828

6763　玉泉寺觀音大士像　無紀年 / 828

6764　秀峰寺觀音菩薩像　無紀年 / 828

6765　少林寺達摩坐禪像　無紀年 / 829

6766　天龍山石窟菩薩像　無紀年 / 829

6767　天龍寺造像　無紀年 / 829

6768　釗公大法師像　無紀年 / 829

6769　佛像　無紀年 / 829

6770　龍門圖　無紀年 / 829

6771　浙江省古代磚拓片　無紀年 / 829

6772　吳廷康藏磚拓片　無紀年 / 830

6773　周進藏石拓本　無紀年 / 830

6774　馬起鳳舊藏磚册　無紀年 / 830

6775　陳介祺藏磚拓　無紀年 / 830

6776　三國至明磚拓　無紀年 / 830

6777　小品拓　無紀年 / 830

參考文獻 / 831

後　記 / 842

唐
（618—690）

［武德］

2391　蘇玉華墓誌

唐武德二年（619）五月二十五日葬，歐陽詢書，清道光二十一年（1841）出土於陝西西安神禾塬，原在榮翰堂，現存山東孟府賜書樓院。

書道博物館：

    一册，紙本墨拓，册頁。

宇野雪村文庫：

    一張，紙本墨拓，原片，編號：1433。

    一册，紙本墨拓，册頁，編號：163。

白扇書道會：

    一張，紙本墨拓，原片，種谷扇舟舊藏。

2392　黄葉和尚墓誌

唐武德三年（620）九月四日葬，許敬宗製，歐陽詢書，原石已亡佚。

東北大學附屬圖書館：

一幅，紙本墨拓，原片，常盤大定舊藏。

2393　秦王告少林寺教碑

唐武德四年（621）四月刻，現存河南嵩山少林寺。

書道博物館：

    一册，紙本墨拓，綴帖。

2394　李公太夫人張氏墓誌

唐武德五年（622）十二月二十日葬，今藏地不詳。

淑德大學書學文化中心：

　　　一張，紙本墨拓，原片，編號：197091。

2395　觀音寺碣

唐武德五年（622）刻，現存河南滎陽市王村鎮。

書道博物館：

　　　一册，紙本墨拓，册頁。

2396　庫狄真相墓誌

唐武德六年（623）六月五日葬，河南洛陽出土，現藏於開封博物館。

書壇院：

　　　一幅，紙本墨拓，原片。

京都大學人文科學研究所：

　　　一張，紙本墨拓，原片，編號：TOU0001X。

　　　一張，紙本墨拓，原片，編號：TOU0002X。

2397　李月相墓誌

唐武德八年（625）十二月二十五日葬，河北涿縣（今涿州）出土，現藏於中國國家博物館。

淑德大學書學文化中心：

　　　一張，紙本墨拓，原片，編號：198996。

2398　宗聖觀記碑

唐武德九年（626）二月十五日立，歐陽詢撰序并書，陳叔達撰銘，現存陝西西安周至縣樓觀臺。

書道博物館：

　　　一張，紙本墨拓，原片。

宇野雪村文庫：

　　　一册，紙本墨拓，册頁，編號：179。

淑德大學書學文化中心：

　　　一軸，紙本墨拓，卷軸，編號：196484。

　　　一册，紙本墨拓，册頁，編號：196281。

2399　孔子廟堂碑

又稱“夫子廟堂碑”，原石唐武德九年（626）十二月二十九日立，毀佚，長安三年（703）重刻，亦毀。今傳世重刻二塊，一塊藏陝西西安，一塊藏山東成武。

三井記念美術館：

一帖，唐拓孤本，紙本墨拓，28.3×16.8，安儀周、李宗瀚、新町三井家舊藏。

東京國立博物館：

一帖，紙本墨拓，編號：212，市河三鼎舊藏。

一帖，紙本墨拓，編號：285，昌平坂學問所舊藏。

一幅，紙本墨拓，編號：241。

一幅，紙本墨拓，編號：494。

書道博物館：

一張，城武本，紙本墨拓，199.3×89.2，梁章鉅舊藏。

一册，長安本，紙本墨拓。

一册，舊拓，紙本墨拓。

一張，紙本墨拓，全拓條幅。

東洋文庫：

一帖六十一葉，紙本墨拓，26.0×13.0。碑額，失。編號：Ⅱ-16-C-841。

十五張，紙本墨拓，各34.0×32.0，附刻跋二張。編號：Ⅱ-16-C-1104。

淑德大學書學文化中心：

一軸，紙本墨拓，卷軸，編號：196034。

一册，紙本墨拓，册頁，編號：001967，城武本。

一張，紙本墨拓，托裱，編號：001968，城武本。

京都大學人文科學研究所：

一張，紙本墨拓，原片，編號：TOU0003X。

白扇書道會：

一張，紙本墨拓，原片，183.0×96.0，種谷扇舟舊藏。

觀峰館：

一張，紙本墨拓，原片，184.0×100.0。

書壇院：

一幅，紙本墨拓，原片。

碑林公園：

一張，紙本墨拓，原片。

［貞觀］

2400　蘭亭記

唐貞觀二年（628）二月二日作，歐陽詢楷書，原石久佚。

書道博物館：

一張，紙本墨拓，全拓。

2401　段君夫人張女羨墓誌

唐貞觀二年（628）十一月七日葬，河南洛陽出土，現藏於開封博物館。
東洋文庫：
　　　　一張，紙本墨拓，原片，56.0×57.0，編號：Ⅱ-16-C-1135。
京都大學人文科學研究所：
　　　　一張，紙本墨拓，原片，編號：TOU0004X。

2402　胡永墓誌

唐貞觀二年（628）十一月三十日葬，河南洛陽出土，現藏於西安碑林博物館。
大阪市立美術館：
　　　　二張，紙本墨拓，原片，編號：2673。

2403　郭通墓誌

唐貞觀二年（628）十一月三十日葬，河南洛陽出土，現藏於開封博物館。
東洋文庫：
　　　　一張，紙本墨拓，原片，47.0×47.0，編號：Ⅱ-16-C-1134。
京都大學人文科學研究所：
　　　　一張，紙本墨拓，原片，編號：TOU0005X。
淑德大學書學文化中心：
　　　　一張，紙本墨拓，原片，編號：001903。

2404　譚伍墓誌

唐貞觀三年（629）六月二十五日葬，河南洛陽出土，現藏於開封博物館。
東洋文庫：
　　　　一張，紙本墨拓，原片，37.0×37.0，編號：Ⅱ-16-C-1136。
京都大學人文科學研究所：
　　　　一張，墓誌，紙本墨拓，原片，編號：TOU0007A。
　　　　一張，墓誌蓋，紙本墨拓，原片，編號：TOU0007B。

2405　李武就造像記

唐貞觀四年（630）六月三十日刻，已流失海外，現藏於美國波士頓美術館。
東京國立博物館：
　　　　一帖，紙本墨拓，剪裝，編號：808。

2406　昭仁寺碑

全稱“大唐豳州昭仁寺之碑”，朱子奢撰，傳虞世南書，唐貞觀四年（630）十一月立，現存陝西長武昭仁寺。

書道博物館：

一册，最舊拓，紙本墨拓。

一册，舊拓，紙本墨拓，附明嘉靖己丑題刻。

一册，舊拓，紙本墨拓，有嘉靖題刻。

東京國立博物館：

一帖，紙本墨拓，編號：213，市河三鼎舊藏。

二帖，紙本墨拓，編號：496。

宇野雪村文庫：

一張，紙本墨拓，原片，編號：1108

一册，紙本墨拓，册頁，編號：106。

京都大學人文科學研究所：

一張，紙本墨拓，原片，編號：TOU0011X。

大谷大學博物館：

一帖，紙本墨拓，剪裝，27.9×16.0。

淑德大學書學文化中心：

一軸，紙本墨拓，卷軸，編號：196035。

一軸，紙本墨拓，卷軸，編號：197165。

一册，紙本墨拓，册頁，編號：198444。

東北大學附屬圖書館：

一幅，紙本墨拓，原片，常盤大定舊藏。

觀峰館：

一册，紙本墨拓，册頁，24.7×13.1。

一張，紙本墨拓，原片，254.0×109.0。

2407 房彦謙碑

全稱"唐故都督徐州五州諸軍事徐州刺史臨淄定公房公碑銘并序"，李百藥撰，歐陽詢書，唐貞觀五年（631）三月二日立，現存山東濟南歷城趙山房彦謙墓。

書道博物館：

一册，明拓，紙本墨拓，無篆額，朱九丹舊藏。

一張，紙本墨拓，有篆額。

一張，紙本墨拓，全拓。

東洋文庫：

一張，碑陽，紙本墨拓，260.0×125.0。二張，碑額，紙本墨拓，[1] 52.0×36.0，[2] 52.0×14.0。碑陰，失。碑側，失。編號：Ⅱ-16-C-1106。

宇野雪村文庫：

一册，紙本墨拓，册頁，編號：80。

淑德大學書學文化中心：

一張，碑陽，紙本墨拓，托裱，編號：197604，天放樓舊藏。

一張，碑陰，紙本墨拓，托裱，編號：197605，天放樓舊藏。

2408　劉節墓誌

唐貞觀五年（631）七月十五日葬，河南洛陽出土，現藏於開封博物館。

東洋文庫：

一張，紙本墨拓，原片，42.0×42.0，編號：Ⅱ-16-C-1310。

京都大學人文科學研究所：

一張，紙本墨拓，原片，編號：TOU0014X。

2409　化度寺碑

全稱"化度寺故僧邕禪師舍利塔銘"，李百藥撰文，歐陽詢書丹，唐貞觀五年（631）十一月二十二日立，原在長安終南山佛寺，久毀，後世多翻刻。

大谷大學博物館：

一帖，宋拓，紙本墨拓，38.6×18.5，翁方綱、大谷瑩誠舊藏。

三井記念美術館：

一帖，宋拓，紙本墨拓，26.7×12.5，趙孟頫、成親王、吳榮光、新町三井家舊藏。

寧樂美術館：

一帖，宋拓，紙本墨拓，趙孟頫等十三家題跋。

東京國立博物館：

一帖，紙本墨拓，編號：216，市河三鼎舊藏，覆刻本。

宇野雪村文庫：

一册，紙本墨拓，編號：153，李氏本。

京都大學人文科學研究所：

一張，紙本墨拓，原片，編號：TOU0015A。

一張，紙本墨拓，原片，編號：TOU0015B。

一張，紙本墨拓，原片，編號：TOU0015C。

一張，紙本墨拓，原片，編號：TOU0015D。

觀峰館：

一册，紙本墨拓，册頁，19.5×9.5。

墨華書道會：

一張，紙本墨拓，全拓。

2410　涅槃經題刻

唐貞觀五年（631）刻，現存北京房山雲居寺。

佛教大學：

　　一張，紙本墨拓，原片，33.0×78.0。

　　二張，紙本墨拓，原片，242.0×55.0。

2411　九成宮醴泉銘

又稱"九成宮碑"，魏徵撰文，歐陽詢書丹，唐貞觀六年（632）四月十六日立，現存陝西麟游縣碑亭景區。

三井記念美術館：

　　一帖，宋拓，紙本墨拓，28.6×15.4，鄧文原、伍睷庵、端方、新町三井家舊藏。

　　一帖，宋拓，紙本墨拓，24.9×13.7，顧文彬、新町三井家舊藏。

　　一帖，宋拓，紙本墨拓，24.7×14.2，朱國祚、董秉恒、李鴻裔、羅原覺、新町三井家舊藏。

書道博物館：

　　一冊，宋拓，未剔本，紙本墨拓，各25.2×14.3，黃自元題簽，王瓘、葉德輝、黃自元跋，景劍泉、劉體乾、中村不折舊藏。

　　一冊，舊拓，紙本墨拓，陳鴻壽、張廷濟、阮元、徐渭仁舊藏，郭尚先、羅振玉跋。

　　一張，舊拓，紙本墨拓，170.5×88.0，張祖翼題簽。

　　二冊，舊拓，紙本墨拓。

　　一冊，宋拓零本模本，紙本墨拓。

書藝文化院春敬記念書道文庫：

　　一冊，宋拓，紙本墨拓，37.0×42.0，李蘇鄰、飯島春敬舊藏。

京都國立博物館：

　　一帖，秦氏摹刻本，紙本墨拓，24.7×13.5，編號：B甲395，羅振玉跋，上野理一舊藏。

東洋文庫：

　　一帖四十葉，紙本墨拓，32.0×19.0，編號：Ⅵ-1-11。

　　一帖四十葉，紙本墨拓，31.0×16.0，編號：Ⅺ-3-A-c-108。

　　一張，額碑側，紙本墨拓，256.0×89.0+左右側部分各112.0×24.0，編號：Ⅱ-16-C-p-3。

京都大學人文科學研究所：

　　一張，紙本墨拓，原片，編號：TOU0018X。

淑德大學書學文化中心：

　　一軸，紙本墨拓，卷軸，編號：196450。

　　一軸，紙本墨拓，卷軸，編號：195482。

白扇書道會：

　　一張，紙本墨拓，原片，171.0×89.0，種谷扇舟舊藏。

觀峰館：

　　一張，紙本墨拓，原片，169.5×88.0。

碑林公園：

一張，紙本墨拓，全拓。

2412　戚纂妻趙氏墓誌

唐貞觀六年（632）五月葬，陝西西安出土，今藏地不詳。

宇野雪村文庫：

一張，紙本墨拓，原片，編號：1434。

2413　大法師行記

唐貞觀六年（632）八月二十日刻，海雲撰，現存河南安陽寶山靈泉寺石窟。

京都大學人文科學研究所：

一張，紙本墨拓，原片，編號：TOU0016X。

2414　靈裕法師墓塔銘

唐貞觀六年（632）八月刻，現存河南安陽寶山靈泉寺石窟。

東北大學附屬圖書館：

一幅，紙本墨拓，原片，常盤大定舊藏。

2415　張叡墓誌

唐貞觀七年（633）二月一日葬，河南洛陽出土，現藏於西安碑林博物館。

大阪市立美術館：

一張，紙本墨拓，原片，編號：2673。

2416　賈通墓誌

唐貞觀七年（633）六月十四日葬，河南洛陽出土，今藏地不詳。

淑德大學書學文化中心：

一張，紙本墨拓，原片，編號：001910。

2417　張明墓誌

唐貞觀七年（633）七月二十四日葬，河南洛陽出土，現藏於開封博物館。

東洋文庫：

一張，紙本墨拓，原片，43.0×43.0，編號：Ⅱ-16-C-1137。

宇野雪村文庫：

一張，紙本墨拓，原片，編號：1435。

京都大學人文科學研究所：

一張，紙本墨拓，原片，編號：TOU0019X。

2418 韓遠墓誌

唐貞觀七年（633）十月二十八日葬，河南洛陽出土，現藏於開封博物館。

東洋文庫：

　　一張，紙本墨拓，原片，34.0×34.0，編號：Ⅱ-16-C-1138。

京都大學人文科學研究所：

　　一張，紙本墨拓，原片，編號：TOU0020X。

2419 張岳墓誌

唐貞觀八年（634）三月四日葬，河南洛陽出土，現藏於開封博物館。

書壇院：

　　一幅，紙本墨拓，原片。

京都大學人文科學研究所：

　　一張，紙本墨拓，原片，編號：TOU0021A。

　　一張，紙本墨拓，原片，編號：TOU0021B。

2420 邢弁墓誌

唐貞觀八年（634）三月二十二日葬，河南洛陽出土，現藏於開封博物館。

書壇院：

　　一幅，紙本墨拓，原片。

京都大學人文科學研究所：

　　一張，墓誌，紙本墨拓，原片，編號：TOU0022A。

　　一張，墓誌蓋，紙本墨拓，原片，編號：TOU0022B。

2421 宇文英刻石

唐貞觀八年（634）十二月一日刻，今藏地不詳。

淑德大學書學文化中心：

　　一張，紙本墨拓，原片，編號：199000。

2422 般若波羅蜜經殘石并刻經記殘石

唐貞觀八年（634）□月十五日刻，今藏地不詳。

東洋文庫：

　　二張，紙本墨拓，原片，各27.0×24.0，編號：Ⅱ-16-C-p-4。

2423 敖倉粟窖刻字

唐貞觀八年（634）刻，今藏地不詳。

東京國立博物館：

　　　一幅，紙本墨拓，原片，編號：667。

2424　静琬造像記

唐貞觀八年（634）刻，現存北京房山雲居寺。

佛教大學：

　　　一張，紙本墨拓，原片，27.0×57.0。

2425　汝南公主墓誌

唐貞觀十年（636）十一月十六日葬，江蘇常熟出土，今藏地不詳。

淑德大學書學文化中心：

　　　一册，重刻，紙本墨拓，册頁，編號：197798，天放樓舊藏。

2426　王護墓誌

唐貞觀十一年（637）二月二十九日葬，河南洛陽出土，現藏於開封博物館。

東洋文庫：

　　　一張，紙本墨拓，原片，43.0×43.0，編號：Ⅱ-16-C-1139。

京都大學人文科學研究所：

　　　一張，紙本墨拓，原片，編號：TOU0025A。

　　　一張，紙本墨拓，原片，編號：TOU0025B。

2427　竇娘子墓誌

唐貞觀十一年（637）二月二十九日葬，一九五八年出土於陝西栒邑縣，現藏於旬邑縣博物館。

淑德大學書學文化中心：

　　　一張，墓誌，紙本墨拓，原片，編號：001840。

　　　一張，墓誌蓋，紙本墨拓，原片，編號：001841。

墨華書道會：

　　　二張，紙本墨拓，原片。

2428　羅君副墓誌

唐貞觀十一年（637）七月八日葬，河南洛陽出土，原在京師歷史博物館，現藏於中國國家博物館。

宇野雪村文庫：

　　　一張，紙本墨拓，原片，編號：1436。

淑德大學書學文化中心：

　　　一張，紙本墨拓，原片，編號：001937。

2429　裴鏡民碑

全稱"隋故益州總管府司馬裴君碑銘并序"，李百藥撰文，殷令名書丹，唐貞觀十一年（637）十月二十一日立，現存山西聞喜縣裴柏村晉公祠。

書道博物館：

一冊，清初拓本，紙本墨拓，有篆額。

五島美術館：

一張，紙本墨拓，原片，174.8×91.2，宇野雪村舊藏。

東洋文庫：

一張，碑陽，紙本墨拓，174.0×92.0。一張，碑額，紙本墨拓，36.0×32.0。編號：Ⅱ-16-C-p-5。

淑德大學書學文化中心：

一軸，紙本墨拓，卷軸，編號：196345。

一冊，紙本墨拓，冊頁，編號：196278。

京都大學人文科學研究所：

一張，紙本墨拓，原片，編號：TOU0026X。

2430　徐師蠻墓誌

唐貞觀十一年（637）十月二十二日葬，一九八七年出土於山東嘉祥馬集鄉孟良山，現藏於山東石刻藝術博物館。

淑德大學書學文化中心：

一張，紙本墨拓，原片，編號：001519。

一張，紙本墨拓，原片，編號：001521。

2431　溫彦博碑

全稱"唐故特進尚書右僕射上柱國虞恭公溫公碑"，岑文本撰文，歐陽詢書丹，唐貞觀十一年（637）十月立，現藏於陝西禮泉昭陵博物館。

書道博物館：

一冊，宋拓，紙本墨拓，冊頁。

一冊，清初拓本，紙本墨拓，冊頁。

一冊，舊拓，紙本墨拓，冊頁。

三井記念美術館：

一帖，宋拓，紙本墨拓，新町三井家舊藏。

東洋文庫：

一帖二十八葉，碑陽，紙本墨拓，26.0×14.0。一張，碑額，紙本墨拓，48.0×37.0。編號：Ⅱ-16-C-825。

東京國立博物館：

　　　一幅，紙本墨拓，原片，編號：218，市河三鼎舊藏。

宇野雪村文庫：

　　　一册，紙本墨拓，册頁，編號：142。

京都大學人文科學研究所：

　　　一張，紙本墨拓，原片，編號：TOU0028X。

淑德大學書學文化中心：

　　　一軸，紙本墨拓，卷軸，編號：196354。

　　　一軸，紙本墨拓，卷軸，編號：198005。

　　　一册，紙本墨拓，册頁，編號：195670。

　　　一張，紙本墨拓，托裱，編號：197607，天放樓舊藏。

觀峰館：

　　　一册，紙本墨拓，册頁，26.3×13.8。

白扇書道會：

　　　一張，紙本墨拓，原片，63.0×103.0，種谷扇舟舊藏。

2432　唐遜夫人柳婆歸墓誌

唐貞觀十二年（638）閏二月二十七日葬，河南洛陽出土，現藏於開封市博物館。

東洋文庫：

　　　一張，紙本墨拓，原片，39.0×40.0，編號：Ⅱ-16-C-1140。

宇野雪村文庫：

　　　一張，紙本墨拓，原片，編號：1437。

京都大學人文科學研究所：

　　　一張，紙本墨拓，原片，編號：TOU0030A。

　　　一張，紙本墨拓，原片，編號：TOU0030B。

2433　堪法師灰身塔記

唐貞觀十二年（638）四月八日刻，現存河南安陽寶山靈泉寺石窟。

京都大學人文科學研究所：

　　　一張，紙本墨拓，原片，編號：TOU0031X。

2434　明相總持□造像記

唐貞觀十二年（638）□月二十六日刻，今藏地不詳。

東洋文庫：

　　　一張，紙本墨拓，原片，32.0×17.0，編號：Ⅱ-16-C-p-6。

2435 張琮碑

于志寧撰文，書者姓名泐缺，唐貞觀十三年（639）二月十一日立，清雍正年間出土，現藏於陝西咸陽博物院。

書道博物館：

一張，初出土拓本，紙本墨拓，全拓。

東京國立博物館：

一帖，紙本墨拓，剪裝，編號：223，市河三鼎舊藏。

宇野雪村文庫：

一冊，紙本墨拓，冊頁，編號：170。

一張，紙本墨拓，原片，編號：1917。

京都大學人文科學研究所：

一張，紙本墨拓，原片，編號：TOU0036X。

淑德大學書學文化中心：

一軸，紙本墨拓，卷軸，編號：196348。

2436 僧順禪師舍利塔銘

唐貞觀十三年（639）二月二十三日刻，現存河南安陽寶山靈泉寺。

京都大學人文科學研究所：

一張，紙本墨拓，原片，編號：TOU0034X。

2437 濟瀆等字碑

唐貞觀十三年（639）刻，出土時地不詳。

宇野雪村文庫：

一張，紙本墨拓，原片，編號：1102。

2438 王吉祥造像記

唐貞觀十三年（639）刻，出土時地不詳。

書道博物館：

一張，紙本墨拓，綴帖。

2439 馬周造像記

唐貞觀十三年（639）刻，後流失海外，現藏於日本藤井有鄰館。

有鄰館：

一張，紙本墨拓，全拓。

2440　張君夫人秦詳兒墓誌

唐貞觀十四年（640）正月十七日葬，河南洛陽出土，現藏於開封市博物館。

東洋文庫：

　　　一張，紙本墨拓，原片，38.0×38.0，編號：Ⅱ-16-C-1141。

京都大學人文科學研究所：

　　　一張，紙本墨拓，原片，編號：TOU0043X。

2441　楊恭仁墓誌

唐貞觀十四年（640）三月十二日葬，一九七九年出土於陝西禮泉煙霞公社楊恭仁墓，現藏於昭陵博物館。

淑德大學書學文化中心：

　　　一張，墓誌蓋，紙本墨拓，原片，編號：000654。

　　　一張，墓誌，紙本墨拓，原片，編號：000655。

2442　唐太宗屏風書

唐貞觀十四年（640）四月二十二日作，宋嘉泰四年（1204）刻於餘杭，元延祐三年（1316）移置縣廳，民國期間亡佚。

東洋文庫：

　　　一張，南宋嘉泰四年（1204）十月重刻，189.0×93.0。第7段附刻南宋人跋六種、元人跋一種。編號：Ⅲ-9-B-11。

東京國立博物館：

　　　一幅，紙本墨拓，原片，編號：627。

2443　僧順禪師散身塔記

唐貞觀十四年（640）五月二十三日刻，現存河南安陽寶山靈泉寺。

京都大學人文科學研究所：

　　　一張，紙本墨拓，原片，編號：TOU0038X。

2444　姜行本紀功碑

又稱“姜行本碑”“天山碑”，唐貞觀十四年（640）六月二十五日刻，原在巴里坤東松樹塘打坂關帝廟，現藏於新疆維吾爾自治區博物館。

書道博物館：

　　　一張，紙本墨拓，全拓。

東洋文庫：

　　　一張，碑陽連額，紙本墨拓，165.0×62.0。碑側，失。編號：Ⅱ-16-C-p-7。

京都大學人文科學研究所：

　　一張，紙本墨拓，原片，編號：TOU0039X。

淑德大學書學文化中心：

　　一軸，紙本墨拓，卷軸，編號：196328。

　　一軸，紙本墨拓，卷軸，編號：196044。

2445　魏君夫人雷氏墓誌

唐貞觀十四年（640）十一月三日葬，河南洛陽出土，現藏於開封博物館。

京都大學人文科學研究所：

　　一張，紙本墨拓，原片，編號：TOU0040X。

2446　孟保同墓誌

唐貞觀十四年（640）十一月九日葬，河南洛陽出土，現藏於開封博物館。

東洋文庫：

　　一張，紙本墨拓，原片，47.0×47.0，編號：Ⅱ-16-C-1142。

京都大學人文科學研究所：

　　一張，紙本墨拓，原片，編號：TOU0041X。

2447　于孝顯碑

全稱"大唐故騎都尉濮州濮陽縣令于君之碑"，唐貞觀十四年（640）十一月十日立，清道光三年（1823）出土於陝西富平西鄉，現藏於西安碑林博物館。

書道博物館：

　　一張，舊拓，紙本墨拓，全拓，有篆額。

東京國立博物館：

　　一幅，紙本墨拓，原片，編號：497，道光甲申長至盧坤跋。

宇野雪村文庫：

　　一册，紙本墨拓，册頁，編號：102。

東洋文庫：

　　一帖三十六葉，紙本墨拓，27.0×15.0，編號：Ⅱ-16-C-816。

觀峰館：

　　一册，紙本墨拓，册頁，23.1×14.0。

淑德大學書學文化中心：

　　一張，紙本墨拓，托裱，編號：197608，天放樓舊藏。

2448　慧静法師經塔銘

唐貞觀十五年（641）四月二十三日刻，現存河南安陽寶山靈泉寺。

淑德大學書學文化中心：

　　一軸，紙本墨拓，卷軸，編號：198639。

京都大學人文科學研究所：

　　一張，紙本墨拓，原片，編號：TOU0044X。

2449　薄氏墓誌

唐貞觀十五年（641）五月二十五日葬，河南洛陽出土，現藏於開封博物館。

東洋文庫：

　　一張，墓誌，紙本墨拓，46.0×46.0。一張，墓誌蓋，紙本墨拓，32.0×31.0。編號：Ⅱ-16-C-1154。

　　一張，墓誌，紙本墨拓，46.0×46.0。一張，墓誌蓋，紙本墨拓，32.0×31.0。編號：Ⅱ-16-C-1143。

宇野雪村文庫：

　　一張，紙本墨拓，原片，編號：1438。

　　一張，紙本墨拓，原片，編號：1689。

京都大學人文科學研究所：

　　一張，墓誌，紙本墨拓，原片，編號：TOU0047A。

　　一張，墓誌蓋，紙本墨拓，原片，編號：TOU0047B。

2450　梁凝達墓誌

唐貞觀十五年（641）九月十五日葬，河南洛陽出土，現藏於開封博物館。

京都大學人文科學研究所：

　　一張，紙本墨拓，原片，編號：TOU0049X。

2451　李英墓誌

唐貞觀十五年（641）十月五日葬，河南洛陽出土，今藏地不詳。

東洋文庫：

　　一張，紙本墨拓，原片，42.0×42.0，編號：Ⅱ-16-C-1217。

宇野雪村文庫：

　　一張，紙本墨拓，原片，編號：1582。

京都大學人文科學研究所：

　　一張，紙本墨拓，原片，編號：TOU0352X。

書壇院：

　　一幅，紙本墨拓，全拓。

2452　侯君夫人劉氏墓誌

唐貞觀十五年（641）十月九日葬，河南洛陽出土，現藏於開封博物館。

東洋文庫：

    一張，紙本墨拓，原片，40.0×42.0，編號：Ⅱ-16-C-1144。

京都大學人文科學研究所：

    一張，墓誌，紙本墨拓，原片，編號：TOU0050A。

    一張，墓誌蓋，紙本墨拓，原片，編號：TOU0050B。

2453 伊闕佛龕碑

又稱"褚遂良碑"，唐貞觀十五年（641）十一月立，岑文本撰文，褚遂良書丹，現存河南洛陽龍門石窟。

三井記念美術館：

    一帖，宋拓，紙本墨拓，25.2×14.8，謝淞洲、孫原湘、新町三井家舊藏。

書道博物館：

    一册，明拓本，紙本墨拓，綴帖，有篆額，羅振玉舊藏。

    一張，全拓，紙本墨拓，有篆額。

    一册，舊拓，紙本墨拓。

東京國立博物館：

    一幅，紙本墨拓，原片，編號：329。

    一幅，紙本墨拓，原片，編號：764。

宇野雪村文庫：

    一張，紙本墨拓，原片，編號：1081。

東洋文庫：

    一帖一百零四葉，紙本墨拓，31.0×16.0，編號：Ⅺ-3-A-b-65。

    一張，碑陽連額，紙本墨拓，251.0×167.0+36.0×58.0，編號：Ⅱ-16-C-138。

    一張，碑陽，紙本墨拓，254.0×172.0。

    一張，碑額，紙本墨拓，37.0×53.0。編號：Ⅱ-16-C-p-8。

京都大學人文科學研究所：

    一張，紙本墨拓，原片，編號：TOU0051X。

淑德大學書學文化中心：

    一軸，紙本墨拓，卷軸，編號：196346。

    一軸，紙本墨拓，卷軸，編號：197609，天放樓舊藏。

寄鶴軒：

    一張，紙本墨拓，原片，松田雪柯舊藏。

白扇書道會：

    一張，紙本墨拓，原片，295.0×168.0，種谷扇舟舊藏。

2454 杜榮墓誌

唐貞觀十五年（641）十二月十五日葬，河南洛陽出土，現藏於開封博物館。

東洋文庫：

　　一張，紙本墨拓，原片，46.0×46.0，編號：Ⅱ-16-C-1145。

京都大學人文科學研究所：

　　一張，紙本墨拓，原片，編號：TOU0054X。

2455　孟法師碑

全稱"京師至德觀主孟法師碑"，岑文本撰文，褚遂良書丹，唐貞觀十六年（642）五月立，原石久佚。

三井記念美術館：

　　一帖，唐拓孤本，紙本墨拓，25.1×12.3，王澍題記，李宗瀚、新町三井家舊藏。

2456　劉粲墓誌

唐貞觀十六年（642）六月二十五日葬，河南洛陽出土，現藏於千唐誌齋博物館。

東洋文庫：

　　一張，紙本墨拓，原片，49.0×49.0，編號：Ⅱ-16-C-1146。

京都大學人文科學研究所：

　　一張，紙本墨拓，原片，編號：TOU0055X。

2457　昆沙妻楊玉姿墓誌

唐貞觀十六年（642）七月二十日葬，河南洛陽出土，京師歷史博物館舊藏。

宇野雪村文庫：

　　一張，紙本墨拓，原片，編號：1439。

2458　蔡季亮造像記

唐貞觀十六年（642）八月七日刻，今藏地不詳。

東京國立博物館：

　　一幅，紙本墨拓，原片，30.3×30.3，編號：264。

京都大學人文科學研究所：

　　一張，紙本墨拓，原片，編號：TOU0056X。

2459　大智迴論師灰身塔

唐貞觀十六年（642）十月十日刻，現存河南安陽寶山靈泉寺。

京都大學人文科學研究所：

　　一張，紙本墨拓，原片，編號：TOU0057X。

2460　劉政墓誌

唐貞觀十六年（642）十一月二十日葬，河南洛陽出土，現藏於開封博物館。

東洋文庫：

    一張，紙本墨拓，原片，37.0×37.0，編號：Ⅱ-16-C-1147。

    一張，墓誌，紙本墨拓，原片，編號：TOU0059A。

    一張，墓誌蓋，紙本墨拓，原片，編號：TOU0059B。

2461　段志玄碑

又稱"右衛大將軍楊州都督段志玄碑"，唐貞觀十六年（642）□月十八日立，原在禮泉縣昭陵莊河村段志玄墓前，現藏於昭陵博物館。

書道博物館：

    一册，紙本墨拓，綴帖。

東京國立博物館：

    一幅，紙本墨拓，原片，編號：219，市河三鼎舊藏。

    一幅，紙本墨拓，原片，編號：407。

宇野雪村文庫：

    一册，紙本墨拓，册頁，編號：139。

    一册，紙本墨拓，册頁，編號：152。

京都大學人文科學研究所：

    一張，紙本墨拓，原片，編號：TOU0060X。

淑德大學書學文化中心：

    一軸，紙本墨拓，卷軸，編號：196046。

    一軸，紙本墨拓，卷軸，編號：197610，天放樓舊藏。

白扇書道會：

    一張，紙本墨拓，全拓，62.0×92.0，種谷扇舟舊藏。

2462　姚孝寬墓誌

唐貞觀十七年（643）十月二十七日葬，河南洛陽出土，現藏於開封博物館。

東洋文庫：

    一張，紙本墨拓，原片，44.0×43.0，編號：Ⅱ-16-C-1148。

京都大學人文科學研究所：

    一張，紙本墨拓，原片，編號：TOU0061X。

2463　陸讓碑

又稱"隋文州總管光禄卿陸使君碑"，蕭鈞撰文，郭儼書丹，唐貞觀十七年（643）十一月二十六日立，現存陝西三原縣陵前鎮三合村。

三井記念美術館：

    一帖，宋拓，紙本墨拓，24.7×13.6，孔谷園、新町三井家舊藏。

書道博物館：

　　　　一張，紙本墨拓，全拓。

東洋文庫：

　　　　一張，碑陽共額，紙本墨拓，113.0×87.0，編號：Ⅱ-16-C-p-9。

淑德大學書學文化中心：

　　　　一張，紙本墨拓，托裱，編號：001276。

2464　虞信墓誌

唐貞觀十八年（644）二月十六日葬，現藏於開封博物館。

京都大學人文科學研究所：

　　　　一張，紙本墨拓，原片，編號：TOU0062X。

2465　大智□律師灰身塔記

唐貞觀十八年（644）四月十二日刻，現存河南安陽寶山靈泉寺。

京都大學人文科學研究所：

　　　　一張，紙本墨拓，原片，編號：TOU0066X。

　　　　一張，紙本墨拓，原片，編號：TOU0068X。

2466　霍恭墓誌

唐貞觀十八年（644）七月十一日葬，河南洛陽出土，現藏於開封博物館。

東洋文庫：

　　　　一張，紙本墨拓，原片，58.0×58.0，編號：Ⅱ-16-C-1149。

京都大學人文科學研究所：

　　　　一張，紙本墨拓，原片，編號：TOU0069X。

2467　張鍾葵墓誌

唐貞觀十八年（644）十月九日葬，河南洛陽出土，今藏地不詳。

京都大學人文科學研究所：

　　　　一張，紙本墨拓，原片，編號：TOU0072X。

2468　法師俗姓崔舍利塔記銘

唐貞觀十八年（644）十月十五日刻，今藏地不詳。

京都大學人文科學研究所：

　　　　一張，紙本墨拓，原片，編號：TOU0070X。

2469　清信女大申優婆夷灰身塔記

唐貞觀十九年（645）二月八日刻，現存河南安陽寶山靈泉寺。

京都大學人文科學研究所：

　　一張，紙本墨拓，原片，編號：TOU0074X。

2470　霍漢墓誌

唐貞觀十九年（645）六月二十五日葬，河南洛陽出土，現藏於開封博物館。

東洋文庫：

　　一張，紙本墨拓，原片，39.0×42.0，編號：Ⅱ-16-C-1150。

宇野雪村文庫：

　　一張，紙本墨拓，原片，編號：1440。

京都大學人文科學研究所：

　　一張，墓誌，紙本墨拓，原片，編號：TOU0073A。

　　一張，墓誌蓋，紙本墨拓，原片，編號：TOU0073B。

書壇院：

　　一幅，紙本墨拓，全拓。

2471　王君愕墓誌

唐貞觀十九年（645）十月十四日葬，一九七二年出土於陝西禮泉縣昭陵公社莊河村王君愕墓，現藏於昭陵博物館。

淑德大學書學文化中心：

　　一張，墓誌蓋，紙本墨拓，原片，編號：000656。

　　一張，墓誌，紙本墨拓，原片，編號：000657。

2472　大雲法師灰身塔記

唐貞觀十九年（645）十二月刻，現存河南安陽寶山靈泉寺。

京都大學人文科學研究所：

　　一張，紙本墨拓，原片，編號：TOU0076X。

2473　晋祠銘

全稱“晋祠之銘并序”，唐太宗李世民撰文并書丹，唐貞觀二十年（646）正月二十六日立，現存山西太原市晋祠，另存清乾隆三十七年（1772）重刻碑。

書道博物館：

　　一册，明拓，紙本墨拓，朱檀之舊藏。

　　一帖，明拓，紙本墨拓，各 26.0×16.0，中村不折舊藏。

　　一册，清乾隆三十七年重刻本，紙本墨拓，有題額。

木雞室：

　　一張，明拓，紙本墨拓，毅靈舊藏。

東京國立博物館：

　　　一幅，紙本墨拓，原片，編號：1001。

宇野雪村文庫：

　　　一張，紙本墨拓，原片，編號：1127。

　　　一張，紙本墨拓，原片，編號：1269。

京都大學人文科學研究所：

　　　一張，清乾隆三十七年重刻本，紙本墨拓，編號：TOU0078A。

　　　一張，清乾隆三十七年重刻本，紙本墨拓，編號：TOU0078B。

淑德大學書學文化中心：

　　　一軸，紙本墨拓，卷軸，編號：196047。

寄鶴軒：

　　　一張，紙本墨拓，全拓，江川碧潭舊藏。

白扇書道會：

　　　一張，紙本墨拓，全拓，190.0×120.0，種谷扇舟舊藏。

觀峰館：

　　　一册，紙本墨拓，册頁，28.5×15.6。

2474　宋君夫人班氏墓誌

唐貞觀二十年（646）二月二十七日葬，河南洛陽出土，現藏於開封博物館。

東洋文庫：

　　　一張，紙本墨拓，原片，44.0×44.0，編號：Ⅱ-16-C-1155。

京都大學人文科學研究所：

　　　一張，紙本墨拓，原片，編號：TOU0082X。

2475　張世祖造像記

唐貞觀二十年（646）三月二日刻，現存河南洛陽龍門石窟。

書道博物館：

　　　一張，紙本墨拓，綴帖。

東洋文庫：

　　　一張，紙本墨拓，原片，11.0×26.0，編號：Ⅱ-16-C-p-10。

2476　尼静感禪師灰身塔記

唐貞觀二十年（646）三月二十一日刻，現存河南安陽寶山靈泉寺。

京都大學人文科學研究所：

　　　一張，紙本墨拓，原片，編號：TOU0083X。

2477　大海雲法師灰身塔記

唐貞觀二十年（646）四月八日刻，現存河南安陽寶山靈泉寺。

京都大學人文科學研究所：

    一張，紙本墨拓，原片，編號：TOU0086X。

2478　楊德墓誌

唐貞觀二十年（646）四月二十四日葬，河南洛陽出土，現藏於開封博物館。

京都大學人文科學研究所：

    一張，墓誌，紙本墨拓，原片，編號：TOU0088A。

    一張，墓誌蓋，紙本墨拓，原片，編號：TOU0088B。

2479　張君夫人齊氏墓誌

唐貞觀二十年（646）五月十一日葬，河南洛陽出土，現藏於開封博物館。

東洋文庫：

    一張，墓誌，紙本墨拓，50.0×50.0。一張，墓誌蓋，紙本墨拓，36.0×36.0。編號：Ⅱ-16-C-1151。

    一張，墓誌，紙本墨拓，50.0×50.0。一張，墓誌蓋，紙本墨拓，37.0×37.0。編號：Ⅱ-16-C-146。

宇野雪村文庫：

    一張，紙本墨拓，原片，編號：1444。

    一張，紙本墨拓，原片，編號：1443。

京都大學人文科學研究所：

    一張，墓誌，紙本墨拓，原片，編號：TOU0089A。

    一張，墓誌蓋，紙本墨拓，原片，編號：TOU0089B。

2480　李護墓誌

唐貞觀二十年（646）六月一日葬，河南洛陽出土，現藏於開封博物館。

東洋文庫：

    一張，墓誌，紙本墨拓，43.0×43.0。一張，墓誌蓋，紙本墨拓，33.0×33.0。編號：Ⅱ-16-C-159。

    一張，墓誌，紙本墨拓，41.0×42.0。一張，墓誌蓋，紙本墨拓，23.0×23.0。編號：Ⅱ-16-C-1152。

宇野雪村文庫：

    一張，紙本墨拓，原片，編號：1441。

    一張，紙本墨拓，原片，編號：1442。

京都大學人文科學研究所：

　　一張，紙本墨拓，原片，編號：TOU0092X。

　　一張，紙本墨拓，原片，編號：TOU0350X。

淑德大學書學文化中心：

　　一張，紙本墨拓，托裱，編號：001908。

書壇院：

　　一幅，紙本墨拓，全拓。

2481　張鍾葵墓誌

唐貞觀二十年（646）十月九日葬，今藏地不詳。

東洋文庫：

　　一張，紙本墨拓，原片，49.0×48.0，編號：Ⅱ-16-C-2.38。

2482　傅叔墓誌

唐貞觀二十年（646）十月十四日葬，現藏於開封博物館。

京都大學人文科學研究所：

　　一張，紙本墨拓，原片，編號：TOU0081X。

東洋文庫：

　　一張，紙本墨拓，原片，55.0×55.0，編號：Ⅱ-16-C-1153。

書壇院：

　　一幅，紙本墨拓，全拓。

2483　孫佰悦灰身塔記

唐貞觀二十年（646）十月十五日刻，現存河南安陽寶山靈泉寺。

京都大學人文科學研究所：

　　一張，紙本墨拓，原片，編號：TOU0094X。

2484　段師墓誌

唐貞觀二十年（646）十一月二日葬，河南洛陽出土，現藏於開封博物館。

東洋文庫：

　　一張，紙本墨拓，原片，58.0×59.0，編號：Ⅱ-16-C-1154。

京都大學人文科學研究所：

　　一張，紙本墨拓，原片，編號：TOU0096A。

　　一張，紙本墨拓，原片，編號：TOU0096B。

2485　薛頔墓誌

唐貞觀二十年（646）十二月十四日葬，一九七四年出土於陝西禮泉北屯鄉西貢溝，現藏於昭陵博物館。

淑德大學書學文化中心：

一張，墓誌蓋，紙本墨拓，原片，編號：000658。

一張，墓誌，紙本墨拓，原片，編號：000659。

2486　大明歆律師支提塔記德頌

唐貞觀二十年（646）刻，現存河南安陽寶山靈泉寺。

東北大學附屬圖書館：

一幅，紙本墨拓，原片，常盤大定舊藏。

2487　張優婆夷姊妹灰身塔記

唐貞觀二十一年（647）二月十五日刻，現存河南安陽寶山靈泉寺。

京都大學人文科學研究所：

一張，紙本墨拓，原片，編號：TOU0098X。

2488　元質墓誌

唐貞觀二十一年（647）四月六日葬，河南洛陽出土，今藏地不詳。

淑德大學書學文化中心：

一張，紙本墨拓，原片，編號：198995。

2489　田弘道造像記

唐貞觀二十一年（647）四月七日刻，現存河南洛陽龍門石窟。

東洋文庫：

一張，紙本墨拓，原片，20.0×10.0，編號：Ⅱ-16-C-p-12。

2490　慧休法師刻石記德文

唐貞觀二十一年（647）四月八日刻，現存河南安陽寶山靈泉寺。

京都大學人文科學研究所：

一張，紙本墨拓，原片，編號：TOU0064X。

一張，紙本墨拓，原片，編號：TOU0100X。

東北大學附屬圖書館：

一幅，紙本墨拓，原片，常盤大定舊藏。

2491　萬德墓誌

唐貞觀二十一年（647）六月五日葬，河南洛陽出土，現藏於河南博物院。

東洋文庫：

　　一張，紙本墨拓，原片，22.0×49.0，編號：Ⅱ-16-C-1322。
京都大學人文科學研究所：
　　一張，紙本墨拓，原片，編號：TOU0102X。

2492　孔長寧墓誌

唐貞觀二十一年（647）八月二十八日葬，河南洛陽出土，現藏於河南博物院。
京都大學人文科學研究所：
　　一張，紙本墨拓，原片，編號：TOU0103X。

2493　張育墓誌

唐貞觀二十二年（648）二月二十一日葬，河南洛陽出土，現藏於開封博物館。
東洋文庫：
　　一張，紙本墨拓，原片，55.0×54.0，編號：Ⅱ-16-C-1156。
京都大學人文科學研究所：
　　一張，紙本墨拓，原片，編號：TOU0105X。

2494　徐純墓誌

唐貞觀二十二年（648）二月葬，河南洛陽出土，今藏地不詳。
書道博物館：
　　一張，紙本墨拓，全拓。

2495　文安縣主墓誌

唐貞觀二十二年（648）三月二十二日葬，清嘉慶年間出土於昭陵，吳大澂、吳湖帆舊藏，原石久佚。
書道博物館：
　　一張，紙本墨拓，全拓。
東京國立博物館：
　　一幅，紙本墨拓，原片，編號：668。
京都大學人文科學研究所：
　　一張，紙本墨拓，原片，編號：TOU0106X。
淑德大學書學文化中心：
　　一册，紙本墨拓，册頁，編號：197799，天放樓舊藏。

2496　思順坊老幼造彌勒像碑

唐貞觀二十二年（648）四月八日刻，現存河南洛陽龍門石窟。
東洋文庫：

一張，紙本墨拓，原片，142.0×63.0，編號：Ⅱ-16-C-p-13。

宇野雪村文庫：

一張，紙本墨拓，原片，編號：1326。

京都大學人文科學研究所：

一張，紙本墨拓，原片，編號：TOU0107X。

書道博物館：

一張，紙本墨拓，綴帖。

2497 尼圓藏灰身塔記

唐貞觀二十二年（648）四月八日刻，現存河南安陽寶山靈泉寺。

京都大學人文科學研究所：

一張，紙本墨拓，原片，編號：TOU0109X。

2498 張行滿墓誌

唐貞觀二十二年（648）四月二十三日葬，河南洛陽出土，現藏於開封博物館。

東洋文庫：

一張，紙本墨拓，原片，50.0×49.0，編號：Ⅱ-16-C-1157。

京都大學人文科學研究所：

一張，墓誌，紙本墨拓，原片，編號：TOU0110A。

一張，墓誌蓋，紙本墨拓，原片，編號：TOU0110B。

書壇院：

一幅，紙本墨拓，原片，全拓。

2499 丘蘊墓誌

唐貞觀二十二年（648）六月二十三日葬，河南洛陽出土，現藏於開封博物館。

東洋文庫：

一張，紙本墨拓，原片，53.0×52.0，編號：Ⅱ-16-C-1158。

京都大學人文科學研究所：

一張，墓誌，紙本墨拓，原片，編號：TOU0112A。

一張，墓誌蓋，紙本墨拓，原片，編號：TOU0112B。

書壇院：

一幅，紙本墨拓，全拓。

2500 智海法師灰身塔記

唐貞觀二十二年（648）七月八日刻，現存河南安陽寶山靈泉寺。

京都大學人文科學研究所：

　　一張，紙本墨拓，原片，編號：TOU0113A。

　　一張，紙本墨拓，原片，編號：TOU0113B。

2501　張通墓誌

唐貞觀二十二年（648）七月二十七日葬，河南洛陽出土，現藏於開封博物館。

東洋文庫：

　　一張，紙本墨拓，原片，47.0×47.0，編號：Ⅱ-16-C-156。

　　一張，紙本墨拓，原片，47.0×47.0，編號：Ⅱ-16-C-1159。

宇野雪村文庫：

　　一張，紙本墨拓，原片，編號：1445。

京都大學人文科學研究所：

　　一張，紙本墨拓，原片，編號：TOU0115X。

書壇院：

　　一幅，紙本墨拓，全拓。

2502　孔穎達碑

全稱"大唐故國子祭酒曲阜憲公孔公之碑銘"，又名"孔祭酒碑"，于志寧撰文，無書人名氏，唐貞觀二十二年（648）九月立，現藏於陝西昭陵博物館。

三井記念美術館：

　　一帖，宋拓，紙本墨拓，23.8×14.8，張子昭、李宗瀚、新町三井家舊藏。

書道博物館：

　　一張，全拓，紙本墨拓，有篆額。

　　一册，舊拓，紙本墨拓，册頁。

東京國立博物館：

　　一幅，紙本墨拓，原片，編號：220，市河三鼎舊藏。

東洋文庫：

　　一帖二十四葉，碑陽，紙本墨拓，8.0×15.0。一張，碑額，紙本墨拓，41.0×37.0。編號：Ⅱ-16-C-821。

淑德大學書學文化中心：

　　一軸，紙本墨拓，卷軸，編號：196048。

　　一册，紙本墨拓，册頁，編號：195669。

　　一張，紙本墨拓，托裱，編號：197613，天放樓舊藏。

京都大學人文科學研究所：

　　一張，紙本墨拓，原片，編號：TOU0117X。

白扇書道會：

　　一張，紙本墨拓，全拓，61.0×79.0，種谷扇舟舊藏。

2503　蕭造像記

唐貞觀二十二年（648）刻，今藏地不詳。

東洋文庫：

一張，紙本墨拓，原片，22.0×12.0，編號：Ⅱ-16-C-p-11。

2504　關英墓誌

唐貞觀二十三年（649）三月十一日葬，河南洛陽出土，現藏於開封博物館。

東洋文庫：

一張，紙本墨拓，原片，42.0×43.0，編號：Ⅱ-16-C-1160。

京都大學人文科學研究所：

一張，墓誌，紙本墨拓，原片，編號：TOU0121A。

一張，墓誌蓋，紙本墨拓，原片，編號：TOU0121B。

2505　楊昭墓誌

唐貞觀二十三年（649）三月十七日葬，河南洛陽出土，現藏於開封博物館。

東洋文庫：

一張，紙本墨拓，原片，43.0×43.0，編號：Ⅱ-16-C-1161。

京都大學人文科學研究所：

一張，墓誌，紙本墨拓，原片，編號：TOU0122A。

一張，墓誌蓋，紙本墨拓，原片，編號：TOU0122B。

書壇院：

一幅，紙本墨拓，全拓。

2506　劉君夫人楊成其墓誌

唐貞觀二十三年（649）六月十八日葬，河南洛陽出土，現藏於開封博物館。

東洋文庫：

一張，紙本墨拓，原片，48.0×48.0，編號：Ⅱ-16-C-1162。

2507　李良墓誌

唐貞觀二十三年（649）七月十八日葬，河南洛陽出土，現藏於開封博物館。

東洋文庫：

一張，紙本墨拓，原片，35.0×35.0，編號：Ⅱ-16-C-1163。

宇野雪村文庫：

一張，紙本墨拓，原片，編號：1446。

京都大學人文科學研究所：

一張，紙本墨拓，原片，編號：TOU0123X。

書壇院：

一幅，紙本墨拓，全拓。

2508　唐太宗哀册

又稱"文皇哀册"，唐貞觀二十三年（649）八月作，傳褚遂良書。

東京國立博物館：

一帖，宋拓，紙本墨拓，32.3×10.9，錢樾、翁方綱、成親王跋，陳伯恭、高島菊次郎舊藏。

東洋文庫：

一帖十葉，紙本墨拓，28.0×14.0，編號：Ⅱ-16-C-851。

書道博物館：

一張，紙本墨拓，綴帖。

2509　王文驚夫人趙氏墓誌

唐貞觀二十三年（649）九月四日葬，河南洛陽出土，現藏於開封博物館。

東洋文庫：

一張，紙本墨拓，原片，43.0×43.0，編號：Ⅱ-16-C-1164。

京都大學人文科學研究所：

一張，墓誌，紙本墨拓，原片，編號：TOU0124A。

一張，墓誌蓋，紙本墨拓，原片，編號：TOU0124B。

2510　善行法師灰身塔記

唐貞觀二十三年（649）□月八日刻，現存河南安陽寶山靈泉寺。

京都大學人文科學研究所：

一張，紙本墨拓，原片，編號：TOU0125X。

2511　裴藝碑

又稱"晋州刺史順義公碑""順義公碑"，上官儀撰文，褚遂良書丹，唐貞觀二十三年（649）立，現藏於陝西昭陵博物館。

書道博物館：

一張，紙本墨拓，全拓。

東洋文庫：

一帖二十四葉，紙本墨拓，30.0×15.0，編號：Ⅱ-16-C-835。

京都大學人文科學研究所：

一張，紙本墨拓，原片，編號：TOU0118X。

［永徽］

2512　朱玉造像記

唐永徽元年（650）正月二十三日刻，今藏地不詳。

東洋文庫：

　　一張，紙本墨拓，原片，21.0×12.0，編號：Ⅱ-16-C-p-16。

　　一張，紙本墨拓，原片，16.0×14.0，編號：Ⅱ-16-C-p-17。

2513　粟優婆夷灰身塔記

唐永徽元年（650）二月八日刻，現存河南安陽寶山靈泉寺。

京都大學人文科學研究所：

　　一張，紙本墨拓，原片，編號：TOU0128X。

2514　益州學館廟堂記

唐永徽元年（650）二月三十日刻，顔有意書，今藏地不詳。

淑德大學書學文化中心：

　　一張，紙本墨拓，原片，編號：001787。

2515　智傳造像記

唐永徽元年（650）四月八日刻，今藏地不詳。

東洋文庫：

　　一張，紙本墨拓，原片，32.0×28.0，編號：Ⅱ-16-C-p-18。

　　一張，紙本墨拓，原片，28.0×52.0，編號：Ⅱ-16-C-p-19。

2516　智旭造像記

唐永徽元年（650）六月刻，今藏地不詳。

東洋文庫：

　　一張，紙本墨拓，原片，14.0×32.0，編號：Ⅱ-16-C-p-26。

2517　豆盧寬碑

又稱“唐故特進芮定公之碑”，李義府撰文并書丹，唐永徽元年（650）六月立，原在陝西禮泉縣煙霞公社巖峪村豆盧寬墓前，現藏於昭陵博物館。

書道博物館：

　　一冊，紙本墨拓，冊頁，有篆額。

京都大學人文科學研究所：

一張，紙本墨拓，原片，編號：TOU0144X。

白扇書道會：

一張，紙本墨拓，原片，63.0×87.0，種谷扇舟舊藏。

2518　樊興碑

全稱"大唐故左監門大將軍襄城郡開國公樊府君碑銘并序"，傳褚遂良書丹，唐永徽元年（650）
七月九日立，現藏於陝西三原博物館。

東洋文庫：

一張，碑陽，紙本墨拓，原片，188.0×92.0。碑額，失。編號：Ⅱ-16-C-p-20。

東京國立博物館：

一幅，紙本墨拓，原片，編號：800。

宇野雪村文庫：

一册，紙本墨拓，册頁，編號：198。

淑德大學書學文化中心：

一軸，紙本墨拓，卷軸，編號：196049。

一軸，紙本墨拓，卷軸，編號：196486。

一册，紙本墨拓，册頁，編號：197930。

2519　劉造像記

唐永徽元年（650）十月一日刻，今藏地不詳。

東洋文庫：

一張，紙本墨拓，原片，28.0×31.0，編號：Ⅱ-16-C-p-21。

一張，紙本墨拓，原片，14.0×10.0，編號：Ⅱ-16-C-p-614。

京都大學人文科學研究所：

一張，紙本墨拓，原片，編號：TOU0134X。

2520　張藥墓誌

唐永徽元年（650）十一月一日葬，河南洛陽出土，現藏於開封博物館。

東洋文庫：

一張，紙本墨拓，原片，43.0×43.0，編號：Ⅱ-16-C-1165。

京都大學人文科學研究所：

一張，紙本墨拓，原片，編號：TOU0136X。

2521　大法琮法師灰身塔記

唐永徽元年（650）十二月八日刻，現存河南安陽寶山靈泉寺。

京都大學人文科學研究所：

一張，紙本墨拓，原片，編號：TOU0137X。

2522　王年造像記

唐永徽元年（650）刻，今藏地不詳。

京都大學人文科學研究所：

一張，紙本墨拓，原片，編號：TOU0139X。

2523　王師德等造像記

唐永徽元年（650）刻，今藏地不詳。

書道博物館：

一張，紙本墨拓，全拓。

2524　潘卿墓誌

唐永徽二年（651）正月二十七日葬，民國十三年（1924）出土於河南洛陽孟津朝陽村，現藏於故宮博物院。

東洋文庫：

一張，紙本墨拓，原片，37.0×38.0，編號：Ⅱ-16-C-70。

一張，紙本墨拓，原片，38.0×39.0，編號：Ⅱ-16-C-1166。

京都大學人文科學研究所：

一張，紙本墨拓，原片，編號：TOU0145X。

2525　道雲法師灰身塔記

唐永徽二年（651）四月八日刻，現存河南安陽寶山靈泉寺。

京都大學人文科學研究所：

一張，紙本墨拓，原片，編號：TOU0146X。

2526　王寶英妻張氏觀世音造像記

唐永徽二年（651）四月八日刻，現存河南洛陽龍門石窟。

京都大學人文科學研究所：

一張，紙本墨拓，原片，編號：TOU0155X。

2527　牛進達墓誌

唐永徽二年（651）四月十日葬，現藏於陝西昭陵博物館。

淑德大學書學文化中心：

一張，墓誌蓋，紙本墨拓，原片，編號：000660。

一張，墓誌，紙本墨拓，原片，編號：000661。

2528 郝榮墓誌

唐永徽二年（651）四月二十一日葬，河南洛陽出土，現藏於開封博物館。

京都大學人文科學研究所：

一張，紙本墨拓，原片，編號：TOU0148X。

2529 王造像記

唐永徽二年（651）六月五日刻，今藏地不詳。

東洋文庫：

一張，紙本墨拓，原片，22.0×8.0，編號：Ⅱ-16-C-p-22。

一張，紙本墨拓，原片，28.0×16.0，編號：Ⅱ-16-C-p-686。

京都大學人文科學研究所：

一張，紙本墨拓，原片，編號：TOU0149X。

2530 高士廉碑

全稱"大唐尚書右僕射司徒申文獻公塋兆記"，許敬宗撰文，趙模書丹，唐永徽二年（651）六月立，現藏於陝西昭陵博物館。

書道博物館：

一張，紙本墨拓，原片，有篆額。

東京國立博物館：

一幅，紙本墨拓，原片，編號：221，市河三鼎舊藏。

東洋文庫：

一帖三十三葉，紙本墨拓，29.0×15.0，編號：Ⅱ-16-C-844。

淑德大學書學文化中心：

一册，紙本墨拓，册頁，編號：195670。

一張，紙本墨拓，托裱，編號：197612，天放樓舊藏。

京都大學人文科學研究所：

一張，紙本墨拓，原片，編號：TOU0206X。

白扇書道會：

一張，紙本墨拓，原片，種谷扇舟舊藏。

2531 蕭勝墓誌

唐永徽二年（651）八月二十日葬，褚遂良書丹，陝西西安出土，後流失日本。

書道博物館：

一册，舊拓，册頁，紙本墨拓。

京都大學人文科學研究所：

一張，紙本墨拓，原片，編號：TOU0150X。

2532　段簡璧墓誌

唐永徽二年（651）八月二十三日葬，一九七八年出土於陝西禮泉煙霞公社張家村，現藏於昭陵博物館。

淑德大學書學文化中心：

一張，墓誌蓋，紙本墨拓，原片，編號：000662。

一張，墓誌，紙本墨拓，原片，編號：000663。

2533　孫遷墓誌

唐永徽二年（651）九月六日葬，河南洛陽出土，現藏於開封博物館。

京都大學人文科學研究所：

一張，紙本墨拓，原片，編號：TOU0151X。

2534　楊藝墓誌

唐永徽二年（651）九月十六日葬，河南洛陽出土，現藏於遼寧省博物館。

東洋文庫：

一張，紙本墨拓，原片，58.0×56.0，編號：Ⅱ-16-C-2-39。

宇野雪村文庫：

一張，紙本墨拓，原片，編號：1521。

淑德大學書學文化中心：

一張，紙本墨拓，原片，編號：000410。

2535　樊慶造像記

唐永徽二年（651）九月三十日刻，現存河南洛陽龍門石窟。

東洋文庫：

一張，紙本墨拓，原片，31.0×28.0，編號：Ⅱ-16-C-p-23。

2536　隨清娛墓誌

全稱"故漢太史司馬公侍妾隨清娛墓誌銘"，傳爲褚遂良書，唐永徽二年（651）九月葬，原石久佚，清順治十六年（1659）韓城縣知事魏步南依古帖鐫刻成碑，鑲嵌在司馬遷祠獻殿。

書道博物館：

一張，紙本墨拓，原片。

宇野雪村文庫：

一冊，紙本墨拓，冊頁，編號：140。

淑德大學書學文化中心：

　　一張，紙本墨拓，原片，編號：000498。

2537　大智禪師灰身塔記

唐永徽二年（651）十月八日刻，現存河南安陽寶山靈泉寺。

京都大學人文科學研究所：

　　一張，紙本墨拓，原片，編號：TOU0153X。

2538　韓造像記

唐永徽二年（651）十月刻，今藏地不詳。

東洋文庫：

　　一張，紙本墨拓，原片，14.0×20.0，編號：Ⅱ-16-C-p-24。

2539　李神符碑

又稱“唐襄邑王李神符碑”，唐永徽二年（651）十月立，殷仲容書丹，原在陝西三原縣唐高祖李淵陵墓東南，今石已毀。

書道博物館：

　　一張，紙本墨拓，全拓。

2540　右衛府長史等造像記

唐永徽二年（651）十一月十二日刻，今藏地不詳。

京都大學人文科學研究所：

　　一張，紙本墨拓，原片，編號：TOU0154X。

2541　王貴和造像記

唐永徽二年（651）刻，現存河南洛陽龍門石窟。

東洋文庫：

　　一張，紙本墨拓，原片，8.0×21.0，編號：Ⅱ-16-C-p-27。

　　一張，紙本墨拓，原片，16.0×15.0

京都大學人文科學研究所：

　　一張，紙本墨拓，原片，編號：TOU0156X。

2542　王君墓誌

唐永徽二年（651）葬，端方舊藏，今藏地不詳。

書道博物館：

　　一張，紙本墨拓，全拓。

2543 房仁裕母李氏神道碑

又稱"唐隴西李氏清河太夫人之碑"，歐陽詢書丹，唐永徽三年（652）二月十五日立，現存山東濟南彩石鎮西小龍堂村。

書道博物館：

　　一張，紙本墨拓，全拓。

淑德大學書學文化中心：

　　一張，紙本墨拓，托裱，編號：197615，天放樓舊藏。

2544 張善同造像記

唐永徽三年（652）三月一日刻，現存河南洛陽龍門石窟。

東洋文庫：

　　一張，紙本墨拓，原片，32.0×14.0，編號：Ⅱ-16-C-p-28。

　　一張，紙本墨拓，原片，29.0×13.0，編號：Ⅱ-16-C-p-29。

京都大學人文科學研究所：

　　一張，紙本墨拓，原片，編號：TOU0157X。

2545 造觀音菩薩像記

唐永徽三年（652）三月八日刻，現存河南洛陽龍門石窟。

京都大學人文科學研究所：

　　一張，紙本墨拓，原片，編號：TOU0158X。

2546 楊行□妻王造像記

唐永徽三年（652）四月七日刻，現存河南洛陽龍門石窟。

東洋文庫：

　　一張，紙本墨拓，原片，16.0×14.0，編號：Ⅱ-16-C-p-31。

2547 王寶英妻張造像記

唐永徽三年（652）四月八日刻，現存河南洛陽龍門石窟。

東洋文庫：

　　一張，紙本墨拓，原片，14.0×17.0，編號：Ⅱ-16-C-p-30。

　　一張，紙本墨拓，原片，16.0×14.0，編號：Ⅱ-16-C-p-533。

　　一張，紙本墨拓，原片，20.0×10.0，編號：Ⅱ-16-C-p-577。

2548 趙善勝造像記

唐永徽三年（652）八月二十七日刻，現存河南洛陽龍門石窟。

東洋文庫：

　　　一張，紙本墨拓，原片，20.0×14.0，編號：Ⅱ-16-C-p-32。

2549　趙安墓誌

唐永徽三年（652）十月十三日葬，河南洛陽出土，現藏於開封博物館。

東洋文庫：

　　　一張，紙本墨拓，原片，68.0×74.0，編號：Ⅱ-16-C-865。

京都大學人文科學研究所：

　　　一張，紙本墨拓，原片，編號：TOU0159X。

書壇院：

　　　一幅，紙本墨拓，全拓。

2550　魏怡墓誌

唐永徽三年（652）十月二十五日葬，二〇〇七年出土於山西汾陽，現藏於汾陽市博物館。

京都大學人文科學研究所：

　　　一張，紙本墨拓，原片，編號：TOU0160X。

2551　段會墓誌

唐永徽三年（652）十一月七日葬，河南洛陽出土，今藏地不詳。

京都大學人文科學研究所：

　　　一張，紙本墨拓，原片，編號：TOU0161X。

2552　斛斯君夫人索氏墓誌

唐永徽三年（652）十一月二十九日葬，河南洛陽出土，後流失日本，現藏於京都大學文學部。

京都大學人文科學研究所：

　　　一張，紙本墨拓，原片，編號：TOU0366X。

2553　李君政造像記

唐永徽三年（652）十二月九日刻，今藏地不詳。

東洋文庫：

　　　一張，紙本墨拓，原片，20.0×20.0，編號：Ⅱ-16-C-p-33。

京都大學人文科學研究所：

　　　一張，紙本墨拓，原片，編號：TOU0162X。

2554　大慈恩寺大雁塔門

唐永徽三年（652）刻，現存陝西西安大慈恩寺大雁塔。

京都大學人文科學研究所：

　　　　一張，紙本墨拓，原片，編號：TOU0163A。

　　　　一張，紙本墨拓，原片，編號：TOU0163B。

　　　　一張，紙本墨拓，原片，編號：TOU0163C。

2555　左文福造像記

唐永徽四年（653）正月二日刻，今藏地不詳。

東洋文庫：

　　　　一張，紙本墨拓，原片，14.0×16.0，編號：Ⅱ-16-C-p-34。

2556　張洛墓誌

唐永徽四年（653）正月二十一日葬，河南洛陽出土，現藏於開封博物館。

京都大學人文科學研究所：

　　　　一張，紙本墨拓，原片，編號：TOU0166X。

2557　劉裕墓誌

唐永徽四年（653）二月二十日葬，河南洛陽出土，現藏於開封博物館。

東洋文庫：

　　　　一張，紙本墨拓，原片，46.0×47.0，編號：Ⅱ-16-C-1168。

東京國立博物館：

　　　　一幅，紙本墨拓，原片，編號：740。

京都大學人文科學研究所：

　　　　一張，紙本墨拓，原片，編號：TOU0168X。

2558　張逸墓誌

唐永徽四年（653）三月二十一日葬，河南洛陽出土，現藏於開封博物館。

東洋文庫：

　　　　一張，紙本墨拓，原片，29.0×28.0，編號：Ⅱ-16-C-1169。

　　　　一張，紙本墨拓，原片，編號：TOU0170A。

　　　　一張，紙本墨拓，原片，編號：TOU0170B。

2559　造觀音菩薩像記

唐永徽四年（653）三月刻，現存河南洛陽龍門石窟。

東洋文庫：

　　　　一張，紙本墨拓，原片，8.0×22.0，編號：Ⅱ-16-C-p-35。

2560　王倫妻陳造像記

唐永徽四年（653）三月刻，現存河南洛陽龍門石窟。

東洋文庫：

　　　　一張，紙本墨拓，原片，10.0×19.0，編號：Ⅱ-16-C-p-35。

2561　爲妻陳母□息□造像記

唐永徽四年（653）三月刻，現存河南洛陽龍門石窟。

東洋文庫：

　　　　一張，紙本墨拓，原片，9.0×14.0，編號：Ⅱ-16-C-p-35。

2562　顏人墓誌

唐永徽四年（653）三月十日葬，河南洛陽出土，今藏地不詳。

宇野雪村文庫：

　　　　一張，紙本墨拓，原片，編號：1447。

2563　許思言造像記

唐永徽四年（653）四月八日刻，現存河南洛陽龍門石窟。

東洋文庫：

　　　　一張，紙本墨拓，原片，14.0×25.0，編號：Ⅱ-16-C-p-36。

京都大學人文科學研究所：

　　　　一張，紙本墨拓，原片，編號：TOU0171X。

2564　朱造像記

唐永徽四年（653）五月五日刻，現存河南洛陽龍門石窟。

東洋文庫：

　　　　一張，紙本墨拓，原片，10.0×7.0，編號：Ⅱ-16-C-p-37。

京都大學人文科學研究所：

　　　　一張，紙本墨拓，原片，編號：TOU0173X。

2565　李智墓誌

唐永徽四年（653）五月十日葬，現藏於開封博物館。

東洋文庫：

　　　　一張，紙本墨拓，原片，44.0×44.0，編號：Ⅱ-16-C-1170。

京都大學人文科學研究所：

　　　　一張，紙本墨拓，原片，編號：TOU0174X。

2566 萬年宮銘

又稱"萬年宮碑"，唐高宗李治撰文并書丹，唐永徽四年（653）五月十五日立，現存陝西麟游縣九成宮鎮。

書道博物館：

一册，明拓本，紙本墨拓，有篆額。

一張，紙本墨拓，202.9×73.3，有螭首篆額。

東京國立博物館：

一幅，紙本墨拓，原片，編號：626。

宇野雪村文庫：

一册，紙本墨拓，册頁，編號：123。

淑德大學書學文化中心：

一册，碑陽，紙本墨拓，册頁，編號：198991。

一册，碑陰，紙本墨拓，册頁，編號：198991。

2567 楊逸墓誌

唐永徽四年（653）六月二十六日葬，河南洛陽出土，現藏於故宮博物院。

東洋文庫：

一張，紙本墨拓，原片，36.0×35.0，編號：Ⅱ-16-C-74。

一張，紙本墨拓，原片，36.0×35.0，編號：Ⅱ-16-C-1171。

京都大學人文科學研究所：

一張，紙本墨拓，原片，編號：TOU0175X。

書壇院：

一幅，紙本墨拓，全拓。

2568 周藻墓誌

唐永徽四年（653）七月二十三日葬，河南洛陽出土，現藏於開封博物館。

東洋文庫：

一張，紙本墨拓，原片，59.0×59.0，編號：Ⅱ-16-C-1172。

京都大學人文科學研究所：

一張，紙本墨拓，原片，編號：TOU0176X。

2569 王師亮造像記

唐永徽四年（653）八月十日刻，現存河南洛陽龍門石窟。

東洋文庫：

一張，紙本墨拓，原片，14.0×14.0，編號：Ⅱ-16-C-p-38。

京都大學人文科學研究所：

　　　　一張，紙本墨拓，原片，編號：TOU0183X。

2570　史君夫人田代墓誌

唐永徽四年（653）八月十一日葬，河南洛陽出土，現藏於開封博物館。

京都大學人文科學研究所：

　　　　一張，紙本墨拓，原片，編號：TOU0178X。

2571　郭愛同造像記

唐永徽四年（653）十月八日刻，現存河南洛陽龍門石窟。

東洋文庫：

　　　　一張，紙本墨拓，原片，19.0×22.0，編號：Ⅱ-16-C-p-39。

　　　　一張，紙本墨拓，原片，22.0×13.0，編號：Ⅱ-16-C-p-40。

京都大學人文科學研究所：

　　　　一張，紙本墨拓，原片，編號：TOU0177X。

2572　周智冲造像記

唐永徽四年（653）十月八日刻，現存河南洛陽龍門石窟。

東洋文庫：

　　　　一張，紙本墨拓，原片，12.0×23.0，編號：Ⅱ-16-C-p-41。

2573　雁塔三藏聖教序

又稱“慈恩寺聖教序”，唐太宗李世民撰文，褚遂良書丹，唐永徽四年（653）十月十日立，現存陝西西安慈恩寺大雁塔。

東京國立博物館：

　　　　一帖，宋拓，紙本墨拓，24.5×14.0，李家駒、楊鍾義等跋，端方、辛夷館、高島菊次郎舊藏。

　　　　二帖，紙本墨拓，編號：214，市河三鼎舊藏。

　　　　一幅，紙本墨拓，150.5×76.0，編號：359。

　　　　一幅，紙本墨拓，150.3×78.7，編號：498。

京都國立博物館：

　　　　一帖，宋拓，紙本墨拓，24.9×13.8，編號：B甲400，羅振玉跋，上野理一舊藏。

書學院：

　　　　一帖，宋拓，紙本墨拓，各13.6×6.6，高島槐安舊藏。

五島美術館：

　　　　一册，明拓，紙本墨拓，23.8×13.1，宇野雪村舊藏。

書道博物館：

　　一册，明拓，紙本墨拓。

　　一張，紙本墨拓，全拓，有額、碑側文。

　　一册，紙本墨拓，册頁。

木雞室：

　　一册，明末清初拓，紙本墨拓，32.0×19.0，周張題簽，杜鎮球題跋，霍冀等舊藏。

京都大學人文科學研究所：

　　一張，紙本墨拓，原片，編號：TOU0184A。

　　一張，紙本墨拓，原片，編號：TOU0184B。

東洋文庫：

　　一張，碑陽，紙本墨拓，148.0×95.0。碑額，一張，紙本墨拓，57.0×21.0。編號：Ⅱ-16-C-1603。

　　一張，碑陽，紙本墨拓，149.0×95.0。碑額，一張，紙本墨拓，36.0×21.0。編號：Ⅱ-16-C-1604。

　　一帖四十八葉，紙本墨拓，34.0×17.0。編號：Ⅺ-3-A-c-111。

淑德大學書學文化中心：

　　一軸，紙本墨拓，卷軸，編號：195928。

　　一軸，紙本墨拓，卷軸，編號：195929。

　　一張，紙本墨拓，原片，編號：197308。

大阪市立美術館：

　　二幅，紙本墨拓，原片，編號：2631。

東京藝術大學藝術資料館：

　　一張，紙本墨拓，卷子裝，280.2×110.0，編號：1440。

東北大學附屬圖書館：

　　一幅，紙本墨拓，原片，常盤大定舊藏。

白扇書道會：

　　一張，紙本墨拓，全拓，140.0×60.0，種谷扇舟舊藏。

觀峰館：

　　一册，紙本墨拓，册頁，23.7×13.6。

　　一張，紙本墨拓，原片，147.7×94.7。

　　一張，紙本墨拓，原片，182.0×94.0。

2574　楊吴生墓誌

唐永徽四年（653）十月二十二日葬，河南洛陽出土，現藏於開封博物館。

京都大學人文科學研究所：

　　一張，墓誌，紙本墨拓，原片，編號：TOU0180A。

一張，墓誌蓋，紙本墨拓，原片，編號：TOU0180B。

2575　程元裕兄弟等造像記

唐永徽四年（653）十一月二十五日刻，今藏地不詳。

東洋文庫：

一張，紙本墨拓，原片，20.0×41.0，編號：Ⅱ-16-C-p-25。

2576　段會墓誌

唐永徽四年（653）十二月十九日葬，河南洛陽出土，現藏於開封博物館。

東洋文庫：

一張，墓誌，紙本墨拓，60.0×59.0。一張，墓誌蓋，紙本墨拓，41.0×38.0。

京都大學人文科學研究所：

一張，紙本墨拓，原片，編號：TOU0181X。

書壇院：

一幅，紙本墨拓，全拓。

2577　清信□造像記

唐永徽四年（653）刻，現存河南洛陽龍門石窟。

東洋文庫：

一張，紙本墨拓，原片，16.0×14.0，編號：Ⅱ-16-C-p-1174。

一張，紙本墨拓，原片，14.0×32.0，編號：Ⅱ-16-C-p-526。

2578　慧登法師灰身塔銘

唐永徽五年（654）二月二日刻，現存河南安陽寶山靈泉寺。

淑德大學書學文化中心：

一張，紙本墨拓，原片，編號：198629。

2579　趙嘉并夫人郭氏墓誌

唐永徽五年（654）二月二十一日葬，河南洛陽出土，現藏於開封博物館。

東洋文庫：

一張，紙本墨拓，原片，48.0×47.0，編號：Ⅱ-16-C-1176。

京都大學人文科學研究所：

一張，紙本墨拓，原片，編號：TOU0190X。

2580　□母造像記并騫思歸題名

唐永徽五年（654）二月二十九日刻，現存河南洛陽龍門石窟。

東洋文庫：

    一張，紙本墨拓，原片，20.0×16.0，編號：Ⅱ-16-C-p-43。

2581　張婆樂婆造像記

唐永徽五年（654）二月二十九日刻，現存河南洛陽龍門石窟。

東洋文庫：

    一張，紙本墨拓，原片，7.0×21.0，編號：Ⅱ-16-C-p-44。

2582　王素墓誌

唐永徽五年（654）二月三十日葬，河南洛陽出土，現藏於故宮博物院。

東洋文庫：

    一張，紙本墨拓，原片，54.0×55.0，編號：Ⅱ-16-C-78。

京都大學人文科學研究所：

    一張，紙本墨拓，原片，編號：TOU0192X。

2583　清信女韓造像記

唐永徽五年（654）三月十日刻，現存河南洛陽龍門石窟。

京都大學人文科學研究所：

    一張，紙本墨拓，原片，編號：TOU0193X。

東洋文庫：

    一張，紙本墨拓，原片，20.0×10.0，編號：Ⅱ-16-C-p-45。

2584　竹奴子造像記

唐永徽五年（654）三月二十日刻，現存河南洛陽龍門石窟。

東洋文庫：

    一張，紙本墨拓，原片，22.0×12.0，編號：Ⅱ-16-C-p-46。

京都大學人文科學研究所：

    一張，紙本墨拓，原片，編號：TOU0194X。

2585　王才墓誌

唐永徽五年（654）三月二十四日葬，河南洛陽出土，現藏於開封博物館。

東洋文庫：

    一張，墓誌，紙本墨拓，47.0×45.0。一張，墓誌蓋，紙本墨拓，28.0×29.0。編號：Ⅱ-16-C-1177。

京都大學人文科學研究所：

    一張，墓誌，紙本墨拓，原片，編號：TOU0195A。

一張，墓誌蓋，紙本墨拓，原片，編號：TOU0195B。

2586　李信墓誌

唐永徽五年（654）三月二十七日葬，河南洛陽出土，現藏於開封博物館。

京都大學人文科學研究所：

一張，墓誌，紙本墨拓，原片，編號：TOU0196A。

一張，墓誌蓋，紙本墨拓，原片，編號：TOU0196B。

2587　韓敬□造像

唐永徽五年（654）三月刻，現存河南洛陽龍門石窟。

書道博物館：

一張，紙本墨拓，綴帖。

2588　永徽五年造像記

唐永徽五年（654）五月五日刻，現存河南洛陽龍門石窟。

東洋文庫：

一張，紙本墨拓，原片，28.0×16.0，編號：Ⅱ-16-C-p-50。

2589　鄧思孝等造像記

唐永徽五年（654）五月五日刻，現存河南洛陽龍門石窟。

東洋文庫：

一張，紙本墨拓，原片，26.0×28.0，編號：Ⅱ-16-C-p-48。

2590　海德禪師灰身塔記

唐永徽五年（654）五月八日刻，現存河南安陽寶山靈泉寺。

京都大學人文科學研究所：

一張，紙本墨拓，原片，編號：TOU0197X。

2591　辛崇敏造像記

唐永徽五年（654）五月二十日刻，現存河南洛陽龍門石窟。

東洋文庫：

一張，紙本墨拓，原片，14.0×20.0，編號：Ⅱ-16-C-p-47。

京都大學人文科學研究所：

一張，紙本墨拓，原片，編號：TOU0198X。

2592　造阿彌陀菩薩像記

唐永徽五年（654）五月刻，現存河南洛陽龍門石窟。

東洋文庫：

　　　　一張，紙本墨拓，16.0×14.0，編號：Ⅱ-16-C-p-49。

2593　王賓墓誌

唐永徽五年（654）閏五月十六日葬，今藏地不詳。

京都大學人文科學研究所：

　　　　一張，墓誌，紙本墨拓，原片，編號：TOU0199A。

　　　　一張，墓誌蓋，紙本墨拓，原片，編號：TOU0199B。

2594　姬推墓誌

唐永徽五年（654）八月十七日葬，河南洛陽出土，現藏於開封博物館。

東洋文庫：

　　　　一張，紙本墨拓，原片，40.0×40.0。

宇野雪村文庫：

　　　　一張，紙本墨拓，原片，編號：1448。

京都大學人文科學研究所：

　　　　一張，紙本墨拓，原片，編號：TOU0200X。

書壇院：

　　　　一幅，紙本墨拓，全拓。

2595　房基墓誌

唐永徽五年（654）八月二十三日葬，今藏地不詳。

淑德大學書學文化中心：

　　　　一張，紙本墨拓，托裱，編號：001943。

2596　楊貴墓誌

唐永徽五年（654）九月二十五日葬，河南洛陽出土，現藏於開封博物館。

東洋文庫：

　　　　一張，紙本墨拓，原片，51.0×51.0，編號：Ⅱ-16-C-1180。

京都大學人文科學研究所：

　　　　一張，紙本墨拓，原片，編號：TOU0201X。

書壇院：

　　　　一幅，紙本墨拓，全拓。

2597　韓懷墓誌

唐永徽五年（654）十月七日葬，河南洛陽出土，現藏於開封博物館。

京都大學人文科學研究所：

　　　一張，紙本墨拓，原片，編號：TOU0202A。

　　　一張，紙本墨拓，原片，編號：TOU0202B。

2598　登思信造釋迦像

唐永徽五年（654）刻，今藏地不詳。

京都大學人文科學研究所：

　　　一張，紙本墨拓，原片，編號：TOU0203X。

2599　王仲儉墓誌

唐永徽五年（654）葬，今藏地不詳。

書壇院：

　　　一幅，紙本墨拓，原片。

2600　張廉穆墓誌

唐永徽六年（655）二月九日葬，一九七二年出土於陝西禮泉昭陵公社，現藏於昭陵博物館。

淑德大學書學文化中心：

　　　一張，墓誌蓋，紙本墨拓，原片，編號：000664。

　　　一張，墓誌，紙本墨拓，原片，編號：000665。

2601　王寬墓誌

唐永徽六年（655）二月九日葬，河南洛陽出土，現藏於開封博物館。

東洋文庫：

　　　一張，墓誌，紙本墨拓，44.0×44.0。一張，墓誌蓋，紙本墨拓，34.0×33.0。編號：Ⅱ-
　　　16-C-1178。

2602　盧萬春墓誌

唐永徽六年（655）三月三日葬，河南洛陽出土，現藏於開封博物館。

京都大學人文科學研究所：

　　　一張，紙本墨拓，原片，編號：TOU0207X。

2603　吕夫人張須摩墓誌

唐永徽六年（655）三月四日葬，陝西西安出土，現藏於故宫博物院。

書道博物館：

　　　一張，紙本墨拓，原片，端方藏石。

京都大學人文科學研究所：

一張，紙本墨拓，原片，編號：TOU0209X。

淑德大學書學文化中心：

一張，紙本墨拓，原片，編號：000499。

2604 韓仲良碑

全稱"大唐太子少保上柱國潁川定公之碑"，于志寧撰文，王行滿書丹，唐永徽六年（655）三月十四日立，現存陝西省三原縣淡村。

書道博物館：

一張，紙本墨拓，全拓。

一册，初出土拓本，紙本墨拓。

東洋文庫：

一張，碑陽連額，紙本墨拓，原片，198.0×103.0+36.0×34.0，編號：Ⅱ-16-C-p-51。

宇野雪村文庫：

一册，紙本墨拓，册頁，編號：192。

淑德大學書學文化中心：

一册，紙本墨拓，册頁，編號：001457。

一軸，紙本墨拓，卷軸，編號：196050。

京都大學人文科學研究所：

一張，紙本墨拓，原片，編號：TOU0208X。

2605 吕宗元造像記

唐永徽六年（655）五月二日刻，今藏地不詳。

京都大學人文科學研究所：

一張，紙本墨拓，原片，編號：TOU0210X。

2606 桓彦墓誌

唐永徽六年（655）五月三日葬，河南洛陽出土，現藏於故宮博物院。

東洋文庫：

一張，紙本墨拓，原片，34.0×34.0，編號：Ⅱ-16-C-71。

一張，紙本墨拓，原片，34.0×34.0，編號：Ⅱ-16-C-1181。

京都大學人文科學研究所：

一張，紙本墨拓，原片，編號：TOU0211X。

書壇院：

一幅，紙本墨拓，全拓。

2607 黄羅漢墓誌

唐永徽六年（655）七月一日葬，河南洛陽出土，現藏於開封博物館。

京都大學人文科學研究所：

一張，紙本墨拓，原片，編號：TOU0214A。

一張，紙本墨拓，原片，編號：TOU0214B。

2608　楊康妻劉妙美墓誌

唐永徽六年（655）十二月七日葬，河南洛陽出土，現藏於開封博物館。

京都大學人文科學研究所：

一張，紙本墨拓，原片，編號：TOU0216A。

一張，紙本墨拓，原片，編號：TOU0216B。

2609　高儼仁墓誌

唐永徽六年（655）十二月二十五日葬，河南洛陽出土，現藏於開封博物館。

書壇院：

一幅，紙本墨拓，原片。

京都大學人文科學研究所：

一張，紙本墨拓，原片，編號：TOU0215X。

2610　正蒙造像記

唐永徽六年（655）刻，今藏地不詳。

書道博物館：

一張，紙本墨拓，原片，端方藏石。

2611　薛收碑

全稱“唐故太常卿上柱國汾陰獻公薛府君碑”，于志寧撰文，無書丹者，唐永徽六年（655）立，原在陝西禮泉縣趙鎮新寨村東北薛收墓前，現藏於昭陵博物館。

書道博物館：

一張，紙本墨拓，原片，有篆額。

京都大學人文科學研究所：

一張，紙本墨拓，原片，編號：TOU0217X。

淑德大學書學文化中心：

一張，紙本墨拓，托裱，編號：197616，天放樓舊藏。

白扇書道會：

一張，紙本墨拓，原片，種谷扇舟舊藏。

2612　田□□造像記

唐永徽年間（650—655）刻，現存河南洛陽龍門石窟。

東洋文庫：

　　　一張，紙本墨拓，原片，13.0×32.0，編號：Ⅱ-16-C-p-53。

2613　德相造像記

唐永徽年間（650—655）刻，現存河南洛陽龍門石窟。

東洋文庫：

　　　一張，紙本墨拓，原片，14.0×24.0，編號：Ⅱ-16-C-p-54。

2614　張玄德造像記

唐永徽年間（650—655）刻，現存河南洛陽龍門石窟。

東洋文庫：

　　　一張，紙本墨拓，原片，31.0×14.0，編號：Ⅱ-16-C-p-52。

［顯慶］

2615　陳智察妻侯五具造像記

唐顯慶元年（656）二月六日刻，現存河南洛陽龍門石窟。

東洋文庫：

　　　一張，紙本墨拓，原片，30.0×30.0，編號：Ⅱ-16-C-1108。

　　　一張，紙本墨拓，原片，16.0×14.0，編號：Ⅱ-16-C-p-590。

2616　李智海造像記

唐顯慶元年（656）二月二十三日刻，現存河南洛陽龍門石窟。

東洋文庫：

　　　一張，紙本墨拓，原片，15.0×25.0，編號：Ⅱ-16-C-p-55。

京都大學人文科學研究所：

　　　一張，紙本墨拓，原片，編號：TOU0220X。

2617　趙通墓誌

唐顯慶元年（656）六月四日葬，河南洛陽出土，現藏於開封博物館。

京都大學人文科學研究所：

　　　一張，紙本墨拓，原片，編號：TOU0221X。

2618　清河太夫人李氏碑

唐顯慶元年（656）六月十五日刻，現存山東濟南高新區孫村。

京都大學人文科學研究所：

一張，紙本墨拓，原片，編號：TOU0212X。

2619　趙善勝造像記

唐顯慶元年（656）六月三十日刻，現存河南洛陽龍門石窟。

東洋文庫：

一張，紙本墨拓，原片，24.0×11.0，編號：Ⅱ-16-C-p-56。

2620　韓玄墓誌

唐顯慶元年（656）八月五日葬，河南洛陽出土，現藏於開封博物館。

京都大學人文科學研究所：

一張，紙本墨拓，原片，編號：TOU0223X。

2621　陳僧受造像記

唐顯慶元年（656）八月刻，現存河南洛陽龍門石窟。

東洋文庫：

一張，紙本墨拓，原片，7.0×15.0，編號：Ⅱ-16-C-p-57。

京都大學人文科學研究所：

一張，紙本墨拓，原片，編號：TOU0224X。

2622　王政則及妻造像

唐顯慶元年（656）九月刻，現存河南洛陽龍門石窟。

書道博物館：

一張，紙本墨拓，全拓。

2623　崔敦禮碑

全稱“大唐故太子少師中書令開府儀同三司并州都督上柱國固安昭公崔公碑”，于志寧撰文，于立政書丹，唐顯慶元年（656）十月十八日立，現藏於陝西昭陵博物館。

三井記念美術館：

一帖，宋拓，紙本墨拓，22.9×13.3，何紹基、吳榮光、新町三井家舊藏。

2624　唐儉墓誌

唐顯慶元年（656）十一月二十四日刻，一九七八年出土於陝西昭陵，現藏於昭陵博物館。

淑德大學書學文化中心：

一張，墓誌蓋，紙本墨拓，原片，編號：000666。

一張，墓誌，紙本墨拓，原片，編號：000667。

2625 首律師高德頌碑

全稱"大唐弘福寺故上座首律師高德頌碑"，唐顯慶元年（656）十二月八日刻，一九八二年出土於陝西西安弘福寺遺址，現藏於西安市文物保护考古所。

淑德大學書學文化中心：

　　一張，碑陽，紙本墨拓，原片，編號：001687。

　　一張，碑側，紙本墨拓，原片，編號：001688。

2626 程驚墓誌

唐顯慶元年（656）十二月十二日葬，河南洛陽出土，現藏於開封博物館。

東洋文庫：

　　一張，紙本墨拓，原片，41.0×41.0，編號：Ⅱ-16-C-1182。

宇野雪村文庫：

　　一張，紙本墨拓，原片，編號：1450。

京都大學人文科學研究所：

　　一張，紙本墨拓，原片，編號：TOU0225X。

書壇院：

　　一幅，紙本墨拓，全拓。

2627 王寬墓誌

唐顯慶元年（656）十二月葬，河南洛陽出土，現藏於开封博物館。

宇野雪村文庫：

　　一張，紙本墨拓，原片，編號：1449。

2628 宋海寶妻□造像記

唐顯慶元年（656）□月十日刻，現存河南洛陽龍門石窟。

京都大學人文科學研究所：

　　一張，紙本墨拓，原片，編號：TOU0226X。

2629 造優填王像并五十三佛等記

唐顯慶元年（656）□月十五日刻，現存河南洛陽龍門石窟。

東洋文庫：

　　一張，紙本墨拓，原片，36.0×31.0，編號：Ⅱ-16-C-p-58。

2630 王段墓誌

唐顯慶二年（657）正月十四日葬，河南洛陽出土，現藏於開封博物館。

東洋文庫：

　　　　一張，紙本墨拓，原片，35.0×35.0，編號：Ⅱ-16-C-1191。

宇野雪村文庫：

　　　　一張，紙本墨拓，原片，編號：1451。

京都大學人文科學研究所：

　　　　一張，紙本墨拓，原片，編號：TOU0246A。

　　　　一張，紙本墨拓，原片，編號：TOU0246B。

2631　馮仁剛灰身塔記

唐顯慶二年（657）二月二十七日刻，今藏地不詳。

京都大學人文科學研究所：

　　　　一張，紙本墨拓，原片，編號：TOU0227X。

2632　仁儉□造像記

唐顯慶二年（657）三月四日刻，現存河南洛陽龍門石窟。

東洋文庫：

　　　　一張，紙本墨拓，原片，20.0×14.0，編號：Ⅱ-16-C-p-80。

2633　元則墓誌

唐顯慶二年（657）三月八日葬，河南洛陽出土，現藏於開封博物館。

東洋文庫：

　　　　一張，紙本墨拓，原片，38.0×38.0，編號：Ⅱ-16-C-1184。

京都大學人文科學研究所：

　　　　一張，紙本墨拓，原片，編號：TOU0230X。

書壇院：

　　　　一幅，紙本墨拓，全拓。

2634　段秀墓誌

唐顯慶二年（657）三月二十一日葬，河南洛陽出土，現藏於開封博物館。

東洋文庫：

　　　　一張，墓誌，紙本墨拓，49.0×49.0。一張，墓誌蓋，紙本墨拓，44.0×43.0。編號：Ⅱ-16-C-1183。

京都大學人文科學研究所：

　　　　一張，紙本墨拓，原片，編號：TOU0231A。

　　　　一張，紙本墨拓，原片，編號：TOU0231B。

2635　張相墓誌

唐顯慶二年（657）四月十六日葬，河南洛陽出土，現藏於開封博物館。

京都大學人文科學研究所：

　　一張，紙本墨拓，原片，編號：TOU0232A。

　　一張，紙本墨拓，原片，編號：TOU0232B。

2636　王立墓誌

唐顯慶二年（657）六月三日葬，河南洛陽出土，現藏於開封博物館。

東洋文庫：

　　一張，紙本墨拓，原片，41.0×42.0，編號：Ⅱ-16-C-1185。

京都大學人文科學研究所：

　　一張，紙本墨拓，原片，編號：TOU0233A。

　　一張，紙本墨拓，原片，編號：TOU0233B。

2637　緱綱墓誌

唐顯慶二年（657）七月十六日葬，河南洛陽出土，現藏於開封博物館。

宇野雪村文庫：

　　一張，紙本墨拓，原片，編號：1452。

東洋文庫：

　　一張，紙本墨拓，原片，43.0×44.0，編號：Ⅱ-16-C-1186。

京都大學人文科學研究所：

　　一張，紙本墨拓，原片，編號：TOU0235X。

2638　杜詢妻崔素墓誌

唐顯慶二年（657）七月二十七日葬，陝西三原出土，現藏於故宮博物院。

書道博物館：

　　一張，紙本墨拓，全拓。

東洋文庫：

　　一張，紙本墨拓，原片，60.0×45.0，編號：Ⅱ-16-C-p-60。

京都大學人文科學研究所：

　　一張，紙本墨拓，原片，編號：TOU0236X。

淑德大學書學文化中心：

　　一張，紙本墨拓，原片，編號：000500。

2639　瘞琴銘并般若波羅蜜多心經

唐顯慶二年（657）八月一日刻，顏昇撰并書，江蘇吳縣出土，現藏於中國國家圖書館。

東洋文庫：

一帖四葉，紙本墨拓，30.0×14.0，編號：Ⅺ-3-A-b-63。

京都大學人文科學研究所：

一張，紙本墨拓，原片，編號：TOU0243A。

一張，紙本墨拓，原片，編號：TOU0243B。

一張，紙本墨拓，原片，編號：TOU0243C。

一張，紙本墨拓，原片，編號：TOU0243D。

2640 孔玉墓誌

唐顯慶二年（657）九月十七日葬，河南洛陽出土，現藏於開封博物館。

京都大學人文科學研究所：

一張，紙本墨拓，原片，編號：TOU0237X。

2641 吕士安造像記

唐顯慶二年（657）十月二十六日刻，現存河南洛陽龍門石窟。

東洋文庫：

一張，紙本墨拓，原片，20.0×12.0，編號：Ⅱ-16-C-p-61。

2642 李信墓誌

唐顯慶二年（657）十一月六日葬，河南洛陽出土，北京文物管理處舊藏。

淑德大學書學文化中心：

一張，紙本墨拓，原片，編號：000411。

京都大學人文科學研究所：

一張，紙本墨拓，原片，編號：TOU0238X。

2643 張士貴墓誌

唐顯慶二年（657）十一月十八日葬，一九七二年出土於陝西禮泉縣煙霞公社馬寨村，現藏於中國國家博物館。

淑德大學書學文化中心：

一張，墓誌蓋，紙本墨拓，原片，編號：000668。

一張，墓誌，紙本墨拓，原片，編號：000669。

2644 姚忠節墓誌

唐顯慶二年（657）十一月二十二日葬，河南洛陽出土，現藏於開封博物館。

東洋文庫：

一張，紙本墨拓，原片，43.0×42.0，編號：Ⅱ-16-C-1187。

京都大學人文科學研究所：

    一張，紙本墨拓，原片，編號：TOU0239X。

2645　招提寺聖教序

又稱“王行滿書聖教序”，唐太宗李世民撰序，唐高宗李治撰記，王行滿書，唐顯慶二年（657）十二月十五日立，原在河南偃師招提寺，現藏於偃師商城博物館。

宇野雪村文庫：

    一册，紙本墨拓，册頁，編號：133。

京都大學人文科學研究所：

    一張，紙本墨拓，原片，編號：TOU0242X。

東北大學附屬圖書館：

    一幅，紙本墨拓，原片，常盤大定舊藏。

淑德大學書學文化中心：

    一軸，紙本墨拓，卷軸，編號：196349。

    一軸，紙本墨拓，卷軸，編號：196461。

2646　安静墓誌

唐顯慶二年（657）十二月十九日葬，河南洛陽出土，李根源舊藏，現藏於南京博物院。

淑德大學書學文化中心：

    一張，紙本墨拓，原片，編號：197076。

2647　支懷墓誌

唐顯慶二年（657）十二月十九日葬，河南洛陽出土，現藏於开封博物館。

京都大學人文科學研究所：

    一張，紙本墨拓，原片，編號：TOU0240X。

2648　房仁裕神道碑

又稱“大唐故清河房忠公神道之碑”，唐顯慶二年（657）立，原在陝西禮泉縣煙霞公社巖峪村，現藏於昭陵博物館。

京都大學人文科學研究所：

    一張，紙本墨拓，原片，編號：TOU0229X。

2649　相原府校尉觀音造像記

唐顯慶二年（657）刻，現存河南洛陽龍門石窟。

京都大學人文科學研究所：

    一張，紙本墨拓，原片，編號：TOU0241X。

2650　元萬子墓誌

唐顯慶三年（658）正月十四日葬，現藏於陝西昭陵博物館。

淑德大學書學文化中心：

一張，墓誌蓋，紙本墨拓，原片，編號：000670。

一張，墓誌，紙本墨拓，原片，編號：000671。

2651　慕容麗墓誌

唐顯慶三年（658）正月二十三日葬，河南洛陽出土，現藏於開封博物館。

東洋文庫：

一張，墓誌，紙本墨拓，原片，42.0×44.0，編號：Ⅱ-16-C-1188。

京都大學人文科學研究所：

一張，紙本墨拓，原片，編號：TOU0247X。

2652　妙信法師灰身塔記

唐顯慶三年（658）二月八日刻，現存河南安陽寶山靈泉寺。

京都大學人文科學研究所：

一張，紙本墨拓，原片，編號：TOU0249X。

一張，紙本墨拓，原片，編號：TOU0252X。

2653　妙德法師灰身塔記

唐顯慶三年（658）二月八日刻，現存河南安陽寶山靈泉寺。

京都大學人文科學研究所：

一張，紙本墨拓，原片，編號：TOU0250X。

一張，紙本墨拓，原片，編號：TOU0256X。

2654　僧海禪師方墳記

唐顯慶三年（658）二月二十五日刻，現存河南安陽寶山靈泉寺。

東京國立博物館：

一幅，紙本墨拓，原片，編號：453。

2655　張胤碑

全稱“大唐故禮部尚書張府君之碑”，唐顯慶三年（658）三月立，原在陝西禮泉煙霞公社巖峪村張胤墓前，現藏於昭陵博物館。

書道博物館：

一張，紙本墨拓，全拓，有篆額。

東洋文庫：

　　一帖二十六葉，紙本墨拓，28.0×15.0，編號：Ⅱ-16-C-858。

淑德大學書學文化中心：

　　一張，紙本墨拓，托裱，編號：001275。

京都大學人文科學研究所：

　　一張，紙本墨拓，原片，編號：TOU0279X。

白扇書道會：

　　一張，紙本墨拓，全拓，種谷扇舟舊藏。

2656　常奉造像記

唐顯慶三年（658）四月三日刻，現存河南洛陽龍門石窟。

東洋文庫：

　　一張，紙本墨拓，原片，11.0×20.0，編號：Ⅱ-16-C-p-62。

2657　信法寺彌陀像碑

唐顯慶三年（658）四月八日刻，鄭萬英撰，現存河北元氏縣信法寺。

書道博物館：

　　一張，紙本墨拓，綴帖。

宇野雪村文庫：

　　一册，紙本墨拓，册頁，編號：90。

2658　呂小師灰身塔記

唐顯慶三年（658）四月八日刻，現存河南安陽寶山靈泉寺。

京都大學人文科學研究所：

　　一張，紙本墨拓，原片，編號：TOU0258X。

2659　王法墓誌

唐顯慶三年（658）四月二十日葬，河南洛陽出土，現藏於開封博物館。

京都大學人文科學研究所：

　　一張，紙本墨拓，原片，編號：TOU0262X。

2660　楊真藏造像記

唐顯慶三年（658）四月刻，現存河南洛陽龍門石窟。

東洋文庫：

　　一張，紙本墨拓，原片，32.0×14.0，編號：Ⅱ-16-C-p-63。

2661　張君夫人王媛墓誌

唐顯慶三年（658）五月二十一日葬，河南洛陽出土，現藏於開封博物館。

京都大學人文科學研究所：

一張，紙本墨拓，原片，編號：TOU0263X。

2662　李靖碑

全稱“大唐故尚書右僕射特進開府儀同三司上柱國贈司徒并州都督衛景武公之碑并序”，又稱“衛景武公碑”，許敬宗撰文，王知敬書丹，唐顯慶三年（658）五月立，現藏於陝西昭陵博物館。

書道博物館：

一册，明拓本，紙本墨拓。

宇野雪村文庫：

一册，紙本墨拓，册頁，編號：158。

一册，紙本墨拓，册頁，編號：113。

東京國立博物館：

一幅，紙本墨拓，原片，編號：261。

淑德大學書學文化中心：

一軸，紙本墨拓，卷軸，編號：196480。

一册，紙本墨拓，册頁，編號：000208。

一册，紙本墨拓，册頁，編號：001701。

一册，紙本墨拓，册頁，編號：195192。

一册，紙本墨拓，册頁，編號：195669。

觀峰館：

一册，紙本墨拓，册頁，23.2×13.2。

京都大學人文科學研究所：

一張，紙本墨拓，原片，編號：TOU0280X。

2663　馬壽墓誌

唐顯慶三年（658）九月十八日葬，陝西西安出土，端方舊藏，今藏地不詳。

書道博物館：

一張，紙本墨拓，全拓，端方藏石。

東洋文庫：

一張，紙本墨拓，原片，33.0×33.0，編號：Ⅱ-16-C-p-64。

京都大學人文科學研究所：

一張，紙本墨拓，原片，編號：TOU0266X。

淑德大學書學文化中心：

一張，紙本墨拓，原片，編號：000501。

2664　張婉墓誌

唐顯慶三年（658）九月二十二日葬，河南洛陽出土，現藏於開封博物館。

京都大學人文科學研究所：

一張，紙本墨拓，原片，編號：TOU0264X。

2665　曩君妻張端墓誌

唐顯慶三年（658）九月二十三日葬，河南洛陽出土，現藏於開封博物館。

東洋文庫：

一張，紙本墨拓，原片，50.0×50.0，編號：Ⅱ-16-C-1189。

京都大學人文科學研究所：

一張，紙本墨拓，原片，編號：TOU0265A。

一張，紙本墨拓，原片，編號：TOU0265B。

2666　王居士磚塔銘

上官靈芝撰文，敬客書丹，唐顯慶三年（658）十月十二日葬，明崇禎年間出土於陝西西安終南山楩梓谷百塔寺，石已碎毀，現藏於陝西合陽文化館。

書道博物館：

一張，最舊拓，未斷本，紙本墨拓。

一册，覆刻，紙本墨拓。

一張，紙本墨拓，全拓。

東京國立博物館：

一幅，紙本墨拓，原片，編號：224，市河三鼎舊藏。

一幅，紙本墨拓，原片，編號：658。

宇野雪村文庫：

一册，紙本墨拓，册頁，編號：149。

一册，紙本墨拓，册頁，編號：160，何昆玉舊藏。

東洋文庫：

一張，紙本墨拓，原片，46.0×46.0，編號：Ⅱ-16-C-p-65。

京都大學人文科學研究所：

一張，紙本墨拓，原片，編號：TOU0268X。

淑德大學書學文化中心：

一册，紙本墨拓，册頁，編號：001966。

大谷大學博物館：

一帖，紙本墨拓，剪裝，22.2×11.2。

觀峰館：

一張，紙本墨拓，原片，44.0×44.0。

2667　楊道綱墓誌

唐顯慶三年（658）十月二十三日葬，民國時期出土於河南洛陽，後流失海外，現藏於日本夬倉集古館。

京都大學人文科學研究所：

一張，紙本墨拓，原片，編號：TOU0271X。

2668　杜長史妻薛瑶華墓誌

唐顯慶三年（658）十二月一日葬，陝西西安出土，今藏地不詳。

東京國立博物館：

一幅，紙本墨拓，原片，編號：898。

京都大學人文科學研究所：

一張，紙本墨拓，原片，編號：TOU0275X。

2669　霍萬墓誌

唐顯慶三年（658）十二月十三日葬，河南洛陽出土，現藏於開封博物館。

東洋文庫：

一張，紙本墨拓，原片，38.0×38.0，編號：Ⅱ-16-C-1190。

宇野雪村文庫：

一張，紙本墨拓，原片，編號：1453。

京都大學人文科學研究所：

一張，紙本墨拓，原片，編號：TOU0274X。

2670　王貴和造像記

唐顯慶三年（658）刻，現存河南洛陽龍門石窟。

京都大學人文科學研究所：

一張，紙本墨拓，原片，編號：TOU0277X。

2671　爨君協造像記

唐顯慶四年（659）二月八日刻，現存河南洛陽龍門石窟。

東洋文庫：

一張，紙本墨拓，原片，25.0×13.0，編號：Ⅱ-16-C-p-66。

京都大學人文科學研究所：

一張，紙本墨拓，原片，編號：TOU0288X。

2672　楊士墓誌

唐顯慶四年（659）三月二十五日葬，河南洛陽出土，後流失海外，現藏於日本大倉集古館。

京都大學人文科學研究所：

> 一張，紙本墨拓，原片，編號：TOU0282X。

2673　張安都墓誌

唐顯慶四年（659）四月三日葬，河南洛陽出土，現藏於開封博物館。

東洋文庫：

> 一張，紙本墨拓，原片，44.0×43.0，編號：Ⅱ-16-C-1192。

宇野雪村文庫：

> 一張，紙本墨拓，原片，編號：1454。

京都大學人文科學研究所：

> 一張，紙本墨拓，原片，編號：TOU0283X。

書壇院：

> 一幅，紙本墨拓，全拓。

2674　僧義造像記

唐顯慶四年（659）四月七日刻，現存河南洛陽龍門石窟。

東洋文庫：

> 一張，紙本墨拓，原片，21.0×14.0，編號：Ⅱ-16-C-p-67。

2675　尉遲敬德碑

全稱“大唐故司徒并州都督鄂國忠武公之碑”，許敬宗撰文，王知敬書丹，唐顯慶四年（659）四月十四日立，一九七一年出土於陝西禮泉縣煙霞公社煙霞新村尉遲敬德墓前，現藏於昭陵博物館。

書道博物館：

> 一張，舊拓，紙本墨拓，有篆額。
> 一張，舊拓，紙本墨拓，全拓，有篆額。
> 一册，最舊拓，紙本墨拓，有篆額。

東洋文庫：

> 一帖二十二葉，紙本墨拓，31.0×17.0。碑額，失。編號：Ⅱ-16-C-807。

淑德大學書學文化中心：

> 一軸，紙本墨拓，卷軸，編號：196051。
> 一册，紙本墨拓，册頁，編號：195670。
> 一張，紙本墨拓，托裱，編號：197617，天放樓舊藏。

京都大學人文科學研究所：

一張，紙本墨拓，原片，編號：TOU0284X。

白扇書道會：

一張，紙本墨拓，全拓，61.0×130.0，種谷扇舟舊藏。

2676　尉遲敬德墓誌

唐顯慶四年（659）四月十四日葬，一九七一年出土於陝西禮泉縣煙霞公社煙霞新村尉遲敬德墓，現藏於陝西歷史博物館。

淑德大學書學文化中心：

一張，墓誌蓋，紙本墨拓，原片，編號：000672。

一張，墓誌，紙本墨拓，原片，編號：000673。

2677　蘇斌墓誌

唐顯慶四年（659）四月十四日葬，一九七一年出土於陝西禮泉縣煙霞公社煙霞新村尉遲敬德墓，現藏於昭陵博物館。

淑德大學書學文化中心：

一張，墓誌蓋，紙本墨拓，原片，編號：000674。

一張，墓誌，紙本墨拓，原片，編號：000675。

2678　德咸造像記

唐顯慶四年（659）四月十五日刻，現存河南洛陽龍門石窟。

京都大學人文科學研究所：

一張，紙本墨拓，原片，編號：TOU0289X。

2679　武上□造像記

唐顯慶四年（659）四月十五日刻，現存河南洛陽龍門石窟。

京都大學人文科學研究所：

一張，紙本墨拓，原片，編號：TOU0290X。

2680　馬伏陀造像記

唐顯慶四年（659）五月二十一日刻，現存河南洛陽龍門石窟。

東洋文庫：

一張，紙本墨拓，原片，18.0×14.0，編號：Ⅱ-16-C-p-68。

2681　王有□造龕記

唐顯慶四年（659）六月十四日刻，現存河南洛陽龍門石窟。

東洋文庫：

一張，紙本墨拓，原片，59.0×42.0，編號：Ⅱ-16-C-p-69。

宇野雪村文庫：

一張，紙本墨拓，原片，編號：1335。

京都大學人文科學研究所：

一張，紙本墨拓，原片，編號：TOU0291X。

2682　李大娘造像記

唐顯慶四年（659）七月四日刻，現存河南洛陽龍門石窟。

東洋文庫：

一張，紙本墨拓，原片，23.0×14.0，編號：Ⅱ-16-C-p-70。

京都大學人文科學研究所：

一張，紙本墨拓，原片，編號：TOU0294X。

2683　支懷墓誌

唐顯慶四年（659）七月九日葬，河南洛陽出土，現藏於開封博物館。

東洋文庫：

一張，紙本墨拓，原片，51.0×51.0，編號：Ⅱ-16-C-1193。

京都大學人文科學研究所：

一張，紙本墨拓，原片，編號：TOU0293A。

一張，紙本墨拓，原片，編號：TOU0293B。

2684　田通墓誌

唐顯慶四年（659）七月十日葬，河南洛陽出土，今藏地不詳。

淑德大學書學文化中心：

一張，紙本墨拓，原片，編號：000412。

2685　會福寺主□嵐造像記

唐顯慶四年（659）七月十五日刻，現存河北邯鄲北響堂山中洞前廊南側。

東北大學附屬圖書館：

一幅，紙本墨拓，原片，常盤大定舊藏。

京都大學人文科學研究所：

一張，紙本墨拓，原片，編號：TOU0302X。

2686　劉弘義造像記

唐顯慶四年（659）八月一日刻，現存河南洛陽龍門石窟。

東洋文庫：

一張，紙本墨拓，原片，28.0×16.0，編號：Ⅱ-16-C-p-71。

2687　大唐紀功頌碑

唐高宗李治撰文并書丹，唐顯慶四年（659）八月十五日立，原在河南滎陽汜水鎮等慈寺，後碑毀，殘石現藏於鄭州博物館。

書道博物館：

一册，紙本墨拓，册頁。

宇野雪村文庫：

一張，紙本墨拓，原片，編號：1302。

一册，紙本墨拓，册頁，編號：116。

二册，紙本墨拓，册頁，編號：130。

淑德大學書學文化中心：

一張，碑陽，紙本墨拓，托裱，編號：000716。

一張，碑陰，紙本墨拓，托裱，編號：000717。

京都大學人文科學研究所：

一張，紙本墨拓，原片，編號：TOU0295X。

2688　豆盧遜墓誌

唐顯慶四年（659）八月二十八日葬，陝西西安出土，現藏於西安碑林博物館。

書道博物館：

一册，紙本墨拓，册頁。

2689　董明墓誌

唐顯慶四年（659）十月二十七日葬，河南洛陽出土，現藏於開封博物館。

東洋文庫：

一張，墓誌，紙本墨拓，45.0×45.0。一張，墓誌蓋，紙本墨拓，40.0×40.0。編號：Ⅱ-16-C-1194。

宇野雪村文庫：

一張，紙本墨拓，原片，編號：1455。

京都大學人文科學研究所：

一張，紙本墨拓，原片，編號：TOU0297A。

一張，紙本墨拓，原片，編號：TOU0297B。

2690　李淑碑

全稱"大唐故蘭陵長公主碑"，唐顯慶四年（659）十月二十九日立，原在陝西禮泉縣煙霞公社東周村李淑墓前，現藏於昭陵博物館。

書道博物館：

　　一册，最舊拓，紙本墨拓，有題額。

　　一册，舊拓，紙本墨拓，無題額。

　　一張，舊拓，紙本墨拓，有題額。

　　一張，全拓，紙本墨拓，有題額。

東洋文庫：

　　一帖二十六葉，紙本墨拓，30.0×16.0，編號：Ⅱ-16-C-866。

淑德大學書學文化中心：

　　一軸，紙本墨拓，卷軸，編號：196052。

　　一軸，紙本墨拓，卷軸，編號：196326。

　　一册，紙本墨拓，册頁，編號：195670。

京都大學人文科學研究所：

　　一張，紙本墨拓，原片，編號：TOU0296X。

白扇書道會：

　　一張，紙本墨拓，原片，種谷扇舟舊藏。

2691　皇甫弘敬墓誌

唐顯慶四年（659）十月三十日葬，陝西西安出土，現藏於故宮博物院。

書道博物館：

　　一張，紙本墨拓，全拓，端方藏石。

東洋文庫：

　　一張，墓誌，紙本墨拓，43.0×41.0。一張，墓誌蓋，紙本墨拓，32.0×31.0。編號：Ⅱ-16-C-p-72。

淑德大學書學文化中心：

　　一張，墓誌蓋，紙本墨拓，原片，編號：000502。

　　一張，墓誌，紙本墨拓，原片，編號：000503。

京都大學人文科學研究所：

　　一張，紙本墨拓，原片，編號：TOU0299A。

　　一張，紙本墨拓，原片，編號：TOU0299B。

2692　焦孝達造像記

唐顯慶四年（659）十月刻，端主舊藏，今藏地不詳。

書道博物館：

　　一張，紙本墨拓，全拓，端方藏石。

東洋文庫：

　　一張，紙本墨拓，原片，10.0×19.0，編號：Ⅱ-16-C-p-73。

京都大學人文科學研究所：

　　　　一張，紙本墨拓，原片，編號：TOU0298X。

2693　李三墓誌

唐顯慶四年（659）十一月十八日葬，河南洛陽出土，現藏於開封博物館。

京都大學人文科學研究所：

　　　　一張，紙本墨拓，原片，編號：TOU0300X。

2694　張英墓誌

唐顯慶四年（659）十二月十二日葬，河南洛陽出土，現藏於開封博物館。

京都大學人文科學研究所：

　　　　一張，紙本墨拓，原片，編號：TOU0301A。

　　　　一張，紙本墨拓，原片，編號：TOU0301B。

書壇院：

　　　　一幅，紙本墨拓，全拓。

2695　□□義釋迦觀音勢至造像記

唐顯慶四年（659）刻，現存河南洛陽龍門石窟。

京都大學人文科學研究所：

　　　　一張，紙本墨拓，原片，編號：TOU0304X。

2696　馬伏□及妻劉氏造像記

唐顯慶四年（659）刻，現存河南洛陽龍門石窟。

京都大學人文科學研究所：

　　　　一張，紙本墨拓，原片，編號：TOU0305X。

2697　柴進委造像記

唐顯慶四年（659）刻，現存河南洛陽龍門石窟。

宇野雪村文庫：

　　　　一張，紙本墨拓，原片，編號：1151。

2698　趙玄慶造像記

唐顯慶五年（660）正月四日刻，現存河南洛陽龍門石窟。

東洋文庫：

　　　　一張，紙本墨拓，原片，11.0×28.0，編號：Ⅱ-16-C-p-74。

京都大學人文科學研究所：

一張，紙本墨拓，原片，編號：TOU0323X。

2699 賈元叡墓誌

唐顯慶五年（660）二月二日葬，河南洛陽出土，現藏於開封博物館。

京都大學人文科學研究所：

一張，紙本墨拓，原片，編號：TOU0306X。

2700 翟惠隱墓誌

唐顯慶五年（660）二月二日葬，河南洛陽出土，現藏於開封博物館。

京都大學人文科學研究所：

一張，紙本墨拓，原片，編號：TOU0307X。

2701 趙客師龕內劉□造像記

唐顯慶五年（660）二月刻，現存河南洛陽龍門石窟。

書道博物館：

一册，紙本墨拓，綴帖，造像銘記，六朝初唐第六。

東洋文庫：

一張，紙本墨拓，原片，32.0×27.0，編號：Ⅱ-16-C-p-75。

京都大學人文科學研究所：

一張，紙本墨拓，原片，編號：TOU0309X。

2702 王行寶造像記

唐顯慶五年（660）四月二十日刻，現存河南洛陽龍門石窟。

東洋文庫：

一張，紙本墨拓，原片，23.0×33.0，編號：Ⅱ-16-C-p-76。

2703 僧善德造像記

唐顯慶五年（660）四月刻，現存河南洛陽龍門石窟。

書道博物館：

一册，紙本墨拓，綴帖，造像銘記，六朝初唐第八。

2704 顏襄子墓誌

唐顯慶五年（660）五月二日葬，河南洛陽出土，現藏於開封博物館。

京都大學人文科學研究所：

一張，紙本墨拓，原片，編號：TOU0310X。

2705　宇文修多羅墓誌

唐顯慶五年（660）五月三日葬，一九七二年出土於陝西禮泉縣煙霞公社，現藏於昭陵博物館。

淑德大學書學文化中心：

　　一張，墓誌蓋，紙本墨拓，原片，編號：000676。

　　一張，墓誌，紙本墨拓，原片，編號：000677。

2706　張懷文墓誌

唐顯慶五年（660）七月十五日刻，河南洛陽出土，今藏地不詳。

京都大學人文科學研究所：

　　一張，紙本墨拓，原片，編號：TOU0312X。

書壇院：

　　一幅，紙本墨拓，全拓。

2707　楊君植造像記

唐顯慶五年（660）七月二十日刻，現存河南洛陽龍門石窟。

書道博物館：

　　一册，紙本墨拓，綴帖，造像銘記，六朝初唐第七。

東洋文庫：

　　一張，紙本墨拓，原片，43.0×28.0，編號：Ⅱ-16-C-p-77。

宇野雪村文庫：

　　一張，紙本墨拓，原片，編號：1330。

2708　任德墓誌

唐顯慶五年（660）七月二十七日葬，河南洛陽出土，現藏於開封博物館。

京都大學人文科學研究所：

　　一張，紙本墨拓，原片，編號：TOU0314X。

2709　上官紹施石造優填王像記

唐顯慶五年（660）八月二日刻，現存河南洛陽龍門石窟。

京都大學人文科學研究所：

　　一張，紙本墨拓，原片，編號：TOU0315X。

2710　平百濟國碑

又稱“蘇定方塔”“蘇定方碑”“蘇定方平百濟塔碑銘”等，唐顯慶五年（660）八月十五日立，現存韓國忠清南道扶餘郡定林寺五層石塔底層。

書道博物館：

　　十六張，紙本墨拓，全拓，有釋文。

　　五張，紙本墨拓，舊拓，全拓，有篆額。

淑德大學書學文化中心：

　　一張，紙本墨拓，原片，編號：198942。

東京國立博物館：

　　一幅，紙本墨拓，原片，編號：1031，寺内正毅舊藏。

東洋文庫：

　　十六張，紙本墨拓，原片，各 120.0×51.0，編號：Ⅶ-2-165。

　　十五張，紙本墨拓，原片，（122.0～133.0）×（47.0～66.0）不等。年記書者，124.0×46.0。編號：Ⅱ-16-C-p-78。

京都大學人文科學研究所：

　　一張，紙本墨拓，原片，編號：TOU0317A。

　　一張，紙本墨拓，原片，編號：TOU0317B。

　　一張，紙本墨拓，原片，編號：TOU0317C。

　　一張，紙本墨拓，原片，編號：TOU0317D。

　　一張，紙本墨拓，原片，編號：TOU0317E。

　　一張，紙本墨拓，原片，編號：TOU0317F。

　　一張，紙本墨拓，原片，編號：TOU0317G。

　　一張，紙本墨拓，原片，編號：TOU0317H。

　　一張，紙本墨拓，原片，編號：TOU0317I。

　　一張，紙本墨拓，原片，編號：TOU0317J。

　　一張，紙本墨拓，原片，編號：TOU0317K。

　　一張，紙本墨拓，原片，編號：TOU0317L。

　　一張，紙本墨拓，原片，編號：TOU0317M。

　　一張，紙本墨拓，原片，編號：TOU0317N。

　　一張，紙本墨拓，原片，編號：TOU0317O。

　　一張，紙本墨拓，原片，編號：TOU0317P。

2711　李君妻韓氏墓誌

唐顯慶五年（660）八月十六日葬，河南洛陽出土，現藏於開封博物館。

京都大學人文科學研究所：

　　一張，紙本墨拓，原片，編號：TOU0318X。

2712　關預仁夫人茹氏墓誌

唐顯慶五年（660）九月四日葬，河南洛陽出土，現藏於開封博物館。

東洋文庫：

　　一張，墓誌，紙本墨拓，原片，48.0×48.0。一張，墓誌蓋，紙本墨拓，原片，30.0×31.0。

　　編號：Ⅱ-16-C-1195。

京都大學人文科學研究所：

　　一張，紙本墨拓，原片，編號：TOU0319A。

　　一張，紙本墨拓，原片，編號：TOU0319B。

書壇院：

　　一幅，紙本墨拓，全拓。

2713　敦敬墓誌

唐顯慶五年（660）十月二十九日葬，西安東郊紅慶村出土，現藏於西安碑林博物館。

淑德大學書學文化中心：

　　一張，紙本墨拓，原片，編號：001256。

2714　耿文訓墓誌

唐顯慶五年（660）十一月十二日葬，河南洛陽出土，現藏於開封博物館。

京都大學人文科學研究所：

　　一張，紙本墨拓，原片，編號：TOU0320X。

2715　梁夫人姚弟墓誌

唐顯慶五年（660）十一月二十九日葬，河南洛陽出土，現藏於開封博物館。

京都大學人文科學研究所：

　　一張，紙本墨拓，原片，編號：TOU0321X。

2716　宋海寶妻緒造像記

唐顯慶五年（660）□月十一日刻，現存河南洛陽龍門石窟。

東洋文庫：

　　一張，紙本墨拓，原片，16.0×18.0，編號：Ⅱ-16-C-p-79。

2717　劉□造像記

唐顯慶五年（660）刻，現存河南洛陽龍門石窟。

京都大學人文科學研究所：

　　一張，紙本墨拓，原片，編號：TOU0324X。

2718　郭造像記

唐顯慶五年（660）刻，現存河南洛陽龍門石窟。

京都大學人文科學研究所：

　　一張，紙本墨拓，原片，編號：TOU0325X。

2719　造像刻經記

唐顯慶五年（660）刻，現存河南洛陽龍門石窟。

京都大學人文科學研究所：

　　一張，紙本墨拓，原片，編號：TOU0326X。

2720　崔誠墓誌

唐顯慶五年（660）葬，河南洛陽出土，現藏於千唐誌齋博物館。

宇野雪村文庫：

　　一張，紙本墨拓，原片，編號：1456。

2721　張武墓誌

唐顯慶六年（661）二月七日葬，河南洛陽出土，現藏於開封博物館。

東洋文庫：

　　一張，紙本墨拓，原片，39.0×39.0，編號：Ⅱ-16-C-1197。

書壇院：

　　一幅，紙本墨拓，全拓。

　　一張，紙本墨拓，原片，編號：TOU0327X。

2722　王敏墓誌

唐顯慶六年（661）二月十九日葬，河南洛陽出土，現藏於開封博物館。

東洋文庫：

　　一張，墓誌：紙本墨拓，原片，44.0×44.0。一張，墓誌蓋，紙本墨拓，原片，33.0×33.0。

　　編號：Ⅱ-16-C-1196。

宇野雪村文庫：

　　一張，紙本墨拓，原片，編號：1457。

京都大學人文科學研究所：

　　一張，紙本墨拓，原片，編號：TOU0328A。

　　一張，紙本墨拓，原片，編號：TOU0328B。

2723　雙束碑

又稱“岱嶽觀造像記碑”“鴛鴦碑”，唐顯慶六年（661）二月二十二日立，現存山東泰安岱廟。

淑德大學書學文化中心：

　　一軸，紙本墨拓，卷軸，編號：96194。

觀峰館：

一張，紙本墨拓，原片，204.0×48.5。

2724   □璋墓誌

唐顯慶六年（661）二月□日葬，今藏地不詳。

京都大學人文科學研究所：

一張，紙本墨拓，原片，編號：TOU0329X。

2725   朱琳墓誌

唐顯慶六年（661）二月八日葬，河南洛陽出土，現藏於開封博物館。

東洋文庫：

一張，紙本墨拓，原片，44.0×47.0，編號：Ⅱ-16-C-1198。

2726   馬大娘造像記

唐顯慶年間（656—661）刻，現存河南洛陽龍門石窟。

東洋文庫：

一張，紙本墨拓，原片，12.0×27.0，編號：Ⅱ-16-C-p-81。

2727   劉典豐造像記

唐顯慶年間（656—661）刻，今藏地不詳。

東洋文庫：

一張，紙本墨拓，原片，12.0×22.0，編號：Ⅱ-16-C-p-82。

2728   王文詥等造像題名

唐顯慶年間（656—661）刻，今藏地不詳。

東洋文庫：

一張，紙本墨拓，原片，58.0×40.0，編號：Ⅱ-16-C-p-83。

京都大學人文科學研究所：

一張，紙本墨拓，原片，編號：TOU0330A。

一張，紙本墨拓，原片，編號：TOU0330B。

2729   孫冬扇造像記

唐顯慶年間（656—661）刻，今藏地不詳。

東洋文庫：

一張，紙本墨拓，原片，15.0×14.0，編號：Ⅱ-16-C-p-84。

2730　鄭行衆勝姊妹造像記

唐顯慶年間（656—661）刻，今藏地不詳。

東洋文庫：

一張，紙本墨拓，原片，11.0×9.0，編號：Ⅱ-16-C-p-85。

2731　王文諮造像

唐顯慶年間（656—661）刻，今藏地不詳。

書道博物館：

二張，紙本墨拓，全拓，端方藏石。

［龍朔］

2732　龍朔元年造像

唐龍朔元年（661）二月刻，今藏地不詳。

書道博物館：

一張，紙本墨拓，全拓，端方藏石。

2733　李玄奕兄弟等造像記

唐龍朔元年（661）三月八日刻，現存河南洛陽龍門石窟。

東洋文庫：

一張，紙本墨拓，原片，28.0×16.0，編號：Ⅱ-16-C-p-86。

京都大學人文科學研究所：

一張，紙本墨拓，原片，編號：TOU0331X。

2734　王寬墓誌

唐龍朔元年（661）三月十九日葬，河南洛陽出土，現藏於開封博物館。

東洋文庫：

一張，墓誌，紙本墨拓，原片，42.0×42.0。一張，墓誌蓋，紙本墨拓，原片，33.0×34.0。

編號：Ⅱ-16-C-1199。

宇野雪村文庫：

一張，紙本墨拓，原片，編號：1461。

京都大學人文科學研究所：

一張，紙本墨拓，原片，編號：TOU0332X。

2735　吳吉甫造像記

唐龍朔元年（661）四月二十日刻，現存河南洛陽龍門石窟。

東洋文庫：

　　　一張，紙本墨拓，原片，14.0×31.0，編號：Ⅱ-16-C-p-87。

京都大學人文科學研究所：

　　　一張，紙本墨拓，原片，編號：TOU0335X。

2736　王朗并夫人魏氏墓誌

唐龍朔元年（661）四月二十一日葬，河南洛陽出土，現藏於開封博物館。

東洋文庫：

　　　一張，墓誌，紙本墨拓，原片，45.0×45.0。一張，墓誌蓋，紙本墨拓，原片，33.0×33.0。
　　　編號：Ⅱ-16-C-144。

　　　一張，紙本墨拓，原片，45.0×45.0，編號：Ⅱ-16-C-1200。

京都大學人文科學研究所：

　　　一張，紙本墨拓，原片，編號：TOU0336X。

2737　崔玄表妻郭造像記

唐龍朔元年（661）五月一日刻，現存河南洛陽龍門石窟。

東洋文庫：

　　　一張，紙本墨拓，原片，12.0×13.0，編號：Ⅱ-16-C-p-88。

2738　韓弁智造像記

唐龍朔元年（661）六月十日刻，現存河南洛陽龍門石窟。

書道博物館：

　　　一張，紙本墨拓，全拓。

東洋文庫：

　　　一張，紙本墨拓，原片，5.0×31.0，編號：Ⅱ-16-C-p-89。

京都大學人文科學研究所：

　　　一張，紙本墨拓，原片，編號：TOU0338X。

2739　侯君夫人譚二娘墓誌

唐龍朔元年（661）八月二十一日葬，河南洛陽出土，現藏於開封博物館。

東洋文庫：

　　　一張，紙本墨拓，原片，38.0×38.0，編號：Ⅱ-16-C-1201。

宇野雪村文庫：

　　　一張，紙本墨拓，原片，編號：1458。

京都大學人文科學研究所：

　　　一張，紙本墨拓，原片，編號：TOU0339X。

書壇院：

    一幅，紙本墨拓，全拓。

2740　張婆造像記

唐龍朔元年（661）九月二十三日刻，現存河南洛陽龍門石窟。

東洋文庫：

    一張，紙本墨拓，原片，22.0×7.0，編號：Ⅱ-16-C-p-90。

    一張，紙本墨拓，原片，13.0×8.0，編號：Ⅱ-16-C-p-573。

京都大學人文科學研究所：

    一張，紙本墨拓，原片，編號：TOU0355X。

2741　竹妙墓誌

唐龍朔元年（661）九月二十三日葬，河南洛陽出土，現藏於開封博物館。

東洋文庫：

    一張，墓誌，紙本墨拓，原片，52.0×52.0。一張，墓誌蓋，紙本墨拓，原片，41.0×41.0。
    編號：Ⅱ-16-C-155。

    一張，墓誌，紙本墨拓，原片，52.0×52.0。一張，墓誌蓋，紙本墨拓，原片，41.0×41.0。
    編號：Ⅱ-16-C-1202。

宇野雪村文庫：

    一張，紙本墨拓，原片，編號：1460。

京都大學人文科學研究所：

    一張，紙本墨拓，原片，編號：TOU0341A。

    一張，紙本墨拓，原片，編號：TOU0341B。

2742　爨君墓誌

唐龍朔元年（661）十月八日葬，河南洛陽出土，現藏於開封博物館。

東洋文庫：

    一張，紙本墨拓，原片，60.0×60.0，編號：Ⅱ-16-C-148。

    一張，紙本墨拓，原片，61.0×62.0，編號：Ⅱ-16-C-1204。

宇野雪村文庫：

    一張，紙本墨拓，原片，編號：1459。

書壇院：

    一幅，紙本墨拓，原片，全拓。

京都大學人文科學研究所：

    一張，紙本墨拓，原片，編號：TOU0343X。

2743　郭壽墓誌

唐龍朔元年（661）十月十一日葬，河南洛陽出土，現藏於開封博物館。

東洋文庫：

　　　一張，紙本墨拓，原片，47.0×47.0，編號：Ⅱ-16-C-1203。

書壇院：

　　　一幅，紙本墨拓，全拓。

京都大學人文科學研究所：

　　　一張，紙本墨拓，原片，編號：TOU0345X。

2744　房寶子墓誌

唐龍朔元年（661）十月十一日葬，河南洛陽出土，現藏於開封博物館。

京都大學人文科學研究所：

　　　一張，紙本墨拓，原片，編號：TOU0346X。

2745　張寶墓誌

唐龍朔元年（661）十月二十三日葬，河南洛陽出土，現藏於開封博物館。

京都大學人文科學研究所：

　　　一張，紙本墨拓，原片，編號：TOU0347X。

2746　張興墓誌

唐龍朔元年（661）十月二十三日葬，河南安陽出土，安陽金石保存所舊藏。

淑德大學書學文化中心：

　　　一册，紙本墨拓，册頁，編號：197800，天放樓舊藏。

京都大學人文科學研究所：

　　　一張，紙本墨拓，原片，編號：TOU0348X。

2747　文林郎光襄造像記

唐龍朔元年（661）十一月二十三日刻，現存河南洛陽龍門石窟。

東洋文庫：

　　　一張，紙本墨拓，原片，53.0×21.0，編號：Ⅱ-16-C-p-91。

宇野雪村文庫：

　　　一張，紙本墨拓，原片，編號：1334。

2748　婁氏造優填王造像

唐龍朔元年（661）十一月刻，現存河南洛陽龍門石窟。

書道博物館：

一張，紙本墨拓，綴帖，造像銘記，六朝唐初第四。

2749 袁相墓誌

唐龍朔元年（661）十二月十一日葬，河南洛陽出土，現藏於开封博物館。

京都大學人文科學研究所：

一張，紙本墨拓，原片，編號：TOU0351X。

2750 造觀世音佛像記

唐龍朔元年（661）十二月刻，現存河南洛陽龍門石窟。

東洋文庫：

一張，紙本墨拓，原片，5.0×35.0，編號：Ⅱ-16-C-p-92。

京都大學人文科學研究所：

一張，紙本墨拓，原片，編號：TOU0354X。

2751 楊妻韓造像記

唐龍朔元年（661）刻，現存河南洛陽龍門石窟。

書道博物館：

一張，紙本墨拓，全拓。

東洋文庫：

一張，紙本墨拓，原片，24.0×23.0，編號：Ⅱ-16-C-p-93。

2752 陳阿稜造像記

唐龍朔元年（661）刻，現存河南洛陽龍門石窟。

東洋文庫：

一張，紙本墨拓，原片，27.0×6.0，編號：Ⅱ-16-C-p-94。

2753 鞏縣石窟造像記

唐龍朔元年（661）刻，現存河南鞏縣石窟。

宇野雪村文庫：

三張，紙本墨拓，原片，編號：1173。

墨渚會：

一張，紙本墨拓，全拓。

2754 劉仁願紀功碑

唐龍朔元年（661）刻，原在韓國扶餘郡百濟都城泗沘城王宮遺址，現藏於韓國國立扶餘博物館。

書道博物館：

一張，紙本墨拓，全拓。

東洋文庫：

一張，紙本墨拓，原片，238.0×75.0，編號：Ⅱ-16-C-z-10。

2755　張君墓誌

唐龍朔元年（661）葬，今藏地不詳。

觀峰館：

一張，紙本墨拓，原片，63.5×64.5。

2756　張伯通墓誌

唐龍朔二年（662）四月十四日葬，河南洛陽出土，現藏於開封博物館。

東洋文庫：

一張，紙本墨拓，原片，40.0×40.0，編號：Ⅱ-16-C-1205。

京都大學人文科學研究所：

一張，紙本墨拓，原片，編號：TOU0357A。

一張，紙本墨拓，原片，編號：TOU0357B。

書壇院：

一幅，紙本墨拓，全拓。

2757　賈令珪墓誌

唐龍朔二年（662）四月十四日葬，河南洛陽出土，現藏於開封博物館。

東洋文庫：

一張，紙本墨拓，原片，42.0×43.0，編號：Ⅱ-16-C-1206。

京都大學人文科學研究所：

一張，紙本墨拓，原片，編號：TOU0358X。

2758　侯君夫人寶氏墓誌

唐龍朔二年（662）五月二十六日葬，河南洛陽出土，現藏於開封博物館。

東洋文庫：

一張，紙本墨拓，原片，37.0×37.0，編號：Ⅱ-16-C-1207。

宇野雪村文庫：

一張，紙本墨拓，原片，編號：1462。

京都大學人文科學研究所：

一張，紙本墨拓，原片，編號：TOU0359A。

一張，紙本墨拓，原片，編號：TOU0359B。

2759　馮夫人墓誌

唐龍朔二年（662）五月二十六日葬，河南洛陽出土，現藏於開封博物館。

京都大學人文科學研究所：

一張，紙本墨拓，原片，編號：TOU0360X。

2760　尒朱氏夫人董氏墓誌

唐龍朔二年（662）六月二日葬，河南洛陽出土，現藏於開封博物館。

東洋文庫：

一張，紙本墨拓，原片，37.0×37.0，編號：Ⅱ-16-C-1209。

京都大學人文科學研究所：

一張，紙本墨拓，原片，編號：TOU0362X。

2761　張禮墓誌

唐龍朔二年（662）六月二十七日葬，河南洛陽出土，現藏於開封博物館。

東洋文庫：

一張，紙本墨拓，原片，41.0×41.0，編號：Ⅱ-16-C-1208。

京都大學人文科學研究所：

一張，紙本墨拓，原片，編號：TOU0363X。

宇野雪村文庫：

一張，紙本墨拓，原片，編號：1463。

2762　安太清造像記

唐龍朔二年（662）七月十五日刻，現存河北邯鄲北響堂山石窟。

東北大學附屬圖書館：

一幅，紙本墨拓，原片，常盤大定舊藏。

龍谷大學：

一幅，紙本墨拓，原片，26.0×64.0。

2763　劉媚兒造像記

又稱“唐鼓山蔣王内人劉媚兒等造像記”，唐龍朔二年（662）七月十五日刻，現存河北邯鄲北響堂山石窟。

京都大學人文科學研究所：

一張，紙本墨拓，原片，編號：TOU0370X。

龍谷大學：

一幅，紙本墨拓，原片，24.0×67.0。

2764　索玄墓誌

唐龍朔二年（662）七月二十二日葬，河南洛陽出土，現藏於開封博物館。

東洋文庫：

一張，紙本墨拓，原片，44.0×44.0，編號：Ⅱ-16-C-1210。

京都大學人文科學研究所：

一張，紙本墨拓，原片，編號：TOU0364A。

一張，紙本墨拓，原片，編號：TOU0364B。

2765　斛斯祥墓誌

唐龍朔二年（662）七月二十二日葬，今藏地不詳。

京都大學人文科學研究所：

一張，紙本墨拓，原片，編號：TOU0365A。

一張，紙本墨拓，原片，編號：TOU0365B。

2766　李君懷妻造像記

唐龍朔二年（662）七月刻，現存河南洛陽龍門石窟。

東洋文庫：

一張，紙本墨拓，原片，14.0×20.0，編號：Ⅱ-16-C-p-96。

京都大學人文科學研究所：

一張，紙本墨拓，原片，編號：TOU0373X。

2767　宮君夫人秦冲墓誌

唐龍朔二年（662）八月十日葬，河南洛陽出土，現藏於開封博物館。

東洋文庫：

一張，紙本墨拓，原片，40.0×40.0，編號：Ⅱ-16-C-1211。

京都大學人文科學研究所：

一張，紙本墨拓，原片，編號：TOU0367X。

書壇院：

一幅，紙本墨拓，全拓。

2768　皇甫相貴墓誌

唐龍朔二年（662）九月四日葬，河南洛陽出土，現藏於故宮博物院。

東洋文庫：

一張，紙本墨拓，原片，34.0×33.0，編號：Ⅱ-16-C-66。

一張，紙本墨拓，原片，35.0×33.0，編號：Ⅱ-16-C-1212。

京都大學人文科學研究所：

一張，紙本墨拓，原片，編號：TOU0368X。

書壇院：

一幅，紙本墨拓，全拓。

2769　杜君綽碑

全稱"大唐故左戎衛大將軍兼太子左典戎衛率贈荆州都督上柱國懷寧縣開國襄公杜公碑"，李儼撰，高正臣書，李唐龍朔二年（662）十月二十五日立，原在陝西禮泉縣煙霞公社大冢渠村杜君綽墓前，現藏於昭陵博物館。

書道博物館：

一張，紙本墨拓，全拓，有篆額。

一張，舊拓，紙本墨拓，全拓，有篆額。

京都大學人文科學研究所：

一張，紙本墨拓，原片，編號：TOU0376X。

淑德大學書學文化中心：

一册，紙本墨拓，册頁，編號：195669。

白扇書道會：

一張，紙本墨拓，全拓，種谷扇舟舊藏。

2770　麴善嶽墓誌

唐龍朔二年（662）十月二十八日葬，清末新疆吐魯番出土，端方舊藏。

東洋文庫：

一張，紙本墨拓，原片，35.0×36.0，編號：Ⅱ-16-C-31。

2771　許洛仁碑

全稱"大唐故冠軍大將軍代州都督許公之碑"，唐龍朔二年（662）十一月十七日立，原在陝西禮泉縣趙鎮新寨村許洛仁墓前，現藏於昭陵博物館。

書道博物館：

一張，紙本墨拓，原片，有篆額。

一張，舊拓，紙本墨拓，原片，有篆額。

東京國立博物館：

一幅，紙本墨拓，原片，編號：429。

淑德大學書學文化中心：

一軸，紙本墨拓，卷軸，編號：196323。

京都大學人文科學研究所：

　　　　一張，紙本墨拓，原片，編號：TOU0371X。

白扇書道會：

　　　　一張，紙本墨拓，全拓，種谷扇舟舊藏。

2772　楊□□造像記

唐龍朔二年（662）□月四日刻，今藏地不詳。

東洋文庫：

　　　　一張，紙本墨拓，原片，32.0×26.0，編號：Ⅱ-16-C-p-95。

2773　净□造像記

唐龍朔二年（662）刻，今藏地不詳。

東洋文庫：

　　　　一張，紙本墨拓，原片，16.0×15.0，編號：Ⅱ-16-C-p-97。

2774　孫君夫人宋氏墓誌

唐龍朔三年（663）二月十二日葬，河南洛陽出土，現藏於開封博物館。

東洋文庫：

　　　　一張，墓誌，紙本墨拓，原片，44.0×44.0。一張，墓誌蓋，紙本墨拓，原片，37.0×37.0。
　　　　編號：Ⅱ-16-C-157。
　　　　一張，墓誌，紙本墨拓，原片，44.0×43.0。一張，墓誌蓋，紙本墨拓，原片，37.0×38.0。
　　　　編號：Ⅱ-16-C-1213。

宇野雪村文庫：

　　　　一張，紙本墨拓，原片，編號：1464。

京都大學人文科學研究所：

　　　　一張，紙本墨拓，原片，編號：TOU0374A。
　　　　一張，紙本墨拓，原片，編號：TOU0374B。

2775　段文會墓誌

唐龍朔三年（663）四月二日葬，河南洛陽出土，現藏於開封博物館。

東洋文庫：

　　　　一張，紙本墨拓，原片，40.0×40.0，編號：Ⅱ-16-C-1214。

宇野雪村文庫：

　　　　一張，紙本墨拓，原片，編號：1465。

京都大學人文科學研究所：

　　　　一張，紙本墨拓，原片，編號：TOU0377X。

2776 常才造像記

唐龍朔三年（663）四月八日刻，現存河南洛陽龍門石窟。

東洋文庫：

　　二張，紙本墨拓，原片，［1］82.0×52.0，［2］110.0×138.0，編號：Ⅱ-16-C-p-98。

宇野雪村文庫：

　　一張，紙本墨拓，原片，編號：1321。

　　一張，紙本墨拓，原片，編號：1336。

京都大學人文科學研究所：

　　一張，紙本墨拓，原片，編號：TOU0378A。

　　一張，紙本墨拓，原片，編號：TOU0378B。

2777 司馬等造像記

唐龍朔三年（663）四月八日刻，今藏地不詳。

東洋文庫：

　　一張，紙本墨拓，原片，17.0×14.0，編號：Ⅱ-16-C-p-99。

京都大學人文科學研究所：

　　一張，紙本墨拓，原片，編號：TOU0381X。

2778 □神遠造像記

唐龍朔三年（663）四月刻，今藏地不詳。

東洋文庫：

　　一張，紙本墨拓，原片，18.0×16.0，編號：Ⅱ-16-C-p-100。

2779 龍朔三年造像記

唐龍朔三年（663）四月刻，現存河南洛陽龍門石窟。

書道博物館：

　　一張，紙本墨拓，全拓。

2780 唐沙墓誌

唐龍朔三年（663）五月二十日葬，河南洛陽出土，今藏地不詳。

宇野雪村文庫：

　　一張，紙本墨拓，原片，編號：1466。

2781 同州三藏聖教序

又稱“大唐三藏聖教之序”，唐太宗李世民撰文，褚遂良書丹，唐龍朔三年（663）六月二十三日立，原在同州龍興寺，現藏於陝西西安碑林博物館。

書道博物館：

一册，明拓，紙本墨拓，綴帖。

一册，舊拓，紙本墨拓。

一册，紙本墨拓，綴帖。

京都國立博物館：

一帖，明拓，紙本墨拓，25.6×14.1，編號：B甲401，羅振玉跋，上野理一舊藏。

東洋文庫：

一帖四十五+三十六葉，紙本墨拓，27.0×13.0，編號：XI-3-A-c-109。

宇野雪村文庫：

一册，紙本墨拓，册頁，編號：165。

東京國立博物館：

一幅，紙本墨拓，原片，編號：215，市河三鼎舊藏。

一幅，紙本墨拓，原片，編號：239，昌平坂學問所舊藏。

一幅，紙本墨拓，原片，編號：639。

一幅，紙本墨拓，原片，305.0×184.0，編號：767。

京都大學人文科學研究所：

一張，紙本墨拓，原片，編號：TOU0382X。

五島美術館：

一張，紙本墨拓，原片，195.5×87.7，宇野雪村舊藏。

淑德大學書學文化中心：

一軸，紙本墨拓，卷軸，編號：196053。

一册，紙本墨拓，册頁，編號：195039。

一册，紙本墨拓，册頁，編號：197916。

東京藝術大學藝術資料館：

一張，紙本墨拓，卷子裝，286.2×118.5，編號：1440。

白扇書道會：

一張，紙本墨拓，全拓，217.0×106.0，種谷扇舟舊藏。

觀峰館：

一張，紙本墨拓，原片，211.0×101.5。

書壇院：

一幅，紙本墨拓，全拓。

2782　張君夫人程令秀墓誌

唐龍朔三年（663）八月二十一日葬，河南洛陽出土，現藏於開封博物館。

東洋文庫：

　　一張，紙本墨拓，原片，48.0×49.0，編號：Ⅱ-16-C-1215。

京都大學人文科學研究所：

　　一張，紙本墨拓，原片，編號：TOU0384A。

　　一張，紙本墨拓，原片，編號：TOU0384B。

2783　斛斯處張夫人墓誌

唐龍朔三年（663）十月四日葬，河南洛陽出土，現藏於開封博物館。

京都大學人文科學研究所：

　　一張，紙本墨拓，原片，編號：TOU0391X。

2784　道因法師碑

全稱“大唐故翻經大德益州多寶寺道因法師碑”，李儼撰文，歐陽通書丹，唐龍朔三年（663）十月十日立，現藏於陝西西安碑林博物館。

三井記念美術館：

　　一帖，明庫裝內府本，宋拓，紙本墨拓，29.9×17.5，孫文霱、王懿榮、新町三井家舊藏。

書道博物館：

　　一册，宋拓，紙本墨拓。

　　一册，明拓，紙本墨拓。

　　一册，舊拓，紙本墨拓，何紹基跋。

　　一張，紙本墨拓，全拓，篆額。

東京國立博物館：

　　一幅，紙本墨拓，原片，編號：225，市河三鼎舊藏。

　　一幅，紙本墨拓，原片，編號：242，昌平坂學問所舊藏。

　　一幅，紙本墨拓，原片，編號：330。

　　一幅，紙本墨拓，原片，編號：482。

　　一帖，紙本墨拓，原片，29.7×17.0，編號：1370。

宇野雪村文庫：

　　一册，紙本墨拓，册頁，編號：167。

京都大學人文科學研究所：

　　一張，紙本墨拓，原片，編號：TOU0386X。

　　一張，紙本墨拓，原片，編號：TOU0388X（側）。

淑德大學書學文化中心：

　　一軸，紙本墨拓，卷軸，編號：196054。

　　一册，紙本墨拓，册頁，編號：195705。

　　一張，紙本墨拓，托裱，編號：197606，天放樓舊藏。

黑川古文化研究所：

一帖，紙本墨拓，原片，26.5×13.8，編號：1079。

東京藝術大學藝術資料館：

一張，紙本墨拓，掛幅裝，274.0×158.6，編號：1440。

東北大學附屬圖書館：

一幅，紙本墨拓，原片，常盤大定舊藏。

白扇書道會：

一張，紙本墨拓，全拓，220.0×101.0，種谷扇舟舊藏。

觀峰館：

一册，紙本墨拓，册頁，30.2×14.3。

一張，紙本墨拓，原片，219.0×101.0。

書壇院：

一幅，紙本墨拓，全拓。

2785　袁相墓誌

唐龍朔三年（663）十一月十八日葬，河南洛陽出土，現藏於開封博物館。

東洋文庫：

一張，紙本墨拓，原片，47.0×48.0，編號：Ⅱ-16-C-1216。

2786　道藏灰身塔記

唐龍朔三年（663）十一月二十一日刻，現存河南安陽寶山靈泉寺。

京都大學人文科學研究所：

一張，紙本墨拓，原片，編號：TOU0389X。

2787　鄧威墓誌

唐龍朔□年（661—663）三月十一日葬，河南洛陽出土，今藏地不詳。

京都大學人文科學研究所：

一張，紙本墨拓，原片，編號：TOU0393X。

［麟德］

2788　焦寶南墓誌

唐麟德元年（664）正月葬，今藏地不詳。

大阪市立美術館：

一張，紙本墨拓，原片，編號：2666。

白扇書道會：

一張，紙本墨拓，原片，56.0×54.0，種谷扇舟舊藏。

2789　呂德妻陳氏墓誌

唐麟德元年（664）正月二十五日葬，河南洛陽出土，今藏地不詳。

京都大學人文科學研究所：

　　一張，紙本墨拓，原片，編號：TOU0408X。

2790　李文墓誌

唐麟德元年（664）二月十八日葬，明代出土於陝西大荔金塔寺，今藏地不詳。

宇野雪村文庫：

　　一册，紙本墨拓，册頁，編號：91。

東洋文庫：

　　一張，紙本墨拓，原片，48.0×48.0，編號：Ⅱ-16-C-856。

　　一帖八葉，紙本墨拓，29.0×15.0，編號：Ⅱ-16-C-p-101。

大阪市立美術館：

　　一張，舊拓精本，紙本墨拓。

淑德大學書學文化中心：

　　一册，紙本墨拓，册頁，編號：197802，天放樓舊藏。

京都大學人文科學研究所：

　　一張，紙本墨拓，原片，編號：TOU0394X。

　　一張，紙本墨拓，原片，編號：TOU0409X。

木雞室：

　　一張，紙本墨拓，全拓。

2791　王才墓誌

唐麟德元年（664）三月十三日葬，河南安陽出土，後流失海外，現藏於日本東京國立博物館。

書道博物館：

　　一張，紙本墨拓，全拓。

東洋文庫：

　　一張，紙本墨拓，原片，44.0×43.0，編號：Ⅱ-16-C-p-102。

淑德大學書學文化中心：

　　一張，紙本墨拓，原片，編號：000504。

京都大學人文科學研究所：

　　一張，紙本墨拓，原片，編號：TOU0397X。

大阪市立美術館：

　　一張，紙本墨拓，原片，編號：2666。

2792　秦寶墓誌

唐麟德元年（664）三月二十五日葬，河南洛陽出土，現藏於開封博物館。

京都大學人文科學研究所：

　　　　一張，紙本墨拓，原片，編號：TOU0396X。

2793　樂玄德墓誌

唐麟德元年（664）四月七日葬，河南洛陽出土，現藏於開封博物館。

京都大學人文科學研究所：

　　　　一張，紙本墨拓，原片，編號：TOU0398X。

2794　張君實造像記

唐麟德元年（664）五月六日刻，今藏地不詳。

東洋文庫：

　　　　一張，紙本墨拓，原片，20.0×14.0，編號：Ⅱ-16-C-p-103。

2795　王寬等十人造像記

唐麟德元年（664）七月九日刻，今藏地不詳。

京都大學人文科學研究所：

　　　　一張，紙本墨拓，原片，編號：TOU0399A。

　　　　一張，紙本墨拓，原片，編號：TOU0399B。

2796　李敬碑

全稱“大唐故清河長公主碑”，又稱“清河長公主碑”，李儼撰文，暢整書丹，唐麟德元年（664）十月二十三日立，原在陝西禮泉縣煙霞公社上營村李敬墓前，現藏於西安博物院。

書道博物館：

　　　　一張，紙本墨拓，全拓，有篆額。

　　　　一册，紙本墨拓，舊拓，無篆額。

宇野雪村文庫：

　　　　一册，紙本墨拓，册頁，編號：100。

京都大學人文科學研究所：

　　　　一張，紙本墨拓，原片，編號：TOU0410X。

白扇書道會：

　　　　一張，紙本墨拓，全拓，110.0×105.0，種谷扇舟舊藏。

淑德大學書學文化中心：

　　　　一張，紙本墨拓，托裱，編號：197618，天放樓舊藏。

2797 鄭仁泰墓誌

唐麟德元年（664）十月二十三日葬，一九七一年出土於陝西禮泉縣煙霞公社馬寨村鄭仁泰墓，現藏於昭陵博物館。

淑德大學書學文化中心：

一張，紙本墨拓，原片，編號：000678。

2798 張鬼墓誌

唐麟德元年（664）十月二十七日葬，河南洛陽出土，今藏地不詳。

京都大學人文科學研究所：

一張，紙本墨拓，原片，編號：TOU0400A。

一張，紙本墨拓，原片，編號：TOU0400B。

2799 孟師墓誌

唐麟德元年（664）十一月二日葬，河南洛陽出土，現藏於開封博物館。

東洋文庫：

一張，墓誌，紙本墨拓，原片，51.0×51.0。一張，墓誌蓋，紙本墨拓，原片，41.0×41.0。

編號：Ⅱ-16-C-1219。

京都大學人文科學研究所：

一張，紙本墨拓，原片，編號：TOU0401A。

一張，紙本墨拓，原片，編號：TOU0401B。

2800 梁秀墓誌

唐麟德元年（664）十一月五日葬，河南洛陽出土，現藏於開封博物館。

東洋文庫：

一張，紙本墨拓，原片，56.0×56.0，編號：Ⅱ-16-C-1218。

京都大學人文科學研究所：

一張，紙本墨拓，原片，編號：TOU0402X。

書壇院：

一幅，紙本墨拓，原片。

2801 段頤并夫人蘭氏墓誌

唐麟德元年（664）十一月五日葬，河南洛陽出土，現藏於開封博物館。

東洋文庫：

一張，紙本墨拓，原片，49.0×49.0，編號：Ⅱ-16-C-1221。

京都大學人文科學研究所：

一張，紙本墨拓，原片，編號：TOU0403X。

2802　袁弘毅墓誌

唐麟德元年（664）十一月十六日葬，河南洛陽出土，現藏於開封博物館。

東洋文庫：

一張，紙本墨拓，原片，38.0×37.0，編號：Ⅱ-16-C-1222。

京都大學人文科學研究所：

一張，紙本墨拓，原片，編號：TOU0404X。

2803　王達墓誌

唐麟德元年（664）十一月二十八日葬，河南洛陽出土，現藏於開封博物館。

東洋文庫：

一張，紙本墨拓，原片，39.0×39.0，編號：Ⅱ-16-C-1220。

宇野雪村文庫：

一張，紙本墨拓，原片，編號：1467。

京都大學人文科學研究所：

一張，紙本墨拓，原片，編號：TOU0407A。

一張，紙本墨拓，原片，編號：TOU0407B。

2804　强偉墓誌

唐麟德元年（664）十一月二十八日葬，河南洛陽出土，現藏於開封博物館。

京都大學人文科學研究所：

一張，紙本墨拓，原片，編號：TOU0406X。

2805　李如可孫女造像

唐麟德元年（664）十一月刻，今藏地不詳。

宇野雪村文庫：

一張，紙本墨拓，原片，編號：1923。

2806　成淑墓誌

唐麟德元年（664）十二月十一日葬，陝西西安出土，今藏地不詳。

淑德大學書學文化中心：

一册，紙本墨拓，册頁，編號：197803，天放樓舊藏。

宇野雪村文庫：

一張，紙本墨拓，原片，編號：1468。

2807 田客奴造道像

唐麟德二年（665）正月三日刻，已流失海外，現藏於美國波士頓美術館。

東京國立博物館：

　　一幅，紙本墨拓，原片，編號：808。

2808 成氏妻劉尚墓誌

唐麟德二年（665）正月三日葬，河南洛陽出土，現藏於開封博物館。

京都大學人文科學研究所：

　　一張，紙本墨拓，原片，編號：TOU0411X。

2809 侯僧達墓誌

唐麟德二年（665）閏三月二十八日葬，河南洛陽出土，現藏於開封博物館。

東洋文庫：

　　一張，紙本墨拓，原片，43.0×43.0，編號：Ⅱ-16-C-1228。

宇野雪村文庫：

　　一張，紙本墨拓，原片，編號：1469。

京都大學人文科學研究所：

　　一張，紙本墨拓，原片，編號：TOU0412X。

2810 任君夫人王師墓誌

唐麟德二年（665）五月十三日葬，河南洛陽出土，現藏於開封博物館。

東洋文庫：

　　一張，紙本墨拓，原片，47.0×47.0，編號：Ⅱ-16-C-1223。

京都大學人文科學研究所：

　　一張，紙本墨拓，原片，編號：TOU0413A。

　　一張，紙本墨拓，原片，編號：TOU0413B。

2811 史信墓誌

唐麟德二年（665）七月十二日葬，河南洛陽出土，現藏於開封博物館。

東洋文庫：

　　一張，紙本墨拓，原片，53.0×53.0，編號：Ⅱ-16-C-1224。

京都大學人文科學研究所：

　　一張，紙本墨拓，原片，編號：TOU0414X。

2812 索達墓誌

唐麟德二年（665）八月三日葬，河南洛陽出土，現藏於開封博物館。

京都大學人文科學研究所：

　　　一張，紙本墨拓，原片，編號：TOU0415A。

　　　一張，紙本墨拓，原片，編號：TOU0415B。

2813　柳尚遠妻宇文氏墓誌

唐麟德二年（665）八月十五日葬，河南洛陽出土，現藏於開封博物館。

京都大學人文科學研究所：

　　　一張，紙本墨拓，原片，編號：TOU0416A。

　　　一張，紙本墨拓，原片，編號：TOU0416B。

2814　朱造像記

唐麟德二年（665）八月二十三日刻，今藏地不詳。

東洋文庫：

　　　一張，紙本墨拓，原片，14.0×13.0，編號：Ⅱ-16-C-p-104。

2815　楊客僧墓誌

唐麟德二年（665）九月二十五日葬，河南洛陽出土，現藏於開封博物館。

東洋文庫：

　　　一張，紙本墨拓，原片，44.0×46.0，編號：Ⅱ-16-C-1225。

京都大學人文科學研究所：

　　　一張，紙本墨拓，原片，編號：TOU0419X。

2816　王仁表墓誌

唐麟德二年（665）十月五日葬，河南洛陽出土，現藏於開封博物館。

東洋文庫：

　　　一張，紙本墨拓，原片，33.0×33.0，編號：Ⅱ-16-C-1227。

京都大學人文科學研究所：

　　　一張，紙本墨拓，原片，編號：TOU0420X。

2817　程君妻周氏墓誌

唐麟德二年（665）十月十一日葬，河南洛陽出土，現藏於開封博物館。

東洋文庫：

　　　一張，紙本墨拓，原片，40.0×40.0，編號：Ⅱ-16-C-1226。

京都大學人文科學研究所：

　　　一張，紙本墨拓，原片，編號：TOU0421A。

　　　一張，紙本墨拓，原片，編號：TOU0421B。

2818　田信墓誌

唐麟德二年（665）十月十八日葬，河南洛陽出土，現藏於開封博物館。

京都大學人文科學研究所：

　　　　一張，紙本墨拓，原片，編號：TOU0422X。

書壇院：

　　　　一幅，紙本墨拓，全拓。

2819　程知節墓誌

唐麟德二年（665）十月二十二日葬，一九八六年出土於陝西禮泉縣煙霞鄉老軍營村程知節墓，現藏於昭陵博物館。

淑德大學書學文化中心：

　　　　一張，墓誌蓋，紙本墨拓，原片，編號：000679。

　　　　一張，墓誌，紙本墨拓，原片，編號：000680。

京都大學人文科學研究所：

　　　　一張，紙本墨拓，原片，編號：TOU1722X。

2820　李震墓誌

唐麟德二年（665）十一月葬，一九七三年出土於陝西禮泉縣煙霞公社西二村李震墓，現藏於昭陵博物館。

淑德大學書學文化中心：

　　　　一張，墓誌蓋，紙本墨拓，原片，編號：000681。

　　　　一張，墓誌，紙本墨拓，原片，編號：000682。

2821　智□造道像

唐麟德二年（665）刻，今藏地不詳。

東京國立博物館：

　　　　一幅，紙本墨拓，原片，編號：808。

2822　焦弘慶兄弟造像

唐麟德二年（665）刻，今藏地不詳。

東京國立博物館：

　　　　二幅，紙本墨拓，原片，編號：808。

2823　惠仁寶造像記

唐麟德二年（665）刻，今藏地不詳。

宇野雪村文庫：

　　一張，紙本墨拓，原片，編號：1103。

2824　郭師德造像記

唐麟德二年（665）刻，今藏地不詳。

宇野雪村文庫：

　　一張，紙本墨拓，原片，編號：1150。

2825　唐造像記殘石

唐麟德□年（664—665）刻，今藏地不詳。

東洋文庫：

　　一張，紙本墨拓，原片，7.0×18.0，編號：Ⅱ-16-C-p-105。

京都大學人文科學研究所：

　　一張，紙本墨拓，原片，編號：TOU0425X。

2826　□意灰身支提塔記

唐麟德年间（664—665）刻，現存河南安陽寶山靈泉寺。

京都大學人文科學研究所：

　　一張，紙本墨拓，原片，編號：TOU0426X。

［乾封］

2827　田博妻桑氏墓誌

唐乾封元年（666）二月十二日葬，今藏地不詳，河南洛陽孟津縣清風鄉出土，今藏地不詳。

東洋文庫：

　　一張，紙本墨拓，原片，54.0×53.0，編號：Ⅱ-16-C-p-106。

淑德大學書學文化中心：

　　一張，紙本墨拓，原片，編號：000413。

2828　邊敏墓誌

唐乾封元年（666）三月二十九日葬，河南洛陽出土，現藏於開封博物館。

京都大學人文科學研究所：

　　一張，紙本墨拓，原片，編號：TOU0428X。

2829　趙宗墓誌

唐乾封元年（666）四月二十四日葬，河南洛陽出土，京師歷史博物館舊藏。

京都大學人文科學研究所：

　　　一張，紙本墨拓，原片，編號：TOU0429X。

2830　崔冲墓誌

唐乾封元年（666）六月十九日葬，河南洛陽出土，現藏於開封博物館。

京都大學人文科學研究所：

　　　一張，紙本墨拓，原片，編號：TOU0430X。

2831　張仁墓誌

唐乾封元年（666）七月三日葬，河南洛陽出土，今藏地不詳。

京都大學人文科學研究所：

　　　一張，紙本墨拓，原片，編號：TOU0424X。

2832　丁孝範造阿彌陀像記

唐乾封元年（666）七月十五日刻，現存河南洛陽龍門石窟。

京都大學人文科學研究所：

　　　一張，紙本墨拓，原片，編號：TOU0433X。

2833　許大德并妻楊造像記

唐乾封元年（666）七月十五日刻，現存河南洛陽龍門石窟。

東洋文庫：

　　　一張，紙本墨拓，原片，16.0×23.0，編號：Ⅱ-16-C-p-107。

2834　郭君夫人楊氏墓誌

唐乾封元年（666）九月七日葬，河南洛陽出土，現藏於開封博物館。

東洋文庫：

　　　一張，紙本墨拓，原片，36.0×36.0，編號：Ⅱ-16-C-1229。

宇野雪村文庫：

　　　一張，紙本墨拓，原片，編號：1470。

京都大學人文科學研究所：

　　　一張，紙本墨拓，原片，編號：TOU0434X。

2835　張行恭墓誌

唐乾封元年（666）十月十七日葬，河南安陽出土，端方舊藏，現藏於故宮博物院。

書道博物館：

　　　一張，紙本墨拓，全拓，端方藏石。

淑德大學書學文化中心：

　　一張，紙本墨拓，原片，編號：000505。

京都大學人文科學研究所：

　　一張，紙本墨拓，原片，編號：TOU0435X。

2836　于志寧碑

全稱"大唐故柱國燕國公于君之碑"，令狐德棻撰文，于立政書丹，唐乾封元年（666）十一月二日立，現存陝西三原縣陵前鎮興隆村于志寧墓前。

書道博物館：

　　一册，舊拓，紙本墨拓，有篆額。

東洋文庫：

　　一張，碑陽連額，紙本墨拓，227.0×102.0+45.0×39.0，編號：Ⅱ-16-C-p-108。

淑德大學書學文化中心：

　　一軸，紙本墨拓，卷軸，編號：196334。

　　一軸，紙本墨拓，卷軸，編號：196481。

京都大學人文科學研究所：

　　一張，紙本墨拓，原片，編號：TOU0436X。

2837　紀國陸妃碑

又稱"紀國先妃陸氏碑"，唐乾封元年（666）十二月九日立，原在陝西禮泉縣煙霞公社西二村陸先妃墓前，現藏於昭陵博物館。

書道博物館：

　　一張，紙本墨拓，全拓，有篆額。

　　一張，舊拓，紙本墨拓，全拓，無篆額。

　　一册，明拓本，紙本墨拓。

東京國立博物館：

　　一幅，紙本墨拓，原片，編號：226，市河三鼎舊藏。

淑德大學書學文化中心：

　　一張，紙本墨拓，托裱，編號：197619，天放樓舊藏。

京都大學人文科學研究所：

　　一張，紙本墨拓，原片，編號：TOU0437X。

東洋文庫：

　　一帖二十六葉，碑陽，紙本墨拓，27.0×14.0。一張，碑額，紙本墨拓，56.0×32.0。編號：Ⅱ-16-C-828。

2838　韋珪墓誌

唐乾封元年（666）十二月二十九日葬，一九九一年出土於陝西禮泉縣煙霞鄉陵光村，現藏於昭陵博物館。

淑德大學書學文化中心：

一張，墓誌蓋，紙本墨拓，原片，編號：000683。

一張，墓誌，紙本墨拓，原片，編號：000684。

2839　王道智墓誌

唐乾封二年（667）二月十八日葬，河南洛陽出土，現藏於開封博物館。

京都大學人文科學研究所：

一張，紙本墨拓，原片，編號：TOU0439X。

書壇院：

一幅，紙本墨拓，原片，全拓。

2840　趙君夫人梁氏墓誌

唐乾封二年（667）二月十八日葬，河南洛陽出土，現藏於開封博物館。

京都大學人文科學研究所：

一張，紙本墨拓，原片，編號：TOU0438X。

2841　劉貴寶供養題記

唐乾封二年（667）二月刻，現存河南安陽大住聖石窟。

京都大學人文科學研究所：

一張，紙本墨拓，原片，編號：TOU0441X。

2842　孟善應妻趙造像記

唐乾封二年（667）四月六日刻，今藏地不詳。

東洋文庫：

一張，紙本墨拓，原片，9.0×18.0。右側，一張，紙本墨拓，原片，9.0×18.0。編號：Ⅱ-
16-C-p-109。

2843　李表墓誌

唐乾封二年（667）四月七日葬，河南洛陽出土，現藏於開封博物館。

東洋文庫：

一張，紙本墨拓，原片，40.0×40.0，編號：Ⅱ-16-C-1230。

京都大學人文科學研究所：

一張，紙本墨拓，原片，編號：TOU0443X。

2844　孟大娘造像記

唐乾封二年（667）四月八日刻，現存河南洛陽龍門石窟。

東洋文庫：

　　　一張，紙本墨拓，原片，12.0×11.0，編號：Ⅱ-16-C-p-110。

2845　法藏造像記

唐乾封二年（667）四月十五日刻，現存河南洛陽龍門石窟。

東洋文庫：

　　　一張，紙本墨拓，原片，18.0×14.0，編號：Ⅱ-16-C-p-111。

京都大學人文科學研究所：

　　　一張，紙本墨拓，原片，編號：TOU0460X。

2846　令狐熙碑

全稱"隋故桂州總管武康郡公之碑"，令狐德棻撰，唐乾封二年（667）五月立，陝西省銅川市耀縣（今耀州區）出土，現存耀州區錦陽路殷河村。

書道博物館：

　　　一張，紙本墨拓，原片，全拓。

2847　張兄仁夫人墓誌

唐乾封二年（667）六月十三日葬，河南洛陽出土，現藏於開封博物館。

京都大學人文科學研究所：

　　　一張，紙本墨拓，原片，編號：TOU0446X。

2848　陳壽墓誌

唐乾封二年（667）七月二日葬，河南洛陽出土，現藏於開封博物館。

東洋文庫：

　　　一張，紙本墨拓，原片，41.0×41.0，編號：Ⅱ-16-C-1237。

宇野雪村文庫：

　　　一張，紙本墨拓，原片，編號：1472。

京都大學人文科學研究所：

　　　一張，紙本墨拓，原片，編號：TOU0448X。

2849　楊智積墓誌

唐乾封二年（667）八月十八日葬，陝西大荔出土，吳大澂舊藏。

書道博物館：

　　　一册，紙本墨拓，册頁。

2850　僧秤造像

唐乾封二年（667）八月刻，現存河南鞏縣石窟。

書道博物館：

  一册，紙本墨拓，帖。

2851　王和墓誌

唐乾封二年（667）十月二十二日葬，河南洛陽出土，現藏於開封博物館。

東洋文庫：

  一張，墓誌，紙本墨拓，原片，44.0×44.0。一張，墓誌蓋，紙本墨拓，原片，36.0×35.0。
  編號：Ⅱ-16-C-145。
  一張，墓誌，紙本墨拓，原片，44.0×45.0，編號：Ⅱ-16-C-1231。

京都大學人文科學研究所：

  一張，紙本墨拓，原片，編號：TOU0450A。
  一張，紙本墨拓，原片，編號：TOU0450B。

2852　王纂墓誌

唐乾封二年（667）十月二十二日葬，河南洛陽出土，現藏於開封博物館。

東洋文庫：

  一張，紙本墨拓，原片，36.0×35.0，編號：Ⅱ-16-C-1231。

京都大學人文科學研究所：

  一張，紙本墨拓，原片，編號：TOU0449X。

2853　段儉夫人李弟墓誌

唐乾封二年（667）十月二十八日葬，河南洛陽出土，現藏於開封博物館。

東洋文庫：

  一張，紙本墨拓，原片，39.0×39.0，編號：Ⅱ-16-C-1223。

宇野雪村文庫：

  一張，紙本墨拓，原片，編號：1766。

京都大學人文科學研究所：

  一張，紙本墨拓，原片，編號：TOU0453X。

2854　王洪範碑

又稱“唐華陽觀王洪範碑”“唐小楷王洪範碑”“唐小楷華陽碑”“王先生碑”，于敬之撰文，王玄宗書丹，唐乾封二年（667）十一月立，原石已毀。

三井記念美術館：

  一帖，明内庫本，宋拓，紙本墨拓，20.5×11.2，孫承澤、費念慈、沈筠初、新町三井家
  舊藏。

2855 杜慶墓誌

唐乾封二年（667）十二月十七日葬，河南洛陽出土，現藏於開封博物館。

京都大學人文科學研究所：

一張，紙本墨拓，原片，編號：TOU0458X。

2856 孫造像記

唐乾封二年（667）十二月刻，端方舊藏，今藏地不詳。

書道博物館：

一張，紙本墨拓，全拓，端方藏石。

東洋文庫：

一張，紙本墨拓，原片，11.0×21.0，編號：Ⅱ-16-C-p-112。

一張，紙本墨拓，原片，13.0×14.0，編號：Ⅱ-16-C-p-670。

京都大學人文科學研究所：

一張，紙本墨拓，原片，編號：TOU0459X。

2857 婁敬墓誌

唐乾封二年（667）閏十二月十七日葬，河南洛陽出土，現藏於開封博物館。

東洋文庫：

一張，紙本墨拓，原片，58.0×58.0，編號：Ⅱ-16-C-1234。

京都大學人文科學研究所：

一張，紙本墨拓，原片，編號：TOU0454A。

一張，紙本墨拓，原片，編號：TOU0454B。

2858 謝通墓誌

唐乾封二年（667）閏十二月十七日葬，河南洛陽出土，現藏於開封博物館。

東洋文庫：

一張，紙本墨拓，原片，36.0×37.0，編號：Ⅱ-16-C-1235。

京都大學人文科學研究所：

一張，紙本墨拓，原片，編號：TOU0455X。

2859 張朗墓誌

唐乾封二年（667）閏十二月二十七日葬，河南洛陽出土，現藏於開封博物館。

東洋文庫：

一張，紙本墨拓，原片，48.0×55.0，編號：Ⅱ-16-C-153。

一張，紙本墨拓，原片，49.0×55.0，編號：Ⅱ-16-C-1236。

宇野雪村文庫：

  一張，紙本墨拓，原片，編號：1471。

京都大學人文科學研究所：

  一張，紙本墨拓，原片，編號：TOU0456X。

書壇院：

  一幅，紙本墨拓，全拓。

2860　張對墓誌

唐乾封三年（668）正月二十五日葬，河南洛陽出土，現藏於洛陽古代藝術博物館。

書道博物館：

  一册，紙本墨拓，册頁。

東洋文庫：

  一張，紙本墨拓，原片，35.0×31.0，編號：Ⅱ-16-C-p-113。

2861　清信弟君造像記

唐乾封三年（668）二月十一日刻，現存河南洛陽龍門石窟。

京都大學人文科學研究所：

  一張，紙本墨拓，原片，編號：TOU0461X。

2862　靖徹妻王氏墓誌

唐乾封三年（668）二月十六日葬，河南洛陽出土，現藏於開封博物館。

京都大學人文科學研究所：

  一張，紙本墨拓，原片，編號：TOU0462X。

2863　韋氏造像記

唐乾封年間（666—668）刻，現存河南洛陽龍門石窟。

東洋文庫：

  一張，紙本墨拓，原片，80.0×43.0，編號：Ⅱ-16-C-p-114。

［總章］

2864　尉尚仁母張曜墓誌

唐總章元年（668）二月三十日葬，河南洛陽出土，現藏於開封博物館。

京都大學人文科學研究所：

  一張，紙本墨拓，原片，編號：TOU0463X。

2865 閻玄墓誌

唐總章元年（668）三月七日葬，河南洛陽出土，現藏於開封博物館。

京都大學人文科學研究所：

　　一張，紙本墨拓，原片，編號：TOU0464A。

　　一張，紙本墨拓，原片，編號：TOU0464B。

書壇院：

　　一幅，紙本墨拓，全拓。

2866 王尹農造像記

唐總章元年（668）四月八日刻，現存河南洛陽龍門石窟。

東洋文庫：

　　一張，紙本墨拓，原片，24.0×11.0，編號：Ⅱ-16-C-p-115。

書道博物館：

　　一張，紙本墨拓，全拓。

2867 王无旱造像記

唐總章元年（668）四月刻，現存河南洛陽龍門石窟。

書道博物館：

　　一張，紙本墨拓，全拓。

東洋文庫：

　　一張，紙本墨拓，原片，13.0×29.0，編號：Ⅱ-16-C-p-124。

京都大學人文科學研究所：

　　一張，紙本墨拓，原片，編號：TOU0478X。

2868 李鉢頭母王造像記

唐總章元年（668）五月一日刻，現存河南洛陽龍門石窟。

東洋文庫：

　　一張，紙本墨拓，原片，14.0×13.0，編號：Ⅱ-16-C-p-116。

2869 孫處信墓誌

唐總章元年（668）五月十九日葬，河南洛陽出土，京師歷史博物館舊藏。

京都大學人文科學研究所：

　　一張，紙本墨拓，原片，編號：TOU0469X。

2870 張神熾姚武達等造像記

唐總章元年（668）六月二十四日刻，現存河南洛陽龍門石窟。

東洋文庫：

  一張，紙本墨拓，原片，17.0×7.0，編號：Ⅱ-16-C-p-117。

2871 王玄藏造像記

唐總章元年（668）六月刻，現存河南洛陽龍門石窟。

東洋文庫：

  一張，紙本墨拓，原片，22.0×12.0，編號：Ⅱ-16-C-p-118。

2872 彭義墓誌

唐總章元年（668）七月二十四日葬，河南洛陽出土，現藏於開封博物館。

京都大學人文科學研究所：

  一張，紙本墨拓，原片，編號：TOU0471X。

2873 王操造像記

唐總章元年（668）九月八日刻，現存河南洛陽龍門石窟。

東洋文庫：

  一張，紙本墨拓，原片，29.0×10.0，編號：Ⅱ-16-C-p-119。

京都大學人文科學研究所：

  一張，紙本墨拓，原片，編號：TOU0472X。

2874 王合造像記

唐總章元年（668）九月八日刻，現存河南洛陽龍門石窟。

書道博物館：

  一張，紙本墨拓，全拓。

東洋文庫：

  一張，紙本墨拓，原片，10.0×32.0，編號：Ⅱ-16-C-p-120。

京都大學人文科學研究所：

  一張，紙本墨拓，原片，編號：TOU0473X。

2875 張客朗等造像記

唐總章元年（668）九月二十三日刻，現存河南洛陽龍門石窟。

京都大學人文科學研究所：

  一張，紙本墨拓，原片，編號：TOU0474X。

2876 李泰墓誌

唐總章元年（668）十一月二日葬，河南洛陽出土，現藏於開封博物館。

東洋文庫：

　　　一張，墓誌，紙本墨拓，原片，58.0×58.0。一張，墓誌蓋，紙本墨拓，原片，36.0×35.0。

　　　編號：Ⅱ-16-C-1238。

淑德大學書學文化中心：

　　　一張，紙本墨拓，原片，編號：001936。

京都大學人文科學研究所：

　　　一張，紙本墨拓，原片，編號：TOU0475X。

2877　柳常柱造像記

唐總章元年（668）刻，現存河南洛陽龍門石窟。

東洋文庫：

　　　一張，紙本墨拓，原片，10.0×14.0，編號：Ⅱ-16-C-p-121。

　　　一張，紙本墨拓，原片，22.0×14.0，編號：Ⅱ-16-C-p-122。

京都大學人文科學研究所：

　　　一張，紙本墨拓，原片，編號：TOU0477X。

2878　陰氏造像記

唐總章元年（668）刻，現存河南洛陽龍門石窟。

東洋文庫：

　　　一張，紙本墨拓，原片，6.0×16.0，編號：Ⅱ-16-C-p-123。

2879　王德墓誌

唐總章二年（669）二月十一日葬，河南洛陽出土，現藏於開封博物館。

京都大學人文科學研究所：

　　　一張，紙本墨拓，原片，編號：TOU0480X。

書壇院：

　　　一幅，紙本墨拓，全拓。

2880　王令墓誌

唐總章二年（669）三月二十八日葬，河南洛陽出土，京師歷史博物館舊藏。

京都大學人文科學研究所：

　　　一張，紙本墨拓，原片，編號：TOU0481X。

2881　高崇業等造像記

唐總章二年（669）四月二十三日刻，現存河南洛陽龍門石窟。

京都大學人文科學研究所：

一張，紙本墨拓，原片，編號：TOU0482X。

2882　劉君夫人斛斯氏墓誌

唐總章二年（669）五月十九日葬，今藏地不詳。

東洋文庫：

一張，墓誌，紙本墨拓，原片，48.0×47.0，編號：Ⅱ-16-C-1245。

2883　張君妻朱氏墓誌

唐總章二年（669）六月二十六日葬，河南洛陽出土，現藏於開封博物館。

京都大學人文科學研究所：

一張，紙本墨拓，原片，編號：TOU0484X。

2884　□業法藏尚等造像記

唐總章二年（669）六月刻，現存河南洛陽龍門石窟。

東洋文庫：

一張，紙本墨拓，原片，20.0×10.0，編號：Ⅱ-16-C-p-125。

2885　康達墓誌

唐總章二年（669）七月八日葬，河南洛陽出土，現藏於開封博物館。

東洋文庫：

一張，紙本墨拓，原片，43.0×44.0，編號：Ⅱ-16-C-1239。

京都大學人文科學研究所：

一張，紙本墨拓，原片，編號：TOU0485X。

2886　姜義琮造像記

唐總章二年（669）七月十五日刻，現存河南洛陽龍門石窟。

東洋文庫：

一張，紙本墨拓，原片，20.0×14.0，編號：Ⅱ-16-C-p-126。

2887　騫公夫人造像記

唐總章二年（669）七月二十九日刻，現存河南洛陽龍門石窟。

東洋文庫：

一張，紙本墨拓，原片，64.0×54.0，編號：Ⅱ-16-C-p-127。

宇野雪村文庫：

一張，紙本墨拓，原片，編號：1338，龍門造像善寺洞。

2888　曹德墓誌

唐總章二年（669）八月二十六日葬，河南洛陽出土，現藏於開封博物館。

京都大學人文科學研究所：

一張，紙本墨拓，原片，編號：TOU0486X。

2889　楊行禕墓誌

唐總章二年（669）八月二十六日葬，河南洛陽出土，現藏於開封博物館。

京都大學人文科學研究所：

一張，紙本墨拓，原片，編號：TOU0487A。

一張，紙本墨拓，原片，編號：TOU0487B。

2890　耿君妻惠氏墓誌

唐總章二年（669）十一月十五日葬，河南洛陽出土，現藏於開封博物館。

京都大學人文科學研究所：

一張，紙本墨拓，原片，編號：TOU0488X。

2891　蘭德墓誌

唐總章二年（669）十二月一日葬，河南洛陽出土，現藏於開封博物館。

京都大學人文科學研究所：

一張，紙本墨拓，原片，編號：TOU0489X。

2892　獨孤歡辭造像記

唐總章二年（669）十二月刻，現存河南洛陽龍門石窟。

東洋文庫：

一張，紙本墨拓，原片，14.0×38.0，編號：Ⅱ-16-C-p-128。

2893　玄導刻經題記

唐總章二年（669）刻，現存北京房山雲居寺。

佛教大學：

一張，紙本墨拓，原片，215.0×60.0。

2894　李勣墓誌

唐總章三年（670）二月六日葬，一九七一年出土於陝西禮泉縣煙霞公社西屯村，現藏於昭陵博物館。

淑德大學書學文化中心：

　　一張，墓誌蓋，紙本墨拓，原片，編號：000685。

　　一張，墓誌，紙本墨拓，原片，編號：000685。

2895　道安禪師塔銘

唐總章三年（670）二月十五日刻，現存陝西西安百塔寺。

書道博物館：

　　一張，紙本墨拓，全拓，端方藏石。

東洋文庫：

　　一張，紙本墨拓，原片，36.0×24.0，編號：Ⅱ-16-C-p-129。

淑德大學書學文化中心：

　　一册，紙本墨拓，册頁，編號：195677。

　　一軸，紙本墨拓，卷軸，編號：000806。

京都大學人文科學研究所：

　　一張，紙本墨拓，原片，編號：TOU0493X。

［咸亨］

2896　程義墓誌

唐咸亨元年（670）三月十二日葬，河南洛陽出土，現藏於開封博物館。

京都大學人文科學研究所：

　　一張，紙本墨拓，原片，編號：TOU0496A。

　　一張，紙本墨拓，原片，編號：TOU0496B。

2897　李孝同碑

全稱“大唐故右衛將軍贈左武衛大將軍代州都督柱國淄川公李府君碑”，諸葛思禎書丹，唐咸亨元年（670）五月二十四日立，現存陝西咸陽三原縣陵前鎮東義和村李孝同墓。

書道博物館：

　　一册，舊拓，紙本墨拓。

淑德大學書學文化中心：

　　一册，紙本墨拓，册頁，編號：001280。

東洋文庫：

　　一張，碑陽連額，紙本墨拓，原片，224.0×94.0+40.0×33.0，編號：Ⅱ-16-C-p-130。

2898　樂達墓誌

唐咸亨元年（670）七月十四日葬，河南洛陽出土，現藏於故宮博物院。

書道博物館：

一張，紙本墨拓，全拓，端方藏石。

東洋文庫：

一張，紙本墨拓，原片，42.0×42.0，編號：Ⅱ-16-C-p-131。

京都大學人文科學研究所：

一張，紙本墨拓，原片，編號：TOU0497X。

2899　三尊石佛造像記

唐咸亨元年（670）八月二日刻，今藏地不詳。

東洋文庫：

一張，紙本墨拓，原片，7.0×53.0，編號：Ⅱ-16-C-p-132。

京都大學人文科學研究所：

一張，紙本墨拓，原片，編號：TOU0500X。

2900　張軌墓誌

唐咸亨元年（670）閏九月二十日葬，河南洛陽出土，現藏於開封博物館。

東洋文庫：

一張，墓誌，紙本墨拓，原片，49.0×48.0。一張，墓誌蓋，紙本墨拓，原片，23.0×23.0。
編號：Ⅱ-16-C-1214。

京都大學人文科學研究所：

一張，紙本墨拓，原片，編號：TOU0501X。

2901　趙夫人墓誌

唐咸亨元年（670）十月一日葬，河南洛陽出土，現藏於開封博物館。

東洋文庫：

一張，紙本墨拓，原片，41.0×41.0，編號：Ⅱ-16-C-1242。

京都大學人文科學研究所：

一張，紙本墨拓，原片，編號：TOU0504X。

大阪市立美術館：

一張，紙本墨拓，原片，編號：2673。

2902　王大禮墓誌

唐咸亨元年（670）十月四日葬，一九六四年出土於陝西禮泉縣煙霞公社山底村，現藏於昭陵博物館。

淑德大學書學文化中心：

一張，墓誌蓋，紙本墨拓，原片，編號：000686。

一張，墓誌，紙本墨拓，原片，編號：000687。

2903　唐□□墓誌

唐咸亨元年（670）十月四日葬，今藏地不詳。

京都大學人文科學研究所：

　　一張，紙本墨拓，原片，編號：TOU0506X。

2904　司馬興并夫人張氏墓誌

唐咸亨元年（670）十月四日葬，河南孟縣（今孟州市）出土，端方舊藏。

書道博物館：

　　一張，紙本墨拓，全拓，端方藏石。

東洋文庫：

　　一張，紙本墨拓，原片，28.0×27.0，編號：Ⅱ-16-C-p-133。

京都大學人文科學研究所：

　　一張，紙本墨拓，原片，編號：TOU0510X。

2905　樂玄墓誌

唐咸亨元年（670）十月二十八日葬，河南洛陽出土，現藏於開封博物館。

東洋文庫：

　　一張，紙本墨拓，原片，50.0×50.0，編號：Ⅱ-16-C-1240。

京都大學人文科學研究所：

　　一張，紙本墨拓，原片，編號：TOU0499X。

2906　仵欽墓誌

唐咸亨元年（670）十一月三日葬，民國十九年（1930）出土於北京西城區，今藏地不詳。

東洋文庫：

　　一張，墓誌，紙本墨拓，原片，56.0×55.0。一張，墓誌蓋，紙本墨拓，原片，56.0×55.0。
　　編號：Ⅱ-16-C-1243。

2907　斛斯政則墓誌

唐咸亨元年（670）十一月十日葬，一九七九年出土於陝西禮泉縣煙霞公社上營村西斛斯政則墓，現藏於昭陵博物館。

淑德大學書學文化中心：

　　一張，墓誌蓋，紙本墨拓，原片，編號：000688。
　　一張，墓誌，紙本墨拓，原片，編號：000689。

2908　張曉墓誌

唐咸亨元年（670）□月二十日葬，河南洛陽出土，今藏地不詳。

東洋文庫：

　　　　一張，紙本墨拓，原片，60.0×60.0，編號：Ⅱ-16-C-1244。

京都大學人文科學研究所：

　　　　一張，紙本墨拓，原片，編號：TOU0507X。

2909　□君墓誌

唐咸亨元年（670）葬，今藏地不詳。

京都大學人文科學研究所：

　　　　一張，紙本墨拓，原片，編號：TOU0508A。

　　　　一張，紙本墨拓，原片，編號：TOU0508B。

2910　申恭墓誌

唐咸亨元年（670）刻，河南洛陽出土，今藏地不詳。

京都大學人文科學研究所：

　　　　一張，紙本墨拓，原片，編號：TOU0509X。

2911　劉明墓誌

唐咸亨元年（670）葬，今藏地不詳。

京都大學人文科學研究所：

　　　　一張，紙本墨拓，原片，編號：TOU0511X。

2912　碧落碑

又稱"李訓等爲亡父母造大道尊像碑"，唐咸亨元年（670）立，現存山西新絳龍興寺。

書道博物館：

　　　　一張，紙本墨拓，全拓。

京都大學人文科學研究所：

　　　　一張，紙本墨拓，原片，編號：TOU0494X。

宇野雪村文庫：

　　　　一張，紙本墨拓，原片，編號：1217。

　　　　一册，紙本墨拓，册頁，編號：174。

東洋文庫：

　　　　一帖四十四葉，紙本墨拓，36.0×26.0，編號：Ⅱ-16-C-895。

淑德大學書學文化中心：

　　　　一軸，紙本墨拓，卷軸，編號：196055。

　　　　一張，紙本墨拓，托裱，編號：001248。

　　　　一張，紙本墨拓，托裱，編號：197620，天放樓舊藏。

一軸，紙本墨拓，卷軸，編號：196056。

一張，紙本墨拓，托裱，編號：197694，天放樓舊藏。

觀峰館：

二册，紙本墨拓，册頁，27.9×15.7。

2913　張知□造像記

唐咸亨二年（671）二月刻，今藏地不詳。

東洋文庫：

一張，紙本墨拓，原片，12.0×5.0，編號：Ⅱ-16-C-p-134。

2914　韓昱墓誌

唐咸亨二年（671）三月九日葬，河南洛陽出土，今藏地不詳。

京都大學人文科學研究所：

一張，紙本墨拓，原片，編號：TOU0520X。

2915　奇玄表墓誌

唐咸亨二年（671）五月十四日葬，河南洛陽出土，現藏於開封博物館。

京都大學人文科學研究所：

一張，紙本墨拓，原片，編號：TOU0513A。

一張，紙本墨拓，原片，編號：TOU0513B。

2916　謝慶墓誌

唐咸亨二年（671）七月十二日葬，河南洛陽出土，現藏於開封博物館。

京都大學人文科學研究所：

一張，紙本墨拓，原片，編號：TOU0514X。

2917　張阿難碑

唐咸亨二年（671）九月二十日立，原在陝西禮泉縣煙霞鎮馬旗寨村張阿難墓，現藏於昭陵博物館。

書道博物館：

一張，舊拓，紙本墨拓，全拓，有篆額。

一張，紙本墨拓，全拓，有篆額。

東京國立博物館：

一幅，紙本墨拓，原片，編號：227，市河三鼎舊藏。

東洋文庫：

一帖十八葉，紙本墨拓，28.0×14.0，編號：Ⅱ-16-C-859。

淑德大學書學文化中心：

　　　　一册，紙本墨拓，册頁，編號：195670。

京都大學人文科學研究所：

　　　　一張，紙本墨拓，原片，編號：TOU0516X。

2918　王二娘造像記

唐咸亨二年（671）九月刻，現存河南洛陽龍門石窟。

東洋文庫：

　　　　一張，紙本墨拓，原片，9.0×10.0，編號：Ⅱ-16-C-p-135。

　　　　一張，紙本墨拓，原片，9.0×10.0，編號：Ⅱ-16-C-p-136。

京都大學人文科學研究所：

　　　　一張，紙本墨拓，原片，編號：TOU0515X。

2919　李福墓誌

唐咸亨二年（671）十二月二十七日葬，一九七二年出土於陝西禮泉縣煙霞公社巖峪村李福墓，現藏於昭陵博物館。

淑德大學書學文化中心：

　　　　一張，墓誌蓋，紙本墨拓，原片，編號：000690。

　　　　一張，墓誌，紙本墨拓，原片，編號：000691。

2920　李世民妃燕氏墓誌

唐咸亨二年（671）十二月二十七日葬，一九九〇年出土於陝西禮泉縣煙霞鄉東坪村，現藏於昭陵博物館。

淑德大學書學文化中心：

　　　　一張，墓誌蓋，紙本墨拓，原片，編號：000692。

　　　　一張，墓誌，紙本墨拓，原片，編號：000693。

京都大學人文科學研究所：

　　　　一張，紙本墨拓，原片，編號：TOU0517X。

2921　□恢墓誌

唐咸亨二年（671）十二月葬，今藏地不詳。

京都大學人文科學研究所：

　　　　一張，紙本墨拓，原片，編號：TOU0518X。

2922　王師墓誌

唐咸亨三年（672）正月二十二日葬，河南洛陽出土，現藏於開封博物館。

京都大學人文科學研究所：

　　一張，紙本墨拓，原片，編號：TOU0521A。

　　一張，紙本墨拓，原片，編號：TOU0521B。

2923　張祖墓誌

唐咸亨三年（672）二月二十二日葬，河南安陽出土，現藏於故宮博物院。

書道博物館：

　　一張，紙本墨拓，全拓，端方藏石。

　　一張，紙本墨拓，全拓，端方藏石。

東洋文庫：

　　一張，墓誌，紙本墨拓，54.0×53.0。一張，墓誌蓋，紙本墨拓，38.0×37.0。編號：Ⅱ-16-C-p-137。

京都大學人文科學研究所：

　　一張，紙本墨拓，原片，編號：TOU0525A。

　　一張，紙本墨拓，原片，編號：TOU0525B。

淑德大學書學文化中心：

　　一張，紙本墨拓，原片，編號：000653。

2924　王玄墓誌

唐咸亨三年（672）五月二十四日葬，河南洛陽出土，現藏於開封博物館。

東洋文庫：

　　一張，紙本墨拓，原片，48.0×47.0，編號：Ⅱ-16-C-1245。

京都大學人文科學研究所：

　　一張，紙本墨拓，原片，編號：TOU0526X。

　　一張，紙本墨拓，原片，編號：TOU0542X。

2925　盧承業墓誌

唐咸亨三年（672）八月十四日葬，民國十年（1921）河南洛陽出土，現藏於遼寧省博物館。

東洋文庫：

　　一張，紙本墨拓，原片，70.0×70.0，編號：Ⅱ-16-C-2.42。

淑德大學書學文化中心：

　　一張，紙本墨拓，原片，編號：000414。

京都大學人文科學研究所：

　　一張，紙本墨拓，原片，編號：TOU0527X。

2926　封泰墓誌

唐咸亨三年（672）八月十四日葬，河南洛陽出土，現藏於偃師商城博物館。

京都大學人文科學研究所：

　　一張，紙本墨拓，原片，編號：TOU0519X。

2927　張弘墓誌

唐咸亨三年（672）十月二十七日葬，河南洛陽出土，現藏於開封博物館。

東洋文庫：

　　一張，紙本墨拓，原片，38.0×38.0，編號：Ⅱ-16-C-1246。

京都大學人文科學研究所：

　　一張，紙本墨拓，原片，編號：TOU0530X。

2928　張義墓誌

唐咸亨三年（672）十一月二十二日葬，河南洛陽出土，現藏於開封博物館。

京都大學人文科學研究所：

　　一張，紙本墨拓，原片，編號：TOU0532X。

2929　李子如墓誌

唐咸亨三年（672）十二月三日葬，河南洛陽出土，現藏於開封博物館。

東洋文庫：

　　一張，紙本墨拓，原片，42.0×45.0，編號：Ⅱ-16-C-1247。

京都大學人文科學研究所：

　　一張，紙本墨拓，原片，編號：TOU0534X。

書壇院：

　　一幅，紙本墨拓，全拓。

2930　集王聖教序

全稱“唐懷仁集晉右將軍王羲之書大唐三藏聖教序”，又稱“懷仁集王聖教序”“七佛聖教序”，始刻於貞觀二十二年（648），至咸亨三年（672）完成，現藏於陝西西安碑林博物館。

三井記念美術館：

　　一帖，項墨林本，五代拓，紙本墨拓，23.4×12.1，項元汴、劉鶚、新町三井家舊藏。

　　一帖，李春湖本，宋拓，紙本墨拓，28.3×15.5，李宗瀚、新町三井家舊藏。

　　一帖，松烟拓本，宋拓，紙本墨拓，28.4×16.2，王鏞、新町三井家舊藏。

　　一帖，内庫本，宋拓，紙本墨拓，27.3×15，王鐸、劉鶚、新町三井家舊藏。

書道博物館：

　　一册，北宋拓，紙本墨拓，中間五葉佚失，胡石查舊藏。

　　一册，不斷本，宋拓，紙本墨拓，明周光祚跋。

　　一册，精拓，紙本墨拓，碑首有佛像。

一册，舊拓，碑首有佛像。

一張，明拓，紙本墨拓，全拓，碑首有佛像。

一册，明帖，紙本墨拓，蟬翼精拓。

黑川古文化研究所：

一帖，北宋拓，紙本墨拓，27.5×15.0，書029，姜宸英、蔡之定、何紹基、翁方綱、吳榮光、葉志詵、毅紹業、羅天池、羅振玉、内藤湖南跋。一帖，紙本墨拓，27.2×15.8，書1082。

京都國立博物館：

一帖，宋拓，紙本墨拓，25.8×14.5，編號：B甲337，日下部鶴鳴、羅振玉、内藤湖南跋，上野理一舊藏。

一帖，紙本墨拓，26.5×14.1，編號：B甲402，羅振玉跋，上野理一舊藏。

東京國立博物館：

一帖，宋拓，紙本墨拓，26.0×13.0，何焯、楊寶、李瑩、顔培瑚等跋，高島菊次郎舊藏。

一帖，紙本墨拓，編號：222，市河三鼎舊藏。

一幅，紙本墨拓，編號：343。

一幅，紙本墨拓，編號：484。

一帖，紙本墨拓，31.8×19.7，編號：1362。

一帖，紙本墨拓，31.0×18.0，編號：1362。

寧樂美術館：

一帖，宋拓，紙本墨拓。

有鄰館：

一帖，未斷本，紙本墨拓。

木雞室：

一册，明拓，紙本墨拓，沈曾植題跋。

京都大學人文科學研究所：

一張，紙本墨拓，編號：TOU0536X。

大阪市立美術館：

一帖，剪裝本，紙本墨拓，編號：2628。

東京藝術大學藝術資料館：

一張，紙本墨拓，卷子裝，292.0×96.0，編號：1440。

淑德大學書學文化中心：

一軸，紙本墨拓，卷軸，編號：196057。

一軸，紙本墨拓，卷軸，編號：195581。

一册，紙本墨拓，册頁，編號：195690。

一册，紙本墨拓，册頁，編號：000288。

一册，紙本墨拓，册頁，編號：001328。

一張，紙本墨拓，托裱，編號：197621，天放樓舊藏。

大谷大學博物館：

　　　一帖，紙本墨拓，33.0×19.7。

東洋文庫：

　　　一帖四十葉，紙本墨拓，29.0×15.0，編號：XI-2-27。

　　　一帖四十四葉，紙本墨拓，35.0×21.0，編號：XI-2-29。

　　　一張，紙本墨拓，原片，216.0×98.0，編號：II-16-C-p-138。

白扇書道會：

　　　一張，紙本墨拓，全拓，215.0×95.0，種谷扇舟舊藏。

觀峰館：

　　　一張，紙本墨拓，原片，214.5×95.5。

書壇院：

　　　一幅，紙本墨拓，全拓。

墨華書道會：

　　　一張，紙本墨拓，全拓。

碑林公園：

　　　一張，紙本墨拓，全拓。

2931　謝慶夫墓誌

唐咸亨三年（672）葬，河南洛陽出土，今藏地不詳。

京都大學人文科學研究所：

　　　一張，紙本墨拓，原片，編號：TOU0541X。

2932　金剛般若波羅蜜經

又稱“少林寺金剛經”，王知敬書，唐咸亨三年（672）刻，現存河南登封少林寺。

京都大學人文科學研究所：

　　　一張，紙本墨拓，原片，編號：TOU0544A。

　　　一張，紙本墨拓，原片，編號：TOU0544B。

2933　孫行基造像記

唐咸亨四年（673）正月刻，端方舊藏，今藏地不詳。

書道博物館：

　　　一張，紙本墨拓，全拓，端方藏石。

京都大學人文科學研究所：

　　　一張，紙本墨拓，原片，編號：TOU0547X。

2934　韋機造盧舍那佛造像

唐咸亨四年（673）正月刻，現存河南洛陽龍門石窟。

書道博物館:

　　　一張，紙本墨拓，全拓。

2935　朱遠墓誌

唐咸亨四年（673）二月二十八日葬，河南洛陽出土，現藏於開封博物館。

淑德大學書學文化中心:

　　　一張，紙本墨拓，原片，編號：000506。

京都大學人文科學研究所:

　　　一張，紙本墨拓，原片，編號：TOU0552X。

2936　慕容知禮墓誌

唐咸亨四年（673）二月二十八日葬，河南洛陽出土，現藏於開封博物館。

東洋文庫:

　　　一張，紙本墨拓，原片，43.0×43.0，編號：Ⅱ-16-C-1248。

京都大學人文科學研究所:

　　　一張，紙本墨拓，原片，編號：TOU0550A。

　　　一張，紙本墨拓，原片，編號：TOU0550B。

2937　王夫人墓誌

唐咸亨四年（673）四月五日葬，河南洛陽出土，現藏於開封博物館。

東洋文庫:

　　　一張，紙本墨拓，原片，44.0×44.0，編號：Ⅱ-16-C-1249。

京都大學人文科學研究所:

　　　一張，紙本墨拓，原片，編號：TOU0554X。

書壇院:

　　　一幅，紙本墨拓，全拓。

2938　張翌墓誌

唐咸亨四年（673）五月十七日葬，河南洛陽出土，現藏於開封博物館。

京都大學人文科學研究所:

　　　一張，紙本墨拓，原片，編號：TOU0555X。

2939　邊真墓誌

唐咸亨四年（673）六月二十六日葬，河南洛陽出土，現藏於開封博物館。

東洋文庫:

　　　一張，紙本墨拓，原片，49.0×50.0，編號：Ⅱ-16-C-1250。

京都大學人文科學研究所：

　　　　一張，紙本墨拓，原片，編號：TOU0556X。

2940　韓節墓誌

唐咸亨四年（673）八月二日葬，河南洛陽出土，現藏於開封博物館。

京都大學人文科學研究所：

　　　　一張，墓誌，紙本墨拓，原片，編號：TOU0557A。

　　　　一張，墓誌蓋，紙本墨拓，原片，編號：TOU0557B。

2941　曹澄墓誌

唐咸亨四年（673）八月十四日葬，河南洛陽出土，現藏於開封博物館。

京都大學人文科學研究所：

　　　　一張，紙本墨拓，原片，編號：TOU0558X。

2942　劉君妻諶□娘墓誌

唐咸亨四年（673）八月二十七日刻，河南洛陽出土，現藏於開封博物館。

書道博物館：

　　　　一張，紙本墨拓，全拓，端方藏石。

2943　韓仁師墓誌

唐咸亨四年（673）九月二十一日葬，河南洛陽出土，現藏於開封博物館。

宇野雪村文庫：

　　　　一張，紙本墨拓，原片，編號：1473。

東洋文庫：

　　　　一張，紙本墨拓，原片，39.0×39.0，編號：Ⅱ-16-C-1251。

京都大學人文科學研究所：

　　　　一張，紙本墨拓，原片，編號：TOU0559X。

書壇院：

　　　　一幅，紙本墨拓，全拓。

2944　楊晟墓誌

唐咸亨四年（673）十月三日葬，河南洛陽出土，現藏於開封博物館。

京都大學人文科學研究所：

　　　　一張，紙本墨拓，原片，編號：TOU0560X。

2945　王儉墓誌

唐咸亨四年（673）十月四日葬，河南洛陽出土，現藏於開封博物館。

東洋文庫：

一張，紙本墨拓，52.0×52.0，編號：Ⅱ-16-C-1252。

京都大學人文科學研究所：

一張，紙本墨拓，原片，編號：TOU0561A。

一張，紙本墨拓，原片，編號：TOU0561B。

書壇院：

一幅，紙本墨拓，全拓。

2946　鄭惠王石塔記

又稱"古慈寺鄭王石記"，釋行滿撰，唐咸亨四年（673）十月八日刻，現存山西長子縣法興寺。

京都大學人文科學研究所：

一張，紙本墨拓，原片，編號：TOU0563X。

2947　惠簡造像記

唐咸亨四年（673）十一月七日刻，現存河南洛陽龍門石窟。

書道博物館：

一張，紙本墨拓，綴帖。

東洋文庫：

一張，紙本墨拓，原片，45.0×31.0，編號：Ⅱ-16-C-p-139。

2948　韓寶才墓誌

唐咸亨四年（673）十一月九日葬，陝西西安出土，現藏於西安碑林博物館。

東京國立博物館：

一幅，紙本墨拓，原片，98.0×49.5，編號：227。

京都大學人文科學研究所：

一張，紙本墨拓，原片，編號：TOU0564X。

淑德大學書學文化中心：

一册，紙本墨拓，册頁，編號：197804，天放樓舊藏。

2949　王君夫人姜氏墓誌

唐咸亨五年（674）二月四日葬，今藏地不詳。

東洋文庫：

一張，紙本墨拓，原片，59.0×59.0，編號：Ⅱ-16-C-77。

一張，紙本墨拓，原片，59.0×60.0，編號：Ⅱ-16-C-1253。

京都大學人文科學研究所：

一張，紙本墨拓，原片，編號：TOU0568X。

書壇院：

一幅，紙本墨拓，原片，全拓。

2950　唐夫人史氏墓誌

唐咸亨五年（674）二月二十九日葬，河南洛陽出土，現藏於開封博物館。

京都大學人文科學研究所：

一張，紙本墨拓，原片，編號：TOU0570X。

2951　黄素墓誌

唐咸亨五年（674）四月三十日葬，河南洛陽出土，現藏於開封博物館。

京都大學人文科學研究所：

一張，紙本墨拓，原片，編號：TOU0572A。

一張，紙本墨拓，原片，編號：TOU0572B。

2952　懷伯等造像

又稱“龐懷伯邑人等造像記”，唐咸亨五年（674）五月八日刻，北京房山出土。

京都大學人文科學研究所：

一張，紙本墨拓，原片，編號：TOU0574X。

2953　嚴大娘造像

唐咸亨五年（674）六月刻，現存河南洛陽龍門石窟。

書道博物館：

一張，紙本墨拓，全拓。

2954　劉守忠墓誌

唐咸亨五年（674）八月十三日葬，陝西西安出土，端方舊藏。

書道博物館：

一張，紙本墨拓，全拓。

淑德大學書學文化中心：

一册，紙本墨拓，册頁，編號：197878，天放樓舊藏。

京都大學人文科學研究所：

一張，紙本墨拓，原片，編號：TOU0575X。

2955　費君墓誌

唐咸亨年間（670—674）葬，今藏地不詳。

京都大學人文科學研究所：

一張，紙本墨拓，原片，編號：TOU0540X。

［上元］

2956　安樂寺觀無量壽佛經碑

唐上元元年（674）七月六日刻，現存河北唐山安樂寺。

龍谷大學：

　　九幅，紙本墨拓，邢州刺史上柱國紀王慎敬造石經一部，［1］碑面全体，231.5×129.0。［2］碑面上左，115.0×64.0。［3］碑面中央，29.5×63.5。［4］碑面上右，115.0×64.0。［5］碑面下左，114.5×64.0。［6］碑面下右，86.5×64.0。［7］左碑側上，112.5×33.0。［8］左碑側下，114.5×32.0。［9］碑陰全体，231.0×129.0。

宇野雪村文庫：

　　一冊，紙本墨拓，冊頁，編號：392。

淑德大學書學文化中心：

　　一軸，紙本墨拓，卷軸，編號：195920。

2957　王君夫人柏氏墓誌

唐上元元年（674）八月二十九日葬，陝西西安出土，趙乾生舊藏，現藏於故宮博物院。

書道博物館：

　　一張，紙本墨拓，全拓，端方藏石。

東京國立博物館：

　　一幅，紙本墨拓，原片，編號：783。

2958　馬周碑

全稱“大唐故中書令高唐馬公之碑”，許敬宗撰文，殷仲容書丹，唐上元元年（674）十月六日立，現藏於陝西昭陵博物館。

書道博物館：

　　一張，紙本墨拓，全拓。

　　一冊，舊拓，紙本墨拓。

東洋文庫：

　　一帖二十葉，紙本墨拓，30.0×15.0。碑額，失。編號：Ⅱ-16-C-848。

京都大學人文科學研究所：

　　一張，紙本墨拓，原片，編號：TOU0578X。

　　一張，紙本墨拓，原片，編號：TOU0119X。

淑德大學書學文化中心：

　　一張，紙本墨拓，托裱，編號：197622，天放樓舊藏。

白扇書道會：

一張，紙本墨拓，全拓，63.0×92.0，種谷扇舟舊藏。

2959 王義墓誌

唐上元元年（674）十一月二十五日葬，河南洛陽出土，現藏於開封博物館。

東洋文庫：

一張，墓誌，紙本墨拓，原片，48.0×48.0。一張，墓誌蓋，紙本墨拓，原片，42.0×42.0。編號：Ⅱ-16-C-1254。

京都大學人文科學研究所：

一張，紙本墨拓，原片，編號：TOU0579X。

書壇院：

一幅，紙本墨拓，全拓。

2960 華岳廟王宥等題名

唐上元元年（674）刻於"述聖頌碑"右側，現藏於陝西西安碑林博物館。

東京國立博物館：

一幅，紙本墨拓，原片，編號：887。

2961 劉奉芝墓誌

唐上元二年（675）正月十一日葬，陝西西安出土，端方舊藏。

東洋文庫：

一張，紙本墨拓，原片，50.0×50.0。

書道博物館：

一張，紙本墨拓，全拓。

2962 王仁恪造像記

唐上元二年（675）三月十五日刻，現存河南洛陽龍門石窟。

東洋文庫：

一張，紙本墨拓，原片，25.0×12.0，編號：Ⅱ-16-C-p-140。

書道博物館：

一張，紙本墨拓，全拓。

2963 孝敬皇帝睿德碑

又稱"李弘睿德碑"，唐高宗李治撰書，唐上元二年（675）八月十九日立，現存河南偃師唐恭陵。

淑德大學書學文化中心：

一軸，紙本墨拓，卷軸，編號：195936。

2964　阿史那忠碑

全稱"大唐故右驍衛大將軍薛國貞公阿史那府君之碑"，唐上元二年（675）十月十五日立，原在陝西禮泉縣煙霞鎮西周村阿史那墓前，現藏於昭陵博物館。

書道博物館：

　　一張，舊拓，紙本墨拓，全拓，有篆額。

　　一張，紙本墨拓，原片，全拓，有篆額。

京都大學人文科學研究所：

　　一張，紙本墨拓，原片，編號：TOU0583X。

東京國立博物館：

　　一幅，紙本墨拓，原片，編號：228，市河三鼎舊藏。

東洋文庫：

　　一帖二十二葉，碑陽，28.0×16.0。一張，碑額，紙本墨拓，46.0×39.0。編號：Ⅱ-16-C-862。

淑德大學書學文化中心：

　　一冊，紙本墨拓，冊頁，編號：195670。

　　一張，紙本墨拓，托裱，編號：197623，天放樓舊藏。

白扇書道會：

　　一張，紙本墨拓，全拓，100.0×62.0，種谷扇舟舊藏。

2965　劉洪墓誌

唐上元二年（675）十月二十七日葬，河北獻縣出土，今藏地不詳。

宇野雪村文庫：

　　一張，紙本墨拓，原片，編號：1522。

2966　楊茂道墓誌

唐上元二年（675）十一月五日葬，河南洛陽出土，現藏於千唐誌齋博物館。

東洋文庫：

　　一張，紙本墨拓，原片，41.0×42.0，編號：Ⅱ-16-C-1256。

京都大學人文科學研究所：

　　一張，紙本墨拓，原片，編號：TOU0584A。

　　一張，紙本墨拓，原片，編號：TOU0584B。

2967　張冲兒墓誌

唐上元二年（675）十一月九日葬，河南洛陽出土，現藏於開封博物館。

京都大學人文科學研究所：

　　　一張，紙本墨拓，原片，編號：TOU0586X。

書壇院：

　　　一幅，紙本墨拓，全拓。

2968　張君夫人程大燕墓誌

唐上元二年（675）十一月九日葬，河南洛陽出土，現藏於開封博物館。

京都大學人文科學研究所：

　　　一張，紙本墨拓，原片，編號：TOU0587A。

　　　一張，紙本墨拓，原片，編號：TOU0587B。

2969　楊軌墓誌

唐上元二年（675）十一月二十一日葬，河南洛陽出土，現藏於開封博物館。

東洋文庫：

　　　一張，紙本墨拓，原片，38.0×39.0，編號：Ⅱ-16-C-1257。

宇野雪村文庫：

　　　一張，紙本墨拓，原片，編號：1474。

京都大學人文科學研究所：

　　　一張，紙本墨拓，原片，編號：TOU0588X。

2970　□壽墓誌

唐上元二年（675）十一月二十一日葬，河南洛陽出土，現藏於開封博物館。

東洋文庫：

　　　一張，紙本墨拓，原片，43.0×41.0，編號：Ⅱ-16-C-1255。

宇野雪村文庫：

　　　一張，紙本墨拓，原片，編號：1475。

京都大學人文科學研究所：

　　　一張，紙本墨拓，原片，編號：TOU0585X。

2971　楊君墓誌

唐上元二年（675）十一月葬，今藏地不詳。

宇野雪村文庫：

　　　一張，紙本墨拓，原片，編號：1476。

京都大學人文科學研究所：

　　　一張，紙本墨拓，原片，編號：TOU1799X。

2972　李君羨夫人劉氏墓誌

唐上元二年（675）十二月一日葬，河南洛陽出土，現藏於開封博物館。

東洋文庫：

　　一張，墓誌，紙本墨拓，原片，59.0×58.0。一張，誌蓋，紙本墨拓，原片，26.0×24.0。

　　編號：Ⅱ-16-C-1258。

京都大學人文科學研究所：

　　一張，紙本墨拓，原片，編號：TOU0589X。

書壇院：

　　一幅，紙本墨拓，全拓。

2973　周遠志等造像記

唐上元二年（675）十二月八日刻，現存河南洛陽龍門石窟。

書道博物館：

　　一張，紙本墨拓，全拓。

東洋文庫：

　　一張，紙本墨拓，原片，81.0×36.0，編號：Ⅱ-16-C-p-141。

宇野雪村文庫：

　　一張，紙本墨拓，原片，編號：1320。

京都大學人文科學研究所：

　　一張，紙本墨拓，原片，編號：TOU0590X。

2974　陳懷儼墓誌

唐上元三年（676）正月二十二日葬，河南洛陽出土，現藏於開封博物館。

東洋文庫：

　　一張，紙本墨拓，原片，51.0×49.0，編號：Ⅱ-16-C-1259。

京都大學人文科學研究所：

　　一張，紙本墨拓，原片，編號：TOU0593X。

2975　史君夫人趙氏墓誌

唐上元三年（676）正月二十二日葬，河南洛陽出土，現藏於開封博物館。

東洋文庫：

　　一張，紙本墨拓，原片，58.0×59.0，編號：Ⅱ-16-C-1260。

京都大學人文科學研究所：

　　一張，紙本墨拓，原片，編號：TOU0592X。

2976　馬懷墓誌

唐上元三年（676）二月二十二日葬，河南洛陽出土，現藏於開封博物館。

東洋文庫：

一張，紙本墨拓，原片，40.0×40.0，編號：Ⅱ-16-C-1261。

京都大學人文科學研究所：

一張，紙本墨拓，原片，編號：TOU0594X。

2977　王婆造像記

唐上元三年（676）三月刻，現存河南洛陽龍門石窟。

東洋文庫：

一張，紙本墨拓，原片，14.0×15.0，編號：Ⅱ-16-C-p-144。

一張，紙本墨拓，原片，18.0×5.0，編號：Ⅱ-16-C-p-682。

2978　明徵君碑

全稱“攝山栖霞寺明徵君之碑”，又稱“明僧紹碑”，唐高宗李治撰，高正臣書，唐上元三年（676）四月二十五日立，現存南京栖霞寺。

書道博物館：

一張，紙本墨拓，全拓。

一冊，舊拓，紙本墨拓，冊頁。

宇野雪村文庫：

一冊，紙本墨拓，冊頁，編號：404，山本竟山題。

東洋文庫：

一張，碑陽連額，紙本墨拓，267.0×124.0+59.0×46.0。碑陰，失。編號：Ⅱ-16-C-p-143。

京都大學人文科學研究所：

一張，紙本墨拓，原片，編號：TOU0597X。

淑德大學書學文化中心：

一冊，紙本墨拓，冊頁，編號：001673。

一軸，紙本墨拓，卷軸，編號：196058。

一張，紙本墨拓，托裱，編號：197624，天放樓舊藏。

2979　武懷亮墓誌

唐上元三年（676）四月二十九日葬，河南洛陽出土，現藏於開封博物館。

東洋文庫：

一張，紙本墨拓，原片，55.0×57.0，編號：Ⅱ-16-C-1262。

京都大學人文科學研究所：

一張，紙本墨拓，原片，編號：TOU0599X。

書壇院：

一幅，紙本墨拓，全拓。

2980　樂歸墓誌
唐上元三年（676）五月十八日葬，河南洛陽出土，京師歷史博物館舊藏。

淑德大學書學文化中心：

　　　一張，紙本墨拓，原片，編號：001913。

2981　張客墓誌
唐上元三年（676）十月八日葬，河南洛陽出土，現藏於開封博物館。

東洋文庫：

　　　一張，紙本墨拓，原片，50.0×51.0，編號：Ⅱ-16-C-1263。

京都大學人文科學研究所：

　　　一張，紙本墨拓，原片，編號：TOU0600A。

　　　一張，紙本墨拓，原片，編號：TOU0600B。

書壇院：

　　　一幅，紙本墨拓，全拓。

2982　趙婆造觀音像記
唐上元三年（676）十月二十日刻，現存河南洛陽龍門石窟。

東洋文庫：

　　　一張，紙本墨拓，原片，11.0×13.0，編號：Ⅱ-16-C-p-144。

　　　一張，紙本墨拓，原片，21.0×16.0，編號：Ⅱ-16-C-p-145。

　　　一張，紙本墨拓，原片，15.0×8.0，編號：Ⅱ-16-C-p-146。

京都大學人文科學研究所：

　　　一張，紙本墨拓，原片，編號：TOU0601X。

2983　盧舍那大石像記
唐上元三年（676）十二月三十日刻，現存河南洛陽龍門石窟。

京都大學人文科學研究所：

　　　一張，紙本墨拓，原片，編號：TOU0602X。

2984　楊造像記
唐上元□年（674—676）□月□五日刻，現存河南洛陽龍門石窟。

東洋文庫：

　　　一張，紙本墨拓，原片，17.0×36.0，編號：Ⅱ-16-C-1268。

［儀鳳］

2985　張虔福墓誌

唐儀鳳元年（676）四月九日葬，二〇〇七年出土於河南洛陽偃師首陽山。

淑德大學書學文化中心：

　　　一張，紙本墨拓，原片，編號：001807。

2986　許洛仁妻宋氏墓誌

唐儀鳳元年（676）五月二十四日葬，陝西西安出土，現藏於故宮博物院。

書道博物館：

　　　一張，紙本墨拓，全拓，端方藏石。

東洋文庫：

　　　一張，紙本墨拓，原片，34.0×34.0，編號：Ⅱ-16-C-p-419。

京都大學人文科學研究所：

　　　一張，紙本墨拓，原片，編號：TOU0603X。

　　　一張，紙本墨拓，原片，編號：TOU0606X。

淑德大學書學文化中心：

　　　一張，紙本墨拓，原片，編號：000507。

　　　一張，紙本墨拓，托裱，編號：198674。

2987　王通墓誌

唐儀鳳元年（676）十一月七日葬，河南洛陽出土，今藏地不詳。

京都大學人文科學研究所：

　　　一張，紙本墨拓，原片，編號：TOU0604X。

2988　王君義墓誌

唐儀鳳元年（676）十一月二十一日葬，今藏地不詳。

書道博物館：

　　　一張，紙本墨拓，全拓，端方藏石。

東洋文庫：

　　　一張，紙本墨拓，原片，47.0×48.0，編號：Ⅱ-16-C-p-147。

2989　崔元久妻盧造像記

唐儀鳳二年（677）五月十五日刻，現存河南洛陽龍門石窟。

東洋文庫：

一張，紙本墨拓，原片，46.0×14.0，編號：Ⅱ-16-C-p-148。

2990　修孔子廟詔表祭文碑

全稱"大唐贈泰師魯先聖孔宣尼碑"，唐儀鳳二年（677）七月刻，現存山東曲阜孔廟。

書道博物館：

一張，紙本墨拓，全拓條幅。

2991　李勣碑

全稱"大唐故司空太子太師上柱國贈太尉揚州大都督英貞武公李公之碑"，唐高宗李治撰文并書丹，唐儀鳳二年（677）十月六日立，現藏於陝西昭陵博物館。

書道博物館：

一張，紙本墨拓，全拓，有篆額。

一冊，舊拓，紙本墨拓，冊頁，無篆額。

東京國立博物館：

一幅，紙本墨拓，原片，編號：229，市河三鼎舊藏。

京都大學人文科學研究所：

一張，紙本墨拓，原片，編號：TOU0608X。

東洋文庫：

一帖四十三葉，碑陽，紙本墨拓，31.0×17.0。碑額，失。碑陰，失。編號：Ⅱ-16-C-830。

二張，碑陽，紙本墨拓，[1] 159.0×154.0，[2] 216.0×159.0。一張，碑額，紙本墨拓，68.0×60.0。碑陰，失。編號：Ⅱ-16-C-p-149。

宇野雪村文庫：

一冊，紙本墨拓，冊頁，編號：119。

一冊，紙本墨拓，冊頁，編號：169。

淑德大學書學文化中心：

一軸，紙本墨拓，卷軸，編號：196059。

一軸，紙本墨拓，卷軸，編號：198653。

一張，上部，紙本墨拓，托裱，編號：197625，天放樓舊藏。

白扇書道會：

一張，紙本墨拓，全拓，150.0×148.0，種谷扇舟舊藏。

2992　魏法師碑

全稱"大唐潤州仁静觀魏法師碑"，胡楚賓撰文，張德言書丹，唐儀鳳二年（677）十一月十五日立，原在江蘇丹徒華陽觀，現存焦山碑林。

東洋文庫：

一張，碑陽，紙本墨拓，183.0×87.0。一張，碑額，紙本墨拓，27.0×32.0。一張，碑陰，

　　　　紙本墨拓，191.0×84.0。編號：Ⅱ-16-C-p-150。

宇野雪村文庫：

　　　　一册，紙本墨拓，册頁，編號：122。

京都大學人文科學研究所：

　　　　一張，紙本墨拓，原片，編號：TOU0609A。

　　　　一張，紙本墨拓，原片，編號：TOU0609B。

觀峰館：

　　　　一張，紙本墨拓，原片，190.5×84.0。

淑德大學書學文化中心：

　　　　一軸，碑陽，紙本墨拓，卷軸，編號：196459。

　　　　一軸，碑陰，紙本墨拓，卷軸，編號：196460。

2993　侯元墓誌

唐儀鳳二年（677）十二月八日葬，現藏於故宫博物院。

書道博物館：

　　　　一張，紙本墨拓，全拓，端方藏石。

東洋文庫：

　　　　一張，紙本墨拓，原片，48.0×49.0，編號：Ⅱ-16-C-p-151。

2994　張君妻王氏墓誌

唐儀鳳二年（677）十二月十八日葬，河南孟縣（今孟州市）出土，現藏於開封博物館。

京都大學人文科學研究所：

　　　　一張，紙本墨拓，原片，編號：TOU0610X。

2995　周廣墓誌

唐儀鳳三年（678）正月十四日葬，河南湯陰出土，現藏於故宫博物院。

書道博物館：

　　　　一張，紙本墨拓，全拓，端方藏石。

京都大學人文科學研究所：

　　　　一張，紙本墨拓，原片，編號：TOU0611X。

淑德大學書學文化中心：

　　　　一張，紙本墨拓，原片，編號：000508。

2996　唐嘉會墓誌

唐儀鳳三年（678）二月十四日葬，一九七八年出土於陝西禮泉縣北屯公社西貢溝村唐嘉會墓，現藏於昭陵博物館。

淑德大學書學文化中心：

    一張，墓誌蓋，紙本墨拓，原片，編號：000694。

    一張，墓誌，紙本墨拓，原片，編號：000695。

2997　八正造像記

唐儀鳳三年（678）三月九日刻，現存河南洛陽龍門石窟。

東洋文庫：

    一張，紙本墨拓，原片，22.0×8.0，編號：Ⅱ-16-C-p-152。

京都大學人文科學研究所：

    一張，紙本墨拓，原片，編號：TOU0613X。

2998　大唐聖帝感舍利銘

唐儀鳳三年（678）四月八日刻，明萬曆十三年（1585）出土於山西長治梵境寺遺址，原石久佚。

書道博物館：

    一册，紙本墨拓，全拓，册頁。

京都大學人文科學研究所：

    一張，紙本墨拓，原片，編號：TOU0614X。

2999　司馬道墓誌

唐儀鳳三年（678）五月十七日葬，河南洛陽出土，現藏於開封博物館。

東洋文庫：

    一張，紙本墨拓，原片，47.0×47.0，編號：Ⅱ-16-C-1307。

京都大學人文科學研究所：

    一張，紙本墨拓，原片，編號：TOU0615X。

3000　彌勒成佛經碑

唐儀鳳三年（678）七月十五日刻，民國初年出土於陝西昭陵，現存河北高陽。

淑德大學書學文化中心：

    一張，碑陽，紙本墨拓，原片，編號：196236。

    一册，碑陽，紙本墨拓，册頁，編號：195671。

    一張，碑陰，紙本墨拓，原片，編號：196237。

    一册，碑陰，紙本墨拓，册頁，編號：195671。

    一册，碑側，紙本墨拓，册頁，編號：195671。

3001　李惠妻孫造像

唐儀鳳三年（678）七月刻，今藏地不詳。

書道博物館：

  一張，紙本墨拓，全拓，端方藏石。

京都大學人文科學研究所：

  一張，紙本墨拓，原片，編號：TOU0616X。

3002　王文曉墓誌

唐儀鳳三年（678）十二月二十日葬，河南洛陽出土，現藏於開封博物館。

東洋文庫：

  一張，紙本墨拓，原片，48.0×49.0，編號：Ⅱ-16-C-1306。

京都大學人文科學研究所：

  一張，紙本墨拓，原片，編號：TOU0617A。

  一張，紙本墨拓，原片，編號：TOU0617B。

3003　黄行基造像

唐儀鳳三年（678）刻，今藏地不詳。

東京國立博物館：

  一幅，紙本墨拓，原片，編號：911。

3004　令狐德棻碑

全稱"大唐故金紫光禄大夫彭陽憲公碑"，于志寧撰文，于立政書丹，唐儀鳳三年（678）立，陝西銅川耀州區寺溝鎮楊家河村出土，今藏地不詳。

書道博物館：

  一張，紙本墨拓，全拓，有篆額。

3005　井李村大像碑

又稱"清净寺大像碑"，唐儀鳳四年（679）二月八日刻，現存河南内黄二安鎮劉小寨村。

淑德大學書學文化中心：

  一軸，紙本墨拓，卷軸，編號：195940。

3006　姬恭仁墓誌

唐儀鳳四年（679）三月十一日葬，河南洛陽出土，現藏於開封博物館。

東洋文庫：

  一張，紙本墨拓，原片，41.0×40.0，編號：Ⅱ-16-C-1308。

京都大學人文科學研究所：

  一張，紙本墨拓，原片，編號：TOU0618X。

書壇院：

一幅，紙本墨拓，全拓。

3007 馬君起造石浮圖記

唐儀鳳四年（679）三月二十六日刻，現藏於河北衡水深州市文化館。

淑德大學書學文化中心：

一張，紙本墨拓，原片，編號：196234。

3008 王留墓誌

唐儀鳳四年（679）五月五日葬，河南洛陽出土，端方舊藏。

書道博物館：

一張，紙本墨拓，全拓，端方藏石。

東洋文庫：

一張，紙本墨拓，原片，38.0×38.0，編號：Ⅱ-16-C-p-153。

東京國立博物館：

一幅，紙本墨拓，原片，編號：454。

京都大學人文科學研究所：

一張，紙本墨拓，原片，編號：TOU0619X。

淑德大學書學文化中心：

一册，紙本墨拓，册頁，編號：197805，天放樓舊藏。

3009 高光復造像記

唐儀鳳四年（679）六月八日刻，今藏地不詳。

東洋文庫：

一張，紙本墨拓，原片，22.0×61.0，編號：Ⅱ-16-C-p-154。

3010 趙造像記

唐儀鳳年間（676—679）刻，今藏地不詳。

東洋文庫：

一張，紙本墨拓，原片，17.0×8.0，編號：Ⅱ-16-C-p-155。

3011 韋尩諧及妻皇甫造像記

唐儀鳳年間（676—679）刻，現存河南洛陽龍門石窟。

東洋文庫：

一張，紙本墨拓，原片，13.0×15.0，編號：Ⅱ-16-C-p-156。

觀峰館：

一張，紙本墨拓，墓誌蓋，94.5×95.0，墓誌，90.0×90.0。

［調露］

3012　袁雄墓誌

唐調露元年（679）四月三日葬，今藏地不詳。

淑德大學書學文化中心：

　　一張，紙本墨拓，原片，編號：001805。

3013　李弘裕墓誌

唐調露元年（679）七月十九日葬，河南洛陽出土，現藏於開封博物館。

東洋文庫：

　　一張，紙本墨拓，原片，66.0×64.0，編號：Ⅱ-16-C-1264。

京都大學人文科學研究所：

　　一張，紙本墨拓，原片，編號：TOU0623X。

3014　王慶墓誌

唐調露元年（679）八月十二日葬，河南洛陽出土，現藏於開封博物館。

東洋文庫：

　　一張，紙本墨拓，原片，44.0×44.0，編號：Ⅱ-16-C-1265。

京都大學人文科學研究所：

　　一張，紙本墨拓，原片，編號：TOU0624A。

　　一張，紙本墨拓，原片，編號：TOU0624B。

3015　元仁師墓誌

唐調露元年（679）十月二日葬，河南洛陽出土，現藏於開封博物館。

京都大學人文科學研究所：

　　一張，紙本墨拓，原片，編號：TOU0627A。

　　一張，紙本墨拓，原片，編號：TOU0627B。

書壇院：

　　一幅，紙本墨拓，全拓。

3016　張暐墓誌

唐調露元年（679）十月二日葬，河北磁縣出土，現藏於故宮博物院。

書道博物館：

　　一張，紙本墨拓，全拓，端方藏石。

東洋文庫：

一張，紙本墨拓，原片，31.0×31.0，編號：Ⅱ-16-C-p-157。

淑德大學書學文化中心：

一張，墓誌蓋，紙本墨拓，原片，編號：000509。

一張，墓誌，紙本墨拓，原片，編號：000510。

京都大學人文科學研究所：

一張，紙本墨拓，原片，編號：TOU0625X。

3017　康續墓誌

唐調露元年（679）十月八日葬，河南洛陽出土，現藏於開封博物館。

京都大學人文科學研究所：

一張，紙本墨拓，原片，編號：TOU0626X。

3018　管真墓誌

唐調露元年（679）十月十四日葬，陝西西安出土，現藏於故宮博物院。

京都大學人文科學研究所：

一張，紙本墨拓，原片，編號：TOU0628X。

書道博物館：

一張，紙本墨拓，全拓，端方藏石。

3019　孫真城墓誌

唐調露元年（679）十月十四日葬，今藏地不詳。

淑德大學書學文化中心：

一冊，紙本墨拓，冊頁，編號：197806，天放樓舊藏。

一張，摹刻，紙本墨拓，原片，編號：000511。

3020　張仁墓誌

唐調露元年（679）十月二十三日葬，陝西西安出土，關中書院舊藏。

書道博物館：

一張，紙本墨拓，全拓。

淑德大學書學文化中心：

一冊，紙本墨拓，冊頁，編號：197807。

3021　杜秀墓誌

唐調露元年（679）十月二十五日葬，陝西西安出土，現藏於中國國家博物館。

書道博物館：

一張，紙本墨拓，全拓，端方藏石。

淑德大學書學文化中心：

　　　　一張，紙本墨拓，原片，編號：000512。

京都大學人文科學研究所：

　　　　一張，紙本墨拓，原片，編號：TOU0630X。

3022　馬珍及夫人吴氏合葬墓誌

唐調露元年（679）十一月二十日葬，山東博興出土，端方舊藏。

書道博物館：

　　　　一張，紙本墨拓，全拓，端方藏石。

京都大學人文科學研究所：

　　　　一張，紙本墨拓，原片，編號：TOU0631X。

3023　高珍墓誌

唐調露元年（679）十二月十三日葬，河南安陽出土，今藏地不詳。

京都大學人文科學研究所：

　　　　一張，紙本墨拓，原片，編號：TOU0632X。

3024　泉男生墓誌

唐調露元年（679）十二月二十六日葬，民國十年（1921）出土於河南洛陽東嶺頭村，現藏於河南博物院。

東洋文庫：

　　　　一張，墓誌，紙本墨拓，原片，88.0×88.0。一張，墓誌蓋，紙本墨拓，原片，92.0×92.0。編號：Ⅱ-16-C-1266。

宇野雪村文庫：

　　　　一册，紙本墨拓，册頁，編號：135。

淑德大學書學文化中心：

　　　　一軸，墓誌蓋，紙本墨拓，卷軸，編號：195937。

　　　　一軸，墓誌，紙本墨拓，卷軸，編號：195938。

京都大學人文科學研究所：

　　　　一張，紙本墨拓，原片，編號：TOU0634A。

　　　　一張，紙本墨拓，原片，編號：TOU0634B。

　　　　一張，紙本墨拓，原片，編號：TOU0636A。

　　　　一張，紙本墨拓，原片，編號：TOU0636B。

3025　安神儼墓誌

唐調露二年（680）二月二十八日葬，河南洛陽出土，現藏於開封博物館。

東洋文庫：

　　　一張，紙本墨拓，原片，52.0×53.0，編號：Ⅱ-16-C-1267。

京都大學人文科學研究所：

　　　一張，紙本墨拓，原片，編號：TOU0637X。

3026　玄照造像記

唐調露二年（680）七月十五日刻，現存河南洛陽龍門石窟。

書道博物館：

　　　一張，紙本墨拓，全拓。

東洋文庫：

　　　一張，紙本墨拓，原片，32.0×14.0，編號：Ⅱ-16-C-p-158。

京都大學人文科學研究所：

　　　一張，紙本墨拓，原片，編號：TOU0638X。

3027　仁藻玄敏等造像記

唐調露二年（680）七月刻，現存河南洛陽龍門石窟。

東洋文庫：

　　　一張，紙本墨拓，原片，12.0×56.0，編號：Ⅱ-16-C-p-161。

京都大學人文科學研究所：

　　　一張，紙本墨拓，原片，編號：TOU0639X。

3028　陳七娘造像記

唐調露二年（680）刻，現存河南洛陽龍門石窟。

東洋文庫：

　　　一張，紙本墨拓，原片，5.0×27.0，編號：Ⅱ-16-C-p-162。

京都大學人文科學研究所：

　　　一張，紙本墨拓，原片，編號：TOU0642X。

3029　智境造像記

唐調露二年（680）刻，現存河南洛陽龍門石窟。

東洋文庫：

　　　一張，紙本墨拓，原片，32.0×11.0，編號：Ⅱ-16-C-p-163。

京都大學人文科學研究所：

　　　一張，紙本墨拓，原片，編號：TOU0643X。

［永隆］

3030 胡處貞造像記

唐永隆元年（680）九月三十日刻，現存河南洛陽龍門石窟。

京都大學人文科學研究所：

　　　　一張，紙本墨拓，原片，編號：TOU0640X。

　　　　一張，紙本墨拓，原片，編號：TOU0641X。

東洋文庫：

　　　　二張，紙本墨拓，原片，［1］6.0×25.0，［2］6.0×26.0，編號：Ⅱ-16-C-p-164。

　　　　一張，紙本墨拓，原片，27.0×9.0，編號：Ⅱ-16-C-p-160。

　　　　一張，紙本墨拓，原片，10.0×28.0，編號：Ⅱ-16-C-p-159。

3031 光相造像記

唐永隆元年（680）十一月八日刻，現存河南洛陽龍門石窟。

東洋文庫：

　　　　一張，紙本墨拓，原片，14.0×20.0，編號：Ⅱ-16-C-p-165。

京都大學人文科學研究所：

　　　　一張，紙本墨拓，原片，編號：TOU0650X。

3032 范初造像記

唐永隆元年（680）十一月十九日刻，現存河南洛陽龍門石窟。

東洋文庫：

　　　　一張，紙本墨拓，原片，14.0×22.0，編號：Ⅱ-16-C-p-166。

京都大學人文科學研究所：

　　　　一張，紙本墨拓，原片，編號：TOU0646X。

3033 韓文則造像記

唐永隆元年（680）十一月二十日刻，現存河南洛陽龍門石窟。

東洋文庫：

　　　　一張，紙本墨拓，原片，14.0×22.0，編號：Ⅱ-16-C-p-167。

3034 杜因果造像記

唐永隆元年（680）十一月二十日刻，現存河南洛陽龍門石窟。

東洋文庫：

　　　　一張，紙本墨拓，原片，14.0×21.0，編號：Ⅱ-16-C-p-168。

京都大學人文科學研究所：

　　　一張，紙本墨拓，原片，編號：TOU0647X。

3035　索義弘墓誌

唐永隆元年（680）十一月二十三日葬，現藏於河南開封博物館。

京都大學人文科學研究所：

　　　一張，紙本墨拓，原片，編號：TOU0648A。

　　　一張，紙本墨拓，原片，編號：TOU0648B。

3036　胡弘突造像記

唐永隆元年（680）十一月二十九日刻，現存河南洛陽龍門石窟。

東洋文庫：

　　　一張，紙本墨拓，原片，14.0×19.0，編號：Ⅱ-16-C-p-169。

京都大學人文科學研究所：

　　　一張，紙本墨拓，原片，編號：TOU0649X。

3037　智運造像記

唐永隆元年（680）十一月刻，現存河南洛陽龍門石窟。

東洋文庫：

　　　一張，紙本墨拓，原片，57.0×47.0，編號：Ⅱ-16-C-p-170。

3038　供養造像記

唐永隆元年（680）十二月八日刻，現存河南洛陽龍門石窟。

東洋文庫：

　　　一張，紙本墨拓，原片，10.0×28.0，編號：Ⅱ-16-C-p-171。

3039　陳處貞造像記

唐永隆元年（680）十二月三十日刻，現存河南洛陽龍門石窟。

東洋文庫：

　　　一張，紙本墨拓，原片，23.0×12.0，編號：Ⅱ-16-C-p-172。

3040　□貞造地藏菩薩像記

唐永隆元年（680）十二月三十日刻，今藏地不詳。

京都大學人文科學研究所：

　　　一張，紙本墨拓，原片，編號：TOU0651X。

3041　□爲陳七□及子□造像

唐永隆元年（680）十二月刻，現存河南洛陽龍門石窟。

書道博物館：

一張，紙本墨拓，全拓。

3042　侯神照并妻張造像記

唐永隆二年（681）正月十三日刻，現存河南洛陽龍門石窟。

東洋文庫：

一張，紙本墨拓，原片，13.0×32.0，編號：Ⅱ-16-C-p-173。

京都大學人文科學研究所：

一張，紙本墨拓，原片，編號：TOU0652X。

3043　侯二娘造像記

唐永隆二年（681）正月十五日刻，現存河南洛陽龍門石窟。

東洋文庫：

一張，紙本墨拓，原片，9.0×32.0，編號：Ⅱ-16-C-p-175。

3044　崔懷儉造像記

唐永隆二年（681）正月二十日刻，現存河南洛陽龍門石窟。

書道博物館：

一張，紙本墨拓，全拓。

東洋文庫：

一張，紙本墨拓，原片，32.0×7.0，編號：Ⅱ-16-C-p-174。

京都大學人文科學研究所：

一張，紙本墨拓，原片，編號：TOU0653X。

3045　王善相妻禄氏墓誌

唐永隆二年（681）二月九日葬，陝西西安出土，現藏於故宫博物院。

書道博物館：

一張，紙本墨拓，全拓，端方藏石。

淑德大學書學文化中心：

一張，紙本墨拓，原片，編號：000513。

一册，紙本墨拓，册頁，編號：197808，天放樓舊藏。

京都大學人文科學研究所：

一張，紙本墨拓，原片，編號：TOU0655X。

3046 陳處貞造像記

唐永隆二年（681）二月二十一日刻，現存河南洛陽龍門石窟。

東洋文庫：

一張，紙本墨拓，原片，18.0×14.0，編號：Ⅱ-16-C-p-176。

京都大學人文科學研究所：

一張，紙本墨拓，原片，編號：TOU0657X。

3047 法樂法師墓誌

唐永隆二年（681）三月二十三日葬，陝西西安出土，端方舊藏。

書道博物館：

一張，紙本墨拓，全拓，端方藏石。

東京國立博物館：

一幅，紙本墨拓，原片，編號：679。

東洋文庫：

一張，紙本墨拓，原片，36.0×35.0，編號：Ⅱ-16-C-p-177。

京都大學人文科學研究所：

一張，紙本墨拓，原片，編號：TOU0659X。

淑德大學書學文化中心：

一張，紙本墨拓，原片，編號：000514。

3048 侯玄熾造像記

唐永隆二年（681）四月八日刻，現存河南洛陽龍門石窟。

東洋文庫：

一張，紙本墨拓，原片，32.0×11.0，編號：Ⅱ-16-C-p-178。

京都大學人文科學研究所：

一張，紙本墨拓，原片，編號：TOU0662X。

3049 智隱造像記

唐永隆二年（681）四月八日刻，現存河南洛陽龍門石窟。

東洋文庫：

一張，紙本墨拓，原片，11.0×29.0，編號：Ⅱ-16-C-p-179。

京都大學人文科學研究所：

一張，紙本墨拓，原片，編號：TOU0663X。

3050 妙義造像記

唐永隆二年（681）四月九日刻，現存河南洛陽龍門石窟。

東洋文庫：

一張，紙本墨拓，原片，10.0×32.0，編號：Ⅱ-16-C-p-180。

3051 □□造彌陀記

唐永隆二年（681）四月九日刻，現存河南洛陽龍門石窟。

京都大學人文科學研究所：

一張，紙本墨拓，原片，編號：TOU0664X。

3052 王君墓誌

唐永隆二年（681）四月二十一日葬，現藏於千唐誌齋博物館。

淑德大學書學文化中心：

一張，紙本墨拓，原片，編號：197084。

3053 莊儼安樂净土成佛記

唐永隆二年（681）四月二十三日刻，現存河南洛陽龍門石窟。

京都大學人文科學研究所：

一張，紙本墨拓，原片，編號：TOU0665X。

3054 真智造像記

唐永隆二年（681）五月八日刻，現存河南洛陽龍門石窟。

東洋文庫：

一張，紙本墨拓，原片，56.0×8.0，編號：Ⅱ-16-C-p-181。

書道博物館：

一張，紙本墨拓，全拓。

京都大學人文科學研究所：

一張，紙本墨拓，原片，編號：TOU0666X。

3055 康君墓誌

唐永隆二年（681）八月六日葬，京師歷史博物館舊藏。

京都大學人文科學研究所：

一張，紙本墨拓，原片，編號：TOU0667X。

3056 韋檀特墓誌

唐永隆二年（681）八月十八日葬，陝西西安出土，吳大澂舊藏。

淑德大學書學文化中心：

一册，紙本墨拓，册頁，編號：197809，天放樓舊藏。

3057　傅黨仁等造像記

唐永隆二年（681）九月十二日刻，現存河南洛陽龍門石窟。

京都大學人文科學研究所：

　　　一張，紙本墨拓，原片，編號：TOU0668X。

3058　張惠哲造像記

唐永隆二年（681）刻，現存河南洛陽龍門石窟。

東洋文庫：

　　　一張，紙本墨拓，原片，14.0×26.0，編號：Ⅱ-16-C-p-182。

京都大學人文科學研究所：

　　　一張，紙本墨拓，原片，編號：TOU0669X。

3059　净住寺釋迦文賢劫像碑

唐永隆年間（680—681）刻，柳公權書丹，現藏於陝西西安碑林博物館。

京都大學人文科學研究所：

　　　一張，紙本墨拓，原片，編號：TOU0670A。
　　　一張，紙本墨拓，原片，編號：TOU0670B。

［開耀］

3060　開業寺碑

全稱"大唐開耀二年歲次壬午二月乙丑朔八日壬申李公碑并序"，李尚一撰文，蘇文舉書丹，唐開耀二年（682）二月八日立，原在河北元氏縣開業寺。

書道博物館：

　　　一册，紙本墨拓，册頁。

宇野雪村文庫：

　　　一册，紙本墨拓，册頁，編號：121，山本竟山舊藏。

淑德大學書學文化中心：

　　　一册，紙本墨拓，册頁，編號：001603。

［永淳］

3061　李君妻裴太一墓誌

唐永淳元年（682）四月七日葬，河南洛陽出土，現藏於開封博物館。

京都大學人文科學研究所：

一張，紙本墨拓，原片，編號：TOU0673X。

3062　李才仁墓誌

唐永淳元年（682）七月十八日葬，陝西西安出土，今藏地不詳。

京都大學人文科學研究所：

一張，紙本墨拓，原片，編號：TOU0675X。

3063　李元軌墓誌

唐永淳元年（682）七月二十九日葬，河南洛陽出土，現藏於開封博物館。

東洋文庫：

一張，紙本墨拓，原片，44.0×44.0，編號：Ⅱ-16-C-1272。

京都大學人文科學研究所：

一張，紙本墨拓，原片，編號：TOU0674X。

3064　李聞禮墓誌

唐永淳元年（682）七月葬，端方舊藏，今藏地不詳。

書道博物館：

一張，紙本墨拓，全拓。

東京國立博物館：

一幅，紙本墨拓，原片，編號：838，今泉雄作舊藏。

一幅，紙本墨拓，原片，編號：680。

3065　賈文行墓誌

唐永淳元年（682）八月十二日葬，今藏地不詳。

京都大學人文科學研究所：

一張，紙本墨拓，原片，編號：TOU0677X。

3066　康磨伽墓誌

唐永淳元年（682）十月十四日葬，河南洛陽出土，現藏於開封博物館。

東洋文庫：

一張，紙本墨拓，原片，58.0×58.0，編號：Ⅱ-16-C-1268。

一張，紙本墨拓，原片，58.0×58.0，編號：Ⅱ-16-C-147。

京都大學人文科學研究所：

一張，紙本墨拓，原片，編號：TOU0671A。

一張，紙本墨拓，原片，編號：TOU0671B。

3067　康留買墓誌

唐永淳元年（682）十月十四日葬，河南洛陽出土，現藏於開封博物館。

淑德大學書學文化中心：

一張，紙本墨拓，原片，編號：001935。

東洋文庫：

一張，墓誌，紙本墨拓，原片，59.0×59.0。一張，墓誌蓋，紙本墨拓，原片，42.0×43.0。
編號：Ⅱ-16-C-149。

一張，墓誌，紙本墨拓，原片，56.0×57.0，編號：Ⅱ-16-C-1269。

京都大學人文科學研究所：

一張，紙本墨拓，原片，編號：TOU0678X。

宇野雪村文庫：

一張，紙本墨拓，原片，編號：1688。

一張，紙本墨拓，原片，編號：1477。

書壇院：

一幅，紙本墨拓，全拓。

3068　趙義墓誌

唐永淳元年（682）十一月二十五日葬，河南洛陽出土，現藏於開封博物館。

東洋文庫：

一張，紙本墨拓，原片，51.0×53.0，編號：Ⅱ-16-C-1270。

京都大學人文科學研究所：

一張，紙本墨拓，原片，編號：TOU0680A。

一張，紙本墨拓，原片，編號：TOU0680B。

書壇院：

一幅，紙本墨拓，全拓。

3069　扶餘隆墓誌

唐永淳元年（682）十二月二十四日葬，河南洛陽出土，現藏於開封博物館。

東洋文庫：

一張，紙本墨拓，原片，57.0×57.0，編號：Ⅱ-16-C-1271。

京都大學人文科學研究所：

一張，紙本墨拓，原片，編號：TOU0681X。

3070　李孟姜墓誌

唐永淳元年（682）十二月二十五日葬，一九七二年出土於陝西禮泉縣趙鎮新寨村李孟姜墓，現藏於昭陵博物館。

　　淑德大學書學文化中心：

　　　　一張，墓誌蓋，紙本墨拓，原片，編號：000696。

　　　　一張，墓誌，紙本墨拓，原片，編號：000697。

3071　楊君夫人杜芬墓誌

唐永淳二年（683）二月十四日葬，河南洛陽出土，現藏於開封博物館。

宇野雪村文庫：

　　　　一張，紙本墨拓，原片，編號：1478。

東洋文庫：

　　　　一張，紙本墨拓，原片，44.0×44.0，編號：Ⅱ-16-C-1274。

京都大學人文科學研究所：

　　　　一張，紙本墨拓，原片，編號：TOU0683X。

3072　張懿墓誌

唐永淳二年（683）二月十五日葬，陝西西安出土，現藏於故宮博物院。

書道博物館：

　　　　二張，紙本墨拓，全拓，端方藏石。

淑德大學書學文化中心：

　　　　一張，紙本墨拓，原片，編號：000515。

　　　　一册，紙本墨拓，册頁，編號：197810，天放樓舊藏。

京都大學人文科學研究所：

　　　　一張，紙本墨拓，原片，編號：TOU0684X。

3073　好因造像記

唐永淳二年（683）九月八日刻，現存河南洛陽龍門石窟。

東洋文庫：

　　　　一張，紙本墨拓，原片，11.0×24.0，編號：Ⅱ-16-C-p-183。

京都大學人文科學研究所：

　　　　一張，紙本墨拓，原片，編號：TOU0685X。

3074　蘇絹爲亡弟造像記

唐永淳二年（683）九月八日刻，現存河南洛陽龍門石窟。

東洋文庫：

　　　　一張，紙本墨拓，原片，12.0×28.0，編號：Ⅱ-16-C-p-184。

京都大學人文科學研究所：

一張，紙本墨拓，原片，編號：TOU0686X。

一張，紙本墨拓，原片，編號：TOU0687X。

3075　蘇絹爲亡乳母造像記

唐永淳二年（683）九月八日刻，現存河南洛陽龍門石窟。

東洋文庫：

一張，紙本墨拓，原片，12.0×20.0，編號：Ⅱ-16-C-p-185。

3076　唐天后御製詩

唐永淳二年（683）九月二十五日刻，王知敬書丹，現存河南登封少林寺。

京都大學人文科學研究所：

一張，紙本墨拓，原片，編號：TOU0689X。

3077　孟君夫人麻氏墓誌

唐永淳二年（683）十一月十七日葬，河南洛陽出土，現藏於開封博物館。

宇野雪村文庫：

一張，紙本墨拓，原片，編號：1479。

東洋文庫：

一張，紙本墨拓，原片，36.0×36.0，編號：Ⅱ-16-C-1273。

京都大學人文科學研究所：

一張，紙本墨拓，原片，編號：TOU0691A。

一張，紙本墨拓，原片，編號：TOU0691B。

［嗣聖］

3078　王寶墓誌

唐嗣聖元年（684）二月九日葬，河南洛陽出土，現藏於開封博物館。

京都大學人文科學研究所：

一張，紙本墨拓，原片，編號：TOU0692X。

［文明］

3079　趙奴子造像記

唐文明元年（684）四月八日刻，現存河南洛陽龍門石窟。

京都大學人文科學研究所：

一張，紙本墨拓，原片，編號：TOU0693X。

書道博物館：

一張，紙本墨拓，全拓。

3080　孫義普墓誌

唐文明元年（684）五月二十一日葬，陝西高陵出土，今藏地不詳。

京都大學人文科學研究所：

一張，紙本墨拓，原片，編號：TOU0694X。

3081　孫通墓誌

唐文明元年（684）七月十二日葬，河南洛陽出土，現藏於開封博物館。

京都大學人文科學研究所：

一張，紙本墨拓，原片，編號：TOU0695X。

3082　王岐墓誌

唐文明元年（684）八月五日葬，河南洛陽出土，現藏於開封博物館。

京都大學人文科學研究所：

一張，紙本墨拓，原片，編號：TOU0696A。

一張，紙本墨拓，原片，編號：TOU0696B。

3083　高宗述聖記

武則天撰文，唐中宗李顯書丹，唐文明元年（684）八月立，現存陝西乾縣乾陵。

書道博物館：

二張，紙本墨拓，全拓。

京都大學人文科學研究所：

一張，紙本墨拓，原片，編號：TOU0699X。

一張，紙本墨拓，原片，編號：TOU0700X。

3084　夫人程氏塔銘

唐文明元年（684）十月刻，原在陝西西安，久佚。

木雞室：

一帖，紙本墨拓，剪裱本，鈐“華亭王氏珍賞”“鳴鳳堂王氏所藏”等印。

［光宅］

3085　安元壽墓誌

唐光宅元年（684）十月二十四日葬，一九七二年出土於陝西禮泉縣煙霞公社馬寨村安元壽墓中，現藏於昭陵博物館。

淑德大學書學文化中心：

　　一張，紙本墨拓，原片，編號：000698。

3086　盧君夫人李灌頂墓誌

唐光宅元年（684）十一月十三日葬，民國十年（1921）出土於河南洛陽，現藏於遼寧省博物館。

東洋文庫：

　　一張，紙本墨拓，原片，59.0×59.0，編號：Ⅱ-16-C-2.40。

淑德大學書學文化中心：

　　一張，紙本墨拓，原片，編號：000415。

京都大學人文科學研究所：

　　一張，紙本墨拓，原片，編號：TOU0701X。

3087　孟君夫人李娘墓誌

唐光宅元年（684）十一月二十五日葬，河南洛陽出土，現藏於開封博物館。

京都大學人文科學研究所：

　　一張，紙本墨拓，原片，編號：TOU0703A。

　　一張，紙本墨拓，原片，編號：TOU0703B。

3088　駱思忠造像記

唐光宅元年（684）刻，現存河南洛陽龍門石窟。

東洋文庫：

　　一張，紙本墨拓，原片，4.0×22.0，編號：Ⅱ-16-C-p-187。

［垂拱］

3089　張貞墓誌

唐垂拱元年（685）三月十六日葬，河南洛陽出土，現藏於開封博物館。

書道博物館：

　　一張，紙本墨拓，全拓，端方藏石。

東洋文庫：

　　一張，紙本墨拓，原片，37.0×36.0，編號：Ⅱ-16-C-1277。

京都大學人文科學研究所：

　　一張，紙本墨拓，原片，編號：TOU0704X。

　　一張，紙本墨拓，原片，編號：TOU0705X。

3090　德相造金剛般若經頌

唐垂拱元年（685）四月八日刻，原在北京房山雲居寺。

京都大學人文科學研究所：

　　　　一張，紙本墨拓，原片，編號：TOU0709X。

3091　柳永錫墓誌

唐垂拱元年（685）七月二十一日葬，河南洛陽出土，現藏於開封博物館。

東洋文庫：

　　　　一張，紙本墨拓，原片，57.0×57.0，編號：Ⅱ-16-C-1278。

京都大學人文科學研究所：

　　　　一張，紙本墨拓，原片，編號：TOU0707X。

書壇院：

　　　　一幅，紙本墨拓，全拓。

3092　八都壇碑

全稱"大唐八都壇神君之實録"，唐垂拱元年（685）十月一日立，今藏地不詳。

書道博物館：

　　　　一册，紙本墨拓，全拓，有隸書題額。

東京國立博物館：

　　　　一幅，紙本墨拓，原片，189.0×98.0，編號：893。

京都大學人文科學研究所：

　　　　一張，紙本墨拓，原片，編號：TOU0706X。

東洋文庫：

　　　　一張，碑陽，紙本墨拓，原片，123.0×80.0，編號：Ⅱ-16-C-1109。

淑德大學書學文化中心：

　　　　一軸，紙本墨拓，卷軸，編號：196314。

3093　太上老君石像碑

李審幾撰文，沮渠智烈書丹，唐垂拱元年（685）十二月四日立，現存河南濟源奉仙觀。

書道博物館：

　　　　一張，紙本墨拓，全拓。

淑德大學書學文化中心：

　　　　一軸，紙本墨拓，卷軸，編號：196311。

京都大學人文科學研究所：

　　　　一張，紙本墨拓，原片，編號：TOU0710X。

3094　法净造像記

唐垂拱元年（685）十二月刻，現存河南洛陽龍門石窟。

東洋文庫：

　　　　一張，紙本墨拓，原片，14.0×20.0，編號：Ⅱ-16-C-p-188。

3095　洛州河南造像記

唐垂拱元年（685）刻，現存河南洛陽龍門石窟。

東洋文庫：

　　　　一張，紙本墨拓，原片，14.0×13.0，編號：Ⅱ-16-C-p-208。

3096　張師滿造阿彌陀像記

唐垂拱二年（686）二月八日刻，現存河南洛陽龍門石窟。

書道博物館：

　　　　一張，紙本墨拓，全拓。

東洋文庫：

　　　　一張，紙本墨拓，原片，32.0×5.0，編號：Ⅱ-16-C-p-189。

　　　　一張，紙本墨拓，原片，14.0×24.0，編號：Ⅱ-16-C-p-190。

京都大學人文科學研究所：

　　　　一張，紙本墨拓，原片，編號：TOU0722X。

3097　白鶴觀碑

全稱"大唐潞州長子縣白鶴觀碑"，唐垂拱二年（686）二月立，現存山西長子縣城關鎮。

書道博物館：

　　　　一冊，紙本墨拓，冊頁。

3098　張覽墓誌

唐垂拱二年（686）三月二十日葬，河南洛陽出土，現藏於開封博物館。

京都大學人文科學研究所：

　　　　一張，紙本墨拓，原片，編號：TOU0711X。

3099　王徵君臨終口授銘

王玄宗撰文，王紹宗書丹，唐垂拱二年（686）四月四日刻，現存河南登封嵩山老君洞南成仙宮。

書道博物館：

　　　　一冊，紙本墨拓，冊頁，有篆額。

東洋文庫：

　　　一帖三十九葉，紙本墨拓，26.0×14.0，編號：Ⅱ-16-C-839。

京都大學人文科學研究所：

　　　一張，紙本墨拓，原片，編號：TOU0712X。

淑德大學書學文化中心：

　　　一册，紙本墨拓，册頁，編號：001460。

　　　一軸，紙本墨拓，卷軸，編號：196060。

3100　龍豊倫造像記

唐垂拱二年（686）五月八日刻，現存河南洛陽龍門石窟。

京都大學人文科學研究所：

　　　一張，紙本墨拓，原片，編號：TOU0713X。

3101　夏侯□造像記

唐垂拱二年（686）五月十五日刻，現存河南洛陽龍門石窟。

東洋文庫：

　　　一張，紙本墨拓，原片，11.0×32.0，編號：Ⅱ-16-C-p-191。

3102　管基墓誌

唐垂拱二年（686）六月四日葬，河南洛陽出土，現藏於開封博物館。

東洋文庫：

　　　一張，紙本墨拓，原片，48.0×48.0，編號：Ⅱ-16-C-1279。

京都大學人文科學研究所：

　　　一張，紙本墨拓，原片，編號：TOU0715X。

書壇院：

　　　一幅，紙本墨拓，全拓。

3103　王君意爲天皇天后造像記

唐垂拱二年（686）七月十五日刻，現存河南洛陽龍門石窟。

東洋文庫：

　　　一張，紙本墨拓，原片，19.0×11.0，編號：Ⅱ-16-C-p-192。

3104　王君意爲父母造像記

唐垂拱二年（686）七月十五日刻，現存河南洛陽龍門石窟。

東洋文庫：

　　　一張，紙本墨拓，原片，6.0×23.0，編號：Ⅱ-16-C-p-193。

3105 魏莊妻阿造像記

唐垂拱二年（686）七月十五日刻，現存河南洛陽龍門石窟。

東洋文庫：

　　　一張，紙本墨拓，原片，10.0×32.0，編號：Ⅱ-16-C-p-194。

京都大學人文科學研究所：

　　　一張，紙本墨拓，原片，編號：TOU0717X。

3106 史夫人李造像記

唐垂拱二年（686）十二月八日刻，現存河南洛陽龍門石窟。

東洋文庫：

　　　一張，紙本墨拓，原片，21.0×9.0，編號：Ⅱ-16-C-p-195。

3107 李山德等造碑

唐垂拱二年（686）十二月刻，現藏於山東石刻藝術博物館。

京都大學人文科學研究所：

　　　一張，紙本墨拓，原片，編號：TOU0719X。

3108 陳冲墓誌

唐垂拱二年（686）十二月二十八日刻，陝西西安出土。

京都大學人文科學研究所：

　　　一張，紙本墨拓，原片，編號：TOU0720X。

3109 梁思亮墓誌

唐垂拱二年（686）葬，明末出土，今藏地不詳。

宇野雪村文庫：

　　　一册，紙本墨拓，册頁，編號：177。

3110 梁思亮等造像記

唐垂拱三年（687）正月十五日刻，現存河南洛陽龍門石窟。

東洋文庫：

　　　一張，紙本墨拓，原片，28.0×13.0，編號：Ⅱ-16-C-p-196。

京都大學人文科學研究所：

　　　一張，紙本墨拓，原片，編號：TOU0721X。

3111 毋丘海深造像記

唐垂拱三年（687）正月刻，已流失海外，現藏於美國舊金山亞洲藝術博物館。

書道博物館：

　　一張，紙本墨拓，全拓，有佛像。

3112　伏寶造一佛二菩薩記

唐垂拱三年（687）二月十六日刻，現存河南洛陽龍門石窟。

京都大學人文科學研究所：

　　一張，紙本墨拓，原片，編號：TOU0725X。

3113　薛福妻等造像記

唐垂拱三年（687）二月十六日刻，現存河南洛陽龍門石窟。

東洋文庫：

　　一張，紙本墨拓，原片，11.0×26.0，編號：Ⅱ-16-C-p-197。

3114　戴婆等造像記

唐垂拱三年（687）二月十六日刻，現存河南洛陽龍門石窟。

東洋文庫：

　　一張，紙本墨拓，原片，14.0×22.0，編號：Ⅱ-16-C-p-198。

京都大學人文科學研究所：

　　一張，紙本墨拓，原片，編號：TOU0724X。

3115　蘇伏寶造像記

唐垂拱三年（687）二月十六日刻，現存河南洛陽龍門石窟。

東洋文庫：

　　一張，紙本墨拓，原片，12.0×15.0，編號：Ⅱ-16-C-p-199。

3116　路敬潛妻盧造像記

唐垂拱三年（687）三月五日刻，現存河南洛陽龍門石窟。

東洋文庫：

　　一張，紙本墨拓，原片，22.0×16.0，編號：Ⅱ-16-C-p-200。

3117　金莫神造像記

唐垂拱三年（687）四月八日刻，現存河南洛陽龍門石窟。

東洋文庫：

　　一張，紙本墨拓，原片，12.0×25.0，編號：Ⅱ-16-C-p-201。

3118　徐□造阿彌像救苦觀世音菩薩記

唐垂拱三年（687）六月二十五日刻，現存河南洛陽龍門石窟。

京都大學人文科學研究所：

　　　一張，紙本墨拓，原片，編號：TOU0728X。

3119　孝節造像記

唐垂拱三年（687）六月二十五日刻，現存河南洛陽龍門石窟。

東洋文庫：

　　　一張，紙本墨拓，原片，18.0×15.0，編號：Ⅱ-16-C-p-202。

　　　一張，紙本墨拓，原片，21.0×11.0，編號：Ⅱ-16-C-p-203。

3120　劉志榮造像記

唐垂拱三年（687）九月二十三日刻，現存河南洛陽龍門石窟。

東洋文庫：

　　　一張，紙本墨拓，原片，14.0×32.0，編號：Ⅱ-16-C-p-204。

京都大學人文科學研究所：

　　　一張，紙本墨拓，原片，編號：TOU0736X。

3121　蕃浮丘夫人李氏墓誌

唐垂拱三年（687）十月二十九日葬，河南洛陽出土，現藏於開封博物館。

京都大學人文科學研究所：

　　　一張，紙本墨拓，原片，編號：TOU0731X。

3122　樂師□君墓誌

唐垂拱三年（687）十月二十九日葬，河南洛陽出土，現藏於開封博物館。

京都大學人文科學研究所：

　　　一張，紙本墨拓，原片，編號：TOU0730X。

東洋文庫：

　　　一張，紙本墨拓，原片，38.0×38.0，編號：Ⅱ-16-C-1280。

3123　毌丘海深造彌勒像

唐垂拱三年（687）十月三十日刻，現藏於美國舊金山亞洲藝術博物館。

京都大學人文科學研究所：

　　　一張，紙本墨拓，原片，編號：TOU0732X。

3124　龐德威墓誌

唐垂拱三年（687）十一月二十二日葬，清乾隆年間出土於陝西西安，李根源舊藏。

書道博物館：

一册，紙本墨拓，册頁。

3125   劉孝光造像記

唐垂拱三年（687）□月八日刻，現存河南洛陽龍門石窟。

東洋文庫：

一張，紙本墨拓，原片，13.0×37.0，編號：Ⅱ-16-C-p-205。

3126   青州寧義寺經藏碑

唐垂拱三年（687）刻，任知古撰，原在山東壽光寧儀寺。

書道博物館：

一張，紙本墨拓，全拓。

3127   書譜

孫過庭撰，唐垂拱三年（687）作，北宋大觀年間内府刻，置於太清樓。

書道博物館：

二帖，顧從義本，宋拓，紙本墨拓，各24.4×12.8，中村不折舊藏。

三井記念美術館：

一帖，太清樓本，宋拓，紙本墨拓，31.0×17.1，文徵明、文彭、楊繼振、新町三井家舊藏。

書藝文化院春敬記念書道文庫：

一册，宋拓，紙本墨拓，31.0×36.0，何紹基題跋，安麓村、飯島春敬舊藏。

木雞室：

一張，宋拓，紙本墨拓，裕瑞題跋。

五島美術館：

一張，薛氏本，舊拓，紙本墨拓，27.3×14.9，宇野雪村舊藏。

宇野雪村文庫：

一册，薛氏本，紙本墨拓，編號：81，菘翁刻跋。

二册，黄氏重刻本，紙本墨拓，編號：82。

一册，安麓村本，紙本墨拓，編號：96。

一册，天津本，紙本墨拓，編號：129。

二册，錢泳刻本，紙本墨拓，編號：180。

觀峰館：

二册，紙本墨拓，册頁，31.9×17.6。

大阪市立美術館：

一帖，紙本墨拓，剪裝，編號：2624。

白扇書道會：

一册，紙本墨拓，册頁，27.0×62.0，種谷扇舟舊藏。

3128 樂邱墓誌

唐垂拱三年（687）葬，今藏地不詳。

書壇院：

    一幅，紙本墨拓，全拓。

3129 李善智墓誌

唐垂拱四年（688）正月二十三日葬，河南洛陽出土，現藏於開封博物館。

京都大學人文科學研究所：

    一張，紙本墨拓，原片，編號：TOU0737X。

東洋文庫：

    一張，紙本墨拓，原片，52.0×51.0，編號：Ⅱ-16-C-1281。

3130 陳護墓誌

唐垂拱四年（688）正月二十三日葬，陝西武功出土，已殘毀。

書道博物館：

    一冊，紙本墨拓，冊頁。

東京國立博物館：

    一幅，紙本墨拓，原片，編號：455。

京都大學人文科學研究所：

    一張，紙本墨拓，原片，編號：TOU0738X。

3131 魏夫人祠碑

唐垂拱四年（688）正月刻，路敬淳撰文，從謙書丹，原在河南沁陽靜應寺，石已毀，宋有仿刻。

書道博物館：

    一張，紙本墨拓，全拓。

3132 秦弘等造像記

唐垂拱四年（688）三月二十六日刻，現存河南洛陽龍門石窟。

東洋文庫：

    一張，紙本墨拓，原片，14.0×12.0，編號：Ⅱ-16-C-p-206。

3133 慧頤禪師造塔銘

唐垂拱四年（688）四月八日刻，現存山東長清靈巖寺。

淑德大學書學文化中心：

一張，紙本墨拓，托裱，編號：001444。

東北大學附屬圖書館：

一幅，紙本墨拓，原片，常盤大定舊藏。

3134　美原神泉詩碑

唐垂拱四年（688）四月立，尹元凱書丹，民國十三年（1924）發現於陝西富平縣美原鎮，見藏於陝西歷史博物館。

書道博物館：

一張，紙本墨拓，全拓。

一册，紙本墨拓，册頁，有題額。

淑德大學書學文化中心：

一軸，碑陽，紙本墨拓，卷軸，編號：196340。

一張，碑陽，紙本墨拓，托裱，編號：197626，天放樓舊藏。

一軸，碑陰，紙本墨拓，卷軸，編號：196341。

一張，碑陰，紙本墨拓，托裱，編號：197627，天放樓舊藏。

京都大學人文科學研究所：

一張，紙本墨拓，原片，編號：TOU0746A。

一張，紙本墨拓，原片，編號：TOU0746B。

3135　田玄達妻衡夫人墓誌

唐垂拱四年（688）五月一日葬，河南洛陽出土，現藏於開封博物館。

京都大學人文科學研究所：

一張，紙本墨拓，原片，編號：TOU0740A。

一張，紙本墨拓，原片，編號：TOU0740B。

3136　蕭洛賓墓誌

唐垂拱四年（688）五月二十七日葬，河南洛陽出土，現藏於開封博物館。

書壇院：

一幅，紙本墨拓，全拓。

京都大學人文科學研究所：

一張，紙本墨拓，原片，編號：TOU0742X。

3137　吕行端墓誌

唐垂拱四年（688）七月十七日葬，河南洛陽出土，現藏於開封博物館。

東洋文庫：

一張，紙本墨拓，原片，41.0×40.0，編號：Ⅱ-16-C-1282。

書壇院：

一幅，紙本墨拓，全拓。

京都大學人文科學研究所：

一張，紙本墨拓，原片，編號：TOU0743X。

3138　張君墓誌

唐垂拱四年（688）九月三日葬，今藏地不詳。

淑德大學書學文化中心：

一張，紙本墨拓，托裱，編號：001906。

一張，紙本墨拓，托裱，編號：001907。

3139　張安安墓誌

唐垂拱四年（688）十月二十四日葬，陝西西安出土，現藏於故宮博物院。

書道博物館：

一張，紙本墨拓，全拓，端方藏石。

東洋文庫：

一張，紙本墨拓，原片，42.0×42.0，編號：Ⅱ-16-C-p-207。

淑德大學書學文化中心：

一張，紙本墨拓，原片，編號：000516。

一張，紙本墨拓，原片，編號：000517。

京都大學人文科學研究所：

一張，紙本墨拓，原片，編號：TOU0745A。

一張，紙本墨拓，原片，編號：TOU0745B。

3140　楊寶墓誌

唐垂拱四年（688）十月二十四日葬，河南洛陽出土，現藏於開封博物館。

京都大學人文科學研究所：

一張，紙本墨拓，原片，編號：TOU0744X。

［永昌］

3141　門和墓誌

唐永昌元年（689）六月八日葬，今藏地不詳。

淑德大學書學文化中心：

一張，紙本墨拓，原片，編號：001810。

3142　釋法如禪師行狀

唐永昌元年（689）七月二十九日刻，現存河南嵩山會善寺遺址。

京都大學人文科學研究所：

一張，紙本墨拓，原片，編號：TOU0749X。

3143　資聖寺造像殘石

唐永昌元年（689）刻，原在陝西西安資聖寺。

一張，紙本墨拓，原片，編號：1759。

3144　張玄弼墓誌

唐永昌三年（691）九月三日葬，清道光二十二年（1842）湖北襄陽出土，今石已毀。

京都大學人文科學研究所：

一張，紙本墨拓，原片，編號：TOU0769X。

［載初］

3145　狄知遜碑

唐載初元年（690）正月立，原在河南洛陽孟津平樂鎮上屯村。

書道博物館：

一册，紙本墨拓，册頁，有篆額。

3146　張元福造像記

唐載初元年（690）五月二日刻，現存河南洛陽龍門石窟。

東洋文庫：

一張，紙本墨拓，原片，10.0×15.0，編號：Ⅱ-16-C-p-211。

京都大學人文科學研究所：

一張，紙本墨拓，原片，編號：TOU0753X。

3147　胡元慶造像記

唐載初元年（690）五月十五日刻，現存河南洛陽龍門石窟。

東洋文庫：

一張，紙本墨拓，原片，14.0×17.0，編號：Ⅱ-16-C-p-212。

3148　劉大獎妻姚造像記

唐載初元年（690）六月三日刻，現存河南洛陽龍門石窟。

東洋文庫：

　　一張，紙本墨拓，原片，10.0×22.0，編號：Ⅱ-16-C-p-213。

京都大學人文科學研究所：

　　一張，紙本墨拓，原片，編號：TOU0755X。

3149　乙速孤神慶碑

全稱"大唐故右虞侯副率檢校左領軍上柱國乙速孤府君碑銘并序"，苗神客撰文，僧行滿書丹，唐載初元年（690）二月十九日立，現藏於陝西昭陵博物館。

書道博物館：

　　一張，紙本墨拓，全拓，有篆額。

淑德大學書學文化中心：

　　一册，紙本墨拓，册頁，編號：001456。

　　一册，紙本墨拓，册頁，編號：005669。

　　一張，紙本墨拓，托裱，編號：197628，天放樓舊藏。

京都大學人文科學研究所：

　　一張，紙本墨拓，原片，編號：TOU0752X。

白扇書道會：

　　一張，紙本墨拓，全拓，種谷扇舟舊藏。

3150　周慕容夫人稚英墓誌

唐載初元年（690）六月十五日葬，河南洛陽出土，現藏於開封博物館。

京都大學人文科學研究所：

　　一張，紙本墨拓，原片，編號：TOU0750A。

　　一張，紙本墨拓，原片，編號：TOU0750B。

武　周
（690—705）

[天授]

3151　侯臺碑殘石

武周天授元年（690）刻，今藏地不詳。

淑德大學書學文化中心：

一册，紙本墨拓，册頁，編號：197388，天放樓舊藏。

3152　崔□造像記

武周天授元年（690）刻，現存河南洛陽龍門石窟。

東洋文庫：

一張，紙本墨拓，原片，8.0×16.0，編號：Ⅱ-16-C-p-214。

3153　行文昌造阿彌記

武周天授元年（690）刻，現存河南洛陽龍門石窟。

京都大學人文科學研究所：

一張，紙本墨拓，原片，編號：TOU0756X。

3154　嵩山寺碑

全稱“古嵩山寺重起爲銘記碑”，武周天授二年（691）正月十五日立，現存河北邯鄲武安市郭
二莊村。

淑德大學書學文化中心：

一軸，紙本墨拓，卷軸，編號：196324。

3155　李大娘造像記

武周天授二年（691）正月刻，現存河南洛陽龍門石窟。

東洋文庫：

　　一張，紙本墨拓，原片，25.0×16.0，編號：Ⅱ-16-C-p-215。

京都大學人文科學研究所：

　　一張，紙本墨拓，原片，編號：TOU0757X。

3156　格善義夫人斛斯氏墓誌

武周天授二年（691）二月七日葬，河南洛陽出土，現藏於開封博物館。

東洋文庫：

　　一張，紙本墨拓，原片，48.0×47.0，編號：Ⅱ-16-C-1283。

京都大學人文科學研究所：

　　一張，紙本墨拓，原片，編號：TOU0758A。

　　一張，紙本墨拓，原片，編號：TOU0758B。

3157　李杜蕃造像記

武周天授二年（691）二月八日刻，現存河南洛陽龍門石窟。

書道博物館：

　　一張，紙本墨拓，全拓，端方藏石。

東洋文庫：

　　一張，紙本墨拓，原片，33.0×34.0，編號：Ⅱ-16-C-p-217。

京都大學人文科學研究所：

　　一張，紙本墨拓，原片，編號：TOU0761X。

3158　楊行崱造像記

武周天授二年（691）三月五日刻，現存河南洛陽龍門石窟。

東洋文庫：

　　一張，紙本墨拓，原片，21.0×37.0，編號：Ⅱ-16-C-p-218。

3159　張乾勖妻王造像記

武周天授二年（691）三月十二日刻，現存河南洛陽龍門石窟。

東洋文庫：

　　一張，紙本墨拓，原片，14.0×16.0，編號：Ⅱ-16-C-p-219。

京都大學人文科學研究所：

　　一張，紙本墨拓，原片，編號：TOU0763X。

3160　張元福造像記

武周天授二年（691）三月三十日刻，現存河南洛陽龍門石窟。

書道博物館：

　　一張，紙本墨拓，全拓。

東洋文庫：

　　一張，紙本墨拓，原片，20.0×9.0，編號：Ⅱ-16-C-p-216。

京都大學人文科學研究所：

　　一張，紙本墨拓，原片，編號：TOU0760X。

3161　故膽法師影塔銘

武周天授二年（691）四月八日刻，現存河南安陽寶山靈泉寺。

東北大學附屬圖書館：

　　一幅，紙本墨拓，原片，常盤大定舊藏。

3162　李大娘二娘造像記

武周天授二年（691）四月八日刻，現存河南洛陽龍門石窟。

東洋文庫：

　　一張，紙本墨拓，原片，8.0×18.0，編號：Ⅱ-16-C-p-220。

京都大學人文科學研究所：

　　一張，紙本墨拓，原片，編號：TOU0764X。

3163　蔡大娘爲七代父母造像記

武周天授二年（691）四月十四日刻，現存河南洛陽龍門石窟。

東洋文庫：

　　一張，紙本墨拓，原片，10.0×12.0，編號：Ⅱ-16-C-p-221。

　　一張，紙本墨拓，原片，8.0×12.0，編號：Ⅱ-16-C-p-222。

京都大學人文科學研究所：

　　一張，紙本墨拓，原片，編號：TOU0765X。

　　一張，紙本墨拓，原片，編號：TOU0766X。

3164　李居士造像記

武周天授二年（691）四月刻，現存河南洛陽龍門石窟。

東洋文庫：

　　一張，紙本墨拓，原片，10.0×20.0，編號：Ⅱ-16-C-p-223。

京都大學人文科學研究所：

　　一張，紙本墨拓，原片，編號：TOU0774X

3165　杜文疆造像記

武周天授二年（691）五月二十八日刻，現存河南洛陽龍門石窟。

書道博物館：

　　一張，紙本墨拓，全拓，端方藏石。

東洋文庫：

　　一張，紙本墨拓，原片，7.0×37.0，編號：Ⅱ-16-C-p-224。

京都大學人文科學研究所：

　　一張，紙本墨拓，原片，編號：TOU0767X。

3166　王智通墓誌

武周天授二年（691）六月三日葬，河南洛陽出土，今藏地不詳。

淑德大學書學文化中心：

　　一張，紙本墨拓，原片，編號：001956。

3167　張君妻田氏墓誌

武周天授二年（691）六月三日葬，陝西咸陽出土，現藏於故宫博物院。

書道博物館：

　　一張，紙本墨拓，全拓。

淑德大學書學文化中心：

　　一張，紙本墨拓，原片，編號：000518。

京都大學人文科學研究所：

　　一張，紙本墨拓，原片，編號：TOU0768X。

3168　杜山威等造像銘

武周天授二年（691）九月十七日刻，河南洛陽出土，已流失海外。

京都大學人文科學研究所：

　　一張，紙本墨拓，原片，編號：TOU0770X。

3169　焦松墓誌

武周天授二年（691）十月二十四日葬，河南洛陽出土，現藏於開封博物館。

東洋文庫：

　　一張，紙本墨拓，原片，50.0×50.0，編號：Ⅱ-16-C-1284。

京都大學人文科學研究所：

　　一張，紙本墨拓，原片，編號：TOU0771A。

　　一張，紙本墨拓，原片，編號：TOU0771B。

3170　雙束碑

又稱“岱嶽觀造像記碑”“鴛鴦碑”，武周天授二年（691）□月十日立，現存山東泰安岱廟。

淑德大學書學文化中心：

　　　一軸，紙本墨拓，卷軸，編號：196196。

　　　一軸，紙本墨拓，卷軸，編號：198285。

3171　普樂寺碑

武周天授二年（691）立，原在山東濟寧興隆寺。

京都大學人文科學研究所：

　　　一張，紙本墨拓，原片，編號：TOU0776X。

3172　周行者造像記

武周天授二年（691）刻，現存河南洛陽龍門石窟。

東洋文庫：

　　　一張，紙本墨拓，原片，27.0×7.0，編號：Ⅱ-16-C-p-225。

京都大學人文科學研究所：

　　　一張，紙本墨拓，原片，編號：TOU0775X。

3173　張玄弼墓誌

武周天授三年（692）正月六日葬，清道光二十二年（1842）出土於湖北襄陽，今石已毀。

淑德大學書學文化中心：

　　　一册，墓誌蓋，紙本墨拓，册頁，編號：197811，天放樓舊藏。

　　　一册，墓誌，紙本墨拓，册頁，編號：197812，天放樓舊藏。

3174　張敬之墓誌

武周天授三年（692）正月六日葬，湖北襄陽出土，今藏地不詳。

淑德大學書學文化中心：

　　　一册，墓誌蓋，紙本墨拓，册頁，編號：197813，天放樓舊藏。

　　　一册，墓誌，紙本墨拓，册頁，編號：197814，天放樓舊藏。

京都大學人文科學研究所：

　　　一張，紙本墨拓，原片，編號：TOU0779X。

3175　張慶之墓誌

武周天授三年（692）正月六日葬，湖北襄陽出土，今藏地不詳。

淑德大學書學文化中心：

　　　一册，墓誌蓋，紙本墨拓，册頁，編號：197815，天放樓舊藏。

　　　一册，墓誌，紙本墨拓，册頁，編號：197816，天放樓舊藏。

京都大學人文科學研究所：

一張，紙本墨拓，原片，編號：TOU0777X。

3176　張景之墓誌

武周天授三年（692）正月六日葬，清道光二十二年（1842）出土於湖北襄陽，今藏地不詳。

淑德大學書學文化中心：

　　一冊，墓誌，紙本墨拓，冊頁，編號：197817，天放樓舊藏。

　　一冊，墓誌蓋，紙本墨拓，冊頁，編號：197818，天放樓舊藏。

京都大學人文科學研究所：

　　一張，紙本墨拓，原片，編號：TOU0778X。

3177　大雲寺彌勒重閣碑

武周天授三年（692）正月十八日刻，原在山西猗氏縣（今临猗）仁壽寺，現藏於山西古建築博物館。

淑德大學書學文化中心：

　　一軸，碑陽，紙本墨拓，卷軸，編號：195884。

　　一軸，碑陰，紙本墨拓，卷軸，編號：195883。

3178　王□造像記

武周天授□年（690—692）刻，現存河南洛陽龍門石窟。

東洋文庫：

　　一張，紙本墨拓，原片，15.0×16.0，編號：Ⅱ-16-C-p-226。

［如意］

3179　丁君義造像記

武周如意元年（692）閏五月五日刻，現存河南洛陽龍門石窟。

東洋文庫：

　　一張，紙本墨拓，原片，20.0×14.0，編號：Ⅱ-16-C-p-227。

京都大學人文科學研究所：

　　一張，紙本墨拓，原片，編號：TOU0780X。

3180　申暑義墓誌

武周如意元年（692）九月十八日葬，山西長治出土，今藏地不詳。

京都大學人文科學研究所：

　　一張，紙本墨拓，原片，編號：TOU0781X。

3181　朱四娘造浮圖銘

武周如意元年（692）刻，現存河南修武縣百家巖寺。

京都大學人文科學研究所：

　　　　一張，紙本墨拓，原片，編號：TOU0782X。

［長壽］

3182　邢政墓誌

武周長壽元年（692）十月十九日葬，河南洛陽出土，今藏地不詳。

京都大學人文科學研究所：

　　　　一張，紙本墨拓，原片，編號：TOU0783X。

3183　許琮妻李夫人墓誌

武周長壽二年（693）正月二十九日葬，河南洛陽出土，現藏於開封博物館。

宇野雪村文庫：

　　　　一張，紙本墨拓，原片，編號：1481。

東洋文庫：

　　　　一張，紙本墨拓，原片，44.0×44.0，編號：Ⅱ-16-C-1285。

京都大學人文科學研究所：

　　　　一張，紙本墨拓，原片，編號：TOU0784X。

3184　任智滿造像記

武周長壽二年（693）四月二十三日刻，現存河南洛陽龍門石窟。

東洋文庫：

　　　　一張，紙本墨拓，原片，13.0×21.0，編號：Ⅱ-16-C-p-228。

3185　和錢墓誌

武周長壽二年（693）四月二日葬，河南洛陽出土，現藏於故宮博物院。

書道博物館：

　　　　二張，紙本墨拓，全拓。

京都大學人文科學研究所：

　　　　一張，紙本墨拓，原片，編號：TOU0787X。

3186　王義墓誌

武周長壽二年（693）八月十五日葬，河南洛陽出土，今藏地不詳。

京都大學人文科學研究所：

　　　　一張，紙本墨拓，原片，編號：TOU0789X。

3187　咎斌墓誌

武周長壽二年（693）八月二十八日葬，河南洛陽出土，現藏於開封博物館。

東洋文庫：

　　一張，紙本墨拓，原片，38.0×38.0，編號：Ⅱ-16-C-1286。

京都大學人文科學研究所：

　　一張，紙本墨拓，原片，編號：TOU0790A。

　　一張，紙本墨拓，原片，編號：TOU0790B。

3188　程仵郎墓誌

武周長壽二年（693）十月十七日葬，河北雄縣出土，現藏於故宮博物院。

書道博物館：

　　一張，紙本墨拓，全拓，端方藏石。

東洋文庫：

　　一張，紙本墨拓，原片，44.0×43.0，編號：Ⅱ-16-C-p-229。

京都大學人文科學研究所：

　　一張，紙本墨拓，原片，編號：TOU0792X。

3189　莫義墓誌

武周長壽二年（693）十二月十三日葬，河南洛陽出土，現藏於開封博物館。

京都大學人文科學研究所：

　　一張，紙本墨拓，原片，編號：TOU0794X。

3190　武周造像記

武周長壽二年（693）刻，今藏地不詳。

京都大學人文科學研究所：

　　一張，紙本墨拓，原片，編號：TOU0795A。

　　一張，紙本墨拓，原片，編號：TOU0795B。

　　一張，紙本墨拓，原片，編號：TOU0795C。

　　一張，紙本墨拓，原片，編號：TOU0795D。

3191　楊順墓誌

武周長壽二年（693）葬，河南洛陽出土，已流失海外，現藏於加拿大皇家安大略博物館。

京都大學人文科學研究所：

　　一張，紙本墨拓，原片，編號：TOU0796X。

3192 程玄景墓誌

武周長壽三年（694）正月九日葬，陝西西安出土，趙乾生舊藏。

書道博物館：

一張，紙本墨拓，全拓。

淑德大學書學文化中心：

一張，紙本墨拓，原片，編號：000519。

京都大學人文科學研究所：

一張，紙本墨拓，原片，編號：TOU0797X。

3193 張懷寂墓誌

武周長壽三年（694）二月六日葬，清宣統二年（1910）出土於新疆吐魯番阿斯塔那墓地，現藏於新疆維吾爾自治區博物館。

京都大學人文科學研究所：

一張，紙本墨拓，原片，編號：TOU0801X。

3194 劉通墓誌

武周長壽三年（694）五月十三日葬，河北邯鄲磁縣出土，現藏於磁縣文物保管所。

京都大學人文科學研究所：

一張，紙本墨拓，原片，編號：TOU0803A。

一張，紙本墨拓，原片，編號：TOU0803B。

3195 韋瓊造像記

武周長壽□年（692—694）刻，現存河南洛陽龍門石窟。

東洋文庫：

一張，紙本墨拓，原片，50.0×16.0，編號：Ⅱ-16-C-p-230。

［延載］

3196 關師墓誌

武周延載元年（694）五月二十六日葬，河南洛陽出土，今藏地不詳。

宇野雪村文庫：

一張，紙本墨拓，原片，編號：1482。

3197 劉儉墓誌

武周延載元年（694）七月二十七日葬，河南洛陽出土，今藏地不詳。

宇野雪村文庫：

    一張，紙本墨拓，原片，編號：1483。

3198　王寶泰趙玄勖等造西方净土佛龕記

武周延載元年（694）八月三十日刻，現存河南洛陽龍門石窟。

宇野雪村文庫：

    一張，紙本墨拓，原片，編號：1325。

東洋文庫：

    一張，紙本墨拓，原片，94.0×72.0，編號：Ⅱ-16-C-p-231。

京都大學人文科學研究所：

    一張，紙本墨拓，原片，編號：TOU0804X。

3199　佛説菩薩呵色欲經并僧玄景等題名

武周延載元年（694）八月刻，現存河南洛陽龍門石窟。

東洋文庫：

    一張，紙本墨拓，原片，94.0×73.0，編號：Ⅱ-16-C-p-232。

宇野雪村文庫：

    一張，紙本墨拓，原片，編號：1329。

3200　房懷亮墓誌

武周延載元年（694）十月二十三日葬，陝西西安出土，現藏於故宫博物院。

書道博物館：

    一張，紙本墨拓，全拓。

東洋文庫：

    一張，墓誌蓋，紙本墨拓，原片，31.0×33.0，編號：Ⅱ-16-C-p-233。

淑德大學書學文化中心：

    一張，墓誌蓋，紙本墨拓，原片，編號：000520。

    一張，墓誌，紙本墨拓，原片，編號：000521。

京都大學人文科學研究所：

    一張，紙本墨拓，原片，編號：TOU0806A。

    一張，紙本墨拓，原片，編號：TOU0806B。

[證聖]

3201　神□造廿五佛記

武周證聖元年（695）正月十四日刻，今藏地不詳。

京都大學人文科學研究所：

　　　一張，紙本墨拓，原片，編號：TOU0807X。

3202　解知□造像記

武周證聖元年（695）三月刻，端方舊藏，今藏地不詳。

書道博物館：

　　　一張，紙本墨拓，全拓。

京都大學人文科學研究所：

　　　一張，紙本墨拓，原片，編號：TOU0809X。

3203　元思叡造地藏像記

武周證聖元年（695）四月八日刻，現存河南洛陽龍門石窟。

京都大學人文科學研究所：

　　　一張，紙本墨拓，原片，編號：TOU0811X。

3204　齊朗墓誌

武周證聖元年（695）十二月二十一日葬，河南洛陽出土，現藏於開封博物館。

京都大學人文科學研究所：

　　　一張，紙本墨拓，原片，編號：TOU0812X。

［天册萬歲］

3205　封抱墓誌

武周天册萬歲元年（695）十月二十八日葬，河南洛陽出土，現藏於開封博物館。

京都大學人文科學研究所：

　　　一張，紙本墨拓，原片，編號：TOU0813X。

3206　王思訥墓誌

武周天册萬歲二年（696）正月十一日葬，河南洛陽出土，現藏於開封博物館。

京都大學人文科學研究所：

　　　一張，紙本墨拓，原片，編號：TOU0814X。

［萬歲登封］

3207　馬夫人石二娘墓誌

武周萬歲登封元年（696）正月九日葬，河南洛陽出土，現藏於開封博物館。

京都大學人文科學研究所：

　　　一張，紙本墨拓，原片，編號：TOU0821A。

　　　一張，紙本墨拓，原片，編號：TOU0821B。

3208　封祀壇碑

武三思撰文，薛曜書丹，武周萬歲登封元年（696）十二月立，現存河南登封市區西萬羊崗山。

書道博物館：

　　　一冊，紙本墨拓，冊頁。

淑德大學書學文化中心：

　　　一軸，紙本墨拓，卷軸，編號：196061。

　　　一冊，紙本墨拓，冊頁，編號：001281。

京都大學人文科學研究所：

　　　一張，紙本墨拓，原片，編號：TOU0818X。

［萬歲通天］

3209　梁畋墓誌

武周萬歲通天元年（696）五月二十日葬，河南洛陽出土，現藏於開封博物館。

京都大學人文科學研究所：

　　　一張，紙本墨拓，原片，編號：TOU0822A。

　　　一張，紙本墨拓，原片，編號：TOU0822B。

3210　孔思義造像記

武周萬歲通天元年（696）五月二十三日刻，現存河南洛陽龍門石窟。

東洋文庫：

　　　一張，紙本墨拓，原片，16.0×29.0，編號：Ⅱ-16-C-p-239。

3211　仇道朗墓誌

武周萬歲通天元年（696）五月二十六日葬，陝西西安出土，現藏於故宮博物院。

書道博物館：

　　　一張，紙本墨拓，全拓。

東洋文庫：

　　　一張，紙本墨拓，原片，38.0×38.0。

淑德大學書學文化中心：

　　　一張，紙本墨拓，原片，編號：000522。

京都大學人文科學研究所：

一張，紙本墨拓，原片，編號：TOU0815X。

3212　李客師造像記

武周萬歲通天元年（696）六月刻，現存河南洛陽龍門石窟。

東洋文庫：

一張，紙本墨拓，原片，13.0×18.0，編號：Ⅱ-16-C-p-240。

京都大學人文科學研究所：

一張，紙本墨拓，原片，編號：TOU0816X。

3213　崔鋭夫人高漆娘墓誌

武周萬歲通天元年（696）七月六日葬，河南洛陽出土，現藏於開封博物館。

東洋文庫：

一張，紙本墨拓，原片，43.0×43.0。

淑德大學書學文化中心：

一張，紙本墨拓，原片，編號：001955。

京都大學人文科學研究所：

一張，紙本墨拓，原片，編號：TOU0823A。

一張，紙本墨拓，原片，編號：TOU0823B。

3214　梁師亮墓誌

武周萬歲通天二年（697）三月六日葬，明末陝西西安出土，原在百塔寺，現藏於西安碑林博物館。

書道博物館：

一册，舊拓，未斷本精拓，紙本墨拓。

東洋文庫：

一帖十四葉，紙本墨拓，28.0×15.0，編號：Ⅱ-16-C-869。

宇野雪村文庫：

一張，紙本墨拓，原片，編號：1934。

一册，紙本墨拓，册頁，編號：164。

京都大學人文科學研究所：

一張，紙本墨拓，原片，編號：TOU0824X。

3215　馮善廓等造浮圖銘

武周萬歲通天二年（697）四月十四日刻，原在河南長葛陘山書院。

淑德大學書學文化中心：

一軸，紙本墨拓，卷軸，編號：198393。

3216 劉洪預墓誌

武周萬歲通天二年（697）五月二日葬，河南洛陽出土，現藏於開封博物館。

京都大學人文科學研究所：

　　一張，紙本墨拓，原片，編號：TOU0827X。

3217 劉含章夫人李五娘墓誌

武周萬歲通天二年（697）六月二十一日葬，河南洛陽出土，現藏於開封博物館。

東洋文庫：

　　一張，紙本墨拓，原片，35.0×35.0，編號：Ⅱ-16-C-1291。

京都大學人文科學研究所：

　　一張，紙本墨拓，原片，編號：TOU0828X。

3218 韓仁惠墓誌

武周萬歲通天二年（697）八月二十一日葬，河南洛陽出土，現藏於開封博物館。

東洋文庫：

　　一張，紙本墨拓，原片，35.0×36.0。

淑德大學書學文化中心：

　　一張，紙本墨拓，原片，編號：001954。

京都大學人文科學研究所：

　　一張，紙本墨拓，原片，編號：TOU0829X。

3219 鄭迴寺游詩·謝幾綜寺訪智力寺游記

武周萬歲通天二年（697）十二月二十二日刻，現存河北邯鄲響堂山石窟。

京都大學人文科學研究所：

　　一張，紙本墨拓，原片，編號：TOU0831X。

東北大學附屬圖書館：

　　一幅，紙本墨拓，原片，常盤大定舊藏。

［神功］

3220 張素墓誌

武周神功元年（697）十月二十二日葬，陝西西安出土，現藏於西安碑林博物館。

東洋文庫：

　　一張，墓誌，紙本墨拓，原片，55.0×56.0。一張，墓誌蓋，紙本墨拓，原片，30.0×30.0。
　　編號：Ⅱ-16-C-1292。

京都大學人文科學研究所：

　　　　一張，紙本墨拓，原片，編號：TOU0832X。

3221　王緒太夫人郭氏墓誌

武周神功元年（697）十月二十二日葬，河南洛陽出土，現藏於開封博物館。

東洋文庫：

　　　　一張，墓誌，紙本墨拓，原片，43.0×44.0。一張，墓誌蓋，紙本墨拓，原片，35.0×34.0。
　　　　編號：Ⅱ-16-C-2.41。

淑德大學書學文化中心：

　　　　一張，紙本墨拓，原片，編號：000416。

京都大學人文科學研究所：

　　　　一張，紙本墨拓，原片，編號：TOU0835X。

［聖曆］

3222　令孤勝藥師瑠璃光佛造像記

武周聖曆元年（698）五月二十八日刻，現存河北邯鄲響堂山石窟。

京都大學人文科學研究所：

　　　　一張，紙本墨拓，原片，編號：TOU0836X。

3223　裴咸墓誌

武周聖曆元年（698）十月二十三日葬，河南洛陽出土，現藏於開封博物館。

京都大學人文科學研究所：

　　　　一張，紙本墨拓，原片，編號：TOU0838X。

3224　雙束碑

又稱"岱嶽觀造像記碑""鴛鴦碑"，武周聖曆元年（698）刻，現存山東泰安岱廟。

淑德大學書學文化中心：

　　　　一軸，紙本墨拓，卷軸，編號：196195。
　　　　一張，紙本墨拓，托裱，編號：001339。

3225　馬神貴造像記

武周聖曆二年（699）正月二十三日刻，現存河南洛陽龍門石窟。

東洋文庫：

　　　　一張，紙本墨拓，原片，9.0×8.0，編號：Ⅱ-16-C-p-241。

京都大學人文科學研究所：

一張，紙本墨拓，原片，編號：TOU0839X。

3226　潘尊師碣

全稱"唐默仙中嶽體玄先生太中大夫潘尊師碣文并序"，王適撰文，司馬承禎書丹，武周聖曆二年（699）二月八日刻，現存河南嵩山逍遙谷崇唐觀。

東北大學附屬圖書館：

一幅，紙本墨拓，原片，常盤大定舊藏。

京都大學人文科學研究所：

一張，紙本墨拓，原片，編號：TOU0840X。

3227　王慶祚墓誌

武周聖曆二年（699）二月十二日葬，河南洛陽出土，現藏於千唐誌齋博物館。

淑德大學書學文化中心：

一張，紙本墨拓，原片，編號：001938。

3228　王弘則墓誌

武周聖曆二年（699）二月十七日葬，河南洛陽出土，現藏於開封博物館。

東洋文庫：

一張，紙本墨拓，原片，40.0×41.0，編號：Ⅱ-16-C-1293。

淑德大學書學文化中心：

一張，紙本墨拓，原片，編號：001958。

3229　隱子弘墓誌

武周聖曆二年（699）二月十七日葬，二〇〇六年河南洛陽出土，今藏地不詳。

京都大學人文科學研究所：

一張，紙本墨拓，原片，編號：TOU0841X。

3230　房逸墓誌

武周聖曆二年（699）二月十七日葬，河南洛陽出土，現藏於西安碑林博物館。

大阪市立美術館：

一張，紙本墨拓，原片，編號：2673。

3231　王弘安妻觀音造像記

武周聖曆二年（699）二月二十日刻現存河南洛陽龍門石窟。

京都大學人文科學研究所：

一張，紙本墨拓，原片，編號：TOU0842A。

一張，紙本墨拓，原片，編號：TOU0842B。

3232　龍龕道場銘

武周聖曆二年（699）二月二十三日刻，現存廣東羅定苹塘鎮談禮村龍龕巖摩崖。

京都大學人文科學研究所：

一張，紙本墨拓，原片，編號：TOU0844X。

3233　貞隱子墓誌

武周聖曆二年（699）二月葬，河南洛陽出土，今藏地不詳。

宇野雪村文庫：

一張，紙本墨拓，原片，編號：1484。

3234　諱素軒墓誌

武周聖曆二年（699）二月葬，今藏地不詳。

書道博物館：

一張，紙本墨拓，原片，全拓。

3235　姬素墓誌

武周聖曆二年（699）三月二十七日葬，山西屯留出土，現藏於故宮博物院。

東洋文庫：

一張，紙本墨拓，原片，40.0×43.0，編號：Ⅱ-16-C-p-242。

3236　裴大娘造佛龕記

武周聖曆二年（699）五月刻，現存河南洛陽龍門石窟。

東洋文庫：

一張，紙本墨拓，原片，10.0×12.0，編號：Ⅱ-16-C-p-243。

3237　昇仙太子碑

武則天撰文并書丹，武周聖曆二年（699）六月十九日立，現存河南偃師市府店緱山。

書道博物館：

二帖，紙本墨拓，原片，各40.9×19.7，有飛白題額。

宇野雪村文庫：

二册，紙本墨拓，册頁，編號：105。

東洋文庫：

一張，碑陽，紙本墨拓，原片，342.0×160.0，編號：Ⅱ-16-C-p-239。

一張，碑額，紙本墨拓，原片，63.0×46.0，編號：Ⅱ-16-C-p-240。

一張，碑陰，紙本墨拓，280.0×152.0，編號：Ⅱ-16-C-p-244。

一帖四十八葉，紙本墨拓，31.0×17.0，編號：Ⅱ-16-C-836。

一帖十葉，紙本墨拓，30.0×17.0，編號：Ⅱ-16-C-831。

淑德大學書學文化中心：

一軸，碑陽，紙本墨拓，卷軸，編號：196062。

一張，碑陽，紙本墨拓，原片，編號：001066。

一册，碑陽，紙本墨拓，册頁，編號：195684。

一軸，碑陰，紙本墨拓，卷軸，編號：196063。

一軸，碑側，紙本墨拓，卷軸，編號：196064。

觀峰館：

一册，紙本墨拓，册頁，30.4×18.5。

一張，紙本墨拓，原片，64.3×48.4。

白扇書道會：

一張，紙本墨拓，全拓，406.0×158.0，種谷扇舟舊藏。

3238 程瞻墓誌

武周聖曆二年（699）七月二日葬，河南洛陽出土，現藏於開封博物館。

京都大學人文科學研究所：

一張，紙本墨拓，原片，編號：TOU0846A。

一張，紙本墨拓，原片，編號：TOU0846B。

3239 慕容君夫人費婉墓誌

武周聖曆二年（699）八月九日葬，河南洛陽出土，現藏於開封博物館。

東洋文庫：

一張，紙本墨拓，原片，59.0×59.0，編號：Ⅱ-16-C-1294。

京都大學人文科學研究所：

一張，紙本墨拓，原片，編號：TOU0847A。

一張，紙本墨拓，原片，編號：TOU0847B。

3240 慕容昇墓誌

武周聖曆二年（699）八月九日葬，河南洛陽出土，現藏於南京博物院。

淑德大學書學文化中心：

一張，紙本墨拓，原片，編號：001957。

3241 張順墓誌

武周聖曆二年（699）八月九日葬，現藏於江蘇省博物館。

淑德大學書學文化中心：

　　　　一張，紙本墨拓，原片，編號：001953。

3242　慕容知廉墓誌

武周聖曆二年（699）八月九日葬，河南洛陽出土，現藏於南京博物院。

淑德大學書學文化中心：

　　　　一張，紙本墨拓，原片，編號：001934。

3243　王大貞寺彌勒觀音地藏造像記

武周聖曆二年（699）九月二十日刻，現存河南洛陽龍門石窟。

京都大學人文科學研究所：

　　　　一張，紙本墨拓，原片，編號：TOU0854X。

3244　張達墓誌

武周聖曆二年（699）十月二十八日葬，河南洛陽出土，現藏於開封博物館。

京都大學人文科學研究所：

　　　　一張，紙本墨拓，原片，編號：TOU0849A。

　　　　一張，紙本墨拓，原片，編號：TOU0849B。

3245　姚恭墓誌

武周聖曆二年（699）十二月十日葬，河南洛陽出土，今藏地不詳。

京都大學人文科學研究所：

　　　　一張，紙本墨拓，原片，編號：TOU0850A。

　　　　一張，紙本墨拓，原片，編號：TOU0850B。

　　　　一張，紙本墨拓，原片，編號：TOU0851X。

3246　韓君相妻劉造像記

武周聖曆二年（699）十二月刻，端方舊藏，今藏地不詳。

書道博物館：

　　　　一張，紙本墨拓，原片，全拓。

東洋文庫：

　　　　一張，紙本墨拓，原片，8.0×41.0，編號：Ⅱ-16-C-p-245。

3247　大方廣佛花嚴經石幢

武周聖曆二年（699）刻，原在山西晉陽風峪溝風洞，後移至晉祠，現存奉聖寺碑廊。

京都大學人文科學研究所：

一張，紙本墨拓，原片，編號：TOU0855X。

3248　董智力母陽氏彌勒佛造像記

武周聖曆二年（699）刻，現存河北邯鄲磁縣響堂山石窟。

京都大學人文科學研究所：

一張，紙本墨拓，原片，編號：TOU0852X。

3249　戴希晋墓誌

武周聖曆三年（700）二月二日葬，陝西西安出土，今藏地不詳。

京都大學人文科學研究所：

一張，紙本墨拓，原片，編號：TOU0856X。

3250　仙壇山銘

周道賜書丹，湯義思鐫刻，武周聖曆三年（700）三月十八月立，原在江蘇溧水仙壇山，現藏於南京博物院。

淑德大學書學文化中心：

一册，紙本墨拓，册頁，編號：197481。

東洋文庫：

一張，紙本墨拓，原片，63.0×40.0，編號：Ⅱ-16-C-p-246。

3251　于大猷碑

全稱“唐明堂令于大猷碑”，武周聖曆三年（700）十一月十二日立，現存陝西三原縣陵前鎮興隆村。

東洋文庫：

一張，紙本墨拓，原片，218.0×96.0，編號：Ⅱ-16-C-p-247。

京都大學人文科學研究所：

一張，紙本墨拓，原片，編號：TOU0857X。

書道博物館：

一張，紙本墨拓，原片，全拓。

3252　高慈墓誌

武周聖曆三年（700）十二月十七日葬，河南洛陽出土，現藏於千唐誌齋博物館。

京都大學人文科學研究所：

一張，紙本墨拓，原片，編號：TOU0858X。

［久視］

3253　夏日游石淙詩并序

武則天撰文，薛曜書丹，武周久視元年（700）三月十九日刻，現存河南登封石淙河車廂潭北石崖。

書道博物館：

　　一張，紙本墨拓，原片，全拓。

　　一張，紙本墨拓，原片，全拓，張祖翼題簽。

宇野雪村文庫：

　　一册，紙本墨拓，册頁，編號：118。

淑德大學書學文化中心：

　　一軸，紙本墨拓，卷軸，編號：196066。

　　一軸，紙本墨拓，卷軸，編號：196067。

　　一册，紙本墨拓，册頁，編號：196506。

　　一軸，紙本墨拓，卷軸，編號：196065。

　　一册，紙本墨拓，册頁，編號：196505。

京都大學人文科學研究所：

　　一張，紙本墨拓，原片，編號：TOU0862X。

　　一張，紙本墨拓，原片，編號：TOU0864X。

3254　薛剛墓誌

武周久視元年（700）五月二十四日葬，陝西西安出土，今藏地不詳。

淑德大學書學文化中心：

　　一册，紙本墨拓，册頁，編號：197819，天放樓舊藏。

3255　張守素墓誌

武周久視元年（700）十月五日葬，北京大學考古學系舊藏。

東洋文庫：

　　一張，紙本墨拓，原片，36.0×36.0，編號：Ⅱ-16-C-65。

　　一張，紙本墨拓，原片，35.0×35.0，編號：Ⅱ-16-C-1295。

京都大學人文科學研究所：

　　一張，紙本墨拓，原片，編號：TOU0859X。

3256　褚承恩墓誌

武周久視元年（700）十月二十二日葬，河南洛陽出土，曾歸端方收藏，後流失日本。

東洋文庫：

一張，紙本墨拓，40.0×41.0，編號：Ⅱ-16-C-p-248。

3257 王二娘造石浮圖記

武周久視元年（700）十月二十三日刻，現存河南洛陽龍門石窟。

書道博物館：

一張，紙本墨拓，原片，全拓。

京都大學人文科學研究所：

一張，紙本墨拓，原片，編號：TOU0860A。

一張，紙本墨拓，原片，編號：TOU0860B。

3258 馮名墓誌

武周久視元年（700）十月二十八日葬，現藏於故宮博物院。

書道博物館：

一張，紙本墨拓，原片，全拓。

3259 李石夫妻墓誌

武周久視元年（700）十一月十六日葬，二〇〇二年出土於山西長治襄垣縣，現藏於襄垣縣文物博物館。

書道博物館：

一張，紙本墨拓，原片，全拓。

淑德大學書學文化中心：

一張，紙本墨拓，托裱，編號：001730。

3260 秋日宴石淙序

張易之撰文，薛曜書丹，武周久視元年（700）刻，現存河南登封石淙河車廂潭北石崖。

京都大學人文科學研究所：

一張，紙本墨拓，原片，編號：SOU0302X。

［大足］

3261 趙守訥妻陳氏阿彌陀佛造像記

武周大足元年（701）二月二十四日刻，今藏地不詳。

京都大學人文科學研究所：

一張，紙本墨拓，原片，編號：TOU0836X。

3262 趙思暘阿彌陀佛造像記

武周大足元年（701）二月二十四日刻，今藏地不詳。

京都大學人文科學研究所：

　　一張，紙本墨拓，原片，編號：TOU0852X。

3263 楊君墓誌

武周大足元年（701）二月二十九日葬，河南洛陽出土，現藏於開封博物館。

京都大學人文科學研究所：

　　一張，紙本墨拓，原片，編號：TOU0870X。

3264 趙進墓誌

武周大足元年（701）四月二十三日葬，河南洛陽出土，今藏地不詳。

淑德大學書學文化中心：

　　一張，紙本墨拓，托裱，編號：001951。

3265 長孫夫人墓誌

武周大足元年（701）六月葬，河南洛陽魏家灣出土，存古閣舊藏。

書道博物館：

　　一冊，紙本墨拓，冊頁。

3266 王君妻橋氏墓誌

武周大足元年（701）八月六日葬，河南洛陽出土，今藏地不詳。

京都大學人文科學研究所：

　　一張，紙本墨拓，原片，編號：TOU0871A。

　　一張，紙本墨拓，原片，編號：TOU0871B。

3267 老妻等阿彌陀佛造像記

武周大足元年（701）八月十八日刻，現存河南洛陽龍門石窟。

京都大學人文科學研究所：

　　一張，紙本墨拓，原片，編號：TOU0872A。

　　一張，紙本墨拓，原片，編號：TOU0872B。

　　一張，紙本墨拓，原片，編號：TOU0872C。

3268 大雲寺碑

全稱"大雲寺皇帝聖祚之碑"，賈膺福撰文并書丹，武周大足元年（701）十一月立，現存河南沁陽市博物館碑廊。

書道博物館：

一張，紙本墨拓，原片，全拓。

［長安］

3269 張睪墓誌

武周長安二年（702）正月五日葬，河南洛陽出土，今藏地不詳。

淑德大學書學文化中心：

一軸，紙本墨拓，卷軸，編號：196828。

3270 郭義□等阿彌陀觀音勢至等造像記

武周長安二年（702）正月十四日刻，今藏地不詳。

京都大學人文科學研究所：

一張，紙本墨拓，原片，編號：TOU0873X。

3271 順陵殘碑

全稱"大周無上孝明高皇后碑銘"，武三思撰文，李旦書丹，武周長安二年（702）正月立，明嘉靖三十四年（1555）毀於地震，清初發現於渭河堤，現藏於咸陽博物院。

書道博物館：

一張，紙本墨拓，原片，全拓。

京都大學人文科學研究所：

一張，紙本墨拓，原片，編號：TOU0875X。

3272 造像記殘石

武周長安二年（702）二月刻，今藏地不詳。

東洋文庫：

一張，紙本墨拓，原片，12.0×8.0，編號：Ⅱ-16-C-p-250。

3273 杜并墓誌

武周長安二年（702）四月十二日葬，河南洛陽出土，現藏於偃師商城博物館。

淑德大學書學文化中心：

一張，紙本墨拓，托裱，編號：001905。

京都大學人文科學研究所：

一張，紙本墨拓，編號：TOU0878X。

3274　泉男産墓誌

武周長安二年（702）四月二十三日葬，民國十一年（1922）出土於河南洛陽，現藏於北京大學考古文博學院。

東洋文庫：

一張，墓誌，紙本墨拓，75.0×75.0。一張，墓誌蓋，紙本墨拓，52.0×52.0。

一張，墓誌蓋，紙本墨拓，50.0×50.0，編號：Ⅱ-16-C-73。

一張，墓誌，紙本墨拓，75.0×75.0。一張，墓誌蓋，紙本墨拓，51.0×52.0。編號：Ⅱ-16-C-1297。

一軸，紙本墨拓，卷軸，86.0×86.0，編號：Ⅵ-2-74。

宇野雪村文庫：

一張，紙本墨拓，原片，編號：1265。

淑德大學書學文化中心：

一軸，墓誌，紙本墨拓，卷軸，編號：001915。

一軸，墓誌蓋，紙本墨拓，卷軸，編號：001916。

3275　尉門道墓誌

武周長安二年（702）六月十七日葬，今藏地不詳。

淑德大學書學文化中心：

一張，紙本墨拓，原片，編號：001809。

3276　昉思忠造像記

武周長安二年（702）七月十五日刻，今藏地不詳。

東洋文庫：

一張，紙本墨拓，原片，10.0×14.0，編號：Ⅱ-16-C-p-251。

3277　紀信碑

又稱"漢忠烈紀公碑"，盧藏用撰文并書丹，武周長安二年（702）七月立，現存鄭州古滎鎮紀公廟村。

淑德大學書學文化中心：

一軸，紙本墨拓，卷軸，編號：196335。

一册，紙本墨拓，册頁，編號：001601。

3278　馬文妻董造像記

武周長安二年（702）九月刻，今藏地不詳。

東洋文庫：

一張，紙本墨拓，原片，22.0×14.0，編號：Ⅱ-16-C-p-252。

3279　馬居墓誌

武周長安二年（702）十一月二十二日葬，清末山東濟南出土，今藏地不詳。

宇野雪村文庫：

一張，紙本墨拓，原片，編號：1485。

3280　張廉夫人樊氏墓誌

武周長安二年（702）十二月十日葬，河南洛陽出土，現藏於開封博物館。

京都大學人文科學研究所：

一張，紙本墨拓，原片，編號：TOU0886A。

一張，紙本墨拓，原片，編號：TOU0886B。

3281　武后母楊氏殘石

全稱"大周無上孝明高皇后碑銘"，武三思撰文，李旦書丹，武周長安二年（702）立，明嘉靖三十四年（1555）毀於地震，今僅見數塊殘石。

淑德大學書學文化中心：

一冊，紙本墨拓，冊頁，編號：197385，天放樓舊藏。

一冊，紙本墨拓，冊頁，編號：197386，天放樓舊藏。

一冊，紙本墨拓，冊頁，編號：197387，天放樓舊藏。

一冊，紙本墨拓，冊頁，編號：001463。

3282　劉齊賢墓誌

武周長安三年（703）正月四日葬，河南洛陽出土，現藏於開封博物館。

淑德大學書學文化中心：

一張，紙本墨拓，原片，編號：001940。

京都大學人文科學研究所：

一張，紙本墨拓，原片，編號：TOU0887X。

書壇院：

一幅，紙本墨拓，原片，全拓。

3283　宋越客妻鹿三娘造像記

武周長年三年（703）正月五日刻，現存河南洛陽龍門石窟。

東洋文庫：

一張，紙本墨拓，原片，14.0×14.0，編號：Ⅱ-16-C-p-254。

3284　王嘉墓誌

武周長安三年（703）二月十七日葬，河南洛陽出土，現藏於開封博物館。

宇野雪村文庫：

　　　　一張，紙本墨拓，原片，編號：1487。

東洋文庫：

　　　　一張，墓誌，紙本墨拓，41.0×42.0。一張，墓誌蓋，紙本墨拓，36.0×36.0。編號：Ⅱ−
　　　　16−C−1298。

京都大學人文科學研究所：

　　　　一張，紙本墨拓，原片，編號：TOU0890X。

3285　張嘉墓誌

武周長安三年（703）二月十七日葬，河南洛陽出土，現藏於故宮博物院。

書道博物館：

　　　　一張，紙本墨拓，原片，全拓。

淑德大學書學文化中心：

　　　　一張，紙本墨拓，原片，編號：000524。

京都大學人文科學研究所：

　　　　一張，紙本墨拓，原片，編號：TOU0910X。

3286　賈楚墓誌

武周長安三年（703）二月十七日葬，河南洛陽出土，現藏於千唐誌齋博物館。

淑德大學書學文化中心：

　　　　一張，紙本墨拓，原片，編號：001952。

3287　周履潔墓誌

武周長安三年（703）二月二十八日葬，陝西西安出土，今藏地不詳。

淑德大學書學文化中心：

　　　　一册，紙本墨拓，册頁，編號：001901。

　　　　一張，紙本墨拓，原片，編號：001939。

3288　張矩墓誌

武周長安三年（703）二月二十八日葬，河北磁縣出土，現藏於遼寧省博物館。

京都大學人文科學研究所：

　　　　一張，紙本墨拓，原片，編號：TOU0891X。

宇野雪村文庫：

一張，紙本墨拓，原片，編號：1486。

3289　袁五姬造阿彌陀像記

武周長安三年（703）四月八日刻，今藏地不詳。

京都大學人文科學研究所：

一張，紙本墨拓，原片，編號：TOU0892X。

3290　王則墓誌

武周長安三年（703）四月十一日葬，河南洛陽出土，現藏於開封博物館。

京都大學人文科學研究所：

一張，紙本墨拓，原片，編號：TOU0893A。

一張，紙本墨拓，原片，編號：TOU0893B。

3291　信法寺造真容像碑

武周長安三年（703）七月十五日刻，原在河北元氏縣雲祈寺。

淑德大學書學文化中心：

一軸，紙本墨拓，卷軸，編號：196068。

東洋文庫：

一張，紙本墨拓，原片，170.0×113.0，編號：Ⅱ-16-C-1110。

3292　高延貴造像記

武周長安三年（703）七月十五日刻，原在西安寶慶寺，後流失海外，現藏於日本東京國立博物館。

書道博物館：

一張，紙本墨拓，原片，全拓。

京都大學人文科學研究所：

一張，紙本墨拓，原片，編號：TOU0894X。

一張，紙本墨拓，原片，編號：TOU0895X。

3293　韋均造像記

武周長安三年（703）九月三日刻，原在西安寶慶寺，後流失海外，現藏於日本東京國立博物館。

書道博物館：

一張，紙本墨拓，原片，全拓。

京都大學人文科學研究所：

一張，紙本墨拓，原片，編號：TOU0896X。

一張，紙本墨拓，原片，編號：TOU0897X。

3294　郭方剛阿彌陀佛造像記

武周長安三年（703）九月八日刻，原在西安寶慶寺，後流失海外，現藏於日本東京國立博物館。

京都大學人文科學研究所：

一張，紙本墨拓，原片，編號：TOU0898X。

3295　蕭元脅造彌勒像記

武周長安三年（703）九月九日刻，原在西安寶慶寺，後流失海外，現藏於日本東京國立博物館。

京都大學人文科學研究所：

一張，紙本墨拓，原片，編號：TOU0899X。

3296　李承嗣造阿彌陀像記

武周長安三年（703）九月十五日刻，原在西安寶慶寺，後流失海外，現藏於日本東京國立博物館。

京都大學人文科學研究所：

一張，紙本墨拓，原片，編號：TOU0900X。

3297　寶慶寺石佛天蓋及造像記

武周長安三年（703）九月十五日刻，原在西安寶慶寺，後流失海外，現藏於日本東京國立博物館。

京都大學人文科學研究所：

一張，紙本墨拓，原片，編號：TOU0901A。

一張，紙本墨拓，原片，編號：TOU0901B。

一張，紙本墨拓，原片，編號：TOU0901C。

一張，紙本墨拓，原片，編號：TOU0903X。

一張，紙本墨拓，原片，編號：TOU1749X。

一張，紙本墨拓，原片，編號：TOU1750X。

一張，紙本墨拓，原片，編號：TOU1751X。

一張，紙本墨拓，原片，編號：TOU1752X。

一張，紙本墨拓，原片，編號：TOU1753X。

一張，紙本墨拓，原片，編號：TOU1754A。

一張，紙本墨拓，原片，編號：TOU1754B。

一張，紙本墨拓，原片，編號：TOU1755X。

一張，紙本墨拓，原片，編號：TOU1756X。

3298 德感造觀音像

武周長安三年（703）九月十五日造，原在西安寶慶寺，後流失海外，現藏於日本東京國立博物館。

京都大學人文科學研究所：

一張，紙本墨拓，原片，編號：TOU0904X。

3299 寶慶寺十一面觀音像

武周長安三年（703）九月十五日造，原在西安寶慶寺，後流失海外，現藏於日本東京國立博物館。

京都大學人文科學研究所：

一張，紙本墨拓，原片，編號：TOU0905A。

一張，紙本墨拓，原片，編號：TOU0905B。

一張，紙本墨拓，原片，編號：TOU1747X。

一張，紙本墨拓，原片，編號：TOU1748X。

3300 寶慶寺姚元之造像記

武周長安三年（703）九月十五日刻，原在西安寶慶寺，後流失海外，現藏於日本東京國立博物館。

書道博物館：

一張，紙本墨拓，原片，全拓。

京都大學人文科學研究所：

一張，紙本墨拓，原片，編號：TOU0906X。

3301 李承嗣造像記

武周長安三年（703）九月刻，原在西安寶慶寺，後流失海外，現藏於日本東京國立博物館。

書道博物館：

一張，紙本墨拓，原片，全拓。

3302 蕭元脊造像記

武周長安三年（703）九月刻，原在西安寶慶寺，後流失海外，現藏於日本東京國立博物館。

書道博物館：

一張，紙本墨拓，原片，全拓。

3303 楊君妻杜氏墓誌

武周長安三年（703）十月十五日葬，陝西西安出土，端方舊藏。

東洋文庫：

　　　一張，紙本墨拓，原片，57.0×57.0，編號：Ⅱ-16-C-p-253。

東京國立博物館：

　　　一幅，紙本墨拓，原片，編號：685。

淑德大學書學文化中心：

　　　一張，紙本墨拓，原片，編號：000523。

　　　一册，紙本墨拓，册頁，編號：197820，天放樓舊藏。

京都大學人文科學研究所：

　　　一張，紙本墨拓，原片，編號：TOU0907X。

3304　智□師造塔銘

武周長安三年（703）十月二十五日刻，現存河南安陽寶山靈泉寺。

京都大學人文科學研究所：

　　　一張，紙本墨拓，原片，編號：TOU0909X。

3305　寶慶寺蕭元脊造像右脇菩薩上半身

武周長安三年（703）造，原在西安寶慶寺，後流失國外，現藏於日本東京國立博物館。

京都大學人文科學研究所：

　　　一張，紙本墨拓，原片，編號：TOU0902A。

　　　一張，紙本墨拓，原片，編號：TOU0902B。

3306　魏懷静造像記

武周長安四年（704）二月二日刻，現存河南洛陽龍門石窟。

東洋文庫：

　　　一張，紙本墨拓，原片，12.0×7.0，編號：Ⅱ-16-C-p-257。

3307　尉遲弘楷造像記

武周長安四年（704）二月十日刻，現存河南洛陽龍門石窟。

東洋文庫：

　　　一張，紙本墨拓，原片，5.0×23.0，編號：Ⅱ-16-C-p-256。

3308　陳昌宗造像記

武周長安四年（704）二月二十三日刻，現存河南洛陽龍門石窟。

東洋文庫：

　　　一張，紙本墨拓，原片，33.0×16.0，編號：Ⅱ-16-C-p-262。

京都大學人文科學研究所：

一張，紙本墨拓，原片，編號：TOU0924X。

3309　高建昌造像記

武周長安四年（704）二月二十四日刻，現存河南洛陽龍門石窟。

東洋文庫：

一張，紙本墨拓，原片，15.0×10.0，編號：Ⅱ-16-C-p-260。

3310　宋婆造像記

武周長安四年（704）二月二十四日刻，現存河南洛陽龍門石窟。

東洋文庫：

一張，紙本墨拓，原片，16.0×6.0，編號：Ⅱ-16-C-p-258。

3311　陳暉造像記

武周長安四年（704）二月二十四日刻，現存河南洛陽龍門石窟。

東洋文庫：

一張，紙本墨拓，原片，18.0×7.0，編號：Ⅱ-16-C-p-261。

3312　韓寄生造像記

武周長安四年（704）二月二十七日刻，現存河南洛陽龍門石窟。

東洋文庫：

一張，紙本墨拓，原片，7.0×8.0，編號：Ⅱ-16-C-p-259。

墨華書道會：

一張，紙本墨拓，全拓。

3313　李符妻摯氏墓誌

武周長安四年（704）三月五日葬，河南洛陽出土，現藏於開封博物館。

京都大學人文科學研究所：

一張，紙本墨拓，原片，編號：TOU0915A。

一張，紙本墨拓，原片，編號：TOU0915B。

3314　王弘楷造像記

武周長安四年（704）三月十日刻，現存河南洛陽龍門石窟。

京都大學人文科學研究所：

一張，紙本墨拓，原片，編號：TOU0916X。

3315　李隆業造像記

武周長安四年（704）三月二十七日刻，現存河南洛陽龍門石窟。

東洋文庫：

　　一張，紙本墨拓，32.0×37.0，編號：Ⅱ-16-C-p-263。

京都大學人文科學研究所：

　　一張，紙本墨拓，原片，編號：TOU0917X。

3316　趙思錫造觀音像銘記

武周長安四年（704）九月一日刻，現存河南洛陽龍門石窟。

京都大學人文科學研究所：

　　一張，紙本墨拓，原片，編號：TOU0918X。

3317　姚元景造像記

武周長安四年（704）九月十八日刻，原在西安寶慶寺，後流失海外，現藏於日本東京國立博物館。

書道博物館：

　　一張，紙本墨拓，全拓。

京都大學人文科學研究所：

　　一張，紙本墨拓，原片，編號：TOU0919X。

3318　寶慶寺石佛像

武周長安四年（704）九月十八日造，原在西安寶慶寺，後流失海外，現藏於日本東京國立博物館。

京都大學人文科學研究所：

　　一張，紙本墨拓，原片，編號：TOU0920A。

　　一張，紙本墨拓，原片，編號：TOU0920B。

　　一張，紙本墨拓，原片，編號：TOU0920C。

3319　唐石刻題記

武周長安四年（704）九月二十二日刻，現存河南洛陽龍門石窟。

京都大學人文科學研究所：

　　一張，紙本墨拓，原片，編號：TOU0923X。

3320　王敏墓誌

武周長安四年（704）九月二十三日葬，河南洛陽出土，現藏於開封博物館。

淑德大學書學文化中心：

　　一張，紙本墨拓，原片，編號：001941。

京都大學人文科學研究所：

一張，紙本墨拓，原片，編號：TOU0921X。

3321　百門陂碑

張元琮撰，武周長安四年（704）九月立，現存河南新鄉百泉衛源廟。

書道博物館：

一張，舊拓，紙本墨拓，全拓。

3322　楊亮墓誌

武周長安四年（704）十月二十一日葬，河南洛陽出土，現藏於開封博物館。

京都大學人文科學研究所：

一張，紙本墨拓，原片，編號：TOU0922A。

一張，紙本墨拓，原片，編號：TOU0922B。

3323　武周造像記殘石

武周長安四年（704）十二月二十二日刻，現存河南洛陽龍門石窟。

東洋文庫：

一張，紙本墨拓，原片，12.0×11.0，編號：Ⅱ-16-C-p-264。

3324　武周題記

武周長安年間（701—704）刻，現存河南洛陽龍門石窟。

京都大學人文科學研究所：

一張，紙本墨拓，原片，編號：TOU0927X。

3325　金剛般若波羅蜜經

武周長安年間（701—704）刻，現存河南洛陽龍門石窟。

東洋文庫：

一張，紙本墨拓，原片，113.0×209.0，編號：Ⅱ-16-C-p-267。

3326　阿彌陀經

武周長安年間（701—704）刻，現存河南洛陽龍門石窟。

東洋文庫：

一張，紙本墨拓，原片，90.0×63.0，編號：Ⅱ-16-C-p-268。

3327　付法藏因緣傳

武周長安年間（701—704）刻，現存河南洛陽龍門石窟。

東洋文庫：

二十四張，紙本墨拓，大小不等，編號：Ⅱ-16-C-p-269。

3328　□□妻劉造像記

武周長安年間（701—704）刻，現存河南洛陽龍門石窟。

東洋文庫：

一張，紙本墨拓，原片，22.0×10.0，編號：Ⅱ-16-C-p-265。

3329　里可承妻王婆造像記

武周長安年間（701—704）刻，現存河南洛陽龍門石窟。

東洋文庫：

一張，紙本墨拓，原片，11.0×14.0，編號：Ⅱ-16-C-p-266。

3330　王仁則造像記

武周長安年間（701—704）刻，現存河南洛陽龍門石窟。

東洋文庫：

一張，紙本墨拓，原片，14.0×16.0，編號：Ⅱ-16-C-p-270。

3331　賈造像記并懷智造像記

武周長安年間（701—704）刻，現存河南洛陽龍門石窟。

東洋文庫：

一張，紙本墨拓，原片，7.0×25.0，編號：Ⅱ-16-C-p-271。

3332　王思業造像記

武周長安年間（701—704）刻，現存河南洛陽龍門石窟。

東洋文庫：

一張，紙本墨拓，原片，9.0×30.0，編號：Ⅱ-16-C-p-272。

3333　甘大娘造像記

武周長安年間（701—704）刻，現存河南洛陽龍門石窟。

東洋文庫：

一張，紙本墨拓，原片，14.0×14.0，編號：Ⅱ-16-C-p-273。

3334　普光師造像記

武周長安年間（701—704）刻，現存河南洛陽龍門石窟。

東洋文庫：

一張，紙本墨拓，原片，11.0×5.0，編號：Ⅱ-16-C-p-274。

一張，紙本墨拓，原片，8.0×7.0，編號：Ⅱ-16-C-p-275。

3335　霍三娘造像記

武周長安年間（701—704）刻，現存河南洛陽龍門石窟。

東洋文庫：

一張，紙本墨拓，原片，11.0×32.0，編號：Ⅱ-16-C-p-276。

3336　楊婆造像記

武周長安年間（701—704）刻，現存河南洛陽龍門石窟。

東洋文庫：

一張，紙本墨拓，原片，15.0×9.0，編號：Ⅱ-16-C-p-277。

3337　裴素月造像記并吴冲兒造像記

武周長安年間（701—704）刻，現存河南洛陽龍門石窟。

東洋文庫：

一張，紙本墨拓，原片，8.0×16.0，編號：Ⅱ-16-C-p-278。

3338　姚思造像記

武周長安年間（701—704）刻，現存河南洛陽龍門石窟。

東洋文庫：

一張，紙本墨拓，原片，18.0×14.0，編號：Ⅱ-16-C-p-279。

3339　爲亡兄鹿德造像記

武周長安年間（701—704）刻，現存河南洛陽龍門石窟。

東洋文庫：

一張，紙本墨拓，原片，8.0×27.0，編號：Ⅱ-16-C-p-280。

3340　韓弘造像記

武周年間（690—705）刻，現存河南洛陽龍門石窟。

宇野雪村文庫：

一張，紙本墨拓，原片，編號：1780。

3341　武周造像記殘石

武周年間（690—705）刻，現存河南洛陽龍門石窟。

書道博物館：

一張，紙本墨拓，原片，全拓。

3342　華塔寺題刻

武周年間（690—705）刻，現存陝西西安華塔寺。

書道博物館：

一張，紙本墨拓，全拓。

3343　武周佛像題名

武周年間（690—705）刻，今藏地不詳。

書道博物館：

一册，紙本墨拓，册頁。

唐
（705—907）

[神龍]

3344　安令節墓誌
唐神龍元年（705）三月五日葬，陝西西安出土，今藏地不詳。
書道博物館：
　　　一張，紙本墨拓，全拓。
淑德大學書學文化中心：
　　　一張，紙本墨拓，原片，編號：000525。
京都大學人文科學研究所：
　　　一張，紙本墨拓，原片，編號：TOU0935X。

3345　趙祖福阿彌陀佛造像記
唐神龍元年（705）三月二十七日刻，現存河北邯鄲響堂山石窟。
京都大學人文科學研究所：
　　　一張，紙本墨拓，原片，編號：TOU0929X。

3346　□利妻燕氏彌勒佛造像記
唐神龍元年（705）三月二十七日刻，現存河北邯鄲響堂山石窟。
京都大學人文科學研究所：
　　　一張，紙本墨拓，原片，編號：TOU0930X。

3347　義□等地藏觀音造像記
唐神龍元年（705）四月刻，現存河北邯鄲響堂山石窟。
京都大學人文科學研究所：
　　　一張，紙本墨拓，原片，編號：TOU0931X。

3348　劉四恩造像記

唐神龍元年（705）八月刻，現存河北邯鄲響堂山石窟。

書道博物館：

　　　　一張，紙本墨拓，全拓，端方藏石。

東洋文庫：

　　　　一張，紙本墨拓，原片，8.0×33.0，編號：Ⅱ-16-C-p-281。

京都大學人文科學研究所：

　　　　一張，紙本墨拓，原片，編號：TOU0937X。

3349　王思道等阿彌陀佛造像記

唐神龍元年（705）九月刻，現存河北邯鄲響堂山石窟。

京都大學人文科學研究所：

　　　　一張，紙本墨拓，原片，編號：TOU0932X。

　　　　一張，紙本墨拓，原片，編號：TOU0933X。

3350　康悆墓誌

唐神龍元年（705）十一月二十六日葬，河南安陽出土，今藏地不詳。

京都大學人文科學研究所：

　　　　一張，紙本墨拓，原片，編號：TOU0938X。

3351　楊文愕等造阿彌陀像記

唐神龍元年（705）十一月二十八日刻，已流失海外，現存日本。

京都大學人文科學研究所：

　　　　一張，紙本墨拓，原片，編號：TOU0939X。

3352　祝緐碑

唐神龍元年（705）立，原石久佚。

三井記念美術館：

　　　　一帖，宋拓孤本，紙本墨拓，22.6×13.8，賈似道、元翰林國史院、李宗瀚、新町三井家
　　　　舊藏。

3353　辛六娘造像記

唐神龍二年（706）三月八日刻，今藏地不詳。

東洋文庫：

　　　　一張，紙本墨拓，原片，7.0×26.0，編號：Ⅱ-16-C-p-282。

3354 門下省行尚書省文刻石

唐神龍二年（706）四月六日刻，端方舊藏，今藏地不詳。

書道博物館：

　　一張，紙本墨拓，全拓，端方藏石。

淑德大學書學文化中心：

　　一軸，紙本墨拓，卷軸，編號：000811。

京都大學人文科學研究所：

　　一張，紙本墨拓，原片，編號：TOU0942X。

3355 孫惠并夫人李氏墓誌

唐神龍二年（706）五月七日葬，河南洛陽出土，現藏於開封博物館。

東洋文庫：

　　一張，紙本墨拓，原片，45.0×46.0，編號：Ⅱ-16-C-1299。

京都大學人文科學研究所：

　　一張，紙本墨拓，原片，編號：TOU0943X。

3356 信行禪師興教碑

又名"隋大善知識信行禪師興教之碑"，李貞撰文，薛稷書丹，唐神龍二年（706）八月立，原石久佚。

大谷大學博物館：

　　一帖，宋拓本，紙本墨拓，27.8×18.4，王鐸、吳榮光、羅振玉、褚德尊跋，何紹基、蔣祖詒舊藏。

3357 大通禪師碑

全稱"唐玉泉寺大通禪師碑"，張說撰文，唐神龍二年（706）十月立，原碑已毀，殘石現存湖北當陽玉泉寺。

東北大學附屬圖書館：

　　一幅，紙本墨拓，原片，常盤大定舊藏。

3358 般若心經

唐神龍二年（706）刻，今藏地不詳。

淑德大學書學文化中心：

　　一册，紙本墨拓，册頁，編號：197397，天放樓舊藏。

3359 王昕夫人李清禪墓誌

唐神龍三年（707）四月六日葬，河南洛陽出土，現藏於開封博物館。

東洋文庫：

  一張，紙本墨拓，原片，44.0×44.0，編號：Ⅱ-16-C-1300。

京都大學人文科學研究所：

  一張，紙本墨拓，原片，編號：TOU0941A。

  一張，紙本墨拓，原片，編號：TOU0941B。

3360　識法師頌盧公清德文

全稱"大唐洛州滎陽縣頭陀逸僧識法師上頌聖主中興得賢令盧公清德之文并序"，唐神龍三年（707）五月八日立，刻於"賜盧正道教碑"之陰，原在河南滎陽土地祠，今石已毀。

書道博物館：

  一册，紙本墨拓，册頁。

東京國立博物館：

  一幅，紙本墨拓，原片，編號：418。

京都大學人文科學研究所：

  一張，紙本墨拓，原片，編號：TOU0944X。

3361　恩恩造像記

唐神龍三年（707）七月十四日刻，今藏地不詳。

東洋文庫：

  一張，紙本墨拓，原片，12.0×18.0，編號：Ⅱ-16-C-p-283。

3362　造地藏菩薩業道像記

唐神龍三年（707）七月十四日刻，現存河南洛陽龍門石窟。

京都大學人文科學研究所：

  一張，紙本墨拓，原片，編號：TOU0947X。

3363　亡宫墓誌

唐神龍三年（707）八月十九日葬，河南洛陽出土，現藏於開封博物館。

京都大學人文科學研究所：

  一張，紙本墨拓，原片，編號：TOU0950X。

3364　唐造像記

唐神龍三年（707）九月三十日刻，今藏地不詳。

京都大學人文科學研究所：

  一張，紙本墨拓，原片，編號：TOU0951X。

3365　高仁敬刻石

唐神龍三年（707）刻，現存山東泰安岱廟。

淑德大學書學文化中心：

　　一張，紙本墨拓，托裱，編號：001443。

［景龍］

3366　賜盧正道敕

又名"唐中宗賜盧正道敕""褒盧正道敕"，唐中宗李顯撰文并書丹，唐景龍元年（707）十月立，原在河南滎陽土地祠，今石已毀。

書道博物館：

　　一張，紙本墨拓，全拓。

東京國立博物館：

　　一幅，紙本墨拓，原片，編號：606。

京都大學人文科學研究所：

　　一張，紙本墨拓，原片，編號：TOU0948X。

3367　龍興觀老子道德經

唐景龍二年（708）正月立，現存河北保定易縣友誼路碑亭。

東洋文庫：

　　一張，碑陽，紙本墨拓，184.0×84.0。一張，碑陰，紙本墨拓，187.0×82.0。一張，碑右側，紙本墨拓，121.0×15.0。一張，碑左側，紙本墨拓，123.0×16.0。編號：Ⅱ-16-C-p-284。

京都大學人文科學研究所：

　　一張，紙本墨拓，原片，編號：TOU0952A。

　　一張，紙本墨拓，原片，編號：TOU0952B。

3368　王素臣墓誌

唐景龍二年（708）二月二十四日葬，河南洛陽出土，現藏於開封博物館。

東洋文庫：

　　一張，紙本墨拓，原片，57.0×57.0，編號：Ⅱ-16-C-1301。

京都大學人文科學研究所：

　　一張，紙本墨拓，原片，編號：TOU0953A。

　　一張，紙本墨拓，原片，編號：TOU0953B。

3369　鮑□刻石

唐景龍二年（708）三月十三日刻，今藏地不詳。

淑德大學書學文化中心：

　　　一張，紙本墨拓，托裱，編號：001442。

3370　唐殘造像

唐景龍二年（708）三月造，今藏地不詳。

書道博物館：

　　　一張，紙本墨拓，全拓。

3371　楊務勤造像記

唐景龍二年（708）八月刻，今藏地不詳。

東洋文庫：

　　　一張，紙本墨拓，原片，4.0×15.0，編號：Ⅱ-16-C-p-285。

淑德大學書學文化中心：

　　　一軸，紙本墨拓，卷軸，編號：198376。

　　　一軸，紙本墨拓，卷軸，編號：000842。

京都大學人文科學研究所：

　　　一張，紙本墨拓，原片，編號：TOU1853X。

3372　趙本質妻温氏墓誌

唐景龍二年（708）十月二十七日葬，河南洛陽出土，現藏於開封博物館。

京都大學人文科學研究所：

　　　一張，紙本墨拓，原片，編號：TOU0955X。

3373　姚二娘造像

唐景龍二年（708）十月造，現存河南洛陽龍門石窟。

書道博物館：

　　　一張，紙本墨拓，全拓。

3374　王操及妻穆氏合祔墓誌

唐景龍二年（708）十一月八日葬，山西屯留出土，今藏地不詳。

淑德大學書學文化中心：

　　　一張，紙本墨拓，托裱，編號：001902。

3375　于賁墓誌

唐景龍二年（708）十一月二十七日葬，河南洛陽出土。

京都大學人文科學研究所：

一張，紙本墨拓，原片，編號：TOU0956A。

一張，紙本墨拓，原片，編號：TOU0956B。

3376　陳蘭茂刻石

唐景龍二年（708）刻，現存山東泰安岱廟。

淑德大學書學文化中心：

一張，紙本墨拓，托裱，編號：001441。

3377　法琬禪師碑

全稱"大唐故比丘尼法琬碑"，沙門承遠撰文，劉欽旦書丹，唐景龍三年（709）五月十日立，現藏於西安碑林博物館。

書道博物館：

一張，全拓，紙本墨拓，有螭首篆額。

一張，舊拓，紙本墨拓，無篆額。

東洋文庫：

一張，碑陽，紙本墨拓，原片，120.0×70.0。碑額，失。編號：Ⅱ-16-C-1111。

一張，碑陽，紙本墨拓，原片，122.0×69.0。碑額，失。編號：Ⅱ-16-C-p-286。

淑德大學書學文化中心：

一軸，紙本墨拓，卷軸，編號：196351。

一軸，紙本墨拓，卷軸，編號：198046。

一張，紙本墨拓，托裱，編號：197629，天放樓舊藏。

東京國立博物館：

一帖，紙本墨拓，剪裝，編號：244，市河三龍舊藏。

一帖，紙本墨拓，剪裝，編號：500。

京都大學人文科學研究所：

一張，紙本墨拓，原片，編號：TOU0961X。

一張，紙本墨拓，原片，編號：TOU0963X。

東北大學附屬圖書館：

一幅，紙本墨拓，原片，常盤大定舊藏。

觀峰館：

一張，紙本墨拓，原片，124.7×69.5。

3378　政信人造像記

唐景龍三年（709）七月八日刻，今藏地不詳。

東洋文庫：

　　　一張，紙本墨拓，原片，16.0×28.0，編號：Ⅱ-16-C-p-287。

3379　魏國夫人裴氏墓誌

唐景龍三年（709）七月十九日葬，陝西西安出土，現藏西安碑林博物館。

京都大學人文科學研究所：

　　　一張，紙本墨拓，原片，編號：TOU0958A。

　　　一張，紙本墨拓，原片，編號：TOU0958B。

3380　許公及妻楊氏合葬誌

唐景龍三年（709）七月十九日葬，陝西西安出土，現藏於西安碑林博物館。

書道博物館：

　　　一册，舊拓，紙本墨拓，綴帖。

淑德大學書學文化中心：

　　　一册，紙本墨拓，册頁，編號：197821，天放樓舊藏。

東洋文庫：

　　　一帖二十葉，紙本墨拓，28.0×14.0，編號：Ⅱ-16-C-857。

東京國立博物館：

　　　一幅，紙本墨拓，原片，編號：456。

3381　唐造像記殘石

唐景龍三年（709）九月二十一日刻，今藏地不詳。

東洋文庫：

　　　一張，紙本墨拓，原片，8.0×15.0，編號：Ⅱ-16-C-p-288。

3382　梁嘉運墓誌

唐景龍三年（709）十月二日葬，湖北襄陽出土，今藏地不詳。

書道博物館：

　　　一册，紙本墨拓，册頁，有篆額。

淑德大學書學文化中心：

　　　一册，紙本墨拓，册頁，編號：197822，天放樓舊藏。

京都大學人文科學研究所：

　　　一張，紙本墨拓，原片，編號：TOU0959X。

3383　臧南金妻白光倩墓誌

唐景龍三年（709）十一月二十日葬，河南洛陽出土，現藏於南京博物院。

淑德大學書學文化中心：

　　一張，紙本墨拓，原片，編號：197055。

3384　申屠行墓誌

唐景龍三年（709）十二月二日葬，山西潞城出土，現藏於故宮博物院。

書道博物館：

　　一張，紙本墨拓，全拓，端方藏石。

3385　雙束碑

又稱"岱嶽觀造像記碑""鴛鴦碑"，唐景龍三年（709）刻，現存山東泰安岱廟。

淑德大學書學文化中心：

　　一軸，紙本墨拓，卷軸，編號：196197。

3386　□六娘造像記

唐景龍四年（710）三月刻，今藏地不詳。

東洋文庫：

　　一張，紙本墨拓，原片，11.0×16.0，編號：Ⅱ-16-C-p-289。

3387　□瑶墓誌

唐景龍四年（710）四月四日葬，今藏地不詳。

淑德大學書學文化中心：

　　一軸，紙本墨拓，卷軸，編號：001739。

3388　陸寂證墓誌

唐景龍四年（710）五月五日葬，今藏地不詳。

淑德大學書學文化中心：

　　一張，紙本朱拓，原片，編號：001962。

3389　陳守素妻李夫人墓誌

唐景龍四年（710）五月十日葬，河南洛陽出土，現藏於開封博物館。

京都大學人文科學研究所：

　　一張，紙本墨拓，原片，編號：TOU0965A。

　　一張，紙本墨拓，原片，編號：TOU0965B。

書壇院：

　　一幅，紙本墨拓，全拓。

3390　吾四娘等造像記

唐景龍四年（710）刻，現存河南洛陽龍門石窟。

京都大學人文科學研究所：

　　一張，紙本墨拓，原片，編號：TOU0964X。

［景雲］

3391　波斯國酋長阿羅憾墓誌

唐景雲元年（710）四月一日葬，清末出土於河南洛陽，後流失海外，現藏於日本東京國立博物館。

書道博物館：

　　一張，紙本墨拓，全拓，端方藏石。

京都大學人文科學研究所：

　　一張，紙本墨拓，原片，編號：TOU0966X。

3392　蕭思享墓誌

唐景雲二年（711）二月十五日葬，陝西西安出土，今藏地不詳。

書道博物館：

　　一册，紙本墨拓，綴帖。

淑德大學書學文化中心：

　　一册，紙本墨拓，册頁，編號：197823，天放樓舊藏。

3393　蕭思亮墓誌

唐景雲二年（711）二月十五日葬，清乾隆年間出土於陝西西安，今藏地不詳。

京都大學人文科學研究所：

　　一張，紙本墨拓，原片，編號：TOU0977X。

3394　獨孤仁政碑

唐景雲二年（711）二月二十七日立，劉待價撰文，劉珉書，河南孟縣（今孟州市）衡澗村出土，孟縣金石保存所舊藏。

宇野雪村文庫：

　　一册，紙本墨拓，册頁，編號：97。

京都大學人文科學研究所：

　　一張，紙本墨拓，原片，編號：TOU0967X。

淑德大學書學文化中心：

　　一軸，紙本墨拓，卷軸，編號：196329。

3395　王□造石浮屠銘

唐景雲二年（711）四月八日刻，今藏地不詳。

京都大學人文科學研究所：

　　一張，紙本墨拓，原片，編號：TOU0968X。

3396　盧玢墓誌

唐景雲二年（711）四月九日葬，河南洛陽出土，現藏於遼寧省博物館。

東洋文庫：

　　一張，紙本墨拓，原片，86.0×89.0，編號：Ⅱ-16-C-2.43。

京都大學人文科學研究所：

　　一張，紙本墨拓，原片，編號：TOU0970X。

淑德大學書學文化中心：

　　一張，紙本墨拓，原片，編號：198179。

　　一張，紙本墨拓，原片，編號：000417。

3397　張冬至及妻趙氏墓誌

唐景雲二年（711）五月四日葬，河南洛陽出土，現藏於開封博物館。

東洋文庫：

　　一張，紙本墨拓，原片，31.0×31.0，編號：Ⅱ-16-C-1302。

京都大學人文科學研究所：

　　一張，紙本墨拓，原片，編號：TOU0971X。

書壇院：

　　一幅，紙本墨拓，原片，全拓。

3398　白知新夫人鄭氏墓誌

唐景雲二年（711）十月十九日葬，河南洛陽出土，現藏於開封博物館。

東洋文庫：

　　一張，紙本墨拓，原片，45.0×45.0，編號：Ⅱ-16-C-1303。

京都大學人文科學研究所：

　　一張，紙本墨拓，原片，編號：TOU0976X。

3399　郭思訓墓誌

唐景雲二年（711）十二月五日葬，河南洛陽出土，今藏地不詳。

京都大學人文科學研究所：

　　一張，紙本墨拓，原片，編號：TOU0978X。

3400　邑義十六人等造像記

唐景雲二年（711）十二月刻，陝西西安出土，已流失海外，現藏於日本書道博物館。

大阪市立美術館：

　　三張，紙本墨拓，原片，編號：2640。

3401　鄭仁愷碑

唐景雲□年（710—712）□月二十八日立，現存河南鄭州惠濟區古滎鎮嶺軍峪村。

書道博物館：

　　一張，紙本墨拓，全拓。

［太極］

3402　何氏墓誌

唐太極元年（712）二月十日葬，河南洛陽出土，現藏於開封博物館。

京都大學人文科學研究所：

　　一張，紙本墨拓，原片，編號：TOU0979A。

　　一張，紙本墨拓，原片，編號：TOU0979B。

3403　崔孝昌墓誌

唐太極元年（712）二月二十一日葬，河南洛陽出土，現藏於遼寧省博物館。

宇野雪村文庫：

　　一張，紙本墨拓，原片，編號：1523。

東洋文庫：

　　一張，紙本墨拓，原片，72.0×74.0。

淑德大學書學文化中心：

　　一張，紙本墨拓，原片，編號：198180。

　　一張，紙本墨拓，原片，編號：000418。

京都大學人文科學研究所：

　　一張，紙本墨拓，原片，編號：TOU0981X。

3404　賀玄道墓誌

唐太極元年（712）三月四日葬，河南洛陽出土，現藏於開封博物館。

宇野雪村文庫：

一張，紙本墨拓，原片，編號：1488。

東洋文庫：

一張，墓誌，紙本墨拓，原片，41.0×41.0。一張，墓誌蓋，紙本墨拓，原片，31.0×30.0。

編號：Ⅱ-16-C-1304。

京都大學人文科學研究所：

一張，紙本墨拓，原片，編號：TOU0983X。

3405　王天墓誌

唐太極元年（712）三月十五日葬，河南洛陽出土，現藏於故宮博物院。

書道博物館：

一張，紙本墨拓，全拓，端方藏石。

東洋文庫：

一張，紙本墨拓，原片，48.0×48.0，編號：Ⅱ-16-C-p-290。

京都大學人文科學研究所：

一張，紙本墨拓，原片，編號：TOU0985X。

3406　田義起石浮圖頌

唐太極元年（712）四月八日造，王利貞撰，現存北京房山雲居寺。

京都大學人文科學研究所：

一張，紙本墨拓，原片，編號：TOU0986X。

［延和］

3407　蕭貞亮墓誌

唐延和元年（712）七月十八日葬，河南洛陽出土，現藏於開封博物館。

東洋文庫：

一張，墓誌，紙本墨拓，原片，53.0×52.0。一張，墓誌蓋，紙本墨拓，原片，41.0×42.0。

編號：Ⅱ-16-C-1305。

京都大學人文科學研究所：

一張，紙本墨拓，原片，編號：TOU0989X。

3408　將軍柱國史石像銘

唐延和元年（712）七月刻，原在陝西西安，今藏地不詳。

書道博物館：

一張，紙本墨拓，全拓。

［先天］

3409　荆□□寺地藏觀音造像記

唐先天元年（712）四月四日刻，今藏地不詳。

京都大學人文科學研究所：

一張，紙本墨拓，原片，編號：TOU0987X。

3410　□□等造石塔記

唐先天元年（712）八月八日刻，今藏地不詳。

京都大學人文科學研究所：

一張，紙本墨拓，原片，編號：TOU0990X。

3411　趙楚□造阿彌陀石像

唐先天元年（712）九月十五日刻，今藏地不詳。

京都大學人文科學研究所：

一張，紙本墨拓，原片，編號：TOU0991X。

3412　馮本紀孝碑

全稱“亳州録事參軍事上騎都尉馮府君紀孝碑”，閻朝隱撰文，馮子敦書丹，唐先天元年（712）十一月七日立，原在陝西高陵。

京都大學人文科學研究所：

一張，紙本墨拓，原片，編號：TOU0993X。

3413　趙克廉墓誌

唐先天元年（712）十一月十九日葬，河南洛陽出土，現藏於開封博物館。

京都大學人文科學研究所：

一張，紙本墨拓，原片，編號：TOU0992X。

3414　□高及夫人陳氏合葬墓誌

唐先天元年（712）十一月十九日葬，今藏地不詳。

京都大學人文科學研究所：

一張，紙本墨拓，原片，編號：TOU0988X。

3415　契苾明碑

全稱“大周故鎮軍大將軍行左鷹揚衛大將軍兼賀蘭州都督上柱國涼國公契苾府君之碑銘并序”，婁師德撰文，殷玄祚書丹，唐先天元年（712）十二月十六日立，現藏於陝西咸陽博物院。

書道博物館：

　　一張，紙本墨拓，全拓。

東京國立博物館：

　　一幅，紙本墨拓，原片，編號：246，市河三鼎舊藏。

淑德大學書學文化中心：

　　一軸，紙本墨拓，卷軸，編號：196069。

　　一張，紙本墨拓，托裱，編號：197630，天放樓舊藏。

觀峰館：

　　一册，紙本墨拓，册頁，30.4×18.5。

3416　平公碑

全稱“大唐故偃師令浦州長史平公之碑”，劉允濟撰文，唐先天元年（712）立，現存河南鶴壁浚縣大賚店村。

淑德大學書學文化中心：

　　一張，紙本墨拓，托裱，編號：001278。

3417　張□□妻裴造像記

唐先天二年（713）五月刻，今藏地不詳。

東洋文庫：

　　一張，紙本墨拓，原片，17.0×14.0。

京都大學人文科學研究所：

　　一張，紙本墨拓，原片，編號：TOU0995X。

3418　大像邑之碑

唐先天二年（713）十月立，山西夏縣出土，現藏於太原山西古建築博物館。

京都大學人文科學研究所：

　　一張，紙本墨拓，原片，編號：TOU0998X。

3419　劉穆墓誌

唐先天二年（713）十一月十二日葬，河南洛陽出土，今藏地不詳。

京都大學人文科學研究所：

　　一張，紙本墨拓，原片，編號：TOU0999X。

宇野雪村文庫：

　　一册，紙本墨拓，册頁，編號：196。

［開元］

3420　杜潛輝造像記

唐開元元年（713）二月九日刻，今藏地不詳。

京都大學人文科學研究所：

　　　　一張，紙本墨拓，原片，編號：TOU1000X。

3421　□□造像記

唐開元元年（713）十一月刻，今藏地不詳。

東洋文庫：

　　　　一張，紙本墨拓，原片，21.0×13.0，編號：Ⅱ-16-C-p-292。

3422　段法智造像記

唐開元元年（713）十一月刻，現存河南洛陽龍門石窟。

東洋文庫：

　　　　一張，紙本墨拓，原片，10.0×8.0，編號：Ⅱ-16-C-p-293。

3423　張賓造像記

唐開元元年（713）十一月刻，現存河南洛陽龍門石窟。

東洋文庫：

　　　　一張，紙本墨拓，原片，6.0×10.0，編號：Ⅱ-16-C-p-294。

3424　周公祠碑

唐開元元年（713）十二月五日立，賈正義撰文，原在陝西岐山縣周公廟，久佚。

京都大學人文科學研究所：

　　　　一張，紙本墨拓，原片，編號：TOU1001X。

3425　遷柩記

唐開元二年（714）二月二日刻，今藏地不詳。

淑德大學書學文化中心：

　　　　一張，紙本朱拓，原片，編號：001961。

3426　杜潛輝造像記

唐開元二年（714）二月九日刻，今藏地不詳。

東洋文庫：

一張，紙本墨拓，原片，15.0×10.0，編號：Ⅱ-16-C-p-295。

3427　鴻臚井碑

唐開元二年（714）五月十八日刻立，原在遼寧旅順黃金山，清光緒三十四年（1908）被日軍掠至日本，現藏於日本皇宮。

淑德大學書學文化中心：

一軸，紙本墨拓，卷軸，編號：196184。

東洋文庫：

一張，紙本墨拓，原片，35.0×20.0，編號：Ⅱ-16-C-1112。

一張，紙本墨拓，原片，35.0×20.0，編號：Ⅱ-16-C-1606。

京都大學人文科學研究所：

一張，紙本墨拓，原片，編號：TOU1002A。

一張，紙本墨拓，原片，編號：TOU1002B。

3428　戴令言墓誌

唐開元二年（714）十二月七日葬，河南洛陽出土，今藏地不詳。

京都大學人文科學研究所：

一張，紙本墨拓，原片，編號：TOU1007X。

3429　鄭玄果墓誌

唐開元二年（714）十二月二十九日葬，陝西西安出土，現藏於故宮博物院。

書道博物館：

一張，紙本墨拓，全拓，端方藏石。

東洋文庫：

一張，紙本墨拓，原片，56.0×58.0，編號：Ⅱ-16-C-p-296。

宇野雪村文庫：

一張，紙本墨拓，原片，編號：1489。

京都大學人文科學研究所：

一張，紙本墨拓，原片，編號：TOU1006X。

淑德大學書學文化中心：

一張，紙本墨拓，原片，編號：000526。

一册，紙本墨拓，册頁，編號：197824，天放樓舊藏。

3430　王慶興妻張氏合葬墓誌

唐開元二年（714）十二月葬，清光緒年間出土於山西黎城，現存太原純陽宮石刻碑廊。

京都大學人文科學研究所：

一張，紙本墨拓，原片，編號：TOU1005A。

一張，紙本墨拓，原片，編號：TOU1005B。

一張，紙本墨拓，原片，編號：TOU1005C。

3431　劉君幡竿銘

唐開元三年（715）正月二十八日刻，現存山西永濟虞鄉鎮。

京都大學人文科學研究所：

一張，紙本墨拓，原片，編號：ZUI0003X。

3432　少林寺戒壇銘

李邕書丹，唐開元三年（715）正月立，現存河南登封少林寺。

書道博物館：

一張，紙本墨拓，原片。

一冊，覆刻，紙本墨拓，冊頁。

3433　宮人墓誌

唐開元三年（715）二月二十日葬，河南洛陽出土，現藏於開封博物館。

京都大學人文科學研究所：

一張，紙本墨拓，原片，編號：TOU1008X。

3434　邢思賢墓誌

唐開元三年（715）二月二十日葬，河南洛陽出土，現藏於中國國家博物館。

京都大學人文科學研究所：

一張，紙本墨拓，原片，編號：TOU1009X。

3435　王頏墓誌

唐開元三年（715）三月二十四日葬，河南洛陽出土，現藏於開封博物館。

京都大學人文科學研究所：

一張，紙本墨拓，原片，編號：TOU1010X。

3436　馮貞祐妻孟十一娘墓誌

唐開元三年（715）四月九日葬，陝西寶雞出土，久佚。

書道博物館：

一張，紙本墨拓，全拓，端方藏石。

宇野雪村文庫：

一張，紙本墨拓，原片，編號：1490。

3437　韋利器等造像記

唐開元三年（715）八月十日刻，現存河南洛陽龍門石窟。

東洋文庫：

　　　　一張，紙本墨拓，原片，96.0×46.0，編號：Ⅱ-16-C-p-297。

3438　丘悦贊造像

唐開元三年（715）八月十日刻，現存河南洛陽龍門石窟。

京都大學人文科學研究所：

　　　　一張，紙本墨拓，原片，編號：TOU1011X。

3439　真性造像記

唐開元三年（715）九月刻，現存河南洛陽龍門石窟。

東洋文庫：

　　　　一張，紙本墨拓，原片，14.0×16.0，編號：Ⅱ-16-C-p-298。

3440　姚懿碑

全稱"大唐故巂州都督贈吏部尚書文獻公姚府君之碑"，胡皓撰文，徐嶠之書丹，唐開元三年（715）十月十三日立，原在陝縣西崖村姚懿墓前，一九八三年移立陝州區高陽山劉秀峰。

書道博物館：

　　　　一册，舊拓，紙本墨拓，册頁。

淑德大學書學文化中心：

　　　　一册，紙本墨拓，册頁，編號：001459。

　　　　一軸，紙本墨拓，卷軸，編號：196070。

宇野雪村文庫：

　　　　一册，紙本墨拓，册頁，編號：131。

3441　崔哲夫人源氏墓誌

唐開元三年（715）十月二十二日葬，民國十四年（1925）出土於河南洛陽伯樂凹村，今藏地不詳。

京都大學人文科學研究所：

　　　　一張，紙本墨拓，原片，編號：TOU1014X。

3442　胡□墓誌

唐開元三年（715）十月二十五日葬，今藏地不詳。

京都大學人文科學研究所：

一張，紙本墨拓，原片，編號：TOU1015X。

3443　法藏禪師塔銘

全稱"大唐净域寺故大德法藏禪師塔銘并序"，田休光撰文，唐開元四年（716）五月二十七日立，現藏於西安碑林博物館。

書道博物館：

一册，紙本墨拓，册頁。

東京國立博物館：

一幅，紙本墨拓，原片，編號：503。

東京藝術大學藝術資料館：

一張，紙本墨拓，掛幅裝，70.6×84.0，編號：1440。

東北大學附屬圖書館：

一幅，紙本墨拓，原片，常盤大定舊藏。

淑德大學書學文化中心：

一册，紙本墨拓，册頁，編號：197825，天放樓舊藏。

3444　先聖廟堂碑

楊烱撰文，唐開元四年（716）五月立，原在四川成都孔廟，今藏地不詳。

淑德大學書學文化中心：

一張，紙本墨拓，托裱，編號：197632，天放樓舊藏。

3445　義福禪師碑

又稱"大智禪師碑"，嚴挺之撰文，史惟則書丹，唐開元四年（716）六月十七日立，現藏於西安碑林博物館。

東北大學附屬圖書館：

一幅，紙本墨拓，原片，常盤大定舊藏。

3446　高應墓誌

唐開元四年（716）十一月十九日葬，清光緒十六年（1890）出土於山東益都，現藏於故宫博物院。

書道博物館：

一張，紙本墨拓，全拓，端方藏石。

東洋文庫：

一張，紙本墨拓，原片，34.0×33.0，編號：Ⅱ-16-C-p-299。

淑德大學書學文化中心：

一張，紙本墨拓，原片，編號：000527。

京都大學人文科學研究所：

　　　一張，紙本墨拓，原片，編號：TOU1016X。

3447　裴君妻賀蘭氏墓誌

唐開元四年（716）十二月十九日葬，陝西西安出土，今藏地不詳。

京都大學人文科學研究所：

　　　一張，紙本墨拓，原片，編號：TOU1018X。

3448　靳隱兒墓誌

唐開元五年（717）二月十一日葬，河南安陽出土，今藏地不詳。

淑德大學書學文化中心：

　　　一張，紙本墨拓，托裱，編號：001732。

3449　葉有道碑

全稱“唐故葉有道先生神道碑并序”，又稱“葉國重碑”，李邕書丹，唐開元五年（717）三月
八日立，原石久佚，後世多翻刻本。

書道博物館：

　　　一張，紙本墨拓，全拓，重刻。

觀峰館：

　　　一册，紙本墨拓，册頁，22.2×10.9。

淑德大學書學文化中心：

　　　一張，紙本墨拓，托裱，編號：197633，天放樓舊藏。

3450　張敬琮母王婆造像記

唐開元五年（717）三月刻，現存河南洛陽龍門石窟。

東洋文庫：

　　　一張，紙本墨拓，原片，17.0×4.0，編號：Ⅱ-16-C-p-300。

3451　姚彝碑

又稱“光禄少卿姚彝碑”“姚彝神道碑”，崔沔撰文，徐嶠之書丹，唐開元五年（717）四月二
十七日立，現存河南洛陽許家營。

書道博物館：

　　　一册，紙本墨拓，册頁。

淑德大學書學文化中心：

　　　一軸，紙本墨拓，卷軸，編號：196071。

京都大學人文科學研究所：

　　一張，紙本墨拓，原片，編號：TOU1023X。

3452　尹尊師碑

唐開元五年（717）十月二日立，現存陝西周至縣樓觀臺説經臺。

京都大學人文科學研究所：

　　一張，紙本墨拓，原片，編號：TOU1024X。

3453　趙敬玄墓誌

唐開元五年（717）十一月六日葬，河南洛陽出土，現藏於開封博物館。

京都大學人文科學研究所：

　　一張，紙本墨拓，原片，編號：TOU1025X。

書壇院：

　　一幅，紙本墨拓，原片。

3454　王子麟墓誌

唐開元六年（718）正月十四日葬，燈塔，河南洛陽出土，現藏於開封博物館。

京都大學人文科學研究所：

　　一張，紙本墨拓，原片，編號：TOU1026A。

　　一張，紙本墨拓，原片，編號：TOU1026B。

書壇院：

　　一幅，紙本墨拓，原片。

3455　安祥墓誌

唐開元六年（718）正月十六日葬，今藏地不詳。

京都大學人文科學研究所：

　　一張，紙本墨拓，原片，編號：TOU1027A。

　　一張，紙本墨拓，原片，編號：TOU1027B。

3456　李貞墓誌

唐開元六年（718）正月二十六日葬，一九七二年出土於陝西禮泉縣煙霞公社興隆村，現藏於昭陵博物館。

淑德大學書學文化中心：

　　一張，墓誌蓋，紙本墨拓，原片，編號：000699。

　　一張，墓誌，紙本墨拓，原片，編號：000700。

3457　燕紹墓誌

唐開元六年（718）五月三日葬，河南洛陽出土，現藏於開封博物館。

東洋文庫：

　　　一張，紙本墨拓，原片，54.0×54.0，編號：Ⅱ-16-C-1313。

京都大學人文科學研究所：

　　　一張，紙本墨拓，原片，編號：TOU1028X。

3458　蔣楚賓妻于氏墓誌

唐開元六年（718）七月十日葬，河南洛陽出土，現藏於開封博物館。

東洋文庫：

　　　一張，墓誌，紙本墨拓，原片，29.0×30.0。一張，墓誌蓋，紙本墨拓，原片，22.0×20.0。

　　　編號：Ⅱ-16-C-1311。

京都大學人文科學研究所：

　　　一張，紙本墨拓，原片，編號：TOU1029A。

　　　一張，紙本墨拓，原片，編號：TOU1029B。

3459　正覺浮圖銘

唐開元六年（718）七月十五日刻，端方舊藏。

書道博物館：

　　　一張，紙本墨拓，全拓。

淑德大學書學文化中心：

　　　一軸，紙本墨拓，卷軸，編號：198305。

　　　一張，紙本墨拓，原片，編號：000483。

京都大學人文科學研究所：

　　　一張，紙本墨拓，原片，編號：TOU1031X。

3460　韋項墓誌

唐開元六年（718）七月二十九日葬，河南洛陽出土，現藏於開封博物館。

京都大學人文科學研究所：

　　　一張，紙本墨拓，原片，編號：TOU1032X。

3461　柏梯寺碑

徐彥伯撰文，唐開元六年（718）十月一日立，原在山西永濟虞鄉鎮。

京都大學人文科學研究所：

　　　一張，紙本墨拓，原片，編號：ZUI0019A。

　　　一張，紙本墨拓，原片，編號：ZUI0019B。

3462　賈黃中墓誌

唐開元六年（718）十月二十四日葬，河南滎陽出土，現藏於故宮博物院。

書道博物館：

　　　　一張，紙本墨拓，全拓，端方舊藏。

東洋文庫：

　　　　一張，紙本墨拓，原片，25.0×25.0，編號：Ⅱ-16-C-p-301。

京都大學人文科學研究所：

　　　　一張，紙本墨拓，原片，編號：TOU1034X。

淑德大學書學文化中心：

　　　　一張，紙本墨拓，原片，編號：000528。

3463　劉元超墓誌

唐開元六年（718）十一月十九日葬，河南滎陽出土，現藏於開封博物館。

東洋文庫：

　　　　一張，墓誌，紙本墨拓，原片，45.0×45.0。一張，墓誌蓋，紙本墨拓，原片，27.0×27.0。
　　　　編號：Ⅱ-16-C-1312。

　　　　一張，墓誌，紙本墨拓，原片，45.0×44.0。一張，墓誌蓋，紙本墨拓，原片，27.0×27.0。
　　　　編號：Ⅱ-16-C-142。

宇野雪村文庫：

　　　　一張，紙本墨拓，原片，編號：1491。

京都大學人文科學研究所：

　　　　一張，紙本墨拓，原片，編號：TOU1037A。

　　　　一張，紙本墨拓，原片，編號：TOU1037B。

3464　王君夫人橋氏墓誌

唐開元六年（718）葬，河南洛陽出土，現藏於開封博物館。

東洋文庫：

　　　　一張，紙本墨拓，原片，36.0×37.0，編號：Ⅱ-16-C-1296。

3465　東海鬱林觀東巖壁記

唐開元七年（719）正月刻，現存江蘇連雲港花果山景區。

淑德大學書學文化中心：

　　　　一册，紙本墨拓，册頁，編號：001691。

3466　李神珖功德廟碑

唐開元七年（719）正月立，端方舊藏。

書道博物館：

　　　　一張，紙本墨拓，全拓，有篆額。

東洋文庫：

三張，紙本墨拓，原片，［1］76.0×44.0+76.0×20.0，［2］65.0×44.0+65.0×13.0，［3］57.0×20.0，編號：Ⅱ-16-C-p-302。

京都大學人文科學研究所：

一張，紙本墨拓，原片，編號：TOU1035A。

一張，紙本墨拓，原片，編號：TOU1035B。

一張，紙本墨拓，原片，編號：TOU1035C。

淑德大學書學文化中心：

一軸，碑陽，紙本墨拓，卷軸，編號：000812。

一軸，碑側，紙本墨拓，卷軸，編號：000813。

3467　吴藏師造像記

唐開元七年（719）正月刻，現存河南洛陽龍門石窟。

東洋文庫：

一張，紙本墨拓，原片，21.0×37.0，編號：Ⅱ-16-C-p-302。

3468　金剛般若波羅蜜經

唐開元七年（719）四月刻，今藏地不詳。

京都大學人文科學研究所：

一張，紙本墨拓，原片，編號：TOU1039A。

一張，紙本墨拓，原片，編號：TOU1039B。

一張，紙本墨拓，原片，編號：TOU1039C。

一張，紙本墨拓，原片，編號：TOU1039D。

3469　于知微碑

全稱“兗州都督于知微碑”，姚崇撰文，唐開元七年（719）六月三日立，現存陝西三原縣陵前鎮長坳村。

書道博物館：

一張，紙本墨拓，全拓。

一册，明拓本，紙本墨拓，册頁。

淑德大學書學文化中心：

一軸，紙本墨拓，卷軸，編號：196330。

東洋文庫：

一帖三十八葉，紙本墨拓，30.0×16.0，編號：Ⅱ-16-C-815。

3470　吕文倩墓誌

唐開元七年（719）六月十八日葬，河南洛陽出土，端方舊藏，今藏地不詳。

書道博物館：

　　　　一張，紙本墨拓，全拓。

東洋文庫：

　　　　一張，紙本墨拓，原片，36.0×37.0，編號：Ⅱ-16-C-p-303。

淑德大學書學文化中心：

　　　　一張，紙本墨拓，原片，編號：000529。編號：Ⅱ-16-C-p-303。

京都大學人文科學研究所：

　　　　一張，紙本墨拓，原片，編號：TOU1036X。

3471　唐貞休德政碑

又稱“大唐萊州刺史唐府君德政碑”，僧重閏書丹，唐開元七年（719）七月立，明代尚在山東披縣北街府衙，今藏地不詳。

書道博物館：

　　　　一張，紙本墨拓，全拓。

3472　王仁皎碑

全稱“唐故開封府儀同三司贈太尉益州大都督上柱國祁國公宣王公碑”，又稱“祁公王仁皎碑”“祁國昭宣公王仁皎神道碑”，唐玄宗李隆基書丹，唐開元七年（719）十月立，現在陝西大荔縣羌白鎮王仁皎墓。

書道博物館：

　　　　一張，紙本墨拓，全拓。

3473　張君夫人郭華嚴墓誌

唐開元七年（719）十一月七日葬，河南安陽出土，今藏地不詳。

書道博物館：

　　　　一張，紙本墨拓，全拓，端方藏石。

東洋文庫：

　　　　一張，紙本墨拓，原片，35.0×31.0，編號：Ⅱ-16-C-p-304。

京都大學人文科學研究所：

　　　　一張，紙本墨拓，原片，編號：TOU1041X。

　　　　一張，紙本墨拓，原片，編號：TOU1804X。

3474　鮮于氏墓誌

唐開元七年（719）十一月十九日葬，河南洛陽出土，現藏於開封博物館。

京都大學人文科學研究所：

　　　　一張，紙本墨拓，原片，編號：TOU1040X。

3475　孫氏石像碑

全稱"大唐衛州新鄉縣臨清驛長孫氏石像之碑"，唐開元七年（719）立，現藏於河南新鄉市博物館。

淑德大學書學文化中心：

　　一册，紙本墨拓，册頁，編號：001663。

3476　修定寺記碑

全稱"大唐鄴縣修定寺傳記碑"，僧玄昉撰，唐開元七年（719）立，現存河南安陽修定寺。

淑德大學書學文化中心：

　　一張，碑陽，紙本墨拓，原片，編號：000714。

　　一張，碑陰，紙本墨拓，原片，編號：000715。

3477　韋希損墓誌

唐開元八年（720）正月八日葬，陝西西安出土，今藏地不詳。

書道博物館：

　　一張，紙本墨拓，全拓，端方藏石。

東京國立博物館：

　　一幅，紙本墨拓，原片，編號：689。

淑德大學書學文化中心：

　　一張，紙本墨拓，原片，編號：000531。

　　一册，紙本墨拓，册頁，編號：197826，天放樓舊藏。

京都大學人文科學研究所：

　　一張，紙本墨拓，原片，編號：TOU1046X。

3478　華嶽精享昭應碑

劉升書丹，唐開元八年（720）三月刻於北周"華嶽廟碑"之陰，現存華山西嶽廟。

書道博物館：

　　一張，紙本墨拓，全拓。

東京國立博物館：

　　一幅，紙本墨拓，原片，編號：760。

淑德大學書學文化中心：

　　一軸，紙本墨拓，卷軸，編號：196336。

3479　居德寺碑

唐開元八年（720）四月八日立，現存河南焦作王褚鄉嘉禾屯村。

淑德大學書學文化中心：

　　一張，紙本墨拓，原片，編號：001493。

3480　李思訓碑

全稱"唐故雲麾將軍右武衛大將軍贈秦州都督彭國公謚曰昭公李府君神道碑并序"，又稱"雲麾將軍碑"，李邕撰文并書丹，唐開元八年（720）六月二十八日立，現存陝西蒲縣橋陵。

東京國立博物館：

　　一帖，宋拓，紙本墨拓，23.0×11.3，棱伽山民、意香、園手襄、許子珍跋，汲古閣、高島菊次郎舊藏。

　　一幅，紙本墨拓，原片，編號：243。

　　一幅，紙本墨拓，原片，編號：250。

書道博物館：

　　一册，舊拓，紙本墨拓，册頁。

　　一册，北宋拓本，紙本墨拓，册頁，王文治跋。

三井記念美術館：

　　一帖，黎二樵本，宋拓，紙本墨拓，23.4×11.2，黎二樵、新町三井家舊藏。

　　一帖，項墨林本，宋拓，紙本墨拓，27.2×13.8，項元汴、朱彝尊、周千秋、新町三井家舊藏。

東洋文庫：

　　一帖五十三葉，紙本墨拓，30.0×15.0，編號：XI-3-A-b-64.1。

　　一帖四十葉，編號：XI-3-A-b-64.2。

宇野雪村文庫：

　　一册，紙本墨拓，册頁，編號：132。

　　一册，紙本墨拓，册頁，編號：94。

五島美術館：

　　一册，舊拓，紙本墨拓，册頁，22.8×13.4，宇野雪村舊藏。

京都大學人文科學研究所：

　　一張，紙本墨拓，原片，編號：TOU1042X。

淑德大學書學文化中心：

　　一軸，紙本墨拓，卷軸，編號：196072。

觀峰館：

　　一册，紙本墨拓，册頁，23.2×10.6。

　　一張，紙本墨拓，原片，111.0×109.5。

3481　王慶墓碣

唐開元八年（720）九月十一日刻，清光緒年間出土於山西黎城，現存太原純陽宮石刻碑廊。

淑德大學書學文化中心：

　　一張，紙本墨拓，原片，編號：001715。

3482　梁方并夫人張氏墓誌

唐開元八年（720）十月二十三日葬，河南安陽出土，現藏於故宮博物院。

書道博物館：

　　一張，紙本墨拓，全拓，端方藏石。

東洋文庫：

　　一張，紙本墨拓，原片，37.0×37.0，編號：Ⅱ-16-C-p-305。

淑德大學書學文化中心：

　　一張，紙本墨拓，原片，編號：000530。

京都大學人文科學研究所：

　　一張，紙本墨拓，原片，編號：TOU1045X。

3483　程禮造像記

唐開元八年（720）刻，現存河南洛陽龍門石窟。

東洋文庫：

　　一張，紙本墨拓，原片，12.0×7.0，編號：Ⅱ-16-C-p-306。

3484　楊普會造像記并楊婆造像記

唐開元八年（720）刻，現存河南洛陽龍門石窟。

東洋文庫：

　　一張，紙本墨拓，原片，15.0×9.0，編號：Ⅱ-16-C-p-307。

3485　四海造像記

唐開元八年（720）刻，現存河南洛陽龍門石窟。

東洋文庫：

　　一張，紙本墨拓，原片，11.0×12.0，編號：Ⅱ-16-C-p-308。

3486　本願寺舍利塔碑

唐開元九年（721）二月十五日立，原在河北石家莊鹿泉本願寺。

淑德大學書學文化中心：

　　一張，紙本墨拓，原片，編號：197083。

京都大學人文科學研究所：

　　一張，紙本墨拓，原片，編號：TOU1049A。

　　一張，紙本墨拓，原片，編號：TOU1049B。

一張，紙本墨拓，原片，編號：TOU1047X。

3487　契苾夫人墓誌

唐開元九年（721）二月二十五日葬，一九七三年出土於陝西禮泉縣昭陵，現藏於昭陵博物館。

淑德大學書學文化中心：

一張，墓誌蓋，紙本墨拓，原片，編號：000701。

一張，墓誌，紙本墨拓，原片，編號：000702。

3488　北嶽府君碑

又稱"大唐北嶽恒山靈廟之碑"，韋虚心撰文，陳懷志書丹，唐開元九年（721）三月二十六日立，現藏於河北曲陽北嶽廟。

淑德大學書學文化中心：

一軸，紙本墨拓，卷軸，編號：196352。

一張，紙本墨拓，托裱，編號：197635，天放樓舊藏。

3489　山頂石浮圖銘

又稱"雲居石經山頂石浮圖銘并序"，釋玄英撰文，唐開元九年（721）四月八日刻，現存北京房山金仙長公主塔。

京都大學人文科學研究所：

一張，紙本墨拓，原片，編號：TOU1050X。

一張，紙本墨拓，原片，編號：TOU1051A。

一張，紙本墨拓，原片，編號：TOU1051B。

淑德大學書學文化中心：

一軸，紙本墨拓，卷軸，編號：196853。

3490　賈感墓誌

唐開元九年（721）四月九日葬，河南洛陽出土，現藏於開封博物館。

書壇院：

一幅，紙本墨拓，全拓。

京都大學人文科學研究所：

一張，紙本墨拓，原片，編號：TOU1052A。

一張，紙本墨拓，原片，編號：TOU1052B。

3491　桓歸秦墓誌

唐開元九年（721）七月十六日葬，河南洛陽出土，現藏於開封博物館。

京都大學人文科學研究所：

　　一張，紙本墨拓，原片，編號：TOU1053X。

3492　張思道墓誌

唐開元九年（721）十月十日葬，清咸豐年間陝西長武出土，今藏地不詳。

書道博物館：

　　一張，紙本墨拓，全拓，端方藏石。

東京國立博物館：

　　一幅，紙本墨拓，原片，編號：690。

京都大學人文科學研究所：

　　一張，紙本墨拓，原片，編號：TOU1055X。

淑德大學書學文化中心：

　　一張，紙本墨拓，原片，編號：000532。

3493　興福寺斷碑

又稱"半截碑""鎮國大將軍吳文碑"，大雅集字，唐開元九年（721）十月二十三日立，明萬曆年間出土於陝西西安，現藏於西安碑林博物館。

東京國立博物館：

　　一帖二十紙，宋拓，紙本墨拓，21.8×12.8，高島菊次郎舊藏。

　　一幅，紙本墨拓，原片，編號：209。

　　一幅，紙本墨拓，原片，編號：502。

　　一帖，紙本墨拓，31.1×17.5，編號：1349。

　　一帖，紙本墨拓，28.0×14.4，編號：1367。

書道博物館：

　　一冊，精拓，冊頁，紙本墨拓。

　　一冊，舊拓，冊頁，紙本墨拓。

淑德大學書學文化中心：

　　一軸，紙本墨拓，卷軸，編號：195419。

　　一張，紙本墨拓，托裱，編號：197634，天放樓舊藏。

京都大學人文科學研究所：

　　一張，紙本墨拓，原片，編號：TOU1056X。

　　一張，紙本墨拓，原片，編號：TOU1058X。

白扇書道會：

　　一張，紙本墨拓，全拓，70.0×93.0，種谷扇舟舊藏。

書壇院：

　　一幅，紙本墨拓，全拓。

觀峰館：

　　　　一張，紙本墨拓，原片，72.0×95.0。

3494　樊覽墓誌

唐開元九年（721）十月二十八日葬，河南洛陽出土，現藏於開封博物館。

京都大學人文科學研究所：

　　　　一張，紙本墨拓，原片，編號：TOU1054A。

　　　　一張，紙本墨拓，原片，編號：TOU1054B。

書壇院：

　　　　一幅，紙本墨拓，全拓。

3495　王慶墓誌

唐開元九年（721）十一月六日葬，山東掖縣（今萊州）出土，現藏於揚州博物館。

淑德大學書學文化中心：

　　　　一冊，紙本墨拓，冊頁，編號：197827，天放樓舊藏。

3496　荀懷節墓誌

唐開元九年（721）十二月二十四日葬，河南淇縣出土，今藏地不詳。

京都大學人文科學研究所：

　　　　一張，紙本墨拓，原片，編號：TOU1060X。

3497　左中孚造像記

唐開元九年（721）刻，今藏地不詳。

東洋文庫：

　　　　一張，紙本墨拓，原片，52.0×23.0，編號：Ⅱ-16-C-p-309。

3498　玄方律師像塔銘

唐開元十年（722）三月一日刻，現存河南安陽寶山靈泉寺。

淑德大學書學文化中心：

　　　　一張，紙本墨拓，原片，編號：198631。

3499　李文安造石浮屠銘

唐開元十年（722）四月八日刻，現存北京房山雲居寺。

京都大學人文科學研究所：

　　　　一張，紙本墨拓，原片，編號：TOU1061X。

3500　崔紹妻盧氏墓誌

唐開元十年（722）五月二日葬，出土時地不詳。

淑德大學書學文化中心：

　　一張，紙本墨拓，原片，編號：001803。

3501　韋抗功德碑

唐開元十年（722）六月七日刻，現存四川廣元千佛崖。

東京國立博物館：

　　一帖，紙本墨拓，原片，編號：354。

3502　董虔運墓誌

唐開元十年（722）九月二十九日葬，河南洛陽出土，現藏於中國國家博物館。

宇野雪村文庫：

　　一張，紙本墨拓，原片，編號：1492。

3503　奉先寺大盧舍那像龕記

唐開元十年（722）十二月十二日刻，現存河南洛陽龍門山奉先寺。

東洋文庫：

　　一張，紙本墨拓，原片，113.0×64.0，編號：Ⅱ-16-C-p-310。

宇野雪村文庫：

　　一張，紙本墨拓，原片，編號：1324。

東北大學附屬圖書館：

　　一幅，紙本墨拓，原片，常盤大定舊藏。

京都大學人文科學研究所：

　　一張，紙本墨拓，原片，編號：TOU1062X。

3504　田嵩墓誌

唐開元十一年（723）正月二十八日葬，河南洛陽出土，現藏於開封博物館。

東洋文庫：

　　一張，紙本墨拓，原片，36.0×38.0，編號：Ⅱ-16-C-1314。

宇野雪村文庫：

　　一張，紙本墨拓，原片，編號：1493。

京都大學人文科學研究所：

　　一張，紙本墨拓，原片，編號：TOU1071A。

　　一張，紙本墨拓，原片，編號：TOU1071B。

書壇院：

　　　　一幅，紙本墨拓，全拓。

3505　董守貞墓誌

唐開元十一年（723）二月一日葬，河南洛陽出土，現藏於開封博物館。

京都大學人文科學研究所：

　　　　一張，紙本墨拓，原片，編號：TOU1072A。

　　　　一張，紙本墨拓，原片，編號：TOU1072B。

3506　執失善光墓誌

唐開元十一年（723）二月十三日葬，陝西禮泉縣煙霞鎮出土，現藏於昭陵博物館。

淑德大學書學文化中心：

　　　　一張，墓誌蓋，紙本墨拓，原片，編號：000703。

　　　　一張，墓誌，紙本墨拓，原片，編號：000704。

3507　樊晋客墓誌

唐開元十一年（723）四月二十一日葬，河南洛陽出土，現藏於開封博物館。

京都大學人文科學研究所：

　　　　一張，紙本墨拓，原片，編號：TOU1073A。

　　　　一張，紙本墨拓，原片，編號：TOU1073B。

書壇院：

　　　　一幅，紙本墨拓，全拓。

3508　雍張墓誌

唐開元十一年（723）四月二十六日葬，山西屯留出土，今藏地不詳。

書道博物館：

　　　　一張，紙本墨拓，全拓。

3509　老子孔子顏子贊殘石

唐睿宗李旦撰文并書丹，唐開元十一年（723）五月九日立，現藏於山東曲阜漢魏碑刻陳列館。

東京國立博物館：

　　　　一幅，紙本墨拓，原片，編號：439。

　　　　一帖，紙本墨拓，剪裝，編號：607。

東洋文庫：

　　　　一帖七面，紙本墨拓，剪裝，31.0×15.0，編號：Ⅱ-16-C-846。

　　　　一張，碑陽，紙本墨拓，原片，48.0×47.0。一張，碑陰，紙本墨拓，原片，48.0×47.0。

編號：Ⅱ-16-C-1113。

宇野雪村文庫：

一張，紙本墨拓，原片，編號：1343。

淑德大學書學文化中心：

一張，紙本墨拓，原片，編號：195012。

一軸，紙本墨拓，卷軸，編號：195281。

京都大學人文科學研究所：

一張，紙本墨拓，原片，編號：TOU1067A。

一張，紙本墨拓，原片，編號：TOU1067B。

寄鶴軒：

一册，紙本墨拓，册頁。

3510　娑羅樹碑

李邕書丹，唐開元十一年（723）十月二日立，原石久佚，明吳從道依舊本摹刻。

宇野雪村文庫：

四張，紙本墨拓，原片，編號：1075。

京都大學人文科學研究所：

一張，紙本墨拓，原片，編號：TOU1080A。

一張，紙本墨拓，原片，編號：TOU1080B。

一張，紙本墨拓，原片，編號：TOU1080C。

一張，紙本墨拓，原片，編號：TOU1080D。

一張，紙本墨拓，原片，編號：TOU1080E。

觀峰館：

一册，紙本墨拓，册頁，28.0×15.7。

3511　阿史那氏墓誌

唐開元十一年（723）十月十日葬，陝西西安出土，今石已毀。

東洋文庫：

一帖十六葉，紙本墨拓，28.0×14.0，編號：Ⅱ-16-C-886。

一張，紙本墨拓，原片，56.0×57.0，編號：Ⅱ-16-C-p-311。

京都大學人文科學研究所：

一張，紙本墨拓，原片，編號：TOU1076X。

3512　王玄起妻李氏墓誌

唐開元十一年（723）十月十日葬，河南洛陽出土，現藏於開封博物館。

京都大學人文科學研究所：

　　　　一張，紙本墨拓，原片，編號：TOU1074X。

3513　王玄起墓誌

唐開元十一年（723）十月十日葬，河南洛陽出土，現藏於開封博物館。

京都大學人文科學研究所：

　　　　一張，紙本墨拓，原片，編號：TOU1075X。

3514　柏谷塢莊碑

唐開元十一年（723）十一月四日立，現存河南登封少林寺。

淑德大學書學文化中心：

　　　　一軸，紙本墨拓，卷軸，編號：196454。

　　　　一張，紙本墨拓，托裱，編號：197639，天放樓舊藏。

3515　少林寺賜田敕

唐開元十一年（723）十二月二十一日立，現存河南登封少林寺。

淑德大學書學文化中心：

　　　　一軸，紙本墨拓，卷軸，編號：196454。

　　　　一張，紙本墨拓，托裱，編號：197640，天放樓舊藏。

3516　□仁智造像記

唐開元十一年（723）刻，今藏地不詳。

京都大學人文科學研究所：

　　　　一張，紙本墨拓，原片，編號：TOU1082X。

3517　田靈芝墓誌

唐開元十一年（723）刻，河南洛陽出土，今藏地不詳。

東洋文庫：

　　　　一張，紙本墨拓，原片，39.0×39.0，編號：Ⅱ-16-C-p-1315。

京都大學人文科學研究所：

　　　　一張，紙本墨拓，原片，編號：TOU1079X。

3518　御史臺精舍碑

全稱“大唐御史臺精舍碑銘并序”，崔湜撰文，梁昇卿書丹，趙禮鐫刻，唐開元十一年（723）
立，現藏於西安碑林博物館。

東京國立博物館：

　　　　一帖，紙本墨拓，原片，193.0×179.8，編號：504。

書道博物館：

　　一張，紙本墨拓，全拓，有篆額。

　　一張，紙本墨拓，舊拓，全拓，陰側、有篆額。

東洋文庫：

　　一張，碑陽，紙本墨拓，97.0×63.0。一張，碑陰，紙本墨拓，97.0×63.0。編號：Ⅱ-16-C-1114。

京都大學人文科學研究所：

　　一張，紙本墨拓，原片，編號：TOU1078A。

　　一張，紙本墨拓，原片，編號：TOU1078B。

東京藝術大學藝術資料館：

　　一張，紙本墨拓，掛幅裝，126.6×157.0，編號：1440。

淑德大學書學文化中心：

　　一軸，碑陽，紙本墨拓，卷軸，編號：198044。

　　一張，碑陽，紙本墨拓，托裱，編號：197637，天放樓舊藏。

　　一張，碑陰，紙本墨拓，托裱，編號：197638，天放樓舊藏。

東北大學附屬圖書館：

　　一幅，紙本墨拓，原片，常盤大定舊藏。

書壇院：

　　一幅，紙本墨拓，全拓。

觀峰館：

　　一張，紙本墨拓，原片，98.0×64.0。

3519　高延福墓誌

唐開元十二年（724）正月二十一日葬，清乾隆年間出土於陝西咸寧，歷畢沅、張廷濟、蔣敬臣、端方收藏，現藏於江蘇淮安市博物館。

書道博物館：

　　一張，紙本墨拓，全拓，吳縣（今蘇州）蔣氏藏石。

東洋文庫：

　　一張，紙本墨拓，原片，74.0×75.0，編號：Ⅱ-16-C-p-312。

東京國立博物館：

　　一幅，紙本墨拓，原片，編號：247，市河三鼎舊藏。

淑德大學書學文化中心：

　　一張，紙本墨拓，原片，編號：000533。

京都大學人文科學研究所：

　　一張，紙本墨拓，原片，編號：TOU1083X。

木雞室：

一册，紙本墨拓，剪裱本。

3520　郭方剛阿彌陀佛造像記

唐開元十二年（724）正月三十日刻，今藏地不詳。

京都大學人文科學研究所：

一張，紙本墨拓，原片，編號：TOU1085X。

3521　宋運妻王氏墓誌

唐開元十二年（724）五月十四日葬，陝西西安出土，現藏於故宫博物院。

書道博物館：

一張，紙本墨拓，全拓，端方藏石。

淑德大學書學文化中心：

一張，紙本墨拓，原片，編號：000534。

京都大學人文科學研究所：

一張，紙本墨拓，原片，編號：TOU1086X。

3522　净業法師塔銘

全稱“大唐龍興大德香積寺主净業法師靈塔銘并序”，唐開元十二年（724）六月十五日立，現存西安香積寺。

書道博物館：

一張，紙本墨拓，全拓。

淑德大學書學文化中心：

一册，紙本墨拓，册頁，編號：197828，天放樓舊藏。

東京國立博物館：

一幅，紙本墨拓，原片，編號：248，市河三鼎舊藏。

龍谷大學：

一幅，紙本墨拓，原片，65.0×71.0。

京都大學人文科學研究所：

一張，紙本墨拓，原片，編號：TOU1087X。

3523　唐端權殯誌

唐開元十二年（724）六月二十六日葬，清嘉慶二十年（1815）出土於陝西西安，現藏於西安碑林博物館。

京都大學人文科學研究所：

一張，紙本墨拓，原片，編號：TOU1088X。

宇野雪村文庫：

一張，紙本墨拓，原片，編號：1494。

東京國立博物館：

一幅，紙本墨拓，原片，編號：693。

3524 楊將軍新莊像銘

又稱"唐虢國公楊花臺銘"，唐開元十二年（724）十月八日刻，原在陝西西安寶慶寺，已流失海外，現藏於日本東京國立博物館。

書道博物館：

一張，紙本墨拓，全拓。

淑德大學書學文化中心：

一張，紙本墨拓，托裱，編號：001416。

東京國立博物館：

一幅，紙本墨拓，原片，編號：480。

京都大學人文科學研究所：

一張，紙本墨拓，原片，編號：TOU1089X。

一張，紙本墨拓，原片，編號：TOU1757A。

一張，紙本墨拓，原片，編號：TOU1757B。

3525 寶慶寺石佛

唐開元十二年（724）十月八日造，已流失海外，現藏於日本東京國立博物館。

京都大學人文科學研究所：

一張，紙本墨拓，原片，編號：TOU1090X。

3526 吳善墓誌

唐開元十二年（724）十一月二十六日葬，河北磁縣出土，現藏於故宮博物院。

書道博物館：

一張，紙本墨拓，全拓，端方舊藏。

東洋文庫：

一張，紙本墨拓，原片，42.0×42.0，編號：Ⅱ-16-C-p-313。

京都大學人文科學研究所：

一張，紙本墨拓，原片，編號：TOU1092A。

一張，紙本墨拓，原片，編號：TOU1092B。

3527 紀茂重墓誌

唐開元十二年（724）十一月二十八日葬，河南洛陽出土，現藏於開封博物館。

京都大學人文科學研究所：

一張，紙本墨拓，原片，編號：TOU1091X。

書壇院：

一幅，紙本墨拓，全拓。

3528 李敬墓誌

唐開元十二年（724）十二月十一日葬，現藏於千唐誌齋博物館。

淑德大學書學文化中心：

一張，紙本墨拓，原片，編號：001811。

3529 常道觀敕

又稱“青城山常道觀敕并表”，唐玄宗李隆基手敕，唐開元十二年（724）閏十二月刻，現存四川都江堰青城山常道觀。

書道博物館：

一册，紙本墨拓，册頁。

3530 乙速孤行儼碑

又稱“唐故右武衛將軍乙速孤公碑”，劉憲撰文，白義旺書丹，唐開元十三年（725）二月十六日立，現藏於陝西昭陵博物館。

東洋文庫：

一帖二十九葉，碑陽，紙本墨拓，30.0×17.0。碑額，失。編號：Ⅱ-16-C-861。

書道博物館：

一册，紙本墨拓，册頁。

淑德大學書學文化中心：

一册，紙本墨拓，册頁，編號：001456。

一軸，紙本墨拓，卷軸，編號：196322。

京都大學人文科學研究所：

一張，紙本墨拓，原片，編號：TOU1096X。

白扇書道會：

一張，紙本墨拓，全拓，種谷扇舟舊藏。

3531 尹伏生塔銘

唐開元十三年（725）四月二十六日造，端方舊藏，今藏地不詳。

書道博物館：

一張，紙本墨拓，全拓，端方藏石。

淑德大學書學文化中心：

一軸，紙本墨拓，卷軸，編號：000814。

東洋文庫：

　　　一張，紙本墨拓，原片，25.0×28.0，編號：Ⅱ-16-C-p-314。

京都大學人文科學研究所：

　　　一張，紙本墨拓，原片，編號：TOU1093X。

3532　述聖頌

達奚珣撰序，呂向撰頌并書丹，唐開元十三年（725）六月九日建，原在陝西華陰嶽廟，現藏於西安碑林博物館。

書道博物館：

　　　一張，舊拓，紙本墨拓，原片。

東京國立博物館：

　　　一幅，紙本墨拓，原片，編號：762。

京都大學人文科學研究所：

　　　一張，紙本墨拓，原片，編號：TOU1094X。

淑德大學書學文化中心：

　　　一張，紙本墨拓，托裱，編號：001338。

3533　善才寺碑

全稱"大唐河南府陽翟縣善才寺文蕩律師塔碑銘并序"，唐開元十三年（725）十月立，原在河南許昌，久佚。

三井記念美術館：

　　　一帖，宋拓孤本，紙本墨拓，23.8×16.5，馮詮、李宗瀚、新町三井家舊藏。

3534　索崇墓誌

唐開元十三年（725）十一月二十三日葬，河南洛陽出土，現藏於西安碑林博物館。

大阪市立美術館：

　　　一張，紙本墨拓，原片，編號：2673。

3535　伯夷叔齐碑

梁昇卿書丹，衛鶴鐫刻，唐開元十三年（725）立，原在永濟韓陽長旺村二賢祠。

書道博物館：

　　　一張，紙本墨拓，全拓，有篆額。

東京國立博物館：

　　　一幅，紙本墨拓，原片，編號：1053。

3536　薛君妻裴氏墓誌

唐開元十四年（726）二月二十三日葬，河南洛陽出土，現藏於洛陽古代藝術博物館。

宇野雪村文庫：

　　　　一張，紙本墨拓，原片，編號：1920。

3537　鄭戎墓誌

唐開元十四年（726）五月十九日葬，河南洛陽出土，現藏於開封博物館。

東洋文庫：

　　　　一張，紙本墨拓，原片，35.0×35.0，編號：Ⅱ-16-C-1316。

宇野雪村文庫：

　　　　一張，紙本墨拓，原片，編號：1495。

京都大學人文科學研究所：

　　　　一張，紙本墨拓，原片，編號：TOU1097A。

　　　　一張，紙本墨拓，原片，編號：TOU1097B。

書壇院：

　　　　一幅，紙本墨拓，全拓。

3538　紀泰山銘

又稱“東嶽封禪碑”“泰山唐摩崖”，唐玄宗李隆基撰文并書丹，唐開元十四年（726）九月刻，現存山東泰山大觀峰。

書道博物館：

　　　　一張，紙本墨拓，全拓。

東京國立博物館：

　　　　一幅，紙本墨拓，原片，863.0×98.0，編號：258，藤太郎舊藏。

　　　　一幅，紙本墨拓，原片，編號：260。

觀峰館：

　　　　一册八頁，紙本墨拓，册頁，35.0×20.5。

京都大學人文科學研究所：

　　　　一張，紙本墨拓，原片，編號：TOU1102A。

　　　　一張，紙本墨拓，原片，編號：TOU1102B。

　　　　一張，紙本墨拓，原片，編號：TOU1102C。

　　　　一張，紙本墨拓，原片，編號：TOU1102D。

　　　　一張，紙本墨拓，原片，編號：TOU1102E。

淑德大學書學文化中心：

　　　　一張，紙本墨拓，原片，編號：001391。

　　　　一張，紙本墨拓，托裱，編號：196203。

白扇書道會：

　　　　一張，紙本墨拓，全拓，884.0×486.0，種谷扇舟舊藏。

3539　張詮墓誌

唐開元十四年（726）十一月十日葬，河南洛陽出土，現藏於開封博物館。

東洋文庫：

　　一張，紙本墨拓，原片，41.0×41.0，編號：Ⅱ-16-C-1317。

宇野雪村文庫：

　　一張，紙本墨拓，原片，編號：1497。

京都大學人文科學研究所：

　　一張，紙本墨拓，原片，編號：TOU1098X。

3540　畢恭墓誌

唐開元十四年（726）十一月二十三日葬，河南新鄉出土，今藏地不詳。

京都大學人文科學研究所：

　　一張，紙本墨拓，原片，編號：TOU1099X。

3541　□文炬造像記

唐開元十四年（726）十二月十四日刻，現存河南洛陽龍門石窟。

東洋文庫：

　　一張，紙本墨拓，原片，32.0×6.0，編號：Ⅱ-16-C-p-315。

3542　思恒律師墓誌

全稱“唐大薦福寺故大德思恒律師誌文并序”，唐開元十四年（726）十二月十五日葬，陝西咸寧（今長安區）出土，端方舊藏。

書道博物館：

　　一張，紙本墨拓，全拓。

京都大學人文科學研究所：

　　一張，紙本墨拓，原片，編號：TOU1100X。

淑德大學書學文化中心：

　　一冊，紙本墨拓，冊頁，編號：197829，天放樓舊藏。

　　一張，紙本墨拓，原片，編號：000535。

3543　裴民墓誌

唐開元十四年（726）葬，出土時地不詳。

宇野雪村文庫：

　　一張，紙本墨拓，原片，編號：1260。

3544 端州石室記

李邕書丹，唐開元十五年（727）正月二十五日刻，現存廣東肇慶七星巖。

書道博物館：

　　　一册，明拓，紙本墨拓，綴帖。

　　　一册，紙本墨拓，綴帖。

東京國立博物館：

　　　一帖，紙本墨拓，册頁，編號：919。

宇野雪村文庫：

　　　一册，紙本墨拓，册頁，編號：172。

　　　一張，紙本墨拓，原片，編號：1270。

京都大學人文科學研究所：

　　　一張，紙本墨拓，原片，編號：TOU1107X。

淑德大學書學文化中心：

　　　一册，紙本墨拓，册頁，編號：001746。

　　　一軸，紙本墨拓，卷軸，編號：196120。

　　　一軸，紙本墨拓，卷軸，編號：196463。

3545 造七級浮圖及彌陀像

唐開元十五年（727）正月造，傳顏真卿書丹，現藏於河北廣平文管所。

書道博物館：

　　　一張，紙本墨拓，全拓。

3546 鄭玄泰石浮圖銘

唐開元十五年（727）二月八日刻，現存北京房山雲居寺。

書道博物館：

　　　一册，紙本墨拓，綴帖。

京都大學人文科學研究所：

　　　一張，紙本墨拓，原片，編號：TOU1106X。

3547 朱行斌墓誌

唐開元十五年（727）二月十七日葬，河南洛陽出土，現藏於開封博物館。

東洋文庫：

　　　一張，紙本墨拓，原片，43.0×44.0，編號：Ⅱ-16-C-1318。

京都大學人文科學研究所：

　　　一張，紙本墨拓，原片，編號：TOU1108A。

一張，紙本墨拓，原片，編號：TOU1108B。

3548　方律師像塔銘

唐開元十五年（727）三月一日刻，現存河南安陽寶山靈泉寺。

京都大學人文科學研究所：

一張，紙本墨拓，原片，編號：TOU1109X。

3549　房君妻崔順墓誌

唐開元十五年（727）四月十三日葬，河南洛陽出土，今藏地不詳。

京都大學人文科學研究所：

一張，紙本墨拓，原片，編號：TOU1112A。

一張，紙本墨拓，原片，編號：TOU1112B。

3550　李和墓誌

唐開元十五年（727）六月十三日葬，河南洛陽出土，現藏於開封博物館。

東洋文庫：

一張，紙本墨拓，原片，33.0×33.0，編號：Ⅱ-16-C-1319。

宇野雪村文庫：

一張，紙本墨拓，原片，編號：1496。

京都大學人文科學研究所：

一張，紙本墨拓，原片，編號：TOU1113A。

一張，紙本墨拓，原片，編號：TOU1113B。

3551　鄭温球墓誌

唐開元十五年（727）七月二十七日葬，清嘉慶年間出土於陝西西安，今石已毀。

淑德大學書學文化中心：

一册，紙本墨拓，册頁，編號：197830，天放樓舊藏。

3552　王公女十八娘墓誌

唐開元十五年（727）八月九日葬，河南洛陽出土，現藏於開封博物館。

京都大學人文科學研究所：

一張，紙本墨拓，原片，編號：TOU1114X。

3553　北嶽恒山祠碑

張嘉貞撰文并書丹，唐開元十五年（727）八月立，現存河北曲陽北嶽廟。

書道博物館：

一張，紙本墨拓，原片。

一册，舊拓，紙本墨拓，册頁。

3554　道安禪師碑

全稱"唐嵩山故道安禪師碑"，宋儋撰文并書丹，唐開元十五年（727）十月二十一日立，現存河南嵩山會善寺。

書道博物館：

一張，最舊拓，未斷精本，紙本墨拓。

三井記念美術館：

一帖，宋拓，紙本墨拓，26.5×13.8，小雁宕館、新町三井家舊藏。

3555　崔嚴墓誌

唐開元十五年（727）十月二十八日葬，山西長治出土，今藏地不詳。

書道博物館：

一張，紙本墨拓，全拓。

東洋文庫：

一張，紙本墨拓，原片，53.0×53.0，編號：Ⅱ-16-C-p-316。

3556　匹婁君妻靳氏墓誌

唐開元十六年（728）二月五日葬，河南洛陽出土，現藏於開封博物館。

京都大學人文科學研究所：

一張，紙本墨拓，原片，編號：TOU1116X。

3557　楊元一造像記

唐開元十六年（728）三月十日刻，現存河南洛陽龍門石窟。

京都大學人文科學研究所：

一張，紙本墨拓，原片，編號：TOU1117X。

3558　少林寺碑

又稱"皇唐嵩嶽少林寺碑"，裴漼撰文并書丹，唐開元十六年（728）七月十五日立，現存河南登封少林寺。

書道博物館：

一册，紙本墨拓，册頁。

宇野雪村文庫：

一册，紙本墨拓，册頁，編號：109。

東京國立博物館：

一幅，紙本墨拓，原片，編號：358。

淑德大學書學文化中心：

一軸，紙本墨拓，卷軸，編號：196333。

一軸，紙本墨拓，卷軸，編號：196494。

京都大學人文科學研究所：

一張，紙本墨拓，原片，編號：TOU1118A。

一張，紙本墨拓，原片，編號：TOU1118B。

一張，紙本墨拓，原片，編號：TOU1118C。

3559　楊淡造陀羅尼經幢

唐開元十六年（728）十一月八日刻，原在陝西西安開元寺，現藏於隴縣圖博館。

東京國立博物館：

一幅，紙本墨拓，原片，編號：799。

淑德大學書學文化中心：

一張，紙本墨拓，托裱，編號：197641，天放樓舊藏。

3560　佛頂尊勝陀羅尼經幢

唐開元十六年（728）十二月十五日刻。

書道博物館：

一張，紙本墨拓，全拓。

京都大學人文科學研究所：

一張，紙本墨拓，原片，編號：TOU1122A。

一張，紙本墨拓，原片，編號：TOU1122B。

一張，紙本墨拓，原片，編號：TOU1122C。

淑德大學書學文化中心：

一冊，紙本墨拓，冊頁，編號：001773。

3561　敬節法師塔銘

唐開元十七年（729）七月十五日刻，原在陝西長安區神禾塬，現藏於西安碑林博物館。

京都大學人文科學研究所：

一張，紙本墨拓，原片，編號：TOU1123X。

3562　□同人墓誌

唐開元十七年（729）八月二十六日葬，今藏地不詳。

京都大學人文科學研究所：

一張，紙本墨拓，原片，編號：TOU1124X。

3563　宋君妻甘感墓誌

唐開元十七年（729）九月十九日葬，河南安陽出土，今藏地不詳。

京都大學人文科學研究所：

　　　　一張，紙本墨拓，原片，編號：TOU1125X。

3564　軒轅□盈造像

唐開元十七年（729）九月造，今藏地不詳。

京都大學人文科學研究所：

　　　　一張，紙本墨拓，原片，編號：TOU1126X。

3565　龍角山慶唐觀紀聖銘

全稱"大唐龍角山慶唐觀紀聖銘碑"，唐玄宗李隆基撰文并書丹，唐開元十七年（729）九月立，現存浮山縣慶唐觀遺址。

書道博物館：

　　　　一帖，紙本墨拓，全拓。

3566　高嶸墓誌

唐開元十七年（729）十月十六日葬，河南洛陽出土，今藏地不詳。

淑德大學書學文化中心：

　　　　一張，紙本墨拓，原片，編號：197052。

3567　劉龍樹墓誌

唐開元十七年（729）十一月十六日葬，河南洛陽出土，現藏於開封博物館。

京都大學人文科學研究所：

　　　　一張，紙本墨拓，原片，編號：TOU1127A。

　　　　一張，紙本墨拓，原片，編號：TOU1127B。

3568　法澄塔銘

全稱"興聖寺主尼法澄塔銘"，李志暕撰文，唐開元十七年（729）十一月二十三日刻。

書道博物館：

　　　　一册，紙本墨拓，册頁。

東京國立博物館：

　　　　一幅，紙本墨拓，原片，編號：629。

淑德大學書學文化中心：

　　　　一册，紙本墨拓，册頁，編號：197831，天放樓舊藏。

京都大學人文科學研究所：

　　　一張，紙本墨拓，原片，編號：TOU1128X。

3569　王道元造像記

唐開元十八年（730）閏六月刻。

東洋文庫：

　　　二張，紙本墨拓，原片，[1] 6.0×19.0，[2] 6.0×25.0，編號：Ⅱ-16-C-p-317。

京都大學人文科學研究所：

　　　一張，紙本墨拓，原片，編號：TOU1129A。

　　　一張，紙本墨拓，原片，編號：TOU1129B。

3570　臧懷亮墓誌

唐開元十八年（730）八月二十一日葬，一九八五年出土於陝西三原縣陵前鄉三合村，現藏於三原縣博物館。

淑德大學書學文化中心：

　　　一張，紙本墨拓，原片，編號：001842。

　　　一張，紙本墨拓，原片，編號：001843。

　　　一張，紙本墨拓，原片，編號：001844。

　　　一張，紙本墨拓，原片，編號：001845。

3571　麓山寺碑

又稱"嶽麓山寺碑"，李邕撰文并書丹，唐開元十八年（730）九月十一日立，現存湖南長沙市麓山嶽麓書院。

書道博物館：

　　　一冊，宋拓，紙本墨拓，冊頁。

　　　一冊，明拓，紙本墨拓，冊頁。

　　　一張，全拓，紙本墨拓，原片。

東京國立博物館：

　　　一幅，紙本墨拓，原片，編號：249，市河三鼎舊藏。

宇野雪村文庫：

　　　一冊，紙本墨拓，冊頁，編號：103。

淑德大學書學文化中心：

　　　一軸，紙本墨拓，卷軸，編號：196121。

　　　一冊，紙本墨拓，冊頁，編號：195691。

　　　一張，紙本墨拓，托裱，編號：197642，天放樓舊藏。

京都大學人文科學研究所：

一張，紙本墨拓，原片，編號：TOU1130A。

一張，紙本墨拓，原片，編號：TOU1130B。

東北大學附屬圖書館：

一幅，紙本墨拓，原片，常盤大定舊藏。

觀峰館：

一張，紙本墨拓，原片，256.0×110.0。

大阪市立美術館：

一帖，紙本墨拓，剪裝，編號：2626。

3572 劉庭訓墓誌

唐開元十八年（730）十月十六日葬，河南洛陽出土，現藏於開封博物館。

東洋文庫：

一張，紙本墨拓，57.0×58.0，原片，編號：Ⅱ-16-C-1320。

京都大學人文科學研究所：

一張，紙本墨拓，原片，編號：TOU1132X。

3573 契苾嵩墓誌

唐開元十八年（730）十一月二十二日葬，今藏地不詳。

京都大學人文科學研究所：

一張，紙本墨拓，原片，編號：TOU1134A。

一張，紙本墨拓，原片，編號：TOU1134B。

3574 劉嗣仙造石浮圖記

唐開元十九年（731）二月二十日刻，端方舊藏，今藏地不詳。

書道博物館：

一張，紙本墨拓，全拓，端方藏石。

東洋文庫：

一張，紙本墨拓，原片，52.0×69.0，編號：Ⅱ-16-C-p-318。

京都大學人文科學研究所：

一張，紙本墨拓，原片，編號：TOU1135A。

一張，紙本墨拓，原片，編號：TOU1135B。

3575 胡明期母曹氏墓誌

唐開元十九年（731）四月七日葬，河南洛陽出土，現藏於開封博物館。

東洋文庫：

一張，紙本墨拓，原片，36.0×36.0，編號：Ⅱ-16-C-1321。

宇野雪村文庫：

    一張，紙本墨拓，原片，編號：1499。

京都大學人文科學研究所：

    一張，紙本墨拓，原片，編號：TOU1136A。

    一張，紙本墨拓，原片，編號：TOU1136B。

3576　如來造像記

唐開元十九年（731）五月八日刻，現存河南洛陽龍門石窟。

東洋文庫：

    一張，紙本墨拓，原片，6.0×21.0，編號：Ⅱ-16-C-p-319。

3577　佛弟子□□□弟思澗造像記

唐開元十九年（731）九月十三日刻，現存河南洛陽龍門石窟。

京都大學人文科學研究所：

    一張，紙本墨拓，原片，編號：TOU1137X。

3578　崔紹墓誌

唐開元二十年（732）六月六日葬，出土時地不詳。

淑德大學書學文化中心：

    一張，紙本墨拓，原片，編號：001802。

3579　王怡墓誌

唐開元二十年（732）九月二日葬，河南洛陽出土，現藏於開封博物館。

東洋文庫：

    一張，墓誌，紙本墨拓，原片，56.0×57.0。一張，墓誌蓋，紙本墨拓，原片，35.0×35.0。

    編號：Ⅱ-16-C-1334。

京都大學人文科學研究所：

    一張，紙本墨拓，原片，編號：TOU1142X。

3580　源光俗妻郭氏墓誌

唐開元二十年（732）九月二日葬，河南洛陽出土，現藏於千唐誌齋博物館。

京都大學人文科學研究所：

    一張，紙本墨拓，原片，編號：TOU1141X。

3581　闕特勤碑

全稱“故闕特勤之碑”，唐玄宗李隆基書，唐開元二十年（732）十月七日立，清光緒十五年

（1889）發現於今蒙古國鄂爾渾河東岸和碩柴達木湖畔，今仍在原地。

東洋文庫：

一張，西面，紙本墨拓，210.0×105.0。一張，碑額，紙本墨拓，61.0×39.0。

一張，東面，紙本墨拓，229.0×130.0。一張，碑額，紙本墨拓，61.0×40.0。

二張，南面北面，各230.0×41.0，編號：Ⅵ-1-195。

一軸，紙本墨拓，210.0×102.0。東、南、北面，失。編號：Ⅵ-2-71。

京都大學人文科學研究所：

一張，紙本墨拓，原片，編號：TOU1138A。

一張，紙本墨拓，原片，編號：TOU1138B。

一張，紙本墨拓，原片，編號：TOU1138C。

一張，紙本墨拓，原片，編號：TOU1138D。

一張，紙本墨拓，原片，編號：TOU1138E。

淑德大學書學文化中心：

一張，紙本墨拓，托裱，編號：000718。

3582　房惠琳墓誌

唐開元二十一年（733）三月十二日葬，陝西西安出土，今藏地不詳。

京都大學人文科學研究所：

一張，紙本墨拓，原片，編號：TOU1143X。

3583　李仁德墓誌

唐開元二十一年（733）四月十三日葬，陝西西安出土，今藏地不詳。

宇野雪村文庫：

一張，紙本墨拓，原片，編號：1500。

京都大學人文科學研究所：

一張，紙本墨拓，原片，編號：TOU1145X。

一張，紙本墨拓，原片，編號：TOU1146X。

3584　堅行禪師塔銘

唐開元二十一年（733）閏六月一日刻，現存陝西西安百塔寺。

東洋文庫：

一張，紙本墨拓，原片，48.0×25.0，編號：Ⅱ-16-C-p-320。

3585　張喦妻魏氏墓誌

唐開元二十一年（733）七月二十五日葬，河南洛陽出土，現藏於開封博物館。

東洋文庫：

一張，紙本墨拓，原片，30.0×30.0，編號：Ⅱ-16-C-1323。

京都大學人文科學研究所：

一張，紙本墨拓，原片，編號：TOU1147A。

一張，紙本墨拓，原片，編號：TOU1147B。

3586　杜君妻張氏墓誌

唐開元二十一年（733）八月八日葬，河南洛陽出土，現藏於開封博物館。

京都大學人文科學研究所：

一張，紙本墨拓，原片，編號：TOU1148X。

3587　張點墓誌

唐開元二十一年（733）十月十六日葬，湖北襄陽出土，今藏地不詳。

淑德大學書學文化中心：

一册，紙本墨拓，册頁，編號：197832，天放樓舊藏。

京都大學人文科學研究所：

一張，紙本墨拓，原片，編號：TOU1150X。

3588　張軫墓誌

唐開元二十一年（733）十月十六日葬，湖北襄陽出土，今藏地不詳。

淑德大學書學文化中心：

一册，紙本墨拓，册頁，編號：197833，天放樓舊藏。

京都大學人文科學研究所：

一張，紙本墨拓，原片，編號：TOU1149X。

3589　江璀墓誌

唐開元二十一年（733）十一月二十二日葬，河南洛陽出土，現藏於開封博物館。

京都大學人文科學研究所：

一張，紙本墨拓，原片，編號：TOU1152X。

3590　井真成墓誌

唐開元二十二年（734）二月四日葬，二〇〇四年出土於陝西西安東郊，現藏於西北大學博物館。

淑德大學書學文化中心：

一軸，紙本墨拓，卷軸，編號：001751。

墨華書道會：

二張，紙本墨拓，全拓。

3591　源君妻薛淑墓誌

唐開元二十二年（734）三月十一日葬，河南洛陽出土，今藏地不詳。

宇野雪村文庫：

　　一張，紙本墨拓，原片，編號：1598。

3592　裴肅墓誌

唐開元二十二年（734）三月二十四日葬，河南洛陽出土，現藏於開封博物館。

京都大學人文科學研究所：

　　一張，紙本墨拓，原片，編號：TOU1153X。

3593　段貞墓誌

唐開元二十二年（734）八月十四日葬，河南洛陽出土，現藏於開封博物館。

東洋文庫：

　　一張，紙本墨拓，原片，32.0×32.0，編號：Ⅱ-16-C-1324。

京都大學人文科學研究所：

　　一張，紙本墨拓，原片，編號：TOU1154X。

3594　張休光墓誌

唐開元二十二年（734）十月二十二日葬，河南洛陽出土，現藏於開封博物館。

東洋文庫：

　　一張，墓誌，紙本墨拓，原片，55.0×55.0。一張，墓誌蓋，紙本墨拓，原片，35.0×35.0。
　　編號：Ⅱ-16-C-1325。

京都大學人文科學研究所：

　　一張，紙本墨拓，原片，編號：TOU1155X。

書壇院：

　　一幅，紙本墨拓，全拓。

3595　代國長公主碑

全稱“大唐代國長公主碑”，鄭萬鈞撰文，鄭聰書丹，唐開元二十二年（734）十二月三日立，現存陝西蒲城雙廟村。

書道博物館：

　　一張，紙本墨拓，全拓。

京都大學人文科學研究所：

　　一張，紙本墨拓，原片，編號：TOU1156X。

3596　蕭令臣墓誌

唐開元二十三年（735）二月十日葬，河南洛陽出土，現藏於故宮博物院。

東洋文庫：

　　　一張，紙本墨拓，原片，31.0×30.0，編號：Ⅱ-16-C-p-321。

淑德大學書學文化中心：

　　　一張，墓誌蓋，紙本墨拓，原片，編號：000536。

　　　一張，墓誌，紙本墨拓，原片，編號：000537。

京都大學人文科學研究所：

　　　一張，紙本墨拓，原片，編號：TOU1157A。

　　　一張，紙本墨拓，原片，編號：TOU1157B。

　　　一張，紙本墨拓，原片，編號：TOU1158A。

　　　一張，紙本墨拓，原片，編號：TOU1158B。

3597　鄭諶墓誌

唐開元二十三年（735）二月二十三日葬，河南洛陽出土，現藏於開封博物館。

東洋文庫：

　　　一張，紙本墨拓，原片，53.0×53.0，編號：Ⅱ-16-C-1326。

京都大學人文科學研究所：

　　　一張，紙本墨拓，原片，編號：TOU1159X。

3598　董静志造像記

唐開元二十三年（735）七月三十日刻，現存河南洛陽龍門石窟。

東洋文庫：

　　　一張，紙本墨拓，原片，8.0×23.0，編號：Ⅱ-16-C-p-322。

京都大學人文科學研究所：

　　　一張，紙本墨拓，原片，編號：TOU1161X。

3599　梁義方墓誌

唐開元二十三年（735）閏十一月三日葬，河南林縣（今林州市）出土，現藏於故宮博物院。

書道博物館：

　　　一張，紙本墨拓，全拓，端方舊藏。

東洋文庫：

　　　一張，紙本墨拓，原片，48.0×48.0，編號：Ⅱ-16-C-p-323。

3600　趙壽墓誌

唐開元二十三年（735）閏十一月三日葬，今藏地不詳。

書道博物館：

一張，紙本墨拓，全拓，端方藏石。

京都大學人文科學研究所：

一張，紙本墨拓，原片，編號：TOU1162X。

3601　北嶽神廟碑

全稱"大唐北嶽神廟之碑"，鄭子春撰文，崔鑲書丹，唐開元二十三年（735）閏十一月立，現存河北曲陽北嶽廟。

書道博物館：

一張，紙本墨拓，全拓。

宇野雪村文庫：

一册，紙本墨拓，册頁，編號：45。

淑德大學書學文化中心：

一册，紙本墨拓，册頁，編號：001330。

3602　法華寺碑

又名"秦望山法華寺碑"，李邕書丹，唐開元二十三年（735）十二月八日立，原在浙江山陰秦望山，久佚。

京都大學人文科學研究所：

一張，紙本墨拓，原片，編號：TOU1164A。

一張，紙本墨拓，原片，編號：TOU1164B。

一張，紙本墨拓，原片，編號：TOU1164C。

一張，紙本墨拓，原片，編號：TOU1164D。

一張，紙本墨拓，原片，編號：TOU1164E。

一張，紙本墨拓，原片，編號：TOU1164F。

一張，紙本墨拓，原片，編號：TOU1164G。

一張，紙本墨拓，原片，編號：TOU1164H。

一張，紙本墨拓，原片，編號：TOU1164I。

一張，紙本墨拓，原片，編號：TOU1164J。

3603　令長新誡

又稱"明皇誡牧宰敕"，唐玄宗李隆基撰文，王良輔書丹，唐開元二十四年（736）二月七日立，清光緒年間陝西乾縣出土，後移至民衆教育廳，原石久佚。

東洋文庫：

一張，碑陽連額，紙本墨拓，原片，93.0×60.0，編號：Ⅱ-16-C-p-324。

東京國立博物館：

一幅，紙本墨拓，原片，編號：648。

京都大學人文科學研究所：

一張，紙本墨拓，原片，編號：TOU1166X。

3604　龐履溫碑

又稱"龐君清德碑"，邵混之撰文，蔡有鄰書丹，唐開元二十四年（736）二月立，現存河北省元氏縣。

淑德大學書學文化中心：

一冊，紙本墨拓，冊頁，編號：001461。

一軸，紙本墨拓，卷軸，編號：196464。

京都大學人文科學研究所：

一張，紙本墨拓，原片，編號：TOU1167X。

3605　白鹿泉神君祠碑

又稱"白鹿祠碑"，韋濟撰文，裴抗書丹，唐開元二十四年（736）三月立，原在河北石家莊鹿泉區白鹿泉村祠堂，今石已毀。

淑德大學書學文化中心：

一張，碑陽，紙本墨拓，原片，編號：197092。

一張，碑陰，紙本墨拓，原片，編號：197092。

3606　鄭會碑

唐開元二十四年（736）五月立，現在河南滎陽。

書道博物館：

一張，紙本墨拓，全拓。

3607　大智禪師碑

全稱"大唐故大智禪師碑銘并序"，又稱"義福禪師碑"，嚴挺之撰文，史惟則書丹，唐開元二十四年（736）九月十八月立，現藏於西安碑林博物館。

書道博物館：

一帖，紙本墨拓，原片，26.6×13.8。

東洋文庫：

一帖六十六葉，碑陽，紙本墨拓，30.0×17.0。碑額，失。碑陰，失。編號：XI-3-A-b-74。

一張，紙本墨拓，原片，34.0×112.0，編號：II-16-C-1116。

東京國立博物館：

一幅，紙本墨拓，原片，編號：351。

一幅，紙本墨拓，原片，編號：360。

一幅，紙本墨拓，原片，編號：419。

一幅，紙本墨拓，原片，編號：482。

宇野雪村文庫：

一册，紙本墨拓，册頁，編號：144。

京都大學人文科學研究所：

一張，紙本墨拓，原片，編號：TOU1168A。

一張，紙本墨拓，原片，編號：TOU1168B。

一張，紙本墨拓，原片，編號：TOU1169X。

淑德大學書學文化中心：

一軸，紙本墨拓，卷軸，編號：196122。

一張，紙本墨拓，托裱，編號：197644，天放樓舊藏。

一張，紙本墨拓，托裱，編號：197643，天放樓舊藏。

一册，紙本墨拓，册頁，編號：197834，天放樓舊藏。

東京藝術大學藝術資料館：

一張，紙本墨拓，掛幅裝，274.0×158.6，編號：1440。

龍谷大學：

三幅，紙本墨拓，原片，［1］203.0×110.0。［2］碑側，222.0×33.5。［3］碑側，221.0×33.5。

白扇書道會：

一張，紙本墨拓，全拓，197.0×107.0，種谷扇舟舊藏。

觀峰館：

一册，紙本墨拓，册頁，37.6×17.4。

一張，紙本墨拓，原片，202.0×108.5。

書壇院：

一幅，紙本墨拓，全拓。

3608　神寶寺碑

全稱“大唐齊州神寶寺之碣”，唐開元二十四年（736）十月五日立，原在山東濟南長清神寶寺遺址，現存泰安岱廟。

東北大學附屬圖書館：

一幅，紙本墨拓，原片，常盤大定舊藏。

京都大學人文科學研究所：

一張，紙本墨拓，原片，編號：TOU1170X。

3609　邵真及馬夫人墓誌

唐開元二十四年（736）十月二十六日葬，河南安陽出土，現藏於故宮博物院。

京都大學人文科學研究所：

　　　一張，紙本墨拓，原片，編號：TOU1171A。

　　　一張，紙本墨拓，原片，編號：TOU1171B（蓋）。

3610　姜義葬誌

唐開元二十四年（736）葬，出土時地不詳。

書道博物館：

　　　一册，紙本墨拓，綴帖。

3611　景賢大師身塔記

羊愉撰文，温古書丹，唐開元二十五年（737）八月十二日刻，現存河南登封嵩山會善寺。

淑德大學書學文化中心：

　　　一張，紙本墨拓，原片，編號：001496。

東北大學附屬圖書館：

　　　一幅，紙本墨拓，原片，常盤大定舊藏。

觀峰館：

　　　一張，紙本墨拓，原片，69.5×95.5。

京都大學人文科學研究所：

　　　一張，紙本墨拓，原片，編號：TOU1165X。

3612　不空法師塔記

唐開元二十五年（737）八月立，出土時地不詳，疑僞刻。

京都大學人文科學研究所：

　　　一張，紙本墨拓，原片，編號：TOU1172X。

龍谷大學：

　　　一幅，紙本墨拓，原片，56.0×84.0。

3613　亡宫墓誌

唐開元二十五年（737）十月二十七日葬，河南洛陽出土，現藏於開封博物館。

京都大學人文科學研究所：

　　　一張，紙本墨拓，原片，編號：TOU1173A。

　　　一張，紙本墨拓，原片，編號：TOU1173B。

3614　李勛并夫人鄧氏墓誌

唐開元二十五年（737）十一月十四日葬，河南洛陽出土，今藏地不詳。

東洋文庫：

一張，紙本墨拓，原片，44.0×42.0，編號：Ⅱ-16-C-1327。

宇野雪村文庫：

　　一張，紙本墨拓，原片，編號：1597。

京都大學人文科學研究所：

　　一張，紙本墨拓，原片，編號：TOU1174X。

3615　尉遲迴廟碑

全稱"周太師蜀國公尉遲公廟碑銘"，顏真卿撰銘，蔡有鄰書丹，唐開元二十六年（738）正月立，現存河南安陽。

東京國立博物館：

　　一幅，紙本墨拓，原片，編號：1003。

京都大學人文科學研究所：

　　一張，紙本墨拓，原片，編號：TOU1175X。

3616　殷夫人碑

顏真卿撰文并書丹，唐開元二十六年（738）正月立，原石久佚。

東京國立博物館：

　　一幅，紙本墨拓，原片，編號：768。

淑德大學書學文化中心：

　　一軸，碑陽，紙本墨拓，卷軸，編號：196150。

　　一張，碑陽，紙本墨拓，托裱，編號：197645，天放樓舊藏。

　　一軸，碑陰，紙本墨拓，卷軸，編號：196152。

　　一張，碑陰，紙本墨拓，托裱，編號：197645，天放樓舊藏。

　　一軸，碑左側，紙本墨拓，卷軸，編號：196153。

　　一張，碑左側，紙本墨拓，托裱，編號：197645，天放樓舊藏。

　　一軸，碑右側，紙本墨拓，卷軸，編號：196151。

　　一張，碑右側，紙本墨拓，托裱，編號：197645，天放樓舊藏。

3617　惠隱禪師塔銘

全稱"大唐大安國寺故大德惠隱禪師塔銘"，唐開元二十六年（738）二月六日刻，現存陝西西安。

淑德大學書學文化中心：

　　一册，紙本墨拓，册頁，編號：197835，天放樓舊藏。

3618　盧實信功德塔銘

唐開元二十六年（738）五月十五日刻，今藏地不詳。

淑德大學書學文化中心：

    一張，紙本墨拓，托裱，編號：001497。

3619　元氏墓誌

唐開元二十六年（738）五月十七日葬，河南洛陽出土，現藏於開封博物館。

東洋文庫：

    一張，紙本墨拓，原片，35.0×35.0，編號：Ⅱ-16-C-p-1328。

京都大學人文科學研究所：

    一張，紙本墨拓，原片，編號：TOU1176X。

3620　李承乾墓誌

唐開元二十六年（738）五月二十九日葬，一九七二年出土於陝西禮泉縣煙霞公社昭陵，現藏於昭陵博物館。

淑德大學書學文化中心：

    一張，墓誌蓋，紙本墨拓，原片，編號：000705。

    一張，墓誌，紙本墨拓，原片，編號：000706。

3621　任城縣橋亭記

游芳撰文，王子言書丹，唐開元二十六年（738）七月十四日刻，山東濟寧出土，現藏於濟寧博物館。

京都大學人文科學研究所：

    一張，紙本墨拓，原片，編號：TOU1177X。

3622　佛頂尊勝陀羅尼經并序

唐開元二十六年（738）七月二十二日刻，今藏地不詳。

京都大學人文科學研究所：

    一張，紙本墨拓，原片，編號：TOU1178X。

3623　王固己墓誌

唐開元二十六年（738）閏八月六日葬，河南洛陽出土，現藏於開封博物館。

東洋文庫：

    一張，紙本墨拓，原片，59.0×59.0，編號：Ⅱ-16-C-p-1329。

京都大學人文科學研究所：

    一張，紙本墨拓，原片，編號：TOU1179X。

3624　裴君妻元氏權殯誌

唐開元二十六年（738）九月十一日葬，陝西乾縣出土，今藏地不詳。

京都大學人文科學研究所：

　　一張，紙本墨拓，原片，編號：TOU1180X。

3625　龍興觀道德經

又名"唐玄宗注道德經幢""易縣道德經幢""八棱碑"，唐開元二十六年（738）十月八日立，現存河北保定易縣龍興觀遺址。

淑德大學書學文化中心：

　　一張，紙本墨拓，托裱，編號：197646，天放樓舊藏。

東洋文庫：

　　八張，碑陽連額，紙本墨拓，原片，各420.0×42.0（第二紙375.0），編號：Ⅱ-16-C-1115。

　　八張，碑陽連額，紙本墨拓，原片，（370.0~418.0）×（35.0~41.0）不等，編號：Ⅱ-16-C-p-325。

京都大學人文科學研究所：

　　一張，紙本墨拓，原片，編號：TOU1181A。

　　一張，紙本墨拓，原片，編號：TOU1181B。

　　一張，紙本墨拓，原片，編號：TOU1181C。

　　一張，紙本墨拓，原片，編號：TOU1181D。

　　一張，紙本墨拓，原片，編號：TOU1181E。

3626　李敬固妻朱氏墓誌

唐開元二十七年（739）正月四日葬，河南洛陽出土，現藏於開封博物館。

京都大學人文科學研究所：

　　一張，紙本墨拓，原片，編號：TOU1184X。

3627　易州鐵像頌

全稱"大唐易州鐵像碑頌并序"，王端撰文，蘇靈芝書丹，唐開元二十七年（739）五月立，現藏於河北易縣文物保管所。

東京國立博物館：

　　一幅，紙本墨拓，原片，編號：238。

宇野雪村文庫：

　　一册，紙本墨拓，册頁，編號：138。

淑德大學書學文化中心：

　　一軸，紙本墨拓，卷軸，編號：196123。

　　一張，紙本墨拓，托裱，編號：197647，天放樓舊藏。

京都大學人文科學研究所：

　　一張，紙本墨拓，原片，編號：TOU1185X。

觀峰館：

  一張，紙本墨拓，原片，222.0×114.0。

3628　趙庭墓誌

唐開元二十七年（739）八月二十四日葬，河南洛陽出土，今藏地不詳。

京都大學人文科學研究所：

  一張，紙本墨拓，原片，編號：TOU1187X。

3629　白知新墓誌

唐開元二十七年（739）十月十四日葬，河南洛陽出土，現藏於開封博物館。

東洋文庫：

  一張，墓誌，紙本墨拓，原片，50.0×50.0。一張，墓誌蓋，紙本墨拓，原片，36.0×36.0。

  編號：Ⅱ-16-C-1331。

京都大學人文科學研究所：

  一張，紙本墨拓，原片，編號：TOU1188A。

  一張，紙本墨拓，原片，編號：TOU1188B。

書壇院：

  一幅，紙本墨拓，全拓。

3630　常來及妻龐氏墓誌

唐開元二十七年（739）十月二十五日葬，河北唐山出土，今藏地不詳。

京都大學人文科學研究所：

  一張，紙本墨拓，原片，編號：TOU1189X。

3631　趙庭秀墓誌

唐開元二十七年（739）十月二十六日葬，河南洛陽出土，現藏於開封博物館。

東洋文庫：

  一張，紙本墨拓，原片，28.0×29.0，編號：Ⅱ-16-C-1330。

京都大學人文科學研究所：

  一張，紙本墨拓，原片，編號：TOU1190A。

  一張，紙本墨拓，原片，編號：TOU1190B。

3632　崔玄隱墓誌

唐開元二十七年（739）十月二十六日葬，河南浚縣出土，今藏地不詳。

東洋文庫：

  一張，紙本墨拓，原片，63.0×63.0，編號：Ⅱ-16-C-p-326。

淑德大學書學文化中心：

一張，紙本墨拓，原片，編號：000538。

京都大學人文科學研究所：

一張，紙本墨拓，原片，編號：TOU1191X。

3633　張孚墓誌

唐開元二十八年（740）六月十四日葬，湖北襄陽出土，今藏地不詳。

淑德大學書學文化中心：

一册，紙本墨拓，册頁，編號：197836，天放樓舊藏。

京都大學人文科學研究所：

一張，紙本墨拓，原片，編號：TOU1192X。

3634　田琬德政碑

全稱“易州刺史田公德政之碑”，徐安貞撰文，蘇靈芝書丹并篆額，唐開元二十八年（740）十月十六日立，現存河北保定古蓮池公園。

淑德大學書學文化中心：

一軸，紙本墨拓，卷軸，編號：196124。

一張，紙本墨拓，托裱，編號：197648，天放樓舊藏。

京都大學人文科學研究所：

一張，紙本墨拓，原片，編號：TOU1193X。

一張，紙本墨拓，原片，編號：TOU1194X。

觀峰館：

一册，紙本墨拓，册頁，23.8×15.6。

3635　康庭蘭墓誌

唐開元二十八年（740）十月十七日葬，河南洛陽出土，現藏於開封博物館。

京都大學人文科學研究所：

一張，紙本墨拓，原片，編號：TOU1195X。

3636　山頂石浮屠後記

唐開元二十八年（740）刻，現存北京房山雲居寺。

京都大學人文科學研究所：

一張，紙本墨拓，原片，編號：TOU1196X。

3637　開元造像碑

唐開元二十八年（740）立，現藏於河北廣平縣文保所。

東京國立博物館：

  一幅，紙本墨拓，原片，編號：1038。

3638　裴坦墓誌

唐開元二十九年（741）二月二十日葬，河南洛陽出土，現藏於開封博物館。

東洋文庫：

  一張，紙本墨拓，原片，35.0×35.0，編號：Ⅱ-16-C-1332。

京都大學人文科學研究所：

  一張，紙本墨拓，原片，編號：TOU1197A。

  一張，紙本墨拓，原片，編號：TOU1197B。

3639　裴積墓誌

唐開元二十九年（741）二月二十日葬，陝西西安出土，今藏地不詳。

淑德大學書學文化中心：

  一冊，紙本墨拓，冊頁，編號：197837，天放樓舊藏。

3640　啜禄夫人鄭氏墓誌

唐開元二十九年（741）二月二十一日葬，陝西西安出土，今藏地不詳。

京都大學人文科學研究所：

  一張，紙本墨拓，原片，編號：TOU1198X。

3641　唐儉碑

全稱"唐故特進莒國公唐府君之碑"，唐開元二十九年（741）二月立，原在陝西禮泉縣昭陵唐儉墓前，現藏於昭陵博物館。

東洋文庫：

  一帖十四葉，碑陽，紙本墨拓，30.0×17.0。碑額，失。編號：Ⅱ-16-C-845。

宇野雪村文庫：

  一冊，紙本墨拓，冊頁，編號：99。

淑德大學書學文化中心：

  一冊，紙本墨拓，冊頁，編號：195669。

京都大學人文科學研究所：

  一張，紙本墨拓，原片，編號：TOU1206X。

3642　夢真容碑

又稱"夢真容敕"，蘇靈芝書并題額，唐開元二十九年（741）六月一日立，原刻在河北易州（今易縣），後亡佚，陝西周至有宋代重刻。

東京國立博物館：

    一帖，紙本墨拓，剪裝，編號：1071。

淑德大學書學文化中心：

    一張，紙本墨拓，托裱，編號：197649，天放樓舊藏。

觀峰館：

    一册，紙本墨拓，册頁，25.7×14.7。

3643　石壁寺碑

又稱“唐石壁寺鐵彌勒像頌并序”，林諤撰文，房璘妻高氏書丹，唐開元二十九年（741）六月二十四日立，原在山西交城石壁山永寧寺，北宋毁於火，宋政和間及金大定重刻。

淑德大學書學文化中心：

    一軸，紙本墨拓，卷軸，編號：196125。

東北大學附屬圖書館：

    一幅，紙本墨拓，原片，常盤大定舊藏。

3644　豆善富墓誌

唐開元二十九年（741）八月十八日葬，河南洛陽出土，現藏於開封博物館。

京都大學人文科學研究所：

    一張，紙本墨拓，原片，編號：TOU1200A。

    一張，紙本墨拓，原片，編號：TOU1200B。

3645　崔君妻朱氏墓誌

唐開元二十九年（741）八月二十日葬，出土時地不詳。

東洋文庫：

    一張，墓誌，紙本墨拓，原片，43.0×43.0。一張，墓誌蓋，紙本墨拓，原片，25.0×25.0。

    編號：Ⅱ-16-C-p-1333。

京都大學人文科學研究所：

    一張，紙本墨拓，原片，編號：TOU1201A。

    一張，紙本墨拓，原片，編號：TOU1201B。

3646　王琳墓誌

顔真卿書丹，唐開元二十九年（741）十一月二日葬，河南洛陽龍門鎮張溝村出土，現藏於洛陽師範學院河洛古代石刻藝術館。

淑德大學書學文化中心：

    一軸，紙本墨拓，卷軸，95.9×99.2。

    一軸，紙本墨拓，卷軸，126.3×124.6。

墨華書道會：

    一張，紙本墨拓，原片，全拓。

3647　張景陽墓誌

唐開元二十九年（741）十一月二十五日葬，河南洛陽出土，現藏於開封博物館。

京都大學人文科學研究所：

    一張，紙本墨拓，原片，編號：TOU1202X。

3648　斐道安墓誌

唐開元二十九年（741）葬，出土時地不詳。

京都大學人文科學研究所：

    一張，紙本墨拓，原片，編號：TOU1205X。

3649　盧公李夫人墓誌

唐開元三十年（742）□月三日葬，出土時地不詳。

淑德大學書學文化中心：

    一張，紙本墨拓，原片，編號：001088。

3650　楊思勖造像記

唐開元□□年（713—722）四月二十三日刻，現存河南洛陽龍門石窟。

宇野雪村文庫：

    一張，紙本墨拓，原片，編號：1327。

東洋文庫：

    一張，紙本墨拓，原片，48.0×123.0，編號：Ⅱ-16-C-p-327。

京都大學人文科學研究所：

    一張，紙本墨拓，原片，編號：TOU1212X。

3651　高力士等一百六十人造無量壽像記

唐開元□年（713—722）刻，現存河南洛陽龍門石窟。

宇野雪村文庫：

    一張，紙本墨拓，原片，編號：1322。

3652　雲居寺石經堂碑

唐開元□年（713—741）二月八日立，現存北京房山雲居寺。

佛教大學：

    一張，紙本墨拓，原片，220.0×102.0。

3653 王行果殘碑

唐開元末（713—741）立，出土時地不詳。

京都大學人文科學研究所：

　　一張，紙本墨拓，原片，編號：TOU1214X。

3654 內侍省功德碑

唐開元年間（713—741）立，現存河南洛陽龍門石窟奉先寺。

東洋文庫：

　　一張，碑陽連額，紙本墨拓，原片，181.0×93.0+34.0×31.0，編號：Ⅱ-16-C-p-328。

京都大學人文科學研究所：

　　一張，紙本墨拓，原片，編號：TOU1210X。

3655 金仙長公主碑

徐嶠之撰文，唐玄宗李隆基書丹，唐開元年間（713—741）立，現藏於陝西惠陵博物館。

東洋文庫：

　　一帖三十八葉，紙本墨拓，31.0×16.0，編號：Ⅱ-16-C-826。

宇野雪村文庫：

　　一册，紙本墨拓，册頁，編號：114。

淑德大學書學文化中心：

　　一册，紙本墨拓，册頁，編號：197927。

3656 牛氏像龕碑

全稱“唐贈隴西縣君牛氏像龕碑”，張九齡撰文，唐開元年間（713—741）立，現存河南洛陽龍門石窟。

東洋文庫：

　　一張，碑陽連額，紙本墨拓，原片，140.0×92.0，編號：Ⅱ-16-C-p-329。

京都大學人文科學研究所：

　　一張，紙本墨拓，原片，編號：TOU1207X。

淑德大學書學文化中心：

　　一張，紙本墨拓，托裱，編號：197631，天放樓舊藏。

3657 佛説阿彌陀經

唐開元年間（713—741）刻，今藏地不詳。

佛教大學：

　　二張，紙本墨拓，原片，154.0×60.0。

［天寶］

3658　李秀碑

又稱"雲麾將軍李秀碑"，李邕書丹，唐天寶元年（742）正月十日立，原在河北良鄉縣（今屬北京房山），後毀數塊，殘石現藏於北京文天祥祠。

東洋文庫：

　　二張，紙本墨拓，原片，各40.0×41.0，編號：Ⅱ-16-C-p-332。

京都大學人文科學研究所：

　　一張，紙本墨拓，原片，編號：TOU1215X。

　　一張，紙本墨拓，原片，編號：TOU1216A。

　　一張，紙本墨拓，原片，編號：TOU1216B。

淑德大學書學文化中心：

　　一軸，紙本墨拓，卷軸，編號：196126。

3659　張本墓誌

唐天寶元年（742）正月二十六日葬，現藏於千唐誌齋博物館。

書壇院：

　　一幅，紙本墨拓，全拓。

3660　王泠然墓誌

唐天寶元年（742）正月三十日葬，民國十八年（1929）出土於河南洛陽營莊村，現藏於千唐誌齋博物館。

書壇院：

　　一幅，紙本墨拓，全拓。

3661　盧正道碑

全稱"唐故鄂州刺史盧府君神道碑"，李邕撰文并書丹，唐天寶元年（742）二月八日立，現存河南洛陽伊川縣萬安山南。

淑德大學書學文化中心：

　　一軸，紙本墨拓，卷軸，編號：196127。

京都大學人文科學研究所：

　　一張，紙本墨拓，原片，編號：TOU0218X。

3662　賈令琬墓誌

唐天寶元年（742）三月二十八日葬，河南洛陽出土，李根源舊藏，現藏於南京博物院。

淑德大學書學文化中心：

    一張，紙本墨拓，原片，編號：198997。

    一張，紙本墨拓，原片，編號：198998。

3663　魏元墓誌

唐天寶元年（742）四月十四日葬，今藏地不詳。

京都大學人文科學研究所：

    一張，紙本墨拓，原片，編號：TOU1219X。

3664　趙巨源墓誌

唐天寶元年（742）四月二十三日葬，河南洛陽出土，現藏於開封博物館。

東洋文庫：

    一張，墓誌，紙本墨拓，原片，52.0×52.0。一張，墓誌蓋，紙本墨拓，原片，29.0×29.0。編號：Ⅱ-16-C-1335。

京都大學人文科學研究所：

    一張，紙本墨拓，原片，編號：TOU1220A。

    一張，紙本墨拓，原片，編號：TOU1220B。

3665　兗公頌碑

又稱"兗公之頌"，張之宏撰文，包文該書丹，唐天寶元年（742）四月二十三日立，原在山東曲阜孔廟，現藏於曲阜漢魏碑刻陳列館。

東洋文庫：

    一帖三十五葉，紙本墨拓，32.0×18.0，編號：Ⅱ-16-C-817。

    一張，碑陽連額，紙本墨拓，185.0×83.0+9.0×43.0，編號：Ⅱ-16-C-1117。

東京國立博物館：

    一幅，紙本墨拓，原片，編號：609。

宇野雪村文庫：

    一張，紙本墨拓，原片，編號：1345。

    一册，紙本墨拓，册頁，編號：128。

京都大學人文科學研究所：

    一張，紙本墨拓，原片，編號：TOU1221X。

淑德大學書學文化中心：

    一册，紙本墨拓，册頁，編號：001602。

    一張，紙本墨拓，原片，編號：195012。

    一軸，紙本墨拓，卷軸，編號：195243。

白扇書道會：

一張，紙本墨拓，全拓，196.0×82.0，種谷扇舟舊藏。

觀峰館：

一張，紙本墨拓，原片，195.0×83.5。

3666　陳令望造蜜多心經碑

全稱"陳令望唐天寶元年四月八日造般若波羅蜜多心經碑"，唐天寶元年（742）四月立，原在石經山，後歸端方，今藏地不詳。

京都大學人文科學研究所：

一張，紙本墨拓，原片，編號：TOU1223A。

一張，紙本墨拓，原片，編號：TOU1223B。

一張，紙本墨拓，原片，編號：TOU1223C。

一張，紙本墨拓，原片，編號：TOU1223D。

3667　鄭瑁墓誌

唐天寶元年（742）五月十六日葬，河南洛陽出土，現藏於千唐誌齋博物館。

書壇院：

一幅，紙本墨拓，全拓。

3668　何簡墓誌

唐天寶元年（742）七月三十日葬，河南洛陽出土，後流失海外，現藏於日本大倉集古館。

東洋文庫：

一張，紙本墨拓，原片，45.0×45.0，編號：Ⅱ-16-C-p-330。

京都大學人文科學研究所：

一張，紙本墨拓，原片，編號：TOU1224X。

3669　創建清真寺碑

王鉷撰文并篆額，唐天寶元年（742）八月立，現存陝西西安化覺巷清真寺。

京都大學人文科學研究所：

一張，紙本墨拓，原片，編號：TOU1226X。

一張，紙本墨拓，原片，編號：TOU1230X。

3670　吏部南曹石幢頌并序并佛頂尊勝陀羅尼經

左光胤撰序，尹匡祚撰頌，唐天寶元年（742）九月刻，原在陝西戶縣草堂寺，現藏於鄠邑區圖書館。

東洋文庫：

一張，紙本墨拓，原片，108.0×142.0，編號：Ⅱ-16-C-p-331。

3671　嚴仁墓誌

張旭書丹，唐天寶元年（742）十月十七日葬，一九九二年出土於河南洛陽，現藏於偃師商城博物館。

淑德大學書學文化中心：
　　　一張，紙本墨拓，原片，編號：001812。

3672　靈巖寺碑

又稱“靈巖寺頌碑”，唐天寶元年（742）十一月十五日立，今碑已殘，現存山東長清靈巖寺。

宇野雪村文庫：
　　　一册，紙本墨拓，册頁，編號：173。
　　　一張，紙本墨拓，原片，編號：1980。

京都大學人文科學研究所：
　　　一張，紙本墨拓，原片，編號：TOU1227A。
　　　一張，紙本墨拓，原片，編號：TOU1227B。

淑德大學書學文化中心：
　　　一軸，紙本墨拓，卷軸，編號：196128。
　　　一張，紙本墨拓，托裱，編號：197650，天放樓舊藏。

東北大學附屬圖書館：
　　　一幅，紙本墨拓，原片，常盤大定舊藏。

觀峰館：
　　　二册，紙本墨拓，册頁，22.0×11.7。

3673　苑玄亮墓誌

唐天寶元年（742）十一月十九日葬，河南洛陽出土，現藏於開封博物館。

東洋文庫：
　　　一張，紙本墨拓，原片，51.0×52.0，編號：Ⅱ-16-C-1336。

京都大學人文科學研究所：
　　　一張，紙本墨拓，原片，編號：TOU1225X。

書壇院：
　　　一幅，紙本墨拓，全拓。

3674　徐嶠墓誌

唐天寶元年（742）十一月葬，二〇〇三年出土於河南洛陽龍門鎮張溝村，現藏於洛陽師範學院。

淑德大學書學文化中心：

一軸，紙本墨拓，卷軸，編號：001753。

墨華書道會：

一張，紙本墨拓，全拓。

3675 李元福妻鞏造像

又稱"李元福妻鞏造阿彌陀佛象"，唐天寶元年（742）造，端方舊藏。

京都大學人文科學研究所：

一張，紙本墨拓，原片，編號：TOU1228X。

3676 告華嶽府君文

又稱"祭西嶽神告文碑"，韓賞撰文，韓擇木書丹，唐天寶元年（742）立，現存陝西華陰嶽廟。

東京國立博物館：

一幅，紙本墨拓，原片，編號：761。

京都大學人文科學研究所：

一張，紙本墨拓，原片，編號：TOU1229X。

3677 大般若波羅多經卷第九

唐天寶元年（742）刻，今藏地不詳。

佛教大學：

二張，紙本墨拓，原片，各 199.0×55.0。

3678 陳當意造石仙宫記

唐天寶二年（743）四月二十三日刻，今藏地不詳。

京都大學人文科學研究所：

一張，紙本墨拓，原片，編號：TOU1232A。

一張，紙本墨拓，原片，編號：TOU1232B。

3679 王之渙墓誌

唐天寶二年（743）五月二十二日葬，民國二十一年（1932）出土於河南洛陽，現藏於南京博物院。

淑德大學書學文化中心：

一張，紙本墨拓，原片，編號：198675。

3680 王秦客墓誌

唐天寶二年（743）十月二十日葬，河南洛陽出土，現藏於千唐誌齋博物館。

書壇院：

一幅，紙本墨拓，全拓。

3681 姚晅墓誌

唐天寶二年（743）十月二十日葬，河南洛陽出土，現藏於開封博物館。

京都大學人文科學研究所：

一張，紙本墨拓，原片，編號：TOU1233A。

一張，紙本墨拓，原片，編號：TOU1233B。

3682 崔君妻獨孤氏墓誌

唐天寶二年（743）十一月二日葬，陝西西安出土，現藏於故宮博物院。

東京國立博物館：

一幅，紙本墨拓，原片，編號：697。

淑德大學書學文化中心：

一張，紙本墨拓，原片，編號：000539。

京都大學人文科學研究所：

一張，紙本墨拓，原片，編號：TOU1234X。

3683 陳周子墓誌

唐天寶二年（743）十一月十四日葬，河南宜陽出土，現藏於故宮博物院。

東洋文庫：

一張，紙本墨拓，原片，36.0×35.0，編號：Ⅱ-16-C-p-333。

淑德大學書學文化中心：

一張，紙本墨拓，原片，編號：000540。

京都大學人文科學研究所：

一張，紙本墨拓，原片，編號：TOU1235X。

3684 隆闡法師碑

全稱"大唐實際寺故寺主懷惲奉敕贈隆闡大法師碑銘并序"，唐天寶二年（743）十二月十一日立，原在實際寺，後移至孔廟，現藏於西安碑林博物館。

東洋文庫：

一帖四十一葉，紙本墨拓，31.0×16.0，編號：Ⅱ-16-C-872。

一張，紙本墨拓，原片，160.0×83.0，編號：Ⅱ-16-C-p-334。

京都大學人文科學研究所：

一張，紙本墨拓，原片，編號：TOU1236X。

一張，紙本墨拓，原片，編號：TOU1237X。

東京國立博物館：

一帖，紙本墨拓，剪裝，編號：251，市河三鼎舊藏。

一幅，紙本墨拓，原片，編號：328。

一幅，紙本墨拓，原片，編號：505。

宇野雪村文庫：

一冊，紙本墨拓，冊頁，編號：125。

淑德大學書學文化中心：

一軸，紙本墨拓，卷軸，編號：196129。

一張，紙本墨拓，托裱，編號：197651，天放樓舊藏。

東京藝術大學藝術資料館：

一張，紙本墨拓，掛幅裝，162.8×131.0，編號：1440。

龍谷大學：

一幅，紙本墨拓，原片，162.0×85.0。

東北大學附屬圖書館：

一幅，紙本墨拓，原片，常盤大定舊藏。

白扇書道會：

一張，紙本墨拓，全拓，162.0×83.0，種谷扇舟舊藏。

3685　王訓墓誌

唐天寶三載（744）二月二十一日葬，陝西西安出土，今藏地不詳。

京都大學人文科學研究所：

一張，紙本墨拓，原片，編號：TOU1244X。

東洋文庫：

一張，紙本墨拓，原片，40.0×40.0，編號：Ⅱ-16-C-1338。

3686　嵩陽觀碑

全稱“大唐嵩陽觀紀聖德感應之頌碑”，李林甫撰文，徐浩書丹，唐天寶三載（744）二月立，現存河南登封嵩陽書院。

淑德大學書學文化中心：

一張，紙本墨拓，托裱，編號：196130。

京都大學人文科學研究所：

一張，紙本墨拓，原片，編號：TOU1238X。

3687　李禕夫人呂氏墓誌

唐天寶三載（744）閏二月三日葬，河南洛陽出土，現藏於開封博物館。

東洋文庫：

一張，紙本墨拓，原片，35.0×35.0，編號：Ⅱ-16-C-1337。

宇野雪村文庫：

　　　　一張，紙本墨拓，原片，編號：1498。

京都大學人文科學研究所：

　　　　一張，紙本墨拓，原片，編號：TOU1239X。

書壇院：

　　　　一幅，紙本墨拓，全拓。

3688　盧友度墓誌

唐天寶三載（744）三月九日葬，河南洛陽出土，現藏於開封博物館。

京都大學人文科學研究所：

　　　　一張，紙本墨拓，原片，編號：TOU1240X。

3689　索思禮墓誌

唐天寶三載（744）八月十二日葬，陝西西安出土，今藏地不詳。

淑德大學書學文化中心：

　　　　一張，紙本墨拓，原片，編號：000541。

京都大學人文科學研究所：

　　　　一張，紙本墨拓，原片，編號：TOU1241X。

3690　宇文琬墓誌

唐天寶三載（744）十月二十日葬，陝西西安出土，今藏地不詳。

東京國立博物館：

　　　　一幅，紙本墨拓，原片，編號：924。

宇野雪村文庫：

　　　　一張，紙本墨拓，原片，編號：1691。

　　　　一張，紙本墨拓，原片，編號：1062。

京都大學人文科學研究所：

　　　　一張，紙本墨拓，原片，編號：TOU1242X。

3691　圓濟和上身塔銘

唐天寶三載（744）刻，原在山西連城芮城法昌寺。

京都大學人文科學研究所：

　　　　一張，紙本墨拓，原片，編號：TOU1243X。

3692　尊勝陀羅尼鐵塔

唐天寶四載（745）二月八日刻，原在四川閬中縣城廣場，今已毀。

淑德大學書學文化中心：

　　一張，紙本墨拓，原片，編號：001837。

　　一張，紙本墨拓，托裱，編號：197652，天放樓舊藏。

　　一張，紙本墨拓，托裱，編號：197653，天放樓舊藏。

　　一張，紙本墨拓，托裱，編號：197654，天放樓舊藏。

　　一張，紙本墨拓，托裱，編號：197655，天放樓舊藏。

3693　石臺孝經

唐玄宗李隆基作序、注解并書丹，唐天寶四載（745）九月一日刻，現藏於西安碑林博物館。

東京國立博物館：

　　四幅，紙本墨拓，原片，編號：350。

　　四幅，紙本墨拓，原片，編號：506。

　　一幅，紙本墨拓，原片，編號：341，圖書寮舊藏。

東洋文庫：

　　一張，碑陽，紙本墨拓，原片，297.0×115.0，編號：XI-3-A-b-61。

　　十帖，碑陽，紙本墨拓，原片，33.0×17.0。碑額，失。編號：II-16-C-1118。

京都大學人文科學研究所：

　　一張，紙本墨拓，原片，編號：TOU1245A。

　　一張，紙本墨拓，原片，編號：TOU1245B。

　　一張，紙本墨拓，原片，編號：TOU1245C。

　　一張，紙本墨拓，原片，編號：TOU1245D。

　　一張，紙本墨拓，原片，編號：TOU1246X。

淑德大學書學文化中心：

　　一軸，紙本墨拓，卷軸，編號：000833。

　　一張，紙本墨拓，托裱，編號：197214，天放樓舊藏。

　　一軸，碑陽，紙本墨拓，卷軸，編號：196179。

　　一張，碑陽，紙本墨拓，托裱，編號：197656，天放樓舊藏。

　　一軸，左面，紙本墨拓，卷軸，編號：196180。

　　一張，左面，紙本墨拓，托裱，編號：197657，天放樓舊藏。

　　一軸，後面，紙本墨拓，卷軸，編號：196181。

　　一張，後面，紙本墨拓，托裱，編號：197658，天放樓舊藏。

　　一張，後面，紙本墨拓，托裱，編號：197659，天放樓舊藏。

　　一軸，右面，紙本墨拓，卷軸，編號：196182。

　　一張，右面，紙本墨拓，托裱，編號：197660，天放樓舊藏。

　　一張，右面，紙本墨拓，托裱，編號：197661，天放樓舊藏。

觀峰館：

四張，紙本墨拓，原片，［1］300.0×118.0，［2］298.0×116.5，［3］299.0×117.0，［4］299.0×117.5。

東京藝術大學藝術資料館：

一張，紙本墨拓，掛幅裝，354.4×119.0，編號：1440。

一張，紙本墨拓，掛幅裝，32.0×131.6，編號：1440。

白扇書道會：

一張，紙本墨拓，全拓，302.0×118.0，種谷扇舟舊藏。

書壇院：

一幅，紙本墨拓，全拓。

寄鶴軒：

一張，紙本墨拓，全拓。

3694　□永墓誌

唐天寶四載（745）十月五日葬，出土時地不詳。

淑德大學書學文化中心：

一册，紙本墨拓，册頁，編號：197839，天放樓舊藏。

3695　寇南容墓誌

唐天寶四載（745）十月十三日葬，二〇〇六年出土於河南洛陽。

淑德大學書學文化中心：

一張，紙本墨拓，原片，編號：001804。

3696　劉升墓誌

唐天寶四載（745）十月十三日葬，河南洛陽出土，現藏於開封博物館。

京都大學人文科學研究所：

一張，紙本墨拓，原片，編號：TOU1247X。

3697　王爽墓誌

唐天寶四載（745）十月二十五日葬，河南洛陽出土，今藏地不詳。

宇野雪村文庫：

一張，紙本墨拓，原片，編號：1596。

京都大學人文科學研究所：

一張，紙本墨拓，原片，編號：TOU1248X。

3698　諸葛明哲妻韓氏墓誌

唐天寶四載（745）十月二十五日葬，河南洛陽出土，今藏地不詳。

淑德大學書學文化中心：

　　　一張，紙本墨拓，原片，編號：000542。

京都大學人文科學研究所：

　　　一張，紙本墨拓，原片，編號：TOU1249X。

3699　任令則神道碑

李邕撰文并書丹，唐天寶四載（745）十二月二十八日刻，久佚。

淑德大學書學文化中心：

　　　一軸，紙本墨拓，卷軸，編號：196344。

　　　一張，紙本墨拓，托裱，編號：197662，天放樓舊藏。

　　　一册，紙本墨拓，册頁，編號：001924。

3700　佛頂尊勝陀羅尼經

唐天寶四載（745）刻，今藏地不詳。

京都大學人文科學研究所：

　　　一張，紙本墨拓，原片，編號：TOU1251A。

　　　一張，紙本墨拓，原片，編號：TOU1251B。

淑德大學書學文化中心：

　　　一軸，紙本墨拓，卷軸，編號：198051。

3701　杜福隱造像記

唐天寶五載（746）四月八日刻，今藏地不詳。

京都大學人文科學研究所：

　　　一張，紙本墨拓，原片，編號：TOU1252X。

3702　净藏禪師身塔銘

唐天寶五載（746）十月六日刻，現存河南登封嵩嶽太室山南麓積翠峰下。

東北大學附屬圖書館：

　　　一幅，紙本墨拓，原片，常盤大定舊藏。

3703　竇居士神道碑

又稱"竇天生墓碑"，李邕撰文，段清雲書丹，唐天寶六載（747）二月八日立，現存陝西三原魯橋水利局。

東洋文庫：

　　　一帖四十六葉，紙本墨拓，31.0×17.0，編號：XI-3-A-b-70。

京都大學人文科學研究所：

　　一張，紙本墨拓，原片，編號：TOU1254X。

淑德大學書學文化中心：

　　一張，紙本墨拓，原片，編號：001788。

觀峰館：

　　一册，紙本墨拓，册頁，24.0×13.5。

3704　張軫墓誌

唐天寶六載（747）十月十二日葬，湖北襄陽出土，今藏地不詳。

淑德大學書學文化中心：

　　一册，紙本墨拓，册頁，編號：197840，天放樓舊藏。

京都大學人文科學研究所：

　　一張，紙本墨拓，原片，編號：TOU1257X。

3705　李迪墓誌

唐天寶六載（747）十一月二十五日葬，河南洛陽出土，現藏於開封博物館。

東洋文庫：

　　一張，紙本墨拓，原片，36.0×36.0，編號：Ⅱ-16-C-1339。

宇野雪村文庫：

　　一張，紙本墨拓，原片，編號：1594。

京都大學人文科學研究所：

　　一張，紙本墨拓，原片，編號：TOU1258X。

3706　李戡墓誌

唐天寶六載（747）十二月二十日葬，河南洛陽出土，現藏於遼寧省博物館。

東洋文庫：

　　一張，紙本墨拓，原片，63.0×64.0，編號：Ⅱ-16-C-2.45。

宇野雪村文庫：

　　一張，紙本墨拓，原片，編號：1573。

　　一張，紙本墨拓，原片，編號：1524。

京都大學人文科學研究所：

　　一張，紙本墨拓，原片，編號：TOU1259X。

淑德大學書學文化中心：

　　一張，紙本墨拓，原片，編號：198182。

　　一張，紙本墨拓，原片，編號：000419。

3707　成君墓誌

唐天寶六載（747）葬，清道光九年（1829）出土於陝西西安，今藏地不詳。

東京國立博物館：

　　　一幅，紙本墨拓，原片，編號：438。

3708　王李昌墓誌

唐天寶六載（747）葬，今藏地不詳。

宇野雪村文庫：

　　　一張，紙本墨拓，原片，編號：1593。

3709　佛頂尊勝陀羅尼塔銘

唐天寶七載（748）五月十三日刻，今藏地不詳。

淑德大學書學文化中心：

　　　一軸，紙本墨拓，卷軸，編號：196804-11。

京都大學人文科學研究所：

　　　一張，紙本墨拓，原片，編號：TOU1263A。

　　　一張，紙本墨拓，原片，編號：TOU1263B。

3710　王尚客等六十人造陁羅尼經幢

唐天寶七載（748）五月十五日刻，原在陝西西安，清同治年間毀於火災。

淑德大學書學文化中心：

　　　一張，紙本墨拓，原片，編號：001769。

　　　一冊，紙本墨拓，冊頁，編號：001550。

3711　安天王碑

全稱"大唐博陵郡北嶽恒山封安天王之銘并序"，李荃撰文，戴千齡書丹并題篆，唐天寶七載（748）五月二十五日立，現存河北曲陽北嶽廟。

淑德大學書學文化中心：

　　　一軸，碑陽，紙本墨拓，卷軸，編號：196319。

　　　一軸，碑陰，紙本墨拓，卷軸，編號：196320。

3712　潘智昭墓誌

唐天寶七載（748）七月五日葬，陝西西安出土，今藏地不詳。

京都大學人文科學研究所：

　　　一張，紙本墨拓，原片，編號：TOU1266X。

3713　大慈禪師墓誌

唐天寶七載（748）十一月十八日葬，陝西西安出土，今藏地不詳。

東洋文庫：

　　一張，紙本墨拓，原片，31.0×30.0，編號：Ⅱ-16-C-p-335。

東京國立博物館：

　　一幅，紙本墨拓，原片，156.0×59.0，編號：891。

3714　李君夫人竇氏墓誌

唐天寶七載（748）十一月二十四日葬，河南洛陽出土，現藏於開封博物館。

東洋文庫：

　　一張，紙本墨拓，原片，37.0×36.0，編號：Ⅱ-16-C-1340。

京都大學人文科學研究所：

　　一張，紙本墨拓，原片，編號：TOU1267A。

　　一張，紙本墨拓，原片，編號：TOU1267B。

3715　王同福并夫人裴雍熙墓誌

唐天寶七載（748）十一月三十日葬，河南洛陽出土，現藏於開封博物館。

京都大學人文科學研究所：

　　一張，紙本墨拓，原片，編號：TOU1268X。

3716　林禪師神道碑

唐天寶八載（749）正月十五日立，現存河南安陽寶山靈泉寺。

京都大學人文科學研究所：

　　一張，紙本墨拓，原片，編號：TOU1271A。

　　一張，紙本墨拓，原片，編號：TOU1271B。

3717　李擬官造彌陀像

唐天寶八載（749）三月二十六日造，今藏地不詳。

京都大學人文科學研究所：

　　一張，紙本墨拓，原片，編號：TOU1273X。

3718　薛義墓誌

唐天寶八載（749）七月二十八日葬，陝西西安出土，現藏於故宮博物院。

淑德大學書學文化中心：

　　一張，紙本墨拓，原片，編號：000543。

京都大學人文科學研究所：

　　一張，紙本墨拓，原片，編號：TOU1275X。

3719　康君翟氏墓誌

唐天寶八載（749）八月十日葬，河南洛陽出土，現藏於開封博物館。

京都大學人文科學研究所：

　　　　一張，紙本墨拓，原片，編號：TOU1274A。

　　　　一張，紙本墨拓，原片，編號：TOU1274B。

3720　盧復墓誌

唐天寶九載（750）二月十三日葬，河南洛陽出土，現藏於開封博物館。

東洋文庫：

　　　　一張，紙本墨拓，原片，50.0×49.0，編號：Ⅱ-16-C-1341。

京都大學人文科學研究所：

　　　　一張，紙本墨拓，原片，編號：TOU1276X。

3721　張椅墓誌

唐天寶九載（750）二月十四日葬，河南洛陽出土，現藏於千唐誌齋博物館。

淑德大學書學文化中心：

　　　　一張，紙本墨拓，原片，編號：197053。

3722　靈運禪師功德塔碑

全稱"唐少林寺靈運禪師功德塔碑銘并序"，唐天寶九載（750）四月十五日立，現存河南登封少林寺。

東北大學附屬圖書館：

　　　　一幅，紙本墨拓，原片，常盤大定舊藏。

京都大學人文科學研究所：

　　　　一張，紙本墨拓，原片，編號：TOU1277X。

3723　郭虛己墓誌

唐天寶九載（750）五月十五日葬，一九九七年出土於河南偃師，現藏於偃師商城博物館。

淑德大學書學文化中心：

　　　　一張，墓誌蓋，紙本墨拓，原片，編號：001928。

　　　　一軸，墓誌，紙本墨拓，卷軸，編號：001384。

3724　張超佛頂尊勝陀羅尼經幢

唐天寶九載（750）八月二十九日造，今藏地不詳。

京都大學人文科學研究所：

一張，紙本墨拓，原片，編號：TOU1280X。

3725　裴妻韋氏墓誌

唐天寶九載（750）十月六日葬，江蘇揚州出土，現藏於故宮博物院。

淑德大學書學文化中心：

一張，紙本墨拓，原片，編號：000544。

京都大學人文科學研究所：

一張，紙本墨拓，原片，編號：TOU1281X。

3726　李系墓誌

唐天寶九載（750）十一月十七日葬，河南洛陽出土，現藏於故宮博物院。

淑德大學書學文化中心：

一張，紙本墨拓，原片，編號：000545。

京都大學人文科學研究所：

一張，紙本墨拓，原片，編號：TOU1282X。

3727　李華墓誌

唐天寶九載（750）十二月七日葬，河南洛陽出土，現藏於開封博物館。

京都大學人文科學研究所：

一張，紙本墨拓，原片，編號：TOU1283X。

3728　崔虞延墓誌

唐天寶十載（751）三月二十二日葬，出土時地不詳。

東洋文庫：

一張，紙本墨拓，原片，46.0×47.0，編號：Ⅱ-16-C-p-336。

3729　慕容氏女墓誌

唐天寶十載（751）四月十一日葬，出土時地不詳。

京都大學人文科學研究所：

一張，紙本墨拓，原片，編號：TOU1285X。

3730　張君妻郭班墓誌

唐天寶十載（751）八月二十二日葬，河南洛陽出土，現藏於開封博物館。

京都大學人文科學研究所：

一張，紙本墨拓，原片，編號：TOU1286X。

3731　裴肅及妻陽氏合葬墓誌

唐天寶十載（751）十月二十四日葬，河南洛陽出土，現藏於開封博物館。

京都大學人文科學研究所：

　　　　一張，紙本墨拓，原片，編號：TOU1287A。

　　　　一張，紙本墨拓，原片，編號：TOU1287B。

3732　王志悌墓誌

唐天寶十載（751）十一月五日葬，河南洛陽出土，現藏於開封博物館。

東洋文庫：

　　　　一張，紙本墨拓，原片，35.0×35.0，編號：Ⅱ-16-C-1342。

京都大學人文科學研究所：

　　　　一張，紙本墨拓，原片，編號：TOU1288A。

　　　　一張，紙本墨拓，原片，編號：TOU1288B。

3733　李諶妻崔氏墓誌

唐天寶十載（751）十二月十一日葬，河南洛陽出土，現藏於故宮博物院。

淑德大學書學文化中心：

　　　　一張，紙本墨拓，原片，編號：000546。

京都大學人文科學研究所：

　　　　一張，紙本墨拓，原片，編號：TOU1289X。

3734　永泰寺碑頌

全稱“大唐中嶽永泰寺碑頌并序”，靖彰撰文，荀望書丹，唐天寶十一載（752）三月五日立，現存河南嵩山永泰寺。

東北大學附屬圖書館：

　　　　一幅，紙本墨拓，原片，常盤大定舊藏。

京都大學人文科學研究所：

　　　　一張，紙本墨拓，原片，編號：TOU1290X。

3735　多寶塔碑

全稱“大唐西京千福寺多寶佛塔感應碑文”，岑勳撰文，徐浩題額，顏真卿書丹，史華刻石，唐天寶十一載（752）四月二十二日立，現藏於西安碑林博物館。

東洋文庫：

　　　　一帖五十八葉，紙本墨拓，32.0×16.0，編號：Ⅺ-3-A-b-75。

　　　　一帖八葉，心經序二十葉，紙本墨拓，27.0×15.0，編號：Ⅱ-16-C-860。

東京國立博物館：

一帖，紙本墨拓，28.8×16.2，編號：457，伊秉綬題記，王文治、陳鴻壽、朱彝尊題跋。

一幅，紙本墨拓，186.2×89.0。

京都國立博物館：

一帖，明拓，紙本墨拓，25.9×14.2，編號：B 甲 394，上野理一舊藏。

宇野雪村文庫：

一冊，紙本墨拓，冊頁，編號：110。

淑德大學書學文化中心：

一軸，紙本墨拓，卷軸，編號：196131。

一冊，摹刻，紙本墨拓，冊頁，編號：000953。

一冊，紙本墨拓，冊頁，編號：001830。

一冊，紙本墨拓，冊頁，編號：197483，天放樓舊藏。

一張，紙本墨拓，托裱，編號：197663，天放樓舊藏。

京都大學人文科學研究所：

一張，紙本墨拓，原片，編號：TOU1292X。

東京藝術大學藝術資料館：

一張，紙本墨拓，掛幅裝，237.0×100.4，編號：1440。

白扇書道會：

一張，紙本墨拓，全拓，188.0×97.0，種谷扇舟舊藏。

觀峰館：

一冊，紙本墨拓，冊頁，25.3×15.1。

一張，紙本墨拓，原片，185.0×96.5。

墨華書道會：

一張，紙本墨拓，全拓。

3736　崔鍔墓誌

唐天寶十一載（752）十月十一日葬，今藏地不詳。

京都大學人文科學研究所：

一張，紙本墨拓，原片，編號：TOU1295X。

3737　劉君妻王光贊墓誌

唐天寶十一載（752）十一月二十七日葬，河南洛陽出土，現藏於開封博物館。

東洋文庫：

一張，紙本墨拓，原片，44.0×43.0，編號：Ⅱ-16-C-1343。

京都大學人文科學研究所：

一張，紙本墨拓，原片，編號：TOU1296A。

一張，紙本墨拓，原片，編號：TOU1296B。

書壇院：

一幅，紙本墨拓，原片，全拓。

3738　柴閔墓誌

唐天寶十一載（752）十二月六日葬，二〇〇七年出土於河南孟津，今藏地不詳。

淑德大學書學文化中心：

一張，紙本朱拓，原片，編號：001944。

3739　張璬墓誌

唐天寶十二載（753）二月十二日葬，現藏於故宮博物院。

京都大學人文科學研究所：

一張，紙本墨拓，原片，編號：TOU1298X。

3740　賈隱并夫人杜氏墓誌

唐天寶十二載（753）二月二十四日葬，陝西興平出土，現藏於開封博物館。

京都大學人文科學研究所：

一張，紙本墨拓，原片，編號：TOU1299X。

3741　永泰寺尊勝陀羅尼經幢

唐天寶十二載（753）六月三日刻，現存河南嵩山永泰寺。

京都大學人文科學研究所：

一張，紙本墨拓，原片，編號：TOU1300A。

一張，紙本墨拓，原片，編號：TOU1300B。

一張，紙本墨拓，原片，編號：TOU1300C。

3742　張朏墓誌

唐天寶十二載（753）八月二十六日葬，湖北襄陽出土，今藏地不詳。

淑德大學書學文化中心：

一冊，墓誌蓋，紙本墨拓，冊頁，編號：197841，天放樓舊藏。

一冊，墓誌，紙本墨拓，冊頁，編號：197842，天放樓舊藏。

京都大學人文科學研究所：

一張，紙本墨拓，原片，編號：TOU1301X。

3743　楊珣碑

又稱"弘農先賢積慶之碑"，唐玄宗李隆基書丹，唐天寶十二載（753）八月立，現存陝西扶風法門鎮石碑村。

宇野雪村文庫：

一張，紙本墨拓，原片，編號：1913。

3744　王晋等造佛菩薩像

唐天寶十二載（753）十月刻，現存北京房山雲居寺。

京都大學人文科學研究所：

一張，紙本墨拓，原片，編號：TOU1302A。

一張，紙本墨拓，原片，編號：TOU1302B。

一張，紙本墨拓，原片，編號：TOU1303A。

一張，紙本墨拓，原片，編號：TOU1303B。

一張，紙本墨拓，原片，編號：TOU1304A。

一張，紙本墨拓，原片，編號：TOU1304B。

3745　劉氏造像記

唐天寶十二載（753）十月刻，現存河南洛陽龍門石窟。

東洋文庫：

一張，紙本墨拓，原片，45.0×46.0，編號：Ⅱ-16-C-p-337。

3746　張元忠夫人令狐氏墓誌

唐天寶十二載（753）十二月四日葬，陝西西安出土，現藏於西安碑林博物館。

東洋文庫：

一帖十三葉，紙本墨拓，28.0×15.0，編號：Ⅱ-16-C-837。

淑德大學書學文化中心：

一册，紙本墨拓，册頁，編號：197845，天放樓舊藏。

3747　優婆姨段常省塔銘

唐天寶十二載（753）刻，陝西西安出土，端方舊藏。

京都大學人文科學研究所：

一張，紙本墨拓，原片，編號：TOU1305X。

3748　曹仁墓誌

唐天寶十三載（754）正月十三日葬，二〇〇二年出土於河南洛陽伊川呂店鄉，現藏於偃師商城博物館。

淑德大學書學文化中心：

一張，紙本墨拓，原片，編號：001838。

3749　净元造像記

唐天寶十三載（754）四月二十六日刻，現存河南洛陽龍門石窟。

東洋文庫：

　　一張，紙本墨拓，原片，10.0×14.0，編號：Ⅱ-16-C-p-338。

3750　張毖墓誌

唐天寶十三載（754）五月七日葬，河南洛陽出土，現藏於開封博物館。

京都大學人文科學研究所：

　　一張，紙本墨拓，原片，編號：TOU1311X。

3751　黃攝妻劉氏墓誌

唐天寶十三載（754）八月十日葬，河南洛陽出土，今藏地不詳。

淑德大學書學文化中心：

　　一册，紙本墨拓，册頁，編號：197846，天放樓舊藏。

3752　釋慧沼等造石橋記

唐天寶十三載（754）八月刻，今藏地不詳。

淑德大學書學文化中心：

　　一軸，紙本墨拓，卷軸，編號：000822。

3753　李詥墓誌

唐天寶十三載（754）閏十一月二十九日葬，現藏於故宮博物院。

東洋文庫：

　　一張，紙本墨拓，原片，35.0×34.0，編號：Ⅱ-16-C-1344。
　　一張，紙本墨拓，原片，35.0×34.0，編號：Ⅱ-16-C-75。

京都大學人文科學研究所：

　　一張，紙本墨拓，原片，編號：TOU1312X。

3754　東方朔畫贊碑

全稱“漢太中大夫東方先生畫贊碑”，又稱“顏子碑”，顏真卿書丹，唐天寶十三載（754）十二月一日立，現存山東陵城區神頭東方朔祠。

三井記念美術館：

　　一帖，宋拓，紙本墨拓，32.7×23.8，陳介祺、新町三井家舊藏。
　　一帖，宋拓，紙本墨拓，33.2×19.0，貫名菘翁、新町三井家舊藏。

東京國立博物館：

一帖，宋拓，越州石氏本，紙本墨拓，王文治、陸恭等跋，項元汴、李宗瀚、高島菊次郎舊藏。

東洋文庫：

二帖，紙本墨拓，30.0×19.0。碑陰，失。碑陰額，失。編號：XI-2-28。

京都大學人文科學研究所：

一張，紙本墨拓，原片，編號：TOU1307A。

一張，紙本墨拓，原片，編號：TOU1307B。

一張，紙本墨拓，原片，編號：TOU1307C。

淑德大學書學文化中心：

一張，碑陽，紙本墨拓，原片，編號：196775。

一張，左側，紙本墨拓，原片，編號：196775。

一張，碑陰，紙本墨拓，原片，編號：196775。

一張，右側，紙本墨拓，原片，編號：196775。

一冊，紙本墨拓，冊頁，編號：197313。

觀峰館：

一冊，紙本墨拓，冊頁，23.2×15.0。

一張，紙本墨拓，原片，228.0×101.0。

墨華書道會：

一張，紙本墨拓，全拓。

3755　哥舒翰紀功碑

唐天寶十三載（754）立，現存甘肅定西臨洮南大街石碑觀。

京都大學人文科學研究所：

一張，紙本墨拓，原片，編號：TOU1313X。

3756　韓貞瓘女二娘造像記

唐天寶十四載（755）正月三十日刻，現存河南洛陽龍門石窟。

東洋文庫：

一張，紙本墨拓，原片，56.0×77.0，編號：II-16-C-1361。

京都大學人文科學研究所：

一張，紙本墨拓，原片，編號：TOU1316X。

3757　張安生墓誌

唐天寶十四載（755）二月十二日葬，陝西西安出土，今藏地不詳。

東京國立博物館：

一幅，紙本墨拓，原片，編號：252，市河三鼎舊藏。

京都大學人文科學研究所：

　　一張，紙本墨拓，原片，編號：TOU1314X。

3758　崔克讓墓誌

唐天寶十四載（755）二月十六日葬，江蘇揚州出土，今藏地不詳。

淑德大學書學文化中心：

　　一張，紙本墨拓，原片，編號：000547。

京都大學人文科學研究所：

　　一張，紙本墨拓，原片，編號：TOU1317X。

3759　韋瓊墓誌

唐天寶十四載（755）五月十三日葬，陝西西安出土，現藏故宮博物院。

東京國立博物館：

　　一幅，紙本墨拓，原片，編號：701。

淑德大學書學文化中心：

　　一張，紙本墨拓，原片，編號：000548。

京都大學人文科學研究所：

　　一張，紙本墨拓，原片，編號：TOU1318X。

　　一張，紙本墨拓，原片，編號：TOU1319X。

3760　少林寺神王碑

又稱"敕還少林寺神王師子記"，唐天寶十四載（755）八月十五日立，現存河南省嵩山少林寺。

京都大學人文科學研究所：

　　一張，紙本墨拓，原片，編號：TOU1320X。

3761　崔夫人墓誌

唐天寶十四載（755）九月十七日葬，河南洛陽出土，現藏於開封博物館。

京都大學人文科學研究所：

　　一張，紙本墨拓，原片，編號：TOU1321A。

　　一張，紙本墨拓，原片，編號：TOU1321B。

3762　張毗羅墓誌

唐天寶十四載（755）十一月十七日葬，陝西西安出土，今藏地不詳。

淑德大學書學文化中心：

　　一冊，紙本墨拓，冊頁，編號：197847，天放樓舊藏。

3763　張希古墓誌

唐天寶十五載（756）四月二日葬，陝西西安出土，現存江蘇蘇州靈巖山寺。

東洋文庫：

　　　　一張，紙本墨拓，原片，69.0×69.0，編號：Ⅱ-16-C-p-339。

京都大學人文科學研究所：

　　　　一張，紙本墨拓，原片，編號：TOU1323X。

3764　劉智墓誌

唐天寶十五載（756）五月十九日葬，陝西西安出土，今藏地不詳。

東洋文庫：

　　　　一張，紙本墨拓，原片，51.0×50.0，編號：Ⅱ-16-C-p-340。

淑德大學書學文化中心：

　　　　一册，紙本墨拓，册頁，編號：197848，天放樓舊藏。

　　　　一册，重刻，紙本墨拓，册頁，編號：197849，天放樓舊藏。

京都大學人文科學研究所：

　　　　一張，紙本墨拓，原片，編號：TOU1325X。

3765　唐造塔記

唐天寶十七載（758）刻，今藏地不詳。

京都大學人文科學研究所：

　　　　一張，紙本墨拓，原片，編號：TOU1337X。

3766　劉□村石橋碑

唐天寶年間（742—756）刻，今藏地不詳。

淑德大學書學文化中心：

　　　　一軸，紙本墨拓，卷軸，編號：000823。

燕
（756—763）

［聖武］

3767　李玢墓誌

燕聖武元年（756）十二月五日葬，河南洛陽出土，現藏於開封博物館。
京都大學人文科學研究所：
　　　一張，紙本墨拓，原片，編號：TOU1328X。

3768　王漪墓誌

燕聖武二年（757）正月二十五日葬，今藏地不詳。
淑德大學書學文化中心：
　　　一張，紙本墨拓，原片，編號：001932。

3769　徐懷隱墓誌

燕聖武二年（757）十月十六日葬，陝西三原出土，現藏於西安碑林博物館。
東洋文庫：
　　　一張，紙本墨拓，原片，41.0×40.0，編號：Ⅱ-16-C-p-341。
淑德大學書學文化中心：
　　　一張，紙本墨拓，原片，編號：000549。
京都大學人文科學研究所：
　　　一張，紙本墨拓，原片，編號：TOU1332X。
大阪市立美術館：
　　　一張，紙本墨拓，原片，編號：2673。

3770　長孫君妻杜氏墓誌

燕聖武二年（757）十月十七日葬，河南洛陽出土，今藏地不詳。

東洋文庫：

　　一張，紙本墨拓，原片，30.0×30.0，編號：Ⅱ-16-C-p-342。

淑德大學書學文化中心：

　　一張，紙本墨拓，原片，編號：000485。

京都大學人文科學研究所：

　　一張，紙本墨拓，原片，編號：TOU1331X。

唐

[至德]

3771　顏魯公華嶽題名

唐至德元載（756）十月十二日刻，現存陝西華陰西嶽廟。

東洋文庫：

　　一帖十一葉，紙本墨拓，34.0×18.0，編號：XI-3-A-c-116。

3772　城隍廟碑

唐至德二載（757）八月立，現藏於浙江縉雲博物館。

淑德大學書學文化中心：

　　一軸，紙本墨拓，卷軸，編號：196132。

3773　憫忠寺寶塔頌

唐至德二載（757）十一月十五日立，現存北京法源寺。

東洋文庫：

　　一張，紙本墨拓，原片，116.0×71.0，編號：Ⅱ-16-C-p-343。

東京國立博物館：

　　一幅，紙本墨拓，原片，編號：1028。

京都大學人文科學研究所：

　　一張，紙本墨拓，原片，編號：TOU1334X。

3774　威神寺大德禪師墓誌

唐至德二載（757）十二月葬，今藏地不詳。

宇野雪村文庫：

　　一張，紙本墨拓，原片，編號：1690。

3775 光福寺額敕

又稱"嚴武奏表""巴州佛龕記"，唐至德三載（758）四月十三日立，現存四川巴中南龕摩崖。

淑德大學書學文化中心：

一張，紙本墨拓，原片，編號：001784。

3776 龍曰寺西龕石壁詩刻

唐至德三載（758）四月十三日刻，現存四川巴中南龕摩崖。

淑德大學書學文化中心：

一張，紙本墨拓，原片，編號：001783。

［乾元］

3777 謁金天王神祠題記

顏真卿書丹，唐乾元元年（758）十月十二日刻於"華嶽廟碑"右側，現存陝西華陰西嶽廟。

東京國立博物館：

一幅，紙本墨拓，原片，編號：759。

京都大學人文科學研究所：

一張，紙本墨拓，原片，編號：TOU1339X。

3778 縉雲縣城隍廟記

唐乾元二年（759）八月刻，現藏於浙江縉雲博物館。

京都大學人文科學研究所：

一張，紙本墨拓，原片，編號：TOU1342X。

［上元］

3779 佛説觀無量壽經碑

唐上元元年（760）七月立，現存河北唐山安樂寺。

京都大學人文科學研究所：

一張，紙本墨拓，原片，編號：TOU1344A。

一張，紙本墨拓，原片，編號：TOU1344B。

一張，紙本墨拓，原片，編號：TOU1344C。

一張，紙本墨拓，原片，編號：TOU1703A。

一張，紙本墨拓，原片，編號：TOU1703B。

3780　文林郎王君夫人墓誌

唐上元元年（760）八月二十二日葬，陝西西安出土，今藏地不詳。

淑德大學書學文化中心：

　　　　一張，紙本墨拓，原片，編號：000550。

京都大學人文科學研究所：

　　　　一張，紙本墨拓，原片，編號：TOU1346X。

3781　西嶽廟華陰令王宥等題名

唐上元元年（760）十二月十□日刻於"述聖頌碑"右側，原在陝西華陰西嶽廟，現藏於西安碑林博物館。

京都大學人文科學研究所：

　　　　一張，紙本墨拓，原片，編號：TOU1347X。

3782　放生池碑

又稱"乞御書天下放生池碑額表"，顏真卿書丹，唐上元元年（760）立，原在湖州文宣王廟，後移入魯公祠，久佚。

宇野雪村文庫：

　　　　一冊，紙本墨拓，冊頁，編號：93。

3783　劉奉芝墓誌

唐上元二年（761）正月十一日葬，陝西西安出土，今藏地不詳。

宇野雪村文庫：

　　　　一張，紙本墨拓，原片，編號：1207。

［寶應］

3784　離堆記殘石

又稱"鮮于氏離堆記"，顏真卿書丹，唐寶應元年（762）五月立，後殘碎，現存四川儀隴新政嘉陵江離堆公園魯公亭。

東洋文庫：

　　　　一張，紙本墨拓，原片，30.0×46.0，編號：Ⅱ-16-C-p-345。

淑德大學書學文化中心：

　　　　一冊，紙本墨拓，冊頁，編號：001740。

3785　崔克讓妻張氏墓誌

唐寶應元年（762）十月六日葬，江蘇揚州出土，今藏地不詳。

淑德大學書學文化中心：

一張，紙本墨拓，原片，編號：000551。

京都大學人文科學研究所：

一張，紙本墨拓，原片，編號：TOU1350X。

3786　焦璀墓誌

唐寶應元年（762）十二月二十七日葬，陝西旬邑出土，今藏地不詳。

東京國立博物館：

一幅，紙本墨拓，原片，編號：704。

淑德大學書學文化中心：

一張，紙本墨拓，原片，編號：000552。

一册，紙本墨拓，册頁，編號：197850，天放樓舊藏。

3787　高力士墓誌

唐寶應二年（763）四月十二日葬，一九九九年出土於陝西蒲城縣保南鄉山西村，現藏於蒲城縣博物館。

淑德大學書學文化中心：

一張，紙本墨拓，原片，編號：001705。

3788　丘據題名

唐寶應二年（763）六月八日刻，今藏地不詳。

京都大學人文科學研究所：

一張，紙本墨拓，原片，編號：TOU1352X。

［廣德］

3789　元復業墓誌

唐廣德元年（763）八月十四日葬，陝西三原出土，今藏地不詳。

東京國立博物館：

一幅，紙本墨拓，原片，152.0×70.4，編號：840，今泉雄作舊藏。

京都大學人文科學研究所：

一張，紙本墨拓，原片，編號：TOU1353X。

3790　臧懷恪碑

全稱“唐故右武衛將軍贈工部尚書上柱國上蔡縣開國侯臧公神道碑銘并序”，顏真卿撰文并書丹，唐廣德元年（763）十月立，原在陝西三原縣，現藏於西安碑林博物館。

東京國立博物館：

　　一幅，紙本墨拓，原片，262.1×121.2，編號：649。

東洋文庫：

　　二帖，紙本墨拓，原片，29.0×17.0。碑額，失。編號：Ⅺ-3-A-b-73。

　　一張，碑陽連額，紙本墨拓，原片，256.0×119.0+52.0×40.0，編號：Ⅱ-16-C-p-346。

宇野雪村文庫：

　　一册，紙本墨拓，册頁，編號：136。

京都大學人文科學研究所：

　　一張，紙本墨拓，原片，編號：TOU1354X。

淑德大學書學文化中心：

　　一軸，紙本墨拓，卷軸，編號：196355。

　　一册，紙本墨拓，册頁，編號：196226。

　　一張，紙本墨拓，托裱，編號：197665，天放樓舊藏。

觀峰館：

　　一册，紙本墨拓，册頁，29.5×15.8。

3791　郭家廟碑

全稱“有唐故中大夫使持節壽州諸軍事壽州刺史上柱國贈太保郭公廟碑銘”，唐代宗李豫隸書題額，顏真卿撰文并書丹，唐廣德二年（764）十一月二十一日立，現藏於西安碑林博物館。

東京國立博物館：

　　一幅，紙本墨拓，原片，250.7×121.0，編號：253，市河三鼎舊藏。

東洋文庫：

　　一帖六十八葉，碑陽。碑額，失。碑陰，失。編號：Ⅱ-16-C-811。

　　一張，碑陽，紙本墨拓，原片，250.0×114.0。碑額，失。碑陰，失。編號：Ⅱ-16-C-1119。

京都大學人文科學研究所：

　　一張，紙本墨拓，原片，編號：TOU1356A。

　　一張，紙本墨拓，原片，編號：TOU1356B。

淑德大學書學文化中心：

　　一軸，碑陽，紙本墨拓，卷軸，編號：196133。

　　一軸，碑陰，紙本墨拓，卷軸，編號：196134。

觀峰館：

　　一册，紙本墨拓，册頁，30.2×16.2。

3792　争座位帖

又名“論座帖”“與郭僕射書”，唐廣德二年（764）十一月顏真卿作，原迹已佚，刻石現藏於西安碑林博物館。

書道博物館：

　　　　一帖，宋拓，紙本墨拓，32.3×17.7，中村不折舊藏。

五島美術館：

　　　　一帖，宋拓，紙本墨拓，31.4×14.9，宇野雪村舊藏。

三井記念美術館：

　　　　一帖，宋拓，紙本墨拓，29.7×11.1，孔廣陶、新町三井家舊藏。

　　　　一帖，宋拓，紙本墨拓，33.6×15.8，姚文田、端方、新町三井家舊藏。

木雞室：

　　　　一帖，明拓，紙本墨拓，38.0×21.0，惺遠題簽，郭尚先、王鐸、梁章鉅等題跋，陳介祺、
　　　龍啓瑞等觀記。

書藝文化院春敬記念書道文庫：

　　　　一册，舊拓，紙本墨拓，40.0×42.0，飯島春敬舊藏。

　　　　一張，紙本墨拓，全拓，飯島春敬舊藏。

京都國立博物館：

　　　　一帖，重模本，紙本墨拓，30.6×14.8，編號：B甲410，上野理一舊藏。

東京國立博物館：

　　　　一幅，紙本墨拓，編號：349。

　　　　一卷，紙本墨拓，編號：511。

　　　　六帖，紙本墨拓，［1］39.5×19.9，［2］38.1×19.0，［3］39.5×20.6，［4］29.0×13.8，
　　　［5］37.2×20.3，［6］32.0×18.5，編號：1356。

宇野雪村文庫：

　　　　一册，翻刻，紙本墨拓，編號：104。

　　　　一册，紙本墨拓，編號：145，安儀周舊藏。

京都大學人文科學研究所：

　　　　一張，紙本墨拓，編號：TOU1355X。

　　　　一張，紙本墨拓，編號：TOU1690X。

大谷大學博物館：

　　　　一帖，紙本墨拓，37.0×22.6。

東京藝術大學藝術資料館：

　　　　一張，紙本墨拓，掛幅裝，62.9×107.2，編號：1440。

白扇書道會：

　　　　一張，紙本墨拓，全拓，71.0×107.0，種谷扇舟舊藏。

觀峰館：

　　　　一册，紙本墨拓，32.0×15.4。

書壇院：

　　　　一幅，紙本墨拓，全拓。

墨華書道會:

    一張，紙本墨拓，全拓。

［永泰］

3793　白道生神道碑

全稱"左武衛將軍白公神道碑"，唐永泰元年（765）三月二十四日立，現藏於西安碑林博物館。

東京國立博物館:

    一幅，紙本墨拓，原片，編號: 254，市河三鼎舊藏。

3794　怡亭銘

又稱"怡亭銘摩崖石刻"，裴虬撰文，李陽冰、李莒書丹，唐永泰元年（765）五月十一日立，現存湖北鄂州市小北門外長江邊摩崖。

淑德大學書學文化中心:

    一張，紙本墨拓，托裱，編號: 001490。

東京國立博物館:

    一幅，紙本墨拓，原片，編號: 388。

    一幅，紙本墨拓，原片，編號: 1212，今泉雄作舊藏。

3795　鄭忠墓碑

唐永泰元年（765）立，一九八四年出土於河北廊坊桐柏鎮上莊頭村，現藏於廊坊市博物館。

淑德大學書學文化中心:

    一張，紙本墨拓，托裱，編號: 001835。

3796　南詔德化碑

唐永泰元年（765）立，現存雲南大理太和村南詔太和城遺址。

淑德大學書學文化中心:

    一張，碑陽，紙本墨拓，托裱，編號: 197705，天放樓舊藏。

    一張，碑陰，紙本墨拓，托裱，編號: 197706，天放樓舊藏。

京都大學人文科學研究所:

    一張，紙本墨拓，原片，編號: TOU1358A。

    一張，紙本墨拓，原片，編號: TOU1358B。

    一張，紙本墨拓，原片，編號: TOU1358C。

    一張，紙本墨拓，原片，編號: TOU1358D。

3797　李寶臣紀功頌

全稱"大唐清河郡王紀功載政之頌碑"，王佑撰文，王士則書丹并篆額，唐永泰二年（766）七月一日立，現存河北正定縣城解放街。

　　東洋文庫：

　　　　二帖，紙本墨拓，原片，各 37.0×20.0，編號：Ⅱ-16-C-885。

　　淑德大學書學文化中心：

　　　　一張，紙本墨拓，托裱，編號：196135。

　　　　一張，紙本墨拓，托裱，編號：197666，天放樓舊藏。

　　京都大學人文科學研究所：

　　　　一張，紙本墨拓，原片，編號：TOU1360X。

　　觀峰館：

　　　　一册，紙本墨拓，册頁，22.8×14.2。

3798　陽華巖銘

唐永泰二年（766）刻，元結撰文，瞿令問書丹，現存湖南江華陽華巖摩崖。

　　淑德大學書學文化中心：

　　　　一軸，紙本墨拓，卷軸，編號：196492。

［大曆］

3799　王君妻何氏墓誌

唐大曆元年（766）六月二十一日葬，今藏地不詳。

　　淑德大學書學文化中心：

　　　　一張，紙本墨拓，原片，編號：000553。

　　京都大學人文科學研究所：

　　　　一張，紙本墨拓，原片，編號：TOU1361X。

3800　栖先塋記

李季卿撰文，李陽冰書丹，栗光鐫刻，唐大曆二年（767）三月立，原碑不存，宋大中祥符三年（1010）姚宗萼重刻，現藏於西安碑林博物館。

　　東京國立博物館：

　　　　一幅，紙本墨拓，原片，編號：256，市河三鼎舊藏。

　　　　一幅，紙本墨拓，原片，編號：265，昌平坂學問所舊藏。

　　　　一帖，紙本墨拓，剪裝，38.5×20.2，編號：1353。

　　　　一帖，紙本墨拓，剪裝，編號：374，新家力三舊藏。

　　東洋文庫：

　　　　一張，紙本墨拓，原片，158.0×72.0，編號：Ⅱ-16-C-1122。

　　　　一帖四十一葉+重刻跋二葉，紙本墨拓，31.0×15.0，編號：Ⅱ-16-C-838。

宇野雪村文庫：

　　一册，紙本墨拓，册頁，編號：147。

　　一册，紙本墨拓，册頁，編號：166。

淑德大學書學文化中心：

　　一軸，紙本墨拓，卷軸，編號：196138。

　　一册，紙本墨拓，册頁，編號：199008。

　　一張，紙本墨拓，托裱，編號：197667，天放樓舊藏。

京都大學人文科學研究所：

　　一張，紙本墨拓，原片，編號：TOU1370X。

東京藝術大學藝術資料館：

　　一張，紙本墨拓，掛幅裝，150.4×131.4，編號：1440。

觀峰館：

　　一張，紙本墨拓，原片，163.0×74.5。

3801　浯溪銘

元結撰文，瞿令問書丹，唐大曆二年（767）四月刻，現在湖南永州祁陽市浯溪鎮摩崖。

淑德大學書學文化中心：

　　一張，紙本墨拓，托裱，編號：001722。

　　一册，紙本墨拓，册頁，編號：195170。

3802　峿臺銘

元結撰文，瞿令問書丹，唐大曆二年（767）六月十五日刻，現在湖南永州祁陽市浯溪鎮摩崖。

宇野雪村文庫：

　　一册，紙本墨拓，册頁，編號：83。

京都大學人文科學研究所：

　　一張，紙本墨拓，原片，編號：TOU1362X。

淑德大學書學文化中心：

　　一張，紙本墨拓，原片，編號：001491。

　　一册，紙本墨拓，册頁，編號：195170。

龍谷大學：

　　一幅，紙本墨拓，原片，162.0×85.0。

觀峰館：

　　一張，紙本墨拓，原片，194.5×102.5。

3803　王訓墓誌

唐大曆二年（767）八月七日葬，陝西西安出土，今藏地不詳。

宇野雪村文庫：

　　　　一張，紙本墨拓，原片，編號：1595。

淑德大學書學文化中心：

　　　　一冊，紙本墨拓，冊頁，編號：197851，天放樓舊藏。

京都大學人文科學研究所：

　　　　一張，紙本墨拓，原片，編號：TOU1364X。

3804　會善寺戒壇碑

陸長源撰文，陸郢隷書并篆額，楊誠鐫刻，唐大曆二年（767）十一月立，現存河南鄭州登封會善寺。

淑德大學書學文化中心：

　　　　一張，紙本墨拓，托裱，編號：197668，天放樓舊藏。

京都大學人文科學研究所：

　　　　一張，紙本墨拓，原片，編號：TOU1366X。

3805　三墳記

李季卿撰文，李陽冰篆書，唐大曆二年（767）立，原石久佚，宋代有重刻，現藏於西安碑林博物館。

書道博物館：

　　　　一帖，紙本墨拓，剪裝，32.3×18.1。

東京國立博物館：

　　　　一帖，紙本墨拓，剪裝，編號：255，市河三鼎舊藏。

　　　　二幅，紙本墨拓，原片，編號：415。

　　　　二幅，紙本墨拓，原片，編號：509。

東洋文庫：

　　　　二帖，紙本墨拓，剪裝，各30.0×15.0，編號：Ⅱ-16-C-887。

　　　　一張，紙本墨拓，原片，152.0×67.0，編號：Ⅱ-16-C-1121。

宇野雪村文庫：

　　　　一冊，紙本墨拓，冊頁，編號：148。

　　　　二張，紙本墨拓，原片，編號：1152。

淑德大學書學文化中心：

　　　　一軸，碑陽，紙本墨拓，卷軸，編號：196136。

　　　　一軸，碑陰，紙本墨拓，卷軸，編號：196137。

白扇書道會：

　　　　一張，紙本墨拓，全拓，200.0×82.0，種谷扇舟舊藏。

寄鶴軒：

　　一張，紙本墨拓，全拓。

觀峰館：

　　一册，紙本墨拓，册頁，30.4×11.9。

書壇院：

　　一幅，紙本墨拓，全拓。

3806　李楷洛碑

全稱"贈司空李楷洛碑"，楊炎撰文，史惟則書丹，唐大曆三年（768）三月立，現存陝西富平縣覓子店。

淑德大學書學文化中心：

　　一張，紙本墨拓，托裱，編號：001234。

3807　張義琬墓誌

唐大曆三年（768）八月十九日葬，原在河南洛陽乾元寺。

淑德大學書學文化中心：

　　一張，紙本墨拓，原片，編號：000554。

京都大學人文科學研究所：

　　一張，紙本墨拓，原片，編號：TOU1371X。

3808　痦廎銘

元結撰文，瞿令問書丹，唐大曆三年（768）閏八月九日刻，現在湖南永州祁陽市浯溪鎮摩崖。

淑德大學書學文化中心：

　　一軸，紙本墨拓，卷軸，編號：196325。

　　一册，紙本墨拓，册頁，編號：195170。

3809　大證禪師碑

全稱"大唐東京大敬愛寺故大德大證禪師碑銘并序"，王縉撰文，徐浩書丹，唐大曆四年（769）三月二十四日立，現存河南登封嵩山嵩嶽寺。

宇野雪村文庫：

　　一册，紙本墨拓，册頁，編號：171。

淑德大學書學文化中心：

　　一册，紙本墨拓，册頁，編號：196139。

3810　竇君妻崔氏墓誌

唐大曆四年（769）十月二十日葬，河南洛陽出土，原藏於河南省圖書館。

京都大學人文科學研究所：

一張，紙本墨拓，原片，編號：TOU1373A。

一張，紙本墨拓，原片，編號：TOU1373B。

書壇院：

一幅，紙本墨拓，全拓。

3811 逍遥樓題字

顔真卿書，唐大曆五年（770）正月一日立，現藏於廣西桂林桂海碑林博物館。

東京國立博物館：

一幅，紙本墨拓，原片，300.0×86.1，編號：459。

淑德大學書學文化中心：

一張，紙本墨拓，托裱，編號：197669，天放樓舊藏。

3812 庾賁德政頌

全稱"冀邱縣令庾公德政碑頌"，李陽冰撰文并書丹，唐大曆五年（770）九月三日立，原石久佚，金貞元三年（1155）宋佑之依舊拓本重刻。

東洋文庫：

一張，碑陽連額，紙本墨拓，原片，188.0×81.0+17.0×37.0，編號：Ⅱ-16-C-1123。

淑德大學書學文化中心：

一張，紙本墨拓，原片，編號：001289。

一張，紙本墨拓，原片，編號：199014。

3813 臧希晏碑

全稱"唐東莞臧府君神道碑"，張孚撰文，韓秀弼書丹，唐大曆五年（770）十月十五日立，現存陝西三原陵前鎮長坳村。

東洋文庫：

一張，碑陽連額，紙本墨拓，原片，225.0×103.0+48.0×42.0，編號：Ⅱ-16-C-p-327。

淑德大學書學文化中心：

一册，紙本墨拓，册頁，編號：001462。

3814 徐淮等題靈泉寺詩

唐大曆六年（771）四月十五日刻，現存河南安陽寶山靈泉寺。

京都大學人文科學研究所：

一張，紙本墨拓，原片，編號：TOU1375X。

3815 麻姑仙壇記

全稱"有唐撫州南城縣麻姑山仙壇記"，顔真卿書丹，唐大曆六年（771）四月立，今石已毀。

東京國立博物館：

一帖，宋拓，紙本墨拓，26.5×15.5，鴻髣、潘奕雋、彭祖賢、何厚琦、顏世清跋，高島菊
次郎舊藏。

書藝文化院春敬記念書道文庫：

一冊，舊拓，紙本墨拓，冊頁，21.0×24.0，飯島春敬舊藏。

觀峰館：

一冊，紙本墨拓，冊頁，26.3×15.8。

3816　少林寺同光禪師塔銘

唐大曆六年（771）六月二十七日立，現存河南登封少林寺。

東北大學附屬圖書館：

一幅，紙本墨拓，原片，常盤大定舊藏。

京都大學人文科學研究所：

一張，紙本墨拓，原片，編號：TOU1376X。

3817　大唐中興頌

又稱“中興頌”，元結撰文，顏真卿書丹，唐大曆六年（771）六月刻，現在湖南永州祁陽市浯
溪鎮摩崖。

東京國立博物館：

二帖，紙本墨拓，各32.4×16.7，編號：333，市河三鼎舊藏。

宇野雪村文庫：

四張，紙本墨拓，原片，編號：1752。

淑德大學書學文化中心：

一軸，右部，紙本墨拓，卷軸，編號：196140。

一張，右部，紙本墨拓，托裱，編號：197670，天放樓舊藏。

一張，中部，紙本墨拓，托裱，編號：197671，天放樓舊藏。

一軸，左部，紙本墨拓，卷軸，編號：196141。

一張，左部，紙本墨拓，托裱，編號：197672，天放樓舊藏。

京都大學人文科學研究所：

一張，紙本墨拓，原片，編號：TOU1377A。

一張，紙本墨拓，原片，編號：TOU1377B。

一張，紙本墨拓，原片，編號：TOU1377C。

一張，紙本墨拓，原片，編號：TOU1377D。

一張，紙本墨拓，原片，編號：TOU1377E。

一張，紙本墨拓，原片，編號：TOU1377F。

一張，紙本墨拓，原片，編號：TOU1377G。

書藝文化院春敬記念書道文庫：

　　一册，舊拓，紙本墨拓，册頁，飯島春敬舊藏。

白扇書道會：

　　一張，紙本墨拓，全拓，286.0×300.0，種谷扇舟舊藏。

3818　薦福寺臨壇大戒德律師碑

唐大曆六年（771）七月十五日刻，韓雲卿撰文，史惟則篆額，韓擇木書丹，現存陝西西安薦福寺小雁塔。

淑德大學書學文化中心：

　　一張，紙本墨拓，原片，編號：001703。

3819　永仙觀碑

蕭森撰文，田名德集王羲之行書，唐大曆六年（771）十月立，現存陝西富平縣永仙觀。

淑德大學書學文化中心：

　　一軸，紙本墨拓，卷軸，編號：196462。

3820　雙束碑

又稱"岱嶽觀造像記碑""駕鴦碑"，唐大曆七年（772）正月二十三日刻，現存山東泰安岱廟。

淑德大學書學文化中心：

　　一軸，紙本墨拓，卷軸，編號：196198。

　　一軸，紙本墨拓，卷軸，編號：198287。

3821　八關齋會報德記

全稱"有唐宋州官吏八關齋會報德記"，顏真卿書丹，唐大曆七年（772）五月八日立。唐武宗時滅佛，毀石五面，宣宗大中五年（851）催俥依拓本補全。"文革"期間石毀，殘石藏於商丘博物館。一九九三年程德卿據雙鉤底本重刻，現存河南商丘古城八關齋。

書道博物館：

　　九帖，紙本墨拓，剪裝，各29.6×21.0。

東京國立博物館：

　　二帖，紙本墨拓，剪裝，編號：230，市河三鼎寄贈。

　　一幅，紙本墨拓，原片，188.0×126.1，編號：796。

東洋文庫：

　　一帖三十葉，附刻六葉，紙本墨拓，35.0×22.0，編號：XI-6-A-11。

淑德大學書學文化中心：

　　一軸，一面，紙本墨拓，卷軸，編號：196142。

　　一張，一面，紙本墨拓，托裱，編號：197675，天放樓舊藏。

　　一軸，二面，紙本墨拓，卷軸，編號：196147。

一張，二面，紙本墨拓，托裱，編號：197675，天放樓舊藏。

一軸，三面，紙本墨拓，卷軸，編號：196148。

一張，三面，紙本墨拓，托裱，編號：197675，天放樓舊藏。

一軸，四面，紙本墨拓，卷軸，編號：196144。

一張，四面，紙本墨拓，托裱，編號：197675，天放樓舊藏。

一軸，五面，紙本墨拓，卷軸，編號：196146。

一張，五面，紙本墨拓，托裱，編號：197676，天放樓舊藏。

一軸，六面，紙本墨拓，卷軸，編號：196145。

一張，六面，紙本墨拓，托裱，編號：197676，天放樓舊藏。

一軸，七面，紙本墨拓，卷軸，編號：196143。

一張，七面，紙本墨拓，托裱，編號：197676，天放樓舊藏。

一軸，八面，紙本墨拓，卷軸，編號：196149。

一張，八面，紙本墨拓，托裱，編號：197676，天放樓舊藏。

京都大學人文科學研究所：

一張，紙本墨拓，原片，編號：TOU1380A。

一張，紙本墨拓，原片，編號：TOU1380B。

書藝文化院春敬記念書道文庫：

一册，舊拓，紙本墨拓，册頁，飯島春敬舊藏。

觀峰館：

一册，紙本墨拓，册頁，30.0×19.5。

3822　李玄静碑

全稱"唐茅山紫陽觀玄静先生碑"，又稱"茅山玄静碑"，柳識撰文，張從申書丹，李陽冰篆額，唐大曆七年（772）八月十四日立，原在江蘇句容茅山玉晨觀，今碑已毁。

三井記念美術館：

一帖，宋拓，紙本墨拓，26.1×17.1，何紹基、新町三井家舊藏。

書道博物館：

一帖，紙本墨拓，22.6×12.7。

3823　宋璟碑

全稱"大唐故尚書右丞相贈太尉文貞公宋公神道之碑"，又稱"宋廣平碑"，顏真卿撰文并書丹，唐大曆七年（772）九月二十五日立，現存河北邢臺東戶中學。

東洋文庫：

一帖五十六葉，紙本墨拓，36.0×21.0，編號：Ⅱ-16-C-881。

淑德大學書學文化中心：

一册，碑陽，紙本墨拓，册頁，編號：000732。

一張，碑陽，紙本墨拓，托裱，編號：197679，天放樓舊藏。

一册，左側，紙本墨拓，册頁，編號：000734。

一張，左側，紙本墨拓，托裱，編號：007679，天放樓舊藏。

一册，碑陰，紙本墨拓，册頁，編號：000733。

一張，碑陰，紙本墨拓，托裱，編號：197680，天放樓舊藏。

一册，右側，紙本墨拓，册頁，編號：000734。

一張，右側，紙本墨拓，托裱，編號：197680，天放樓舊藏。

京都大學人文科學研究所：

一張，紙本墨拓，原片，編號：TOU1378A。

一張，紙本墨拓，原片，編號：TOU1378B。

一張，紙本墨拓，原片，編號：TOU1378C。

觀峰館：

一册，紙本墨拓，册頁，26.5×15.9。

白扇書道會：

一張，紙本墨拓，原片，278.0×147.0，種谷扇舟舊藏。

3824　元結碑

全稱“唐故容州都督兼御史中丞本管經略使元君表墓碑銘并序”，又稱“元次山碑”，顏真卿撰文并書丹，唐大曆七年（772）十一月二十六日立，現存河南魯山文廟。

書道博物館：

一帖，紙本墨拓，剪裝，27.0×16.3。

東洋文庫：

一帖八十六葉，紙本墨拓，31.0×16.0，編號：XI-3-A-b-69。

淑德大學書學文化中心：

一軸，碑陽，紙本墨拓，卷軸，編號：196496。

一册，碑陽，紙本墨拓，册頁，編號：000730。

一張，碑陽，紙本墨拓，托裱，編號：197673，天放樓舊藏。

一軸，碑陰，紙本墨拓，卷軸，編號：196497。

一册，碑陰，紙本墨拓，册頁，編號：000731。

一張，碑陰，紙本墨拓，托裱，編號：197674，天放樓舊藏。

一軸，左側，紙本墨拓，卷軸，編號：196499。

一册，左側，紙本墨拓，册頁，編號：000730。

一張，左側，紙本墨拓，托裱，編號：197673，天放樓舊藏。

一軸，右側，紙本墨拓，卷軸，編號：196498。

一册，右側，紙本墨拓，册頁，編號：000731。

京都大學人文科學研究所：

一張，紙本墨拓，原片，編號：TOU1379A。

一張，紙本墨拓，原片，編號：TOU1379B。

一張，紙本墨拓，原片，編號：TOU1379C。

觀峰館：

一册，紙本墨拓，册頁，27.2×16.0。

3825　般若臺題名

又稱"般若臺銘"，李陽冰篆書，唐大曆七年（772）刻，現存福建閩侯縣烏石山。

東京國立博物館：

一幅，紙本墨拓，原片，編號：628。

一幅，紙本墨拓，原片，編號：375，新家力三舊藏。

淑德大學書學文化中心：

一軸，紙本墨拓，卷軸，編號：196495。

一張，紙本墨拓，托裱，編號：197677，天放樓舊藏。

一張，紙本墨拓，托裱，編號：197678，天放樓舊藏。

3826　薛嵩碑

全稱"唐故開府儀同三司檢校尚書右僕射兼御史大夫相州刺史昭義軍節度使平陽郡王贈太保薛公神道碑銘"，程浩撰文，韓秀實書丹，唐大曆八年（773）十月立，現存山西運城夏縣水頭鎮大張村薛嵩墓。

淑德大學書學文化中心：

一軸，紙本墨拓，卷軸，編號：198282。

3827　文宣王廟新門記

裴孝智撰文，裴平書丹，唐大曆八年（773）十二月一日刻，現存山東曲阜孔廟。

東洋文庫：

一張，碑陽連額，紙本墨拓，原片，117.0×68.0+25.0×14.0，編號：Ⅱ-16-C-1124。

東京國立博物館：

一幅，紙本墨拓，原片，編號：439。

一幅，紙本墨拓，原片，編號：610。

京都大學人文科學研究所：

一張，紙本墨拓，原片，編號：TOU1381X。

淑德大學書學文化中心：

一張，紙本墨拓，原片，編號：195012。

一軸，紙本墨拓，卷軸，編號：195246。

觀峰館：

　　　　一張，紙本墨拓，原片，145.0×69.5。

3828　干禄字書

顏元孫撰文，顏真卿書丹，唐大曆九年（774）正月刻，原在浙江湖州，久佚，唐宋有重刻本。

書道博物館：

　　　　一册，紙本墨拓，册頁，32.6×19.3。

觀峰館：

　　　　一册，紙本墨拓，册頁，32.0×15.8。

3829　張鋭墓誌

唐大曆九年（774）三月四日葬，陝西西安出土，今藏地不詳。

東洋文庫：

　　　　一張，紙本墨拓，原片，44.0×44.0，編號：Ⅱ-16-C-p-348。

淑德大學書學文化中心：

　　　　一張，紙本墨拓，原片，編號：000555。

　　　　一册，紙本墨拓，册頁，編號：197852，天放樓舊藏。

京都大學人文科學研究所：

　　　　一張，紙本墨拓，原片，編號：TOU1384X。

3830　王忠嗣碑

全稱“唐故朔方河東河西隴右節度御史大夫贈兵部尚書太子太師清源公王府君神道碑銘并序”，元載撰文，王縉書丹，唐大曆十年（775）四月三日立，原在陝西渭南鄉賢祠，今佚。

東京國立博物館：

　　　　一幅，紙本墨拓，原片，編號：267，昌平坂學問所舊藏。

淑德大學書學文化中心：

　　　　一軸，紙本墨拓，卷軸，編號：196331。

　　　　一軸，紙本墨拓，卷軸，編號：196321。

京都大學人文科學研究所：

　　　　一張，紙本墨拓，原片，編號：TOU1385A。

　　　　一張，紙本墨拓，原片，編號：TOU1385B。

　　　　一張，紙本墨拓，原片，編號：TOU1385C。

　　　　一張，紙本墨拓，原片，編號：TOU1385D。

3831　如顏律師墓誌

唐大曆十年（775）七月十八日葬，陝西咸陽出土，今藏地不詳。

京都大學人文科學研究所：

> 一張，紙本墨拓，原片，編號：TOU1387X。

3832 崔昭墓誌

唐大曆十年（775）十月二十四日葬，山西屯留出土，今藏地不詳。

京都大學人文科學研究所：

> 一張，紙本墨拓，原片，編號：TOU1389X。

3833 姤神祠碑

唐大曆十一年（776）五月六日立，現藏於山西省藝術博物館。

淑德大學書學文化中心：

> 一軸，紙本墨拓，卷軸，編號：196490。

京都大學人文科學研究所：

> 一張，紙本墨拓，原片，編號：TOU1391X。
>
> 一張，紙本墨拓，原片，編號：TOU1392X。

3834 王景秀墓誌

唐大曆十一年（776）八月二十九日葬，現藏於故宮博物院。

東洋文庫：

> 一張，紙本墨拓，原片，46.0×46.0，編號：Ⅱ-16-C-p-349。

京都大學人文科學研究所：

> 一張，紙本墨拓，原片，編號：TOU1388X。

3835 舜廟碑

韓雲卿撰文，韓秀實書丹，李陽冰篆額，唐大曆十一年（776）立，現藏於廣西桂林桂海碑林博物館。

京都大學人文科學研究所：

> 一張，紙本墨拓，原片，編號：TOU1390X。

3836 王履清碑

侯冕撰文，唐大曆十二年（777）二月二十日立，陝西高陵出土，碑已殘碎，僅存上截。

東京國立博物館：

> 一幅，紙本墨拓，原片，編號：231，市河三鼎舊藏。

3837 平蠻頌

韓雲卿撰文，韓秀實書丹，唐大曆十二年（777）五月二十五日立，現存廣西桂林鐵封山。

淑德大學書學文化中心：

　　　　一張，紙本墨拓，原片，編號：001768。

3838　崔沔墓誌

唐大曆十三年（778）四月八日葬，河南洛陽出土，現藏於開封博物館。

京都大學人文科學研究所：

　　　　一張，紙本墨拓，原片，編號：TOU1395A。

　　　　一張，紙本墨拓，原片，編號：TOU1395B。

3839　無憂王寺寶塔碑

張彧撰文，楊播書丹，唐大曆十三年（778）四月二十五日立，現在陝西西安法門寺。

東洋文庫：

　　　　一帖六十八葉，紙本墨拓，31.0×15.0，編號：Ⅺ-3-A-b-77。

3840　李國清墓誌

唐大曆十三年（778）四月二十七日葬，山東青州出土，現藏於故宮博物院。

東洋文庫：

　　　　一張，墓誌，紙本墨拓，40.0×41.0。一張，墓誌蓋，紙本墨拓，34.0×34.0。

淑德大學書學文化中心：

　　　　一册，墓誌蓋，紙本墨拓，册頁，編號：000556。

　　　　一張，墓誌，紙本墨拓，原片，編號：000557。

京都大學人文科學研究所：

　　　　一張，紙本墨拓，原片，編號：TOU1396A。

　　　　一張，紙本墨拓，原片，編號：TOU1396B。

　　　　一張，紙本墨拓，原片，編號：TOU1396C。

3841　辛雲妻李氏墓誌

唐大曆十三年（778）七月二十四日葬，陝西西安出土，端方舊藏，現藏於故宮博物院。

東洋文庫：

　　　　一張，紙本墨拓，原片，51.0×50.0，編號：Ⅱ-16-C-p-352。

東京國立博物館：

　　　　一幅，紙本墨拓，原片，編號：707。

淑德大學書學文化中心：

　　　　一張，紙本墨拓，原片，編號：000558。

京都大學人文科學研究所：

　　　　一張，紙本墨拓，原片，編號：TOU1397X。

3842 李嘉珍墓誌

唐大曆十三年（778）十月二十五日葬，河北磁縣出土，今藏地不詳。

淑德大學書學文化中心：

　　一張，紙本墨拓，原片，編號：000559。

京都大學人文科學研究所：

　　一張，紙本墨拓，原片，編號：TOU1398X。

3843 一切如來心真言及記

唐大曆十三年（778）刻，今藏地不詳。

東京國立博物館：

　　一幅，紙本墨拓，原片，編號：706。

淑德大學書學文化中心：

　　一冊，紙本墨拓，冊頁，編號：197398，天放樓舊藏。

3844 段行琛碑

全稱"唐贈楊州大都督段府君神道碑銘并序"，又名"段府君神道碑"，張增書丹，李同系篆額，唐大曆十四年（779）閏五月十三日立，現存陝西寶雞千陽縣草碧鎮上店村。

三井記念美術館：

　　一帖，宋拓孤本，紙本墨拓，27.3×17.6，王懿榮、羅振玉、新町三井家舊藏。

3845 吳延陵季子廟碑

唐大曆十四年（779）七月二十七日立，現存江蘇丹陽九里鎮南街。

淑德大學書學文化中心：

　　一張，紙本墨拓，托裱，編號：197681，天放樓舊藏。

東洋文庫：

　　一張，紙本墨拓，原片，240.0×106.0，編號：Ⅱ-16-C-p-353。

東京國立博物館：

　　一幅，紙本墨拓，原片，編號：978。

　　一幅，蕭定重刻本，紙本墨拓，原片，編號：615。

3846 馬璘新廟碑

全稱"扶風郡王馬璘新廟碑"，又名"馬公廟碑"，程浩撰文，韓秀實題額，顏真卿書丹，唐大曆十四年（779）七月立，現藏於西安碑林博物館。

書道博物館：

　　一帖，紙本墨拓，剪裝，26.1×14.3。

宇野雪村文庫：

　　　　一册，紙本墨拓，册頁，編號：95。

淑德大學書學文化中心：

　　　　一張，紙本墨拓，原片，編號：198244。

　　　　一册，紙本墨拓，册頁，編號：196287。

3847　顏勤禮碑

全稱"唐故秘書省著作郎夔州都督府長史上護軍顏君神道碑"，顏真卿撰文并書丹，唐大曆十四年（779）立，現藏於西安碑林博物館。

書道博物館：

　　　　一帖，紙本墨拓，剪裝，23.0×13.5。

淑德大學書學文化中心：

　　　　一軸，碑陽，紙本墨拓，卷軸，編號：196154。

　　　　一軸，碑陰，紙本墨拓，卷軸，編號：196155。

　　　　一軸，碑側，紙本墨拓，卷軸，編號：196156。

　　　　一軸，碑側題記，紙本墨拓，卷軸，編號：196157。

京都大學人文科學研究所：

　　　　一張，紙本墨拓，原片，編號：TOU1399A。

　　　　一張，紙本墨拓，原片，編號：TOU1399B。

　　　　一張，紙本墨拓，原片，編號：TOU1399C。

白扇書道會：

　　　　一張，紙本墨拓，全拓，176.0×90.0，種谷扇舟舊藏。

寄鶴軒：

　　　　一册，紙本墨拓，册頁。

觀峰館：

　　　　一册，紙本墨拓，册頁，24.6×16.2。

木雞室：

　　　　一册，紙本墨拓，册頁。

3848　蕭俱興墓誌

唐大曆十五年（780）正月十六日葬，河南安陽出土，現藏於故宮博物院。

淑德大學書學文化中心：

　　　　一張，紙本墨拓，原片，編號：000560。

京都大學人文科學研究所：

　　　　一張，紙本墨拓，編號：TOU1400A。

　　　　一張，紙本墨拓，編號：TOU1400B。

3849　天清地寧刻石

唐大曆年間（766—779）刻，李陽冰書，現存浙江金華金華山。

木雞室：

　　一張，紙本墨拓，原片，全拓。

［建中］

3850　雙束碑

又稱"岱嶽觀造像記碑""鴛鴦碑"，唐建中元年（780）二月九日刻，現存山東泰安岱廟。

淑德大學書學文化中心：

　　一軸，紙本墨拓，卷軸，編號：196199。

　　一軸，紙本墨拓，卷軸，編號：198286。

3851　顏氏家廟碑

全稱"唐故通議大夫行薛王友柱國贈秘書少監國子祭酒太子少保顏君廟碑銘并序"，顏真卿撰文并書丹，唐建中元年（780）七月一日立，現藏於西安碑林博物館。

東京國立博物館：

　　二幅，紙本墨拓，原片，［1］237.8×127.0，［2］239.5×127.2，編號：510。

東洋文庫：

　　一張，紙本墨拓，原片，31.0×19.0，編號：Ⅱ-16-C-833。

　　五帖，碑陽，紙本墨拓，各31.0×19.0。碑額，失。編號：Ⅱ-16-C-833。

京都大學人文科學研究所：

　　一張，紙本墨拓，原片，編號：TOU1404A。

　　一張，紙本墨拓，原片，編號：TOU1404B。

　　一張，紙本墨拓，原片，編號：TOU1404C。

　　一張，紙本墨拓，原片，編號：TOU1404D。

黑川古文化研究所：

　　四帖，紙本墨拓，剪裝，各25.8×14.9，書1081。

淑德大學書學文化中心：

　　一軸，碑陽，紙本墨拓，卷軸，編號：196158。

　　一張，碑陽，紙本墨拓，托裱，編號：197682，天放樓舊藏。

　　一冊，碑陽，紙本墨拓，冊頁，編號：000723。

　　一冊，碑陽，紙本墨拓，冊頁，編號：001018。

　　一軸，碑陰，紙本墨拓，卷軸，編號：196159。

　　一張，碑陰，紙本墨拓，托裱，編號：197683，天放樓舊藏。

一册，碑陰，紙本墨拓，册頁，編號：000723。

一軸，左側，紙本墨拓，卷軸，編號：196160。

一張，左側，紙本墨拓，托裱，編號：197682，天放樓舊藏。

一册，左側，紙本墨拓，册頁，編號：000723。

一軸，右側，紙本墨拓，卷軸，編號：196161。

一張，右側，紙本墨拓，托裱，編號：197683，天放樓舊藏。

一册，右側，紙本墨拓，册頁，編號：000723。

東京藝術大學藝術資料館：

一張，紙本墨拓，掛幅裝，291.0×156.1，編號：1440。

一張，紙本墨拓，掛幅裝，294.3×155.5，編號：1440。

觀峰館：

一册，紙本墨拓，册頁，25.1×15.2。

四張，紙本墨拓，碑陽235.5×124.0，碑側236.5×29.0，碑陰237.0×123.5，碑側238.50×29.0。

大阪市立美術館：

四帖，紙本墨拓，剪裝，無題額，編號：2623。

木雞室：

一册，紙本墨拓，全拓，楊守敬舊藏。

白扇書道會：

一張，紙本墨拓，全拓，242.0×124.0，種谷扇舟舊藏。

書壇院：

一幅，紙本墨拓，全拓。

墨華書道會：

一張，紙本墨拓，全拓。

一册，紙本墨拓，剪裱本。

碑林公園：

一張，紙本墨拓，全拓。

3852 獨秀山新聞石室記

唐建中元年（780）八月二十八日刻，現藏於廣西桂林桂海碑林博物館。

京都大學人文科學研究所：

一張，紙本墨拓，原片，編號：TOU1402X。

3853 崔祐甫墓誌

唐建中元年（780）十一月二十四日葬，河南洛陽出土，現藏於河南博物院。

京都大學人文科學研究所：

一張，紙本墨拓，原片，編號：TOU1403X。

淑德大學書學文化中心：

　　一張，紙本墨拓，原片，編號：001704。

　　一張，紙本墨拓，原片，編號：001930。

　　一張，紙本墨拓，原片，編號：001931。

3854　景教流行中國碑

全稱"大秦景教流行中國碑"，景净撰文，吕秀巖書丹，唐建中二年（781）正月七日立，現藏於西安碑林博物館。

東京國立博物館：

　　一幅，紙本墨拓，原片，編號：232，市河三鼎舊藏。

　　一幅，紙本墨拓，原片，編號：512。

宇野雪村文庫：

　　一冊，紙本墨拓，冊頁，編號：182。

東洋文庫：

　　一帖四十一葉，碑陽，31.0×17.0。碑額，失。陰刻，46.0×31.0。編號：XI-3-A-b-66。

京都大學人文科學研究所：

　　一張，紙本墨拓，原片，編號：TOU1406A。

　　一張，紙本墨拓，原片，編號：TOU1406B。

淑德大學書學文化中心：

　　一冊，碑陽，紙本墨拓，冊頁，編號：001665。

　　一軸，碑陽，紙本墨拓，卷軸，編號：196162。

　　一張，碑陽，紙本墨拓，原片，編號：195720。

　　一張，碑陽，紙本墨拓，托裱，編號：197685。

　　一軸，碑側，紙本墨拓，卷軸，編號：196163。

　　一軸，碑側，紙本墨拓，卷軸，編號：196164。

　　一張，碑側，紙本墨拓，原片，編號：195720。

東京藝術大學藝術資料館：

　　一張，紙本墨拓，掛幅裝，250.1×113.0，編號：1440。

大阪市立美術館：

　　一帖，紙本墨拓，剪裝，編號：2625。

大谷大學博物館：

　　一帖，紙本墨拓，剪裝，229.4×135.5。

東北大學附屬圖書館：

　　一幅，紙本墨拓，原片，常盤大定舊藏。

白扇書道會：

　　三張，紙本墨拓，全拓，原片，［1］180.0×87.0，［2］69.0×26.0，［3］175.0×26.0，種

谷扇舟舊藏。

觀峰館：

一册，紙本墨拓，册頁，23.9×13.5。

一張，紙本墨拓，原片，186.0×88.0。

書壇院：

一幅，紙本墨拓，原片，全拓。

3855　賈嬪墓誌

唐建中二年（781）三月二十三日葬，河北元氏縣出土，今藏地不詳。

淑德大學書學文化中心：

一册，紙本墨拓，册頁，編號：197853，天放樓舊藏。

3856　邢超俗墓誌

唐建中二年（781）十月十五日葬，河北趙縣出土，今藏地不詳。

淑德大學書學文化中心：

一張，紙本墨拓，托裱，編號：001731。

3857　不空和尚碑

全稱"唐太興善寺故大德大辯正廣智三藏和尚碑銘并序"，嚴郢撰文，徐浩書丹，唐建中二年（781）十一月十五日立，現藏於西安碑林博物館。

書道博物館：

一帖，紙本墨拓，剪裝，22.4×11.5。

東京國立博物館：

一幅，紙本墨拓，原片，編號：240。

一幅，紙本墨拓，原片，編號：510。

一幅，紙本墨拓，原片，編號：640。

宇野雪村文庫：

一册，紙本墨拓，册頁，編號：137，中林梧竹題箋并跋。

東洋文庫：

一帖三十六葉，紙本墨拓，31.0×18.0，編號：XI-3-A-b-78。

龍谷大學：

一幅，紙本墨拓，原片，200.0×98.0。

淑德大學書學文化中心：

一軸，紙本墨拓，卷軸，編號：196165。

一張，紙本墨拓，托裱，編號：197684，天放樓舊藏。

京都大學人文科學研究所：

一張，紙本墨拓，原片，編號：TOU1410X。

東北大學附屬圖書館：

　　一幅，紙本墨拓，原片，常盤大定舊藏。

白扇書道會：

　　一張，紙本墨拓，全拓，197.0×92.0，種谷扇舟舊藏。

書壇院：

　　一幅，紙本墨拓，全拓。

3858　張孝忠山亭再葺記

唐建中二年（781）刻，現藏於河北易縣文保所。

淑德大學書學文化中心：

　　一張，紙本墨拓，原片，編號：001794。

　　一張，紙本墨拓，托裱，編號：197711，天放樓舊藏。

3859　嗣曹王妃鄭氏墓誌

唐建中三年（782）十月九日葬，河南洛陽出土，現藏於遼寧省博物館。

京都大學人文科學研究所：

　　一張，紙本墨拓，原片，編號：TOU1411X。

3860　宋儼墓誌

唐建中四年（783）四月二十七日葬，清末民初北京昌平出土，現藏於故宮博物院。

東洋文庫：

　　一張，墓誌，紙本墨拓，原片，48.0×49.0。一張，墓誌蓋，紙本墨拓，原片，22.0×22.0。

　　編號：Ⅱ-16-C-p-355。

淑德大學書學文化中心：

　　一張，紙本墨拓，原片，編號：000562。

京都大學人文科學研究所：

　　一張，紙本墨拓，原片，編號：TOU1412X。

［貞元］

3861　段干木廟銘

盧士年撰，唐貞元元年（785）八月七日刻，原在山西芮城段干木祠堂。

淑德大學書學文化中心：

　　一軸，紙本墨拓，卷軸，編號：198641。

京都大學人文科學研究所：

　　一張，紙本墨拓，原片，編號：TOU1415X。

3862　李戡妃鄭中墓誌

唐貞元二年（786）七月二十二日葬，河南洛陽出土，今藏地不詳。

東洋文庫：

　　　　一張，紙本墨拓，原片，62.0×62.0，編號：Ⅱ-16-C-2.46。

宇野雪村文庫：

　　　　一張，紙本墨拓，原片，編號：1578。

　　　　一張，紙本墨拓，原片，編號：1589。

淑德大學書學文化中心：

　　　　一張，紙本墨拓，原片，編號：198183。

　　　　一張，紙本墨拓，原片，編號：000420。

3863　張延賞殘碑

趙贊撰文，馬瞻鐫刻，唐貞元三年（787）十月五日立，原在河南偃師西南經周寨。

東洋文庫：

　　　　二張，紙本墨拓，上部25.0×64.0，下部45.0×66.0，編號：Ⅱ-16-C-p-356。

京都大學人文科學研究所：

　　　　一張，紙本墨拓，原片，編號：TOU1418A。

　　　　一張，紙本墨拓，原片，編號：TOU1418B。

淑德大學書學文化中心：

　　　　一軸，紙本墨拓，卷軸，編號：000827。

3864　韋端妻王氏墓誌

唐貞元六年（790）二月二十三日葬，陝西西安出土，今藏地不詳。

宇野雪村文庫：

　　　　一張，紙本墨拓，原片，編號：1588。

3865　石柱佛名

唐貞元六年（790）七月一日刻，今藏地不詳。

京都大學人文科學研究所：

　　　　一張，紙本墨拓，原片，編號：TOU1420X。

3866　正性墓誌

唐貞元六年（790）十月八日葬，陝西咸寧出土，現藏於故宮博物院。

東洋文庫：

　　　　一張，墓誌，紙本墨拓，35.0×35.0。一張，墓誌蓋，紙本墨拓，24.0×24.0。編號：Ⅱ-

　　16-C-p-357。

京都大學人文科學研究所：

　　一張，紙本墨拓，原片，編號：TOU1421A。

　　一張，紙本墨拓，原片，編號：TOU1421B。

3867　法玩禪師塔銘

唐貞元七年（791）十月刻，現存河南登封少林寺。

東北大學附屬圖書館：

　　一幅，紙本墨拓，原片，常盤大定舊藏。

京都大學人文科學研究所：

　　一張，紙本墨拓，原片，編號：TOU1422X。

3868　盧嶠墓誌

唐貞元八年（792）二月十八日葬，河南洛陽出土，現藏於故宮博物院。

東洋文庫：

　　一張，紙本墨拓，原片，54.0×55.0，編號：Ⅱ-16-C-p-358。

京都大學人文科學研究所：

　　一張，紙本墨拓，原片，編號：TOU1423A。

　　一張，紙本墨拓，原片，編號：TOU1423B。

3869　李皋墓誌

唐貞元八年（792）三月十一日葬，河南洛陽出土，現藏於千唐誌齋博物館。

京都大學人文科學研究所：

　　一張，紙本墨拓，原片，編號：TOU1425A。

　　一張，紙本墨拓，原片，編號：TOU1425B。

3870　張公妻王氏墓誌

唐貞元八年（792）三月二十二日葬，陝西西安出土，今藏地不詳。

東京國立博物館：

　　一幅，紙本墨拓，原片，編號：708。

東洋文庫：

　　一張，紙本墨拓，原片，30.0×30.0，編號：Ⅱ-16-C-p-359。

淑德大學書學文化中心：

　　一張，紙本墨拓，原片，編號：000563。

京都大學人文科學研究所：

　　一張，紙本墨拓，原片，編號：TOU1424X。

3871　聖母帖

又稱"東陵聖母帖"，唐貞元九年（793）五月懷素書，宋元祐三年（1088）刻石。

京都國立博物館：

一帖，紙本墨拓，28.5×12.3，編號：B甲397，上野理一舊藏。

東京國立博物館：

一卷，紙本墨拓，原片，編號：514。

一帖，紙本墨拓，42.1×28.8，編號：1354。

京都大學人文科學研究所：

一張，紙本墨拓，原片，編號：TOU1428X。

觀峰館：

一張，紙本墨拓，原片，64.0×127.5。

書壇院：

一幅，紙本墨拓，全拓。

3872　澄空墓誌

唐貞元九年（793）八月葬，民國九年（1920）出土於河南洛陽龍門郭家寨。

京都大學人文科學研究所：

一張，紙本墨拓，原片，編號：TOU1426A。

一張，紙本墨拓，原片，編號：TOU1426B。

3873　盧嶠夫人崔氏墓誌

唐貞元九年（793）十月三日葬，河南洛陽出土，現藏於故宮博物院。

東洋文庫：

一張，紙本墨拓，原片，22.0×22.0，編號：Ⅱ-16-C-p-360。

淑德大學書學文化中心：

一張，墓誌蓋，紙本墨拓，原片，編號：000564。

一張，墓誌，紙本墨拓，原片，編號：000565。

京都大學人文科學研究所：

一張，紙本墨拓，原片，編號：TOU1427A。

一張，紙本墨拓，原片，編號：TOU1427B。

3874　諸葛武侯新廟碑

沈迥撰文，元錫書丹，唐貞元十一年（795）正月十九日立，現存陝西漢中勉縣武侯祠。

淑德大學書學文化中心：

一軸，紙本墨拓，卷軸，編號：196312。

3875　陳諸墓誌

唐貞元十一年（795）四月十二日葬，河南洛陽出土，現藏於故宮博物院。

淑德大學書學文化中心：

　　　　一張，紙本墨拓，原片，編號：000566。

京都大學人文科學研究所：

　　　　一張，紙本墨拓，原片，編號：TOU1429X。

3876　王仲堪墓誌

唐貞元十三年（797）四月六日葬，清乾隆五十四年（1789）出土於北京廣渠門內安義塋，現藏於首都博物館。

東洋文庫：

　　　　一張，紙本墨拓，原片，61.0×59.0，編號：Ⅱ-16-C-p-361。

淑德大學書學文化中心：

　　　　一張，紙本墨拓，原片，編號：000567。

京都大學人文科學研究所：

　　　　一張，紙本墨拓，原片，編號：TOU1431X。

3877　石崇俊墓誌

唐貞元十三年（797）八月十九日葬，陝西西安出土，今藏地不詳。

京都大學人文科學研究所：

　　　　一張，紙本墨拓，原片，編號：TOU1433A。

　　　　一張，紙本墨拓，原片，編號：TOU1433B。

3878　靈慶公神祠碑

全稱"大唐河東鹽池靈慶公神祠頌"，唐貞元十三年（797）八月二十日立，現藏於山西運城鹽湖區博物館。

宇野雪村文庫：

　　　　一張，紙本墨拓，原片，編號：1203。

　　　　一册，紙本墨拓，册頁，編號：168。

淑德大學書學文化中心：

　　　　一軸，紙本墨拓，卷軸，編號：196342。

觀峰館：

　　　　一册，紙本墨拓，册頁，26.1×14.7。

3879　李侯七墓銘

唐貞元十三年（797）十一月三日葬，河南緱氏出土，現藏於故宮博物院。

東洋文庫：

　　一張，紙本墨拓，原片，31.0×30.0，編號：Ⅱ-16-C-p-362。

淑德大學書學文化中心：

　　一張，紙本墨拓，原片，編號：000568。

京都大學人文科學研究所：

　　一張，紙本墨拓，原片，編號：TOU1434A。

　　一張，紙本墨拓，原片，編號：TOU1434B。

3880　實照墓誌

唐貞元十三年（797）十二月十九日葬，現藏於故宮博物院。

東京國立博物館：

　　一幅，紙本墨拓，原片，編號：709。

京都大學人文科學研究所：

　　一張，紙本墨拓，原片，編號：TOU1435X。

淑德大學書學文化中心：

　　一張，紙本墨拓，原片，編號：000569。

3881　雙束碑

又稱“岱嶽觀造像記碑”“鴛鴦碑”，唐貞元十四年（798）刻，現存山東泰安岱廟。

京都大學人文科學研究所：

　　一張，紙本墨拓，原片，編號：TOU0244A。

　　一張，紙本墨拓，原片，編號：TOU0244B。

　　一張，紙本墨拓，原片，編號：TOU0244C。

　　一張，紙本墨拓，原片，編號：TOU0244D。

3882　草書千字文

又稱“小草千字文”，唐貞元十五年（799）六月十七日懷素作。

京都國立博物館：

　　一帖，宋拓，紙本墨拓，23.9×13.0，文嘉、劉鐵雲題記，王國維舊藏。

寧樂美術館：

　　一帖，宋拓，紙本墨拓。

東京國立博物館：

　　一帖，關中本，紙本墨拓，22.9×15.1。

白扇書道會：

　　一張，紙本墨拓，全拓，58.0×84.0，種谷扇舟舊藏。

書壇院：

一幅，紙本墨拓，全拓。

觀峰館：

一張，紙本墨拓，67.0×143.0。

3883　崔程墓誌

唐貞元十五年（799）八月十三日葬，河南洛陽出土，今藏地不詳。

淑德大學書學文化中心：

一張，紙本墨拓，原片，編號：000570。

京都大學人文科學研究所：

一張，紙本墨拓，原片，編號：TOU1436X。

3884　徐浩碑

全稱“大唐贈太子少師徐府君之碑”，張式撰文，徐峴書丹，唐貞元十五年（799）十一月二十四日立，現藏於河南偃師商城博物館。

淑德大學書學文化中心：

一軸，紙本墨拓，卷軸，編號：196350。

一軸，紙本墨拓，卷軸，編號：198651。

一冊，紙本墨拓，冊頁，編號：000206。

3885　游石室新記

唐貞元十五年（799）刻，現存廣東肇慶七星巖摩崖。

京都大學人文科學研究所：

一張，紙本墨拓，原片，編號：TOU1437X。

3886　張氏墓誌

唐貞元十六年（800）二月五日葬，陝西西安出土，現藏於北京大學。

淑德大學書學文化中心：

一張，紙本墨拓，原片，編號：000571。

東京國立博物館：

一幅，紙本墨拓，原片，編號：710。

京都大學人文科學研究所：

一張，紙本墨拓，原片，編號：TOU1438X。

東洋文庫：

一張，紙本墨拓，原片，31.0×30.0，編號：Ⅱ-16-C-p-364。

3887　鄭淮墓誌

唐貞元十七年（801）五月五日葬，河南洛陽出土，現藏於故宮博物院。

淑德大學書學文化中心：

一張，紙本墨拓，原片，編號：000572。

京都大學人文科學研究所：

一張，紙本墨拓，原片，編號：TOU1439X。

3888 豆盧君妻魏氏墓誌

唐貞元十七年（801）十一月十四日葬，河南洛陽出土，現藏於開封博物館。

東洋文庫：

一張，紙本墨拓，原片，40.0×39.0，編號：Ⅱ-16-C-1345。

3889 李藩殤女墓石記

唐貞元十七年（801）十二月三日葬，陝西西安出土，今藏地不詳。

東京國立博物館：

一幅，紙本墨拓，原片，編號：711。

東洋文庫：

一張，紙本墨拓，原片，30.0×30.0，編號：Ⅱ-16-C-p-342。

京都大學人文科學研究所：

一張，紙本墨拓，原片，編號：TOU1441X。

淑德大學書學文化中心：

一張，紙本墨拓，原片，編號：000573。

一冊，紙本墨拓，冊頁，編號：197854，天放樓舊藏。

一張，紙本墨拓，原片，編號：000574。

3890 演公塔銘

唐貞元十八年（802）正月二十二日刻，今藏地不詳。

東北大學附屬圖書館：

一幅，紙本墨拓，原片，常盤大定舊藏。

3891 張氏女殤墓誌

唐貞元十八年（802）正月二十七日葬，河南洛陽出土，現藏於故宮博物院。

京都大學人文科學研究所：

一張，紙本墨拓，原片，編號：TOU1442X。

3892 張游藝墓誌

唐貞元十八年（802）十二月一日葬，河南洛陽出土，現藏於故宮博物院。

東洋文庫：

一張，紙本墨拓，原片，35.0×35.0，編號：Ⅱ-16-C-1346。

3893　韓弇妻韋氏墓誌

唐貞元十九年（803）正月九日葬，河南陳留出土，現藏於西安碑林博物館。

京都大學人文科學研究所：

一張，紙本墨拓，原片，編號：TOU1444X。

3894　李公璵等題名

唐貞元十九年（803）五月刻，現存河南洛陽龍門石窟。

東洋文庫：

一張，紙本墨拓，原片，41.0×10.0，編號：Ⅱ-16-C-p-366。

3895　畢游江墓誌

唐貞元十九年（803）七月一日葬，河北正定白雀寺出土，現藏於故宮博物院。

淑德大學書學文化中心：

一張，紙本墨拓，原片，編號：000575。

京都大學人文科學研究所：

一張，紙本墨拓，原片，編號：TOU1446X。

3896　王刬墓誌

唐貞元十九年（803）閏十月七日葬，現藏於故宮博物院。

淑德大學書學文化中心：

一張，紙本墨拓，原片，編號：000561。

3897　武琮妻裴氏墓誌

唐貞元二十年（804）七月一日葬，江蘇揚州出土，今藏地不詳。

東洋文庫：

一張，紙本墨拓，原片，33.0×34.0，編號：Ⅱ-16-C-p-367。

淑德大學書學文化中心：

一張，紙本墨拓，原片，編號：000576。

京都大學人文科學研究所：

一張，紙本墨拓，原片，編號：TOU1447X。

3898　李廣業碑

全稱“唐故劍州長史贈太僕少卿汝州刺史隴西李廣業碑”，鄭雲逵撰文并書丹，袁滋篆額，唐貞元二十年（804）十一月十三日立，現存陝西三原縣陵前鎮焦村。

三井記念美術館：

　　　　一帖，宋拓孤本，紙本墨拓，28.7×16.6，倪雲林、新町三井家舊藏。

東洋文庫：

　　　　一帖四十葉，紙本墨拓，32.0×16.0，編號：Ⅱ-16-C-871。

3899　楚金禪師碑

釋飛錫撰文，吳通微書丹，唐貞元二十一年（805）七月二十五日刻於"多寶塔碑"陰，現藏於西安碑林博物館。

宇野雪村文庫：

　　　　一册，紙本墨拓，册頁，編號：107。

東洋文庫：

　　　　一帖四十八葉，紙本墨拓，31.0×16.0，編號：Ⅱ-16-C-873。

　　　　一張，紙本墨拓，原片，172.0×95.0，編號：Ⅱ-16-C-p-368。

東京國立博物館：

　　　　一幅，紙本墨拓，原片，編號：268。

　　　　一幅，紙本墨拓，原片，編號：516。

淑德大學書學文化中心：

　　　　一軸，紙本墨拓，卷軸，編號：196467。

　　　　一張，紙本墨拓，托裱，編號：197686，天放樓舊藏。

京都大學人文科學研究所：

　　　　一張，紙本墨拓，原片，編號：TOU1448X。

東北大學附屬圖書館：

　　　　一幅，紙本墨拓，原片，常盤大定舊藏。

觀峰館：

　　　　一册，紙本墨拓，册頁，24.9×15.2。

　　　　一張，紙本墨拓，原片，171.5×95.5。

書壇院：

　　　　一幅，紙本墨拓，原片，全拓。

3900　爛柯山殘碑

唐貞元年間（785—805）立，原在浙江衢州爛柯山，今藏地不詳。

東洋文庫：

　　　　一張，紙本墨拓，原片，60.0×90.0，編號：Ⅱ-16-C-×-21。

［永貞］

3901　張詵妻樊氏墓誌

唐永貞元年（805）十月二十日葬，河南洛陽出土，今藏地不詳。

宇野雪村文庫：

　　一張，紙本墨拓，原片，編號：1668。

3902　李肅墓誌

唐永貞元年（805）十二月葬，河南洛陽出土，現藏於開封博物館。

京都大學人文科學研究所：

　　一張，紙本墨拓，原片，編號：TOU1449A。

　　一張，紙本墨拓，原片，編號：TOU1449B。

［元和］

3903　魏和墓誌

唐元和元年（806）二月十五日葬，河南洛陽出土，現藏於故宮博物院。

淑德大學書學文化中心：

　　一張，墓誌蓋，紙本墨拓，原片，編號：000577。

　　一張，墓誌，紙本墨拓，原片，編號：000578。

京都大學人文科學研究所：

　　一張，紙本墨拓，原片，編號：TOU1450A。

　　一張，紙本墨拓，原片，編號：TOU1450B。

3904　孟簡題名

唐元和元年（806）三月三日刻，現存廣西臨桂讀書巖。

京都大學人文科學研究所：

　　一張，紙本墨拓，原片，編號：TOU1451A。

　　一張，紙本墨拓，原片，編號：TOU1451B。

　　一張，紙本墨拓，原片，編號：TOU1451C。

3905　劉通妻張氏墓誌

唐元和元年（806）八月二十五日葬，江蘇揚州出土，今藏地不詳。

淑德大學書學文化中心：

　　一張，紙本墨拓，原片，編號：000579。

3906 裴承章墓誌

唐元和元年（806）十一月二十六日葬，陝西西安出土，今藏地不詳。

京都大學人文科學研究所：

　　一張，紙本墨拓，原片，編號：TOU1453X。

3907 李昕妻姜氏墓誌

唐元和二年（807）二月八日葬，陝西西安出土，今藏地不詳。

東京國立博物館：

　　一幅，紙本墨拓，原片，編號：713。

淑德大學書學文化中心：

　　一張，紙本墨拓，原片，編號：000580。

京都大學人文科學研究所：

　　一張，紙本墨拓，原片，編號：TOU1454X。

3908 乘廣禪師碑

劉禹錫撰文并書丹，劉申錫篆額，唐元和二年（807）五月二十七日立，現存江西萍鄉上栗縣楊岐普通寺。

東洋文庫：

　　一張，紙本墨拓，原片，186.0×87.0，編號：Ⅱ-16-C-p-369。

京都大學人文科學研究所：

　　一張，紙本墨拓，原片，編號：TOU1455X。

3909 高岑墓誌

唐元和二年（807）八月十七日葬，河南洛陽出土，現藏於開封博物館。

東洋文庫：

　　一張，紙本墨拓，原片，54.0×54.0，編號：Ⅱ-16-C-1347。

京都大學人文科學研究所：

　　一張，紙本墨拓，原片，編號：TOU1456X。

3910 李卅三娘墓誌

唐元和三年（808）五月十九日葬，河南洛陽出土，今藏地不詳。

東洋文庫：

　　一張，紙本墨拓，原片，17.0×19.0，編號：Ⅱ-16-C-p-370。

淑德大學書學文化中心：

　　一張，紙本墨拓，原片，編號：000581。

京都大學人文科學研究所：

  一張，紙本墨拓，原片，編號：TOU1457X。

3911　裴復墓誌

唐元和三年（808）七月二十二日葬，河南洛陽出土，現藏於西安碑林博物館。

京都大學人文科學研究所：

  一張，紙本墨拓，原片，編號：TOU1458X。

3912　諸葛武侯祠堂碑

全稱"蜀丞相諸葛武侯祠堂碑"，裴度撰文，柳公綽書丹，魯建鐫刻，唐元和四年（809）二月二十九日立，現存四川成都武侯祠。

東洋文庫：

  一帖七十一葉，附一葉，34.0×20.0，編號：Ⅱ-16-C-834。

東京國立博物館：

  一幅，紙本墨拓，原片，編號：233，市河三鼎舊藏。

  一幅，紙本墨拓，原片，編號：327。

  一幅，紙本墨拓，原片，編號：630。

淑德大學書學文化中心：

  一軸，紙本墨拓，卷軸，編號：196166。

京都大學人文科學研究所：

  一張，紙本墨拓，原片，編號：TOU1459X。

東北大學附屬圖書館：

  一幅，紙本墨拓，原片，常盤大定舊藏。

東京藝術大學藝術資料館：

  一張，紙本墨拓，掛幅裝，250.1×113.0，編號：1440。

觀峰館：

  一張，紙本墨拓，原片，272.5×138.5。

3913　王大劍墓誌

唐元和四年（809）十月十三日葬，湖北襄陽出土，今藏地不詳。

京都大學人文科學研究所：

  一張，紙本墨拓，原片，編號：TOU1460X。

3914　陳諸妻獨孤氏墓誌

唐元和四年（809）十月二十四日葬，河南洛陽出土，現藏於故宮博物院。

東洋文庫：

一張，墓誌，紙本墨拓，原片，38.0×38.0。一張，墓誌蓋，紙本墨拓，原片，22.0×22.0。
編號：Ⅱ-16-C-p-371。

淑德大學書學文化中心：

一張，墓誌蓋，紙本墨拓，原片，編號：000582。

一張，墓誌，紙本墨拓，原片，編號：000583。

京都大學人文科學研究所：

一張，紙本墨拓，原片，編號：TOU1461A。

一張，紙本墨拓，原片，編號：TOU1461B。

3915　孫素朱壙誌

唐元和四年（809）十一月十八日葬，現藏於故宮博物院。

東洋文庫：

一張，紙本墨拓，原片，39.0×39.0，編號：Ⅱ-16-C-p-372。

京都大學人文科學研究所：

一張，紙本墨拓，原片，編號：TOU1462X。

3916　袁秀巖墓誌

唐元和五年（810）二月二日葬，河南洛陽出土，今藏地不詳。

東洋文庫：

一張，紙本墨拓，原片，42.0×42.0，編號：Ⅱ-16-C-1348。

京都大學人文科學研究所：

一張，紙本墨拓，原片，編號：TOU1463X。

3917　彭夫人墓誌

唐元和五年（810）九月十二日葬，今藏地不詳。

淑德大學書學文化中心：

一張，紙本墨拓，原片，編號：000584。

京都大學人文科學研究所：

一張，紙本墨拓，原片，編號：TOU1464X。

3918　尊勝阿陀羅尼經幢

唐元和六年（811）正月二十四日刻，今藏地不詳。

淑德大學書學文化中心：

一張，紙本墨拓，托裱，編號：197687，天放樓舊藏。

3919　智者大師修禪道場碑

梁蕭撰文，徐放書丹，唐元和六年（811）十一月十二日立，現存浙江台州天台山智者塔院。

東北大學附屬圖書館：

　　　一幅，紙本墨拓，原片，常盤大定舊藏。

3920　王君妻薄氏墓誌

唐元和六年（811）十一月十二日葬，河南洛陽出土，現藏於開封博物館。

京都大學人文科學研究所：

　　　一張，紙本墨拓，原片，編號：TOU1465A。

　　　一張，紙本墨拓，原片，編號：TOU1465B。

3921　周孝侯碑

全稱“平西將軍周府君碑”，陸機撰文，集王羲之書，唐元和六年（811）義興縣令陳從諫重立，現存江蘇宜興周孝侯廟。

淑德大學書學文化中心：

　　　一軸，紙本墨拓，卷軸，編號：196343。

宇野雪村文庫：

　　　一張，紙本墨拓，原片，編號：1054。

　　　一張，紙本墨拓，原片，編號：1055。

　　　一冊，紙本墨拓，冊頁，編號：181。

3922　符載妻李氏墓誌

唐元和七年（812）八月七日葬，陝西鳳翔出土，今藏地不詳。

東京國立博物館：

　　　一幅，紙本墨拓，原片，編號：715。

東洋文庫：

　　　一張，紙本墨拓，原片，36.0×35.0，編號：Ⅱ-16-C-p-373。

京都大學人文科學研究所：

　　　一張，紙本墨拓，原片，編號：TOU1466X。

淑德大學書學文化中心：

　　　一張，紙本墨拓，原片，編號：000585。

　　　一冊，紙本墨拓，冊頁，編號：197855，天放樓舊藏。

3923　狄梁公祠碑

全稱“大周狄梁公祠堂之碑”，馮宿撰文，胡澄書丹，唐元和七年（812）十月五日立，現藏於河北邯鄲大名石刻博物館。

淑德大學書學文化中心：

　　　一張，紙本墨拓，托裱，編號：001716。

3924　秦士寧妻王氏墓誌

唐元和八年（813）二月二十五日葬，河南滎陽出土，現藏於故宮博物院。

淑德大學書學文化中心：

　　　一張，紙本墨拓，原片，編號：000586。

京都大學人文科學研究所：

　　　一張，紙本墨拓，原片，編號：TOU1467X。

3925　顧師閔墓誌

唐元和八年（813）三月四日葬，一九九〇年出土於河南偃師，現藏於偃師商城博物館。

淑德大學書學文化中心：

　　　一張，紙本墨拓，原片，編號：001808。

3926　劉通墓誌

唐元和八年（813）十月十八日葬，江蘇揚州出土，今藏地不詳。

東洋文庫：

　　　一張，紙本墨拓，原片，36.0×36.0，編號：Ⅱ-16-C-p-374。

淑德大學書學文化中心：

　　　一張，紙本墨拓，原片，編號：000587。

京都大學人文科學研究所：

　　　一張，紙本墨拓，原片，編號：TOU1468A。

　　　一張，紙本墨拓，原片，編號：TOU1468B。

3927　張曛墓誌

唐元和八年（813）十一月二十三日葬，湖北襄陽出土，今藏地不詳。

東洋文庫：

　　　一張，紙本墨拓，原片，51.0×51.0，編號：Ⅱ-16-C-86。

京都大學人文科學研究所：

　　　一張，紙本墨拓，原片，編號：TOU1469X。

3928　高承金合祔墓誌

唐元和八年（813）十二月十七日葬，河北磁縣出土，現藏於故宮博物院。

淑德大學書學文化中心：

　　　一張，紙本墨拓，原片，編號：000588。

京都大學人文科學研究所：

一張，紙本墨拓，原片，編號：TOU1470X。

3929　和上塔銘

唐元和八年（813）十二月二十六日刻，現存河南登封會善寺。

東洋文庫：

二張，紙本墨拓，右紙32.0×28.0，左紙32.0×18.0，編號：Ⅱ-16-C-p-375。

京都大學人文科學研究所：

一張，紙本墨拓，原片，編號：TOU1471X。

3930　李常容墓誌

唐元和八年（813）葬，河南洛陽出土，今藏地不詳。

宇野雪村文庫：

一張，紙本墨拓，原片，編號：1256。

3931　李術墓誌

唐元和九年（814）正月十九日葬，陝西西安出土，現藏於西安碑林博物館。

宇野雪村文庫：

一張，紙本墨拓，原片，編號：1586。

3932　建福寺界場記

唐元和九年（814）二月二日，今藏地不詳。

淑德大學書學文化中心：

一軸，紙本墨拓，卷軸，編號：198402。

3933　陳志清墓誌

唐元和九年（814）十月六日葬，陝西鳳翔出土，今藏地不詳。

東京國立博物館：

一幅，紙本墨拓，原片，編號：717。

東洋文庫：

一張，紙本墨拓，原片，45.0×44.0，編號：Ⅱ-16-C-p-376。

京都大學人文科學研究所：

一張，紙本墨拓，原片，編號：TOU1473X。

淑德大學書學文化中心：

一張，紙本墨拓，原片，編號：000589。

3934　劉密妻崔氏墓誌

唐元和九年（814）十月六日葬，湖北襄陽出土，今藏地不詳。

宇野雪村文庫：

　　　一張，紙本墨拓，原片，編號：1693。

淑德大學書學文化中心：

　　　一册，墓誌蓋，紙本墨拓，册頁，編號：197856，天放樓舊藏。

　　　一册，墓誌，紙本墨拓，册頁，編號：197857，天放樓舊藏。

京都大學人文科學研究所：

　　　一張，紙本墨拓，原片，編號：TOU1474X。

3935　魏邈墓誌

唐元和十年（815）四月八日葬，陝西西安出土，現藏於西安碑林博物館。

東京國立博物館：

　　　一幅，紙本墨拓，原片，編號：465。

淑德大學書學文化中心：

　　　一册，紙本墨拓，册頁，編號：197858，天放樓舊藏。

3936　李輔光墓誌

唐元和十年（815）四月二十五日葬，陝西咸陽出土，今藏地不詳。

東京國立博物館：

　　　一幅，紙本墨拓，原片，編號：234，市河三鼎舊藏。

　　　一幅，紙本墨拓，原片，編號：331。

京都大學人文科學研究所：

　　　一張，紙本墨拓，原片，編號：TOU1475X。

3937　劉性忠墓誌

唐元和十年（815）七月三日葬，今藏地不詳。

淑德大學書學文化中心：

　　　一張，紙本墨拓，原片，編號：000590。

京都大學人文科學研究所：

　　　一張，紙本墨拓，原片，編號：TOU1476X。

3938　臧協妻向氏墓誌

唐元和十年（815）十月十二日葬，河南洛陽出土，現藏於故宫博物院。

東洋文庫：

　　　一張，紙本墨拓，39.0×40.0，編號：Ⅱ-16-C-p-377。

淑德大學書學文化中心：

　　　一張，紙本墨拓，原片，編號：000591。

京都大學人文科學研究所：

　　一張，紙本墨拓，原片，編號：TOU1477X。

3939　石默啜墓誌

唐元和十一年（816）八月二十四日葬，河北易縣出土，現藏於故宮博物院。

淑德大學書學文化中心：

　　一張，紙本墨拓，原片，編號：000592。

京都大學人文科學研究所：

　　一張，紙本墨拓，原片，編號：TOU1479X。

3940　李岸并夫人徐氏墓誌

唐元和十一年（816）十一月二十九日葬，河北正定出土，現藏於故宮博物院。

東洋文庫：

　　一張，紙本墨拓，原片，45.0×45.0，編號：Ⅱ-16-C-p-378。

淑德大學書學文化中心：

　　一張，紙本墨拓，原片，編號：000593。

京都大學人文科學研究所：

　　一張，紙本墨拓，原片，編號：TOU1481A。

　　一張，紙本墨拓，原片，編號：TOU1481B。

3941　裴琚墓誌

唐元和十一年（816）葬，出土時地不詳。

宇野雪村文庫：

　　一張，紙本墨拓，原片，編號：1235。

3942　佛頂尊勝陁羅尼

唐元和十二年（817）正月刻，今藏地不詳。

淑德大學書學文化中心：

　　一冊，紙本墨拓，冊頁，編號：001664。

3943　菩提達摩大師碑

唐元和十二年（817）五月十二日立，民國二十四年（1935）出土於二祖寺，現存河北邯鄲成安縣二祖村元符寺。

京都大學人文科學研究所：

　　一張，紙本墨拓，原片，編號：TOU1483X。

淑德大學書學文化中心：

一册，紙本墨拓，册頁，編號：197389，天放樓舊藏。

3944　李崗墓誌

唐元和十二年（817）六月二十四日葬，河南洛陽出土，現藏於開封博物館。

東洋文庫：

一張，紙本墨拓，原片，60.0×60.0，編號：Ⅱ-16-C-1349。

京都大學人文科學研究所：

一張，紙本墨拓，原片，編號：TOU1484X。

書壇院：

一幅，紙本墨拓，全拓。

3945　張士陵墓誌

唐元和十二年（817）八月三日葬，河南洛陽出土，現藏於開封博物館。

京都大學人文科學研究所：

一張，紙本墨拓，原片，編號：TOU1485A。

一張，紙本墨拓，原片，編號：TOU1485B。

3946　徐州使院新修石幢記

高瑀撰文，譚藩書丹，唐元和十二年（817）八月十二日刻，現藏於徐州博物館。

京都大學人文科學研究所：

一張，紙本墨拓，原片，編號：TOU1487A。

一張，紙本墨拓，原片，編號：TOU1487B。

3947　趙日誠妻宗氏墓誌

唐元和十二年（817）九月二十九日葬，河南洛陽出土，現藏於故宮博物院。

東洋文庫：

一張，紙本墨拓，原片，46.0×46.0，編號：Ⅱ-16-C-69。

一張，紙本墨拓，原片，47.0×47.0，編號：Ⅱ-16-C-1350。

京都大學人文科學研究所：

一張，紙本墨拓，原片，編號：TOU1486X。

3948　韋契義墓誌

唐元和十三年（818）七月三日葬，陝西西安出土，今藏地不詳。

淑德大學書學文化中心：

一册，紙本墨拓，册頁，編號：197859，天放樓舊藏。

3949　西門珍墓誌

唐元和十三年（818）七月二十日葬，陝西西安出土，今藏地不詳。

東京國立博物館：

　　一幅，紙本墨拓，原片，編號：460。

3950　李德孫墓誌

唐元和十三年（818）七月二十七日葬，陝西西安出土，今藏地不詳。

東京國立博物館：

　　一幅，紙本墨拓，原片，編號：718。

東洋文庫：

　　一張，紙本墨拓，原片，31.0×31.0，編號：Ⅱ-16-C-p-379。

京都大學人文科學研究所：

　　一張，紙本墨拓，原片，編號：TOU1488X。

淑德大學書學文化中心：

　　一張，紙本墨拓，原片，編號：000594。

3951　般若心經

唐元和十四年（819）三月二十四日刻，今藏地不詳。

淑德大學書學文化中心：

　　一册，紙本墨拓，册頁，編號：197399，天放樓舊藏。

　　一軸，紙本墨拓，卷軸，編號：196793。

書壇院：

　　一幅，紙本墨拓，全拓。

3952　蕭子昂墓誌

唐元和十四年（819）三月二十五日葬，現藏於故宫博物院。

東洋文庫：

　　一張，墓誌，紙本墨拓，原片，38.0×39.0。一張，墓誌蓋，紙本墨拓，原片，31.0×29.0。

　　編號：Ⅱ-16-C-p-380。

淑德大學書學文化中心：

　　一張，紙本墨拓，原片，編號：000595。

京都大學人文科學研究所：

　　一張，紙本墨拓，原片，編號：TOU1489A。

　　一張，紙本墨拓，原片，編號：TOU1489B。

3953 崔載墓誌

唐元和十四年（819）十一月十六日葬，北京大興出土，今藏地不詳。

京都大學人文科學研究所：

　　　　一張，紙本墨拓，原片，編號：TOU1490X。

3954 趙氏墓誌

唐元和十五年（820）二月十二日葬，陝西西安出土，現藏於故宫博物院。

東京國立博物館：

　　　　一幅，紙本墨拓，原片，編號：719。

東洋文庫：

　　　　一張，紙本墨拓，原片，33.0×32.0，編號：Ⅱ-16-C-p-381。

京都大學人文科學研究所：

　　　　一張，紙本墨拓，原片，編號：TOU1491X。

淑德大學書學文化中心：

　　　　一張，紙本墨拓，原片，編號：000596。

3955 韋端墓誌

唐元和十五年（820）五月一日葬，陝西西安出土，現藏於西安碑林博物館。

東京國立博物館：

　　　　一幅，紙本墨拓，原片，編號：461。

淑德大學書學文化中心：

　　　　一册，紙本墨拓，册頁，編號：197860，天放樓舊藏。

京都大學人文科學研究所：

　　　　一張，紙本墨拓，原片，編號：TOU1494X。

3956 弓君并妻郭氏墓誌

唐元和十五年（820）十月二十七日葬，山西靈丘出土，現藏於故宫博物院。

東洋文庫：

　　　　一張，墓誌，紙本墨拓，原片，40.0×40.0。一張，墓誌蓋，紙本墨拓，原片，43.0×44.0。
　　　　編號：Ⅱ-16-C-88。

　　　　一張，墓誌，紙本墨拓，原片，40.0×40.0。一張，墓誌蓋，紙本墨拓，原片，43.0×43.0。
　　　　編號：Ⅱ-16-C-1351。

京都大學人文科學研究所：

　　　　一張，紙本墨拓，原片，編號：TOU1492A。

　　　　一張，紙本墨拓，原片，編號：TOU1492B。

3957　司馬君妻孫堅静墓誌

唐元和十五年（820）十一月二十二日葬，陝西西安出土，今藏地不詳。

京都大學人文科學研究所：

一張，紙本墨拓，原片，編號：TOU1493X。

3958　覺公紀德碑

唐元和十五年（820）立，今藏地不詳。

東京國立博物館：

一幅，紙本墨拓，原片，214.0×85.0，編號：892。

3959　李光進神道碑

又稱"唐安定郡王李光進神道碑"，令狐楚撰文，李季元書丹，唐元和十五年（820）立，現存山西晉中榆次區使趙鄉。

淑德大學書學文化中心：

一張，紙本墨拓，托裱，編號：001235。

3960　何叔平妻劉氏墓誌

唐元和年間（806—820）葬，山東出土，端方舊藏。

東洋文庫：

一張，紙本墨拓，原片，38.0×38.0，編號：Ⅱ-16-C-p-32。

淑德大學書學文化中心：

一張，紙本墨拓，原片，編號：000597。

京都大學人文科學研究所：

一張，紙本墨拓，原片，編號：TOU1495X。

［長慶］

3961　朱孝誠碑

又稱"忠武軍監軍朱孝誠神道碑"，蘇遇撰文，曹郢書丹并篆額，唐長慶元年（821）二月五日立，清乾隆年間出土，現存陝西三原。

東洋文庫：

一帖四十葉，紙本墨拓，31.0×16.0。碑額，失。編號：XI-3-A-b-72。

3962　劉和墓誌

唐長慶元年（821）五月二十五日葬，河南洛陽出土，現藏於開封博物館。

東洋文庫：

　　一張，墓誌，紙本墨拓，原片，44.0×47.0。一張，墓誌蓋，紙本墨拓，原片，26.0×27.0。
編號：Ⅱ-16-C-1352。

3963　柳州羅池廟碑

韓愈撰文，沈傳師書丹，唐長慶元年（821）立，原在柳州羅池廟，久佚。

三井記念美術館：

　　一帖，宋拓孤本，紙本墨拓，22.8×13.0，何紹基、新町三井家舊藏。

3964　卜璀墓誌

唐長慶二年（822）十一月十六日葬，湖北襄陽出土，今藏地不詳。

京都大學人文科學研究所：

　　一張，紙本墨拓，原片，編號：TOU1498X。

3965　梁守謙功德銘

又稱“邠國公功德銘并序”，楊承和撰文并書丹，陸邳篆額，强瓊鐫刻，唐長慶二年（822）十二月一日立，現藏於西安碑林博物館。

東京國立博物館：

　　一幅，紙本墨拓，原片，編號：416。

　　一幅，紙本墨拓，原片，編號：517。

東洋文庫：

　　一張，碑陽，紙本墨拓，原片，240.0×115.0。碑額，失。編號：Ⅱ-16-C-p-382。

京都大學人文科學研究所：

　　一張，紙本墨拓，原片，編號：TOU1499X。

　　一張，紙本墨拓，原片，編號：TOU1501X。

淑德大學書學文化中心：

　　一張，紙本墨拓，托裱，編號：197688，天放樓舊藏。

東京藝術大學藝術資料館：

　　一張，紙本墨拓，掛幅裝，251.0×181.7，編號：1440。

觀峰館：

　　一張，紙本墨拓，原片，245.5×115.5。

3966　唐蕃會盟碑

又稱“長慶會盟碑”“甥舅和盟碑”，唐長慶二年（822）立，現存西藏拉薩大昭寺。

京都大學人文科學研究所：

　　一張，陰及左側，紙本墨拓，原片，編號：TOU1502X。

一張，陰及右側，紙本墨拓，原片，編號：TOU1503X。

一張，陰，紙本墨拓，原片，編號：TOU1504X。

一張，陰左半蕃文，紙本墨拓，原片，編號：TOU1505X。

一張，右側，紙本墨拓，原片，編號：TOU1506X。

3967 石壁寺特賜寺莊山林地土四至記

唐長慶三年（823）五月二十三日刻，現存山西交城玄中寺。

東北大學附屬圖書館：

一幅，紙本墨拓，原片，常盤大定舊藏。

3968 顏永墓誌

唐長慶四年（824）二月二十九日葬，江蘇江都出土，今藏地不詳。

淑德大學書學文化中心：

一張，紙本墨拓，原片，編號：000599。

京都大學人文科學研究所：

一張，紙本墨拓，原片，編號：TOU1507X。

［寶曆］

3969 南溪元巖銘

唐寶曆元年（825）正月八日刻，現存廣西桂林南溪公園。

京都大學人文科學研究所：

一張，紙本墨拓，原片，編號：TOU1508X。

3970 石忠政墓誌

唐寶曆元年（825）八月九日葬，陝西西安出土，現藏於故宮博物院。

京都大學人文科學研究所：

一張，紙本墨拓，原片，編號：TOU1496X。

宇野雪村文庫：

一張，紙本墨拓，原片，編號：1587。

淑德大學書學文化中心：

一張，紙本墨拓，原片，編號：000598。

3971 諸葛澄墓誌

唐寶曆元年（825）九月十五日葬，河南孟縣（今孟州市）出土，今藏地不詳。

淑德大學書學文化中心：

一軸，紙本墨拓，卷軸，編號：198329。

一張，紙本墨拓，原片，編號：000490。

京都大學人文科學研究所：

一張，紙本墨拓，原片，編號：TOU1509X。

3972　游石室記

唐寶曆元年（825）九月二十日刻，現在廣東肇慶七星巖。

淑德大學書學文化中心：

一張，紙本墨拓，原片，編號：001766。

3973　李紳題名

唐寶曆元年（825）刻，現在廣東肇慶七星巖。

京都大學人文科學研究所：

一張，紙本墨拓，原片，編號：TOU1511X。

3974　南溪詩并序

唐寶曆二年（826）三月七日刻，現藏於廣西桂林桂海碑林博物館。

京都大學人文科學研究所：

一張，紙本墨拓，原片，編號：TOU1512X。

3975　鄭仲連墓誌

唐寶曆二年（826）十一月七日葬，山西長治出土，今藏地不詳。

東洋文庫：

一張，紙本墨拓，原片，49.0×49.0，編號：Ⅱ-16-C-p-383。

［大和］

3976　何允墓誌

唐大和元年（827）五月二十五日葬，江蘇江都出土，今藏地不詳。

淑德大學書學文化中心：

一張，紙本墨拓，原片，編號：000600。

京都大學人文科學研究所：

一張，紙本墨拓，原片，編號：TOU1516X。

3977　盧士瓊墓誌

唐大和元年（827）九月一日葬，陝西西安出土，現藏於千唐誌齋博物館。

東京國立博物館：

　　　一幅，紙本墨拓，原片，編號：426。

京都大學人文科學研究所：

　　　一張，紙本墨拓，原片，編號：TOU1517X。

3978　李晟碑

全稱"唐故太尉兼中書令西平郡王贈太師李公神道碑銘并序"，裴度撰文，柳公權書丹并篆額，唐大和三年（829）四月六日立，現藏於陝西高陵博物館。

淑德大學書學文化中心：

　　　一張，紙本墨拓，托裱，編號：197689。

觀峰館：

　　　二册，紙本墨拓，册頁，[1] 21.8×11.1，[2] 21.6×11.1。

3979　盧昂墓誌

唐大和三年（829）十月二十六日葬，河南洛陽出土，現藏於開封博物館。

京都大學人文科學研究所：

　　　一張，紙本墨拓，原片，編號：TOU1518X。

3980　王逖墓誌

唐大和四年（830）二月二十七日葬，河南洛陽出土，現藏於故宮博物院。

淑德大學書學文化中心：

　　　一張，紙本墨拓，原片，編號：000601。

京都大學人文科學研究所：

　　　一張，紙本墨拓，原片，編號：TOU1519X。

3981　鄭準墓誌

唐大和四年（830）八月二十五日葬，江蘇宜興出土，現藏於西安碑林博物館。

宇野雪村文庫：

　　　一册，紙本墨拓，册頁，編號：162。

3982　强君妻杜氏墓誌

唐大和四年（830）九月二十九日葬，河北正定出土，現藏於故宮博物院。

京都大學人文科學研究所：

　　　一張，紙本墨拓，原片，編號：TOU1520A。

　　　一張，紙本墨拓，原片，編號：TOU1520B。

3983 高誠墓誌

唐大和四年（830）十月一日葬，江蘇揚州出土，今藏地不詳。

東洋文庫：

一張，紙本墨拓，原片，33.0×33.0，編號：Ⅱ-16-C-p-384。

京都大學人文科學研究所：

一張，紙本墨拓，原片，編號：TOU1521X。

3984 吳達墓誌

唐大和四年（830）十月二十日葬，陝西西安出土，現藏於故宮博物院。

東京國立博物館：

一幅，紙本墨拓，原片，編號：722。

淑德大學書學文化中心：

一張，紙本墨拓，原片，編號：000602。

一冊，紙本墨拓，冊頁，編號：197861，天放樓舊藏。

京都大學人文科學研究所：

一張，紙本墨拓，原片，編號：TOU1522X。

3985 永穆觀主能師銘誌

唐大和四年（830）十月二十日葬，山西新絳出土，今藏地不詳。

宇野雪村文庫：

一張，紙本墨拓，原片，編號：1029。

京都大學人文科學研究所：

一張，紙本墨拓，原片，編號：TOU1523X。

3986 佛説灌頂經

唐大和五年（831）刻，今藏地不詳。

佛教大學：

二張，紙本墨拓，原片，各169.0×67.0。

淑德大學書學文化中心：

一軸，紙本墨拓，卷軸，編號：001529。

一軸，紙本墨拓，卷軸，編號：1548。

3987 李君并夫人韓氏墓誌

唐大和五年（831）葬，山西運城出土，今藏地不詳。

淑德大學書學文化中心：

一張，紙本墨拓，原片，編號：000603。

京都大學人文科學研究所：

　　一張，紙本墨拓，原片，編號：TOU1524X。

3988　馬儆墓誌

唐大和六年（832）二月二十一日葬，河南洛陽出土，現藏於開封博物館。

東洋文庫：

　　一張，墓誌，紙本墨拓，原片，38.0×38.0。一張，墓誌蓋，紙本墨拓，原片，30.0×30.0。
　　編號：Ⅱ-16-C-1355。

宇野雪村文庫：

　　一張，紙本墨拓，原片，編號：1801。

京都大學人文科學研究所：

　　一張，紙本墨拓，原片，編號：TOU1525X。

3989　甄叔大師塔銘

唐大和六年（832）四月三十日刻，現存江西萍鄉楊岐普通寺。

京都大學人文科學研究所：

　　一張，紙本墨拓，原片，編號：TOU1526X。

3990　王承宗妻李元素墓誌

唐大和六年（832）五月八日葬，陝西西安出土，現藏於故宮博物院。

東京國立博物館：

　　一幅，紙本墨拓，原片，編號：723。

京都大學人文科學研究所：

　　一張，紙本墨拓，原片，編號：TOU1527X。

淑德大學書學文化中心：

　　一張，紙本墨拓，原片，編號：000604。
　　一冊，紙本墨拓，冊頁，編號：197862，天放樓舊藏。

3991　劉密墓誌

唐大和六年（832）七月十六日葬，湖北襄陽出土，今藏地不詳。

淑德大學書學文化中心：

　　一冊，墓誌蓋，紙本墨拓，冊頁，編號：197863，天放樓舊藏。
　　一冊，墓誌，紙本墨拓，冊頁，編號：197864，天放樓舊藏。

京都大學人文科學研究所：

　　一張，紙本墨拓，原片，編號：TOU1528X。

3992 崔乾夫墓誌

唐大和六年（832）七月葬，二〇〇六年出土於河南偃師。

淑德大學書學文化中心：

一張，紙本墨拓，原片，編號：001806。

3993 聚慶墓誌

唐大和六年（832）十月二十六日葬，浙江嘉興出土，今藏地不詳。

東洋文庫：

一張，紙本墨拓，原片，37.0×35.0，編號：Ⅱ-16-C-p-385。

京都大學人文科學研究所：

一張，紙本墨拓，原片，編號：TOU1529X。

3994 佛頂尊勝陀羅尼經幢

唐大和六年（832）刻，今藏地不詳。

龍谷大學：

八幅，紙本墨拓，原片，各160.0×17.0。

3995 崔慎經夫人墓誌

唐大和七年（833）二月六日葬，河南洛陽出土，現藏於故宮博物院。

京都大學人文科學研究所：

一張，紙本墨拓，原片，編號：TOU1530X。

3996 辛幼昌墓誌

唐大和七年（833）三月二十七日葬，陝西西安出土，現藏於故宮博物院。

東洋文庫：

一張，紙本墨拓，原片，40.0×40.0，編號：Ⅱ-16-C-p-386。

東京國立博物館：

一幅，紙本墨拓，原片，編號：724。

淑德大學書學文化中心：

一張，紙本墨拓，原片，編號：000605。

一册，紙本墨拓，册頁，編號：197865，天放樓舊藏。

京都大學人文科學研究所：

一張，紙本墨拓，原片，編號：TOU1531X。

3997 崔蕃墓誌

唐大和七年（833）十一月八日葬，陝西西安出土，今藏地不詳。

淑德大學書學文化中心：

  一冊，紙本墨拓，冊頁，編號：197866，天放樓舊藏。

3998　阿育王寺常住田碑

全稱"大唐越州都督府鄮縣阿育王寺常住田碑"，萬齊融撰文，范的書丹并篆額，韓持鐫刻，唐大和七年（833）十二月一日立，現存浙江寧波鄞州區五鄉鎮寶幢阿育王寺。

龍谷大學：

  一幅，紙本墨拓，原片，249.0×125.0。

淑德大學書學文化中心：

  一軸，紙本墨拓，卷軸，編號：195927。

  一軸，紙本墨拓，卷軸，編號：196483。

觀峰館：

  一冊，紙本墨拓，冊頁，24.5×11.9。

3999　寂照和尚碑

全稱"安國寺寂照和尚碑"，段成式撰文，僧無可書丹，李郢鐫刻，唐大和七年（833）十二月立，現藏於陝西咸陽博物院。

東京國立博物館：

  一幅，紙本墨拓，原片，編號：518。

  一幅，紙本墨拓，原片，編號：546。

京都大學人文科學研究所：

  一張，紙本墨拓，原片，編號：TOU1533X。

淑德大學書學文化中心：

  一張，紙本墨拓，托裱，編號：001279。

觀峰館：

  一冊，紙本墨拓，冊頁，22.0×11.9。

4000　楊迥墓誌

唐大和八年（834）八月二十四日葬，陝西西安出土，現藏於故宮博物院。

淑德大學書學文化中心：

  一張，紙本墨拓，原片，編號：000606。

京都大學人文科學研究所：

  一張，紙本墨拓，原片，編號：TOU1535X。

4001　周著墓誌

唐大和八年（834）十一月八日葬，河南洛陽出土，現藏於開封博物館。

東洋文庫：

　　　　一張，紙本墨拓，原片，45.0×45.0，編號：Ⅱ-16-C-1353。

京都大學人文科學研究所：

　　　　一張，紙本墨拓，原片，編號：TOU1536X。

4002　李紳墓誌

唐大和九年（835）二月二十二日葬，河南洛陽出土，現藏於開封博物館。

京都大學人文科學研究所：

　　　　一張，紙本墨拓，原片，編號：TOU1538X。

4003　杜君妻李氏墓誌

唐大和九年（835）四月十日葬，陝西西安出土，現藏於故宮博物院。

東洋文庫：

　　　　一張，紙本墨拓，原片，44.0×45.0，編號：Ⅱ-16-C-p-388。

淑德大學書學文化中心：

　　　　一張，紙本墨拓，原片，編號：000607。

京都大學人文科學研究所：

　　　　一張，紙本墨拓，原片，編號：TOU1537X。

4004　楊孝直墓誌

唐大和九年（835）四月二十五日葬，湖北襄陽出土，今藏地不詳。

京都大學人文科學研究所：

　　　　一張，紙本墨拓，原片，編號：TOU1539X。

4005　龍宮寺碑

李紳撰文并書丹，唐大和九年（835）四月二十五日立，原在浙江嵊州嶀山龍宮寺，清道光年間石毀，殘石現藏於浙江省博物館。

宇野雪村文庫：

　　　　一張，紙本墨拓，原片，編號：1983。

　　　　一册，紙本墨拓，册頁，編號：134。

4006　浩誠禪師碑銘

唐大和九年（835）六月十日刻，今藏地不詳。

京都大學人文科學研究所：

　　　　一張，紙本墨拓，原片，編號：TOU1540A。

　　　　一張，紙本墨拓，原片，編號：TOU1540B。

［開成］

4007　尊勝陀羅尼幢

唐開成元年（836）四月刻，今藏地不詳。

京都大學人文科學研究所：

　　　　一張，紙本墨拓，原片，編號：TOU1541X。

東京國立博物館：

　　　　一幅，紙本墨拓，原片，編號：902。

　　　　一幅，紙本墨拓，原片，編號：930。

4008　李彥崇墓誌

唐開成元年（836）七月三十日葬，江蘇揚州出土，現藏於故宮博物院。

淑德大學書學文化中心：

　　　　一張，墓誌蓋，紙本墨拓，原片，編號：000608。

　　　　一張，墓誌，紙本墨拓，原片，編號：000609。

京都大學人文科學研究所：

　　　　一張，紙本墨拓，原片，編號：TOU1542A。

　　　　一張，紙本墨拓，原片，編號：TOU1542B。

4009　馮宿碑

又稱"吏部尚書馮宿碑"，王起撰文，柳公權書丹并篆額，唐開成二年（837）五月立，現藏於西安碑林博物館。

谷村意齋：

　　　　一冊，明拓，紙本墨拓，張祖翼鑒藏。

東京國立博物館：

　　　　一帖，紙本墨拓，編號：236，市河三鼎舊藏。

宇野雪村文庫：

　　　　一冊，紙本墨拓，冊頁，編號：175。

　　　　一冊，紙本墨拓，冊頁，編號：176。

京都大學人文科學研究所：

　　　　一張，紙本墨拓，原片，編號：TOU1543X。

東洋文庫：

　　　　一帖三十八葉，紙本墨拓，29.0×15.0。碑額，失。編號：Ⅱ-16-C-847。

　　　　一張，紙本墨拓，215.0×56.0。碑額，失。編號：Ⅱ-16-C-p-389。

淑德大學書學文化中心：

一軸，紙本墨拓，卷軸，編號：198043。

一張，紙本墨拓，托裱，編號：197690，天放樓舊藏。

觀峰館：

一册，紙本墨拓，册頁，17.8×9.7。

一張，紙本墨拓，原片，216.0×58.5。

4010　九經字樣

唐開成二年（837）唐玄度撰，現藏於西安碑林博物館。

京都大學人文科學研究所：

一張，紙本墨拓，原片，編號：TOU1544A。

一張，紙本墨拓，原片，編號：TOU1544B。

一張，紙本墨拓，原片，編號：TOU1544C。

一張，紙本墨拓，原片，編號：TOU1544D。

一張，紙本墨拓，原片，編號：TOU1544E。

一張，紙本墨拓，原片，編號：TOU1544F。

一張，紙本墨拓，原片，編號：TOU1544G。

一張，紙本墨拓，原片，編號：TOU1544H。

一張，紙本墨拓，原片，編號：TOU1544I。

一張，紙本墨拓，原片，編號：TOU1544J。

4011　開成石經

又稱“唐石經”，始刻於唐文宗大和七年（833），開成二年（837）完成，故名，原在陜西長安城務本坊國子監，現藏於西安碑林博物館。

東洋文庫：

一百七十九帖，紙本墨拓，各30.0×19.0，編號：Ⅰ-1-c-1。

一張，孝經，紙本墨拓，34.0×34.0，編號：Ⅰ-1-C-1。

東京國立博物館：

二百四十一幅，紙本墨拓，編號：211，昌平坂學問所舊藏。

二十帖，毛詩，紙本墨拓，編號：235，市河三鼎舊藏。

觀峰館：

二册，紙本墨拓，册頁，［1］23.8×14.7，［2］23.8×14.5。

京都大學人文科學研究所：

一張，孝經，紙本墨拓，原片，編號：TOU1549A。

一張，孝經，紙本墨拓，原片，編號：TOU1549B。

一張，孝經，紙本墨拓，原片，編號：TOU1847X。

一張，禮記，紙本墨拓，原片，編號：TOU1550A。

一張，禮記，紙本墨拓，原片，編號：TOU1550B。

淑德大學書學文化中心：

一軸，孝經，紙本墨拓，卷軸，編號：000833。

一張，紙本墨拓，原片，編號：TOU1555X。

4012　桂休源妻崔霞墓誌

唐開成三年（838）三月十六日葬，河南洛陽出土，現藏於開封博物館。

東洋文庫：

一張，紙本墨拓，原片，45.0×45.0，編號：Ⅱ-16-C-1354。

宇野雪村文庫：

一張，紙本墨拓，原片，編號：1585。

京都大學人文科學研究所：

一張，紙本墨拓，原片，編號：TOU1551X。

4013　陳汭墓誌

唐開成三年（838）四月二十二日葬，河南洛陽出土，現藏於故宮博物院。

淑德大學書學文化中心：

一張，紙本墨拓，原片，編號：000610。

一張，紙本墨拓，托裱，編號：001914。

4014　陳韞墓誌

唐開成三年（838）四月葬，河南洛陽出土，現藏於故宮博物院。

京都大學人文科學研究所：

一張，紙本墨拓，原片，編號：TOU1552X。

4015　大泉寺新三門記

全稱“大唐潤州句容縣大泉寺新三門記”，姚謨撰文，齊操書丹，唐開成三年（838）十一月二十六日立，現存江蘇鎮江句容崇明寺。

淑德大學書學文化中心：

一軸，紙本墨拓，卷軸，編號：196469。

京都大學人文科學研究所：

一張，紙本墨拓，原片，編號：TOU1553X。

4016　符璘碑

全稱“越州都督刑部尚書符公神道碑”，李宗閔撰文，柳公權書并篆額，邵建和鐫字，唐開成三年（838）立，原在陝西富平，今碑已毀。

淑德大學書學文化中心：

　　　　一軸，紙本墨拓，卷軸，編號：196487。

京都大學人文科學研究所：

　　　　一張，紙本墨拓，原片，編號：TOU1554X。

4017　三藏法師玄奘塔銘

全稱"大唐三藏大遍覺法師塔銘并序"，劉軻撰文，建初書丹，宋弘度刻字，唐開成四年（839）五月十六日刻，現存陝西西安興教寺玄奘三藏舍利塔。

東京國立博物館：

　　　　一幅，紙本墨拓，原片，編號：463。

　　　　一幅，紙本墨拓，原片，編號：519。

東洋文庫：

　　　　一張，紙本墨拓，原片，100.0×32.0。

東北大學附屬圖書館：

　　　　一幅，紙本墨拓，原片，常盤大定舊藏。

京都大學人文科學研究所：

　　　　一張，紙本墨拓，原片，編號：TOU1558X。

淑德大學書學文化中心：

　　　　一軸，紙本墨拓，卷軸，編號：196485。

　　　　一冊，紙本墨拓，冊頁，編號：197867，天放樓舊藏。

東京藝術大學藝術資料館：

　　　　一張，紙本墨拓，掛幅裝，79.6×160.6，編號：1440。

龍谷大學：

　　　　一幅，紙本墨拓，原片，79.5×162.0。

4018　大慈恩寺基公塔銘

全稱"大慈恩寺大法師基公塔銘"，李弘慶撰文，建初書丹，唐開成四年（839）五月立，現存陝西西安大慈恩寺。

京都大學人文科學研究所：

　　　　一張，紙本墨拓，原片，編號：TOU1556X。

4019　衛君妻輔氏墓誌

唐開成四年（839）八月二十七日葬，陝西西安出土，現藏於故宮博物院。

淑德大學書學文化中心：

　　　　一張，紙本墨拓，原片，編號：000611。

京都大學人文科學研究所：

一張，紙本墨拓，原片，編號：TOU1560X。

4020 楊澄妻程家淑墓誌

唐開成四年（839）葬，現藏於故宮博物院。

淑德大學書學文化中心：

一張，紙本墨拓，原片，編號：000612。

京都大學人文科學研究所：

一張，紙本墨拓，原片，編號：TOU1561X。

4021 陳宣魯墓誌

唐開成五年（840）四月二十一日葬，河南洛陽出土，現藏於開封博物館。

書壇院：

一幅，紙本墨拓，原片，全拓。

4022 張嬋墓誌

唐開成五年（840）五月九日葬，河南洛陽出土，現藏於開封博物館。

京都大學人文科學研究所：

一張，紙本墨拓，原片，編號：TOU1563A。

一張，紙本墨拓，原片，編號：TOU1563B。

4023 趙君妻夏侯氏墓誌

唐開成五年（840）十一月二十四日葬，湖北襄陽出土，今藏地不詳。

淑德大學書學文化中心：

一册，紙本墨拓，册頁，編號：197868，天放樓舊藏。

京都大學人文科學研究所：

一張，紙本墨拓，原片，編號：TOU1564X。

［會昌］

4024 陳君妻蔣氏墓誌

唐會昌元年（841）二月十三日葬，江蘇江都出土，今藏地不詳。

淑德大學書學文化中心：

一張，紙本墨拓，托裱，編號：001717。

一張，紙本墨拓，原片，編號：000613。

京都大學人文科學研究所：

一張，紙本墨拓，原片，編號：TOU1565X。

4025　佛頂尊勝陀羅尼經碑

唐會昌元年（841）九月刻，今藏地不詳。

淑德大學書學文化中心：

　　　　一軸，紙本墨拓，卷軸，編號：000828。

京都大學人文科學研究所：

　　　　一張，紙本墨拓，原片，編號：TOU1566X。

4026　王方徹墓誌

唐會昌元年（841）十月十三日葬，河北正定出土，現藏於故宮博物院。

東洋文庫：

　　　　一張，墓誌，紙本墨拓，原片，45.0×45.0。一張，墓誌蓋，紙本墨拓，原片，31.0×31.0。

　　　編號：Ⅱ-16-C-p-391。

淑德大學書學文化中心：

　　　　一張，紙本墨拓，原片，編號：000614。

京都大學人文科學研究所：

　　　　一張，紙本墨拓，原片，編號：TOU1567A。

　　　　一張，紙本墨拓，原片，編號：TOU1567B。

4027　李璆墓誌

唐會昌元年（841）十一月二十四日葬，河南洛陽出土，現藏於開封博物館。

東洋文庫：

　　　　一張，紙本墨拓，原片，70.0×70.0，編號：Ⅱ-16-C-1356。

書壇院：

　　　　一幅，紙本墨拓，原片，全拓。

京都大學人文科學研究所：

　　　　一張，紙本墨拓，原片，編號：TOU1568X。

4028　玄秘塔碑

全稱"唐故左街僧録内供奉三教談論引駕大德安國寺上座賜紫大達法師玄秘塔碑銘并序"，裴休撰文，柳公權書丹，唐會昌元年（841）十二月二十八日立，現藏於西安碑林博物館。

三井記念美術館：

　　　　一帖，明内庫本，宋拓，紙本墨拓，30.7×17.3，孔廣陶、新町三井家舊藏。

書道博物館：

　　　　一幅，紙本墨拓，原片，243.5×129.5。

東京國立博物館：

　　　　一幅，紙本墨拓，原片，編號：334，市河三鼎舊藏。

一幅，紙本墨拓，原片，編號：348。

二幅，紙本墨拓，原片，編號：520。

淑德大學書學文化中心：

一軸，紙本墨拓，卷軸，編號：196167。

一張，紙本墨拓，托裱，編號：197691，天放樓舊藏。

京都大學人文科學研究所：

一張，紙本墨拓，原片，編號：TOU1569X。

一張，紙本墨拓，原片，編號：TOU1571X。

東北大學附屬圖書館：

一幅，紙本墨拓，原片，常盤大定舊藏。

白扇書道會：

一張，紙本墨拓，全拓，233.0×113.0，種谷扇舟舊藏。

觀峰館：

一册，紙本墨拓，册頁，27.7×15.5。

一張，紙本墨拓，原片，283.0×147.5。

書壇院：

一幅，紙本墨拓，原片，全拓。

4029　李光曾墓誌

唐會昌二年（842）六月葬，出土時地不詳。

淑德大學書學文化中心：

一張，紙本墨拓，原片，編號：000619。

4030　曲元縝墓誌

唐會昌二年（842）八月二十三日葬，河南洛陽出土，現藏於開封博物館。

京都大學人文科學研究所：

一張，紙本墨拓，原片，編號：TOU1572X。

書壇院：

一幅，紙本墨拓，原片，全拓。

4031　趙君妻張氏墓誌

唐會昌三年（843）五月二十六日葬，陝西西安出土，今藏地不詳。

東京國立博物館：

一幅，紙本墨拓，原片，編號：464。

一幅，紙本墨拓，原片，編號：727。

京都大學人文科學研究所：

　　一張，紙本墨拓，原片，編號：TOU1575X。

淑德大學書學文化中心：

　　一張，紙本墨拓，原片，編號：000615。

4032　賈政墓誌

唐會昌三年（843）八月二十八日葬，河南洛陽出土，現藏於開封博物館。

京都大學人文科學研究所：

　　一張，紙本墨拓，原片，編號：TOU1576A。

　　一張，紙本墨拓，原片，編號：TOU1576B。

書壇院：

　　一幅，紙本墨拓，原片，全拓。

4033　元晦疊彩山記

唐會昌四年（844）七月刻，現藏於廣西桂林桂海碑林博物館。

京都大學人文科學研究所：

　　一張，紙本墨拓，原片，編號：TOU1577X。

4034　柳氏長殤女墓誌

唐會昌五年（845）六月二十一日葬，陝西西安出土，現藏於故宫博物院。

京都大學人文科學研究所：

　　一張，紙本墨拓，原片，編號：TOU1578X。

4035　柳老師墓誌

唐會昌五年（845）六月二十一日葬，陝西西安出土，現藏於故宫博物院。

東洋文庫：

　　一張，紙本墨拓，原片，33.0×31.0，編號：Ⅱ-16-C-p-392。

宇野雪村文庫：

　　一張，紙本墨拓，原片，編號：1692

東京國立博物館：

　　一幅，紙本墨拓，原片，編號：728。

淑德大學書學文化中心：

　　一張，紙本墨拓，原片，編號：000616。

4036　魏邈妻趙氏墓誌

唐會昌五年（845）十一月二十三日葬，陝西西安出土，現藏於西安碑林博物館。

東京國立博物館：

一幅，紙本墨拓，原片，編號：466。

淑德大學書學文化中心：

一册，紙本墨拓，册頁，編號：197869，天放樓舊藏。

4037　米九娘墓誌

唐會昌六年（846）正月九日葬，江蘇江都出土，今藏地不詳。

淑德大學書學文化中心：

一張，紙本墨拓，原片，編號：000617。

4038　韋塤妻溫氏墓誌

唐會昌六年（846）六月二日葬，河南洛陽出土，現藏於遼寧省博物館。

東洋文庫：

一張，紙本墨拓，原片，76.0×75.0，編號：Ⅱ-16-C-2.47。

宇野雪村文庫：

一張，紙本墨拓，原片，編號：1525。

京都大學人文科學研究所：

一張，紙本墨拓，原片，編號：TOU1581X。

一張，紙本墨拓，原片，編號：TOU1583X。

淑德大學書學文化中心：

一張，紙本墨拓，原片，編號：198181。

一張，紙本墨拓，原片，編號：000421。

4039　衛景初墓誌

唐會昌六年（846）十月五日葬，河南洛陽出土，現藏於故宫博物院。

淑德大學書學文化中心：

一張，紙本墨拓，原片，編號：000618。

［大中］

4040　劉舉墓誌

唐大中元年（847）八月二十一日葬，江蘇江都出土，今藏地不詳。

淑德大學書學文化中心：

一張，紙本墨拓，原片，編號：000620。

京都大學人文科學研究所：

一張，紙本墨拓，原片，編號：TOU1585X。

4041 劉元簡買地券

唐大中元年（847）八月葬，端方舊藏，今藏地不詳。

京都大學人文科學研究所：

一張，紙本墨拓，原片，編號：TOU1586X。

淑德大學書學文化中心：

一軸，紙本墨拓，卷軸，編號：000829。

4042 契苾君妻何氏墓誌

唐大中元年（847）十月二日葬，陝西西安出土，現藏於故宮博物院。

東洋文庫：

一張，紙本墨拓，原片，49.0×49.0，編號：Ⅱ-16-C-p-393。

淑德大學書學文化中心：

一張，紙本墨拓，原片，編號：000621。

京都大學人文科學研究所：

一張，紙本墨拓，原片，編號：TOU1587X。

4043 周公祠靈泉碑

又稱"潤德泉記"，碑陰刻"周公廟記"，唐大中二年（848）十一月二十日立，現存陝西岐山縣鳳鳴鎮鳳凰山麓周公廟。

東洋文庫：

一帖三十二葉，紙本墨拓，29.0×17.0，編號：Ⅱ-16-C-896。

4044 劉沔碑

全稱"唐故光禄大夫守太子太傅致仕上柱國彭城郡開國公食邑二千户贈司徒劉公神道碑銘并序"，韋博撰文，柳公權書丹，唐元度篆額，唐大中二年（848）十二月立，現藏於陝西咸陽永壽縣文化館。

淑德大學書學文化中心：

一張，紙本墨拓，托裱，編號：001236。

觀峰館：

一張，紙本墨拓，原片，221.0×90.5。

4045 佛頂尊勝陀羅尼經幢

唐大中三年（849）正月一日刻，今藏地不詳。

東洋文庫：

八張，紙本墨拓，原片，各146.0×13.0，編號：Ⅱ-16-C-p-395。

一帖五十四葉，紙本墨拓，30.0×16.0，編號：Ⅱ-16-C-854。

一張，紙本墨拓，原片，158.0×115.0，編號：Ⅱ-16-C-p-394。

東京國立博物館：

一幅，紙本墨拓，原片，編號：841，今泉雄作舊藏。

龍谷大學：

四幅，紙本墨拓，原片，各140.0×34.0。

京都大學人文科學研究所：

一張，紙本墨拓，原片，編號：TOU1589X。

淑德大學書學文化中心：

一張，紙本墨拓，托裱，編號：197692，天放樓舊藏。

一軸，紙本墨拓，卷軸，編號：198413-8416。

4046　王守琦墓誌

唐大中四年（850）正月二十三日葬，陝西西安出土，今藏地不詳。

淑德大學書學文化中心：

一册，紙本墨拓，册頁，編號：197870，天放樓舊藏。

4047　翟君妻高婉墓誌

唐大中四年（850）十月五日葬，陝西鄠縣（今鄠邑）出土，現藏於故宮博物院。

東洋文庫：

一張，紙本墨拓，原片，45.0×44.0，編號：Ⅱ-16-C-p-396。

東京國立博物館：

一幅，紙本墨拓，原片，編號：730。

淑德大學書學文化中心：

一張，紙本墨拓，原片，編號：000622。

一册，紙本墨拓，册頁，編號：197871，天放樓舊藏。

京都大學人文科學研究所：

一張，紙本墨拓，原片，編號：TOU1591X。

4048　盧夫人墓誌

唐大中四年（850）十月二十八日葬，現藏於故宮博物院。

東洋文庫：

一張，紙本墨拓，原片，43.0×43.0，編號：Ⅱ-16-C-p-397。

京都大學人文科學研究所：

一張，紙本墨拓，原片，編號：TOU1592X。

4049　郭儴墓誌

唐大中四年（850）十二月十七日葬，河南偃師出土，今藏地不詳。

淑德大學書學文化中心：

　　　　一張，紙本墨拓，原片，編號：001684。

　　　　一張，紙本墨拓，原片，編號：001685。

　　　　一張，紙本墨拓，原片，編號：000623。

4050　劉繼墓誌

唐大中四年（850）十二月二十九日葬，陝西西安出土，現藏於故宮博物院。

東京國立博物館：

　　　　一幅，紙本墨拓，原片，編號：729。

京都大學人文科學研究所：

　　　　一張，紙本墨拓，原片，編號：TOU1594X。

4051　尊勝陀羅尼經幢

唐大中四年（850）刻，今藏地不詳。

京都大學人文科學研究所：

　　　　一張，紙本墨拓，原片，編號：TOU1595A。

　　　　一張，紙本墨拓，原片，編號：TOU1595B。

4052　敕內莊宅使牒

唐大中五年（851）正月十五日刻，存於“玄秘塔碑”之陰，現藏於西安碑林博物館。

東洋文庫：

　　　　一張，紙本墨拓，原片，53.0×101.0，編號：Ⅱ-16-C-1125。

淑德大學書學文化中心：

　　　　一冊，紙本墨拓，冊頁，編號：001464。

　　　　一張，紙本墨拓，托裱，編號：197693，天放樓舊藏。

4053　張奉嵒等題名碑

唐大中五年（851）二月二十一日立，今藏地不詳。

京都大學人文科學研究所：

　　　　一張，紙本墨拓，原片，編號：TOU1596X。

4054　曲元縝妻李氏墓誌

唐大中五年（851）十月二十三日葬，河南洛陽出土，現藏於開封博物館。

京都大學人文科學研究所：

    一張，紙本墨拓，原片，編號：TOU1597X。

4055　寶樓閣隨心陀羅尼

唐大中五年（851）十二月二十日刻，今藏地不詳。

京都大學人文科學研究所：

    一張，紙本墨拓，原片，編號：TOU1598X。

4056　董惟清墓誌

唐大中六年（852）六月十九日葬，現藏於故宮博物院。

東洋文庫：

    一張，紙本墨拓，原片，38.0×38.0，編號：Ⅱ-16-C-p-398。

京都大學人文科學研究所：

    一張，紙本墨拓，原片，編號：TOU1599X。

4057　劉公妻郭氏墓誌

唐大中六年（852）閏七月九日葬，河北大名出土，今藏地不詳。

淑德大學書學文化中心：

    一册，紙本墨拓，册頁，編號：197872，天放樓舊藏。

4058　張再清墓誌

唐大中六年（852）十月二十四日葬，端方舊藏，出土時地不詳。

東洋文庫：

    一張，紙本墨拓，原片，46.0×47.0，編號：Ⅱ-16-C-p-399。

京都大學人文科學研究所：

    一張，紙本墨拓，原片，編號：TOU1600X。

4059　魏公先廟碑

唐崔璵撰，柳公權書丹并篆額，唐大中六年（852）十一月立，清雍正十二年（1734）出土，後移置西安按察使署，久佚。

東京國立博物館：

    一幅，紙本墨拓，原片，編號：262，市河三鼎舊藏。

淑德大學書學文化中心：

    一軸，紙本墨拓，卷軸，編號：196356。

    一軸，紙本墨拓，卷軸，編號：196493。

京都大學人文科學研究所：

一張，紙本墨拓，原片，編號：TOU1601A。

一張，紙本墨拓，原片，編號：TOU1601B。

一張，紙本墨拓，原片，編號：TOU1647X。

4060　杜順和尚行記

全稱"大唐花嚴寺杜順和尚行記"，杜殷撰文，董景仁書丹，唐大中六年（852）□月二十四日立，現藏於西安碑林博物館。

淑德大學書學文化中心：

一軸，紙本墨拓，卷軸，編號：196465。

東洋文庫：

一帖二十四葉，紙本墨拓，26.0×14.0，編號：Ⅱ-16-C-864。

東北大學附屬圖書館：

一幅，紙本墨拓，原片，常盤大定舊藏。

4061　朱敬之妻盧子玉墓誌

唐大中七年（853）四月十三日葬，河南洛陽出土，現藏於開封博物館。

東洋文庫：

一張，紙本墨拓，原片，38.0×39.0，編號：Ⅱ-16-C-1357。

書壇院：

一幅，紙本墨拓，原片，全拓。

4062　高元裕碑

全稱"大唐故吏部尚書贈尚書右僕射渤海高公神道碑"，蕭鄴撰文，柳公權書丹，唐大中七年（853）十一月十日立，現藏於河南洛陽市文物工作隊。

東京國立博物館：

一幅，紙本墨拓，原片，編號：467。

東洋文庫：

一張，碑陽連額，原片，紙本墨拓，222.0×93.0+45.0×34.0，編號：Ⅱ-16-C-1126。

宇野雪村文庫：

一冊，紙本墨拓，冊頁，編號：126。

淑德大學書學文化中心：

一冊，紙本墨拓，冊頁，編號：001455。

一軸，紙本墨拓，卷軸，編號：196347。

4063　盧知宗妻鄭子章墓誌

唐大中八年（854）二月二十九日葬，河南洛陽出土，現藏於開封博物館。

京都大學人文科學研究所：

  一張，紙本墨拓，原片，編號：TOU1602X。

  一張，紙本墨拓，原片，編號：TOU1846X。

書壇院：

  一幅，紙本墨拓，原片，全拓。

4064　靈巖寺修方山證明功德記

唐大中八年（854）四月八日刻，現存山東濟南長清靈巖寺。

東北大學附屬圖書館：

  一幅，紙本墨拓，原片，常盤大定舊藏。

4065　趙建遂并夫人董氏王氏合祔墓誌

唐大中九年（855）二月十七日葬，河北易縣出土，現藏於故宮博物院。

東洋文庫：

  一張，紙本墨拓，原片，44.0×44.0，編號：Ⅱ-16-C-p-400。

淑德大學書學文化中心：

  一張，紙本墨拓，原片，編號：000624。

京都大學人文科學研究所：

  一張，紙本墨拓，原片，編號：TOU1603X。

4066　定慧禪師碑

全稱"唐故圭峰定慧禪師傳法碑"，又稱"圭峰碑"，裴休撰文并書丹，柳公權篆額，唐大中九年（855）十月十三日立，現存陝西西安草堂寺。

三井記念美術館：

  一帖，宋拓，紙本墨拓，26.1×14.7，李文正、羅原覺、新町三井家舊藏。

東洋文庫：

  一帖五十四葉，碑陽，紙本墨拓，32.0×17.0。碑額，失。編號：Ⅺ-3-A-b-71。

東京國立博物館：

  一幅，紙本墨拓，原片，編號：263，市河三鼎舊藏。

  一幅，紙本墨拓，原片，編號：266，昌平坂學問所舊藏。

  一幅，紙本墨拓，原片，編號：335，市川三鼎舊藏。

宇野雪村文庫：

  一册，紙本墨拓，册頁，編號：124。

京都大學人文科學研究所：

  一張，紙本墨拓，原片，編號：TOU1604X。

龍谷大學：

一幅，紙本墨拓，原片，205.0×94.0。

淑德大學書學文化中心：

一軸，摹刻，紙本墨拓，卷軸，編號：196168。

一張，紙本墨拓，原片，編號：000273。

東北大學附屬圖書館：

一幅，紙本墨拓，原片，常盤大定舊藏。

觀峰館：

一冊，紙本墨拓，冊頁，24.4×13.4。

一張，紙本墨拓，原片，197.5×95.5。

4067　張嬰墓誌

唐大中九年（855）十月二十六日葬，河南洛陽出土，今藏地不詳。

京都大學人文科學研究所：

一張，紙本墨拓，原片，編號：TOU1605A。

一張，紙本墨拓，原片，編號：TOU1605B。

4068　盧子妻鄭氏墓誌

唐大中九年（855）十月二十八日葬，河南滎陽出土，端方舊藏，今藏地不詳。

淑德大學書學文化中心：

一張，紙本墨拓，原片，編號：000625。

京都大學人文科學研究所：

一張，紙本墨拓，原片，編號：TOU1606X。

4069　劉公妻霍氏墓誌

唐大中十年（856）正月二十九日葬，陝西西安出土，今藏地不詳。

東京國立博物館：

一幅，紙本墨拓，原片，編號：731。

淑德大學書學文化中心：

一冊，紙本墨拓，冊頁，編號：197873，天放樓舊藏。

一冊，紙本墨拓，冊頁，編號：197874，天放樓舊藏。

4070　義初等題記

唐大中十年（856）三月刻，今藏地不詳。

淑德大學書學文化中心：

一張，紙本墨拓，托裱，編號：001432。

4071　李畫墓誌

唐大中十年（856）六月葬，現藏於故宮博物院。

東洋文庫：

一張，紙本墨拓，原片，48.0×48.0，編號：Ⅱ-16-C-p-401。

京都大學人文科學研究所：

一張，紙本墨拓，原片，編號：TOU1607X。

淑德大學書學文化中心：

一張，紙本墨拓，原片，編號：000626。

4072　賈從贄墓誌

唐大中十年（856）七月一日葬，河南洛陽出土，現藏於開封博物館。

京都大學人文科學研究所：

一張，紙本墨拓，原片，編號：TOU1608A。

一張，紙本墨拓，原片，編號：TOU1608B。

4073　李君墓誌

唐大中十年（856）十月二十四日葬，現藏於故宮博物院。

淑德大學書學文化中心：

一張，紙本墨拓，原片，編號：000627。

京都大學人文科學研究所：

一張，紙本墨拓，原片，編號：TOU1609A。

一張，紙本墨拓，原片，編號：TOU1609B。

4074　鄭恕己墓誌

唐大中十年（856）十一月九日葬，河北正定出土，現藏於故宮博物院。

淑德大學書學文化中心：

一張，紙本墨拓，原片，編號：000628。

京都大學人文科學研究所：

一張，紙本墨拓，原片，編號：TOU1610X。

4075　崔坤造陀羅尼經碑

唐大中十一年（857）六月十五日立，今藏地不詳。

淑德大學書學文化中心：

一軸，紙本墨拓，卷軸，編號：000830。

東洋文庫：

一張，紙本墨拓，原片，68.0×74.0，編號：Ⅱ-16-C-p-402。

京都大學人文科學研究所：

一張，紙本墨拓，原片，編號：TOU1612A。

一張，紙本墨拓，原片，編號：TOU1612B。

4076　復東林寺碑

崔黯撰文，柳公權書，唐大中十一年（857）立，原在江西廬山，宋代遭火而毀，元代有摹刻本傳世。

東北大學附屬圖書館：

一幅，紙本墨拓，原片，常盤大定舊藏。

4077　鄭恒并夫人崔氏墓誌

唐大中十二年（858）二月二十七日葬，河南浚縣出土，今藏地不詳。

東洋文庫：

一帖九葉，紙本墨拓，31.0×16.0，編號：Ⅱ-16-C-889。

4078　藩懷謙造經幢

唐大中十二年（858）十月刻，今藏地不詳。

淑德大學書學文化中心：

一軸，紙本墨拓，卷軸，編號：195439。

4079　郎官石柱題名碑

唐大中十二年（858）立，現藏於西安碑林博物館。

東京國立博物館：

二幅，紙本墨拓，原片，[1] 178.0×182.8，[2] 199.0×139.0，編號：521。

京都大學人文科學研究所：

一張，紙本墨拓，原片，編號：TOU1730X。

4080　廣惠塔銘

全稱"唐故上都唐安寺外臨壇律大德比丘尼廣惠塔銘并序"，令狐專撰文，孔□□書丹，唐大中十三年（859）六月刻，清道光十一年（1831）出土於西安城南韋曲西北。

淑德大學書學文化中心：

一軸，紙本墨拓，卷軸，編號：000831。

東京國立博物館：

一幅，紙本墨拓，原片，編號：732。

京都大學人文科學研究所：

一張，紙本墨拓，原片，編號：TOU1613X。

4081　孫徽妻韋氏墓誌

唐大中十三年（859）八月二十日葬，河南洛陽出土，今藏地不詳。

東洋文庫：

一張，紙本墨拓，原片，60.0×60.0，編號：Ⅱ-16-C-p-403。

京都大學人文科學研究所：

一張，紙本墨拓，原片，編號：TOU1615X。

4082　盧公則墓誌

唐大中十三年（859）十月十二日葬，湖北襄陽出土，今藏地不詳。

京都大學人文科學研究所：

一張，紙本墨拓，原片，編號：TOU1616X。

4083　孫嗣初妻韋氏墓誌

唐大中十四年（860）二月二十七日葬，河南洛陽出土，現藏於開封博物館。

京都大學人文科學研究所：

一張，紙本墨拓，原片，編號：TOU1618A。

一張，紙本墨拓，原片，編號：TOU1618B。

4084　袁公妻王氏墓誌

唐大中十四年（860）四月五日葬，陝西西安出土，今藏地不詳。

淑德大學書學文化中心：

一張，紙本墨拓，原片，編號：000629。

一册，紙本墨拓，册頁，編號：197875，天放樓舊藏。

東京國立博物館：

一幅，紙本墨拓，原片，編號：733。

京都大學人文科學研究所：

一張，紙本墨拓，原片，編號：TOU1619X。

4085　鄭堡墓誌

唐大中十四年（860）十月二十一日葬，河南洛陽出土，現藏於開封博物館。

東洋文庫：

一張，紙本墨拓，原片，31.0×30.0，編號：Ⅱ-16-C-1358。

京都大學人文科學研究所：

一張，紙本墨拓，原片，編號：TOU1620X。

［咸通］

4086　翰林酒樓記

唐咸通二年（861）正月沈光撰，元至元三十年（1293）楊桓書，原存山東濟寧太白樓，後亡佚。

淑德大學書學文化中心：

　　一册，紙本墨拓，册頁，編號：001499。

4087　馬惟良夫人王氏合祔墓誌

唐咸通三年（862）正月七日葬，山東出土，現藏於故宮博物院。

東洋文庫：

　　一張，紙本墨拓，33.0×32.0，原片，編號：Ⅱ-16-C-p-404。

京都大學人文科學研究所：

　　一張，紙本墨拓，原片，編號：TOU1621X。

淑德大學書學文化中心：

　　一張，紙本墨拓，原片，編號：000630。

4088　王惟劍及妻崔氏墓誌

唐咸通三年（862）十月八日葬，河南洛陽出土，現藏於開封博物館。

京都大學人文科學研究所：

　　一張，紙本墨拓，原片，編號：TOU1622A。

　　一張，紙本墨拓，原片，編號：TOU1622B。

書壇院：

　　一幅，紙本墨拓，原片，全拓。

4089　趙璜墓誌

唐咸通三年（862）十月十四日葬，河南洛陽出土，現藏於開封博物館。

京都大學人文科學研究所：

　　一張，紙本墨拓，原片，編號：TOU1623X。

4090　侯真人降生臺記

唐咸通三年（862）刻，原在山西芮城紫清觀，已佚，

京都大學人文科學研究所：

　　一張，紙本墨拓，原片，編號：TOU1624X。

4091　藥師琉璃光如來本願功德經·造塔功德經

唐咸通三年（862）刻，今藏地不詳。

佛教大學：

　　二張，紙本墨拓，原片，各155.0×63.0。

4092　程修己墓誌

唐咸通四年（863）四月十七日葬，陝西西安出土，現藏於西安碑林博物館。

淑德大學書學文化中心：

　　一册，紙本墨拓，册頁，編號：197876，天放樓舊藏。

東京國立博物館：

　　一幅，紙本墨拓，原片，編號：468。

4093　重建磁州佛殿記殘石

唐咸通四年（863）六月十八日刻，原在河北邯鄲磁縣石窟寺。

京都大學人文科學研究所：

　　一張，紙本墨拓，原片，編號：TOU1625A。

　　一張，紙本墨拓，原片，編號：TOU1625B。

淑德大學書學文化中心：

　　一軸，紙本墨拓，卷軸，編號：000832。

4094　王崱造陀羅尼經幢

唐咸通四年（863）八月二十一日刻，今藏地不詳。

淑德大學書學文化中心：

　　一軸，紙本墨拓，卷軸，編號：196171-6178。

　　一張，紙本墨拓，原片，編號：001774。

4095　咸通塔碑

又稱“咸通經幢”，劉鏞書丹，唐咸通四年（863）立，原在福建漳州開元寺，後損毀，殘石現藏於漳州市博物館。

京都大學人文科學研究所：

　　一張，紙本墨拓，原片，編號：SOU0172A。

　　一張，紙本墨拓，原片，編號：SOU0172B。

4096　李扶墓誌

唐咸通五年（864）二月十三日葬，江蘇丹徒出土，今藏地不詳。

京都大學人文科學研究所：

　　　　一張，紙本墨拓，原片，編號：TOU1626X。

4097　王仲建并夫人張氏墓誌

唐咸通六年（865）十月二十二日葬，河南孟縣（今孟州市）出土，今藏地不詳。

東洋文庫：

　　　　墓誌，一張，紙本墨拓，原片，45.0×44.0。墓誌蓋，一張，紙本墨拓，原片，27.0×27.0。
　　　　編號：Ⅱ-16-C-1359。

4098　魏惟儼等題名

唐咸通六年（865）刻，原在北京石經山，已亡佚。

東洋文庫：

　　　　一張，紙本墨拓，原片，49.0×42.0，編號：Ⅱ-16-C-p-405。

京都大學人文科學研究所：

　　　　一張，紙本墨拓，原片，編號：TOU1627A。
　　　　一張，紙本墨拓，原片，編號：TOU1627B（陰）。

4099　劉仕俌墓誌

唐咸通八年（867）正月二十五日葬，陝西西安出土，今藏地不詳。

京都大學人文科學研究所：

　　　　一張，紙本墨拓，原片，編號：TOU1628X。

4100　禹□題名

唐咸通八年（867）五月刻，今藏地不詳。

京都大學人文科學研究所：

　　　　一張，紙本墨拓，原片，編號：TOU1629X。

4101　李彬妻宇文氏墓誌

唐咸通八年（867）八月六日葬，陝西西安出土，現藏於故宮博物院。

東京國立博物館：

　　　　一幅，紙本墨拓，原片，編號：469。
　　　　一幅，紙本墨拓，原片，編號：734。

淑德大學書學文化中心：

　　　　一張，紙本墨拓，原片，編號：000631。
　　　　一册，紙本墨拓，册頁，編號：197877，天放樓舊藏。

京都大學人文科學研究所：

一張，紙本墨拓，原片，編號：TOU1631X。

4102　佛頂尊勝陀羅尼經幢并唐李公先修記

唐咸通九年（868）三月三日刻，今藏地不詳。

東京國立博物館：

一幅，紙本墨拓，原片，編號：394。

東洋文庫：

八張，紙本墨拓，原片，各 132.0×13.0，編號：Ⅱ-16-C-p-406。

京都大學人文科學研究所：

一張，紙本墨拓，原片，編號：TOU1632X。

4103　釋文演造陀羅尼刻石

唐咸通九年（868）三月二十七日刻，今藏地不詳。

淑德大學書學文化中心：

一册，紙本墨拓，册頁，編號：197400，天放樓舊藏。

4104　魏涿墓誌

唐咸通九年（868）七月十八日葬，河南洛陽出土，現藏於千唐誌齋博物館。

東洋文庫：

一張，紙本墨拓，原片，44.0×43.0，編號：Ⅱ-16-C-1360。

宇野雪村文庫：

一張，紙本墨拓，原片，編號：1584。

京都大學人文科學研究所：

一張，紙本墨拓，原片，編號：TOU1634X。

4105　孫方紹墓誌

唐咸通九年（868）八月十一日葬，河南洛陽出土，現藏於開封博物館。

京都大學人文科學研究所：

一張，紙本墨拓，原片，編號：TOU1635X。

4106　劉遵禮墓誌

唐咸通九年（868）十一月八日葬，陝西西安出土，今藏地不詳。

京都大學人文科學研究所：

一張，紙本墨拓，原片，編號：TOU1636X。

4107　鄭少雅及夫人孫氏墓誌

唐咸通九年（868）十一月八日葬，山東青州出土，今藏地不詳。

宇野雪村文庫：

　　　　一張，紙本墨拓，原片，編號：1583。

4108　大般若經殘石

唐咸通十年（869）刻，今藏地不詳。

京都大學人文科學研究所：

　　　　一張，紙本墨拓，原片，編號：TOU1637X。

4109　公都墓誌

唐咸通十一年（870）二月二十四日葬，浙江蕭山出土，今藏地不詳。

東洋文庫：

　　　　一張，紙本墨拓，原片，54.0×46.0，編號：Ⅱ-16-C-p-407。

京都大學人文科學研究所：

　　　　一張，紙本墨拓，原片，編號：TOU1639X。

4110　曲阜縣文宣王廟記

全稱"唐新修曲阜縣文宣王廟記碑"，唐咸通十一年（870）三月十日立，現存山東曲阜文廟。

東京國立博物館：

　　　　一幅，紙本墨拓，原片，編號：611。

宇野雪村文庫：

　　　　一張，紙本墨拓，原片，編號：1342。

東洋文庫：

　　　　一張，碑陽連額，紙本墨拓，原片，120.0×73.0+14.0×49.0，編號：Ⅱ-16-C-1127。

京都大學人文科學研究所：

　　　　一張，紙本墨拓，原片，編號：TOU1641X。

淑德大學書學文化中心：

　　　　一張，紙本墨拓，原片，編號：195012。

　　　　一軸，紙本墨拓，卷軸，編號：195250。

寄鶴軒：

　　　　一册，紙本墨拓，册頁。

4111　戎仁詡夫人劉氏墓誌

唐咸通十一年（870）三月二十一日葬，江蘇句容出土，現藏於故宮博物院。

東洋文庫：

　　　　一張，紙本墨拓，原片，46.0×45.0，編號：Ⅱ-16-C-p-408。

4112　二十八人造像磚

唐咸通十一年（870）七月十五日刻，今藏地不詳。

木雞室：

　　二張，紙本墨拓，全拓，黃賓虹、唐雲舊藏。

淑德大學書學文化中心：

　　一張，紙本墨拓，原片，編號：001414。

4113　大悲心陀羅尼刻石

唐咸通十二年（871）刻，今藏地不詳。

淑德大學書學文化中心：

　　一冊，紙本墨拓，冊頁，編號：197401，天放樓舊藏。

4114　大般若經卷第四百七十五附側面題名

唐咸通十五年（874）四月八日刻，今藏地不詳。

京都大學人文科學研究所：

　　一張，紙本墨拓，原片，編號：TOU1645A。

　　一張，紙本墨拓，原片，編號：TOU1645B。

　　一張，紙本墨拓，原片，編號：TOU1645C。

4115　張君妻劉永墓誌

唐咸通十五年（874）閏四月十四日葬，河南洛陽出土，現藏於開封博物館。

京都大學人文科學研究所：

　　一張，紙本墨拓，原片，編號：TOU1644A。

　　一張，紙本墨拓，原片，編號：TOU1644B。

4116　王容墓誌

唐咸通□年（860—874）七月十八日葬，河南洛陽出土，現藏於開封博物館。

東洋文庫：

　　一張，墓銘，紙本墨拓，原片，40.0×40.0。一張，墓誌蓋，紙本墨拓，原片，25.0×25.0。

　　編號：Ⅱ-16-C-1363。

京都大學人文科學研究所：

　　一張，紙本墨拓，原片，編號：TOU1646A。

　　一張，紙本墨拓，原片，編號：TOU1646B。

［乾符］

4117　趙君妻蘇氏墓誌

唐乾符元年（874）十一月二十七日葬，河南洛陽出土，今藏地不詳。

京都大學人文科學研究所：

　　　　一張，紙本墨拓，原片，編號：TOU1648X。

4118　高思温墓誌

唐乾符三年（876）五月六日葬，江蘇江都出土，今藏地不詳。

宇野雪村文庫：

　　　　一册，紙本墨拓，册頁，編號：159。

4119　張氏墓誌

唐乾符四年（877）四月二十二日葬，今藏地不詳。

淑德大學書學文化中心：

　　　　一張，紙本墨拓，托裱，編號：001694。

4120　李頲墓誌

唐乾符四年（877）七月十日葬，河南洛陽出土，現藏於故宮博物院。

淑德大學書學文化中心：

　　　　一張，墓誌蓋，紙本墨拓，原片，編號：000632。

　　　　一張，墓誌，紙本墨拓，原片，編號：000633。

京都大學人文科學研究所：

　　　　一張，紙本墨拓，原片，編號：TOU1650A。

　　　　一張，紙本墨拓，原片，編號：TOU1650B。

4121　尊勝陀羅尼經幢

唐乾符五年（878）七月十四日刻，今藏地不詳。

淑德大學書學文化中心：

　　　　一張，紙本墨拓，托裱，編號：197695，天放樓舊藏。

4122　張居直墓誌

唐乾符五年（878）七月十五日葬，出土時地不詳。

淑德大學書學文化中心：

　　　　一册，紙本墨拓，册頁，編號：196827。

4123　楊芸墓誌

唐乾符五年（878）十月二十八日葬，陝西西安出土，今藏地不詳。

東洋文庫：

　　一張，紙本墨拓，原片，36.0×36.0，編號：Ⅱ-16-C-p-409。

東京國立博物館：

　　一幅，紙本墨拓，原片，編號：735。

淑德大學書學文化中心：

　　一册，紙本墨拓，册頁，編號：000634。

　　一册，紙本墨拓，册頁，編號：197879，天放樓舊藏。

京都大學人文科學研究所：

　　一張，紙本墨拓，原片，編號：TOU1651X。

4124　大悲心陀羅尼經幢

唐乾符六年（879）九月刻，今藏地不詳。

東洋文庫：

　　一張，紙本墨拓，原片，55.0×58.0，編號：Ⅱ-16-C-p-410。

［廣明］

4125　應天禪院尼禪大德塔銘

唐廣明元年（880）七月九日刻，江蘇江都出土，今藏地不詳。

淑德大學書學文化中心：

　　一張，紙本墨拓，原片，編號：001942。

4126　張師儒墓誌

唐廣明元年（880）十月五日葬，陝西西安出土，現藏於故宮博物院。

東洋文庫：

　　一張，紙本墨拓，原片，60.0×60.0，編號：Ⅱ-16-C-p-411。

東京國立博物館：

　　一幅，紙本墨拓，原片，編號：736。

宇野雪村文庫：

　　一張，紙本墨拓，原片，編號：1581。

京都大學人文科學研究所：

　　一張，紙本墨拓，原片，編號：TOU1654X。

淑德大學書學文化中心：

　　　　一張，紙本墨拓，原片，編號：000635。

　　　　一册，紙本墨拓，册頁，編號：197880，天放樓舊藏。

4127　老子道德經幢

唐廣明元年（880）十一月八日刻，現存江蘇鎮江焦山禪堂。

東洋文庫：

　　　　一張，紙本墨拓，原片，40.0×110.0，編號：Ⅱ-16-C-p-412。

京都大學人文科學研究所：

　　　　一張，紙本墨拓，原片，編號：TOU1655X。

4128　尊勝陀羅尼經幢

唐廣明二年（881）四月九日刻，今藏地不詳。

淑德大學書學文化中心：

　　　　一張，紙本墨拓，托裱，編號：197696，天放樓舊藏。

［中和］

4129　祖君妻楊氏墓誌

唐中和元年（881）十一月八日葬，河北滄州出土，現藏於故宮博物院。

東洋文庫：

　　　　一張，紙本墨拓，原片，41.0×39.0，編號：Ⅱ-16-C-p-413。

京都大學人文科學研究所：

　　　　一張，紙本墨拓，原片，編號：TOU1657X。

4130　王君墓誌

唐中和二年（882）二月二十四日葬，河南洛陽出土，現藏於故宮博物院。

東洋文庫：

　　　　一張，紙本墨拓，原片，43.0×43.0，編號：Ⅱ-16-C-p-414。

淑德大學書學文化中心：

　　　　一張，紙本墨拓，原片，編號：000636。

京都大學人文科學研究所：

　　　　一張，紙本墨拓，原片，編號：TOU1658X。

4131　范寓墓誌

唐中和二年（882）十一月十八日葬，江蘇南京出土，今藏地不詳。

東洋文庫：

一張，紙本墨拓，原片，36.0×50.0，編號：Ⅱ-16-C-p-415。

京都大學人文科學研究所：

一張，紙本墨拓，原片，編號：TOU1659X。

4132 敬延祚墓誌

唐中和三年（883）二月十一日葬，北京大興出土，今藏地不詳。

京都大學人文科學研究所：

一張，紙本墨拓，原片，編號：TOU1660X。

4133 戚高墓誌

唐中和三年（883）十月二十七日葬，浙江諸暨出土，現藏於故宮博物院。

淑德大學書學文化中心：

一張，紙本墨拓，原片，編號：000637。

京都大學人文科學研究所：

一張，紙本墨拓，原片，編號：TOU1662X。

［光啓］

4134 龍興寺尊勝陀羅尼殘幢

唐光啓四年（888）四月刻，今藏地不詳。

京都大學人文科學研究所：

一張，紙本墨拓，原片，編號：TOU1663X。

［大順］

4135 楊公妻李氏墓誌

唐大順二年（891）二月十七日葬，現藏於故宮博物院。

淑德大學書學文化中心：

一張，紙本墨拓，原片，編號：000638。

京都大學人文科學研究所：

一張，紙本墨拓，原片，編號：TOU1669X。

4136 孫君墓誌

唐大順二年（891）十一月二十四日葬，今藏地不詳。

京都大學人文科學研究所：

一張，紙本墨拓，原片，編號：TOU1664X。

［景福］

4137　萬壽寺記

唐景福元年（892）八月一日刻，原存陝西西安萬壽寺。

淑德大學書學文化中心：

　　一册，紙本墨拓，册頁，編號：197484，天放樓舊藏。

4138　索勛紀德碑

全稱"大唐河西道歸義軍節度索公紀德之碑"，唐景福元年（892）九月刻，現藏於甘肅敦煌博物館。

淑德大學書學文化中心：

　　一張，紙本墨拓，原片，編號：001772。

4139　憫忠寺重藏舍利記

唐景福元年（892）十二月十八日刻，北京憫忠寺（今法源寺）遺址出土，久佚。

淑德大學書學文化中心：

　　一張，紙本墨拓，原片，編號：001487。

4140　龍興觀碑

全稱"唐景福二年易州龍興觀道德經碑"，又稱"景福碑"，唐景福二年（893）七月刻，原在河北易縣龍興觀遺址。

東洋文庫：

　　一張，碑陽連額，紙本墨拓，原片，242.0×100.0。一張，碑陰，紙本墨拓，原片，153.0×100.0。編號：Ⅱ-16-C-p-416。

京都大學人文科學研究所：

　　一張，紙本墨拓，原片，編號：TOU1667A。

　　一張，紙本墨拓，原片，編號：TOU1667B。

　　一張，紙本墨拓，原片，編號：TOU1667C。

　　一張，紙本墨拓，原片，編號：TOU1668X。

［乾寧］

4141　李氏再修功德記

全稱"唐宗子隴西李氏再修功德記"，又稱"乾寧碑"，唐乾寧元年（894）十月五日刻，現存敦煌莫高窟第148窟。

東洋文庫：

　　　一張，紙本墨拓，218.0×69.0，原片，編號：Ⅱ-16-C-1607。

4142　卧龍寺經幢

唐乾寧元年（894）刻，現存陝西咸寧卧龍寺。

淑德大學書學文化中心：

　　　一張，紙本墨拓，托裱，編號：197698，天放樓舊藏。

4143　韋靖建永昌寨記

又稱"韋君靖碑"，唐乾寧二年（895）十二月十九日刻，現存四川大足縣城北北山佛灣。

淑德大學書學文化中心：

　　　一張，紙本墨拓，托裱，編號：197699，天放樓舊藏。

4144　惠化寺僧緣遇等題名

唐乾寧五年（898）四月八日刻，現存北京房山雲居寺。

京都大學人文科學研究所：

　　　一張，紙本墨拓，原片，編號：TOU1671X。

4145　崔鹼并鄭夫人墓誌

唐乾寧五年（898）八月六日葬，河南宜陽出土，現藏於故宮博物院。

東洋文庫：

　　　一張，紙本墨拓，原片，27.0×26.0，編號：Ⅱ-16-C-p-417。

京都大學人文科學研究所：

　　　一張，紙本墨拓，原片，編號：TOU1670A。

　　　一張，紙本墨拓，原片，編號：TOU1670B。

［天祐］

4146　樹腹碑

唐天祐二年（905）立，現存福建閩侯縣大湖鄉枯木庵。

木雞室：

　　　一張，紙本墨拓，全拓。

4147　王審知德政碑

全稱"恩賜琅琊郡王德政碑"，唐天祐三年（906）十二月一日立，現存福建福州市慶城路閩王祠。

東京國立博物館：

　　　一幅，紙本墨拓，原片，編號：257，木脅啓四郎舊藏。

淑德大學書學文化中心：

　　　一軸，紙本墨拓，卷軸，編號：196317。

　　　一軸，紙本墨拓，卷軸，編號：196318。

東北大學附屬圖書館：

　　　一幅，紙本墨拓，原片，常盤大定舊藏。

4148　等慈寺碑

全稱"大唐皇帝等慈寺之碑"，顏師古撰文，無刊立紀年，原在河南汜水，現藏於河南鄭州博物館。

書道博物館：

　　一冊，舊拓，紙本墨拓，冊頁。

東洋文庫：

　　一張，紙本墨拓，原片，236.0×113.0。碑額，失。編號：Ⅱ-16-C-1105。

五島美術館：

　　一張，舊拓，紙本墨拓，原片，25.9×14.4，宇野雪村舊藏。

東京國立博物館：

　　二帖，紙本墨拓，剪裝，編號：783。

　　一帖，紙本墨拓，剪裝，編號：1361。

淑德大學書學文化中心：

　　一軸，紙本墨拓，卷軸，編號：195399。

　　一張，紙本墨拓，原片，編號：196554。

　　一冊，紙本墨拓，冊頁，編號：197317。

東北大學附屬圖書館：

　　一幅，紙本墨拓，原片，常盤大定舊藏。

觀峰館：

　　一冊，紙本墨拓，冊頁，29.4×16.1。

4149　皇甫誕碑

全稱"隋柱國左光禄大夫弘義明公皇甫府君之碑"，于志寧撰文，歐陽詢書丹，無刊立紀年，現藏於陝西西安碑林博物館。

東京國立博物館：

　　一帖，宋拓，紙本墨拓，26.0×14.3，達受、何紹基、張廷濟題簽，陳寶琛跋，司馬賞、張光世、高島菊次郎舊藏。

　　一幅，紙本墨拓，原片，編號：264，昌平坂學問所舊藏。

　　一幅，紙本墨拓，原片，編號：352。

　　一幅，紙本墨拓，原片，編號：495。

書道博物館：

　　一冊，宋拓，紙本墨拓，冊頁，23.5×12.8，有篆額。

　　一冊，明拓，紙本墨拓，冊頁，無篆額。

　　一冊，初拓，紙本墨拓，冊頁。

　　一冊，全拓，紙本墨拓，冊頁。

東洋文庫：

　　一帖四十八葉，碑陽，紙本墨拓，30.0×16.0。碑額，失。

宇野雪村文庫：

　　一冊，重刻，紙本墨拓，冊頁，編號：120。

淑德大學書學文化中心：

　　一軸，紙本墨拓，卷軸，編號：196045。

　　一張，紙本墨拓，托裱，編號：197611，天放樓舊藏。

　　一張，紙本墨拓，托裱，編號：197703，天放樓舊藏。

觀峰館：

　　一冊，紙本墨拓，冊頁，21.5×12.6。

　　一張，紙本墨拓，原片，182.0×94.0。

白扇書道會：

　　一張，紙本墨拓，全拓，181.0×94.0，種谷扇舟舊藏。

書壇院：

　　一幅，紙本墨拓，全拓。

4150　牛秀碑

全稱"大唐故左驍衛大將軍幽州都督上國柱國琅邪郡開國公牛公碑銘并序"，清嘉慶道光年間出土，無刊立紀年，現藏於陝西昭陵博物館。

書道博物館：

　　一張，紙本墨拓，全拓，原片，有篆額。

　　一張，紙本墨拓，舊拓，全拓，原片，無篆額。

　　一冊，最舊拓，紙本墨拓，無篆額，冊頁。

東洋文庫：

　　一帖十七葉，碑陽，紙本墨拓，29.0×15.0。碑額，失。編號：Ⅱ-16-C-813。

淑德大學書學文化中心：

　　一冊，紙本墨拓，冊頁，編號：001474。

　　一張，紙本墨拓，托裱，編號：197709，天放樓舊藏。

4151　房玄齡碑

全稱"大唐故尚書左僕射司空太子太傅上柱國贈太尉并州都督梁文昭公之碑文"，褚遂良書丹，無刊立紀年，現藏於陝西昭陵博物館。

書道博物館：

一册，明拓，紙本墨拓，32.5×18.0，郭尚先跋，秦文錦舊藏。

一張，紙本墨拓，全拓，原片。

東洋文庫：

一帖四十葉，紙本墨拓，26.0×13.0，編號：Ⅱ-16-C-865。

京都大學人文科學研究所：

一張，紙本墨拓，原片，編號：TOU0141X。

淑德大學書學文化中心：

一張，紙本墨拓，托裱，編號：001277。

白扇書道會：

一張，紙本墨拓，全拓，108.0×112.0，種谷扇舟舊藏。

4152　褚亮碑

全稱"大唐褚卿之碑"，無撰、書人姓名，無刊立紀年，現藏於陝西昭陵博物館。

書道博物館：

一張，紙本墨拓，全拓。

東洋文庫：

一帖三十葉，紙本墨拓，26.0×12.0，編號：Ⅱ-16-C-863。

京都大學人文科學研究所：

一張，紙本墨拓，原片，編號：TOU0143X。

淑德大學書學文化中心：

一軸，紙本墨拓，卷軸，編號：196453。

一張，紙本墨拓，托裱，編號：197614，天放樓舊藏。

白扇書道會：

一張，紙本墨拓，全拓，60.0×90.0，種谷扇舟舊藏。

4153　太宗征高麗殘碑

無刊立紀年，出土時地不詳。

宇野雪村文庫：

一册，紙本墨拓，册頁，編號：227。

4154　張敬因碑殘石

全稱"贈和州刺史張敬因碑"，顏真卿書丹，無刊立紀年，原石久佚。

東洋文庫：

　　　　一張，紙本墨拓，原片，60.0×71.0，編號：Ⅱ-16-C-p-350。

淑德大學書學文化中心：

　　　　一軸，紙本墨拓，卷軸，編號：000826。

京都大學人文科學研究所：

　　　　一張，紙本墨拓，原片，編號：TOU1414X。

4155　周道務碑

全稱“唐駙馬都尉加上柱國營州都督周道務碑”，唐刻，無紀年，清末出土於陝西昭陵，泐損無文。

京都大學人文科學研究所：

　　　　一張，紙本墨拓，原片，編號：TOU1721X。

4156　崔公德政殘碑

唐刻，無紀年。

京都大學人文科學研究所：

　　　　一張，紙本墨拓，原片，編號：TOU1697X。

4157　藏真律公帖

懷素書，唐刻，無紀年，現藏於西安碑林博物館。

京都大學人文科學研究所：

　　　　一張，紙本墨拓，原片，編號：TOU1723X。

4158　蘇昱德政碑

全稱“大唐絳州聞喜縣令蘇君德政之碑”，唐刻，無紀年，現存山西聞喜東鎮。

淑德大學書學文化中心：

　　　　一軸，紙本墨拓，卷軸，編號：196448。

4159　楊公紀德頌碑

唐刻，無紀年，現藏於甘肅敦煌博物館。

淑德大學書學文化中心：

　　　　一張，紙本墨拓，原片，編號：001771。

4160　齊太公廟碑

唐刻，無紀年，原在山西芮城東墟鄉南窰村。

淑德大學書學文化中心：

　　　　一軸，碑陽，紙本墨拓，卷軸，編號：195918。

一軸，碑陽，紙本墨拓，卷軸，編號：198640。

一軸，碑側，紙本墨拓，卷軸，編號：195919。

一軸，碑側，紙本墨拓，卷軸，編號：198640。

4161　王處存刻老子碑

唐刻，無紀年，原在河北易縣龍興觀遺址。

淑德大學書學文化中心：

一張，碑陽，紙本墨拓，托裱，編號：197707，天放樓舊藏。

一張，碑陰，紙本墨拓，托裱，編號：197708，天放樓舊藏。

4162　張□碑

唐刻，無紀年，今藏地不詳。

淑德大學書學文化中心：

一張，紙本墨拓，托裱，編號：197710，天放樓舊藏。

4163　昭陵陪葬碑

唐刻，無紀年，今藏地不詳。

宇野雪村文庫：

一冊，紙本墨拓，冊頁，編號：190。

4164　輕車將軍碑

唐刻，無紀年，今藏地不詳。

宇野雪村文庫：

一張，紙本墨拓，原片，編號：1347。

4165　周府君碑額

唐刻，無紀年，今藏地不詳。

東洋文庫：

一張，紙本墨拓，原片，28.0×32.0，編號：Ⅱ-16-C-1132。

4166　千字文殘石

唐刻，無紀年，今藏地不詳。

京都大學人文科學研究所：

一張，紙本墨拓，原片，編號：TOU1725A。

一張，紙本墨拓，原片，編號：TOU1725B。

一張，紙本墨拓，原片，編號：TOU1725C。

一張，紙本墨拓，原片，編號：TOU1725D。
一張，紙本墨拓，原片，編號：TOU1725E。
一張，紙本墨拓，原片，編號：TOU1725F。
一張，紙本墨拓，原片，編號：TOU1727X。
一張，紙本墨拓，原片，編號：TOU1729A。
一張，紙本墨拓，原片，編號：TOU1729B。
一張，紙本墨拓，原片，編號：TOU1729C。

4167　房山金剛經碑

唐刻，無紀年，現存北京房山雲居寺。

大谷大學博物館：

一幅，紙本墨拓，原片，144.9×88.4。

4168　唐碑殘石

唐刻，無紀年，今藏地不詳。

京都大學人文科學研究所：

一張，紙本墨拓，原片，編號：TOU1674X。
一張，紙本墨拓，原片，編號：TOU1677X。

淑德大學書學文化中心：

一張，紙本墨拓，原片，編號：196560。
一張，紙本墨拓，托裱，編號：197217，天放樓舊藏。
一册，紙本墨拓，册頁，編號：197393，天放樓舊藏。
一軸，紙本墨拓，卷軸，編號：198027。

宇野雪村文庫：

十一張，紙本墨拓，原片，編號：1984。
一張，紙本墨拓，原片，編號：TOU1698X。
一張，紙本墨拓，原片，編號：TOU1699X。
一張，紙本墨拓，原片，編號：1348。

4169　刘君墓誌

唐刻，無紀年，今藏地不詳。

東京國立博物館：

一幅，紙本墨拓，原片，編號：903。

4170　廉公墓誌

唐刻，無紀年，今藏地不詳。

宇野雪村文庫：

　　　一張，紙本墨拓，原片，編號：1763。

4171　□君墓誌

唐刻，無紀年，今藏地不詳。

東洋文庫：

　　　一張，紙本墨拓，原片，45.0×45.0，編號：Ⅱ-16-C-1362。

4172　劉君妻侯氏墓誌

唐刻，無紀年，今藏地不詳。

東洋文庫：

　　　一張，墓誌，紙本墨拓，原片，38.0×36.0。一張，墓誌蓋，紙本墨拓，原片，23.0×25.0。
　　　編號：Ⅱ-16-C-p-420。

4173　王君墓誌

唐刻，無紀年，今藏地不詳。

東京國立博物館：

　　　一幅，紙本墨拓，原片，編號：742。

4174　杜君夫人朱氏墓誌

唐刻，無紀年，陝西西安出土，今藏地不詳。

東京國立博物館：

　　　一幅，紙本墨拓，原片，編號：744。

淑德大學書學文化中心：

　　　一張，紙本墨拓，原片，編號：000641。

京都大學人文科學研究所：

　　　一張，紙本墨拓，原片，編號：TOU1693X。

4175　高難墓誌

唐刻，無紀年，今藏地不詳。

東洋文庫：

　　　一張，紙本墨拓，原片，35.0×35.0，編號：Ⅱ-16-C-1364。

4176　李夫人墓誌

唐刻，無紀年，今藏地不詳。

京都大學人文科學研究所：

一張，紙本墨拓，原片，編號：TOU1785X。

一張，紙本墨拓，原片，編號：TOU1787X。

4177 賣君妻楊氏墓誌

唐刻，無紀年，今藏地不詳。

京都大學人文科學研究所：

一張，紙本墨拓，原片，編號：TOU1817X。

4178 趙君墓誌

唐刻，無紀年，今藏地不詳。

京都大學人文科學研究所：

一張，紙本墨拓，原片，編號：TOU1694X。

4179 喬難墓誌

唐刻，無紀年，河南洛陽出土，今藏地不詳。

京都大學人文科學研究所：

一張，紙本墨拓，原片，編號：TOU1837A。

一張，紙本墨拓，原片，編號：TOU1837B。

4180 宮人墓誌

唐刻，無紀年，今藏地不詳。

京都大學人文科學研究所：

一張，紙本墨拓，原片，編號：TOU1838X。

4181 劉妻侯氏墓誌

唐刻，無紀年，今藏地不詳。

京都大學人文科學研究所：

一張，紙本墨拓，原片，編號：TOU1840A。

一張，紙本墨拓，原片，編號：TOU1840B。

淑德大學書學文化中心：

一張，紙本墨拓，原片，編號：000642。

4182 唐墓誌殘石

唐刻，無紀年，今藏地不詳。

淑德大學書學文化中心：

一册，紙本墨拓，册頁，編號：197881，天放樓舊藏。

一册，紙本墨拓，册頁，編號：197882，天放樓舊藏。

東洋文庫：

一張，紙本墨拓，原片，25.0×25.0，編號：Ⅱ-16-C-p-422。

京都大學人文科學研究所：

一張，紙本墨拓，原片，編號：TOU1696X。

4183　李公墓誌蓋

唐刻，無紀年，今藏地不詳。

宇野雪村文庫：

一張，紙本墨拓，原片，編號：1764。

4184　□君并夫人嚴氏墓誌蓋

唐刻，無紀年，今藏地不詳。

東洋文庫：

一張，紙本墨拓，原片，36.0×36.0，編號：Ⅱ-16-C-1572。

4185　張君墓誌蓋

唐刻，無紀年，今藏地不詳。

淑德大學書學文化中心：

一册，紙本墨拓，册頁，編號：197843，天放樓舊藏。

4186　張君墓誌蓋

唐刻，無紀年，今藏地不詳。

京都大學人文科學研究所：

一張，紙本墨拓，原片，編號：TOU1821X。

4187　張君墓誌蓋

唐刻，無紀年，今藏地不詳。

京都大學人文科學研究所：

一張，紙本墨拓，原片，編號：TOU1824X。

一張，紙本墨拓，原片，編號：TOU1825X。

4188　張君墓誌蓋

唐刻，無紀年，今藏地不詳。

京都大學人文科學研究所：

一張，紙本墨拓，原片，編號：TOU1797X。

4189 郭君墓誌蓋

唐刻，無紀年，今藏地不詳。

東洋文庫：

　　　一張，紙本墨拓，原片，30.0×28.0，編號：Ⅱ-16-C-p-423。

4190 陳君墓誌蓋

唐刻，無紀年，今藏地不詳。

東洋文庫：

　　　一張，紙本墨拓，原片，25.0×23.0，編號：Ⅱ-16-C-p-424。

4191 陳君墓誌蓋

唐刻，無紀年，今藏地不詳。

京都大學人文科學研究所：

　　　一張，紙本墨拓，原片，編號：TOU1809X。

4192 封君墓誌蓋

唐刻，無紀年，今藏地不詳。

東洋文庫：

　　　一張，紙本墨拓，原片，33.0×33.0，編號：Ⅱ-16-C-p-425。

4193 元君墓誌蓋

唐刻，無紀年，今藏地不詳。

東洋文庫：

　　　一張，紙本墨拓，原片，20.0×20.0，編號：Ⅱ-16-C-1366。

4194 唐君墓誌蓋

唐刻，無紀年，今藏地不詳。

京都大學人文科學研究所：

　　　一張，紙本墨拓，原片，編號：TOU1819X。

4195 王君墓誌蓋

唐刻，無紀年，今藏地不詳。

京都大學人文科學研究所：

　　　一張，紙本墨拓，原片，編號：TOU1820X。

4196　王君墓誌蓋

唐刻，無紀年，今藏地不詳。

京都大學人文科學研究所：

　　　　一張，紙本墨拓，原片，編號：TOU1814X。

4197　王君墓誌蓋

唐刻，無紀年，今藏地不詳。

京都大學人文科學研究所：

　　　　一張，紙本墨拓，原片，編號：TOU1843X。

4198　康君墓誌蓋

唐刻，無紀年，今藏地不詳。

京都大學人文科學研究所：

　　　　一張，紙本墨拓，原片，編號：TOU1822X。

4199　賈君墓誌蓋

唐刻，無紀年，今藏地不詳。

京都大學人文科學研究所：

　　　　一張，紙本墨拓，原片，編號：TOU1823X。

4200　胡君墓誌蓋

唐刻，無紀年，今藏地不詳。

京都大學人文科學研究所：

　　　　一張，紙本墨拓，原片，編號：TOU1844X。

4201　高君墓誌蓋

唐刻，無紀年，今藏地不詳。

京都大學人文科學研究所：

　　　　一張，紙本墨拓，原片，編號：TOU1827X。

4202　崔君妻墓誌蓋

唐刻，無紀年，今藏地不詳。

京都大學人文科學研究所：

　　　　一張，紙本墨拓，原片，編號：TOU1828X。

4203　崔君墓誌蓋

唐刻，無紀年，今藏地不詳。

京都大學人文科學研究所：

　　　　一張，紙本墨拓，原片，編號：TOU1790X。

　　　　一張，紙本墨拓，原片，編號：TOU1793X。

4204　□君墓誌蓋

唐刻，無紀年，今藏地不詳。

京都大學人文科學研究所：

　　　　一張，紙本墨拓，原片，編號：TOU1829X。

4205　絖君墓誌蓋

唐刻，無紀年，今藏地不詳。

東洋文庫：

　　　　一張，紙本墨拓，原片，52.0×52.0，編號：Ⅱ-16-C-1365。

4206　傳君妻梁氏墓誌蓋

唐刻，無紀年，今藏地不詳。

京都大學人文科學研究所：

　　　　一張，紙本墨拓，原片，編號：TOU1786X。

4207　董君墓誌蓋

唐刻，無紀年，今藏地不詳。

京都大學人文科學研究所：

　　　　一張，紙本墨拓，原片，編號：TOU1788X。

4208　高氏墓誌蓋

唐刻，無紀年，今藏地不詳。

京都大學人文科學研究所：

　　　　一張，紙本墨拓，原片，編號：TOU1789X。

　　　　一張，紙本墨拓，原片，編號：TOU1803X。

4209　孫君墓誌蓋

唐刻，無紀年，今藏地不詳。

京都大學人文科學研究所：

　　　　一張，紙本墨拓，原片，編號：TOU1791X。

4210　宮人墓誌銘蓋

唐刻，無紀年，今藏地不詳。

京都大學人文科學研究所：

　　　一張，紙本墨拓，原片，編號：TOU1792X。

4211　獨孤夫人墓誌蓋

唐刻，無紀年，今藏地不詳。

京都大學人文科學研究所：

　　　一張，紙本墨拓，原片，編號：TOU1794X。

4212　張夫人墓誌蓋

唐刻，無紀年，今藏地不詳。

京都大學人文科學研究所：

　　　一張，紙本墨拓，原片，編號：TOU1795X。

4213　賈君墓誌蓋

唐刻，無紀年，今藏地不詳。

京都大學人文科學研究所：

　　　一張，紙本墨拓，原片，編號：TOU1796X。

4214　樂□□墓誌蓋

唐刻，無紀年，今藏地不詳。

京都大學人文科學研究所：

　　　一張，紙本墨拓，原片，編號：TOU1798X。

4215　□君墓誌蓋

唐刻，無紀年，今藏地不詳。

京都大學人文科學研究所：

　　　一張，紙本墨拓，原片，編號：TOU1800X。

4216　劉君墓誌蓋

唐刻，無紀年，今藏地不詳。

京都大學人文科學研究所：

　　　一張，紙本墨拓，原片，編號：TOU1801X。

4217　蔣氏子墓誌蓋

唐刻，無紀年，今藏地不詳。

京都大學人文科學研究所：

　　　一張，紙本墨拓，原片，編號：TOU1802X。

4218　辛君墓誌蓋

唐刻，無紀年，今藏地不詳。

京都大學人文科學研究所：

　　　一張，紙本墨拓，原片，編號：TOU1805X。

4219　王氏墓誌蓋

唐刻，無紀年，今藏地不詳。

京都大學人文科學研究所：

　　　一張，紙本墨拓，原片，編號：TOU1806X。

4220　賀君墓誌蓋

唐刻，無紀年，今藏地不詳。

京都大學人文科學研究所：

　　　一張，紙本墨拓，原片，編號：TOU1807X。

4221　趙君墓誌蓋

唐刻，無紀年，今藏地不詳。

京都大學人文科學研究所：

　　　一張，紙本墨拓，原片，編號：TOU1826X。

4222　趙君墓誌蓋

唐刻，無紀年，今藏地不詳。

京都大學人文科學研究所：

　　　一張，紙本墨拓，原片，編號：TOU1808X。

4223　趙君墓誌蓋

唐刻，無紀年，今藏地不詳。

京都大學人文科學研究所：

　　　一張，紙本墨拓，原片，編號：TOU1815X。

4224　李氏墓誌蓋

唐刻，無紀年，今藏地不詳。

京都大學人文科學研究所：

　　　　一張，紙本墨拓，原片，編號：TOU1810X。

4225　梁氏墓誌蓋

唐刻，無紀年，今藏地不詳。

京都大學人文科學研究所：

　　　　一張，紙本墨拓，原片，編號：TOU1811X。

4226　袁君合葬墓誌蓋

唐刻，無紀年，今藏地不詳。

京都大學人文科學研究所：

　　　　一張，紙本墨拓，原片，編號：TOU1812X。

4227　臧君墓誌蓋

唐刻，無紀年，今藏地不詳。

京都大學人文科學研究所：

　　　　一張，紙本墨拓，原片，編號：TOU1813X。

4228　仁君墓誌蓋

唐刻，無紀年，今藏地不詳。

京都大學人文科學研究所：

　　　　一張，紙本墨拓，原片，編號：TOU1816X。

4229　陽君妻墓誌蓋

唐刻，無紀年，今藏地不詳。

京都大學人文科學研究所：

　　　　一張，紙本墨拓，原片，編號：TOU1818X。

4230　史公妻王氏墓誌蓋

唐刻，無紀年，今藏地不詳。

京都大學人文科學研究所：

　　　　一張，紙本墨拓，原片，編號：TOU1841X。

4231　封君合葬墓誌蓋

唐刻，無紀年，今藏地不詳。

京都大學人文科學研究所：

　　　　一張，紙本墨拓，原片，編號：TOU1842X。

4232　仇公墓誌蓋

唐刻，無紀年，今藏地不詳。

京都大學人文科學研究所：

　　　　一張，紙本墨拓，原片，編號：TOU1845X。

4233　哥舒季通葬馬銘

唐刻，無紀年，王知敬撰文并書丹，疑僞刻。

京都大學人文科學研究所：

　　　　一張，紙本墨拓，原片，編號：TOU1735X。

4234　靈寶黃帝中元天文

唐刻，無紀年，現藏於中國国家博物館。

京都大學人文科學研究所：

　　　　一張，紙本墨拓，原片，編號：TOU1860X。

淑德大學書學文化中心：

　　　　一軸，紙本墨拓，卷軸，編號：000846。

　　　　一軸，紙本墨拓，卷軸，編號：198620。

4235　靈寶黑帝五天文

唐刻，無紀年，現藏於中國国家博物館。

京都大學人文科學研究所：

　　　　一張，紙本墨拓，原片，編號：TOU1861X。

淑德大學書學文化中心：

　　　　一軸，紙本墨拓，卷軸，編號：000847。

　　　　一軸，紙本墨拓，卷軸，編號：198306。

　　　　一軸，紙本墨拓，卷軸，編號：19832。

4236　順天后符命

唐刻，無紀年，今藏地不詳。

東京國立博物館：

　　　　一幅，紙本墨拓，原片，編號：751。

4237　五仙女靈鎮神文

唐刻，無紀年，今藏地不詳。

東京國立博物館：

一幅，紙本墨拓，原片，編號：748。

4238　陀羅尼咒經刻石

唐刻，無紀年，今藏地不詳。

京都大學人文科學研究所：

一張，紙本墨拓，原片，編號：TOU1849X。

一張，紙本墨拓，原片，編號：TOU1857X。

4239　心經刻石

唐刻，無紀年，今藏地不詳。

京都大學人文科學研究所：

一張，紙本墨拓，原片，編號：TOU1726A。

一張，紙本墨拓，原片，編號：TOU1726B。

一張，紙本墨拓，原片，編號：TOU1726C。

一張，紙本墨拓，原片，編號：TOU1726D。

一張，紙本墨拓，原片，編號：TOU1726E。

一張，紙本墨拓，原片，編號：TOU1726F。

一張，紙本墨拓，原片，編號：TOU1851X。

東京國立博物館：

一幅，紙本墨拓，原片，編號：374。

東洋文庫：

一張，紙本墨拓，原片，15.0×74.0，編號：Ⅱ-16-C-p-504。

淑德大學書學文化中心：

一軸，紙本墨拓，卷軸，編號：198398。

4240　阿彌陀經刻石

唐刻，無紀年，今藏地不詳。

京都大學人文科學研究所：

一張，紙本墨拓，原片，編號：TOU1871A。

一張，紙本墨拓，原片，編號：TOU1871B。

4241　大方廣佛華經刻石

唐刻，無紀年，今藏地不詳。

淑德大學書學文化中心：

　　　一軸，紙本朱拓，卷軸，編號：196812。

　　　一軸，紙本朱拓，卷軸，編號：196813。

4242　大教王經刻石

唐刻，無紀年，現存北京房山雲居寺。

淑德大學書學文化中心：

　　　一軸，紙本墨拓，卷軸，編號：000836。

　　　一軸，紙本墨拓，卷軸，編號：000837。

　　　一軸，紙本墨拓，卷軸，編號：000838。

　　　一軸，紙本墨拓，卷軸，編號：000839。

　　　一軸，紙本墨拓，卷軸，編號：000840。

　　　一張，紙本墨拓，原片，編號：196592。

　　　一張，紙本墨拓，原片，編號：196593。

京都大學人文科學研究所：

　　　一張，紙本墨拓，原片，編號：TOU1850A。

　　　一張，紙本墨拓，原片，編號：TOU1850B。

　　　一張，紙本墨拓，原片，編號：TOU1850C。

　　　一張，紙本墨拓，原片，編號：TOU1850D。

　　　一張，紙本墨拓，原片，編號：TOU1850E。

4243　□□皿經轉不轉品

唐刻，無紀年，今藏地不詳。

淑德大學書學文化中心：

　　　一軸，紙本墨拓，卷軸，編號：000841。

京都大學人文科學研究所：

　　　一張，紙本墨拓，原片，編號：TOU1852X。

4244　金剛經刻石

唐刻，無紀年，今藏地不詳。

宇野雪村文庫：

　　　一册，紙本墨拓，册頁，編號：178。

淑德大學書學文化中心：

　　　一軸，碑陽，紙本墨拓，卷軸，編號：196036。

　　　一軸，碑陽，紙本墨拓，卷軸，編號：196040。

　　　一軸，碑陰，紙本墨拓，卷軸，編號：196038。

一軸，碑陰，紙本墨拓，卷軸，編號：196042。

一軸，左側，紙本墨拓，卷軸，編號：196037。

一軸，左側，紙本墨拓，卷軸，編號：196041。

一軸，右側，紙本墨拓，卷軸，編號：196039。

東洋文庫：

一張，碑陽，紙本墨拓，150.0×88.0。碑額，失。一張，碑陰，紙本墨拓，150.0×88.0。

二張，碑側，紙本墨拓，各150.0×16.0。編號：Ⅱ-16-C-p-502。

4245　陀羅尼經刻石

唐刻，無紀年，今藏地不詳。

東京國立博物館：

一帖，宋拓，越州石氏本，紙本墨拓，項元汴、李宗瀚、高島菊次郎舊藏。

淑德大學書學文化中心：

一軸，紙本墨拓，卷軸，編號：000834。

一軸，紙本墨拓，卷軸，編號：000835。

一張，紙本墨拓，托裱，編號：197212，天放樓舊藏。

一張，紙本墨拓，托裱，編號：197712，天放樓舊藏。

一張，紙本墨拓，托裱，編號：197701，天放樓舊藏。

一張，紙本墨拓，托裱，編號：197702，天放樓舊藏。

一册，紙本墨拓，册頁，編號：197402，天放樓舊藏。

一軸，紙本墨拓，卷軸，編號：196816-6819。

京都大學人文科學研究所：

一張，紙本墨拓，原片，編號：TOU1704X。

一張，紙本墨拓，原片，編號：TOU1706X。

一張，紙本墨拓，原片，編號：TOU1712X。

一張，紙本墨拓，原片，編號：TOU1835X。

一張，紙本墨拓，原片，編號：TOU1836X。

一張，紙本墨拓，原片，編號：TOU1720A。

一張，紙本墨拓，原片，編號：TOU1720B。

一張，紙本墨拓，原片，編號：TOU1832X。

一張，紙本墨拓，原片，編號：TOU1848X。

4246　大般若波羅蜜多經刻石

唐刻，無紀年，今藏地不詳。

東洋文庫：

一張，紙本墨拓，原片，24.0×22.0，編號：Ⅱ-16-C-p-503。

4247　百塔寺心經刻石

唐刻，無紀年，現藏於西安碑林博物館。

東洋文庫：

四張，紙本墨拓，［1］34.0×57.0，［2］33.0×23.0，［3］34.0×18.0，［4］35.0×109.0，編號：Ⅱ-16-C-1586。

4248　妙法蓮華經刻石

唐刻，無紀年，今藏地不詳。

東洋文庫：

十張，紙本墨拓，原片，各 83.0×58.0~83.0×60.0，編號：Ⅱ-16-C-p-507。

4249　大方廣佛華嚴經刻石

唐刻，無紀年，今藏地不詳。

東洋文庫：

十九張，紙本墨拓，大小不等，最大 85.0×58.0，最小 11.0×12.0，編號：Ⅱ-16-C-p-506。

4250　大般涅槃經刻石

唐刻，無紀年，今藏地不詳。

東洋文庫：

一張，紙本墨拓，原片，20.0×27.0，編號：Ⅱ-16-C-p-506。

4251　靈寶無量度人上品妙經刻石

唐刻，無紀年，今藏地不詳。

東京國立博物館：

一帖，宋拓，越州石氏本，紙本墨拓，項元汴、李宗瀚、高島菊次郎舊藏。

4252　常清净經刻石

唐刻，無紀年，今藏地不詳。

東京國立博物館：

一帖，宋拓，越州石氏本，紙本墨拓，項元汴、李宗瀚、高島菊次郎舊藏。

4253　梵字曼陀羅

唐刻，無紀年，今藏地不詳。

京都大學人文科學研究所：

一張，紙本墨拓，原片，編號：TOU1876A。

一張，紙本墨拓，原片，編號：TOU1876B。

一張，紙本墨拓，原片，編號：TOU1876C。

一張，紙本墨拓，原片，編號：TOU1876D。

4254 法華經刻石

唐刻，無紀年，今藏地不詳。

淑德大學書學文化中心：

十三張，紙本墨拓，托裱，編號：195190。

4255 佛經刻石

唐刻，無紀年，今藏地不詳。

淑德大學書學文化中心：

一張，紙本墨拓，托裱，編號：001661。

京都大學人文科學研究所：

一張，紙本墨拓，原片，編號：TOU1875X。

4256 碑林經幢

唐刻，無紀年，現藏於西安碑林博物館。

淑德大學書學文化中心：

一張，紙本墨拓，托裱，編號：197704，天放樓舊藏。

4257 延慶寺經幢

唐刻，無紀年，原在山西五台山延慶寺，已亡佚。

淑德大學書學文化中心：

一軸，紙本墨拓，卷軸，編號：198052。

4258 玄超等造經幢

唐刻，無紀年，原在陝西西安保壽寺。

淑德大學書學文化中心：

一張，紙本墨拓，托裱，編號：197942。

4259 使院石幢記

唐刻，無紀年，現藏於江蘇徐州博物館。

宇野雪村文庫：

一冊，紙本墨拓，冊頁，編號：101。

4260　大唐善業泥題字

唐刻，無紀年，現藏於故宮博物館。

東洋文庫：

　　　　一張，紙本墨拓，原片，13.0×9.0，編號：Ⅱ-16-C-p-514。

京都大學人文科學研究所：

　　　　一張，紙本墨拓，原片，編號：TOU1783X。

寄鶴軒：

　　　　一張，紙本墨拓，全拓，陳介祺舊藏。

4261　重修唐安寺記

唐刻，無紀年，原在福建福州保福寺，久佚。

東京國立博物館：

　　　　一幅，紙本墨拓，原片，編號：747。

4262　沙彌修清真塔銘

唐刻，無紀年，沙門季良撰文并書丹，原在陝西西安，久佚。

東京國立博物館：

　　　　一幅，紙本墨拓，原片，編號：745。

4263　馮鳳翼等造像記

唐刻，無紀年，原在陝西西安寶慶寺，已流失海外，現存日本。

京都大學人文科學研究所：

　　　　一張，紙本墨拓，原片，編號：TOU1710X。

4264　魏文智等造像記

唐刻，無紀年，今藏地不詳。

京都大學人文科學研究所：

　　　　一張，紙本墨拓，原片，編號：TOU1714A。

　　　　一張，紙本墨拓，原片，編號：TOU1714B。

4265　悉達多禪師碣銘

唐刻，無紀年，清末出土於內蒙古和林格爾古城子。

京都大學人文科學研究所：

　　　　一張，紙本墨拓，原片，編號：TOU1715X。

4266　韓曳司徒端造優填王像記

唐刻，無紀年，現存河南洛陽龍門石窟。

京都大學人文科學研究所：

　　　一張，紙本墨拓，原片，編號：TOU1719A。

　　　一張，紙本墨拓，原片，編號：TOU1719B。

4267　張丘造像記

唐刻，無紀年，現存河南洛陽龍門石窟。

東洋文庫：

　　　一張，紙本墨拓，原片，7.0×10.0，編號：Ⅱ-16-C-p-641。

　　　一張，紙本墨拓，原片，14.0×18.0，編號：Ⅱ-16-C-p-642。

4268　比丘如來造像記

唐刻，無紀年，現存河南洛陽龍門石窟。

京都大學人文科學研究所：

　　　一張，紙本墨拓，原片，編號：TOU1854X。

4269　張仁廓造像記

唐刻，無紀年，現存河南洛陽龍門石窟。

京都大學人文科學研究所：

　　　一張，紙本墨拓，原片，編號：TOU1855X。

4270　張楊等造浮圖記

唐刻，無紀年，現存河南洛陽龍門石窟。

京都大學人文科學研究所：

　　　一張，紙本墨拓，原片，編號：TOU1858X。

4271　劉老村造像記

唐刻，無紀年，現存河南洛陽龍門石窟。

京都大學人文科學研究所：

　　　一張，紙本墨拓，原片，編號：TOU1839X。

4272　孫仁德等造像記

唐刻，無紀年，現存河南洛陽龍門石窟。

京都大學人文科學研究所：

　　　一張，紙本墨拓，原片，編號：TOU1873X。

4273 薩氏造浮圖銘

唐刻，無紀年，現存河南洛陽龍門石窟。

淑德大學書學文化中心：

一張，紙本墨拓，托裱，編號：001445。

4274 鮮于長造像記

唐刻，無紀年，現存河南洛陽龍門石窟。

宇野雪村文庫：

二張，紙本墨拓，原片，編號：1776。

4275 牛氏造像記

唐刻，無紀年，現存河南洛陽龍門石窟。

宇野雪村文庫：

一張，紙本墨拓，原片，編號：1319。

4276 王清信造像記

唐刻，無紀年，現存河南洛陽龍門石窟。

宇野雪村文庫：

一張，紙本墨拓，原片，編號：1333。

東洋文庫：

一張，紙本墨拓，原片，30.0×63.0，編號：Ⅱ-16-C-p-584。

4277 韋氏造像記

唐刻，無紀年，現存河南洛陽龍門石窟。

宇野雪村文庫：

一張，紙本墨拓，原片，編號：1337。

4278 勲精造像記

唐刻，無紀年，現存河南洛陽龍門石窟。

宇野雪村文庫：

一張，紙本墨拓，原片，編號：1758。

4279 鞏縣造像記

唐刻，無紀年，現存河南鞏縣石窟。

宇野雪村文庫：

一册，紙本墨拓，册頁，編號：84。

4280　曇欽造像記

唐刻，無紀年，現存河南洛陽龍門石窟。

宇野雪村文庫：

　　一張，紙本墨拓，原片，編號：1174。

4281　玄詣造像記

唐刻，無紀年，現存河南洛陽龍門石窟。

宇野雪村文庫：

　　一張，紙本墨拓，原片，編號：1757。

4282　智運造像記

唐刻，無紀年，現存河南洛陽龍門石窟。

宇野雪村文庫：

　　一張，紙本墨拓，原片，編號：1332。

4283　章造像記

唐刻，無紀年，現存河南洛陽龍門石窟。

宇野雪村文庫：

　　一張，紙本墨拓，原片，編號：1778。

4284　常元造像記

唐刻，無紀年，現存河南洛陽龍門石窟。

宇野雪村文庫：

　　一張，紙本墨拓，原片，編號：1755。

4285　薛君造浮圖銘

唐刻，無紀年，現存河南洛陽龍門石窟。

宇野雪村文庫：

　　一册，紙本墨拓，册頁，編號：332。

4286　韋利器等造像記

唐刻，無紀年，現存河南洛陽龍門石窟。

宇野雪村文庫：

　　一張，紙本墨拓，原片，編號：1323。

4287　曹白居造像記

唐刻，無紀年，現存河南洛陽龍門石窟。

宇野雪村文庫：

　　　　一張，紙本墨拓，原片，編號：1104。

4288　西庵儀造像記

唐刻，無紀年，現存河南洛陽龍門石窟。

宇野雪村文庫：

　　　　一張，紙本墨拓，原片，編號：1756。

4289　向育王造像記

唐刻，無紀年，現存河南洛陽龍門石窟。

宇野雪村文庫：

　　　　一張，紙本墨拓，原片，編號：1781。

4290　王元吉造像記

唐刻，無紀年，現存河南洛陽龍門石窟。

宇野雪村文庫：

　　　　一張，紙本墨拓，原片，編號：1760。

4291　陽信令元□造像記

唐刻，無紀年，現存河南洛陽龍門石窟。

宇野雪村文庫：

　　　　一張，紙本墨拓，原片，編號：1331。

東洋文庫：

　　　　一張，紙本墨拓，原片，62.0×32.0，編號：Ⅱ–16–C–p–709。

4292　袁福才造像記

唐刻，無紀年，現存河南洛陽龍門石窟。

東京國立博物館：

　　　　一幅，紙本墨拓，原片，編號：808。

4293　杜世敬造像記

唐刻，無紀年，現存河南洛陽龍門石窟。

東京國立博物館：

　　　　一幅，紙本墨拓，原片，編號：808。

4294　閻德寂造像記

唐刻，無紀年，今藏地不詳。

東京國立博物館：

　　一幅，紙本墨拓，原片，編號：808。

4295　劉國造像記

唐刻，無紀年，今藏地不詳。

東京國立博物館：

　　一幅，紙本墨拓，原片，編號：904。

4296　奚行儼造像記

唐刻，無紀年，現存河南洛陽龍門石窟。

東洋文庫：

　　一張，紙本墨拓，原片，29.0×23.0，編號：Ⅱ-16-C-p-426。

4297　張師政兄弟造像記

唐刻，無紀年，現存河南洛陽龍門石窟。

東洋文庫：

　　一張，紙本墨拓，原片，45.0×28.0，編號：Ⅱ-16-C-p-515。

4298　道貞造像記

唐刻，無紀年，現存河南洛陽龍門石窟。

東洋文庫：

　　一張，紙本墨拓，原片，10.0×20.0，編號：Ⅱ-16-C-p-516。

4299　李德造像記

唐刻，無紀年，現存河南洛陽龍門石窟。

東洋文庫：

　　一張，紙本墨拓，原片，28.0×7.0，編號：Ⅱ-16-C-p-517。

4300　爲息男造像記

唐刻，無紀年，現存河南洛陽龍門石窟。

東洋文庫：

　　一張，紙本墨拓，原片，14.0×22.0，編號：Ⅱ-16-C-p-518。

4301　裴沼造像記

唐刻，無紀年，現存河南洛陽龍門石窟。

東洋文庫：

　　　一張，紙本墨拓，原片，32.0×14.0，編號：Ⅱ-16-C-p-519。

4302　闍玄造像記

唐刻，無紀年，現存河南洛陽龍門石窟。

東洋文庫：

　　　一張，紙本墨拓，原片，20.0×13.0，編號：Ⅱ-16-C-p-520。

4303　南中府主簿造像記

唐刻，無紀年，現存河南洛陽龍門石窟。

東洋文庫：

　　　一張，紙本墨拓，原片，14.0×45.0，編號：Ⅱ-16-C-p-521。

4304　法貴僧安造像記

唐刻，無紀年，現存河南洛陽龍門石窟。

東洋文庫：

　　　一張，紙本墨拓，原片，9.0×14.0，編號：Ⅱ-16-C-p-522。

4305　□惠造像記

唐刻，無紀年，現存河南洛陽龍門石窟。

東洋文庫：

　　　一張，紙本墨拓，原片，11.0×14.0，編號：Ⅱ-16-C-p-523。

4306　田文基母李造像記

唐刻，無紀年，現存河南洛陽龍門石窟。

東洋文庫：

　　　一張，紙本墨拓，原片，10.0×20.0，編號：Ⅱ-16-C-p-527。

4307　王福昌造像記

唐刻，無紀年，現存河南洛陽龍門石窟。

東洋文庫：

　　　一張，紙本墨拓，原片，9.0×8.0，編號：Ⅱ-16-C-p-528。

4308　李元哲造像記

唐刻，無紀年，現存河南洛陽龍門石窟。

東洋文庫：

　　　一張，紙本墨拓，原片，27.0×12.0，編號：Ⅱ-16-C-p-529。

4309　常文才女舍利造像記

唐刻，無紀年，現存河南洛陽龍門石窟。

東洋文庫：

　　　一張，紙本墨拓，原片，21.0×14.0，編號：Ⅱ-16-C-p-530。

4310　于尚範并妻韋造像記

唐刻，無紀年，現存河南洛陽龍門石窟。

東洋文庫：

　　　一張，紙本墨拓，原片，11.0×25.0，編號：Ⅱ-16-C-p-531。

4311　李四娘造像記

唐刻，無紀年，現存河南洛陽龍門石窟。

東洋文庫：

　　　一張，紙本墨拓，原片，15.0×10.0，編號：Ⅱ-16-C-p-532。

4312　盧永吉造像記

唐刻，無紀年，現存河南洛陽龍門石窟。

東洋文庫：

　　　一張，紙本墨拓，原片，14.0×9.0，編號：Ⅱ-16-C-p-534。

4313　邊義造像記

唐刻，無紀年，現存河南洛陽龍門石窟。

東洋文庫：

　　　一張，紙本墨拓，原片，10.0×11.0，編號：Ⅱ-16-C-p-535。

4314　寂仁師造像記

唐刻，無紀年，現存河南洛陽龍門石窟。

東洋文庫：

　　　一張，紙本墨拓，原片，17.0×14.0，編號：Ⅱ-16-C-p-537。

4315　知道造像記

唐刻，無紀年，現存河南洛陽龍門石窟。

東洋文庫：

　　　　一張，紙本墨拓，原片，7.0×32.0，編號：Ⅱ-16-C-p-538。

4316　張延暉造像記

唐刻，無紀年，現存河南洛陽龍門石窟。

東洋文庫：

　　　　一張，紙本墨拓，原片，10.0×15.0，編號：Ⅱ-16-C-p-539。

　　　　一張，紙本墨拓，原片，13.0×6.0，編號：Ⅱ-16-C-p-540。

4317　迦葉造像記

唐刻，無紀年，現存河南洛陽龍門石窟。

東洋文庫：

　　　　一張，紙本墨拓，原片，20.0×4.0，編號：Ⅱ-16-C-p-541。

4318　楊大福造像記

唐刻，無紀年，現存河南洛陽龍門石窟。

東洋文庫：

　　　　一張，紙本墨拓，原片，22.0×7.0，編號：Ⅱ-16-C-p-542。

4319　蔡意娘造像記

唐刻，無紀年，現存河南洛陽龍門石窟。

東洋文庫：

　　　　一張，紙本墨拓，原片，16.0×7.0，編號：Ⅱ-16-C-p-543。

4320　解思造像記

唐刻，無紀年，現存河南洛陽龍門石窟。

東洋文庫：

　　　　一張，紙本墨拓，原片，13.0×12.0，編號：Ⅱ-16-C-p-544。

4321　柳造像記

唐刻，無紀年，現存河南洛陽龍門石窟。

東洋文庫：

　　　　一張，紙本墨拓，原片，18.0×14.0，編號：Ⅱ-16-C-p-545。

4322　祐胡子造像記

唐刻，無紀年，現存河南洛陽龍門石窟。

東洋文庫：

　　一張，紙本墨拓，原片，20.0×7.0，編號：Ⅱ-16-C-p-546。

4323　温玉造像記

唐刻，無紀年，現存河南洛陽龍門石窟。

東洋文庫：

　　一張，紙本墨拓，原片，20.0×5.0，編號：Ⅱ-16-C-p-547。

4324　皇甫文剛并妻造像記

唐刻，無紀年，現存河南洛陽龍門石窟。

東洋文庫：

　　一張，紙本墨拓，原片，24.0×12.0，編號：Ⅱ-16-C-p-548。

4325　田婆造像記

唐刻，無紀年，現存河南洛陽龍門石窟。

東洋文庫：

　　一張，紙本墨拓，原片，13.0×22.0，編號：Ⅱ-16-C-p-549。

4326　杜法力造像記

唐刻，無紀年，現存河南洛陽龍門石窟。

東洋文庫：

　　一張，紙本墨拓，原片，9.0×30.0，編號：Ⅱ-16-C-p-550。

　　一張，紙本墨拓，原片，8.0×32.0，編號：Ⅱ-16-C-p-551。

　　一張，紙本墨拓，原片，12.0×24.0，編號：Ⅱ-16-C-p-552。

　　一張，紙本墨拓，原片，6.0×26.0，編號：Ⅱ-16-C-p-553。

　　一張，紙本墨拓，原片，10.0×28.0，編號：Ⅱ-16-C-p-554。

4327　魏大娘造像記

唐刻，無紀年，現存河南洛陽龍門石窟。

東洋文庫：

　　一張，紙本墨拓，原片，27.0×14.0，編號：Ⅱ-16-C-p-555。

4328　韓婆奴造像記

唐刻，無紀年，現存河南洛陽龍門石窟。

東洋文庫：

一張，紙本墨拓，原片，9.0×7.0，編號：Ⅱ-16-C-p-556。

4329 時順造像記

唐刻，無紀年，現存河南洛陽龍門石窟。

東洋文庫：

一張，紙本墨拓，原片，7.0×15.0，編號：Ⅱ-16-C-p-557。

4330 吕思敬造像記

唐刻，無紀年，現存河南洛陽龍門石窟。

東洋文庫：

一張，紙本墨拓，原片，22.0×14.0，編號：Ⅱ-16-C-p-558。

4331 段扶考造像記

唐刻，無紀年，現存河南洛陽龍門石窟。

東洋文庫：

一張，紙本墨拓，原片，11.0×27.0，編號：Ⅱ-16-C-p-559。

4332 李男等造像記

唐刻，無紀年，現存河南洛陽龍門石窟。

東洋文庫：

一張，紙本墨拓，原片，23.0×11.0，編號：Ⅱ-16-C-p-560。

4333 興書造像記

唐刻，無紀年，現存河南洛陽龍門石窟。

東洋文庫：

一張，紙本墨拓，原片，10.0×11.0，編號：Ⅱ-16-C-p-561。

一張，紙本墨拓，原片，11.0×21.0，編號：Ⅱ-16-C-p-562。

4334 韋克己及妻楊眷屬造像記

唐刻，無紀年，現存河南洛陽龍門石窟。

東洋文庫：

一張，紙本墨拓，原片，13.0×25.0，編號：Ⅱ-16-C-p-563。

4335 劉子道造像記

唐刻，無紀年，現存河南洛陽龍門石窟。

東洋文庫：

　　　一張，紙本墨拓，原片，19.0×10.0，編號：Ⅱ-16-C-p-564。

4336　張大温造像記

唐刻，無紀年，現存河南洛陽龍門石窟。

東洋文庫：

　　　一張，紙本墨拓，原片，14.0×5.0，編號：Ⅱ-16-C-p-565。

4337　劉王□母姬造像記

唐刻，無紀年，現存河南洛陽龍門石窟。

東洋文庫：

　　　一張，紙本墨拓，原片，20.0×6.0，編號：Ⅱ-16-C-p-566。

4338　陳儒造像記

唐刻，無紀年，現存河南洛陽龍門石窟。

東洋文庫：

　　　一張，紙本墨拓，原片，13.0×9.0，編號：Ⅱ-16-C-p-567。

4339　孫處德造像記

唐刻，無紀年，現存河南洛陽龍門石窟。

東洋文庫：

　　　一張，紙本墨拓，原片，18.0×8.0，編號：Ⅱ-16-C-p-568。

4340　朱武政等造像記

唐刻，無紀年，現存河南洛陽龍門石窟。

東洋文庫：

　　　一張，紙本墨拓，原片，12.0×18.0，編號：Ⅱ-16-C-p-569。

4341　王恩造像記

唐刻，無紀年，現存河南洛陽龍門石窟。

東洋文庫：

　　　一張，紙本墨拓，原片，13.0×9.0，編號：Ⅱ-16-C-p-570。

4342　高最忠造像記

唐刻，無紀年，現存河南洛陽龍門石窟。

東洋文庫：

　　　一張，紙本墨拓，原片，12.0×9.0，編號：Ⅱ-16-C-p-571。

4343　陳恒山造像記

唐刻，無紀年，現存河南洛陽龍門石窟。

東洋文庫：

　　　　一張，紙本墨拓，原片，10.0×8.0，編號：Ⅱ-16-C-p-572。

4344　張□貞造像記

唐刻，無紀年，現存河南洛陽龍門石窟。

東洋文庫：

　　　　一張，紙本墨拓，原片，10.0×24.0，編號：Ⅱ-16-C-p-574。

4345　邬王阿妳造像記

唐刻，無紀年，現存河南洛陽龍門石窟。

東洋文庫：

　　　　一張，紙本墨拓，原片，14.0×4.0，編號：Ⅱ-16-C-p-575。

4346　王惠達造像記

唐刻，無紀年，現存河南洛陽龍門石窟。

東洋文庫：

　　　　一張，紙本墨拓，原片，24.0×8.0，編號：Ⅱ-16-C-p-576。

4347　薩孤弘亶造像記

唐刻，無紀年，現存河南洛陽龍門石窟。

東洋文庫：

　　　　一張，紙本墨拓，原片，10.0×6.0，編號：Ⅱ-16-C-p-578。

4348　朱昌造像記

唐刻，無紀年，現存河南洛陽龍門石窟。

東洋文庫：

　　　　一張，紙本墨拓，原片，13.0×9.0，編號：Ⅱ-16-C-p-579。

4349　王休母董造像記

唐刻，無紀年，現存河南洛陽龍門石窟。

東洋文庫：

　　　　一張，紙本墨拓，原片，6.0×20.0，編號：Ⅱ-16-C-p-580。

4350　劉□軌造像記

唐刻，無紀年，現存河南洛陽龍門石窟。

東洋文庫：

　　一張，紙本墨拓，原片，10.0×7.0，編號：Ⅱ-16-C-p-581。

4351　徐乞德造像記

唐刻，無紀年，現存河南洛陽龍門石窟。

東洋文庫：

　　一張，紙本墨拓，原片，28.0×16.0，編號：Ⅱ-16-C-p-583。

4352　梁文雄母韋供養記

唐刻，無紀年，現存河南洛陽龍門石窟。

東洋文庫：

　　一張，紙本墨拓，原片，14.0×10.0，編號：Ⅱ-16-C-p-585。

4353　梁文雄父供養記

唐刻，無紀年，現存河南洛陽龍門石窟。

東洋文庫：

　　一張，紙本墨拓，原片，14.0×10.0，編號：Ⅱ-16-C-p-586。

4354　采宣明造像記

唐刻，無紀年，現存河南洛陽龍門石窟。

東洋文庫：

　　一張，紙本墨拓，原片，32.0×8.0，編號：Ⅱ-16-C-p-587。

4355　高及妻男造像記

唐刻，無紀年，現存河南洛陽龍門石窟。

東洋文庫：

　　一張，紙本墨拓，原片，20.0×12.0，編號：Ⅱ-16-C-p-588。

4356　都寶刹寺尼造像記

唐刻，無紀年，現存河南洛陽龍門石窟。

東洋文庫：

　　一張，紙本墨拓，原片，9.0×28.0，編號：Ⅱ-16-C-p-589。

4357　高善達造像記

唐刻，無紀年，現存河南洛陽龍門石窟。

東洋文庫：

　　一張，紙本墨拓，原片，19.0×14.0，編號：Ⅱ-16-C-p-591。

4358　王承穎造像記

唐刻，無紀年，現存河南洛陽龍門石窟。

東洋文庫：

　　一張，紙本墨拓，原片，15.0×11.0，編號：Ⅱ-16-C-p-592。

4359　劉大娘造像記

唐刻，無紀年，現存河南洛陽龍門石窟。

東洋文庫：

　　一張，紙本墨拓，原片，19.0×7.0，編號：Ⅱ-16-C-p-593。

4360　妻張爲史敬博造像記

唐刻，無紀年，現存河南洛陽龍門石窟。

東洋文庫：

　　一張，紙本墨拓，原片，20.0×11.0，編號：Ⅱ-16-C-p-594。

4361　任右藏丞造像記

唐刻，無紀年，現存河南洛陽龍門石窟。

東洋文庫：

　　一張，紙本墨拓，原片，21.0×9.0，編號：Ⅱ-16-C-p-595。

4362　比丘尼□□造像記

唐刻，無紀年，現存河南洛陽龍門石窟。

東洋文庫：

　　一張，紙本墨拓，原片，7.0×16.0，編號：Ⅱ-16-C-p-596。

4363　侯李五造像記

唐刻，無紀年，現存河南洛陽龍門石窟。

東洋文庫：

　　一張，紙本墨拓，原片，17.0×5.0，編號：Ⅱ-16-C-p-597。

4364　善相造像記

唐刻，無紀年，現存河南洛陽龍門石窟。

東洋文庫：

一張，紙本墨拓，原片，10.0×14.0，編號：Ⅱ-16-C-p-598。

4365　弁空造像記

唐刻，無紀年，現存河南洛陽龍門石窟。

東洋文庫：

一張，紙本墨拓，原片，10.0×14.0，編號：Ⅱ-16-C-p-599。

4366　深解造像記

唐刻，無紀年，現存河南洛陽龍門石窟。

東洋文庫：

一張，紙本墨拓，原片，10.0×14.0，編號：Ⅱ-16-C-p-600。

4367　張珂造像記

唐刻，無紀年，現存河南洛陽龍門石窟。

東洋文庫：

一張，紙本墨拓，原片，26.0×7.0，編號：Ⅱ-16-C-p-601。

4368　爲亡過去父老亡兄等造像記

唐刻，無紀年，現存河南洛陽龍門石窟。

東洋文庫：

一張，紙本墨拓，原片，14.0×8.0，編號：Ⅱ-16-C-p-602。

4369　郄五娘造像記

唐刻，無紀年，現存河南洛陽龍門石窟。

東洋文庫：

一張，紙本墨拓，原片，8.0×8.0，編號：Ⅱ-16-C-p-604。

4370　楊文遇造像記

唐刻，無紀年，現存河南洛陽龍門石窟。

東洋文庫：

一張，紙本墨拓，原片，32.0×14.0，編號：Ⅱ-16-C-p-605。

4371　王文禮造像記

唐刻，無紀年，現存河南洛陽龍門石窟。

東洋文庫：

一張，紙本墨拓，原片，23.0×10.0，編號：Ⅱ-16-C-p-606。

4372　靖空真晤供養題記

唐刻，無紀年，現存河南洛陽龍門石窟。

東洋文庫：

一張，紙本墨拓，原片，32.0×6.0，編號：Ⅱ-16-C-p-607。

4373　行香上座題記

唐刻，無紀年，現存河南洛陽龍門石窟。

東洋文庫：

一張，紙本墨拓，原片，32.0×5.0，編號：Ⅱ-16-C-p-608。

4374　李去泰造像記

唐刻，無紀年，現存河南洛陽龍門石窟。

東洋文庫：

一張，紙本墨拓，原片，14.0×19.0，編號：Ⅱ-16-C-p-610。

4375　李保妻楊造像記

唐刻，無紀年，現存河南洛陽龍門石窟。

東洋文庫：

一張，紙本墨拓，原片，14.0×18.0，編號：Ⅱ-16-C-p-611。

4376　張三娘造像記

唐刻，無紀年，現存河南洛陽龍門石窟。

東洋文庫：

一張，紙本墨拓，原片，6.0×10.0，編號：Ⅱ-16-C-p-612。

4377　張法海造像記

唐刻，無紀年，現存河南洛陽龍門石窟。

東洋文庫：

一張，紙本墨拓，原片，9.0×11.0，編號：Ⅱ-16-C-p-613。

4378　淳于知道造像記

唐刻，無紀年，現存河南洛陽龍門石窟。

東洋文庫：

　　一張，紙本墨拓，原片，20.0×6.0，編號：Ⅱ-16-C-p-615。

4379　九娘造像記

唐刻，無紀年，現存河南洛陽龍門石窟。

東洋文庫：

　　一張，紙本墨拓，原片，21.0×9.0，編號：Ⅱ-16-C-p-616。

4380　容胡造像記

唐刻，無紀年，現存河南洛陽龍門石窟。

東洋文庫：

　　一張，紙本墨拓，原片，14.0×5.0，編號：Ⅱ-16-C-p-617。

4381　楊隱妻造像記

唐刻，無紀年，現存河南洛陽龍門石窟。

東洋文庫：

　　一張，紙本墨拓，原片，6.0×12.0，編號：Ⅱ-16-C-p-618。

4382　劉金仁造像記

唐刻，無紀年，現存河南洛陽龍門石窟。

東洋文庫：

　　一張，紙本墨拓，原片，14.0×13.0，編號：Ⅱ-16-C-p-619。

4383　劉天庶造像記

唐刻，無紀年，現存河南洛陽龍門石窟。

東洋文庫：

　　一張，紙本墨拓，原片，9.0×17.0，編號：Ⅱ-16-C-p-620。

4384　劉俊造像記

唐刻，無紀年，現存河南洛陽龍門石窟。

東洋文庫：

　　一張，紙本墨拓，原片，12.0×6.0，編號：Ⅱ-16-C-p-621。

4385　丁義造像記

唐刻，無紀年，現存河南洛陽龍門石窟。

東洋文庫：

　　　　二張，紙本墨拓，原片，[1] 13.0×8.0，[2] 23.0×9.0，編號：Ⅱ-16-C-p-622。

4386　造春花菩薩像記

唐刻，無紀年，現存河南洛陽龍門石窟。

東洋文庫：

　　　　一張，紙本墨拓，原片，14.0×10.0，編號：Ⅱ-16-C-p-623。

4387　李桃樹母造像記

唐刻，無紀年，現存河南洛陽龍門石窟。

東洋文庫：

　　　　一張，紙本墨拓，原片，14.0×6.0，編號：Ⅱ-16-C-p-624。

4388　張景齊造像記

唐刻，無紀年，現存河南洛陽龍門石窟。

東洋文庫：

　　　　一張，紙本墨拓，原片，8.0×10.0，編號：Ⅱ-16-C-p-625。

4389　趙伍兒造像記

唐刻，無紀年，現存河南洛陽龍門石窟。

東洋文庫：

　　　　一張，紙本墨拓，原片，10.0×12.0，編號：Ⅱ-16-C-p-626。

4390　爲父母造像記

唐刻，無紀年，現存河南洛陽龍門石窟。

東洋文庫：

　　　　一張，紙本墨拓，原片，8.0×15.0，編號：Ⅱ-16-C-p-627。

4391　文林郎造像記

唐刻，無紀年，現存河南洛陽龍門石窟。

東洋文庫：

　　　　一張，紙本墨拓，原片，27.0×7.0，編號：Ⅱ-16-C-p-628。

4392　李□□□樹提伽及大娘造像記

唐刻，無紀年，現存河南洛陽龍門石窟。

東洋文庫：

　　　一張，紙本墨拓，原片，11.0×18.0，編號：Ⅱ-16-C-p-629。

4393　梁持戒造像記

唐刻，無紀年，現存河南洛陽龍門石窟。

東洋文庫：

　　　一張，紙本墨拓，原片，12.0×5.0，編號：Ⅱ-16-C-p-630。

4394　皀天妻造像記

唐刻，無紀年，現存河南洛陽龍門石窟。

東洋文庫：

　　　一張，紙本墨拓，原片，6.0×11.0，編號：Ⅱ-16-C-p-631。

4395　澤大娘造像記

唐刻，無紀年，現存河南洛陽龍門石窟。

東洋文庫：

　　　一張，紙本墨拓，原片，11.0×5.0，編號：Ⅱ-16-C-p-632。

4396　史毛等造像記

唐刻，無紀年，現存河南洛陽龍門石窟。

東洋文庫：

　　　一張，紙本墨拓，原片，7.0×10.0，編號：Ⅱ-16-C-p-633。

4397　姚養造像記

唐刻，無紀年，現存河南洛陽龍門石窟。

東洋文庫：

　　　一張，紙本墨拓，原片，10.0×14.0，編號：Ⅱ-16-C-p-635。

4398　宋思德造像記

唐刻，無紀年，現存河南洛陽龍門石窟。

東洋文庫：

　　　一張，紙本墨拓，原片，12.0×11.0，編號：Ⅱ-16-C-p-636。

4399　惠菀造像記

唐刻，無紀年，現存河南洛陽龍門石窟。

東洋文庫：

一張，紙本墨拓，原片，6.0×7.0，編號：Ⅱ-16-C-p-637。

4400　兄弟安長題記

唐刻，無紀年，現存河南洛陽龍門石窟。

東洋文庫：

一張，紙本墨拓，原片，9.0×9.0，編號：Ⅱ-16-C-p-638。

4401　郭阿□李阿六造像記

唐刻，無紀年，現存河南洛陽龍門石窟。

東洋文庫：

一張，紙本墨拓，原片，27.0×12.0，編號：Ⅱ-16-C-p-639。

4402　范一題名

唐刻，無紀年，現存河南洛陽龍門石窟。

東洋文庫：

一張，紙本墨拓，原片，18.0×6.0，編號：Ⅱ-16-C-p-640。

4403　楊二娘張二娘張大娘造像記

唐刻，無紀年，現存河南洛陽龍門石窟。

東洋文庫：

一張，紙本墨拓，原片，11.0×15.0，編號：Ⅱ-16-C-p-643。

4404　王元禮造像記

唐刻，無紀年，現存河南洛陽龍門石窟。

東洋文庫：

一張，紙本墨拓，原片，9.0×26.0，編號：Ⅱ-16-C-p-644。

4405　高造像記

唐刻，無紀年，現存河南洛陽龍門石窟。

東洋文庫：

一張，紙本墨拓，原片，16.0×10.0，編號：Ⅱ-16-C-p-645。

4406 宫造像記

唐刻，無紀年，現存河南洛陽龍門石窟。

東洋文庫：

一張，紙本墨拓，原片，8.0×15.0，編號：Ⅱ-16-C-p-646。

4407 可敦造像記

唐刻，無紀年，現存河南洛陽龍門石窟。

東洋文庫：

一張，紙本墨拓，原片，14.0×7.0，編號：Ⅱ-16-C-p-647。

4408 王奇奴造像記

唐刻，無紀年，現存河南洛陽龍門石窟。

東洋文庫：

一張，紙本墨拓，原片，10.0×7.0，編號：Ⅱ-16-C-p-65。

4409 梁喜王造像記

唐刻，無紀年，現存河南洛陽龍門石窟。

東洋文庫：

一張，紙本墨拓，原片，10.0×10.0，編號：Ⅱ-16-C-p-651。

4410 吴行軌造像記并仁方造像記

唐刻，無紀年，現存河南洛陽龍門石窟。

東洋文庫：

一張，紙本墨拓，[1] 7.0×8.0，[2] 8.0×32.0，編號：Ⅱ-16-C-p-652。

4411 杜大娘造像記

唐刻，無紀年，現存河南洛陽龍門石窟。

東洋文庫：

一張，紙本墨拓，原片，13.0×6.0，編號：Ⅱ-16-C-p-653。

4412 趙行整造像記

唐刻，無紀年，現存河南洛陽龍門石窟。

東洋文庫：

一張，紙本墨拓，原片，8.0×18.0，編號：Ⅱ-16-C-p-654。

4413 成大娘造像記

唐刻，無紀年，現存河南洛陽龍門石窟。

東洋文庫：

一張，紙本墨拓，原片，18.0×8.0，編號：Ⅱ-16-C-p-655。

4414 高思儉造像記

唐刻，無紀年，現存河南洛陽龍門石窟。

東洋文庫：

一張，紙本墨拓，原片，22.0×14.0，編號：Ⅱ-16-C-p-656。

4415 田婆張三娘造像記

唐刻，無紀年，現存河南洛陽龍門石窟。

東洋文庫：

一張，紙本墨拓，原片，8.0×10.0，編號：Ⅱ-16-C-p-657。

4416 周有意造像記

唐刻，無紀年，現存河南洛陽龍門石窟。

東洋文庫：

一張，紙本墨拓，原片，15.0×10.0，編號：Ⅱ-16-C-p-658。

4417 任成造像記

唐刻，無紀年，現存河南洛陽龍門石窟。

東洋文庫：

一張，紙本墨拓，原片，6.0×13.0，編號：Ⅱ-16-C-p-659。

4418 索惠命造像記

唐刻，無紀年，現存河南洛陽龍門石窟。

東洋文庫：

一張，紙本墨拓，原片，7.0×7.0，編號：Ⅱ-16-C-p-660。

4419 祝三兒造像記

唐刻，無紀年，現存河南洛陽龍門石窟。

東洋文庫：

一張，紙本墨拓，原片，7.0×10.0，編號：Ⅱ-16-C-p-661。

4420　僧造尊像記

唐刻，無紀年，現存河南洛陽龍門石窟。

東洋文庫：

　　一張，紙本墨拓，原片，14.0×7.0，編號：Ⅱ-16-C-p-663。

4421　霍元裕造像記

唐刻，無紀年，現存河南洛陽龍門石窟。

東洋文庫：

　　一張，紙本墨拓，原片，7.0×16.0，編號：Ⅱ-16-C-p-664。

4422　張善惠造像記

唐刻，無紀年，現存河南洛陽龍門石窟。

東洋文庫：

　　一張，紙本墨拓，原片，6.0×8.0，編號：Ⅱ-16-C-p-665。

4423　李哲造像記

唐刻，無紀年，現存河南洛陽龍門石窟。

東洋文庫：

　　一張，紙本墨拓，原片，20.0×7.0，編號：Ⅱ-16-C-p-666。

4424　任王二人造像記

唐刻，無紀年，現存河南洛陽龍門石窟。

東洋文庫：

　　一張，紙本墨拓，原片，20.0×8.0，編號：Ⅱ-16-C-p-667。

4425　買本造像記

唐刻，無紀年，現存河南洛陽龍門石窟。

東洋文庫：

　　一張，紙本墨拓，原片，14.0×7.0，編號：Ⅱ-16-C-p-668。

4426　孫英仁造像記

唐刻，無紀年，現存河南洛陽龍門石窟。

東洋文庫：

　　一張，紙本墨拓，原片，20.0×9.0，編號：Ⅱ-16-C-p-669。

4427　孔文昌造像記

唐刻，無紀年，現存河南洛陽龍門石窟。

東洋文庫：

一張，紙本墨拓，原片，8.0×7.0，編號：Ⅱ-16-C-p-672。

4428　趙敬本造像記

唐刻，無紀年，現存河南洛陽龍門石窟。

東洋文庫：

一張，紙本墨拓，原片，8.0×22.0，編號：Ⅱ-16-C-p-673。

4429　張任二人造像記

唐刻，無紀年，現存河南洛陽龍門石窟。

東洋文庫：

一張，紙本墨拓，原片，18.0×10.0，編號：Ⅱ-16-C-p-674。

4430　杜静本造像記

唐刻，無紀年，現存河南洛陽龍門石窟。

東洋文庫：

一張，紙本墨拓，原片，7.0×14.0，編號：Ⅱ-16-C-p-675。

4431　趙懷信造像記

唐刻，無紀年，現存河南洛陽龍門石窟。

東洋文庫：

一張，紙本墨拓，原片，10.0×5.0，編號：Ⅱ-16-C-p-676。

4432　張行軌造像記

唐刻，無紀年，現存河南洛陽龍門石窟。

東洋文庫：

一張，紙本墨拓，原片，10.0×6.0，編號：Ⅱ-16-C-p-677。

4433　楊侍郎造像記

唐刻，無紀年，現存河南洛陽龍門石窟。

東洋文庫：

一張，紙本墨拓，原片，23.0×11.0，編號：Ⅱ-16-C-p-678。

4434　患風造像記

唐刻，無紀年，現存河南洛陽龍門石窟。

東洋文庫：

一張，紙本墨拓，原片，7.0×15.0，編號：Ⅱ-16-C-p-679。

4435　楊公主造像記

唐刻，無紀年，現存河南洛陽龍門石窟。

東洋文庫：

一張，紙本墨拓，原片，20.0×21.0，編號：Ⅱ-16-C-p-680。

4436　樂賓造像記

唐刻，無紀年，現存河南洛陽龍門石窟。

東洋文庫：

一張，紙本墨拓，原片，9.0×18.0，編號：Ⅱ-16-C-p-681。

4437　韓曳雲司徒端等造像記

唐刻，無紀年，現存河南洛陽龍門石窟。

東洋文庫：

一張，紙本墨拓，原片，63.0×29.0，編號：Ⅱ-16-C-p-683。

4438　李二娘造像記

唐刻，無紀年，現存河南洛陽龍門石窟。

東洋文庫：

一張，紙本墨拓，原片，7.0×5.0，編號：Ⅱ-16-C-p-684。

4439　周行立妻聶男思恭造像記

唐刻，無紀年，現存河南洛陽龍門石窟。

東洋文庫：

一張，紙本墨拓，原片，12.0×22.0，編號：Ⅱ-16-C-p-687。

4440　陳婆妳造像記

唐刻，無紀年，現存河南洛陽龍門石窟。

東洋文庫：

一張，紙本墨拓，原片，10.0×8.0，編號：Ⅱ-16-C-p-688。

4441　任大娘造像記

唐刻，無紀年，現存河南洛陽龍門石窟。

東洋文庫：

一張，紙本墨拓，原片，30.0×15.0，編號：Ⅱ-16-C-p-689。

4442　惠徹身造像記

唐刻，無紀年，現存河南洛陽龍門石窟。

東洋文庫：

一張，紙本墨拓，原片，15.0×10.0，編號：Ⅱ-16-C-p-690。

4443　姚祚造像記

唐刻，無紀年，現存河南洛陽龍門石窟。

東洋文庫：

一張，紙本墨拓，原片，29.0×14.0，編號：Ⅱ-16-C-p-691。

4444　裴羅漢造像記

唐刻，無紀年，現存河南洛陽龍門石窟。

東洋文庫：

一張，紙本墨拓，原片，14.0×32.0，編號：Ⅱ-16-C-p-692。

4445　趙二娘造像記

唐刻，無紀年，現存河南洛陽龍門石窟。

東洋文庫：

一張，紙本墨拓，原片，8.0×10.0，編號：Ⅱ-16-C-p-693。

4446　陳玡造像記

唐刻，無紀年，現存河南洛陽龍門石窟。

東洋文庫：

一張，紙本墨拓，原片，14.0×32.0，編號：Ⅱ-16-C-p-694。

4447　張阿僧妻吕造像記

唐刻，無紀年，現存河南洛陽龍門石窟。

東洋文庫：

一張，紙本墨拓，原片，9.0×18.0，編號：Ⅱ-16-C-p-695。

4448　郭九娘造像記

唐刻，無紀年，現存河南洛陽龍門石窟。

東洋文庫：

　　一張，紙本墨拓，原片，14.0×32.0，編號：Ⅱ-16-C-p-696。

4449　馬思賢造像記

唐刻，無紀年，現存河南洛陽龍門石窟。

東洋文庫：

　　一張，紙本墨拓，原片，14.0×32.0，編號：Ⅱ-16-C-p-697。

4450　仵作六娘造像記

唐刻，無紀年，現存河南洛陽龍門石窟。

東洋文庫：

　　一張，紙本墨拓，原片，14.0×32.0，編號：Ⅱ-16-C-p-698。

4451　張仵郎造像記

唐刻，無紀年，現存河南洛陽龍門石窟。

東洋文庫：

　　一張，紙本墨拓，原片，28.0×9.0，編號：Ⅱ-16-C-p-699。

4452　楊大娘造像記

唐刻，無紀年，現存河南洛陽龍門石窟。

東洋文庫：

　　一張，紙本墨拓，原片，30.0×7.0，編號：Ⅱ-16-C-p-700。

4453　劉崇春造像記

唐刻，無紀年，現存河南洛陽龍門石窟。

東洋文庫：

　　一張，紙本墨拓，原片，14.0×29.0，編號：Ⅱ-16-C-p-701。

4454　高大娘造像記

唐刻，無紀年，現存河南洛陽龍門石窟。

東洋文庫：

　　一張，紙本墨拓，原片，7.0×15.0，編號：Ⅱ-16-C-p-702。

4455　邢自省造像記

唐刻，無紀年，現存河南洛陽龍門石窟。

東洋文庫：

一張，紙本墨拓，原片，17.0×14.0，編號：Ⅱ-16-C-p-703。

4456　趙慶造像記

唐刻，無紀年，現存河南洛陽龍門石窟。

東洋文庫：

一張，紙本墨拓，原片，21.0×14.0，編號：Ⅱ-16-C-p-704。

4457　伊大道造像記

唐刻，無紀年，現存河南洛陽龍門石窟。

東洋文庫：

一張，紙本墨拓，原片，5.0×8.0，編號：Ⅱ-16-C-p-705。

4458　王仁楷造像記

唐刻，無紀年，現存河南洛陽龍門石窟。

東洋文庫：

一張，紙本墨拓，原片，32.0×15.0，編號：Ⅱ-16-C-p-706。

4459　文鄉仁妻扶餘造像記

唐刻，無紀年，現存河南洛陽龍門石窟。

東洋文庫：

一張，紙本墨拓，原片，6.0×20.0，編號：Ⅱ-16-C-p-707。

4460　張七娘造像記

唐刻，無紀年，現存河南洛陽龍門石窟。

東洋文庫：

一張，紙本墨拓，原片，15.0×1.0，編號：Ⅱ-16-C-p-708。

4461　迪國王母造像記

唐刻，無紀年，現存河南洛陽龍門石窟。

東洋文庫：

一張，紙本墨拓，原片，48.0×16.0，編號：Ⅱ-16-C-p-710。

4462　陳荆解造像記

唐刻，無紀年，現存河南洛陽龍門石窟。

東洋文庫：

　　一張，紙本墨拓，原片，7.0×19.0，編號：Ⅱ-16-C-p-711。

4463　董法素造像記

唐刻，無紀年，現存河南洛陽龍門石窟。

東洋文庫：

　　一張，紙本墨拓，原片，11.0×20.0，編號：Ⅱ-16-C-p-712。

4464　吴白胤造像記

唐刻，無紀年，現存河南洛陽龍門石窟。

東洋文庫：

　　一張，紙本墨拓，原片，13.0×10.0，編號：Ⅱ-16-C-p-713。

4465　何早妻王造像記

唐刻，無紀年，現存河南洛陽龍門石窟。

東洋文庫：

　　一張，紙本墨拓，原片，20.0×16.0，編號：Ⅱ-16-C-p-714。

4466　龐守一造像記

唐刻，無紀年，現存河南洛陽龍門石窟。

東洋文庫：

　　一張，紙本墨拓，原片，22.0×5.0，編號：Ⅱ-16-C-p-715。

4467　石行果妻王造像記

唐刻，無紀年，現存河南洛陽龍門石窟。

東洋文庫：

　　一張，紙本墨拓，原片，26.0×16.0，編號：Ⅱ-16-C-p-716。

4468　張慶□造像記

唐刻，無紀年，現存河南洛陽龍門石窟。

東洋文庫：

　　一張，紙本墨拓，原片，25.0×16.0，編號：Ⅱ-16-C-p-717。

4469　造菩薩像記

唐刻，無紀年，現存河南洛陽龍門石窟。

東洋文庫：

一張，紙本墨拓，原片，8.0×25.0，編號：Ⅱ-16-C-p-718。

4470　義味造像記

唐刻，無紀年，現存河南洛陽龍門石窟。

東洋文庫：

一張，紙本墨拓，原片，16.0×5.0，編號：Ⅱ-16-C-p-719。

4471　净命造像記

唐刻，無紀年，現存河南洛陽龍門石窟。

東洋文庫：

一張，紙本墨拓，原片，12.0×13.0，編號：Ⅱ-16-C-p-720。

一張，紙本墨拓，原片，11.0×27.0，編號：Ⅱ-16-C-p-730。

4472　郝造像記

唐刻，無紀年，現存河南洛陽龍門石窟。

東洋文庫：

一張，紙本墨拓，原片，23.0×11.0，編號：Ⅱ-16-C-p-721。

4473　李伏等題名

唐刻，無紀年，現存河南洛陽龍門石窟。

東洋文庫：

一張，紙本墨拓，原片，16.0×26.0，編號：Ⅱ-16-C-p-722。

4474　王元國妻劉爲興願記

唐刻，無紀年，現存河南洛陽龍門石窟。

東洋文庫：

一張，紙本墨拓，原片，30.0×6.0，編號：Ⅱ-16-C-p-723。

4475　吉婆題記

唐刻，無紀年，現存河南洛陽龍門石窟。

東洋文庫：

一張，紙本墨拓，原片，6.0×15.0，編號：Ⅱ-16-C-p-724。

4476 沈舍裕造像記

唐刻，無紀年，現存河南洛陽龍門石窟。

東洋文庫：

　　一張，紙本墨拓，原片，10.0×16.0，編號：Ⅱ-16-C-p-725。

4477 閬州造像記

唐刻，無紀年，現存河南洛陽龍門石窟。

東洋文庫：

　　一張，紙本墨拓，原片，28.0×10.0，編號：Ⅱ-16-C-p-726。

4478 郭文雅題名

唐刻，無紀年，現存河南洛陽龍門石窟。

東洋文庫：

　　一張，紙本墨拓，原片，20.0×7.0，編號：Ⅱ-16-C-p-728。

4479 供佛彼光題記

唐刻，無紀年，現存河南洛陽龍門石窟。

東洋文庫：

　　一張，紙本墨拓，原片，12.0×16.0，編號：Ⅱ-16-C-p-729。

4480 修行造像記

唐刻，無紀年，現存河南洛陽龍門石窟。

東洋文庫：

　　一張，紙本墨拓，原片，7.0×6.0，編號：Ⅱ-16-C-p-731。

4481 李二娘造像記

唐刻，無紀年，現存河南洛陽龍門石窟。

東洋文庫：

　　一張，紙本墨拓，原片，25.0×12.0，編號：Ⅱ-16-C-p-732。

4482 由貴造像記

唐刻，無紀年，現存河南洛陽龍門石窟。

東洋文庫：

　　一張，紙本墨拓，原片，16.0×27.0，編號：Ⅱ-16-C-p-733。

4483 弟子□妻□一心供養記

唐刻，無紀年，現存河南洛陽龍門石窟。

東洋文庫：

　　　一張，紙本墨拓，原片，14.0×21.0，編號：Ⅱ-16-C-p-734。

4484 陳總持造像記

唐刻，無紀年，現存河南洛陽龍門石窟。

東洋文庫：

　　　一張，紙本墨拓，原片，10.0×14.0，編號：Ⅱ-16-C-p-735。

4485 世善造像記

唐刻，無紀年，現存河南洛陽龍門石窟。

東洋文庫：

　　　一張，紙本墨拓，原片，14.0×32.0，編號：Ⅱ-16-C-p-736。

4486 元超題記

唐刻，無紀年，現存河南洛陽龍門石窟。

東洋文庫：

　　　一張，紙本墨拓，原片，10.0×11.0，編號：Ⅱ-16-C-p-738。

4487 張慧造像記

唐刻，無紀年，現存河南洛陽龍門石窟。

東洋文庫：

　　　一張，紙本墨拓，原片，8.0×10.0，編號：Ⅱ-16-C-p-739。

4488 □處月造像記

唐刻，無紀年，現存河南洛陽龍門石窟。

東洋文庫：

　　　一張，紙本墨拓，原片，9.0×8.0，編號：Ⅱ-16-C-p-740。

4489 王四娘造像記

唐刻，無紀年，現存河南洛陽龍門石窟。

東洋文庫：

　　　一張，紙本墨拓，原片，8.0×10.0，編號：Ⅱ-16-C-p-742。

4490　王倫妻陳女婆造像記

唐刻，無紀年，現存河南洛陽龍門石窟。

東洋文庫：

一張，紙本墨拓，原片，26.0×14.0，編號：Ⅱ-16-C-p-743。

4491　爲法界衆生造像記

唐刻，無紀年，現存河南洛陽龍門石窟。

東洋文庫：

一張，紙本墨拓，原片，15.0×13.0，編號：Ⅱ-16-C-p-744。

4492　姚等造像記

唐刻，無紀年，現存河南洛陽龍門石窟。

東洋文庫：

一張，紙本墨拓，原片，13.0×6.0，編號：Ⅱ-16-C-p-745。

4493　保造像記

唐刻，無紀年，現存河南洛陽龍門石窟。

東洋文庫：

一張，紙本墨拓，原片，14.0×29.0，編號：Ⅱ-16-C-p-746。

4494　楊□禕造像記

唐刻，無紀年，現存河南洛陽龍門石窟。

東洋文庫：

一張，紙本墨拓，原片，22.0×14.0，編號：Ⅱ-16-C-p-747。

4495　造觀音菩薩像記

唐刻，無紀年，現存河南洛陽龍門石窟。

東洋文庫：

一張，紙本墨拓，原片，7.0×14.0，編號：Ⅱ-16-C-p-748。

4496　李阿保造像記

唐刻，無紀年，現存河南洛陽龍門石窟。

東洋文庫：

一張，紙本墨拓，原片，21.0×15.0，編號：Ⅱ-16-C-p-749。

4497 盧玄機母劉造像記

唐刻，無紀年，現存河南洛陽龍門石窟。

東洋文庫：

一張，紙本墨拓，原片，16.0×13.0，編號：Ⅱ-16-C-p-750。

4498 許阿難造像記

唐刻，無紀年，現存河南洛陽龍門石窟。

東洋文庫：

一張，紙本墨拓，原片，9.0×13.0，編號：Ⅱ-16-C-p-751。

4499 任藥尚造像記

唐刻，無紀年，現存河南洛陽龍門石窟。

東洋文庫：

一張，紙本墨拓，原片，10.0×8.0，編號：Ⅱ-16-C-p-752。

4500 宋樂石佛姊妹二人造像記

唐刻，無紀年，現存河南洛陽龍門石窟。

東洋文庫：

一張，紙本墨拓，原片，32.0×8.0，編號：Ⅱ-16-C-p-753。

4501 上品往生造像記

唐刻，無紀年，現存河南洛陽龍門石窟。

東洋文庫：

一張，紙本墨拓，原片，28.0×14.0，編號：Ⅱ-16-C-p-754。

4502 目得恩造像記

唐刻，無紀年，現存河南洛陽龍門石窟。

東洋文庫：

一張，紙本墨拓，原片，8.0×13.0，編號：Ⅱ-16-C-p-755。

4503 □□縣開國公造像記

唐刻，無紀年，現存河南洛陽龍門石窟。

東洋文庫：

一張，紙本墨拓，原片，32.0×10.0，編號：Ⅱ-16-C-p-756。

4504　白貴等造像記

唐刻，無紀年，現存河南洛陽龍門石窟。

東洋文庫：

　　一張，紙本墨拓，原片，14.0×32.0，編號：Ⅱ-16-C-p-757。

4505　時聰造像記

唐刻，無紀年，現存河南洛陽龍門石窟。

東洋文庫：

　　一張，紙本墨拓，原片，14.0×32.0，編號：Ⅱ-16-C-p-758。

4506　藥方洞造像記

唐刻，無紀年，現存河南洛陽龍門石窟。

東洋文庫：

　　二張，紙本墨拓，[1] 32.0×14.0，[2] 14.0×32.0，編號：Ⅱ-16-C-p-759。

4507　優填王造像記

唐刻，無紀年，現存河南洛陽龍門石窟。

東京國立博物館：

　　一幅，紙本墨拓，原片，編號：855，今泉雄作舊藏。

書壇院：

　　一幅，紙本墨拓，原片，全拓。

淑德大學書學文化中心：

　　一冊，紙本墨拓，冊頁，編號：198976。

　　一張，紙本墨拓，原片，編號：195886。

　　一冊，紙本墨拓，冊頁，編號：197419，天放樓舊藏。

4508　僧暉造像記

唐刻，無紀年，現存河南洛陽龍門石窟。

東洋文庫：

　　一張，紙本墨拓，原片，10.0×32.0，編號：Ⅱ-16-C-p-761。

4509　張承基造像記

唐刻，無紀年，現存河南洛陽龍門石窟。

東洋文庫：

　　一張，紙本墨拓，原片，7.0×11.0，編號：Ⅱ-16-C-p-762。

4510　夏侯叔造像記

唐刻，無紀年，現存河南洛陽龍門石窟。

東洋文庫：

一張，紙本墨拓，原片，10.0×8.0，編號：Ⅱ-16-C-p-763。

4511　杜穩定造像記

唐刻，無紀年，現存河南洛陽龍門石窟。

東洋文庫：

一張，紙本墨拓，原片，9.0×14.0，編號：Ⅱ-16-C-p-764。

4512　李素質妻曹造像記

唐刻，無紀年，現存河南洛陽龍門石窟。

東洋文庫：

二張，紙本墨拓，[1] 7.0×7.0，[2] 7.0×7.0，編號：Ⅱ-16-C-p-765。

書道博物館：

一冊，紙本墨拓，全拓，綴帖。

4513　王懷忠等六人造像記

唐刻，無紀年，現存河南洛陽龍門石窟。

東洋文庫：

一張，紙本墨拓，原片，23.0×10.0，編號：Ⅱ-16-C-p-766。

4514　趙大娘等造像記

唐刻，無紀年，現存河南洛陽龍門石窟。

東洋文庫：

一張，紙本墨拓，原片，12.0×28.0，編號：Ⅱ-16-C-p-767。

4515　法明造像記

唐刻，無紀年，現存河南洛陽龍門石窟。

東洋文庫：

一張，紙本墨拓，原片，5.0×16.0，編號：Ⅱ-16-C-p-768。

4516　李五德造像記

唐刻，無紀年，現存河南洛陽龍門石窟。

東洋文庫：

一張，紙本墨拓，原片，8.0×7.0，編號：Ⅱ-16-C-p-769。

4517　普會造像記

唐刻，無紀年，現存河南洛陽龍門石窟。

東洋文庫：

　　一張，紙本墨拓，原片，9.0×20.0，編號：Ⅱ-16-C-p-770。

4518　張大娘等七人造像記

唐刻，無紀年，現存河南洛陽龍門石窟。

東洋文庫：

　　二張，紙本墨拓，[1] 10.0×25.0，[2] 11.0×31.0，編號：Ⅱ-16-C-p-771。

4519　造阿彌陀像記

唐刻，無紀年，現存河南洛陽龍門石窟。

東洋文庫：

　　一張，紙本墨拓，原片，11.0×16.0，編號：Ⅱ-16-C-p-772。

4520　康□□造像記

唐刻，無紀年，現存河南洛陽龍門石窟。

東洋文庫：

　　一張，紙本墨拓，原片，17.0×11.0，編號：Ⅱ-16-C-p-773。

4521　弘福造像記

唐刻，無紀年，現存河南洛陽龍門石窟。

東洋文庫：

　　一張，紙本墨拓，原片，8.0×16.0，編號：Ⅱ-16-C-p-774。

4522　李三娘造像記

唐刻，無紀年，現存河南洛陽龍門石窟。

東洋文庫：

　　一張，紙本墨拓，原片，10.0×16.0，編號：Ⅱ-16-C-p-775。

4523　趙懷義造像記

唐刻，無紀年，現存河南洛陽龍門石窟。

東洋文庫：

　　一張，紙本墨拓，原片，14.0×12.0，編號：Ⅱ-16-C-p-776。

4524　道進法明造像記

唐刻，無紀年，現存河南洛陽龍門石窟。

東洋文庫：

一張，紙本墨拓，原片，5.0×14.0，編號：Ⅱ-16-C-p-777。

4525　嚴三娘造像記

唐刻，無紀年，現存河南洛陽龍門石窟。

東洋文庫：

一張，紙本墨拓，原片，17.0×7.0，編號：Ⅱ-16-C-p-778。

4526　楊優婆夷造像記

唐刻，無紀年，現存河南洛陽龍門石窟。

東洋文庫：

一張，紙本墨拓，原片，6.0×16.0，編號：Ⅱ-16-C-p-779。

4527　夏侯迴洛造像記

唐刻，無紀年，現存河南洛陽龍門石窟。

東洋文庫：

一張，紙本墨拓，原片，27.0×5.0，編號：Ⅱ-16-C-p-780。

4528　慈恩寺雁塔陶造像記

唐刻，無紀年，陝西西安慈恩寺遺址大雁塔出土。

淑德大學書學文化中心：

一軸，紙本墨拓，卷軸，編號：001059。

4529　惠宣造像記

唐刻，無紀年，現存河南洛陽龍門石窟。

淑德大學書學文化中心：

一張，紙本墨拓，原片，編號：198460。

4530　王餘慶造像記

唐刻，無紀年，今藏地不詳。

淑德大學書學文化中心：

一張，紙本墨拓，原片，編號：198468。

4531　何文義造像記

唐刻，無紀年，原在陝西西安，今藏地不詳。

淑德大學書學文化中心：

　　一張，紙本墨拓，原片，編號：198486。

4532　净住寺釋迦像銘

唐刻，無紀年，原在陝西西安，今藏地不詳。

淑德大學書學文化中心：

　　一軸，紙本墨拓，卷軸，編號：198025。

4533　張尊師造像碑額

唐刻，無紀年，今藏地不詳。

淑德大學書學文化中心：

　　一軸，紙本墨拓，卷軸，編號：195805。

　　一軸，紙本墨拓，卷軸，編號：195806。

　　一軸，紙本墨拓，卷軸，編號：198056。

4534　王枕女造像記

唐刻，無紀年，今藏地不詳。

淑德大學書學文化中心：

　　一軸，碑陽，紙本墨拓，卷軸，編號：000114。

　　一軸，碑陰，紙本墨拓，卷軸，編號：000115。

　　一軸，右側，紙本墨拓，卷軸，編號：000114。

　　一軸，左側，紙本墨拓，卷軸，編號：000115。

4535　許懷等造像記

唐刻，無紀年，今藏地不詳。

淑德大學書學文化中心：

　　一册，紙本墨拓，册頁，編號：197477，天放樓舊藏。

4536　普淵造像記

唐刻，無紀年，今藏地不詳。

淑德大學書學文化中心：

　　一册，紙本墨拓，册頁，編號：197478，天放樓舊藏。

4537　□弘造像記

唐刻，無紀年，今藏地不詳。

淑德大學書學文化中心：

　　　　一册，紙本墨拓，册頁，編號：197479，天放樓舊藏。

4538　張懷□造像記

唐刻，無紀年，今藏地不詳。

淑德大學書學文化中心：

　　　　一册，紙本墨拓，册頁，編號：000000，天放樓舊藏。

4539　大像爲高道妙造像記

唐刻，無紀年，今藏地不詳。

淑德大學書學文化中心：

　　　　一張，紙本墨拓，原片，編號：001820。

4540　高懷王等造像記

唐刻，無紀年，今藏地不詳。

淑德大學書學文化中心：

　　　　一張，紙本墨拓，托裱，編號：195478。

4541　僧慧福造像記

唐刻，無紀年，今藏地不詳。

淑德大學書學文化中心：

　　　　一張，紙本墨拓，托裱，編號：195479。

4542　孫蘭國等造像記

唐刻，無紀年，今藏地不詳。

淑德大學書學文化中心：

　　　　一張，紙本墨拓，托裱，編號：196998。

4543　符楷等造像記

唐刻，無紀年，今藏地不詳。

淑德大學書學文化中心：

　　　　一張，紙本墨拓，托裱，編號：198426。

4544　息造無上天尊像

唐刻，無紀年，今藏地不詳。

淑德大學書學文化中心：

　　　一張，紙本墨拓，托裱，編號：198432。

4545　知覺造像記

唐刻，無紀年，今藏地不詳。

淑德大學書學文化中心：

　　　一張，紙本墨拓，托裱，編號：198434。

4546　姚山寶造像記

唐刻，無紀年，今藏地不詳。

淑德大學書學文化中心：

　　　一張，紙本墨拓，托裱，編號：198436。

4547　常文才造像記

唐刻，無紀年，今藏地不詳。

淑德大學書學文化中心：

　　　一張，紙本墨拓，托裱，編號：198008。

4548　右□戚并妻馬造像記

唐刻，無紀年，今藏地不詳。

東洋文庫：

　　　一張，紙本墨拓，原片，13.0×15.0，編號：Ⅱ-16-C-p-15。

4549　佛龕造像記

唐刻，無紀年，今藏地不詳。

京都大學人文科學研究所：

　　　一張，紙本墨拓，原片，編號：TOU1746X。

4550　李懷璧等造像記

唐刻，無紀年，今藏地不詳。

東洋文庫：

　　　二張，紙本墨拓，［1］14.0×32.0，［2］16.0×28.0，編號：Ⅱ-16-C-p-781。

4551　唐造像記

唐刻，無紀年，現存河南洛陽龍門石窟。

東洋文庫：

　　　　一張，紙本墨拓，原片，18.0×11.0，編號：Ⅱ-16-C-p-582。

　　　　一張，紙本墨拓，原片，14.0×18.0，編號：Ⅱ-16-C-p-648。

　　　　一張，紙本墨拓，原片，32.0×14.0，編號：Ⅱ-16-C-p-649。

　　　　一張，紙本墨拓，原片，11.0×6.0，編號：Ⅱ-16-C-p-671。

4552　魚洋等四人題名

唐刻，無紀年，現存河南洛陽龍門石窟。

東洋文庫：

　　　　一張，紙本墨拓，原片，18.0×6.0，編號：Ⅱ-16-C-p-782。

4553　文水武玄題字

唐刻，無紀年，現存河南洛陽龍門石窟。

東洋文庫：

　　　　一張，紙本墨拓，原片，5.0×12.0，編號：Ⅱ-16-C-p-783。

4554　福德長壽題字

唐刻，無紀年，現存河南洛陽龍門石窟。

東洋文庫：

　　　　一張，紙本墨拓，原片，8.0×5.0，編號：Ⅱ-16-C-p-784。

4555　天大大好也題字

唐刻，無紀年，現存河南洛陽龍門石窟。

東洋文庫：

　　　　一張，紙本墨拓，原片，8.0×18.0，編號：Ⅱ-16-C-p-785。

4556　應教佛石等字殘石

唐刻，無紀年，今藏地不詳。

淑德大學書學文化中心：

　　　　一張，紙本墨拓，托裱，編號：198438。

4557　郁久閭明達題名

唐刻，無紀年，現存河北永年朱山。

淑德大學書學文化中心：

　　　　一冊，紙本墨拓，冊頁，編號：197390，天放樓舊藏。

4558　郗士美等題名

唐刻，無紀年，現存河北永年朱山。

淑德大學書學文化中心：

　　　　一冊，紙本墨拓，冊頁，編號：197391，天放樓舊藏。

4559　劉荊海等題名

唐刻，無紀年，現存河北永年朱山。

淑德大學書學文化中心：

　　　　一冊，紙本墨拓，冊頁，編號：197392，天放樓舊藏。

4560　梁義深等九人題名

唐刻，無紀年，現存陝西西安寶慶寺。

淑德大學書學文化中心：

　　　　一張，紙本墨拓，托裱，編號：001420。

4561　張秀恭等題名

唐刻，無紀年，今藏地不詳。

淑德大學書學文化中心：

　　　　一軸，紙本墨拓，卷軸，編號：000849。

4562　劉令璋等題名

唐刻，無紀年，今藏地不詳。

淑德大學書學文化中心：

　　　　一軸，紙本墨拓，卷軸，編號：000850。

4563　劉京召等題名

唐刻，無紀年，今藏地不詳。

淑德大學書學文化中心：

　　　　一軸，紙本墨拓，卷軸，編號：000851。

4564　凌煙閣功臣像

唐刻，無紀年，原在長安凌煙閣，畫像已毀，宋人游師雄、清人劉源及今人蔡昌林有摹刻。

京都大學人文科學研究所：

一張，紙本墨拓，原片，編號：TOU1705A。

一張，紙本墨拓，原片，編號：TOU1705B。

4565 昭陵六駿石刻

昭陵六駿石刻分别名爲"拳毛騧""什伐赤""白蹄烏""特勒驃""青騅""颯露紫"，原在陝西禮泉縣唐太宗昭陵。"颯露紫""拳毛騧"早年被盜，流失海外，現藏於美國賓夕法尼亞大學博物館。"什伐赤""白蹄烏""特勒驃""青騅"四石已碎，現藏於西安碑林博物館。

京都大學人文科學研究所：

一張，颯露紫，紙本墨拓，原片，編號：TOU1683X。

一張，青騅，紙本墨拓，原片，編號：TOU1684X。

一張，什伐赤，紙本墨拓，原片，編號：TOU1685X。

一張，特勒驃，紙本墨拓，原片，編號：TOU1686X。

一張，白蹄烏，紙本墨拓，原片，編號：TOU1687X。

一張，拳毛騧，紙本墨拓，原片，編號：TOU1688X。

東京藝術大學藝術資料館：

一張，青騅，紙本墨拓，掛幅裝，138.2×205.3，編號：33。

一張，什伐赤，紙本墨拓，掛幅裝，138.8×206.0，編號：34。

一張，白蹄烏，紙本墨拓，掛幅裝，139.7×205.4，編號：35。

一張，颯露紫，紙本墨拓，掛幅裝，138.0×205.5，編號：36。

一張，特勒驃，紙本墨拓，掛幅裝，139.3×205.8，編號：37。

一張，拳毛騧，紙本墨拓，掛幅裝，139.0×205.8，編號：38。

東北大學附屬圖書館：

一幅，白蹄烏，紙本墨拓，原片，常盤大定舊藏。

4566 吴道子画神王像

唐刻，無紀年，傳吴道子畫作，後世多摹刻。

淑德大學書學文化中心：

一張，紙本墨拓，托裱，編號：197713，天放樓舊藏。

4567 寶慶寺壁門佛像

唐刻，無紀年，原在陝西西安寶慶寺，已流失海外，現藏於日本東京國立博物館。

東京國立博物館：

十二幅，紙本墨拓，原片，編號：480。

六幅，紙本墨拓，原片，編號：481。

4568 三尊佛龕造像

唐刻，無紀年，今藏地不詳。

京都大學人文科學研究所：

　　　　一張，紙本墨拓，原片，編號：TOU1745X。

4569　力士像

唐刻，無紀年，今藏地不詳。

京都大學人文科學研究所：

　　　　一張，紙本墨拓，原片，編號：TOU1758A。

　　　　一張，紙本墨拓，原片，編號：TOU1758B。

　　　　一張，紙本墨拓，原片，編號：TOU1758C。

4570　石造坐佛

唐刻，無紀年，今藏地不詳。

京都大學人文科學研究所：

　　　　一張，紙本墨拓，原片，編號：TOU1708A。

　　　　一張，紙本墨拓，原片，編號：TOU1708B。

4571　四面塔造像

唐刻，無紀年，今藏地不詳。

京都大學人文科學研究所：

　　　　一張，紙本墨拓，原片，編號：TOU1717A。

　　　　一張，紙本墨拓，原片，編號：TOU1717B。

　　　　一張，紙本墨拓，原片，編號：TOU1717C。

　　　　一張，紙本墨拓，原片，編號：TOU1717D。

　　　　一張，紙本墨拓，原片，編號：TOU1717E。

　　　　一張，紙本墨拓，原片，編號：TOU1717F。

4572　綫刻畫像石

唐刻，無紀年，今藏地不詳。

京都大學人文科學研究所：

　　　　一張，紙本墨拓，原片，編號：TOU1713A。

　　　　一張，紙本墨拓，原片，編號：TOU1713B。

　　　　一張，紙本墨拓，原片，編號：TOU1713C。

　　　　一張，紙本墨拓，原片，編號：TOU1713D。

　　　　一張，紙本墨拓，原片，編號：TOU1713E。

4573　牡丹獅子文樣石刻

唐刻，無紀年，今藏地不詳。

京都大學人文科學研究所：

　　　　一張，紙本墨拓，原片，編號：TOU1689X。

　　　　一張，紙本墨拓，原片，編號：TOU1707X。

4574　石佛臺座花紋

唐刻，無紀年，今藏地不詳。

京都大學人文科學研究所：

　　　　一張，紙本墨拓，原片，編號：TOU1759X。

4575　畫象石床

唐刻，無紀年，今藏地不詳。

京都大學人文科學研究所：

　　　　一張，紙本墨拓，原片，編號：TOU1716A。

　　　　一張，紙本墨拓，原片，編號：TOU1716B。

4576　草獸形畫象臺座

唐刻，無紀年，今藏地不詳。

京都大學人文科學研究所：

　　　　一張，紙本墨拓，原片，編號：TOU1718A。

　　　　一張，紙本墨拓，原片，編號：TOU1718B。

4577　南響堂山石窟紋飾

唐刻，無紀年，現存河北邯鄲響堂山石窟。

東北大學附屬圖書館：

　　　　一幅，紙本墨拓，原片，常盤大定舊藏。

　　　　一幅，紙本墨拓，原片，常盤大定舊藏。

4578　普照寺石佛臺座

唐刻，無紀年，原在山東臨淄淄川普照寺，今石已毀。

東北大學附屬圖書館：

　　　　一幅，紙本墨拓，原片，常盤大定舊藏。

4579　靈巖寺石柱刻樣

唐刻，無紀年，現存山東濟南長清靈巖寺。

東北大學附屬圖書館：

　　　　一幅，紙本墨拓，原片，常盤大定舊藏。

東北大學附屬圖書館：

　　一幅，紙本墨拓，原片，常盤大定舊藏。

4580　牡丹唐草綫刻臺座

唐刻，無紀年，今藏地不詳。

京都大學人文科學研究所：

　　一張，紙本墨拓，原片，編號：TOU1701X。

　　一張，紙本墨拓，原片，編號：TOU1702X。

4581　石廓綫刻畫像

唐刻，無紀年，今藏地不詳。

京都大學人文科學研究所：

　　一張，紙本墨拓，原片，編號：TOU1868A。

　　一張，紙本墨拓，原片，編號：TOU1868B。

　　一張，紙本墨拓，原片，編號：TOU1868C。

　　一張，紙本墨拓，原片，編號：TOU1868D。

　　一張，紙本墨拓，原片，編號：TOU1868E。

　　一張，紙本墨拓，原片，編號：TOU1868F。

　　一張，紙本墨拓，原片，編號：TOU1868G。

4582　陳蕃監造墓門扉

唐刻，無紀年，今藏地不詳。

東洋文庫：

　　二張，紙本墨拓，[1] 135.0×50.0，[2] 134.0×50.0，編號：Ⅱ-16-C-1679。

4583　唐畫像石

唐刻，無紀年，今藏地不詳。

東京藝術大學藝術資料館：

　　一張，男子像，紙本墨拓，掛幅裝，124.8×63.8，編號：157。

　　一張，男子像，紙本墨拓，掛幅裝，120.5×63.8，編號：165。

　　一張，男子像，紙本墨拓，掛幅裝，119.7×63.9，編號：166。

　　一張，男子像，紙本墨拓，掛幅裝，109.9×31.0，編號：172。

　　一張，男子像，紙本墨拓，掛幅裝，119.0×31.0，編號：173。

　　一張，男子像，紙本墨拓，掛幅裝，115.7×31.3，編號：177。

　　一張，男子像，紙本墨拓，掛幅裝，121.3×31.2，編號：178。

　　一張，婦人像，紙本墨拓，掛幅裝，121.3×63.9，編號：158。

一張，婦人像，紙本墨拓，掛幅裝，125.3×63.8，編號：159。

一張，婦人像，紙本墨拓，掛幅裝，107.0×63.6，編號：160。

一張，婦人像，紙本墨拓，掛幅裝，119.4×63.8，編號：161。

一張，婦人像，紙本墨拓，掛幅裝，118.4×63.8，編號：163。

一張，婦人像，紙本墨拓，掛幅裝，123.6×63.8，編號：164。

一張，胡人像，紙本墨拓，掛幅裝，125.9×31.3，編號：168。

一張，胡人像，紙本墨拓，掛幅裝，126.0×31.0，編號：170。

一張，獅子，紙本墨拓，掛幅裝，121.7×31.0，編號：174。

一張，獅子，紙本墨拓，掛幅裝，121.7×31.2，編號：176。

一張，獅子，紙本墨拓，掛幅裝，112.3×31.5，編號：179。

一張，玄武，紙本墨拓，掛幅裝，126.1×31.3，編號：169。

一張，鳳凰，紙本墨拓，掛幅裝，121.6×63.8，編號：162。

一張，鳳凰，紙本墨拓，掛幅裝，125.2×31.0，編號：171。

一張，草花，紙本墨拓，掛幅裝，126.0×31.7，編號：167。

一張，草花，紙本墨拓，掛幅裝，118.3×31.3，編號：175。

4584　聽松刻石

唐刻，無紀年，現存江蘇無錫惠山寺。

寄鶴軒：

一張，紙本墨拓，全拓。

白扇書道會：

一張，紙本墨拓，全拓，48.0×67.0，種谷扇舟舊藏。

4585　白鸚鵡賦

王維撰，傳韓愈書，唐刻，無紀年，現存廣東潮州景韓亭。

京都大學人文科學研究所：

一張，紙本墨拓，原片，編號：TOU1672A。

一張，紙本墨拓，原片，編號：TOU1672B。

一張，紙本墨拓，原片，編號：TOU1672C。

一張，紙本墨拓，原片，編號：TOU1672D。

一張，紙本墨拓，原片，編號：TOU1672E。

一張，紙本墨拓，原片，編號：TOU1672F。

一張，紙本墨拓，原片，編號：TOU1672G。

一張，紙本墨拓，原片，編號：TOU1672H。

4586　四望山記

元晦撰，唐刻，無紀年，現藏於廣西桂林桂海碑林博物館。

京都大學人文科學研究所:

　　　一張, 紙本墨拓, 原片, 編號: TOU1679X。

4587　義淨將來梵書刻石

又稱"唵字碑", 唐刻, 無紀年, 原在陝西西臥龍寺, 久佚。

京都大學人文科學研究所:

　　　一張, 紙本墨拓, 原片, 編號: TOU1880X。

4588　大慈恩寺大雁塔楣石刻文

唐刻, 無紀年, 現存陝西西安大慈恩寺大雁塔。

龍谷大學:

　　　二幅, 紙本墨拓, 原片, [1] 南入口楣石, 佛説法群像相, 124.0×73.5。[2] 西入口楣石, 宫殿佛説法相, 115.0×74.0。

東洋文庫:

　　　三張, 紙本墨拓, 西 67.0×120.0, 東 72.0×122.0, 南 6.0×106.0, 編號: Ⅱ-16-C-p-513。

4589　沙彌尼勤策塔銘殘石

唐刻, 無紀年, 今藏地不詳。

京都大學人文科學研究所:

　　　一張, 紙本墨拓, 原片, 編號: TOU1695X。

4590　謙卦刻石

唐刻, 無紀年, 李陽冰書丹, 原石久佚, 明代重刻, 存於安徽蕪湖十二中學。

東洋文庫:

　　　四張, 紙本墨拓, 原片, 各 160.0×80.0, 編號: Ⅱ-16-C-v-7。

京都大學人文科學研究所:

　　　一張, 紙本墨拓, 原片, 編號: TOU1680A。

　　　一張, 紙本墨拓, 原片, 編號: TOU1680B。

　　　一張, 紙本墨拓, 原片, 編號: TOU1680C。

　　　一張, 紙本墨拓, 原片, 編號: TOU1680D。

淑德大學書學文化中心:

　　　一冊, 紙本墨拓, 冊頁, 編號: 001049。

觀峰館:

　　　一冊, 紙本墨拓, 冊頁, 29.8×18.6。

4591　泰山頂漢石殘字

唐刻, 無紀年, 現在山東泰安泰山。

淑德大學書學文化中心：

一册，紙本墨拓，册頁，編號：197384，天放樓舊藏。

4592　石槽欄頌

唐刻，無紀年，今藏地不詳。

淑德大學書學文化中心：

一軸，紙本墨拓，卷軸，編號：000848。

4593　薦福寺塔刻石

唐刻，無紀年，現存陝西西安薦福寺小雁塔。

京都大學人文科學研究所：

一張，紙本墨拓，原片，編號：TOU1731A。

一張，紙本墨拓，原片，編號：TOU1731B。

一張，紙本墨拓，原片，編號：TOU1731C。

4594　虞世南大字

唐刻，無紀年。

東洋文庫：

一張，紙本墨拓，原片，240.0×81.0，編號：Ⅱ-16-C-1107。

4595　破邪論序

虞世南撰文并書丹，刊刻年代不詳。

東京國立博物館：

一帖，宋拓，越州石氏本，紙本墨拓，項元汴、李宗瀚、高島菊次郎舊藏。

三井記念美術館：

一帖，宋拓，越州石氏本，紙本墨拓，22.01×76.34，三井高堅舊藏。

4596　秋興八首帖

杜甫撰，懷素書，刊刻年代不詳。

宇野雪村文庫：

一册，紙本墨拓，册頁，編號：143。

一册，紙本墨拓，册頁，編號：146。

4597　妹至帖

王羲之書作唐摹拓本，刊刻年代不詳。

九州國立博物館：

一幅，紙本墨拓，原片，25.3×5.3。

4598　地皇湯帖

王獻之書作唐摹拓本，刊刻年代不詳。

書道博物館：

　　一幅，紙本墨拓，原片，25.3×24.0。

4599　肚痛帖

傳張旭書，宋嘉祐三年（1058）摹刻上石。

書道博物館：

　　一帖，紙本墨拓，剪裝，27.4×14.5。

京都大學人文科學研究所：

　　一張，紙本墨拓，原片，編號：TOU1724X。

4600　裴將軍詩

又稱“送裴將軍北伐詩卷”，顏真卿書，刊刻年代不詳。

書道博物館：

　　一幅，紙本墨拓，原片，30.5×19.5。

4601　晋唐小楷

唐刻晋唐書作，無紀年。

寧樂美術館：

　　一帖，宋拓，紙本墨拓，翁方綱、伊秉綬、姚鼐、吳榮光題跋。

宇野雪村文庫：

　　一册，紙本墨拓，册頁，編號：127。

書藝文化院春敬記念書道文庫：

　　一張，紙本墨拓，原片，全拓。

五代十國・梁
（907—923）

［開平］

4602　比丘尼造像記
梁開平二年（908）刻，今藏地不詳。
宇野雪村文庫：
　　一張，紙本墨拓，原片，編號：1307。

4603　穆君弘墓誌
梁開平四年（910）十月十七日葬，河北涿縣（今涿州市）南臺出土，現藏於故宮博物院。
東洋文庫：
　　一張，墓誌蓋，紙本墨拓，原片，22.0×22.0，編號：Ⅱ-16-C-q-1。
京都大學人文科學研究所：
　　一張，紙本墨拓，原片，編號：GOD0001A。
　　一張，紙本墨拓，原片，編號：GOD0001B。

［乾化］

4604　李琮造像記
梁乾化五年（915）六月三日刻，河南龍門出土，今藏地不詳。
東洋文庫：
　　一張，紙本墨拓，原片，13.0×22.0，編號：Ⅱ-16-C-q-2。

4605　惠光舍利塔銘
梁乾化五年（915）十月八日刻，河南洛陽出土，今藏地不詳。

淑德大學書學文化中心：

　　一册，紙本墨拓，册頁，編號：197883，天放樓舊藏。

［貞明］

4606　朗空大師日月栖雲塔銘

全稱"新羅國故兩朝國師教謐朗空大師白月栖雲之塔碑銘"，梁貞明三年（917）十一月十五日刻。

東京國立博物館：

　　一幅，紙本墨拓，原片，編號：1179。

4607　謝彦璋墓誌

梁貞明六年（920）十一月十五日葬，河南洛陽出土，現藏於洛陽古代藝術博物館。

京都大學人文科學研究所：

　　一張，紙本墨拓，原片，編號：GOD0005X。

4608　糡德元墓誌

梁貞明六年（920）十二月二十三日葬，河南宜陽出土，現藏於美國洛杉磯藝術博物館。

東京國立博物館：

　　一幅，紙本墨拓，原片，編號：1004。

［龍德］

4609　錢鏐題名

梁龍德元年（921）十一月一日刻，現存浙江杭州西湖區玉皇山。

東洋文庫：

　　一張，紙本墨拓，原片，81.0×63.0，編號：Ⅱ-16-C-q-3。

五代十國·吳
（892—937）

［天祐］

4610　孟璠墓誌
吳天祐十二年（915）閏二月五日葬，江蘇揚州出土，今藏地不詳。

淑德大學書學文化中心：

　　一張，紙本墨拓，原片，編號：000639。

京都大學人文科學研究所：

　　一張，紙本墨拓，原片，編號：GOD0002X。

4611　張宗諫墓誌
吳天祐十三年（916）四月一日葬，山西朔州出土，現藏於北京故宮博物院。

東洋文庫：

　　一張，紙本墨拓，原片，41.0×40.0，編號：Ⅱ-16-C-p-418。

淑德大學書學文化中心：

　　一張，紙本墨拓，原片，編號：000640。

京都大學人文科學研究所：

　　一張，紙本墨拓，原片，編號：GOD0004X。

4612　王處直再修文宣王廟院記
高諷撰文并書丹，吳天祐十五年（918）四月二十一日刻，原在河北定州文廟。

淑德大學書學文化中心：

　　一張，紙本墨拓，托裱，編號：197700，天放樓舊藏。

［天祐］

4613　法門寺塔廟記

全稱"大唐秦王重修法門寺塔廟記"，薛昌序撰文，王仁恭書丹，唐天祐十九年（922）二月二十六日立，現藏於陝西扶風法門寺博物館。

淑德大學書學文化中心：

一軸，紙本墨拓，卷軸，編號：196339。

［同光］

4614　吳君妻曹氏墓誌

唐同光三年（925）正月二十二日葬，河南洛陽出土，現藏於開封博物館。

東洋文庫：

一張，墓誌，紙本墨拓，原片，62.0×62.0。一張，墓誌蓋，紙本墨拓，原片，22.0×22.0。
編號：Ⅱ-16-C-1368。

京都大學人文科學研究所：

一張，紙本墨拓，原片，編號：GOD0007X。

4615　法華禪師塔銘

全稱"大唐嵩山少林寺故寺主法華鈞大德塔銘并序"，唐同光四年（926）三月十六日立，現存河南登封少林寺。

京都大學人文科學研究所：

一張，紙本墨拓，原片，編號：GOD0008X。

［天成］

4616　孫拙墓誌

唐天成二年（927）二月十五日葬，河南洛陽出土，現藏於開封博物館。

京都大學人文科學研究所：

　　一張，紙本墨拓，原片，編號：GOD0009A。

　　一張，紙本墨拓，原片，編號：GOD0009B。

4617　張君墓誌

唐天成二年（927）十一月一日葬，河南洛陽出土，現藏於開封博物館。

京都大學人文科學研究所：

　　一張，紙本墨拓，原片，編號：GOD0010X。

4618　崔詹墓誌

唐天成二年（927）十一月七日葬，民國初年河南洛陽出土，現藏於中國國家博物館。

宇野雪村文庫：

　　一張，紙本墨拓，原片，編號：1580。

［長興］

4619　張思永妻田氏建佛頂尊勝大悲心陀羅尼經幢

唐長興三年（932）二月二十二日刻，現存河南洛陽。

東洋文庫：

　　四張，紙本墨拓，原片，各108.0×25.0，編號：Ⅱ-16-C-1370。

京都大學人文科學研究所：

　　一張，紙本墨拓，原片，編號：GOD0011A。

　　一張，紙本墨拓，原片，編號：GOD0011B。

五代十國·晋
（936—946）

［天福］

4620　百巖寺七佛記

晋天福二年（937）四月八日刻，現存河南修武百家巖寺。

淑德大學書學文化中心：

　　一軸，紙本墨拓，卷軸，編號：000197。

4621　彌勒下生成佛經殘石

晋天福三年（938）刻，出土時地不詳。

東洋文庫：

　　一張，紙本墨拓，原片，28.0×49.0，編號：Ⅱ-16-C-q-5。

4622　十力世尊經殘石

晋天福三年（938）刻，出土時地不詳。

京都大學人文科學研究所：

　　一張，紙本墨拓，原片，編號：GOD0012X。

4623　冷求等開路記

晋天福四年（939）五月二十五日刻，原在浙江杭州飛來峰摩崖。

東洋文庫：

　　一張，紙本墨拓，原片，42.0×27.0，編號：Ⅱ-16-C-q-6。

京都大學人文科學研究所：

　　一張，紙本墨拓，原片，編號：GOD0013X。

4624　□日寺功德碑

晋天福四年（939）九月刻，現存山東兖州。

淑德大學書學文化中心：

　　　　一軸，紙本墨拓，卷軸，編號：196831。

4625　興法寺真空禪師塔碑銘

晋天福五年（940）七月十八日刻，現存韓國江原道原州靈鳳山興法寺。

京都大學人文科學研究所：

　　　　一張，紙本墨拓，原片，編號：GOD0014X。

4626　馬文操神道碑

晋天福五年（940）十一月十一日葬，原在河北邯鄲大名縣張鉄集鄉寺莊村，後入藏大名縣石刻博物館。

京都大學人文科學研究所：

　　　　一張，紙本墨拓，原片，編號：GOD0015X。

4627　李氏墓誌

晋天福五年（940）十一月二十三日葬，一九九九年出土於河南洛陽，今藏地不詳。

淑德大學書學文化中心：

　　　　一張，紙本墨拓，原片，編號：001509。

4628　張敬思尊勝陀羅尼經塔

晋天福七年（942）三月十八日刻，今藏地不詳。

淑德大學書學文化中心：

　　　　一軸，紙本墨拓，卷軸，編號：198962。

4629　尊勝陀羅尼經幢

晋天福七年（942）三月二十二日刻，今藏地不詳。

京都大學人文科學研究所：

　　　　一張，紙本墨拓，原片，編號：GOD0016X。

4630　佛説尊勝陀羅尼經

晋天福七年（942）刻，今藏地不詳。

東京國立博物館：

　　　　一幅，紙本墨拓，原片，編號：651。

［開運］

4631　王仁珪等造像記

晋開運元年（944）五月刻，今藏地不詳。

東洋文庫：

一張，紙本墨拓，原片，17.0×18.0。

4632　方永福造像記

晋開運元年（944）七月十五日刻，現存浙江杭州石屋洞。

東洋文庫：

一張，紙本墨拓，原片，11.0×10.0，編號：Ⅱ-16-C-q-10。

4633　費十娘造像記

晋開運元年（944）七月二十八日刻，現存浙江杭州石屋洞。

東洋文庫：

一張，紙本墨拓，原片，12.0×8.0，編號：Ⅱ-16-C-q-11。

4634　何景安造像記

晋開運元年（944）七月刻，現存浙江杭州石屋洞。

東洋文庫：

一張，紙本墨拓，原片，14.0×9.0，編號：Ⅱ-16-C-q-8。

4635　何承握造像記

晋開運元年（944）七月刻，現存浙江杭州石屋洞。

東洋文庫：

一張，紙本墨拓，原片，10.0×12.0，編號：Ⅱ-16-C-q-9。

4636　胡延福并妻造像記

晋開運元年（944）七月刻，現存浙江杭州石屋洞。

東洋文庫：

一張，紙本墨拓，原片，10.0×9.0，編號：Ⅱ-16-C-q-12。

4637　夏承厚造像記

晋開運元年（944）七月刻，現存浙江杭州石屋洞。

東洋文庫：

一張，紙本墨拓，原片，15.0×21.0，編號：Ⅱ-16-C-q-13。

4638　潘彦□并妻陳十二娘造像記

晋開運元年（944）刻，現存浙江杭州石屋洞。

東洋文庫：

　　　　一張，紙本墨拓，原片，11.0×8.0，編號：Ⅱ-16-C-q-14。

4639　汪仁勝造像記

晋開運元年（944）刻，現存浙江杭州石屋洞。

東洋文庫：

　　　　一張，紙本墨拓，原片，9.0×8.0，編號：Ⅱ-16-C-q-16。

4640　朱仁榮造像記

晋開運元年（944）刻，現存浙江杭州石屋洞。

東洋文庫：

　　　　一張，紙本墨拓，原片，9.0×7.0，編號：Ⅱ-16-C-q-17。

4641　潘保成造像記

晋開運元年（944）刻，現存浙江杭州石屋洞。

東洋文庫：

　　　　一張，紙本墨拓，原片，9.0×7.0，編號：Ⅱ-16-C-q-18。

4642　顧君勝造像記

晋開運元年（944）刻，現存浙江杭州石屋洞。

東洋文庫：

　　　　一張，紙本墨拓，原片，9.0×7.0，編號：Ⅱ-16-C-q-19。

4643　徐綽造像記

晋開運元年（944）刻，現存浙江杭州石屋洞。

東洋文庫：

　　　　一張，紙本墨拓，原片，9.0×7.0，編號：Ⅱ-16-C-q-20。

4644　徐安造像記

晋開運元年（944）刻，現存浙江杭州石屋洞。

東洋文庫：

　　　　一張，紙本墨拓，原片，8.0×6.0，編號：Ⅱ-16-C-q-21。

4645 金珂造像記

晋開運元年（944）刻，現存浙江杭州石屋洞。

東洋文庫：

　　一張，紙本墨拓，原片，11.0×10.0，編號：Ⅱ-16-C-q-22。

4646 徐步行造像記

晋開運元年（944）刻，現存浙江杭州石屋洞。

東洋文庫：

　　一張，紙本墨拓，原片，10.0×7.0，編號：Ⅱ-16-C-q-23。

4647 何廷堅并妻陳氏造像記

晋開運元年（944）刻，現存浙江杭州石屋洞。

東洋文庫：

　　一張，紙本墨拓，原片，12.0×10.0，編號：Ⅱ-16-C-q-24。

　　一張，紙本墨拓，原片，8.0×9.0，編號：Ⅱ-16-C-q-25。

4648 姚并聞□娘造像記

晋開運元年（944）刻，現存浙江杭州石屋洞。

東洋文庫：

　　一張，紙本墨拓，原片，12.0×13.0，編號：Ⅱ-16-C-q-26。

4649 沈思□造像記

晋開運元年（944）刻，現存浙江杭州石屋洞。

東洋文庫：

　　一張，紙本墨拓，原片，12.0×9.0，編號：Ⅱ-16-C-q-27。

4650 壽千春造像記

晋開運元年（944）刻，現存浙江杭州石屋洞。

東洋文庫：

　　一張，紙本墨拓，原片，8.0×7.0，編號：Ⅱ-16-C-q-28。

4651 孫郃造像記

晋開運元年（944）刻，現存浙江杭州石屋洞。

東洋文庫：

　　一張，紙本墨拓，原片，11.0×11.0，編號：Ⅱ-16-C-q-29。

4652　沈承邦造像記

晋開運元年（944）刻，現存浙江杭州石屋洞。

東洋文庫：

一張，紙本墨拓，原片，10.0×8.0，編號：Ⅱ-16-C-q-30。

4653　李七娘造像記

晋開運元年（944）刻，現存浙江杭州石屋洞。

東洋文庫：

一張，紙本墨拓，原片，9.0×7.0，編號：Ⅱ-16-C-q-31。

4654　符二娘造像記

晋開運元年（944）刻，現存浙江杭州石屋洞。

東洋文庫：

一張，紙本墨拓，原片，9.0×7.0，編號：Ⅱ-16-C-q-32。

4655　羅三十四娘造像記

晋開運元年（944）刻，現存浙江杭州石屋洞。

東洋文庫：

一張，紙本墨拓，原片，8.0×5.0，編號：Ⅱ-16-C-q-33。

4656　朱□娘造像記

晋開運元年（944）刻，現存浙江杭州石屋洞。

東洋文庫：

一張，紙本墨拓，原片，10.0×8.0，編號：Ⅱ-16-C-q-34。

4657　金十二娘造像記

晋開運元年（944）刻，現存浙江杭州石屋洞。

東洋文庫：

一張，紙本墨拓，原片，11.0×8.0，編號：Ⅱ-16-C-q-35。

4658　宿明造像記

晋開運元年（944）刻，現存浙江杭州石屋洞。

東洋文庫：

一張，紙本墨拓，原片，11.0×8.0，編號：Ⅱ-16-C-q-36。

4659　會遠造像記

晋開運元年（944）刻，現存浙江杭州石屋洞。

東洋文庫：

一張，紙本墨拓，原片，10.0×8.0，編號：Ⅱ-16-C-q-37。

4660　何勝并妻姚二娘造像記

晋開運元年（944）刻，現存浙江杭州石屋洞。

東洋文庫：

一張，紙本墨拓，原片，15.0×11.0，編號：Ⅱ-16-C-q-38。

4661　吴延造像記

晋開運元年（944）刻，現存浙江杭州石屋洞。

東洋文庫：

一張，紙本墨拓，原片，9.0×9.0，編號：Ⅱ-16-C-q-39。

4662　胡敬造像記

晋開運元年（944）刻，現存浙江杭州石屋洞。

東洋文庫：

一張，紙本墨拓，原片，10.0×9.0，編號：Ⅱ-16-C-q-40。

4663　樂十一娘造像記

晋開運元年（944）刻，現存浙江杭州石屋洞。

東洋文庫：

一張，紙本墨拓，原片，10.0×11.0，編號：Ⅱ-16-C-q-41。

4664　弟子成造像記

晋開運元年（944）刻，現存浙江杭州石屋洞。

東洋文庫：

一張，紙本墨拓，原片，10.0×7.0，編號：Ⅱ-16-C-q-42。

4665　孫□造像記

晋開運元年（944）刻，現存浙江杭州石屋洞。

東洋文庫：

一張，紙本墨拓，原片，13.0×9.0，編號：Ⅱ-16-C-q-43。

4666　陸一娘造像記

晋開運元年（944）刻，現存浙江杭州石屋洞。

東洋文庫：

　　　　一張，紙本墨拓，原片，16.0×18.0，編號：Ⅱ-16-C-q-44。

4667　□敬造像記

晋開運元年（944）刻，現存浙江杭州石屋洞。

東洋文庫：

　　　　一張，紙本墨拓，原片，11.0×9.0，編號：Ⅱ-16-C-q-45。

4668　爲保安身造像記

晋開運元年（944）刻，現存浙江杭州石屋洞。

東洋文庫：

　　　　一張，紙本墨拓，原片，11.0×9.0，編號：Ⅱ-16-C-q-46。

4669　晋造像記

晋開運元年（944）刻，現存浙江杭州石屋洞。

東洋文庫：

　　　　一張，紙本墨拓，原片，13.0×9.0，編號：Ⅱ-16-C-q-47。

4670　趙重進裝修摩騰大師真身及金剛一對等記

晋開運二年（945）正月十五日刻，今藏地不詳。

京都大學人文科學研究所：

　　　　一張，紙本墨拓，原片，編號：GOD0018X

4671　郭令威造像記

晋開運二年（945）三月二日刻，現存浙江杭州石屋洞。

東洋文庫：

　　　　一張，紙本墨拓，原片，10.0×11.0，編號：Ⅱ-16-C-q-50。

4672　傅可詢造像記

晋開運二年（945）三月十五日刻，現存浙江杭州石屋洞。

東洋文庫：

　　　　一張，紙本墨拓，原片，12.0×8.0，編號：Ⅱ-16-C-q-49。

4673　朱四娘造像記

晋開運二年（945）三月刻，現存浙江杭州石屋洞。

東洋文庫：

一張，紙本墨拓，原片，10.0×9.0，編號：Ⅱ-16-C-q-51。

4674　鍾延時造像記

晋開運二年（945）四月一日刻，現存浙江杭州石屋洞。

東洋文庫：

一張，紙本墨拓，原片，13.0×9.0，編號：Ⅱ-16-C-q-52。

4675　王延胤墓誌

晋開運二年（945）四月十四日葬，河南洛陽出土，現藏於開封博物館。

京都大學人文科學研究所：

一張，紙本墨拓，原片，編號：GOD0019X。

4676　朱公卞造像記

晋開運二年（945）四月十五日刻，現存浙江杭州石屋洞。

東洋文庫：

一張，紙本墨拓，原片，15.0×12.0，編號：Ⅱ-16-C-q-53。

4677　翟氏七娘造像記

晋開運二年（945）五月五日刻，現存浙江杭州石屋洞。

東洋文庫：

一張，紙本墨拓，原片，9.0×15.0，編號：Ⅱ-16-C-q-54。

4678　錢二娘造像記

晋開運二年（945）五月五日刻，現存浙江杭州石屋洞。

東洋文庫：

一張，紙本墨拓，原片，10.0×15.0，編號：Ⅱ-16-C-q-55。

4679　尊勝陀羅尼經幢

晋開運二年（945）六月二十一日刻，今藏地不詳。

淑德大學書學文化中心：

一張，紙本墨拓，托裱，編號：195387。

4680　壽存古造像記

晋開運二年（945）六月刻，現存浙江杭州石屋洞。

東洋文庫：

一張，紙本墨拓，原片，13.0×9.0，編號：Ⅱ-16-C-q-56。

4681　馬珞并妻金一娘造像記

晋開運二年（945）九月刻，現存浙江杭州石屋洞。

東洋文庫：

一張，紙本墨拓，原片，1.0×10.0，編號：Ⅱ-16-C-q-57。

4682　袁文鉉造像記

晋開運二年（945）十月刻，現存浙江杭州石屋洞。

東洋文庫：

一張，紙本墨拓，原片，17.0×18.0，編號：Ⅱ-16-C-q-58。

4683　王安造像記

晋開運二年（945）十月刻，現存浙江杭州石屋洞。

東洋文庫：

一張，紙本墨拓，原片，14.0×11.0，編號：Ⅱ-16-C-q-60。

4684　李承□造像記

晋開運二年（945）十月刻，現存浙江杭州石屋洞。

東洋文庫：

一張，紙本墨拓，原片，14.0×10.0，編號：Ⅱ-16-C-q-61。

4685　莫仁威造像記

晋開運二年（945）十月刻，現存浙江杭州石屋洞。

東洋文庫：

一張，紙本墨拓，原片，12.0×11.0，編號：Ⅱ-16-C-q-62。

4686　周天仁紹造像記

晋開運二年（945）十月刻，現存浙江杭州石屋洞。

東洋文庫：

一張，紙本墨拓，原片，12.0×11.0，編號：Ⅱ-16-C-q-63。

4687　当院徒弟造像記

晋開運二年（945）十月刻，現存浙江杭州石屋洞。

東洋文庫：

　　一張，紙本墨拓，原片，15.0×10.0，編號：Ⅱ-16-C-q-64。

4688　楊□造像記

晋開運二年（945）十月刻，現存浙江杭州石屋洞。

東洋文庫：

　　一張，紙本墨拓，原片，16.0×13.0，編號：Ⅱ-16-C-q-65。

4689　蔣超并妻沈□娘造像記

晋開運二年（945）刻，現存浙江杭州石屋洞。

東洋文庫：

　　一張，紙本墨拓，原片，16.0×10.0，編號：Ⅱ-16-C-q-66。

4690　佛頂尊勝陀羅尼經幢

晋開運二年（945）刻，今藏地不詳。

龍谷大學：

　　八幅，紙本墨拓，原片，各139.0×17.0。

4691　陳及造像記

晋開運二年（945）刻，現存浙江杭州石屋洞。

東洋文庫：

　　一張，紙本墨拓，原片，12.0×8.0，編號：Ⅱ-16-C-q-48。

4692　守忠造像記

晋開運二年（945）刻，現存浙江杭州石屋洞。

東洋文庫：

　　一張，紙本墨拓，原片，9.0×11.0，編號：Ⅱ-16-C-q-67。

4693　陳承蘊造像記

晋開運二年（945）刻，現存浙江杭州石屋洞。

東洋文庫：

　　一張，紙本墨拓，原片，11.0×9.0，編號：Ⅱ-16-C-q-68。

4694　楊一娘造像記

晋開運二年（945）刻，現存浙江杭州石屋洞。

東洋文庫：

　　　一張，紙本墨拓，原片，15.0×13.0，編號：Ⅱ-16-C-q-69。

4695　弟子朱造像記

晋開運二年（945）刻，現存浙江杭州石屋洞。

東洋文庫：

　　　一張，紙本墨拓，原片，13.0×11.0，編號：Ⅱ-16-C-q-70。

五代十國 · 漢
（947—950）

［乾祐］

4696　秦彦滔造像記

漢乾祐元年（948）五月刻，現存浙江杭州石屋洞。

東洋文庫：

　　一張，紙本墨拓，原片，11.0×14.0，編號：Ⅱ-16-C-q-71。

4697　顧邦造像記

漢乾祐元年（948）十月刻，現存浙江杭州石屋洞。

東洋文庫：

　　一張，紙本墨拓，原片，14.0×9.0，編號：Ⅱ-16-C-q-72。

4698　朱知家造像記

漢乾祐二年（949）九月刻，現存浙江杭州石屋洞。

東洋文庫：

　　一張，紙本墨拓，原片，47.0×24.0，編號：Ⅱ-16-C-q-73。

4699　郭張造像記

漢乾祐三年（950）三月二十一日刻，現存浙江杭州石屋洞。

東洋文庫：

　　一張，紙本墨拓，原片，32.0×9.0，編號：Ⅱ-16-C-q-74。

五代十國・周
（951—960）

[廣順]

4700　滕紹宗造像記

周廣順元年（951）四月刻，現存浙江杭州飛來峰。

東洋文庫：

一張，紙本墨拓，原片，21.0×18.0，編號：Ⅱ-16-C-q-75。

4701　章二娘造像記

周廣順元年（951）十月七日刻，現存浙江杭州飛來峰。

東洋文庫：

一張，紙本墨拓，原片，15.0×12.0，編號：Ⅱ-16-C-q-76。

4702　曹德馴造像記

周廣順二年（952）九月刻，現存浙江杭州飛來峰。

東洋文庫：

一張，紙本墨拓，原片，10.0×14.0，編號：Ⅱ-16-C-q-77。

4703　僧願昭造像記

周廣順三年（953）二月刻，現存浙江杭州飛來峰。

東洋文庫：

一張，紙本墨拓，原片，16.0×27.0，編號：Ⅱ-16-C-q-78。

［顯德］

4704　萬佛溝采石記

周顯德元年（954）十二月刻，現存河南安陽萬佛溝石窟。

京都大學人文科學研究所：

  一張，紙本墨拓，原片，編號：GOD0022X。

4705　佛頂尊勝陀羅尼經

周顯德元年（954）刻，今藏地不詳。

京都大學人文科學研究所：

  一張，紙本墨拓，原片，編號：GOD0024X。

4706　韓通夫人董氏墓誌

周顯德二年（955）九月七日葬，河南洛陽出土，現藏於洛陽古代藝術博物館。

京都大學人文科學研究所：

  一張，紙本墨拓，原片，編號：GOD0028X。

4707　任公屏盜碑銘

全稱“大周推誠奉義翊戴功臣特進檢校太保使持節濟州諸軍事行濟州刺史兼御史大夫上柱國西河郡開國公食邑二千三百戶任公屏盜碑”，簡稱“屏盜碑”，周顯德二年（955）閏九月一日立，原位於山東菏澤鉅野縣城北關護城河外，現存永豐塔之陽。

京都大學人文科學研究所：

  一張，紙本墨拓，原片，編號：GOD0025X。

4708　田仁訓墓誌

周顯德二年（955）十二月三日葬，河南洛陽出土，今藏地不詳。

京都大學人文科學研究所：

  一張，紙本墨拓，原片，編號：GOD0026X。

4709　蕭處仁墓誌

周顯德三年（956）七月二十四日葬，河南洛陽出土，現藏於開封博物館。

東洋文庫：

  一張，紙本墨拓，原片，71.0×73.0，編號：Ⅱ-16-C-1371。

京都大學人文科學研究所：

  一張，紙本墨拓，原片，編號：GOD0030X。

4710　夏保威造像記

周顯德三年（956）刻，現存浙江杭州石屋洞。

東洋文庫：

　　　　一張，紙本墨拓，原片，19.0×20.0，編號：Ⅱ-16-C-q-79。

4711　尊勝陀羅尼經幢

周顯德五年（958）二月三日刻，現存山東青州。

京都大學人文科學研究所：

　　　　一張，紙本墨拓，原片，編號：GOD0034A。

　　　　一張，紙本墨拓，原片，編號：GOD0034B。

4712　崇化寺西塔基記

周顯德五年（958）七月二十八日刻，原存浙江杭州崇化寺，久佚。

淑德大學書學文化中心：

　　　　一軸，紙本墨拓，卷軸，編號：196791。

4713　許氏建佛説大佛頂陀羅尼經幢

周顯德五年（958）刻，原在江蘇蘇州虎丘山，石已毀，一九八〇年重建。

東洋文庫：

　　　　八張，紙本墨拓，原片，各117.0×19.0，編號：Ⅱ-16-C-q-80。

4714　張萬進造像記

周顯德六年（959）二月刻，現存山東泰安寧陽神童山。

東洋文庫：

　　　　一張，紙本墨拓，原片，18.0×16.0，編號：Ⅱ-16-C-q-81。

4715　栖巖寺新修舍利塔殿經藏記

周顯德六年（959）九月九日刻，原在山西永濟中條山栖巖寺。

京都大學人文科學研究所：

　　　　一張，紙本墨拓，原片，編號：GOD0035A。

　　　　一張，紙本墨拓，原片，編號：GOD0035B。

4716　梁文誼造像記

周顯德六年（959）十一月刻，現存浙江杭州石屋洞。

東洋文庫：

　　　　一張，紙本墨拓，原片，19.0×17.0，編號：Ⅱ-16-C-q-82。

五代十國 · 前蜀
（891—925）

[乾德]

4717　路氏造像記

前蜀乾德六年（924）刻，現存四川廣元千佛崖。

東京國立博物館：

　　一幅，紙本墨拓，原片，編號：362。

　　一幅，紙本墨拓，原片，編號：363。

五代十國 · 吳越
（893—978）

4718　金剛經

吳越刻，二〇〇〇年出土於浙江杭州雷峰塔遺址，現藏於浙江省博物館。

淑德大學書學文化中心：

　　　一張，紙本墨拓，原片，編號：001792。

4719　周勢□造像記并皇帝二字題字

吳越刻，現存浙江杭州煙霞洞。

東洋文庫：

　　　一張，紙本墨拓，原片，20.0×26.0，編號：Ⅱ-16-C-q-85。

4720　吳延爽造像記

吳越刻，現存浙江杭州煙霞洞。

東洋文庫：

　　　一張，紙本墨拓，原片，28.0×11.0，編號：Ⅱ-16-C-q-86。

五代十國·南漢
（917—971）

［光天］

4721　金元師買地券

南漢光天元年（942）三月刻，民國二十年（1931）出土於廣東廣州北郊三元里。

淑德大學書學文化中心：

　　一張，紙本墨拓，托裱，編號：001734。

［大寶］

4722　匡真大師實性碑

全稱"大漢韶州雲門山光泰禪院故匡真大師實性碑"，南漢大寶元年（958）十二月立，現存廣東韶關乳源瑤族自治縣雲門寺。

東北大學附屬圖書館：

　　一幅，紙本墨拓，原片，常盤大定舊藏。

4723　馬氏二十四娘買地券

南漢大寶五年（962）十月一日刻，清咸豐六年（1856）出土於廣東廣州北郊小北下塘，現藏於廣州博物館。

東洋文庫：

　　一張，紙本墨拓，原片，24.0×38.0，編號：Ⅱ-16-C-q-83。

京都大學人文科學研究所：

　　一張，紙本墨拓，原片，編號：SOU0004X。

東京國立博物館：

　　一幅，紙本墨拓，原片，編號：449。

4724　鐵塔題記

南漢大寶十年（967）刻，現存廣東廣州光孝寺。

淑德大學書學文化中心：

　　　　一張，紙本墨拓，原片，編號：001770。

4725　資福院邵廷珺造鎮像塔記

南漢大寶年間（958—971）刻，原在廣東東莞資福寺，現藏於東莞博物館。

淑德大學書學文化中心：

　　　　一張，紙本墨拓，托裱，編號：001651。

五代十國 · 南唐
（937—975）

［保大］

4726　金剛經碑

南唐保大五年（947）十二月二十八日刻，原在安徽壽州永慶寺。

淑德大學書學文化中心：

　　一張，紙本墨拓，原片，編號：001775。

五代十國·後蜀
（925—965）

[廣政]

4727　佛頂尊勝陁羅尼經

後蜀廣政十七年（954）六月刻，今藏地不詳。

宇野雪村文庫：

　　一張，紙本墨拓，原片，編號：1775。

五代十國無紀年

4728　妙因塔柱所題佛語

五代十國刻，無紀年，今藏地不詳。

東洋文庫：

二張，西柱、南柱，紙本墨拓，各 226.0×12.0。二張，北柱，紙本墨拓，各 190.0×22.0。

編號：Ⅱ-16-C-q-87。

淑德大學書學文化中心：

一册，紙本墨拓，册頁，編號：001674。

4729　栖霞寺舍利塔釋迦八相圖

五代十國刻，無紀年，現存南京栖霞寺。

東京藝術大學藝術資料館：

一張，托胎，紙本墨拓，掛幅裝，62.0×101.2，編號：181。

一張，誕生，紙本墨拓，掛幅裝，61.0×101.4，編號：182。

一張，出游，紙本墨拓，掛幅裝，62.4×101.0，編號：183。

一張，踰城，紙本墨拓，掛幅裝，63.0×101.2，編號：184。

一張，降魔，紙本墨拓，掛幅裝，62.0×98.7，編號：185。

一張，成道，紙本墨拓，掛幅裝，62.5×99.7，編號：186。

一張，初轉法輪，紙本墨拓，掛幅裝，62.0×100.2，編號：187。

一張，涅槃，紙本墨拓，掛幅裝，62.5×99.5，編號：188。

東北大學附屬圖書館：

四幅，紙本墨拓，原片，常盤大定舊藏。

京都大學人文科學研究所：

一張，紙本墨拓，原片，編號：NAN0695A。

一張，紙本墨拓，原片，編號：NAN0695B。

一張，紙本墨拓，原片，編號：NAN0695C。

一張，紙本墨拓，原片，編號：NAN0695D。

　　　　一張，紙本墨拓，原片，編號：NAN0695E。
　　　　一張，紙本墨拓，原片，編號：NAN0695F。
　　　　一張，紙本墨拓，原片，編號：NAN0695G。
　　　　一張，紙本墨拓，原片，編號：NAN0695H。

4730　栖霞寺舍利塔蟠龍圖

五代十國刻，無紀年，現存南京栖霞寺。

東京藝術大學藝術資料館：

　　　　一張，紙本墨拓，掛幅裝，63.5×59.7，編號：189。
　　　　一張，紙本墨拓，掛幅裝，64.0×56.1，編號：191。

4731　栖霞寺舍利塔力士圖

五代十國刻，無紀年，現存南京栖霞寺。

東京藝術大學藝術資料館：

　　　　一張，紙本墨拓，掛幅裝，64.0×59.1，編號：190。
　　　　一張，紙本墨拓，掛幅裝，64.2×59.0，編號：192。

4732　戴彦并妻沈一娘造像記

五代十國刻，無紀年，原在浙江杭州西湖摩崖。

東洋文庫：

　　　　一張，紙本墨拓，原片，15.0×9.0，編號：Ⅱ-16-C-q-88。

4733　胡曹并妻楊七娘造像記

五代十國刻，無紀年，原在浙江杭州西湖摩崖。

東洋文庫：

　　　　一張，紙本墨拓，原片，14.0×10.0，編號：Ⅱ-16-C-q-89。

4734　江廷濟等造像記

五代十國刻，無紀年，原在浙江杭州西湖摩崖。

東洋文庫：

　　　　一張，紙本墨拓，原片，11.0×19.0，編號：Ⅱ-16-C-q-90。

4735　郭延寶造像記

五代十國刻，無紀年，原在浙江杭州西湖摩崖。

東洋文庫：

　　　　一張，紙本墨拓，原片，11.0×10.0，編號：Ⅱ-16-C-q-91。

4736　張仁裕造像記

五代十國刻，無紀年，原在浙江杭州西湖摩崖。

東洋文庫：

　　　一張，紙本墨拓，原片，9.0×7.0，編號：Ⅱ-16-C-q-92。

4737　金匡藝造像記

五代十國刻，無紀年，原在浙江杭州西湖摩崖。

東洋文庫：

　　　一張，紙本墨拓，原片，7.0×7.0，編號：Ⅱ-16-C-q-93。

4738　俞承慶造像記

五代十國刻，無紀年，原在浙江杭州西湖摩崖。

東洋文庫：

　　　一張，紙本墨拓，原片，12.0×9.0，編號：Ⅱ-16-C-q-94。

4739　俞仁□造像記

五代十國刻，無紀年，原在浙江杭州西湖摩崖。

東洋文庫：

　　　一張，紙本墨拓，原片，11.0×10.0，編號：Ⅱ-16-C-q-95。

4740　沈河造像記

五代十國刻，無紀年，原在浙江杭州西湖摩崖。

東洋文庫：

　　　一張，紙本墨拓，原片，12.0×10.0，編號：Ⅱ-16-C-q-96。

4741　沈垍造像記

五代十國刻，無紀年，原在浙江杭州西湖摩崖。

東洋文庫：

　　　一張，紙本墨拓，原片，12.0×8.0，編號：Ⅱ-16-C-q-97。

4742　翁松造像記

五代十國刻，無紀年，原在浙江杭州西湖摩崖。

東洋文庫：

　　　一張，紙本墨拓，原片，7.0×7.0，編號：Ⅱ-16-C-q-98。

4743 凌仁贊造像記

五代十國刻，無紀年，原在浙江杭州西湖摩崖。

東洋文庫：

一張，紙本墨拓，原片，10.0×6.0，編號：Ⅱ-16-C-q-99。

4744 宋達造像記

五代十國刻，無紀年，原在浙江杭州西湖摩崖。

東洋文庫：

一張，紙本墨拓，原片，10.0×8.0，編號：Ⅱ-16-C-q-100。

4745 申德全造像記

五代十國刻，無紀年，原在浙江杭州西湖摩崖。

東洋文庫：

一張，紙本墨拓，原片，10.0×8.0，編號：Ⅱ-16-C-q-101。

4746 張福造像記

五代十國刻，無紀年，原在浙江杭州西湖摩崖。

東洋文庫：

一張，紙本墨拓，原片，10.0×7.0，編號：Ⅱ-16-C-q-102。

4747 羅景滔造像記

五代十國刻，無紀年，原在浙江杭州西湖摩崖。

東洋文庫：

一張，紙本墨拓，原片，9.0×7.0，編號：Ⅱ-16-C-q-103。

4748 王□并妻徐三娘造像記

五代十國刻，無紀年，原在浙江杭州西湖摩崖。

東洋文庫：

一張，紙本墨拓，原片，12.0×11.0，編號：Ⅱ-16-C-q-104。

4749 志□從造像記

五代十國刻，無紀年，原在浙江杭州西湖摩崖。

東洋文庫：

一張，紙本墨拓，原片，10.0×8.0，編號：Ⅱ-16-C-q-105。

4750　戴超造像記

五代十國刻，無紀年，原在浙江杭州西湖摩崖。

東洋文庫：

　　　一張，紙本墨拓，原片，10.0×7.0，編號：Ⅱ-16-C-q-106。

4751　陳邦造像記

五代十國刻，無紀年，原在浙江杭州西湖摩崖。

東洋文庫：

　　　一張，紙本墨拓，原片，17.0×11.0，編號：Ⅱ-16-C-q-107。

4752　金可求題記

五代十國刻，無紀年，原在浙江杭州西湖摩崖。

東洋文庫：

　　　一張，紙本墨拓，原片，11.0×7.0，編號：Ⅱ-16-C-q-108。

4753　池彬造像記

五代十國刻，無紀年，原在浙江杭州西湖摩崖。

東洋文庫：

　　　一張，紙本墨拓，原片，11.0×8.0，編號：Ⅱ-16-C-q-109。

4754　沈宗爲亡妻程十娘造像記

五代十國刻，無紀年，原在浙江杭州西湖摩崖。

東洋文庫：

　　　一張，紙本墨拓，原片，10.0×8.0，編號：Ⅱ-16-C-q-110。

4755　沈宗并妻張二娘造像記

五代十國刻，無紀年，原在浙江杭州西湖摩崖。

東洋文庫：

　　　一張，紙本墨拓，原片，11.0×11.0，編號：Ⅱ-16-C-q-111。

4756　陳太等三人造像記

五代十國刻，無紀年，原在浙江杭州西湖摩崖。

東洋文庫：

　　　一張，紙本墨拓，原片，10.0×7.0，編號：Ⅱ-16-C-q-112。

4757　張遇造像記

五代十國刻，無紀年，原在浙江杭州西湖摩崖。

東洋文庫：

　　　一張，紙本墨拓，原片，10.0×8.0，編號：Ⅱ-16-C-q-113。

4758　志清造像記

五代十國刻，無紀年，原在浙江杭州西湖摩崖。

東洋文庫：

　　　一張，紙本墨拓，原片，10.0×10.0，編號：Ⅱ-16-C-q-114。

4759　馬□唄造像記

五代十國刻，無紀年，原在浙江杭州西湖摩崖。

東洋文庫：

　　　一張，紙本墨拓，原片，10.0×8.0，編號：Ⅱ-16-C-q-115。

4760　秦邦造像記

五代十國刻，無紀年，原在浙江杭州西湖摩崖。

東洋文庫：

　　　一張，紙本墨拓，原片，11.0×8.0，編號：Ⅱ-16-C-q-116。

4761　楊敬修造像記

五代十國刻，無紀年，原在浙江杭州西湖摩崖。

東洋文庫：

　　　一張，紙本墨拓，原片，9.0×8.0，編號：Ⅱ-16-C-q-117。

4762　太史程造像記

五代十國刻，無紀年，原在浙江杭州西湖摩崖。

東洋文庫：

　　　一張，紙本墨拓，原片，10.0×8.0，編號：Ⅱ-16-C-q-118。

4763　楊□并妻馮七娘造像記

五代十國刻，無紀年，原在浙江杭州西湖摩崖。

東洋文庫：

　　　一張，紙本墨拓，原片，11.0×10.0，編號：Ⅱ-16-C-q-119。

4764　管軍都□□造像記

五代十國刻，無紀年，原在浙江杭州西湖摩崖。

東洋文庫：

　　一張，紙本墨拓，原片，13.0×13.0，編號：Ⅱ-16-C-q-120。

4765　潘四娘造像記

五代十國刻，無紀年，原在浙江杭州西湖摩崖。

東洋文庫：

　　一張，紙本墨拓，原片，10.0×7.0，編號：Ⅱ-16-C-q-121。

4766　胡一娘造像記

五代十國刻，無紀年，原在浙江杭州西湖摩崖。

東洋文庫：

　　一張，紙本墨拓，原片，8.0×9.0，編號：Ⅱ-16-C-q-122。

4767　朱一娘造像記

五代十國刻，無紀年，原在浙江杭州西湖摩崖。

東洋文庫：

　　一張，紙本墨拓，原片，7.0×10.0，編號：Ⅱ-16-C-q-123。

4768　奉國寺丁大師造像記

五代十國刻，無紀年，原在浙江杭州西湖摩崖。

東洋文庫：

　　一張，紙本墨拓，原片，10.0×8.0，編號：Ⅱ-16-C-q-124。

4769　德緣造像記

五代十國刻，無紀年，原在浙江杭州西湖摩崖。

東洋文庫：

　　一張，紙本墨拓，原片，12.0×9.0，編號：Ⅱ-16-C-q-125。

4770　净超造像記

五代十國刻，無紀年，原在浙江杭州西湖摩崖 。

東洋文庫：

　　一張，紙本墨拓，原片，11.0×8.0，編號：Ⅱ-16-C-q-126。

4771 净堅造像記

五代十國刻，無紀年，原在浙江杭州西湖摩崖。

東洋文庫：

一張，紙本墨拓，原片，11.0×9.0，編號：Ⅱ-16-C-q-127。

4772 道圓造像記

五代十國刻，無紀年，原在浙江杭州西湖摩崖。

東洋文庫：

一張，紙本墨拓，原片，10.0×10.0，編號：Ⅱ-16-C-q-128。

4773 王普剛造像記

五代十國刻，無紀年，原在浙江杭州西湖摩崖。

東洋文庫：

一張，紙本墨拓，原片，12.0×10.0，編號：Ⅱ-16-C-q-129。

4774 許坥造像記

五代十國刻，無紀年，原在浙江杭州西湖摩崖。

東洋文庫：

一張，紙本墨拓，原片，11.0×7.0，編號：Ⅱ-16-C-q-130。

4775 盛氏造像記

五代十國刻，無紀年，原在浙江杭州西湖摩崖。

東洋文庫：

一張，紙本墨拓，原片，13.0×9.0，編號：Ⅱ-16-C-q-131。

4776 金五娘造像記

五代十國刻，無紀年，原在浙江杭州西湖摩崖。

東洋文庫：

一張，紙本墨拓，原片，14.0×12.0，編號：Ⅱ-16-C-q-132。

4777 集福延鴻禪院積善大德造像記

五代十國刻，無紀年，原在浙江杭州西湖摩崖。

東洋文庫：

一張，紙本墨拓，原片，10.0×7.0，編號：Ⅱ-16-C-q-133。

一張，紙本墨拓，原片，11.0×9.0，編號：Ⅱ-16-C-q-134。

4778　徐七娘造像記

五代十國刻，無紀年，原在浙江杭州西湖摩崖。

東洋文庫：

一張，紙本墨拓，原片，13.0×15.0，編號：Ⅱ-16-C-q-135。

4779　蔣氏造像記

五代十國刻，無紀年，原在浙江杭州西湖摩崖。

東洋文庫：

一張，紙本墨拓，原片，17.0×10.0，編號：Ⅱ-16-C-q-136。

4780　西門巡檢將曹造像記

五代十國刻，無紀年，原在浙江杭州西湖摩崖。

東洋文庫：

一張，紙本墨拓，原片，11.0×11.0，編號：Ⅱ-16-C-q-137。

4781　宋大娘等造像記

五代十國刻，無紀年，原在浙江杭州西湖摩崖。

東洋文庫：

一張，紙本墨拓，原片，11.0×12.0，編號：Ⅱ-16-C-q-138。

4782　宋湯郎造像記

五代十國刻，無紀年，原在浙江杭州西湖摩崖。

東洋文庫：

一張，紙本墨拓，原片，14.0×16.0，編號：Ⅱ-16-C-q-139。

4783　大德造像記

五代十國刻，無紀年，原在浙江杭州西湖摩崖。

東洋文庫：

一張，紙本墨拓，原片，10.0×8.0，編號：Ⅱ-16-C-q-140。

4784　馮造像記

五代十國刻，無紀年，原在浙江杭州西湖摩崖。

東洋文庫：

一張，紙本墨拓，原片，10.0×7.0，編號：Ⅱ-16-C-q-141。

4785   俞四娘造像記

五代十國刻，無紀年，原在浙江杭州西湖摩崖。

東洋文庫：

　　　　一張，紙本墨拓，原片，11.0×11.0，編號：Ⅱ-16-C-q-142。

4786   楊□軍頭都虞候造像記

五代十國刻，無紀年，原在浙江杭州西湖摩崖。

東洋文庫：

　　　　一張，紙本墨拓，原片，11.0×13.0，編號：Ⅱ-16-C-q-143。

4787   陸大造像記

五代十國刻，無紀年，原在浙江杭州西湖摩崖。

東洋文庫：

　　　　一張，紙本墨拓，原片，10.0×8.0，編號：Ⅱ-16-C-q-144。

4788   弟子倫造像記

五代十國刻，無紀年，原在浙江杭州西湖摩崖。

東洋文庫：

　　　　一張，紙本墨拓，原片，10.0×7.0，編號：Ⅱ-16-C-q-145。

4789   樓□爲亡考造像記

五代十國刻，無紀年，原在浙江杭州西湖摩崖。

東洋文庫：

　　　　一張，紙本墨拓，原片，15.0×11.0，編號：Ⅱ-16-C-q-146。

4790   □□伏爲自身造像記

五代十國刻，無紀年，原在浙江杭州西湖摩崖。

東洋文庫：

　　　　一張，紙本墨拓，原片，11.0×9.0，編號：Ⅱ-16-C-q-147。

4791   造一軀永充供養造像記

五代十國刻，無紀年，原在浙江杭州西湖摩崖。

東洋文庫：

　　　　一張，紙本墨拓，原片，10.0×8.0，編號：Ⅱ-16-C-q-148。

4792　石屋洞造像記十四種

五代十國刻，無紀年，原在浙江杭州西湖石屋洞。

東洋文庫：

　　十四張，紙本墨拓，原片，編號：Ⅱ-16-C-q-149。

北　宋
（960—1127）

［建隆］

4793　韓通墓誌
北宋建隆元年（960）二月二日葬，河南洛陽出土，現藏於洛陽古代藝術博物館。
京都大學人文科學研究所：
　　一張，紙本墨拓，原片，編號：SOU0001X。

4794　江王乳母杏氏墓誌
北宋建隆四年（963）五月十日葬，江西贛縣出土，今藏地不詳。
京都大學人文科學研究所：
　　一張，紙本墨拓，原片，編號：SOU0005X。

4795　爲亡妣吴九娘造像記
北宋建隆四年（963）五月刻，原在浙江杭州西湖摩崖。
東洋文庫：
　　一張，紙本墨拓，原片，15.0×24.0，編號：Ⅱ-16-C-r-1。

4796　許八娘造像記
北宋建隆四年（963）七月刻，原在浙江杭州西湖摩崖。
東洋文庫：
　　一張，紙本墨拓，原片，32.0×14.0，編號：Ⅱ-16-C-r-2。

［乾德］

4797　李十娘造像記

北宋乾德二年（964）五月刻，原在浙江杭州西湖摩崖。

東洋文庫：

　　一張，紙本墨拓，原片，18.0×21.0，編號：Ⅱ-16-C-r-3。

4798　篆書千字文

夢英書，北宋乾德三年（965）十二月二十八日刻，現藏於西安碑林博物館。

東京國立博物館：

　　一幅，紙本墨拓，原片，編號：524。

宇野雪村文庫：

　　一册，紙本墨拓，册頁，編號：411。

　　一張，紙本墨拓，原片，編號：1112。

黑川古文化研究所：

　　一帖，紙本墨拓，原片，30.5×10.6，書1055。

京都大學人文科學研究所：

　　一張，紙本墨拓，原片，編號：SOU0006X。

　　一張，紙本墨拓，原片，編號：TOU1691X。

淑德大學書學文化中心：

　　一張，紙本墨拓，托裱，編號：197714，天放樓舊藏。

京都大學人文科學研究所：

　　一張，紙本墨拓，原片，編號：SOU0008X。

　　一張，紙本墨拓，原片，編號：SOU0007X。

東京藝術大學藝術資料館：

　　一張，紙本墨拓，掛幅裝，142.0×88.8，編號：1440。

白扇書道會：

　　一張，紙本墨拓，全拓，238.0×98.0，種谷扇舟舊藏。

書壇院：

　　一幅，紙本墨拓，全拓。

4799　阮四娘造像記

北宋乾德三年（965）刻，原在浙江杭州西湖摩崖。

東洋文庫：

　　一張，紙本墨拓，原片，14.0×18.0，編號：Ⅱ-16-C-r-4。

4800　三體陰符經

郭忠恕書丹，北宋乾德四年（966）四月十三日刻於"隆闡法師碑"碑陰，現藏於西安碑林博物館。

東京國立博物館：

一帖，宋拓，越州石氏本，紙本墨拓，項元汴、李宗瀚、高島菊次郎舊藏。一幅，紙本墨拓，編號：525。

東洋文庫：

一帖四十六葉，紙本墨拓，28.0×16.0，編號：Ⅲ-9-B-38。

京都大學人文科學研究所：

一張，紙本墨拓，原片，編號：SOU0009X。

淑德大學書學文化中心：

一張，紙本墨拓，托裱，編號：196507。

一張，紙本墨拓，托裱，編號：197715，天放樓舊藏。

東京藝術大學藝術資料館：

一張，紙本墨拓，掛幅裝，142.0×88.8，編號：1440。

4801　篆書千字文序

皇甫儼書丹，北宋乾德五年（967）九月二十八日刻，現藏於西安碑林博物館。

淑德大學書學文化中心：

一張，紙本墨拓，托裱，編號：197716，天放樓舊藏。

東京國立博物館：

一幅，紙本墨拓，原片，編號：526。

京都大學人文科學研究所：

一張，紙本墨拓，原片，編號：SOU0010X。

東京藝術大學藝術資料館：

一張，紙本墨拓，掛幅裝，224.2×96.8，編號：1440。

4802　擬惠休上人詩

夢英書，北宋乾德五年（967）十二月二十五日刻，現藏於西安碑林博物館。

淑德大學書學文化中心：

一軸，紙本墨拓，卷軸，編號：196337。

4803　摩利支天經陰符經碑

袁正己書丹，李奉珪、瞿守素繪畫，安仁祚鐫刻，北宋乾德六年（968）十一月九日立，現藏於西安碑林博物館。

淑德大學書學文化中心：

　　　　一張，紙本墨拓，原片，編號：001489。

京都大學人文科學研究所：

　　　　一張，紙本墨拓，原片，編號：SOU0011X。

4804　廣法師舍利塔幢

北宋乾德六年（968）刻，今藏地不詳。

淑德大學書學文化中心：

　　　　一張，紙本墨拓，托裱，編號：197717，天放樓舊藏。

4805　高僧傳序碑

陶毅撰文，夢英書丹，郭忠恕篆額，安文璨鎸字，北宋乾德年間（963—968）立，現藏於西安碑林博物館。

淑德大學書學文化中心：

　　　　一張，紙本墨拓，托裱，編號：197737，天放樓舊藏。

東京國立博物館：

　　　　一幅，紙本墨拓，原片，編號：527。

東京藝術大學藝術資料館：

　　　　一張，紙本墨拓，掛幅裝，146.2×100.0，編號：1440。

木雞室：

　　　　一張，紙本墨拓，全拓。

［開寶］

4806　靈隱寺大佛頂陀羅尼經幢并新建佛閣寶幢願文

北宋開寶二年（969）閏五月刻，現存浙江杭州靈隱寺。

東洋文庫：

　　　　八張，紙本墨拓，原片，各 212.0×42.0～217.0×42.0 不等，第二面 187.0×40.0，編號：Ⅱ-16-C-r-5。

4807　天寧寺井欄題字

北宋開寶二年（969）七月十八日刻，現存江蘇常州天寧寺。

淑德大學書學文化中心：

　　　　一册，紙本墨拓，册頁，編號：197485，天放樓舊藏。

4808　馬測墓誌

北宋開寶三年（970）十月十七日葬，河南洛陽出土，現藏於開封博物館。

東洋文庫：

　　　　一張，紙本墨拓，原片，67.0×63.0，編號：Ⅱ-16-C-1372。

京都大學人文科學研究所：

　　　　一張，紙本墨拓，原片，編號：SOU0013X。

4809　王氏三十七娘造像記

北宋開寶三年（970）刻，現存浙江杭州西湖摩崖。

東洋文庫：

　　　　一張，紙本墨拓，原片，14.0×11.0，編號：Ⅱ-16-C-r-6。

4810　尊勝陀羅尼經幢

北宋開寶四年（971）十一月十一日刻，今藏地不詳。

淑德大學書學文化中心：

　　　　一張，紙本墨拓，托裱，編號：197718，天放樓舊藏。

4811　慶恩造像記

北宋開寶四年（971）刻，現存浙江杭州西湖摩崖。

東洋文庫：

　　　　一張，紙本墨拓，原片，21.0×31.0，編號：Ⅱ-16-C-r-7。

4812　大宋新修南海廣利王廟碑

北宋開寶六年（973）十月九日立，現存廣東廣州黃埔南海神廟。

京都大學人文科學研究所：

　　　　一張，紙本墨拓，原片，編號：SOU0014X。

［太平興國］

4813　沈繼宗造金剛般若波羅蜜經并般若波羅蜜多心經

北宋太平興國二年（977）十月八日刻，現存河南開封繁塔。

東洋文庫：

　　　　六張，紙本墨拓，原片，各86.0×70.0~86.0×76.0不等，編號：Ⅱ-16-C-1373。

京都大學人文科學研究所：

　　　　一張，紙本墨拓，原片，編號：SOU0017A。

　　　　一張，紙本墨拓，原片，編號：SOU0017B。

　　　　一張，紙本墨拓，原片，編號：SOU0017C。

　　　　一張，紙本墨拓，原片，編號：SOU0017D。

一張，紙本墨拓，原片，編號：SOU0017E。

一張，紙本墨拓，原片，編號：SOU0017F。

4814 沈繼宗造十善業道經要略并佛説天請問經

北宋太平興國二年（977）十月八日刻，現存河南開封繁塔。

東洋文庫：

六張，紙本墨拓，原片，各 85.0×70.0~85.0×73.0 不等，編號：Ⅱ-16-C-1374。

京都大學人文科學研究所：

一張，紙本墨拓，原片，編號：SOU0016A。

一張，紙本墨拓，原片，編號：SOU0016B。

一張，紙本墨拓，原片，編號：SOU0016C。

一張，紙本墨拓，原片，編號：SOU0016D。

一張，紙本墨拓，原片，編號：SOU0016E。

一張，紙本墨拓，原片，編號：SOU0016F。

4815 太上老君常清静經

龐仁顯書，北宋太平興國五年（980）三月二十一日刻，現藏於西安碑林博物館。

京都大學人文科學研究所：

一張，紙本墨拓，原片，編號：SOU0018X。

4816 崔公人户綦珪等修造彌勒佛題銘記

北宋太平興國七年（982）七月二十一日刻，現在河北邯鄲響堂山石窟。

京都大學人文科學研究所：

一張，紙本墨拓，原片，編號：SOU0019X。

4817 龍興寺新修三門記

北宋太平興國八年（983）十二月二十三日刻，原在山東濟寧兖州興隆寺。

京都大學人文科學研究所：

一張，紙本墨拓，原片，編號：SOU0020X。

4818 藥繼能墓誌

北宋太平興國九年（984）四月二日葬，河南洛陽出土，現藏於開封博物館。

京都大學人文科學研究所：

一張，紙本墨拓，原片，編號：SOU0021A。

一張，紙本墨拓，原片，編號：SOU0021B。

［雍熙］

4819　張敬德墓誌

北宋雍熙二年（985）十月九日葬，現藏於故宮博物院。

京都大學人文科學研究所：

　　　　一張，紙本墨拓，原片，編號：SOU0022X。

［端拱］

4820　新譯三藏聖教序

宋太宗趙光義撰文，沙門雲勝書丹并篆額，北宋端拱元年（988）十月七日立，現藏於西安碑林博物館。

東京國立博物館：

　　　　一幅，紙本墨拓，原片，編號：344。

淑德大學書學文化中心：

　　　　一張，紙本墨拓，托裱，編號：197719，天放樓舊藏。

京都大學人文科學研究所：

　　　　一張，紙本墨拓，原片，編號：SOU0023X。

4821　錢俶墓誌

北宋端拱二年（989）正月十五日葬，河南洛陽出土，現藏於洛陽古代藝術博物館。

東洋文庫：

　　　　一張，紙本墨拓，原片，93.0×93.0，編號：II-16-C-r-8。

［淳化］

4822　温仁墓誌

北宋淳化元年（990）十二月一日葬，河南洛陽出土，今藏地不詳。

京都大學人文科學研究所：

　　　　一張，紙本墨拓，原片，編號：SOU0024X。

4823　安天王廟碑銘

全稱“大宋重修北嶽安天王廟碑銘并序”，北宋淳化二年（991）八月九日立，現存河北曲陽北嶽廟。

淑德大學書學文化中心：

一張，紙本墨拓，托裱，編號：197720，天放樓舊藏。

4824　淳化閣帖

又稱"淳化秘閣法帖"，簡稱"閣帖"，匯帖十卷，北宋淳化三年（992）摹勒上石。

書道博物館：

二帖，夾雪本，紙本墨拓，24.5×16.3，顧從義、吳榮光舊藏。

三井記念美術館：

十帖，肅府本，紙本墨拓，24.8×16.8，孔廣陶舊藏。

書藝文化院春敬記念書道文庫：

十册，材官本，紙本墨拓，飯島春敬舊藏。

十册，泉州本，紙本墨拓，飯島春敬舊藏。

東京國立博物館：

十帖，紙本墨拓，編號：270。

十帖，紙本墨拓，編號：1229。

東洋文庫：

十帖，肅府本，紙本墨拓，32.0×22.0。

十帖，肅府本，紙本墨拓，31.0×21.0。

白扇書道會：

一張，紙本墨拓，全拓，188.0×97.0，種谷扇舟舊藏。

4825　隴西字殘石

北宋淳化四年（993）刻，今藏地不詳。

淑德大學書學文化中心：

一軸，紙本墨拓，卷軸，編號：000852。

京都大學人文科學研究所：

一張，紙本墨拓，原片，編號：SOU0028X。

4826　劉緒施義井欄記

北宋淳化五年（994）正月刻，河北定州望都縣翟城出土，端方舊藏。

淑德大學書學文化中心：

一軸，紙本墨拓，卷軸，編號：000853。

［咸平］

4827　夢英大師碑

北宋咸平元年（998）正月三日立，現藏於西安碑林博物館。

淑德大學書學文化中心：

　　一册，紙本墨拓，册頁，編號：001742。

東京國立博物館：

　　一幅，紙本墨拓，原片，編號：417。

　　一幅，紙本墨拓，原片，編號：485。

東京藝術大學藝術資料館：

　　一張，紙本墨拓，掛幅裝，268.3×98.6，編號：1440。

4828　偏旁字源目録并夢英自序

夢英書偏旁字源并題額及自序，郭忠恕書釋字，郭氏答書及銜名，安文璨鐫刻，北宋咸平二年（999）六月十五日立，現藏於西安碑林博物館。

東洋文庫：

　　一張，紙本墨拓，原片，200.0×94.0，編號：Ⅱ-16-C-139。

宇野雪村文庫：

　　一張，紙本墨拓，原片，編號：1503。

東京國立博物館：

　　一幅，紙本墨拓，原片，編號：438。

　　一幅，紙本墨拓，原片，編號：528。

淑德大學書學文化中心：

　　一軸，紙本墨拓，卷軸，編號：196338。

　　一張，紙本墨拓，托裱，編號：197722，天放樓舊藏。

龍谷大學：

　　一幅，紙本墨拓，原片，200.0×95.0。

　　一張，紙本墨拓，原片，編號：1111。

白扇書道會：

　　一張，紙本墨拓，全拓，204.0×100.0，種谷扇舟舊藏。

書壇院：

　　一幅，紙本墨拓，全拓。

4829　造八身羅漢像記

北宋咸平二年（999）十月刻，現存浙江杭州西湖飛來峰摩崖。

東洋文庫：

　　一張，紙本墨拓，原片，11.0×9.0，編號：Ⅱ-16-C-r-10。

4830　維恩天竺靈隱二寺游記

北宋咸平二年（999）刻，現存浙江杭州西湖飛來峰摩崖。

東洋文庫：

　　一張，紙本墨拓，原片，41.0×36.0，編號：Ⅱ-16-C-r-9。

4831　高贊宋造像記

北宋咸平三年（1000）二月刻，現存浙江杭州西湖飛來峰摩崖。

東洋文庫：

　　一張，紙本墨拓，原片，10.0×10.0，編號：Ⅱ-16-C-r-11。

4832　周延慶造像記

北宋咸平三年（1000）五月刻，現存浙江杭州西湖飛來峰摩崖。

東洋文庫：

　　一張，紙本墨拓，原片，6.0×8.0，編號：Ⅱ-16-C-r-14。

4833　董延贊造像記

北宋咸平三年（1000）五月刻，現存浙江杭州西湖飛來峰摩崖。

東洋文庫：

　　一張，紙本墨拓，原片，9.0×8.0，編號：Ⅱ-16-C-r-15。

4834　周延紹造像記

北宋咸平三年（1000）五月刻，現存浙江杭州西湖飛來峰摩崖。

東洋文庫：

　　一張，紙本墨拓，原片，8.0×10.0，編號：Ⅱ-16-C-r-16。

4835　董□金造像記

北宋咸平三年（1000）五月刻，現存浙江杭州西湖飛來峰摩崖。

東洋文庫：

　　一張，紙本墨拓，原片，6.0×9.0，編號：Ⅱ-16-C-r-17。

4836　吳□造像記

北宋咸平三年（1000）五月刻，現存浙江杭州西湖飛來峰摩崖。

東洋文庫：

　　一張，紙本墨拓，原片，8.0×9.0，編號：Ⅱ-16-C-r-13。

4837　蘇氏七娘造第十六尊者像記

北宋咸平三年（1000）十月刻，現存浙江杭州西湖飛來峰摩崖。

東洋文庫：

　　　　一張，紙本墨拓，原片，10.0×7.0，編號：Ⅱ-16-C-r-18。

4838　□文大造像記

北宋咸平三年（1000）刻，現存浙江杭州西湖飛來峰摩崖。

東洋文庫：

　　　　一張，紙本墨拓，原片，10.0×8.0，編號：Ⅱ-16-C-r-20。

4839　儲匡贊造像記

北宋咸平三年（1000）刻，現存浙江杭州西湖飛來峰摩崖。

東洋文庫：

　　　　一張，紙本墨拓，原片，8.0×11.0，編號：Ⅱ-16-C-r-12。

4840　俞贊造像記

北宋咸平三年（1000）刻，現存浙江杭州西湖飛來峰摩崖。

東洋文庫：

　　　　一張，紙本墨拓，原片，9.0×8.0，編號：Ⅱ-16-C-r-19。

4841　造□□□第十三像記

北宋咸平四年（1001）二月刻，現存浙江杭州西湖飛來峰摩崖。

東洋文庫：

　　　　一張，紙本墨拓，原片，5.0×5.0，編號：Ⅱ-16-C-r-21。

4842　儲匡贊造羅漢像記

北宋咸平四年（1001）三月刻，現存浙江杭州西湖飛來峰摩崖。

東洋文庫：

　　　　一張，紙本墨拓，原片，9.0×9.0，編號：Ⅱ-16-C-r-22。

4843　湯用造像記

北宋咸平四年（1001）三月刻，現存浙江杭州西湖飛來峰摩崖。

東洋文庫：

　　　　一張，紙本墨拓，原片，10.0×10.0，編號：Ⅱ-16-C-r-23。

4844　朱承贊造像記

北宋咸平四年（1001）五月刻，現存浙江杭州西湖飛來峰摩崖。

東洋文庫：

　　　　一張，紙本墨拓，原片，8.0×10.0，編號：Ⅱ-16-C-r-24。

4845 符昭愿墓誌

北宋咸平四年（1001）八月二十一日葬，河南洛陽出土，現藏於開封博物館。

東洋文庫：

　　一張，紙本墨拓，原片，68.0×62.0，編號：Ⅱ-16-C-1375。

京都大學人文科學研究所：

　　一張，紙本墨拓，原片，編號：SOU0029X。

4846 張旺造像記

北宋咸平四年（1001）十月刻，現存浙江杭州西湖飛來峰摩崖。

東洋文庫：

　　一張，紙本墨拓，原片，6.0×8.0，編號：Ⅱ-16-C-r-25。

4847 樊仁厚造像記

北宋咸平四年（1001）十月刻，現存浙江杭州西湖飛來峰摩崖。

東洋文庫：

　　一張，紙本墨拓，原片，6.0×7.0，編號：Ⅱ-16-C-r-26。

4848 趙□造像記

北宋咸平四年（1001）十月刻，現存浙江杭州西湖飛來峰摩崖。

東洋文庫：

　　一張，紙本墨拓，原片，10.0×10.0，編號：Ⅱ-16-C-r-27。

4849 沈九娘造像記

北宋咸平四年（1001）十月刻，現存浙江杭州西湖飛來峰摩崖。

東洋文庫：

　　一張，紙本墨拓，原片，7.0×11.0，編號：Ⅱ-16-C-r-28。

4850 洪二娘造像記

北宋咸平四年（1001）十月刻，現存浙江杭州西湖飛來峰摩崖。

東洋文庫：

　　一張，紙本墨拓，原片，8.0×10.0，編號：Ⅱ-16-C-r-29。

4851 吕七娘造像記

北宋咸平四年（1001）十月刻，現存浙江杭州西湖飛來峰摩崖。

東洋文庫：

一張，紙本墨拓，原片，6.0×10.0，編號：Ⅱ-16-C-r-30。

4852　造羅漢像記

北宋咸平四年（1001）刻，現存浙江杭州西湖飛來峰摩崖。

東洋文庫：

一張，紙本墨拓，原片，9.0×9.0，編號：Ⅱ-16-C-r-31。

4853　戴贊造像記

北宋咸平五年（1002）刻，現存浙江杭州西湖飛來峰摩崖。

東洋文庫：

一張，紙本墨拓，原片，8.0×7.0，編號：Ⅱ-16-C-r-32。

4854　莊五娘造像記

北宋咸平五年（1002）刻，現存浙江杭州西湖飛來峰摩崖。

東洋文庫：

一張，紙本墨拓，原片，9.0×10.0，編號：Ⅱ-16-C-r-33。

4855　李□興造像記

北宋咸平五年（1002）刻，現存浙江杭州西湖飛來峰摩崖。

東洋文庫：

一張，紙本墨拓，原片，7.0×9.0，編號：Ⅱ-16-C-r-34。

4856　田德□造羅漢像記

北宋咸平六年（1003）刻，現存浙江杭州西湖飛來峰摩崖。

東洋文庫：

一張，紙本墨拓，原片，10.0×9.0，編號：Ⅱ-16-C-r-35。

4857　慶還造像記

北宋咸平年間（998—1003）刻，現存浙江杭州西湖飛來峰摩崖。

東洋文庫：

一張，紙本墨拓，原片，10.0×9.0，編號：Ⅱ-16-C-r-36。

4858　造八身□□尊者像記

北宋咸平年間（998—1003）刻，現存浙江杭州西湖飛來峰摩崖。

東洋文庫：

一張，紙本墨拓，原片，10.0×6.0，編號：Ⅱ-16-C-r-37。

4859　陸承□造像記

北宋咸平年間（998—1003）刻，現存浙江杭州西湖飛來峰摩崖。

東洋文庫：

　　　一張，紙本墨拓，原片，4.0×10.0，編號：Ⅱ-16-C-r-38。

4860　□宮判官元聲造像記

北宋咸平年間（998—1003）刻，現存浙江杭州西湖飛來峰摩崖。

東洋文庫：

　　　一張，紙本墨拓，原片，7.0×8.0，編號：Ⅱ-16-C-r-39。

4861　慈光院比丘麟□造像記

北宋咸平年間（998—1003）刻，現存浙江杭州西湖飛來峰摩崖。

東洋文庫：

　　　一張，紙本墨拓，原片，5.0×8.0，編號：Ⅱ-16-C-r-40。

4862　周德保男造像記

北宋咸平年間（998—1003）刻，現存浙江杭州西湖飛來峰摩崖。

東洋文庫：

　　　一張，紙本墨拓，原片，6.0×9.0，編號：Ⅱ-16-C-r-41。

4863　唐仁□造像記

北宋咸平年間（998—1003）刻，現存浙江杭州西湖飛來峰摩崖。

東洋文庫：

　　　一張，紙本墨拓，原片，9.0×8.0，編號：Ⅱ-16-C-r-42。

4864　陳行善爲母親魏造像記

北宋咸平年間（998—1003）刻，現存浙江杭州西湖飛來峰摩崖。

東洋文庫：

　　　一張，紙本墨拓，原片，7.0×14.0，編號：Ⅱ-16-C-r-43。

4865　錢簡□造像記

北宋咸平年間（998—1003）刻，現存浙江杭州西湖飛來峰摩崖。

東洋文庫：

　　　一張，紙本墨拓，原片，10.0×8.0，編號：Ⅱ-16-C-r-44。

4866　周延□造像記

北宋咸平年間（998—1003）刻，現存浙江杭州西湖飛來峰摩崖。

東洋文庫：

　　　一張，紙本墨拓，原片，10.0×10.0，編號：Ⅱ-16-C-r-45。

4867　胡二娘造像記

北宋咸平年間（998—1003）刻，現存浙江杭州西湖飛來峰摩崖。

東洋文庫：

　　　一張，紙本墨拓，原片，6.0×8.0，編號：Ⅱ-16-C-r-46。

4868　陶延□造像記

北宋咸平年間（998—1003）刻，現存浙江杭州西湖飛來峰摩崖。

東洋文庫：

　　　一張，紙本墨拓，原片，6.0×8.0，編號：Ⅱ-16-C-r-47。

4869　俞朗造像記

北宋咸平年間（998—1003）刻，現存浙江杭州西湖飛來峰摩崖。

東洋文庫：

　　　一張，紙本墨拓，原片，12.0×7.0，編號：Ⅱ-16-C-r-48。

4870　汪仁禮造像記

北宋咸平年間（998—1003）刻，現存浙江杭州西湖飛來峰摩崖。

東洋文庫：

　　　一張，紙本墨拓，原片，8.0×8.0，編號：Ⅱ-16-C-r-49。

4871　吳勝造像記

北宋咸平年間（998—1003）刻，現存浙江杭州西湖飛來峰摩崖。

東洋文庫：

　　　一張，紙本墨拓，原片，5.0×6.0，編號：Ⅱ-16-C-r-50。

4872　吕□造羅漢像記

北宋咸平年間（998—1003）刻，現存浙江杭州西湖飛來峰摩崖。

東洋文庫：

　　　一張，紙本墨拓，原片，9.0×7.0，編號：Ⅱ-16-C-r-51。

4873　智興造像記

北宋咸平年間（998—1003）刻，現存浙江杭州西湖飛來峰摩崖。

東洋文庫：

　　一張，紙本墨拓，原片，7.0×7.0，編號：Ⅱ-16-C-r-52。

4874　黃爲亡考亡妣造像記

北宋咸平年間（998—1003）刻，現存浙江杭州西湖飛來峰摩崖。

東洋文庫：

　　一張，紙本墨拓，原片，7.0×10.0，編號：Ⅱ-16-C-r-53。

4875　□□謹造羅漢像記

北宋咸平年間（998—1003）刻，現存浙江杭州西湖飛來峰摩崖。

東洋文庫：

　　一張，紙本墨拓，原片，9.0×8.0，編號：Ⅱ-16-C-r-54。

4876　王近造像記

北宋咸平年間（998—1003）刻，現存浙江杭州西湖飛來峰摩崖。

東洋文庫：

　　一張，紙本墨拓，原片，6.0×5.0，編號：Ⅱ-16-C-r-55。

4877　花勝□造像記

北宋咸平年間（998—1003）刻，現存浙江杭州西湖飛來峰摩崖。

東洋文庫：

　　一張，紙本墨拓，原片，8.0×7.0，編號：Ⅱ-16-C-r-56。

4878　朱文□造像記

北宋咸平年間（998—1003）刻，現存浙江杭州西湖飛來峰摩崖。

東洋文庫：

　　一張，紙本墨拓，原片，10.0×7.0，編號：Ⅱ-16-C-r-57。

4879　王仁禮爲伊七娘造像記

北宋咸平年間（998—1003）刻，現存浙江杭州西湖飛來峰摩崖。

東洋文庫：

　　一張，紙本墨拓，原片，8.0×8.0，編號：Ⅱ-16-C-r-58。

4880　弟子□□□净財造像記

北宋咸平年間（998—1003）刻，現存浙江杭州西湖飛來峰摩崖。

東洋文庫：

　　　　一張，紙本墨拓，原片，6.0×6.0，編號：Ⅱ-16-C-r-59。

4881　二娘造彌陀像記

北宋咸平年間（998—1003）刻，現存浙江杭州西湖飛來峰摩崖。

東洋文庫：

　　　　一張，紙本墨拓，原片，7.0×8.0，編號：Ⅱ-16-C-r-60。

4882　造羅漢像記

北宋咸平年間（998—1003）刻，現存浙江杭州西湖飛來峰摩崖。

東洋文庫：

　　　　一張，紙本墨拓，原片，10.0×8.0，編號：Ⅱ-16-C-r-61。

4883　一身保狀造像記

北宋咸平年間（998—1003）刻，現存浙江杭州西湖飛來峰摩崖。

東洋文庫：

　　　　一張，紙本墨拓，原片，7.0×7.0，編號：Ⅱ-16-C-r-62。

4884　北宋造像記

北宋咸平年間（998—1003）刻，現存浙江杭州西湖飛來峰摩崖。

東洋文庫：

　　　　一張，紙本墨拓，原片，3.0×6.0，編號：Ⅱ-16-C-r-63。

4885　梵芝題名

北宋咸平年間（998—1003）刻，現存浙江杭州西湖飛來峰摩崖。

東洋文庫：

　　　　一張，紙本墨拓，原片，7.0×8.0，編號：Ⅱ-16-C-r-64。

4886　梵芝游此地題名

北宋咸平年間（998—1003）刻，現存浙江杭州西湖飛來峰摩崖。

東洋文庫：

　　　　一張，紙本墨拓，原片，6.0×9.0，編號：Ⅱ-16-C-r-65。

4887　龍泓洞造像記

北宋咸平年間（998—1003）刻，現存浙江杭州西湖飛來峰摩崖。

東洋文庫：

　　七張，紙本墨拓，原片，編號：Ⅱ-16-C-r-66。

［景德］

4888　元贊造香幢記

北宋景德四年（1007）四月八日刻，河南安陽出土，今藏地不詳。

淑德大學書學文化中心：

　　一軸，紙本墨拓，卷軸，編號：198664。

［大中祥符］

4889　登泰山謝天書述二聖功德之銘碑

又稱“宋摩崖”，宋真宗趙恒撰文、書丹并篆額，北宋大中祥符元年（1008）十月二十七日刻，現存山東泰安泰山大觀峰東南石壁。

京都大學人文科學研究所：

　　一張，紙本墨拓，原片，編號：SOU0034A。

　　一張，紙本墨拓，原片，編號：SOU0034B。

　　一張，紙本墨拓，原片，編號：SOU0034C。

　　一張，紙本墨拓，原片，編號：SOU0034D。

　　一張，紙本墨拓，原片，編號：SOU0034E。

4890　文宣王贊碑

全稱“玄聖文宣王贊并序”，宋真宗趙恒撰文并書丹，北宋大中祥符元年（1008）十一月一日立，現藏於西安碑林博物館。

京都大學人文科學研究所：

　　一張，紙本墨拓，原片，編號：SOU0036X。

　　一張，紙本墨拓，原片，編號：SOU0037X。

東京國立博物館：

　　一幅，紙本墨拓，原片，編號：529。

4891　般若心經序

北宋大中祥符二年（1009）四月一日刻，現藏於西安碑林博物館。

東洋文庫：

一帖十二葉，紙本墨拓，27.0×15.0，編號：Ⅱ-16-C-860。

4892 玄聖文宣王贊并加號詔

全稱"御製至聖文宣王贊并加號詔碑"，宋真宗趙恒撰文并書丹，北宋大中祥符五年（1012）八月二十二日立，現存河北臨城崆山白雲洞景區碑廊。

東洋文庫：

一帖四十八葉，紙本墨拓，31.0×16.0，編號：Ⅱ-16-C-822。

4893 俞獻可題名

北宋大中祥符五年（1012）九月九日刻，現存廣東肇慶七星巖摩崖。

京都大學人文科學研究所：

一張，紙本墨拓，原片，編號：SOU0038X。

［天禧］

4894 寇萊公像

北宋天禧二年（1018）九月十三日刻，現存陝西渭南臨渭區官底鄉寇準墓。

京都大學人文科學研究所：

一張，紙本墨拓，原片，編號：SOU0040X。

4895 勃興頌

全稱"大宋勃興頌并叙之碑"，虛儀撰文，唐英書丹，安粲刻字，北宋天禧三年（1019）刻於宋刻"孔子廟堂碑"碑陰，現藏於西安碑林博物館。

東京國立博物館：

一幅，紙本墨拓，原片，編號：537。

4896 中嶽醮告文

北宋天禧三年（1019）九月刻，現存河南登封嵩山中嶽廟。

淑德大學書學文化中心：

一張，紙本墨拓，托裱，編號：197726，天放樓舊藏。

［乾興］

4897 耿□妻宮等造像記

北宋乾興元年（1022）正月刻，今藏地不詳。

東洋文庫：

　　　一張，紙本墨拓，原片，5.0×25.0。

淑德大學書學文化中心：

　　　一軸，紙本墨拓，卷軸，編號：000854。

京都大學人文科學研究所：

　　　一張，紙本墨拓，原片，編號：SOU0042X。

4898　胡承德造像記

北宋乾興元年（1022）刻，現存浙江杭州西湖飛來峰摩崖。

東洋文庫：

　　　一張，紙本墨拓，原片，184.0×200.0。

　　　一張，紙本墨拓，原片，27.0×27.0。

［天聖］

4899　張希顏等題名

北宋天聖元年（1023）二月刻，現存江蘇蘇州虎丘摩崖。

東洋文庫：

　　　一張，紙本墨拓，原片，107.0×74.0，編號：Ⅱ-16-C-r-70。

4900　佛頂尊勝陀羅尼幢

北宋天聖二年（1024）刻，現藏於西安碑林博物館。

京都大學人文科學研究所：

　　　一張，紙本墨拓，原片，編號：SOU0044A。

　　　一張，紙本墨拓，原片，編號：SOU0044B。

4901　祖士衡墓誌

邵雍書并篆蓋，北宋天聖三年（1025）三月葬，現藏於西安碑林博物館。

大阪市立美術館：

　　　二張，紙本墨拓，原片，編號：2673。

4902　高福題名

北宋天聖四年（1026）三月三日刻，現存河南洛陽龍門石窟。

東洋文庫：

　　　一張，紙本墨拓，原片，45.0×6.0，編號：Ⅱ-16-C-r-74。

4903　丁裕題記

北宋天聖四年（1026）三月三日刻，現存河南洛陽龍門石窟。

東洋文庫：

　　一張，紙本墨拓，原片，18.0×14.0，編號：Ⅱ-16-C-r-73。

　　一張，紙本墨拓，原片，84.0×5.0，編號：Ⅱ-16-C-r-72。

京都大學人文科學研究所：

　　一張，紙本墨拓，原片，編號：SOU0046X。

　　一張，紙本墨拓，原片，編號：SOU0047X。

東洋文庫：

　　一張，紙本墨拓，原片，65.0×57.0，編號：Ⅱ-16-C-r-71。

4904　勸慎刑文

晁迥撰文，盧經書丹，龐房篆額，北宋天聖六年（1028）五月十二日立，現藏於西安碑林博物館。

淑德大學書學文化中心：

　　一軸，紙本墨拓，卷軸，編號：196489。

　　一張，紙本墨拓，托裱，編號：197724，天放樓舊藏。

東北大學附屬圖書館：

　　一幅，紙本墨拓，原片，常盤大定舊藏。

京都大學人文科學研究所：

　　一張，紙本墨拓，原片，編號：SOU0049X。

4905　慎刑箴

晁迥撰文，盧經書丹，龐房篆額，北宋天聖六年（1028）五月十二日刻於“勸慎刑文”碑陰，現藏於西安碑林博物館。

淑德大學書學文化中心：

　　一張，紙本墨拓，托裱，編號：197723，天放樓舊藏。

東京國立博物館：

　　一幅，紙本墨拓，原片，編號：530。

　　一幅，紙本墨拓，原片，編號：531。

京都大學人文科學研究所：

　　一張，紙本墨拓，原片，編號：SOU0050X。

4906　重修白水縣獄記

北宋天聖六年（1028）十一月二十二日刻，原在陝西渭南白水縣。

京都大學人文科學研究所：

  一張，紙本墨拓，原片，編號：SOU0051A。

  一張，紙本墨拓，原片，編號：SOU0051B。

4907 孔勖祖廟祝文

張宗益撰文，孔彥輔書丹，沈昇鐫刻，北宋天聖八年（1030）三月七日立，現存山東曲阜孔廟。

東洋文庫：

  一張，紙本墨拓，原片，73.0×75.0，編號：Ⅱ-16-C-1376。

宇野雪村文庫：

  一張，紙本墨拓，原片，編號：1339。

東京國立博物館：

  一幅，紙本墨拓，原片，編號：612。

淑德大學書學文化中心：

  一張，紙本墨拓，原片，編號：195012。

  一軸，紙本墨拓，卷軸，編號：195277。

京都大學人文科學研究所：

  一張，紙本墨拓，原片，編號：SOU0053X。

4908 絳州重修夫子廟碑

北宋天聖十年（1032）立，現存山西運城新絳龍興寺。

書藝文化院春敬記念書道文庫：

  一册，紙本墨拓，36.0×31.0，王鐸等題跋，胡石查、飯島春敬舊藏。

4909 大丞相父定公游靈巖詩

北宋天聖間（1023—1032）刻，原在山東濟南長清靈巖寺。

京都大學人文科學研究所：

  一張，紙本墨拓，原片，編號：SOU0043X。

［明道］

4910 符承煦墓誌

北宋明道三年（1034）三月十三日葬，河南洛陽出土，現藏於開封博物館。

東洋文庫：

  一張，紙本墨拓，原片，65.0×66.0，編號：Ⅱ-16-C-1377。

京都大學人文科學研究所：

　　　一張，紙本墨拓，原片，編號：SOU0057X。

［景祐］

4911　孟疑造像記

北宋景祐元年（1034）六月八日刻，今藏地不詳。

東洋文庫：

　　　一張，紙本墨拓，原片，13.0×22.0，編號：Ⅱ-16-C-r-75。

京都大學人文科學研究所：

　　　一張，紙本墨拓，原片，編號：SOU0058X。

4912　中書省下永興軍牒碑

僧惟悟書丹，陳諭篆額，北宋景祐二年（1035）二月八日刻於唐"梁守謙功德碑"碑陰，現藏於西安碑林博物館。

京都大學人文科學研究所：

　　　一張，紙本墨拓，原片，編號：SOU0061X。

4913　孔道輔祖廟祭文

孔道輔撰文，張宗益書丹，沈昇鎸刻，北宋景祐二年（1035）六月九日立，現存山東曲阜孔廟。

東洋文庫：

　　　一張，紙本墨拓，原片，63.0×100.0，編號：Ⅱ-16-C-1378。

宇野雪村文庫：

　　　一張，紙本墨拓，原片，編號：1344。

東京國立博物館：

　　　一幅，紙本墨拓，原片，編號：613。

京都大學人文科學研究所：

　　　一張，紙本墨拓，原片，編號：SOU0062X。

淑德大學書學文化中心：

　　　一張，紙本墨拓，原片，編號：195012。

　　　一軸，紙本墨拓，卷軸，編號：195257。

4914　大平興國院千人邑重建定光如來真身

北宋景祐三年（1036）二月十五日刻，今藏地不詳。

京都大學人文科學研究所：

　　　一張，紙本墨拓，原片，編號：SOU0066A。

一張，紙本墨拓，原片，編號：SOU0066B。

4915　陳璉造像記

北宋景祐三年（1036）九月刻，今藏地不詳。

淑德大學書學文化中心：

一張，紙本墨拓，原片，編號：001785。

4916　佛頂尊勝陀羅尼經

北宋景祐五年（1038）三月二十二日刻，今藏地不詳。

京都大學人文科學研究所：

一張，紙本墨拓，原片，編號：SOU0070A。

一張，紙本墨拓，原片，編號：SOU0070B。

一張，紙本墨拓，原片，編號：SOU0070C。

一張，紙本墨拓，原片，編號：SOU0070D。

一張，紙本墨拓，原片，編號：SOU0070E。

一張，紙本墨拓，原片，編號：SOU0070F。

一張，紙本墨拓，原片，編號：SOU0070G。

一張，紙本墨拓，原片，編號：SOU0070H。

淑德大學書學文化中心：

一張，紙本墨拓，原片，編號：197093。

4917　青州佛寺記殘石

北宋景祐年間（1034—1038）刻，今藏地不詳。

京都大學人文科學研究所：

一張，紙本墨拓，原片，編號：SOU0071A。

一張，紙本墨拓，原片，編號：SOU0071B。

［寶元］

4918　葉清臣題名

北宋寶元二年（1039）四月刻，現存陝西華陰西嶽廟。

東洋文庫：

一張，紙本墨拓，原片，23.0×25.0，編號：Ⅱ-16-C-r-76。

4919　般若心經殘石

北宋寶元二年（1039）七月十五日刻。

東洋文庫：

　　六張，紙本墨拓，原片，50.0×40.0，編號：Ⅱ-16-C-r-77。

4920　衛廷譯夫人徐氏墓誌

北宋寶元二年（1039）八月十三日葬，河南孟縣（今孟州市）出土，今藏地不詳。

東洋文庫：

　　一張，紙本墨拓，原片，57.0×67.0，編號：Ⅱ-16-C-r-78。

［慶曆］

4921　公堂銘

北宋慶曆元年（1041）刻，今藏地不詳。

東洋文庫：

　　一張，紙本墨拓，原片，94.0×105.0，編號：Ⅱ-16-C-r-79。

4922　李永德題名

北宋慶曆四年（1044）九月二十三日刻，現存廣東肇慶七星巖。

京都大學人文科學研究所：

　　一張，紙本墨拓，原片，編號：SOU0072X。

4923　普通塔記

北宋慶曆五年（1045）二月一日刻，現存河南登封少林寺。

淑德大學書學文化中心：

　　一張，紙本墨拓，托裱，編號：001662。

4924　天下昇平四民清刻石

宋仁宗趙禎書，北宋慶曆八年（1048）四月二十八日刻。

東洋文庫：

　　一張，紙本墨拓，原片，31.0×125.0。附跋四種，一張，紙本墨拓，原片，43.0×122.0。
　　編號：Ⅱ-16-C-r-80。

4925　尊勝陀羅尼經幢

北宋慶曆八年（1048）九月二十六日刻。

京都大學人文科學研究所：

　　一張，紙本墨拓，原片，編號：SOU0073X。

東京國立博物館：

一幅，紙本墨拓，原片，編號：652。

［皇祐］

4926 重修北嶽廟記

全稱"大宋重修北嶽廟之記"，韓琦撰文并書丹，錢貽範篆額，北宋皇祐二年（1050）正月十九日立，現存河北曲陽北嶽廟。

淑德大學書學文化中心：

一張，紙本墨拓，托裱，編號：197725，天放樓舊藏。

4927 金陵牛首山普覺寺辟支佛塔記

全稱"聖宋江寧府江寧縣牛首山崇教寺辟支佛塔記"，北宋皇祐二年（1050）三月三日刻，原在南京牛首山普覺寺。

東北大學附屬圖書館：

一幅，紙本墨拓，原片，常盤大定舊藏。

4928 錢德範等題名

北宋皇祐二年（1050）六月一日刻，現存浙江杭州西湖飛來峰摩崖。

東洋文庫：

一張，紙本墨拓，原片，22.0×55.0，編號：Ⅱ-16-C-r-81。

4929 吳沅吉妻杜氏墓誌

北宋皇祐三年（1051）十月七日葬，河南洛陽出土，現藏於故宮博物院。

東洋文庫：

一張，紙本墨拓，原片，50.0×48.0，編號：Ⅱ-16-C-1379。

一張，紙本墨拓，原片，50.0×48.0，編號：Ⅱ-16-C-68。

京都大學人文科學研究所：

一張，紙本墨拓，原片，編號：SOU0074X。

4930 復唯識廨院記

北宋皇祐三年（1051）刻於"皇甫誕碑"碑陰，現藏於西安碑林博物館。

東京國立博物館：

一幅，紙本墨拓，原片，編號：532。

4931 游岱嶽觀記

北宋皇祐四年（1052）三月二十日刻，現存山東泰安泰嶽觀。

淑德大學書學文化中心：

　　一軸，紙本墨拓，卷軸，編號：198288。

4932　平蠻三將題名

北宋皇祐四年（1052）四月刻，現存廣西桂林龍隱洞石壁。

京都大學人文科學研究所：

　　一張，紙本墨拓，原片，編號：SOU0076X。

4933　李若清等泰山王母殿題名

北宋皇祐五年（1053）四月刻，現存山東泰安泰山王母殿。

京都大學人文科學研究所：

　　一張，紙本墨拓，原片，編號：SOU0078X。

［至和］

4934　京兆府小學規

裴畛書丹，李縏篆額，樊仲鐫刻，北宋至和元年（1054）立，現藏於西安碑林博物館。

東京國立博物館：

　　一幅，紙本墨拓，原片，編號：533。

4935　蘇安世題名

北宋至和二年（1055）三月二十二日刻，現藏於廣西桂林桂海碑林博物館。

京都大學人文科學研究所：

　　一張，紙本墨拓，原片，編號：SOU0079X。

［嘉祐］

4936　宋嘉祐石經孝經殘石

又稱“北宋石經”，北宋仁宗慶曆元年（1041）始刻，成於嘉祐元年（1056），今石經已殘碎。

京都大學人文科學研究所：

　　一張，紙本墨拓，原片，編號：SOU0095X。

4937　辟支塔功德記

北宋嘉祐三年（1058）四月二十日刻，現存山東濟南长清靈巖寺。

東北大學附屬圖書館：

　　一幅，紙本墨拓，原片，常盤大定舊藏。

京都大學人文科學研究所：

　　　一張，紙本墨拓，原片，編號：SOU0084X。

4938　草書碑

彥修書，北宋嘉祐三年（1058）十月九日立，現藏於西安碑林博物館。

東洋文庫：

　　　一張，紙本墨拓，原片，71.0×53.0，編號：Ⅱ-16-C-1367。

書壇院：

　　　一幅，紙本墨拓，全拓。

京都大學人文科學研究所：

　　　一張，紙本墨拓，原片，編號：SOU0088A。

　　　一張，紙本墨拓，原片，編號：SOU0088B。

4939　李師中詩

北宋嘉祐五年（1060）五月二十八日刻，現存廣西桂林劉仙巖。

京都大學人文科學研究所：

　　　一張，紙本墨拓，原片，編號：SOU0089X。

　　　一張，紙本墨拓，原片，編號：SOU0527X。

　　　一張，紙本墨拓，原片，編號：SOU0093X。

4940　泉州萬安橋記

蔡襄撰文并書丹，北宋嘉祐五年（1060）十二月立，現存福建泉州洛江區忠惠蔡公祠。

東京國立博物館：

　　　二幅，紙本墨拓，原片，編號：374，由井勇造舊藏。

淑德大學書學文化中心：

　　　一張，紙本墨拓，托裱，編號：197738，天放樓舊藏。

京都大學人文科學研究所：

　　　一張，紙本墨拓，原片，編號：SOU0090X。

4941　靈巖寺千佛殿記

北宋嘉祐六年（1061）六月十五日刻，現存山東濟南長清靈巖寺。

京都大學人文科學研究所：

　　　一張，紙本墨拓，原片，編號：SOU0091X。

4942　宋頌

李師中書，北宋嘉祐七年（1062）六月一日刻，現存廣西桂林月牙山龙隱洞。

京都大學人文科學研究所：

　　　　一張，紙本墨拓，原片，編號：SOU0092X。

4943　魯孔子廟碑題記

張稚圭書，北宋嘉祐七年（1062）刻於魯孔子廟碑之末，現存山東曲阜孔廟。

宇野雪村文庫：

　　　　一張，紙本墨拓，原片，編號：1353。

4944　沈遼等題名

北宋嘉祐八年（1063）五月刻，現存浙江杭州西湖飛來峰青林洞。

東洋文庫：

　　　　一張，紙本墨拓，原片，20.0×30.0，編號：Ⅱ-16-C-r-82。

4945　僧守忠碑

全稱“鎮海軍雲門山大雲寺主僧守忠碑”，北宋嘉祐八年（1063）七月二日立，現存山東青州雲門山摩崖。

東北大學附屬圖書館：

　　　　一幅，紙本墨拓，原片，常盤大定舊藏。

［治平］

4946　張正中墓表

全稱“宋故贈司封員外郎張公墓表”，李俁撰，王鄰書丹，北宋治平元年（1064）六月二十七日立，現藏於故宮博物院。

東洋文庫：

　　　　一張，紙本墨拓，原片，96.0×55.0，編號：Ⅱ-16-C-r-83。

淑德大學書學文化中心：

　　　　一張，紙本墨拓，原片，編號：000644。

京都大學人文科學研究所：

　　　　一張，紙本墨拓，原片，編號：SOU0097X。

4947　余澡題名

北宋治平元年（1064）刻，現存廣西桂林普陀石林。

京都大學人文科學研究所：

　　　　一張，紙本墨拓，原片，編號：SOU0098X。

　　　　一張，紙本墨拓，原片，編號：SOU0528X。

一張，紙本墨拓，原片，編號：SOU0529X。

一張，紙本墨拓，原片，編號：SOU0530X。

4948　畫錦堂碑

全稱"相州畫錦堂記碑"，歐陽修撰文，邵必題額，蔡襄書丹，北宋治平二年（1065）三月十三日刻立，原碑已毀，現存者係元初重刻。

京都大學人文科學研究所：

一張，紙本墨拓，原片，編號：SOU0099X。

4949　張奕墓誌

北宋治平三年（1066）十月三日葬，江蘇無錫出土，今藏地不詳。

東洋文庫：

一張，紙本墨拓，原片，90.0×63.0，附清人跋等二張，編號：Ⅱ-16-C-r-84。

4950　吳文秀造像記

北宋治平四年（1067）六月刻，今藏地不詳。

淑德大學書學文化中心：

一張，紙本墨拓，托裱，編號：198632。

4951　李舜擧白龍池題名

北宋治平四年（1067）刻，現存山東泰安白龍池。

京都大學人文科學研究所：

一張，紙本墨拓，原片，編號：SOU0103X。

［熙寧］

4952　東鎮安公行宮碑

又稱"維州昌樂辛展重修平王廟記"，姚迪撰，北宋熙寧元年（1068）五月立。

京都大學人文科學研究所：

一張，紙本墨拓，原片，編號：SOU0104A。

一張，紙本墨拓，原片，編號：SOU0104B。

一張，紙本墨拓，原片，編號：SOU0104C。

一張，紙本墨拓，原片，編號：SOU0104D。

4953　平王廟碑

北宋熙寧元年（1068）十月二十八日立。

東洋文庫：

一張，碑陽，紙本墨拓，原片，78.0×68.0。二張，碑陰，紙本墨拓，原片，上部 79.0×68.0，下部 49.0×67.0。編號：Ⅱ-16-C-r-85。

淑德大學書學文化中心：

一軸，碑陽，紙本墨拓，卷軸，編號：000855。

一軸，碑陰，紙本墨拓，卷軸，編號：000856。

4954　孫覺等題名

北宋熙寧元年（1068）十二月刻，現存浙江杭州石屋洞。

東洋文庫：

一張，紙本墨拓，原片，20.0×48.0，編號：Ⅱ-16-C-r-86。

4955　魏處約妻趙氏墓誌

北宋熙寧二年（1069）十一月十五日葬，河南洛陽出土，現藏於開封博物館。

京都大學人文科學研究所：

一張，紙本墨拓，原片，編號：SOU0106X。

4956　送靈巖寺義公上人詩

北宋熙寧二年（1069）刻，現存山東濟南長清靈巖寺。

京都大學人文科學研究所：

一張，紙本墨拓，原片，編號：SOU0105X。

4957　瀧岡阡表

歐陽修撰文并書丹，北宋熙寧三年（1070）四月十五日立，現存江西永豐縣沙溪鎮歐陽修故居西陽宮。

東洋文庫：

一張，紙本墨拓，原片，193.0×91.0，編號：Ⅱ-16-C-r-87。

京都大學人文科學研究所：

一張，紙本墨拓，原片，編號：SOU0107X。

4958　送靈巖寺詳公詩

北宋熙寧三年（1070）九月十三日刻，現存山東濟南長清靈巖寺。

京都大學人文科學研究所：

一張，紙本墨拓，原片，編號：SOU0105X。

4959　韓恬墓誌

北宋熙寧四年（1071）二月二十八日葬，河南安陽出土，今藏地不詳。

淑德大學書學文化中心：

 一張，紙本墨拓，原片，編號：197079。

4960　寶成院賞牡丹詩

蘇軾作，北宋熙寧五年（1072）二月刻，現存浙江杭州寶成寺，原石已毀，今見者係明人重刻。

東洋文庫：

 一張，紙本墨拓，原片，146.0×67.0，編號：Ⅱ-16-C-r-88。

4961　隆興寺佛經石刻

北宋熙寧五年（1072）九月十五日刻，現存河北正定隆興寺。

京都大學人文科學研究所：

 一張，紙本墨拓，原片，編號：SOU0109X。

4962　任顒墓誌

北宋熙寧五年（1072）十一月二十七日葬，河南洛陽出土，現藏於北京大學文博考古學院。

京都大學人文科學研究所：

 一張，紙本墨拓，原片，編號：SOU0110X。

4963　潘景純巖題名

米芾書，北宋熙寧七年（1074）五月刻，現藏於廣西桂林桂海碑林博物館。

京都大學人文科學研究所：

 一張，紙本墨拓，原片，編號：SOU0112X。

4964　李時亮詩

北宋熙寧八年（1075）八月四日刻，現存廣西桂林南溪山。

京都大學人文科學研究所：

 一張，紙本墨拓，原片，編號：SOU0113X。

4965　藥洲題字

米芾書，北宋熙寧八年（1075）刻，現存廣東廣州藥洲遺址。

京都大學人文科學研究所：

 一張，紙本墨拓，原片，編號：SOU0114X。

4966　黃樓賦

蘇軾書，北宋熙寧十年（1077）七月四日刻，原在徐州黃樓，後損毀，今見者係明人摹刻。

京都大學人文科學研究所：

一張，紙本墨拓，原片，編號：SOU0115A。

一張，紙本墨拓，原片，編號：SOU0115B。

一張，紙本墨拓，原片，編號：SOU0115C。

一張，紙本墨拓，原片，編號：SOU0115D。

4967　卧龍寺梵書唵字贊

北宋熙寧十年（1077）刻，原在陝西西安卧龍寺。

東京國立博物館：

一幅，紙本墨拓，原片，編號：534。

東京藝術大學藝術資料館：

一張，紙本墨拓，掛幅裝，62.0×33.0，編號：1440。

［元豐］

4968　東嶽廟蓮盆銘

北宋元豐元年（1078）正月一日刻，原在福建福州東嶽泰廟，今亡佚。

京都大學人文科學研究所：

一張，紙本墨拓，原片，編號：SOU0120A。

一張，紙本墨拓，原片，編號：SOU0120B。

4969　張頡題名

北宋元豐元年（1078）八月七日刻，現存廣西桂林龍隱洞。

京都大學人文科學研究所：

一張，紙本墨拓，原片，編號：SOU0116X。

4970　表忠觀碑殘石

蘇軾撰文并書丹，北宋元豐元年（1078）八月刻立，原碑久佚，明嘉靖三十六年（1557）陳柯重摹刻石，宋刻殘石於清乾隆二年（1737）出土，舊藏浙江杭州錢王祠，多碎毁。

東京國立博物館：

四幅，紙本墨拓，編號：842，今泉雄作舊藏。

東洋文庫：

八軸，紙本墨拓，各208.0×94.0，編號：Ⅱ-16-C-r-93。

淑德大學書學文化中心：

一張，紙本墨拓，托裱，編號：197727，天放樓舊藏。

一張，紙本墨拓，托裱，編號：197730，天放樓舊藏。

京都大學人文科學研究所：

一張，紙本墨拓，原片，編號：SOU0117A。

一張，紙本墨拓，原片，編號：SOU0117B。

一張，紙本墨拓，原片，編號：SOU0117C。

一張，紙本墨拓，原片，編號：SOU0117D。

4971 家人卦

司馬光書，北宋元豐元年（1078）刻，現存浙江杭州市西湖景區净寺社區南側南屏山西麓。

東洋文庫：

一張，紙本墨拓，原片，264.0×683.0，編號：II-16-C-r-172。

4972 題靈巖寺詩

蘇軾書，北宋元豐二年（1079）正月五日刻，現存山東濟南長清靈巖寺。

東北大學附屬圖書館：

一幅，紙本墨拓，原片，常盤大定舊藏。

4973 趙仲佽墓誌

北宋元豐二年（1079）五月十一日葬，河南鞏縣出土，現藏於故宮博物院。

京都大學人文科學研究所：

一張，紙本墨拓，原片，編號：SOU0122A。

一張，紙本墨拓，原片，編號：SOU0122B。

4974 敕封順應侯碑

北宋元豐二年（1079）七月立，現存山東濟南歷城港溝街道龍洞山。

京都大學人文科學研究所：

一張，紙本墨拓，原片，編號：SOU0126A。

一張，紙本墨拓，原片，編號：SOU0126B。

4975 東嶽高里山相公廟新□長脚竿記碑

北宋元豐三年（1080）三月刻，原在山東泰安蒿里山，久佚。

京都大學人文科學研究所：

一張，紙本墨拓，原片，編號：SOU0127X。

4976 趙仲佽妻劉氏墓誌

北宋元豐三年（1080）三月葬，河南鞏義出土，現藏於故宮博物院。

淑德大學書學文化中心：

一張，紙本墨拓，原片，編號：001909。

4977　奉寄靈巖寺長老確公大師題記

北宋元豐三年（1080）十月二十五日刻，原在山東濟南長清靈巖寺。

東北大學附屬圖書館：

　　　一幅，紙本墨拓，原片，常盤大定舊藏。

京都大學人文科學研究所：

　　　一張，紙本墨拓，原片，編號：SOU0130X。

4978　顔才甫題記

北宋元豐三年（1080）十月刻，現存山東濟南長清靈巖寺。

京都大學人文科學研究所：

　　　一張，紙本墨拓，原片，編號：SOU0131X。

4979　陳倩題名

北宋元豐三年（1080）十二月五日刻，現存廣西桂林龍隱洞。

京都大學人文科學研究所：

　　　一張，紙本墨拓，原片，編號：SOU0132X。

4980　從冠軍建平王登廬山香爐峰詩

北宋元豐三年（1080）刻，現在江西星子縣廬山秀峰。

京都大學人文科學研究所：

　　　一張，紙本墨拓，原片，編號：SOU0136X。

4981　寶藏二字刻石

北宋元豐三年（1080）刻，米芾書，宋有二刻，原石俱毀，今有無爲縣千佛寺複刻木匾傳世。

京都大學人文科學研究所：

　　　一張，紙本墨拓，原片，編號：SOU0137X。

4982　劉四郎墓碣

北宋元豐四年（1081）七月十二日葬，山東青州出土，今藏地不詳。

淑德大學書學文化中心：

　　　一張，紙本墨拓，原片，編號：000486。

4983　歸去來辭詩

北宋元豐四年（1081）九月二十二日刻，現藏於西安碑林博物館。

京都大學人文科學研究所：

　　　一張，紙本墨拓，原片，編號：SOU0139X。

4984 李時亮題名

北宋元豐四年（1081）刻，現存廣西桂林龍隱洞。

京都大學人文科學研究所：

　　一張，紙本墨拓，原片，編號：SOU0142X。

4985 前赤壁賦

北宋元豐五年（1082）七月十六日蘇軾作，趙孟頫書，現存上海松江醉白池公園碑廊。

淑德大學書學文化中心：

　　一張，紙本墨拓，原片，編號：001919。

4986 後赤壁賦

北宋元豐五年（1082）十月十五日蘇軾作，趙孟頫書，現存上海松江醉白池公園碑廊。

淑德大學書學文化中心：

　　一張，紙本墨拓，原片，編號：001920。

4987 南山順濟龍王廟記

北宋元豐六年（1083）十一月二十七日黃庭堅書，淳熙六年（1179）立石，現存江西修水黃庭堅紀念館。

京都大學人文科學研究所：

　　一張，紙本墨拓，原片，編號：SOU0143X。

4988 韓魏琦祠堂記

司馬光撰文，蔡襄書丹，北宋元豐七年（1084）六月立，現存河南安陽韓魏公祠。

京都大學人文科學研究所：

　　一張，紙本墨拓，原片，編號：SOU0144X。

4989 造人黨修石道記

北宋元豐七年（1084）七月三十日刻。

東洋文庫：

　　一張，紙本墨拓，原片，8.0×15.0，編號：Ⅱ-16-C-r-94。

4990 東林寺普通塔碑銘

北宋元豐七年（1084）九月二十日立，現存江西九江東林寺。

東北大學附屬圖書館：

　　一幅，紙本墨拓，原片，常盤大定舊藏。

4991　楚頌帖

又稱"種橘帖""買田陽羨帖"，北宋元豐七年（1084）十月二日蘇軾書，真迹久佚，後世多翻刻。

淑德大學書學文化中心：

一張，紙本墨拓，原片，編號：001921。

一張，紙本墨拓，托裱，編號：001885。

4992　吴執中妻宇文氏墓誌

北宋元豐七年（1084）十二月十九日葬，河南洛陽出土，現藏於開封博物館。

京都大學人文科學研究所：

一張，紙本墨拓，原片，編號：SOU0147X。

4993　僧清則爲母丁氏安立石卯塔記

北宋元豐八年（1085）三月刻，今藏地不詳。

京都大學人文科學研究所：

一張，紙本墨拓，原片，編號：SOU0148X。

4994　題興安王廟詩碣

北宋元豐八年（1085）刻，現在山西太原晋祠。

京都大學人文科學研究所：

一張，紙本墨拓，原片，編號：SOU0149X。

［元祐］

4995　重修鄒國公廟牒

北宋元祐元年（1086）三月一日刻，現存山東鄒城孟廟。

京都大學人文科學研究所：

一張，紙本墨拓，原片，編號：SOU0150X。

4996　司馬旦等題名

北宋元祐元年（1086）四月六日刻。

東洋文庫：

一張，紙本墨拓，原片，32.0×8.0，編號：Ⅱ-16-C-r-95。

4997　劉衮白龍池題名

北宋元祐二年（1087）正月四日刻，現存山東泰安白龍池。

京都大學人文科學研究所：

　　　　一張，紙本墨拓，原片，編號：SOU0153X。

4998　司馬光神道碑

又稱 "司馬温公神道碑"，蘇軾撰文并書丹，北宋元祐二年 （1087） 正月八日立，現存山西運城夏縣司馬光祠。

東洋文庫：

　　　　四張，紙本墨拓，原片，各 159.0×77.0，編號：Ⅱ-16-C-r-96。

京都大學人文科學研究所：

　　　　一張，紙本墨拓，原片，編號：SOU0154A。

　　　　一張，紙本墨拓，原片，編號：SOU0154B。

　　　　一張，紙本墨拓，原片，編號：SOU0154C。

　　　　一張，紙本墨拓，原片，編號：SOU0154D。

淑德大學書學文化中心：

　　　　一張，紙本墨拓，原片，編號：001925。

4999　布袋圖贊

蘇軾書，北宋元祐三年 （1088） 七月一日刻，現存河南輝縣百泉碑廊。

京都大學人文科學研究所：

　　　　一張，紙本墨拓，原片，編號：SOU0158X。

5000　禹王廟題字

司馬光書，北宋元祐四年 （1089） 刻，現存山西運城夏縣禹王廟。

京都大學人文科學研究所：

　　　　一張，紙本墨拓，原片，編號：SOU0159X。

5001　李英公神道碑題記

游師雄撰，北宋元祐四年 （1089） 刻於 "李勣碑" 碑陰，現藏於陝西昭陵博物館。

東京國立博物館：

　　　　一幅，紙本墨拓，原片，編號：229，市河三鼎舊藏。

5002　蘇軾等題名

北宋元祐五年 （1090） 三月刻，現存浙江杭州西湖。

東洋文庫：

　　　　一張，紙本墨拓，原片，32.0×30.0，編號：Ⅱ-16-C-r-97。

5003　京兆府府學新移石經記

黎持撰文，安宜之書丹，北宋元祐五年（1090）九月二十日立，現藏於陝西歷史博物館。

淑德大學書學文化中心：

　　一張，紙本墨拓，托裱，編號：197731，天放樓舊藏。

東洋文庫：

　　一張，紙本墨拓，原片，125.0×63.0，編號：Ⅱ-16-C-r-98。

京都大學人文科學研究所：

　　一張，紙本墨拓，原片，編號：SOU0160X。

書壇院：

　　一幅，紙本墨拓，全拓。

5004　渾忠武公祠堂記

辛寧撰文，安宜之書丹，北宋元祐五年（1090）刻，原在陝西乾縣渾瑊祠堂。

東京國立博物館：

　　一幅，紙本墨拓，原片，編號：650。

5005　孫覽題名

北宋元祐六年（1091）三月二十四日刻，現存浙江杭州西湖石屋洞。

京都大學人文科學研究所：

　　一張，紙本墨拓，原片，編號：SOU0163X。

5006　觀山樵書題名

米芾書，北宋元祐六年（1091）四月刻，現存江蘇鎮江焦山碑林。

京都大學人文科學研究所：

　　一張，紙本墨拓，原片，編號：SOU0164X。

東洋文庫：

　　一張，紙本墨拓，原片，62.0×65.0，編號：Ⅱ-16-C-r-99。

5007　伯夷叔齊墓碑

黃庭堅撰并正書，文勳篆額，北宋元祐六年（1091）六月八日立，現在山西運城永濟市首陽鄉長旺村伯夷叔齊墓。

木雞室：

　　一張，紙本墨拓，全拓。

5008　宸奎閣碑

全稱"明州阿育王廣利寺宸奎閣碑"，蘇軾撰文并書丹，北宋元祐六年（1091）正月立，原碑毀於元祐黨禁，元元統二年（1334）重刻，又毀，明萬曆十三年（1585）蔡貴易依舊拓重刻。

日本宮內廳書陵部：

一帖，宋拓，紙本墨拓。

東京國立博物館：

一幅，紙本墨拓，編號：470。

二帖，紙本墨拓，編號：961。

5009　醉翁亭記

歐陽修撰，蘇軾書，北宋元祐六年（1091）十一月刻，原石宋時已毀，明嘉靖間重刻，現存安徽滁州全椒縣醉翁亭。

東洋文庫：

一帖六十二葉，紙本墨拓，28.0×16.0，編號：Ⅲ-9-B-34。

京都大學人文科學研究所：

一張，紙本墨拓，原片，編號：SOU0165A。

一張，紙本墨拓，原片，編號：SOU0165B。

一張，紙本墨拓，原片，編號：SOU0165C。

一張，紙本墨拓，原片，編號：SOU0165D。

5010　七佛偈

北宋元祐六年（1091）刻，現存江西九江盧山秀峰。

東京國立博物館：

一帖，紙本墨拓，原片，編號：275。

5011　趙瞻碑

全稱“懿簡公神道碑”，蔡京書，北宋元祐七年（1092）五月二十五日立，原在陝西周至縣二曲鎮小寨子村西南趙瞻墓前，後損毀，宋孝宗時趙范依蔡京書重刻，現存重慶大足北山佛灣第104號龕。

淑德大學書學文化中心：

一張，紙本墨拓，托裱，編號：197732，天放樓舊藏。

5012　吳賁墓誌

北宋元祐七年（1092）八月九日葬，河南洛陽出土，現藏於開封博物館。

京都大學人文科學研究所：

一張，紙本墨拓，原片，編號：SOU0168X。

5013　蔡安持題記

北宋元祐七年（1092）十月刻，現存山東濟南長清靈巖寺。

京都大學人文科學研究所：

　　一張，紙本墨拓，原片，編號：SOU0169X。

5014　韓文公廟碑

蘇軾撰，北宋元祐七年（1092）刻，久佚，明成化年間重刻。

東京國立博物館：

　　一幅，明成化年間重刻本，紙本墨拓，原片，編號：269，本阿彌成善舊藏。

5015　曹娥碑

蔡卞書，北宋元祐八年（1093）正月立，現存浙江紹興上虞區曹娥廟。

東京國立博物館：

　　一帖，宋拓，越州石氏本，紙本墨拓，王文治、陸恭等跋，項元汴、李宗瀚、高島菊次郎舊藏。

五島美術館：

　　一帖，宋拓，紙本墨拓，23.9×12.2，宇野雪村舊藏。

書藝文化院春敬記念書道文庫：

　　一冊，宋拓，紙本墨拓，30.0×27.0，孫承澤、飯島春敬舊藏。

　　一張，紙本墨拓，全拓。

東洋文庫：

　　一帖二十八葉，紙本墨拓，37.0×20.0，編號：Ⅺ-6-A-8。

5016　佛頂尊勝陁羅尼經

北宋元祐九年（1094）正月二十九日刻，今藏地不詳。

東京國立博物館：

　　一幅，紙本墨拓，原片，編號：752。

京都大學人文科學研究所：

　　一張，紙本墨拓，原片，編號：SOU0171X。

5017　王評記殘

北宋元祐年間（1086—1094）刻，今藏地不詳。

東洋文庫：

　　一張，紙本墨拓，原片，45.0×20.0，編號：Ⅱ-16-C-r-173。

5018　四至界石員碣殘字

北宋元祐年間（1086—1094）刻，今藏地不詳。

淑德大學書學文化中心：

一軸，紙本墨拓，卷軸，編號：000857。

東洋文庫：

一張，紙本墨拓，原片，45.0×29.0，編號：Ⅱ-16-C-r-102。

［紹聖］

5019　石盆銘

蘇軾撰文并書丹，北宋紹聖元年（1094）四月刻，現存河北定州衆春園。

京都大學人文科學研究所：

一張，紙本墨拓，原片，編號：SOU0174X。

淑德大學書學文化中心：

一冊，紙本墨拓，冊頁，編號：197395，天放樓舊藏。

5020　佛牙贊

北宋紹聖元年（1094）十月刻，現存浙江杭州西湖景區慈雲嶺。

東洋文庫：

三張，紙本墨拓，原片，［1］192.0×80.0，［2］112.0×21.0，［3］25.0×22.0，編號：Ⅱ-16-C-r-103。

5021　靈裕法師碑銘

全稱"有隋相州天禧鎮寶山靈泉寺傳法高僧靈裕法師傳并序"，北宋紹聖元年（1094）十二月八日刻，現存河南安陽靈泉寺。

東北大學附屬圖書館：

一幅，紙本墨拓，原片，常盤大定舊藏。

京都大學人文科學研究所：

一張，紙本墨拓，原片，編號：SOU0175X。

5022　盧約題名

北宋紹聖二年（1095）七月刻，現存湖南永州朝陽巖。

京都大學人文科學研究所：

一張，紙本墨拓，原片，編號：SOU0182X。

5023　胡宗回題名

北宋紹聖二年（1095）刻，現存廣西桂林龍隱洞。

京都大學人文科學研究所：

一張，紙本墨拓，原片，編號：SOU0185X。

5024　唐少卿遇仙記

北宋紹聖三年（1096）正月刻，現藏於廣西桂林桂海碑林博物館。

京都大學人文科學研究所：

　　　　一張，紙本墨拓，原片，編號：SOU0187X。

5025　白龍池題名

北宋紹聖三年（1096）二月十五日刻，現存山東泰安白龍池。

京都大學人文科學研究所：

　　　　一張，紙本墨拓，原片，編號：SOU0189X。

5026　梁子美唱和詩

北宋紹聖三年（1096）三月刻，現藏於廣西桂林桂海碑林博物館。

京都大學人文科學研究所：

　　　　一張，紙本墨拓，原片，編號：SOU0190X。

5027　觀自在菩薩如意輪陀羅尼經

北宋紹聖三年（1096）六月刻，今藏地不詳。

東洋文庫：

　　　　一張，紙本墨拓，原片，33.0×56.0，編號：Ⅱ-16-C-r-104。

5028　宣聖四十四代墓碑

北宋紹聖三年（1096）十月刻，現存山東曲阜孔林。

京都大學人文科學研究所：

　　　　一張，紙本墨拓，原片，編號：SOU0192X。

5029　梁才甫題名

北宋紹聖三年（1096）十二月一日刻，現存廣西桂林龍隱洞。

京都大學人文科學研究所：

　　　　一張，紙本墨拓，原片，編號：SOU0191X。

5030　寶月大師碑銘

全稱“宋西京鞏縣大力山十方淨土寺住持寶月大師碑銘并序”，李洵遠撰文，許巽德篆額，北宋紹聖三年（1096）十二月二十二日立，現存河南鞏縣石窟。

東北大學附屬圖書館：

　　　　一幅，紙本墨拓，原片，常盤大定舊藏。

5031　晋祠前金神銘

北宋紹聖四年（1097）三月刻，現存山西太原晋祠。

東北大學附屬圖書館：

　　一幅，紙本墨拓，原片，常盤大定舊藏。

5032　德光等白龍池題名

北宋紹聖四年（1097）三月刻，現存山東泰安白龍池。

京都大學人文科學研究所：

　　一張，紙本墨拓，原片，編號：SOU0194X。

5033　韓宗厚墓誌

北宋紹聖四年（1097）九月二十二日葬，河南許昌出土，現藏於故宮博物院。

東洋文庫：

　　一張，紙本墨拓，原片，91.0×91.0，編號：Ⅱ-16-C-r-106。

淑德大學書學文化中心：

　　一張，紙本墨拓，原片，編號：001777。

京都大學人文科學研究所：

　　一張，紙本墨拓，原片，編號：SOU0196X。

5034　趙揚夫人蘇氏墓誌

北宋紹聖四年（1097）十月十四日葬，出土時地不詳。

東洋文庫：

　　一張，紙本墨拓，原片，90.0×87.0，編號：Ⅱ-16-C-r-108。

5035　游師雄墓誌

北宋紹聖四年（1097）十月十七日葬，現藏於西安碑林博物館。

東洋文庫：

　　一張，紙本墨拓，原片，113.0×113.0，編號：Ⅱ-16-C-1383。

　　一張，紙本墨拓，原片，113.0×113.0，編號：Ⅱ-16-C-r-107。

淑德大學書學文化中心：

　　一張，紙本墨拓，原片，編號：197884，天放樓舊藏。

京都大學人文科學研究所：

　　一張，紙本墨拓，原片，編號：SOU0197X。

［元符］

5036　史二墓誌

北宋元符二年（1099）三月五日葬，今藏地不詳。

京都大學人文科學研究所：

　　　一張，紙本墨拓，原片，編號：SOU0198X。

5037　元符造像記

北宋元符二年（1099）四月五日刻，今藏地不詳。

東洋文庫：

　　　一張，紙本墨拓，原片，10.0×14.0，編號：Ⅱ-16-C-r-109。

5038　張壽之題名

北宋元符二年（1099）九月刻，現存廣西桂林龍隱洞。

京都大學人文科學研究所：

　　　一張，紙本墨拓，原片，編號：SOU0199X。

5039　許端卿題名

北宋元符三年（1100）五月十九日刻，現存廣西桂林龍隱洞。

京都大學人文科學研究所：

　　　一張，紙本墨拓，原片，編號：SOU0203X。

5040　趙習之等白龍池題名

北宋元符三年（1100）七月刻，現存山東泰安白龍池。

京都大學人文科學研究所：

　　　一張，紙本墨拓，原片，編號：SOU0205X。

5041　石匠呂仝等白龍池題名

北宋元符三年（1100）十月一日刻，現存山東泰安白龍池。

京都大學人文科學研究所：

　　　一張，紙本墨拓，原片，編號：SOU0206X。

5042　韓存中應濟之等白龍池題名

北宋元符三年（1100）十月二十七日刻，現存山東泰安白龍池。

京都大學人文科學研究所：

　　　一張，紙本墨拓，原片，編號：SOU0207X。

5043　順應侯碑

李元膺撰，北宋元符三年（1100）立，現存山東濟南龍洞山壽聖院。

京都大學人文科學研究所：

　　一張，紙本墨拓，原片，編號：SOU0208A。

　　一張，紙本墨拓，原片，編號：SOU0208B。

［建中靖國］

5044　皇甫偶等白龍池題名

北宋建中靖國元年（1101）三月二十六日刻，現存山東泰安白龍池。

京都大學人文科學研究所：

　　一張，紙本墨拓，原片，編號：SOU0211X。

5045　任良等白龍池題名

北宋建中靖國元年（1101）三月刻，現存山東泰安白龍池。

京都大學人文科學研究所：

　　一張，紙本墨拓，原片，編號：SOU0210X。

5046　三十六峰賦碑

樓異撰文，參寥書丹，北宋建中靖國元年（1101）九月二十三日立，現存河南登封少林寺碑廊。

京都大學人文科學研究所：

　　一張，紙本墨拓，原片，編號：SOU0212X。

5047　譚掞題名

北宋建中靖國元年（1101）刻，現存廣西桂林龍隱巖。

京都大學人文科學研究所：

　　一張，紙本墨拓，原片，編號：SOU0214X。

　　一張，紙本墨拓，原片，編號：SOU0215X。

5048　程大昌和詩

北宋建中靖國元年（1101）刻，現存廣西桂林龍隱洞。

京都大學人文科學研究所：

　　一張，紙本墨拓，原片，編號：SOU0216X。

<h1 style="text-align:center">［崇寧］</h1>

5049 湘南樓記

李彦弼撰，北宋崇寧元年（1102）四月刻於"逍遙樓"碑陰，現藏於廣西桂林桂海碑林博物館。

京都大學人文科學研究所：

一張，紙本墨拓，原片，編號：SOU0217X。

5050 李珪白龍池題名

北宋崇寧元年（1102）八月七日刻，現存山東泰安白龍池。

京都大學人文科學研究所：

一張，紙本墨拓，原片，編號：SOU0228X。

5051 查應辰等題名

北宋崇寧元年（1102）八月二十八日刻，現存浙江杭州西湖摩崖。

東洋文庫：

一張，紙本墨拓，原片，37.0×28.0，編號：Ⅱ-16-C-r-110。

5052 靈巖寺楞嚴經偈

北宋崇寧元年（1102）十一月刻，現存山東濟南長清靈巖寺。

京都大學人文科學研究所：

一張，紙本墨拓，原片，編號：SOU0218A。

一張，紙本墨拓，原片，編號：SOU0218B。

一張，紙本墨拓，原片，編號：SOU0218C。

一張，紙本墨拓，原片，編號：SOU0218D。

5053 李益授等白龍池題名

北宋崇寧二年（1103）四月二十五日刻，現存山東泰安白龍池。

京都大學人文科學研究所：

一張，紙本墨拓，原片，編號：SOU0229X。

5054 慧悟大師功德幢

北宋崇寧二年（1103）五月六日刻，現存山西忻州五臺山菩薩頂。

京都大學人文科學研究所：

一張，紙本墨拓，原片，編號：SOU0230A。

一張，紙本墨拓，原片，編號：SOU0230B。

一張，紙本墨拓，原片，編號：SOU0230C。

一張，紙本墨拓，原片，編號：SOU0230D。

一張，紙本墨拓，原片，編號：SOU0230E。

一張，紙本墨拓，原片，編號：SOU0230F。

一張，紙本墨拓，原片，編號：SOU0230G。

一張，紙本墨拓，原片，編號：SOU0230H。

5055　重書宋璟碑側記

又稱"宋璟碑"，顏真卿撰文并書丹，唐大曆七年（772）九月二十五日立，後殘斷，北宋崇寧二年（1103）七月一日范致君仿顏體翻刻。

五島美術館：

一張，紙本墨拓，原片，269.7×49.6，宇野雪村舊藏。

淑德大學書學文化中心：

一張，紙本墨拓，托裱，編號：197733，天放樓舊藏。

5056　馮緄碑

又稱"宋重刻漢車騎將軍馮公碑"，北宋崇寧三年（1104）三月五日立，現存四川渠縣龍驤山濟遠寺。

淑德大學書學文化中心：

一軸，紙本墨拓，卷軸，編號：198622。

5057　元祐黨籍碑

又稱"元祐黨人碑""元祐奸黨碑"，北宋崇寧三年（1104）六月立，旋毀，南宋慶元四年（1198）梁律據舊本重刻，現存桂林七星巖。嘉定四年（1211）沈暐重刻，現存廣西融水苗族自治縣真仙巖。

東京國立博物館：

一幅，紙本墨拓，原片，編號：1092。

東洋文庫：

一帖四十九葉，南宋慶元四年（1198）摹刻，紙本墨拓，33.0×19.0，編號：Ⅱ-16-C-899。

一張，南宋慶元四年（1198）摹刻，碑陽連額，紙本墨拓，152.0×78.0，編號：Ⅱ-16-C-r-111。

5058　題中興聖摩崖詩

黃庭堅撰文并書丹，北宋崇寧三年（1104）刻於"大唐中興頌"之側，現存湖南永州浯溪碑林。

京都大學人文科學研究所：

一張，紙本墨拓，原片，編號：SOU0231X。

5059　李衛公西嶽書

又稱 "重刻唐李靖獻西嶽書"，北宋崇寧三年（1104）五月十五日刻，現存山西長治李衛公祠。

京都大學人文科學研究所：

一張，紙本墨拓，原片，編號：TOU1732X。

5060　苻守誠墓誌

北宋崇寧四年（1105）正月十三日葬，河南洛陽出土，現藏於開封博物館。

京都大學人文科學研究所：

一張，紙本墨拓，原片，編號：SOU0233A。

一張，紙本墨拓，原片，編號：SOU0233B。

5061　吴栻題詩三首

北宋崇寧五年（1106）四月刻，現存山東濟南長清靈巖寺。

京都大學人文科學研究所：

一張，紙本墨拓，原片，編號：SOU0234X。

5062　郭巨石室石柱題記

北宋崇寧五年（1106）七月三日刻，現存山東濟南長清孝堂山。

淑德大學書學文化中心：

一張，紙本墨拓，原片，編號：195013。

5063　王若愚題名

北宋崇寧五年（1106）八月刻，現存福建福州烏山摩崖。

京都大學人文科學研究所：

一張，紙本墨拓，原片，編號：SOU0235X。

［大觀］

5064　馬元磚誌

北宋大觀元年（1107）四月二十五日葬，現藏於故宫博物院。

淑德大學書學文化中心：

四册二百一十九張，紙本墨拓，册頁，編號：197910-197913。

5065　章迪墓表

米芾撰文并書丹，北宋大觀元年（1107）五月一日葬，原在安徽無爲縣，久佚。

淑德大學書學文化中心：

  一張，紙本墨拓，原片，編號：001754。

  一册，紙本墨拓，册頁，編號：001897。

5066　吴道子画先聖像

北宋大觀元年（1107）閏十月二十五日刻，現存山東曲阜孔廟。

東洋文庫：

  一張，紙本墨拓，原片，62.0×65.0，編號：Ⅱ-16-C-1386。

5067　大觀聖作碑

又稱"大觀碑"，宋徽宗趙佶撰文并書丹，蔡京題額，北宋大觀二年（1108）八月二十九日立，現藏於河北博物院。

東洋文庫：

  一張，紙本墨拓，原片，327.0×112.0，編號：Ⅱ-16-C-r-112。

淑德大學書學文化中心：

  一軸，紙本墨拓，卷軸，編號：196193。

  一軸，紙本墨拓，卷軸，編號：196488。

京都大學人文科學研究所：

  一張，紙本墨拓，原片，編號：SOU0236X。

5068　崇興橋記

郭思撰文，郭升卿書丹，王高篆額，北宋大觀二年（1108）九月三十日立，現存山東濟南長清靈巖寺通靈橋。

京都大學人文科學研究所：

  一張，紙本墨拓，原片，編號：SOU0237X。

5069　靈巖寺篆書佛説大乘般若波羅蜜多心經

北宋大觀三年（1109）正月刻，現存山東濟南長清靈巖寺。

東北大學附屬圖書館：

  一幅，紙本墨拓，原片，常盤大定舊藏。

5070　定州崇寧寺施入記

全稱"崇寧萬壽禪寺□房錢聖旨碑"，北宋大觀三年（1109）四月五日刻，原在河北定州天寧寺，後入藏古物保存所。

京都大學人文科學研究所：

  一張，紙本墨拓，原片，編號：SOU0238X。

5071　張莊題名

北宋大觀四年（1110）六月十六日刻，現藏於廣西桂林桂海碑林博物館。

京都大學人文科學研究所：

　　　　一張，紙本墨拓，原片，編號：SOU0240X。

5072　郭景脩墓誌

北宋大觀四年（1110）閏八月十二日葬，山東東平出土，今藏地不詳。

東洋文庫：

　　　　一張，紙本墨拓，原片，137.0×137.0，編號：Ⅱ-16-C-r-113。

5073　韓公輔題名

北宋大觀四年（1110）刻，現存廣西桂林龍隱洞。

京都大學人文科學研究所：

　　　　一張，紙本墨拓，原片，編號：SOU0241X。

5074　孔聖手植檜贊

米芾書，北宋大觀年間（1107—1110）刻，現藏於山東曲阜漢魏碑刻陳列館。

東京國立博物館：

　　　　一幅，紙本墨拓，原片，編號：614。

東洋文庫：

　　　　一張，紙本墨拓，原片，135.0×61.0，編號：Ⅱ-16-C-1382。

淑德大學書學文化中心：

　　　　一軸，紙本墨拓，卷軸，編號：195287。

　　　　一張，紙本墨拓，原片，編號：195012。

［政和］

5075　南和尚頌碑

北宋政和元年（1111）十月十一日立，原在河北定州天寧寺。

京都大學人文科學研究所：

　　　　一張，紙本墨拓，原片，編號：SOU0244X。

5076　陳仲宣題名

北宋政和元年（1111）刻，現存廣西桂林西山摩崖。

京都大學人文科學研究所：

　　　　一張，紙本墨拓，原片，編號：SOU0245X。

5077　唐進德題名

北宋政和二年（1112）三月二十七日刻，現存廣西桂林南溪山白龍洞。

京都大學人文科學研究所：

　　一張，紙本墨拓，原片，編號：SOU0247X。

　　一張，紙本墨拓，原片，編號：SOU0248X。

5078　韓氏妻時氏改葬記

北宋政和二年（1112）七月葬，河南安陽出土，今藏地不詳。

京都大學人文科學研究所：

　　一張，紙本墨拓，原片，編號：SOU0251X。

5079　王先之題名

北宋政和二年（1112）九月刻，現存廣西桂林龍隱巖。

京都大學人文科學研究所：

　　一張，紙本墨拓，原片，編號：SOU0252X。

　　一張，紙本墨拓，原片，編號：SOU0253X。

5080　楊書思題名

北宋政和二年（1112）九月刻，現存廣西桂林讀書巖。

京都大學人文科學研究所：

　　一張，紙本墨拓，原片，編號：SOU0255X。

5081　錢旦墓誌

北宋政和二年（1112）十二月十九日葬，河南洛陽出土，現藏於開封博物館。

京都大學人文科學研究所：

　　一張，紙本墨拓，原片，編號：SOU0256X。

　　一張，紙本墨拓，原片，編號：SOU0257X。

5082　謝勳題名

北宋政和三年（1113）二月二十九日刻，現存廣西桂林龍隱巖。

京都大學人文科學研究所：

　　一張，紙本墨拓，原片，編號：SOU0258X。

5083　敬善寺題記

北宋政和三年（1113）閏四月七日刻，現存河南洛陽龍門石窟。

東洋文庫：

　　一張，紙本墨拓，原片，32.0×14.0，編號：Ⅱ-16-C-r-114。

京都大學人文科學研究所：

　　一張，紙本墨拓，原片，編號：SOU0259X。

5084　劉子晋等白龍池題名

北宋政和四年（1114）八月七日刻，現存山東泰安白龍池。

京都大學人文科學研究所：

　　一張，紙本墨拓，原片，編號：SOU0260X。

5085　趙子明謝雨記

北宋政和五年（1115）四月二十一日刻，現存山東濟南長清靈巖寺。

京都大學人文科學研究所：

　　一張，紙本墨拓，原片，編號：SOU0261X。

5086　政和墓磚

北宋政和五年（1115）四月二十三日葬，出土時地不詳。

京都大學人文科學研究所：

　　一張，紙本墨拓，原片，編號：SOU0262X。

5087　姜族安中等題名

北宋政和五年（1115）十月十八日刻，今藏地不詳。

東洋文庫：

　　一張，紙本墨拓，原片，42.0×47.0，編號：Ⅱ-16-C-r-115。

5088　李堯文題名

北宋政和六年（1116）閏正月十九日刻，現存山東泰安泰山。

京都大學人文科學研究所：

　　一張，紙本墨拓，原片，編號：SOU0263X。

5089　夏鰭謁孔廟題名

全稱“北宋會稽夏鰭拜先聖祠下題名”，北宋政和六年（1116）八月十五日刻於“孔子顏子贊”碑陰，現存山東曲阜孔廟。

東京國立博物館：

　　一幅，紙本墨拓，原片，編號：608。

淑德大學書學文化中心：

　　一張，紙本墨拓，原片，編號：195012。

一張，紙本墨拓，托裱，編號：001652。

京都大學人文科學研究所：

一張，紙本墨拓，原片，編號：SOU0266X。

5090　宣聖四十六代墓碑

北宋政和六年（1116）十一月立，現存山東曲阜孔林。

京都大學人文科學研究所：

一張，紙本墨拓，原片，編號：SOU0268X。

5091　陳煜墓誌

北宋政和七年（1117）四月十三日葬，河南宜陽出土，現藏於故宮博物院。

東洋文庫：

一張，紙本墨拓，原片，36.0×57.0，編號：Ⅱ-16-C-r-116。

京都大學人文科學研究所：

一張，紙本墨拓，原片，編號：SOU0269X。

5092　李端臣詩

北宋政和七年（1117）七月二十七日刻，現藏於廣西桂林桂海碑林博物館。

京都大學人文科學研究所：

一張，紙本墨拓，原片，編號：SOU0270X。

5093　華陽觀尚書省劄子

北宋政和七年（1117）八月刻。

東洋文庫：

一張，紙本墨拓，原片，65.0×49.0，編號：Ⅱ-16-C-r-117。

5094　胡琮墓誌

北宋政和七年（1117）十二月二十九日葬，河南洛陽出土，現藏於開封博物館。

京都大學人文科學研究所：

一張，紙本墨拓，原片，編號：SOU0271X。

5095　王煥飯僧題記

北宋政和八年（1118）六月二十七日刻，現存山東濟南長清靈巖寺。

京都大學人文科學研究所：

一張，紙本墨拓，原片，編號：SOU0273X。

5096　王母殿題名

北宋政和八年（1118）刻，現存山東泰安泰山。

京都大學人文科學研究所：

一張，紙本墨拓，原片，編號：SOU0274X。

5097　圓測法師舍利塔銘碑

全稱"大周西明寺故大德圓測法師舍利塔銘并序碣"，北宋政和八年（1118）刻，現存陝西西安興教寺塔北壁。

京都大學人文科學研究所：

一張，紙本墨拓，原片，編號：SOU0275X。

5098　曹邁李彦弼題名

北宋政和年間（1111—1118）刻，現藏於廣西桂林桂海碑林博物館。

京都大學人文科學研究所：

一張，紙本墨拓，原片，編號：SOU0276X。

一張，紙本墨拓，原片，編號：SOU0539X。

5099　揚庭等題名

北宋政和年間（1111—1118）刻，現存浙江杭州西湖飛來峰摩崖。

東洋文庫：

一張，紙本墨拓，原片，28.0×54.0，編號：Ⅱ-16-C-r-118。

［重和］

5100　杜宗象墓誌

北宋重和二年（1119）二月十四日葬，河南洛陽出土，現藏於故宮博物院。

淑德大學書學文化中心：

一張，紙本墨拓，原片，編號：000645。

京都大學人文科學研究所：

一張，紙本墨拓，原片，編號：SOU0277A。

一張，紙本墨拓，原片，編號：SOU0277B。

［宣和］

5101　郝肆夫人趙氏墓誌

北宋宣和元年（1119）四月二十七日葬，河南洛陽出土，現藏於開封博物館。

東洋文庫：

一張，紙本墨拓，原片，77.0×76.0，編號：Ⅱ-16-C-1387。

5102　劉鎡題名

北宋宣和元年（1119）六月十六日刻，現存廣西桂林龍隱巖。

京都大學人文科學研究所：

一張，紙本墨拓，原片，編號：SOU0279X。

5103　羅什法師塔記

北宋宣和元年（1119）六月刻。

東洋文庫：

一張，紙本墨拓，原片，41.0×42.0，編號：Ⅱ-16-C-×-26。

5104　姜子正等白龍池題名

北宋宣和二年（1120）正月刻，現存山東泰安白龍池。

京都大學人文科學研究所：

一張，紙本墨拓，原片，編號：SOU0281X。

5105　李致一題記

北宋宣和二年（1120）三月十八日刻，現存河北邯鄲南響堂山。

東北大學附屬圖書館：

一幅，紙本墨拓，原片，常盤大定舊藏。

京都大學人文科學研究所：

一張，紙本墨拓，原片，編號：SOU0282X。

5106　李顯道等白龍池題名

北宋宣和二年（1120）四月十九日刻，現存山東泰安白龍池。

京都大學人文科學研究所：

一張，紙本墨拓，原片，編號：SOU0285X。

5107　苻偘墓誌

北宋宣和二年（1120）六月三日葬，河南洛陽出土，現藏於故宮博物院。

東洋文庫：

一張，紙本墨拓，原片，44.0×44.0，編號：Ⅱ-16-C-r-119。

京都大學人文科學研究所：

一張，紙本墨拓，原片，編號：SOU0283X。

5108　少林寺普通塔

北宋宣和三年（1121）四月刻，現存河南登封少林寺。

京都大學人文科學研究所：

　　　　一張，紙本墨拓，原片，編號：SOU0287X。

5109　真相院釋迦舍利塔銘

全稱“齊州長清真相院舍利塔銘”，蘇軾書，北宋宣和三年（1121）十月刻，一九六五年出土於山東濟南長清真相院遺址，現藏於長清區博物館。

東北大學附屬圖書館：

　　　　一幅，紙本墨拓，原片，常盤大定舊藏。

5110　秀峰禪院捨莊田記

北宋宣和四年（1122）正月一日立，今藏地不詳。

東洋文庫：

　　　　一張，紙本墨拓，原片，77.0×44.0，編號：Ⅱ-16-C-r-120。

5111　榮事堂記

北宋宣和四年（1122）五月二十日刻，現存河南安陽韓王廟。

京都大學人文科學研究所：

　　　　一張，紙本墨拓，原片，編號：SOU0289X。

5112　廟子二十五户優免差稅牓

又稱“鄒城牓”，北宋宣和四年（1122）八月刻，現存山東鄒城孟廟。

京都大學人文科學研究所：

　　　　一張，紙本墨拓，原片，編號：SOU0290X。

5113　先師鄒國公孟子廟記

北宋宣和四年（1122）十月十五日刻，現存山東鄒城孟廟。

京都大學人文科學研究所：

　　　　一張，紙本墨拓，原片，編號：SOU0291X。

5114　龍洞記

蘇元老撰文并書丹，北宋宣和四年（1122）十二月十二日刻，現藏於陝西漢中寧强縣文化館。

京都大學人文科學研究所：

　　　　一張，紙本墨拓，原片，編號：SOU0292X。

5115 養氣湯方刻石

北宋宣和四年（1122）刻，現存廣西桂林南溪山劉仙巖。

京都大學人文科學研究所：

　　一張，紙本墨拓，原片，編號：SOU0288X。

　　一張，紙本墨拓，原片，編號：SOU0540X。

5116 朱濟道游靈巖寺七絕二首

北宋宣和五年（1123）二月九日刻，現存山東濟南長清靈巖寺。

京都大學人文科學研究所：

　　一張，紙本墨拓，原片，編號：SOU0293X。

5117 天慶禪院住持顯達大師塔記銘

又稱"顯達塔銘"，北宋宣和五年（1123）二月十五日刻，河南存古閣舊藏。

東洋文庫：

　　一張，紙本墨拓，原片，63.0×67.0，編號：Ⅱ-16-C-r-122。

京都大學人文科學研究所：

　　一張，紙本墨拓，原片，編號：SOU0295X。

5118 靈巖山秀峰寺公據

北宋宣和五年（1123）二月刻，現存江蘇蘇州靈巖山秀峰寺。

東洋文庫：

　　一張，紙本墨拓，原片，50.0×57.0，編號：Ⅱ-16-C-r-121。

5119 唯識頌并中邊分別論

北宋宣和五年（1123）二月刻，今藏地不詳。

東洋文庫：

　　一張，紙本墨拓，原片，50.0×90.0，編號：Ⅱ-16-C-×-17。

5120 妙空禪師塔銘

北宋宣和五年（1123）七月二十日刻，現存山東濟南長清靈巖寺。

東北大學附屬圖書館：

　　一幅，紙本墨拓，原片，常盤大定舊藏。

5121 妙空老師自題像贊

北宋宣和五年（1123）八月三日刻，現存山東濟南長清靈巖寺。

京都大學人文科學研究所：

一張，紙本墨拓，原片，編號：SOU0296X。

5122 尊勝陀羅尼經幢

北宋宣和五年（1123）八月五日刻，今藏地不詳。

淑德大學書學文化中心：

一張，紙本墨拓，托裱，編號：197734，天放樓舊藏。

5123 澄悟大師塔銘

北宋宣和五年（1123）九月一日刻，今藏地不詳。

淑德大學書學文化中心：

一軸，紙本墨拓，卷軸，編號：196316。

5124 祭汾東王文碣

北宋宣和五年（1123）刻，現存山西太原晋祠。

京都大學人文科學研究所：

一張，紙本墨拓，原片，編號：SOU0297X。

5125 齊古施五百羅漢記

北宋宣和六年（1124）八月刻，現存山東濟南長清靈巖寺。

京都大學人文科學研究所：

一張，紙本墨拓，原片，編號：SOU0298X。

5126 蔡懌題名

北宋宣和六年（1124）刻，現存廣西桂林屏風巖。

京都大學人文科學研究所：

一張，紙本墨拓，原片，編號：SOU0299X。

5127 篆文五箴

韓愈撰文，李寂書丹，北宋宣和六年（1124）刻，現藏於西安碑林博物館。

東京藝術大學藝術資料館：

一張，紙本墨拓，掛幅裝，86.4×48.4，編號：365。

5128 楊損題名

北宋宣和七年（1125）六月十日刻，現存廣西桂林普陀山曾公巖。

京都大學人文科學研究所：

一張，紙本墨拓，原片，編號：SOU0300X。

5129　陀羅尼經

沙門圓規書，北宋宣和年間（1119—1125）刻。

淑德大學書學文化中心：

　　　一軸，紙本墨拓，卷軸，編號：000858。

京都大學人文科學研究所：

　　　一張，紙本墨拓，編號：SOU0303X。

［靖康］

5130　呂成之題名

北宋靖康元年（1126）六月四日刻，現存廣西桂林伏波山。

京都大學人文科學研究所：

　　　一張，紙本墨拓，原片，編號：SOU0304X。

5131　祖師塔記

北宋靖康元年（1126）刻，今藏地不詳。

京都大學人文科學研究所：

　　　一張，紙本墨拓，原片，編號：SOU0305X。

5132　題靈巖寺詩

蘇轍撰文并書丹，北宋元豐二年（1079）鮮于侁刻石，後亡佚，靖康元年（1126）靈巖寺住持妙空禪師依蘇書重刻，現存山東濟南長清靈巖寺。

京都大學人文科學研究所：

　　　一張，紙本墨拓，原片，編號：SOU0306X。

5133　唐鐸題記

北宋靖康元年（1126）刻，現存廣西桂林伏波山。

京都大學人文科學研究所：

　　　一張，紙本墨拓，原片，編號：SOU0307X。

5134　十六羅漢圖

北宋靖康元年（1126）刻。

京都大學人文科學研究所：

　　　一張，紙本墨拓，原片，編號：SOU0308X。

南 宋
（1127—1279）

[紹興]

5135 孫覿題名
南宋紹興四年（1134）十月十七日刻，現存廣西桂林七星山栖霞洞。

京都大學人文科學研究所：

　　一張，紙本墨拓，原片，編號：SOU0311X。

5136 送紫巖張先生北伐詩
岳飛撰，南宋紹興五年（1135）作，河南湯陰、開封，浙江錢塘，山東濟南，寧夏銀川多有碑刻。

東洋文庫：

　　一張，紙本墨拓，原片，214.0×108.0，編號：Ⅱ-16-C-1388。

　　一張，紙本墨拓，原片，214.0×105.0，編號：Ⅱ-16-C-r-123。

5137 禹迹圖
南宋紹興六年（1136）四月刻，現藏於西安碑林博物館。另外一處"禹迹圖"，北宋元符三年（1100）正月刻，南宋紹興十二年（1142）十一月十五日立，現存江蘇鎮江焦山碑林。

東洋文庫：

　　一軸，紙本墨拓，原片，161.0×79.0，編號：Ⅵ-2-49。

京都大學人文科學研究所：

　　一張，紙本墨拓，原片，編號：SOU0319X。

5138 華夷圖
南宋紹興六年（1136）十月刻，現藏於西安碑林博物館。

京都大學人文科學研究所：

一張，紙本墨拓，原片，編號：SOU0318X。

5139　唐孝稱題名

南宋紹興六年（1136）刻，現存廣西桂林雉山。

京都大學人文科學研究所：

一張，紙本墨拓，原片，編號：SOU0317X。

5140　孝經刻石

宋高宗趙構書丹，秦檜主持刊刻，始於南宋紹興九年（1139）六月十四日，成於十月一日，各地多有立石。

木雞室：

一帖，宋拓本，紙本墨拓，魏之潢、高南阜題跋。

5141　朱近買地券

南宋紹興九年（1139）十一月一日葬，出土時地不詳。

東京國立博物館：

一幅，紙本墨拓，原片，編號：756。

5142　吳郡重修大成殿記碑

鄭仲熊撰文，翟耆年篆額，米友仁書丹，南宋紹興十一年（1141）四月一日立，現存江蘇蘇州文廟。

東洋文庫：

一張，紙本墨拓，原片，170.0×94.0，編號：Ⅱ-16-C-r-124。

京都大學人文科學研究所：

一張，紙本墨拓，原片，編號：SOU0323X。

5143　韓世忠題名

韓世忠撰文，韓彥直書丹，南宋紹興十二年（1142）三月五日刻，原在浙江杭州靈隱飛來峰翠微亭。

東洋文庫：

一張，紙本墨拓，原片，49.0×68.0，編號：Ⅱ-16-C-r-125。

京都大學人文科學研究所：

一張，紙本墨拓，原片，編號：SOU0325X。

5144　張淵道題名

南宋紹興十二年（1142）刻，現存廣西桂林雉山。

京都大學人文科學研究所：

一張，紙本墨拓，原片，編號：SOU0328X。

5145 南宋石經

宋高宗趙構書丹，南宋紹興十三年（1143）始刻，至淳熙四年（1177）成，現存浙江杭州碑林。

東洋文庫：

一張，《周易》，紙本墨拓，128.0×113.0，編號：Ⅱ-16-C-r-126。

三張，《詩經》，紙本墨拓，[1] 136.0×88.0，[2] 135.0×86.0，[3] 108.0×89.0，編號：Ⅱ-16-C-r-127。

二張，《左傳》，紙本墨拓，[1] 135.0×90.0，[2] 135.0×87.0，編號：Ⅱ-16-C-r-128。

一張，《論語》，紙本墨拓，142.0×81.0，編號：Ⅱ-16-C-r-129。

5146 吴郡登科題名

南宋紹興十五年（1145）刻，現藏於江蘇蘇州碑刻博物館。

東洋文庫：

一張，紙本墨拓，原片，172.0×90.0，編號：Ⅱ-16-C-r-130。

5147 汪恪題名

南宋紹興十八年（1148）六月二十八日刻，現存廣西桂西曾公巖。

京都大學人文科學研究所：

一張，紙本墨拓，原片，編號：SOU0337X。

5148 張平叔真人歌

南宋紹興十八年（1148）十二月二十九日刻，現存廣西桂林劉仙巖。

京都大學人文科學研究所：

一張，紙本墨拓，原片，編號：SOU0338X。

一張，紙本墨拓，原片，編號：SOU0541X。

5149 張淵道題名

南宋紹興十八年（1148）刻，現存廣西桂林雉山。

京都大學人文科學研究所：

一張，紙本墨拓，原片，編號：SOU0339X。

5150 路質夫方務德題名

南宋紹興十九年（1149）二月十四日刻，現存廣西桂林劉仙巖。

京都大學人文科學研究所：

一張，紙本墨拓，原片，編號：SOU0340X。

5151 栖霞子銘

南宋紹興十九年（1149）刻，現存廣西桂林劉仙巖。

京都大學人文科學研究所：

  一張，紙本墨拓，原片，編號：SOU0343X。

5152 余先生論金液還丹歌訣

南宋紹興二十二年（1152）刻，現存廣西桂林劉仙巖。

京都大學人文科學研究所：

  一張，紙本墨拓，原片，編號：SOU0345X。

  一張，紙本墨拓，原片，編號：SOU0542X。

5153 穿雲巖刻石

南宋紹興二十四年（1154）二月刻，現存廣西桂林穿雲巖。

京都大學人文科學研究所：

  一張，紙本墨拓，原片，編號：SOU0348X。

5154 呂原忠華景洞詩

南宋紹興二十四年（1154）三月七日刻，現存廣西桂林華景洞。

京都大學人文科學研究所：

  一張，紙本墨拓，原片，編號：SOU0349X。

5155 宣聖及七十二弟子像贊

宋高宗趙構撰文并書丹，南宋紹興二十六年（1156）十二月立，現存浙江杭州碑林。

東洋文庫：

  十五張，紙本墨拓，原片，各 37.0×115.0，編號：Ⅱ-16-C-r-131。

5156 妙喜泉銘

張九成書丹，南宋紹興二十七年（1157）三月一日刻，現存浙江寧波鄞州區阿育王寺。

東洋文庫：

  一張，紙本墨拓，原片，235.0×112.0，編號：Ⅱ-16-C-r-132。

淑德大學書學文化中心：

  一張，紙本墨拓，原片，編號：001929。

5157 天童覺和尚碑

南宋紹興二十八年（1158）四月刻，現存浙江寧波天童寺。

淑德大學書學文化中心：

　　一張，紙本墨拓，托裱，編號：197735，天放樓舊藏。

5158　六和塔刻經

南宋紹興二十九年（1159）刻，現存浙江杭州西湖六和塔。

東北大學附屬圖書館：

　　一軸，金剛般若經，紙本墨拓，卷軸，常盤大定舊藏。

　　一軸，四十二章經，紙本墨拓，卷軸，常盤大定舊藏。

　　一軸，觀音經，紙本墨拓，卷軸，常盤大定舊藏。

5159　北禪寺井欄銘

南宋紹興三十年（1160）刻，原在江蘇蘇州北禪寺。

京都大學人文科學研究所：

　　一張，紙本墨拓，原片，編號：SOU0354X。

［隆興］

5160　焦山陸務觀等題銘

南宋隆興二年（1164）十一月三十日刻，現存江蘇鎮江焦山碑林。

淑德大學書學文化中心：

　　一張，紙本墨拓，托裱，編號：197736，天放樓舊藏。

5161　開化寺尚書省牒碑

南宋隆興二年（1164）十二月一日立，現存浙江杭州西湖六和塔。

東洋文庫：

　　一張，碑陽連額，紙本墨拓，原片，197.0×114.0+24.0×62.0，編號：Ⅱ-16-C-r-135。

東北大學附屬圖書館：

　　一幅，紙本墨拓，原片，常盤大定舊藏。

京都大學人文科學研究所：

　　一張，紙本墨拓，原片，編號：SOU0359X。

［乾道］

5162　陸游等題記

南宋乾道元年（1165）二月三日刻，現藏於廣西桂林桂海碑林博物館。

東洋文庫：

　　　一張，紙本墨拓，原片，100.0×184.0，編號：Ⅱ-16-C-r-134。

5163　廣照和尚忌辰追修公據

南宋乾道三年（1167）十二月刻，原在江蘇蘇州靈巖山寺。

東洋文庫：

　　　一張，紙本墨拓，原片，90.0×56.0，編號：Ⅱ-16-C-r-136。

5164　朱熹贈張栻詩

南宋乾道三年（1167）刻，現藏於廣西桂林桂海碑林博物館。

京都大學人文科學研究所：

　　　一張，紙本墨拓，原片，編號：SOU0364A。

　　　一張，紙本墨拓，原片，編號：SOU0364B。

5165　中興聖德頌

又稱"皇宋中興聖德頌碑"，趙公碩書丹，南宋乾道七年（1171）四月刻，原在奉節夔門粉壁崖，現藏於重慶三峽博物館。

京都大學人文科學研究所：

　　　一張，紙本墨拓，原片，編號：SOU0371A。

　　　一張，紙本墨拓，原片，編號：SOU0371B。

　　　一張，紙本墨拓，原片，編號：SOU0371C。

5166　范成大題名

南宋乾道九年（1173）刻，現存廣西桂林伏波山還珠洞西側珊瑚巖口石壁。

京都大學人文科學研究所：

　　　一張，紙本墨拓，原片，編號：SOU0375X。

　　　一張，紙本墨拓，原片，編號：SOU0572X。

　　　一張，紙本墨拓，原片，編號：SOU0571X。

［淳熙］

5167　蔣子明題名

南宋淳熙二年（1175）六月刻，現存廣西桂林白龍洞。

京都大學人文科學研究所：

　　　一張，紙本墨拓，原片，編號：SOU0377X。

5168　范至能題名

南宋淳熙二年（1175）刻，現在廣西桂林七星山。

京都大學人文科學研究所：

　　　　一張，紙本墨拓，原片，編號：SOU0379X。

5169　論語問政章

張栻書，南宋淳熙二年（1175）刻，現存廣西桂林七星山子彈巖。

京都大學人文科學研究所：

　　　　一張，紙本墨拓，原片，編號：SOU0416X。

5170　虞帝廟碑

又稱"四夫子碑"，朱熹撰文，吕勝己書丹，方士繇篆額，張栻建碑，南宋淳熙三年（1176）四月立，現藏於廣西桂林桂海碑林博物館。

京都大學人文科學研究所：

　　　　一張，紙本墨拓，原片，編號：SOU0383A。

　　　　一張，紙本墨拓，原片，編號：SOU0383B。

5171　府學題字

南宋淳熙三年（1176）十二月刻，今藏地不詳。

東洋文庫：

　　　　一張，紙本墨拓，原片，215.0×105.0，編號：Ⅱ-16-C-r-137。

5172　李景淳題名

南宋淳熙三年（1176）刻，現存廣西桂林龍隱巖。

京都大學人文科學研究所：

　　　　一張，紙本墨拓，原片，編號：SOU0381X。

　　　　一張，紙本墨拓，原片，編號：SOU0574X。

5173　岳商卿詩序

南宋淳熙四年（1177）十一月二日刻，現存廣西靈山三海巖。

京都大學人文科學研究所：

　　　　一張，紙本墨拓，原片，編號：SOU0389X。

5174　劉子羽神道碑

全稱"宋故右朝議大夫充徽猷閣待制贈少傅劉公神道碑"，朱熹撰文并書丹，張栻篆額，南宋淳熙六年（1179）十月一日立，原在五夫鎮劉子羽墓道，現存武夷山三清殿。

京都大學人文科學研究所：

　　一張，紙本墨拓，原片，編號：SOU0398A。

　　一張，紙本墨拓，原片，編號：SOU0398B。

　　一張，紙本墨拓，原片，編號：SOU0398C。

　　一張，紙本墨拓，原片，編號：SOU0398D。

　　一張，紙本墨拓，原片，編號：SOU0398E。

5175　梁次張題名

南宋淳熙八年（1181）八月二日刻，現存浙江杭州西湖風水洞摩崖。

京都大學人文科學研究所：

　　一張，紙本墨拓，原片，編號：SOU0407X。

　　一張，紙本墨拓，原片，編號：SOU0408A。

　　一張，紙本墨拓，原片，編號：SOU0409B。

　　一張，紙本墨拓，原片，編號：SOU0409C。

　　一張，紙本墨拓，原片，編號：SOU0409D。

　　一張，紙本墨拓，原片，編號：SOU0409E。

5176　閭才元父子西山題名

南宋淳熙九年（1182）四月五日刻，現存四川萬縣岑公洞。

京都大學人文科學研究所：

　　一張，紙本墨拓，原片，編號：SOU0409X。

5177　王正己題名

南宋淳熙九年（1182）六月十日刻，現存廣西桂林隱山摩崖。

京都大學人文科學研究所：

　　一張，紙本墨拓，原片，編號：SOU0410X。

5178　吳琚觀焦山瘞鶴銘詩

南宋淳熙十一年（1184）正月刻，現存江蘇鎮江焦山西麓崖壁。

東洋文庫：

　　四張，紙本墨拓，原片，各 117.0×38.0，編號：Ⅱ-16-C-r-138。

5179　潘時等題名

南宋淳熙十二年（1185）三月刻，現存湖南永州零陵區澹山巖摩崖。

京都大學人文科學研究所：

　　一張，紙本墨拓，原片，編號：SOU0418X。

5180　周惇頤題名

南宋淳熙十二年（1185）刻，現存廣西桂林七星巖。

京都大學人文科學研究所：

　　　　一張，紙本墨拓，原片，編號：SOU0421X。

5181　詹儀之題名

南宋淳熙十三年（1186）刻，現存廣西桂林隱山北牖洞。

京都大學人文科學研究所：

　　　　一張，紙本墨拓，原片，編號：SOU0423X。

5182　王翰作石刻須菩提像

南宋淳熙十六年（1189）七月刻，現存江西九江廬山西林寺。

京都大學人文科學研究所：

　　　　一張，紙本墨拓，原片，編號：SOU0426X。

5183　孔子顏淵像

南宋淳熙十六年（1189）刻，現存廣西柳州真仙巖。

京都大學人文科學研究所：

　　　　一張，紙本墨拓，原片，編號：SOU0428X。

［紹熙］

5184　李妙香墓誌

南宋紹熙元年（1190）七月葬，現藏於江蘇蘇州博物館。

宇野雪村文庫：

　　　　一張，紙本墨拓，原片，編號：1918。

5185　朱希顏題名

南宋紹熙元年（1190）十月刻，現藏於廣西桂林桂海碑林博物館。

京都大學人文科學研究所：

　　　　一張，紙本墨拓，原片，編號：SOU0429X。

　　　　一張，紙本墨拓，原片，編號：SOU0550X。

5186　山河堰落成記

又稱“重修山河堰碑”，晏袤書丹，南宋紹熙五年（1194）二月二十四日刻，現藏於陝西漢中市博物館。

東洋文庫：

　　一張，紙本墨拓，原片，40.0×122.0，編號：Ⅱ-16-C-1384。

宇野雪村文庫：

　　一張，紙本墨拓，原片，編號：1317。

淑德大學書學文化中心：

　　一軸，紙本墨拓，卷軸，編號：195003。

　　一張，紙本墨拓，原片，編號：198609。

京都大學人文科學研究所：

　　一張，紙本墨拓，原片，編號：SOU0439X。

大阪市立美術館：

　　一張，紙本墨拓，原片，編號：2629。

白扇書道會：

　　一張，紙本墨拓，全拓，175.0×475.0，種谷扇舟舊藏。

5187　開通褒斜道石刻釋文并碑陰題記

晏袤書，南宋紹熙五年（1194）三月刻，原在陝西漢中市褒城鎮北門以南崖壁，現藏於漢中市博物館。

東洋文庫：

　　一帖八十九葉，紙本墨拓，33.0×19.0，編號：Ⅺ-3-A-B-62。

東京國立博物館：

　　一幅，紙本墨拓，原片，編號：473。

宇野雪村文庫：

　　一册，紙本墨拓，册頁，編號：328。

　　一張，紙本墨拓，原片，編號：1208。

　　一張，紙本墨拓，原片，編號：1312。

淑德大學書學文化中心：

　　一軸，紙本墨拓，卷軸，編號：195003。

　　一張，紙本墨拓，原片，編號：198607。

京都大學人文科學研究所：

　　一張，紙本墨拓，原片，編號：SOU0442X。

大阪市立美術館：

　　一張，紙本墨拓，原片，編號：2630。

墨華書道會：

　　一張，紙本墨拓，全拓。

白扇書道會：

　　一張，紙本墨拓，全拓，種谷扇舟舊藏。

［慶元］

5188　潘宗伯等造橋格題字釋文并跋

全稱“晏袤釋潘宗伯韓仲元李苞通閣道”，南宋慶元元年（1195）八月十五日刻，現藏於陝西漢中市博物館。

東京國立博物館：

一幅，紙本墨拓，原片，編號：471。

淑德大學書學文化中心：

一軸，紙本墨拓，卷軸，編號：195003。

一張，紙本墨拓，原片，編號：198608。

一册，紙本墨拓，册頁，編號：195699。

5189　朱希顔詩

南宋慶元元年（1195）刻，現存廣西桂林七星山彈子巖。

京都大學人文科學研究所：

一張，紙本墨拓，原片，編號：SOU0446X。

一張，紙本墨拓，原片，編號：SOU0557X。

5190　吳學組田籍記

南宋慶元二年（1196）正月刻，今藏地不詳。

東洋文庫：

一張，紙本墨拓，原片，179.0×93.0，編號：Ⅱ-16-C-r-139。

5191　竹鶴題字

南宋慶元二年（1196）四月刻，現存四川廣安燕子巖摩崖。

東洋文庫：

二張，紙本墨拓，原片，各132.0×60.0，編號：Ⅱ-16-C-r-140。

5192　盧坦對杜黃裳語

南宋慶元二年（1196）四月刻，現藏於江蘇蘇州博物館。

東洋文庫：

一張，紙本墨拓，原片，147.0×94.0，編號：Ⅱ-16-C-r-141。

5193　杜思恭刻陸游手迹

南宋慶元三年（1197）四月刻，現存廣西桂林象鼻山。

京都大學人文科學研究所：

　　一張，紙本墨拓，原片，編號：SOU0450A。

　　一張，紙本墨拓，原片，編號：SOU0450B。

5194　王岳題名

南宋慶元三年（1197）刻，現存廣西桂林白龍洞。

京都大學人文科學研究所：

　　一張，紙本墨拓，原片，編號：SOU0451X。

5195　董世儀題名

南宋慶元四年（1198）正月八日刻，現藏於廣西桂林桂海碑林博物館。

京都大學人文科學研究所：

　　一張，紙本墨拓，原片，編號：SOU0452X。

5196　周葵神道碑

全稱"資政殿大學士毗陵侯贈太保周簡惠公葵神道碑"，周必大撰，南宋慶元四年（1198）立，今藏地不詳。

京都大學人文科學研究所：

　　一張，紙本墨拓，原片，編號：SOU0454X。

［嘉泰］

5197　乳洞詩

又稱"留題興安乳洞"，王正功撰，南宋嘉泰二年（1202）正月八日刻，現存廣西興安乳洞巖摩崖。

京都大學人文科學研究所：

　　一張，紙本墨拓，原片，編號：SOU0458X。

［開禧］

5198　沈寧同妻徐氏等造像記

南宋開禧元年（1205）三月九日刻，現存浙江杭州西湖飛來峰龍泓洞。

東洋文庫：

　　一張，紙本墨拓，原片，17.0×10.0，編號：Ⅱ-16-C-r-142。

5199 食飯保傅造像記

南宋開禧元年（1205）四月三日刻，現存浙江杭州西湖南觀音洞。

東洋文庫：

一張，紙本墨拓，原片，15.0×8.0，編號：Ⅱ-16-C-r-144。

5200 □□同妻盛造像記

南宋開禧元年（1205）四月刻，現存浙江杭州西湖南觀音洞。

東洋文庫：

一張，紙本墨拓，原片，17.0×10.0，編號：Ⅱ-16-C-r-143。

5201 聞氏□寧施財造像記

南宋開禧元年（1205）八月五日刻，現存浙江杭州西湖南觀音洞。

東洋文庫：

一張，紙本墨拓，原片，21.0×12.0，編號：Ⅱ-16-C-r-145。

5202 □悠游俸造像記

南宋開禧元年（1205）八月刻，現存浙江杭州西湖南觀音洞。

東洋文庫：

一張，紙本墨拓，原片，10.0×8.0，編號：Ⅱ-16-C-r-146。

5203 胡六八開井石記

南宋開禧二年（1206）八月刻，今藏地不詳。

東洋文庫：

一張，紙本墨拓，原片，41.0×31.0，編號：Ⅱ-16-C-r-147。

淑德大學書學文化中心：

一軸，紙本墨拓，卷軸，編號：000859。

一軸，紙本墨拓，卷軸，編號：198363。

京都大學人文科學研究所：

一張，紙本墨拓，原片，編號：SOU0461X。

5204 吳學續置田記

南宋開禧二年（1206）十月刻，今藏地不詳。

東洋文庫：

一張，紙本墨拓，原片，182.0×90.0，編號：Ⅱ-16-C-r-148。

［嘉定］

5205 明州比丘僧造像記

南宋嘉定元年（1208）五月一日刻，現存浙江杭州西湖南觀音洞。

東洋文庫：

　　一張，紙本墨拓，原片，15.0×10.0，編號：Ⅱ-16-C-r-149。

5206 寧遠記

南宋嘉定元年（1208）九月刻，現存浙江杭州西湖南觀音洞。

東洋文庫：

　　一張，紙本墨拓，原片，125.0×87.0，編號：Ⅱ-16-C-r-150。

5207 鮮于申之題名

南宋嘉定三年（1210）三月刻，現存陝西勉縣褒城石門。

東洋文庫：

　　一帖三十二葉，紙本墨拓，30.0×15.0，編號：Ⅺ-3-A-b-60。

5208 平亭詩

李訧撰，南宋嘉定三年（1210）十月十六日刻，現存廣西桂林龍隱洞。

京都大學人文科學研究所：

　　一張，紙本墨拓，原片，編號：SOU0469X。

5209 管湛題名

南宋嘉定五年（1212）六月刻，現存廣西桂林南溪山。

京都大學人文科學研究所：

　　一張，紙本墨拓，原片，編號：SOU0473X。

　　一張，紙本墨拓，原片，編號：SOU0476X。

　　一張，紙本墨拓，原片，編號：SOU0565X。

　　一張，紙本墨拓，原片，編號：SOU0566X。

　　一張，紙本墨拓，原片，編號：SOU0567X。

5210 方信孺刻陸游書詩境

南宋嘉定七年（1214）正月刻，現藏於廣西桂林桂海碑林博物館。

京都大學人文科學研究所：

　　一張，紙本墨拓，原片，編號：SOU0479X。

5211　方信孺詩

南宋嘉定七年（1214）四月刻，現藏於廣西桂林桂海碑林博物館。

京都大學人文科學研究所：

> 一張，紙本墨拓，原片，編號：SOU0481X。
>
> 一張，紙本墨拓，原片，編號：SOU0568X。

5212　張自明詩

南宋嘉定七年（1214）七月刻，現藏於廣西桂林桂海碑林博物館。

京都大學人文科學研究所：

> 一張，紙本墨拓，原片，編號：SOU0483X。

5213　卦德亭銘

陳孔碩撰，南宋嘉定七年（1214）九月刻，現藏於廣西桂林桂海碑林博物館。

京都大學人文科學研究所：

> 一張，紙本墨拓，原片，編號：SOU0484X。

5214　蘇州學記

南宋嘉定八年（1215）十月十五日刻，現藏江蘇蘇州博物館。

東洋文庫：

> 一張，紙本墨拓，原片，245.0×110.0，編號：Ⅱ-16-C-r-151。

5215　羅池廟迎送神祠碑

又稱“羅池廟碑”“羅池銘辭”“荔子丹碑”，蘇軾書，南宋嘉定十年（1217）立，現在廣西柳州馬平羅池廟。

東京國立博物館：

> 一幅，紙本墨拓，原片，編號：274，市河三鼎舊藏。

京都大學人文科學研究所：

> 一張，紙本墨拓，原片，編號：SOU0487X。

5216　鄒應龍題名

南宋嘉定十年（1217）刻，現存廣西桂林龍隱洞。

京都大學人文科學研究所：

> 一張，紙本墨拓，原片，編號：SOU0489X。

5217　平江府添助學田記

南宋嘉定十三年（1220）十二月刻，現存江蘇蘇州文廟。

東洋文庫：

　　一張，紙本墨拓，原片，173.0×82.0，編號：Ⅱ-16-C-r-152。

5218　葉任道題名

南宋嘉定十五年（1222）刻，現存廣西桂林龍隱洞。

京都大學人文科學研究所：

　　一張，紙本墨拓，原片，編號：SOU0491X。

［寶慶］

5219　寶慶題名

南宋寶慶二年（1226）刻，原在陝西漢中褒城石門。

淑德大學書學文化中心：

　　一軸，紙本墨拓，原片，卷軸，編號：195003。

5220　石堰修祀記

南宋寶慶二年（1226）刻，原在湖北咸寧崇陽縣石堰。

京都大學人文科學研究所：

　　一張，紙本墨拓，原片，編號：SOU0493X。

［紹定］

5221　給復學田公牒一

南宋紹定元年（1228）七月刻，原在蘇州府學，今藏地不詳。

東洋文庫：

　　一張，紙本墨拓，原片，173.0×82.0，編號：Ⅱ-16-C-r-153。

5222　給復學田公牒二

南宋紹定元年（1228）十一月刻，原在蘇州府學，今藏地不詳。

東洋文庫：

　　一張，紙本墨拓，原片，170.0×91.0，編號：Ⅱ-16-C-r-154。

5223　傅二娘造石水筧記

南宋紹定二年（1229）七月十五日刻，廣州城南出土，今藏地不詳。

京都大學人文科學研究所：

　　一張，紙本墨拓，原片，編號：SOU0495X。

5224　吳學復田記

南宋紹定二年（1229）八月十五日刻，原在蘇州府學，今藏地不詳。

東洋文庫：

　　一張，紙本墨拓，原片，177.0×91.0，編號：Ⅱ-16-C-r-156。

5225　平江圖

南宋紹定二年（1229）刻，現存江蘇蘇州文廟。

東洋文庫：

　　一張，碑陽連額，紙本墨拓，原片，201.0×142.0+38.0×21.0，編號：Ⅱ-16-C-r-155。

京都大學人文科學研究所：

　　一張，紙本墨拓，原片，編號：SOU0502D。

龍谷大學：

　　一幅，紙本墨拓，原片，204.5×138.0。

5226　給復學田省劄

南宋紹定三年（1230）九月刻，原在蘇州府學，今藏地不詳。

東洋文庫：

　　一張，紙本墨拓，原片，171.0×90.0，編號：Ⅱ-16-C-r-157。

5227　吳學義廩規約

南宋紹定六年（1233）八月刻，現存江蘇蘇州文廟。

東洋文庫：

　　一張，紙本墨拓，原片，171.0×92.0，編號：Ⅱ-16-C-r-158。

［端平］

5228　文辭磚

南宋端平二年（1235）刻，廣東廣州出土，今藏地不詳。

京都大學人文科學研究所：

　　一張，紙本墨拓，原片，編號：SOU0496X。

［嘉熙］

5229　吕祖磚王濟美題名

南宋嘉熙元年（1237）正月三日刻，現存廣西桂林曾公巖。

京都大學人文科學研究所：

    一張，紙本墨拓，原片，編號：SOU0497X。

5230　皇帝聖旨亞聖公後裔□免差發碑

南宋嘉熙元年（1237）十一月立，現存山東濟寧鄒城孟廟。

京都大學人文科學研究所：

    一張，紙本墨拓，原片，編號：GEN0001X。

5231　王説等題名

南宋嘉熙元年（1237）刻，今藏地不詳。

東洋文庫：

    一張，紙本墨拓，原片，25.0×14.0，編號：Ⅱ-16-C-r-185。

5232　徐清叟題名

南宋嘉熙三年（1239）刻，今藏地不詳。

京都大學人文科學研究所：

    一張，紙本墨拓，原片，編號：SOU0498X。

［淳祐］

5233　思無邪公生明題字

南宋淳祐元年（1241）正月刻，現存江蘇蘇州文廟。

東洋文庫：

    一張，紙本墨拓，原片，217.0×84.0，編號：Ⅱ-16-C-r-159。

京都大學人文科學研究所：

    一張，紙本墨拓，原片，編號：SOU0500X。

5234　道統贊

南宋淳祐元年（1241）正月刻，現存浙江杭州孔廟。

東洋文庫：

    十七張，紙本墨拓，（114.0~134.0）×（62.0~68.0），編號：Ⅱ-16-C-r-160。

5235　疏廣戒子弟語

南宋淳祐元年（1241）四月刻，現存浙江杭州孔廟。

東洋文庫：

    一張，紙本墨拓，原片，148.0×94.0，編號：Ⅱ-16-C-r-161。

5236　謝邁題名

南宋淳祐元年（1241）刻，現存廣西桂林乳洞巖。

京都大學人文科學研究所：

　　一張，紙本墨拓，原片，編號：SOU0499X。

5237　圓悟法師凝寂塔碑

南宋淳祐四年（1244）刻，現存江西九江廬山東林寺。

東北大學附屬圖書館：

　　一幅，紙本墨拓，原片，常盤大定舊藏。

5238　徐敏子題名

南宋淳祐六年（1246）刻，現存廣西桂林伏波巖。

京都大學人文科學研究所：

　　一張，紙本墨拓，原片，編號：SOU0501X。

5239　天文圖

南宋淳祐七年（1247）十一月刻，現存江蘇蘇州文廟。

東洋文庫：

　　一軸，紙本墨拓，原片，185.0×105.0，編號：Ⅵ-2-72。

　　一張，紙本墨拓，原片，188.0×105.0，編號：Ⅱ-16-C-r-162。

京都大學人文科學研究所：

　　一張，紙本墨拓，原片，編號：SOU0502A。

龍谷大學：

　　一幅，紙本墨拓，原片，181.5×103.5。

5240　帝王紹運圖

南宋淳祐七年（1247）十一月刻，現存江蘇蘇州文廟。

東洋文庫：

　　一張，紙本墨拓，原片，180.0×98.0，編號：Ⅱ-16-C-r-162。

京都大學人文科學研究所：

　　一張，紙本墨拓，原片，編號：SOU0502C。

5241　墜理圖

南宋淳祐七年（1247）十一月刻，現存江蘇蘇州文廟。

東洋文庫：

一張，紙本墨拓，原片，188.0×103.0，編號：Ⅱ-16-C-r-162。

京都大學人文科學研究所：

一張，紙本墨拓，原片，編號：SOU0502B。

龍谷大學：

一幅，紙本墨拓，原片，180.0×100.0。

一幅，紙本墨拓，原片，149.5×103.0。

5242　陸德輿等題名

南宋淳祐八年（1248）刻，現存浙江杭州西湖飛來峰。

東洋文庫：

一張，紙本墨拓，原片，25.0×40.0，編號：Ⅱ-16-C-r-163。

5243　總所撥歸本學圍租公據

南宋淳祐十一年（1251）五月刻，原在江蘇蘇州文廟。

東洋文庫：

一張，紙本墨拓，原片，172.0×87.0，編號：Ⅱ-16-C-r-164。

5244　曾原一趙希圉題名

南宋淳祐十二年（1252）五月刻，現存廣西桂林隱山。

京都大學人文科學研究所：

一張，紙本墨拓，原片，編號：SOU0508X。

［寶祐］

5245　重修□國公廟記

南宋寶祐三年（1255）三月刻，現存山東濟寧鄒城孟廟。

京都大學人文科學研究所：

一張，紙本墨拓，原片，編號：GEN0003X。

5246　觀德題字

南宋寶祐四年（1256）四月刻，現藏於江蘇蘇州碑刻博物館。

東洋文庫：

一張，紙本墨拓，原片，208.0×97.0，編號：Ⅱ-16-C-r-165。

5247　朱埴題名

南宋寶祐六年（1258）刻，現存廣西桂林七星巖。

京都大學人文科學研究所：

　　　一張，紙本墨拓，原片，編號：SOU0509X。

5248　開慶紀功摩崖

南宋寶祐六年（1258）刻，現存湖北襄陽真武山東麓。

京都大學人文科學研究所：

　　　一張，紙本墨拓，原片，編號：SOU0511X。

［景定］

5249　朱禩孫題名

南宋景定五年（1264）刻，現存廣西桂林南溪山劉仙巖。

京都大學人文科學研究所：

　　　一張，紙本墨拓，原片，編號：SOU0512X。

［咸淳］

5250　菊庵長老靈塔

全稱"顯教圓通大禪師照公和尚塔銘并叙"，邵元撰文并書丹，南宋咸淳元年（1265）刻，現存
河南登封少林寺。

京都大學人文科學研究所：

　　　一張，紙本墨拓，原片，編號：GEN0010A。

　　　一張，紙本墨拓，原片，編號：GEN0010B。

5251　敕賜安福院記

南宋咸淳三年（1267）十二月刻，原在福建泉州安福寺。

東洋文庫：

　　　一張，碑陽連額，紙本墨拓，原片，152.0×90.0+37.0×35.0，編號：Ⅱ-16-C-r-167。

5252　廣州光孝寺大鑒禪師殿記

南宋咸淳五年（1269）十一月七日刻，現存廣東廣州光孝寺。

東北大學附屬圖書館：

　　　二幅，紙本墨拓，原片，常盤大定舊藏。

5253　趙冰壺贈僧頑石詩

南宋咸淳八年（1272）六月十九日刻，現存江蘇鎮江焦山碑林。

東洋文庫：

　　　四張，紙本墨拓，原片，各 123.0×84.0，編號：Ⅱ-16-C-r-168。

5254　揚州州學藏書樓記

應節嚴撰，南宋咸淳九年（1273）七月刻，今藏地不詳。

東洋文庫：

　　　一張，碑陽，紙本墨拓，原片，153.0×111.0。一張，碑額，紙本墨拓，原片，48.0×28.0。
　　　編號：Ⅱ-16-C-r-169。

5255　宣聖像

南宋咸淳十年（1274）七月刻，現藏於江蘇蘇州碑刻博物館。

東洋文庫：

　　　一張，紙本墨拓，原片，216.0×118.0，編號：Ⅱ-16-C-r-170。

［ 德祐 ］

5256　忠祐廟敕封告據

南宋德祐二年（1276）正月刻，今藏地不詳。

東洋文庫：

　　　一張，碑陽連額，紙本墨拓，原片，142.0×84.0+25.0×50.0，編號：Ⅱ-16-C-r-171。

宋無紀年

5257 雲淵碑
宋刻，無紀年，今藏地不詳。
京都大學人文科學研究所：

一張，紙本墨拓，原片，編號：SOU0596X。

5258 宋殘碑
宋刻，無紀年，今藏地不詳。
淑德大學書學文化中心：

一軸，紙本墨拓，卷軸，編號：198634。
一軸，紙本墨拓，卷軸，編號：198635。

5259 墓表殘石
宋刻，無紀年，今藏地不詳。
木雞室：

一張，宋拓，紙本墨拓，魏了翁題簽。

5260 盧公墓誌蓋
宋刻，無紀年，今藏地不詳。
京都大學人文科學研究所：

一張，紙本墨拓，原片，編號：TOU1831X。

5261 仇公墓誌蓋
宋刻，無紀年，今藏地不詳。
東洋文庫：

一張，紙本墨拓，原片，40.0×35.0，編號：Ⅱ-16-C-r-177。

5262　金剛般若波羅蜜經

宋刻，無紀年，今藏地不詳。

東洋文庫：

十一張，紙本墨拓，原片，各41.0×86.0，編號：Ⅱ-16-C-r-133。

5263　井隱寺大佛頂陀羅尼幢

宋刻，無紀年，今藏地不詳。

東洋文庫：

八張，紙本墨拓，（97.0~100.0）×（40.0~44.0），編號：Ⅱ-16-C-r-175。

八張，紙本墨拓，50.0×40.0~100.0×40.0，編號：Ⅱ-16-C-r-176。

5264　知道爲入遼兄造像記

宋刻，無紀年，現存河南洛陽龍門石窟。

東洋文庫：

一張，紙本墨拓，原片，18.0×10.0，編號：Ⅱ-16-C-r-178。

5265　余祺造像記

宋刻，無紀年，現存河南洛陽龍門石窟。

東洋文庫：

一張，紙本墨拓，原片，18.0×13.0，編號：Ⅱ-16-C-r-179。

5266　陳立程顯忠造像記

宋刻，無紀年，今藏地不詳。

東洋文庫：

一張，紙本墨拓，原片，19.0×12.0，編號：Ⅱ-16-C-r-180。

5267　徐待詔造像記

宋刻，無紀年，今藏地不詳。

東洋文庫：

一張，紙本墨拓，原片，14.0×8.0，編號：Ⅱ-16-C-r-181。

5268　姚中同妻王氏造像記

宋刻，無紀年，今藏地不詳。

東洋文庫：

一張，紙本墨拓，原片，13.0×8.0，編號：Ⅱ-16-C-r-182。

5269　秦輝并妻造像記

宋刻，無紀年，今藏地不詳。

東洋文庫：

　　　　一張，紙本墨拓，原片，24.0×16.0，編號：Ⅱ-16-C-r-183。

5270　蓋聞妙智三知造像記

宋刻，無紀年，今藏地不詳。

東洋文庫：

　　　　一張，紙本墨拓，原片，17.0×7.0，編號：Ⅱ-16-C-r-184。

5271　六和塔施主造像記

宋刻，無紀年，現存浙江杭州西湖。

東洋文庫：

　　　　一張，紙本墨拓，原片，40.0×45.0，編號：Ⅱ-16-C-r-174。

5272　直翁等造像記

宋刻，無紀年，現存浙江杭州西湖。

東洋文庫：

　　　　一張，紙本墨拓，原片，16.0×30.0，編號：Ⅱ-16-C-r-186。

5273　張維造像記

宋刻，無紀年，現藏於廣西桂林桂海碑林博物館。

京都大學人文科學研究所：

　　　　一張，紙本墨拓，原片，編號：SOU0547X。

5274　孫師聖造像記

宋刻，無紀年，現存廣西桂林龍隱洞。

京都大學人文科學研究所：

　　　　一張，紙本墨拓，原片，編號：SOU0548X。

5275　三生石題字

宋刻，無紀年，現存浙江杭州西湖。

東洋文庫：

　　　　一張，紙本墨拓，原片，32.0×13.0，編號：Ⅱ-16-C-r-187。

5276　明如題字

宋刻，無紀年，今藏地不詳。

東洋文庫：

　　　一張，紙本墨拓，原片，16.0×10.0，編號：Ⅱ-16-C-r-188。

5277　一七日至題字

宋刻，無紀年，今藏地不詳。

東洋文庫：

　　　一張，紙本墨拓，原片，7.0×7.0，編號：Ⅱ-16-C-r-190。

5278　贈張南軒詩

宋刻，無紀年，現存湖南長沙愛晚亭。

東京國立博物館：

　　　一幅，紙本墨拓，原片，編號：939，今泉雄作舊藏。

5279　蘇軾醉中詩

宋刻，無紀年，現存江蘇徐州雲龍山。

京都大學人文科學研究所：

　　　一張，紙本墨拓，原片，編號：SOU0632X。

　　　一張，紙本墨拓，原片，編號：SOU0597X。

5280　趙夔詩

宋刻，無紀年，現藏於廣西桂林桂海碑林博物館。

京都大學人文科學研究所：

　　　一張，紙本墨拓，原片，編號：SOU0543X。

5281　白梅倡和詩

宋刻，無紀年，現存廣西桂林龍隱巖。

京都大學人文科學研究所：

　　　一張，紙本墨拓，原片，編號：SOU0551X。

5282　呂愿忠六洞詩

宋刻，無紀年，現存廣西桂林隱山。

京都大學人文科學研究所：

　　　一張，紙本墨拓，原片，編號：SOU0546X。

　　　一張，紙本墨拓，原片，編號：SOU0350X。

5283 滑懋刻張公詩

宋刻，無紀年，現存廣西桂林水月洞。

京都大學人文科學研究所：

　　　一張，紙本墨拓，原片，編號：SOU0558X。

5284 楊絳詩

宋刻，無紀年，現存廣西桂林栖霞洞。

京都大學人文科學研究所：

　　　一張，紙本墨拓，原片，編號：SOU0583X。

5285 張挺詩

宋刻，無紀年，現存廣西桂林龍隱洞。

京都大學人文科學研究所：

　　　一張，紙本墨拓，原片，編號：SOU0559X。

5286 梁安世詩

宋刻，無紀年，現藏於廣西桂林桂海碑林博物館。

京都大學人文科學研究所：

　　　一張，紙本墨拓，原片，編號：SOU0588X。

5287 劉希旦詩

宋刻，無紀年，現存廣西桂林省春巖。

京都大學人文科學研究所：

　　　一張，紙本墨拓，原片，編號：SOU0526X。

5288 石俛書梅公瘴説

宋刻，無紀年，現存廣西桂林龍隱洞。

京都大學人文科學研究所：

　　　一張，紙本墨拓，原片，編號：SOU0549X。

5289 朱希顔刻石曼卿書

宋刻，無紀年，現存廣西桂林龍隱巖。

京都大學人文科學研究所：

　　　一張，紙本墨拓，原片，編號：SOU0552X。

5290 洪邁石屏記

宋刻，無紀年，現藏於廣西桂林桂海碑林博物館。

京都大學人文科學研究所：

一張，紙本墨拓，原片，編號：SOU0554X。

5291 蘇仁弼題名

宋刻，無紀年，現存廣西桂林龍隱巖。

京都大學人文科學研究所：

一張，紙本墨拓，原片，編號：SOU0560X。

5292 趙善恭題名

宋刻，無紀年，現存廣西桂林七星山。

京都大學人文科學研究所：

一張，紙本墨拓，原片，編號：SOU0561X。

5293 鄭子壽等題名

宋刻，無紀年，現存廣西桂林伏波巖。

京都大學人文科學研究所：

一張，紙本墨拓，原片，編號：SOU0564X。

5294 趙子肅邵伯高題名

宋刻，無紀年，現存廣西桂林讀書巖。

京都大學人文科學研究所：

一張，紙本墨拓，原片，編號：SOU0569X。

5295 常恭題名

宋刻，無紀年，現存廣西桂林讀書巖。

京都大學人文科學研究所：

一張，紙本墨拓，原片，編號：SOU0573X。

5296 張栻題名

宋刻，無紀年，現存廣西桂林白龍洞。

京都大學人文科學研究所：

一張，紙本墨拓，原片，編號：SOU0575X。

一張，紙本墨拓，原片，編號：SOU0576X。

5297 廖重能題名

宋刻，無紀年，現存廣西桂林隱山北牖洞。

京都大學人文科學研究所：

一張，紙本墨拓，原片，編號：SOU0578X。

5298 詹體仁題名

宋刻，無紀年，現存廣西桂林隱山北牖洞。

京都大學人文科學研究所：

一張，紙本墨拓，原片，編號：SOU0579X。

一張，紙本墨拓，原片，編號：SOU0581X。

一張，紙本墨拓，原片，編號：SOU0592X。

5299 黃德琬題名

宋刻，無紀年，現存廣西桂林隱山北牖洞。

京都大學人文科學研究所：

一張，紙本墨拓，原片，編號：SOU0582X。

5300 劉焞題名

宋刻，無紀年，現存廣西桂林七星山。

京都大學人文科學研究所：

一張，紙本墨拓，原片，編號：SOU0586X。

5301 熊飛題名

宋刻，無紀年，現存廣西桂林七星山。

京都大學人文科學研究所：

一張，紙本墨拓，原片，編號：SOU0591X。

5302 劉愈題名

宋刻，無紀年，現存廣西桂林隱山。

京都大學人文科學研究所：

一張，紙本墨拓，原片，編號：SOU0593X。

5303 任忠益題名

宋刻，無紀年，現存廣西桂林龍隱巖。

京都大學人文科學研究所：

一張，紙本墨拓，原片，編號：SOU0595X。

5304　衢州殘題名

宋刻，無紀年，現存浙江衢州仙巖洞。

京都大學人文科學研究所：

　　　一張，紙本墨拓，原片，編號：SOU0606X。

　　　一軸，紙本墨拓，卷軸，編號：000860。

5305　劉霧題名

宋刻，無紀年，現存河北邯鄲永年朱山。

淑德大學書學文化中心：

　　　一册，紙本墨拓，册頁，編號：197394，天放樓舊藏。

5306　韓伯康題名

宋刻，無紀年，今藏地不詳。

宇野雪村文庫：

　　　十二張，紙本墨拓，原片，編號：1634。

5307　張覲題名

宋刻，無紀年，現存廣西桂林龍隱巖。

京都大學人文科學研究所：

　　　一張，紙本墨拓，原片，編號：SOU0531X。

5308　關蔚宗題名

宋刻，無紀年，現存廣西桂林白龍洞。

京都大學人文科學研究所：

　　　一張，紙本墨拓，原片，編號：SOU0532X。

5309　許中甫題名

宋刻，無紀年，現存廣西桂林屏風巖。

京都大學人文科學研究所：

　　　一張，紙本墨拓，原片，編號：SOU0533X。

5310　許慶題名

宋刻，無紀年，現存廣西桂林白龍洞。

京都大學人文科學研究所：

　　　一張，紙本墨拓，原片，編號：SOU0534X。

5311　程子立題名

宋刻，無紀年，現存廣西桂林雉山。

京都大學人文科學研究所：

　　　一張，紙本墨拓，原片，編號：SOU0535X。

5312　李端臣題名

宋刻，無紀年，現存廣西桂林雉山。

京都大學人文科學研究所：

　　　一張，紙本墨拓，原片，編號：SOU0536X。

　　　一張，紙本墨拓，原片，編號：SOU0537X。

　　　一張，紙本墨拓，原片，編號：SOU0538X。

5313　黄庭堅題名

宋刻，無紀年，現存湖南永州朝陽巖。

京都大學人文科學研究所：

　　　一張，紙本墨拓，原片，編號：SOU0633A。

　　　一張，紙本墨拓，原片，編號：SOU0633B。

　　　一張，紙本墨拓，原片，編號：SOU0515X。

　　　一張，紙本墨拓，原片，編號：SOU0523X。

5314　米芾題名

宋刻，無紀年，現存山東泰安岱廟。

京都大學人文科學研究所：

　　　一張，紙本墨拓，原片，編號：SOU0634X。

　　　一張，紙本墨拓，原片，編號：SOU0516X。

　　　一張，紙本墨拓，原片，編號：SOU0524A。

　　　一張，紙本墨拓，原片，編號：SOU0524B。

　　　一張，紙本墨拓，原片，編號：SOU0524C。

5315　會真宮題名

宋刻，無紀年，現存山東泰安岱廟。

京都大學人文科學研究所：

　　　一張，紙本墨拓，原片，編號：SOU0630X。

5316　興慶宮圖

宋刻，無紀年，現藏於西安碑林博物館。

京都大學人文科學研究所：

　　　　一張，紙本墨拓，原片，編號：SOU0645X。

5317　婦人畫像

宋刻，無紀年，今藏地不詳。

宇野雪村文庫：

　　　　三張，紙本墨拓，原片，編號：1238。

5318　觀世音畫像

宋刻，無紀年，今藏地不詳。

宇野雪村文庫：

　　　　一張，紙本墨拓，原片，編號：1295。

5319　李白脫靴像

宋刻，無紀年，現存安徽當塗李白文化園。

京都大學人文科學研究所：

　　　　一張，紙本墨拓，原片，編號：SOU0522X。

5320　米芾臨蘭亭序

宋作，無紀年，現存江蘇鎮江焦山碑林。

宇野雪村文庫：

　　　　一冊，紙本墨拓，冊頁，編號：65。

5321　群玉堂帖·第八卷殘帖

宋刻，無紀年，原石久佚。

東京國立博物館：

　　　　一帖，宋拓，紙本墨拓。

五島美術館：

　　　　一帖，宋拓，紙本墨拓。

遼
（907—1125）

［會同］

5322　佛頂尊勝陀羅尼幢

遼會同九年（946）正月刻，今藏地不詳。

東洋文庫：

　　　四張，紙本墨拓，原片，各134.0×35.0，編號：Ⅱ-16-C-s-1。

［應曆］

5323　智辛塔記

全稱"感化寺智辛禪師塔記"，張明撰文，遼應曆二年（952）十月二十五日刻，現存河北盤山感化寺。

　　　淑德大學書學文化中心：

　　　一軸，紙本墨拓，卷軸，編號：000861。

　　　京都大學人文科學研究所：

　　　一張，紙本墨拓，原片，編號：GOD0021X。

5324　薦福大師尊勝陀羅尼幢

王進思書丹并刻字，遼應曆七年（957）六月二十一日刻，二〇一八年出土於北京石景山區，現存北京法源寺。

　　　東洋文庫：

　　　四張，紙本墨拓，原片，各96.0×29.0，編號：Ⅱ-16-C-s-2。

　　　京都大學人文科學研究所：

　　　一張，紙本墨拓，原片，編號：GOD0031X。

［乾亨］

5325　張正嵩墓誌

遼乾亨三年（981）十一月八日葬，遼寧義縣出土，現藏於遼寧省博物館。

東洋文庫：

　　一張，紙本墨拓，原片，59.0×60.0，編號：Ⅱ-16-C-41。

［統和］

5326　尊勝陀羅尼經幢

遼統和二十年（1002）二月四日刻，今藏地不詳。

淑德大學書學文化中心：

　　一張，紙本墨拓，托裱，編號：195387。

5327　王隣墓誌

遼統和二十四年（1006）十一月一日葬，河北平泉出土，現藏於遼寧省博物館。

東洋文庫：

　　一張，紙本墨拓，原片，73.0×73.0，編號：Ⅱ-16-C-2.49。

　　一張，紙本墨拓，原片，73.0×73.0，編號：Ⅱ-16-C-1397。

京都大學人文科學研究所：

　　一張，紙本墨拓，原片，編號：SOU0030X。

5328　王說墓誌

遼統和二十六年（1008）八月二十日葬，河北平泉出土，現藏於遼寧省博物館。

京都大學人文科學研究所：

　　一張，紙本墨拓，原片，編號：SOU0032X。

5329　尊勝陀羅尼經幢

遼統和二十八年（1010）七月九日刻，今藏地不詳。

淑德大學書學文化中心：

　　一張，紙本墨拓，托裱，編號：197739，天放樓舊藏。

有鄰館：

　　一張，紙本墨拓，全拓，藏石。

［開泰］

5330　演妙大師等施財題名碑

遼開泰元年（1012）刻，今藏地不詳。

東洋文庫：

一張，碑陽，紙本墨拓，原片，65.0×47.0。一張，碑陰，紙本墨拓，原片，62.0×47.0。

編號：Ⅱ-16-C-43。

［太平］

5331　永興宮都署韓紹勳題記

遼太平六年（1026）正月十七日刻，現存北京石經山金仙公主塔。

京都大學人文科學研究所：

一張，紙本墨拓，原片，編號：SOU0045X。

5332　宋匡世墓誌

遼太平六年（1026）三月七日葬，遼寧凌源出土，現藏於遼寧省博物館。

東洋文庫：

一張，紙本墨拓，原片，74.0×74.0，編號：Ⅱ-16-C-2.50。

一張，紙本墨拓，原片，74.0×73.0，編號：Ⅱ-16-C-1398。

一張，紙本墨拓，原片，74.0×73.0，編號：Ⅱ-16-C-1608。

5333　耶律隆緒哀册并蓋

遼太平十一年（1031）十一月二十一日葬，民國三年（1914）出土於內蒙古赤峰林西縣，現藏於遼寧省博物館。

東洋文庫：

一張，册，紙本墨拓，原片，132.0×131.0。一張，蓋，紙本墨拓，原片，135.0×135.0。

編號：Ⅱ-16-C-2.51。

一張，册，紙本墨拓，原片，131.0×131.0。一張，蓋，紙本墨拓，原片，132.0×132.0。

編號：Ⅱ-16-C-1399。

京都大學人文科學研究所：

一張，紙本墨拓，原片，編號：SOU0055A。

一張，紙本墨拓，原片，編號：SOU0055B。

東北大學附屬圖書館：

二幅，紙本墨拓，原片，常盤大定舊藏。

［重熙］

5334 佛頂尊勝陀羅尼幢

遼重熙四年（1035）十月十四日刻，今藏地不詳。

東洋文庫：

> 四張，紙本墨拓，原片，各 130.0×50.0，編號：Ⅱ-16-C-1400。

5335 張哥墓誌

遼重熙四年（1035）十一月二十九日葬，現藏於遼寧省博物館。

東洋文庫：

> 一張，紙本墨拓，原片，43.0×44.0，編號：Ⅱ-16-C-2.52。

京都大學人文科學研究所：

> 一張，紙本墨拓，原片，編號：SOU0065X。

5336 佛頂尊勝陀羅尼經幢

遼重熙六年（1037）二月一日刻，今藏地不詳。

京都大學人文科學研究所：

> 一張，紙本墨拓，原片，編號：SOU0067A。
>
> 一張，紙本墨拓，原片，編號：SOU0067B。
>
> 一張，紙本墨拓，原片，編號：SOU0067C。
>
> 一張，紙本墨拓，原片，編號：SOU0067D。

5337 韓橚墓誌

遼重熙六年（1037）二月葬，遼寧朝陽出土，現藏於遼寧朝陽博物館。

東洋文庫：

> 二張，墓誌，紙本墨拓，原片，各 104.0×59.0。一張，墓誌蓋，紙本墨拓，原片，104.0×
> 112.0。編號：Ⅱ-16-C-1609。

京都大學人文科學研究所：

> 一張，紙本墨拓，原片，編號：SOU0069X。

5338 張思忠墓誌

遼重熙八年（1039）二月十七日葬，遼寧義縣出土，現藏於遼寧省博物館。

東洋文庫：

> 一張，紙本墨拓，原片，64.0×62.0。

5339　大寶積經

遼重熙十一年（1042）刻，現存北京房山雲居寺。

佛教大學：

    一張，紙本墨拓，原片，150.0×65.0。

    一張，紙本墨拓，原片，144.0×66.0。

    一張，紙本墨拓，原片，146.0×69.0。

    一張，紙本墨拓，原片，148.0×67.0。

5340　佛頂尊勝陀羅尼經幢

遼重熙二十年（1051）六月一日刻，今藏地不詳。

京都大學人文科學研究所：

    一張，紙本墨拓，原片，編號：SOU0077X。

［清寧］

5341　房山四大部經成就碑記

遼清寧四年（1058）三月一日刻，現存北京房山雲居寺。

京都大學人文科學研究所：

    一張，紙本墨拓，原片，編號：SOU0082X。

    一張，紙本墨拓，原片，編號：SOU0083X。

東北大學附屬圖書館：

    一幅，紙本墨拓，原片，常盤大定舊藏。

5342　耶律隆緒欽愛皇后哀册并蓋

遼清寧四年（1058）五月四日葬，民國三年（1914）出土於内蒙古赤峰林西縣，現藏於遼寧省博物館。

東洋文庫：

    一張，紙本墨拓，117.0×119.0。一張，蓋，紙本墨拓，131.0×134.0。編號：Ⅱ-16-C-2.53。

    一張，紙本墨拓，118.0×120.0。一張，蓋，紙本墨拓，127.0×127.0。編號：Ⅱ-16-C-1401。

京都大學人文科學研究所：

    一張，紙本墨拓，原片，編號：SOU0085A。

    一張，紙本墨拓，原片，編號：SOU0085B。

東北大學附屬圖書館：

    二幅，紙本墨拓，原片，常盤大定舊藏。

［咸雍］

5343　無礙大悲心陀羅尼幢

遼咸雍三年（1067）十一月十日刻，今藏地不詳。

東洋文庫：

　　　　二張，紙本墨拓，165.0×65.0。附佛像一張，51.0×111.0。編號：Ⅱ-16-C-2.61。

5344　静安寺碑

全稱“大遼大橫帳蘭陵郡夫人建静安寺碑”，遼咸雍八年（1072）立，現存內蒙古赤峰元寶山區
静安寺。

東洋文庫：

　　　　一張，碑陽，紙本墨拓，190.0×88.0。一張，碑額，紙本墨拓，58.0×36.0。一張，碑陰，
紙本墨拓，190.0×85.0。一張，碑陰額，紙本墨拓，59.0×36.0。編號：Ⅱ-16-C-7。

［太康］

5345　耶律宗真仁懿皇后哀册蓋

遼太康二年（1076）六月十日葬，民國十一年（1922）出土於內蒙古巴林右旗遼興陵，現藏於
遼寧省博物館。

東洋文庫：

　　　　一張，紙本墨拓，原片，131.0×130.0，編號：Ⅱ-16-C-2.54。
　　　　一張，紙本墨拓，原片，132.0×132.0，編號：Ⅱ-16-C-1402。

東北大學附屬圖書館：

　　　　二幅，紙本墨拓，原片，常盤大定舊藏。

5346　王用□墓誌

遼太康二年（1076）八月二十五日葬，內蒙古赤峰出土，今藏地不詳。

東洋文庫：

　　　　一張，紙本墨拓，原片，63.0×67.0，編號：Ⅱ-16-C-39。

5347　藏掩感應舍利記

全稱“井亭院圓寂道場藏掩感應舍利記”，遼太康六年（1080）四月二十八日刻，現存北京
房山。

京都大學人文科學研究所：

　　　　一張，紙本墨拓，原片，編號：SOU0128X。

5348　藥師鑄像臺座銘

遼太康六年（1080）八月十六日刻，原在廣東光孝寺，後移六榕寺，久佚。

京都大學人文科學研究所：

一張，紙本墨拓，原片，編號：SOU0129X。

5349　尊勝陀羅尼經幢

遼太康六年（1080）刻，今藏地不詳。

京都大學人文科學研究所：

一張，紙本墨拓，原片，編號：SOU0138A。

一張，紙本墨拓，原片，編號：SOU0138B。

5350　耶律隆緒仁德皇后哀册并蓋

遼太康七年（1081）十月八日葬，民國十一年（1922）出土於內蒙古巴林右旗遼興陵，現藏於遼寧省博物館。

東洋文庫：

一張，紙本墨拓，117.0×118.0。一張，蓋，紙本墨拓，121.0×121.0。編號：II-16-C-2.55。

一張，紙本墨拓，120.0×120.0。一張，蓋，紙本墨拓，121.0×121.0。編號：II-16-C-1403。

東北大學附屬圖書館：

二幅，紙本墨拓，原片，常盤大定舊藏。

京都大學人文科學研究所：

一張，紙本墨拓，原片，編號：SOU0140A。

一張，紙本墨拓，原片，編號：SOU0140B。

［大安］

5351　蕭儀置門枕刻石二段

遼大安三年（1087）五月刻，現藏於故宮博物院。

京都大學人文科學研究所：

一張，紙本墨拓，原片，編號：SOU0157A。

一張，紙本墨拓，原片，編號：SOU0157B。

5352　尊勝陀羅尼經幢

遼大安三年（1087）六月二日刻，今藏地不詳。

淑德大學書學文化中心：

一張，紙本墨拓，托裱，編號：197740，天放樓舊藏。

5353 孫法師澄方遺行銘

全稱"上方感化寺故監寺澄方遺行碑"，遼大安六年（1090）三月八日立，現存天津薊州盤山感化寺。

東洋文庫：

一張，紙本墨拓，原片，55.0×45.0，編號：Ⅱ-16-C-s-3。

京都大學人文科學研究所：

一張，紙本墨拓，原片，編號：SOU0161X。

5354 鄭恪墓誌

遼大安六年（1090）十月二十四日葬，民國二十九年（1940）出土於遼寧建平縣，現藏於遼寧省博物館。

東洋文庫：

一張，紙本墨拓，原片，68.0×70.0，編號：Ⅱ-16-C-1610。

京都大學人文科學研究所：

一張，紙本墨拓，原片，編號：SOU0162X。

5355 貫劫經卷第一

遼大安九年（1093）刻，現存北京房山雲居寺。

佛教大學：

一張，紙本墨拓，原片，155.0×680.0。

5356 大憫忠寺舍利函記

全稱"燕京大憫忠寺觀音菩薩地宮舍利函記"，遼大安十年（1094）四月二十二日刻，現存北京法源寺。

淑德大學書學文化中心：

一張，紙本墨拓，原片，編號：001789。

京都大學人文科學研究所：

一張，紙本墨拓，原片，編號：SOU0178A。

一張，紙本墨拓，原片，編號：SOU0178B。

一張，紙本墨拓，原片，編號：SOU0178C。

一張，紙本墨拓，原片，編號：SOU0178D。

一張，紙本墨拓，原片，編號：SOU0178E。

一張，紙本墨拓，原片，編號：SOU0178F。

一張，紙本墨拓，原片，編號：SOU0178G。

一張，紙本墨拓，原片，編號：SOU0178H。

一張，紙本墨拓，原片，編號：SOU0178I。

一張，紙本墨拓，原片，編號：SOU0178J。

5357　摩訶般若波羅蜜經殘石

遼大安年間（1085—1094）刻，現存北京房山雲居寺。

東洋文庫：

二張，紙本墨拓，原片，[1] 61.0×37.0，[2] 59.0×36.0，編號：Ⅱ-16-C-s-9。

［壽昌］

5358　般若波羅蜜多心經

遼壽昌元年（1095）十二月二十□日刻，今藏地不詳。

京都大學人文科學研究所：

一張，紙本墨拓，原片，編號：SOU0186A。

一張，紙本墨拓，原片，編號：SOU0186B。

5359　賈師訓墓誌

遼壽昌三年（1097）四月十七日葬，河北平泉邢家溝出土，現藏於遼寧省博物館。

東洋文庫：

一張，墓誌，紙本墨拓，原片，101.0×102.0。一張，墓誌蓋，紙本墨拓，原片，98.0×96.0。編號：Ⅱ-16-C-2.56。

一張，墓誌，紙本墨拓，原片，100.0×100.0。一張，墓誌蓋，紙本墨拓，原片，96.0×96.0。編號：Ⅱ-16-C-1404。

一張，墓誌，紙本墨拓，原片，103.0×102.0。一張，墓誌蓋，紙本墨拓，原片，98.0×95.0。

宇野雪村文庫：

一張，紙本墨拓，原片，編號：1064。

一張，紙本墨拓，原片，編號：1576。

京都大學人文科學研究所：

一張，紙本墨拓，原片，編號：SOU0195A。

一張，紙本墨拓，原片，編號：SOU0195B。

5360　興國寺太子誕聖邑碑

全稱"大遼國易州興國寺太子誕聖邑碑"，遼壽昌四年（1098）七月三日立，現存河北易縣興國寺。

淑德大學書學文化中心：

一張，紙本墨拓，托裱，編號：197741，天放樓舊藏。

5361　智炬如來破地獄真言頂幢

遼壽昌五年（1099）三月十二日刻，今藏地不詳。

東洋文庫：

一張，紙本墨拓，原片，53.0×84.0，編號：II-16-C-s-4。

京都大學人文科學研究所：

一張，紙本墨拓，原片，編號：SOU0201X。

5362　慈智大德佛頂尊勝大悲陀羅尼幢

遼壽昌五年（1099）四月十三日刻，現在北京陶然亭公園。

東洋文庫：

四張，紙本墨拓，原片，各128.0×34.0，編號：II-16-C-s-5。

京都大學人文科學研究所：

一張，紙本墨拓，原片，編號：SOU0202A。

一張，紙本墨拓，原片，編號：SOU0202B。

一張，紙本墨拓，原片，編號：SOU0202C。

一張，紙本墨拓，原片，編號：SOU0202D。

5363　龍興創造香幢記

遼壽昌六年（1100）刻，現存河北易縣龍興觀。

淑德大學書學文化中心：

一張，紙本墨拓，托裱，編號：197742，天放樓舊藏。

［乾統］

5364　耶律洪基哀册并蓋

遼乾統元年（1101）六月二十三日葬，民國三年（1914）出土於內蒙古赤峰林西縣，現藏於遼寧省博物館。

東洋文庫：

一張，紙本墨拓，124.0×124.0。一張，蓋，紙本墨拓，134.0×135.0。編號：II-16-C-2.58。

一張，紙本墨拓，124.0×123.0。一張，蓋，紙本墨拓，126.0×126.0。編號：II-16-C-1405。

一張，紙本墨拓，128.0×128.0。一張，蓋，紙本墨拓，132.0×135.0。編號：II-16-C-2.57。

一張，紙本墨拓，135.0×135.0。一張，蓋，紙本墨拓，136.0×136.0。編號：II-16-C-1407。

京都大學人文科學研究所：

一張，紙本墨拓，原片，編號：SOU0219A。

一張，紙本墨拓，原片，編號：SOU0219B。

一張，紙本墨拓，原片，編號：SOU0220A。

一張，紙本墨拓，原片，編號：SOU0220B。

東北大學附屬圖書館：

二幅，紙本墨拓，原片，常盤大定舊藏。

5365　耶律洪基宣懿皇后哀册并蓋

遼乾統元年（1101）六月二十三日葬，民國三年（1914）出土於内蒙古赤峰林西縣，現藏於遼寧省博物館。

東洋文庫：

一張，紙本墨拓，123.0×123.0。一張，蓋，紙本墨拓，130.0×131.0。編號：Ⅱ-16-C-1406。

一張，紙本墨拓，124.0×124.0。一張，蓋，紙本墨拓，132.0×131.0。編號：Ⅱ-16-C-2.59。

京都大學人文科學研究所：

一張，紙本墨拓，原片，編號：SOU0221A。

一張，紙本墨拓，原片，編號：SOU0221B。

一張，紙本墨拓，原片，編號：SOU0222X。

東北大學附屬圖書館：

二幅，紙本墨拓，原片，常盤大定舊藏。

5366　發菩提心戒本

遼乾統八年（1108）刻，現存北京房山雲居寺。

佛教大學：

一張，紙本墨拓，原片，38.0×73.0。

5367　遼塔幢

遼乾統十年（1110）四月刻，原在内蒙古巴林左旗十三敖包鎮洞山村，現藏於遼上京博物館。

京都大學人文科學研究所：

一張，紙本墨拓，原片，編號：SOU0239X。

［天慶］

5368　甘露王陀羅尼頂幢

遼天慶元年（1111）十月二十七日刻，今藏地不詳。

東洋文庫：

一張，紙本墨拓，原片，49.0×73.0，編號：Ⅱ-16-C-s-7。

5369　靈感寺釋迦佛舍利塔碑

全稱"大遼興中靈感寺釋迦佛舍利塔碑銘并序"，張嗣初撰，遼天慶六年（1116）八月十三日立，現存遼寧朝陽南塔。

京都大學人文科學研究所：

一張，紙本墨拓，原片，編號：SOU0264A。

一張，紙本墨拓，原片，編號：SOU0264B。

5370 柳氏墓誌

遼天慶七年（1117）十□月葬，出土時地不詳。

東洋文庫：

一張，紙本墨拓，原片，40.0×39.0，編號：Ⅱ-16-C-s-6。

5371 蘇悉地羯羅供養法

遼天慶七年（1117）刻，今藏地不詳。

佛教大學：

一張，紙本墨拓，原片，43.0×78.0。

5372 雲居寺續秘藏石經塔記

全稱“房山雲居寺續秘藏石經塔記幢”，惟和書丹，遼天慶八年（1118）五月十七日刻，現存北京房山雲居寺。

龍谷大學：

八幅，紙本墨拓，原片，各116.0×13.0。

京都大學人文科學研究所：

一張，紙本墨拓，原片，編號：SOU0272A。

一張，紙本墨拓，原片，編號：SOU0272B。

佛教大學：

二張，紙本墨拓，原片，各70.0×39.0。

一張，紙本墨拓，原片，14.0×45.0。

5373 李公幢記

遼天慶十年（1120）三月二十九日刻，今藏地不詳。

淑德大學書學文化中心：

一張，紙本墨拓，原片，編號：001895。

5374 陀羅尼經幢

遼天慶十年（1120）四月十五日刻，今藏地不詳。

東洋文庫：

一張，紙本墨拓，原片，83.0×122.0，編號：Ⅱ-16-C-36。

5375　遼代斷碑

遼刻，無紀年，今藏地不詳。

京都大學人文科學研究所：

　　　一張，紙本墨拓，原片，編號：SOU0643X。

5376　佛頂尊勝陀羅尼經幢

遼刻，無紀年，今藏地不詳。

東洋文庫：

　　　一張，紙本墨拓，原片，100.0×86.0，編號：Ⅱ-16-C-2.48。

　　　一張，紙本墨拓，原片，101.0×87.0，編號：Ⅱ-16-C-1576。

　　　一張，紙本墨拓，原片，104.0×87.0，編號：Ⅱ-16-C-1613。

　　　一帖二十葉，紙本墨拓，原片，30.0×15.0，編號：Ⅱ-16-C-855。

京都大學人文科學研究所：

　　　一張，紙本墨拓，原片，編號：SOU0635A。

　　　一張，紙本墨拓，原片，編號：SOU0635B。

5377　大教王經六十二府殘石

遼刻，無紀年，今藏地不詳。

東洋文庫：

　　　一張，紙本墨拓，原片，44.0×33.0，編號：Ⅱ-16-C-s-8。

5378　海城隆昌州遼墓畫像石

遼刻，無紀年，今藏地不詳。

東洋文庫：

　　　十張，紙本墨拓，原片，編號：Ⅱ-16-C-1660。

宇野雪村文庫：

　　　一張，紙本墨拓，原片，編號：1575。

京都大學人文科學研究所：

　　　一張，紙本墨拓，原片，編號：SOU0642A。

　　　一張，紙本墨拓，原片，編號：SOU0642B。

西 夏
（1038—1227）

[天祐民安]

5379　重修感通塔碑

又稱"西夏碑""涼州碑"，西夏天祐民安五年（1094）正月十五日立，現藏於甘肅武威西夏博物館。

東洋文庫：

一張，碑陽，紙本墨拓，原片，215.0×79.0。一張，碑陰，紙本墨拓，原片，203.0×86.0。

編號：Ⅵ-2-75。

淑德大學書學文化中心：

一軸，紙本墨拓，卷軸，編號：198652。

東北大學附屬圖書館：

一幅，紙本墨拓，原片，常盤大定舊藏。

5380　西夏文字拓本

西夏刻，無紀年，今藏地不詳。

宇野雪村文庫：

一册，紙本墨拓，册頁，編號：412。

金
（1115—1234）

［天會］

5381　陀羅尼經幢

金天會九年（1131）四月刻，現存北京陶然亭公園。

東洋文庫：

　　四張，紙本墨拓，原片，各 33.0×12.0，編號：Ⅱ-16-C-t-1。

京都大學人文科學研究所：

　　一張，紙本墨拓，原片，編號：SOU0309A。

　　一張，紙本墨拓，原片，編號：SOU0309B。

　　一張，紙本墨拓，原片，編號：SOU0309C。

　　一張，紙本墨拓，原片，編號：SOU0309D。

5382　游武州東雪山寺記碑

金天會十一年（1133）立，原在山西忻州五寨東雪山寺。

京都大學人文科學研究所：

　　一張，紙本墨拓，原片，編號：SOU0310A。

　　一張，紙本墨拓，原片，編號：SOU0310B。

5383　大金皇弟都統經略郎君行記

又稱“郎君行記”，金天會十二年（1134）十一月十四日刻，現存陝西乾縣乾陵。

京都大學人文科學研究所：

　　一張，紙本墨拓，原片，編號：SOU0313X。

5384　朔州馬邑縣重建桑乾神廟記

金天會十三年（1135）九月十四日刻，現存山西朔州朔城區神頭鎮吉莊村三大王廟。

東洋文庫：

　　　一張，碑陽連額，紙本墨拓，原片，97.0×74.0+27.0×74.0，編號：Ⅱ-16-C-1410。

［天眷］

5385　真言陀羅尼幢

金天眷二年（1139）四月二十一日刻。

東洋文庫：

　　　一張，紙本墨拓，原片，54.0×70.0，編號：Ⅱ-16-C-t-2。

京都大學人文科學研究所：

　　　一張，紙本墨拓，原片，編號：SOU0321X。

［皇統］

5386　僧思照等造佛殿記殘石

金皇統元年（1141）四月刻，今藏地不詳。

淑德大學書學文化中心：

　　　一軸，紙本墨拓，卷軸，編號：000864。

　　　一軸，紙本墨拓，卷軸，編號：198327。

京都大學人文科學研究所：

　　　一張，紙本墨拓，原片，編號：SOU0322X。

5387　妙空禪師塔

張巖老撰文，夏曾書丹，韓杲篆額，金皇統二年（1142）六月一日刻，現存山東濟南長清靈巖寺。

京都大學人文科學研究所：

　　　一張，紙本墨拓，原片，編號：SOU0326X。

5388　定公禪師塔銘

金皇統二年（1142）十月十日刻，現存山東濟南長清靈巖寺。

京都大學人文科學研究所：

　　　一張，紙本墨拓，原片，編號：SOU0327X。

5389　靈峰院千佛洞碑

金皇統三年（1143）七月十五日刻，現存內蒙古赤峰喀喇沁旗遮蓋山石窟。

京都大學人文科學研究所：

一張，紙本墨拓，原片，編號：SOU0329A。

一張，紙本墨拓，原片，編號：SOU0329B。

5390 瀋州雙城縣令劉唐明堂世系碑陰

金皇統四年（1144）二月六日刻，現藏於遼寧省博物館。

東洋文庫：

一張，碑陽，紙本墨拓，原片，85.0×46.0。一張，碑陰，紙本墨拓，原片，84.0×47.0。編號：Ⅱ-16-C-2.63。

一張，碑陽，紙本墨拓，原片，84.0×47.0。一張，碑陰，紙本墨拓，原片，88.0×47.0。編號：Ⅱ-16-C-8。

一張，碑陽，紙本墨拓，原片，84.0×47.0。一張，碑陰，紙本墨拓，原片，84.0×46.0。編號：Ⅱ-16-C-1614。

京都大學人文科學研究所：

一張，紙本墨拓，原片，編號：SOU0330X。

5391 普照禪寺碑

全稱"沂州普照禪寺興造記"，又稱"集柳碑"，仲汝尚撰文，集柳公權書，金皇統四年（1144）十月二十日立，原在臨沂普照寺，後碑毀，山東臨沂市博物館有重刻。

宇野雪村文庫：

一册，紙本墨拓，册頁，編號：330。

東京國立博物館：

一幅，紙本墨拓，原片，編號：426。

京都大學人文科學研究所：

一張，紙本墨拓，原片，編號：SOU0332X。

淑德大學書學文化中心：

一軸，紙本墨拓，卷軸，編號：196169。

5392 梵本般若波羅蜜多心經

金皇統五年（1145）刻，今藏地不詳。

佛教大學：

一張，紙本墨拓，原片，43.0×77.0。

5393 傅大士十勸并梵相

金皇統六年（1146）八月十五日刻，現存山東濟南長清靈巖寺。

京都大學人文科學研究所：

一張，紙本墨拓，原片，編號：SOU0335X。

5394　龍興之寺四大字

金皇統六年（1146）摹刻於"臨淮王像碑"碑陰，現存山東青州偶園。

京都大學人文科學研究所：

　　一張，紙本墨拓，原片，編號：TOU1681A。

　　一張，紙本墨拓，原片，編號：TOU1681B。

5395　任瀛贈雲禪師詩刻石

任瀛撰文并書丹，胡寧刻石，金皇統七年（1147）三月二十八日刻，現存山東濟南長清靈巖寺松風閣。

京都大學人文科學研究所：

　　一張，紙本墨拓，原片，編號：SOU0336X。

5396　崔氏墓誌

金皇統九年（1149）正月葬，出土時地不詳。

宇野雪村文庫：

　　一張，紙本墨拓，原片，編號：1623。

5397　寂照禪師塔銘

又稱"法雲禪師塔銘"，金皇統九年（1149）五月一日刻，現存山東濟南長清靈巖寺塔林。

京都大學人文科學研究所：

　　一張，紙本墨拓，原片，編號：SOU0341X。

5398　寶公長老開堂疏

金皇統九年（1149）八月刻，現存山東濟南長清靈巖寺。

京都大學人文科學研究所：

　　一張，紙本墨拓，原片，編號：SOU0342X。

［天德］

5399　張行願并夫人高氏墓誌

金天德二年（1150）九月十一日葬，遼寧遼陽東京陵出土，現藏於遼陽市圖書館。

東洋文庫：

　　一張，紙本墨拓，原片，50.0×50.0，編號：Ⅱ-16-C-16。

［貞元］

5400　龐鑒建陀羅尼幢

金貞元元年（1153）十月五日刻，今藏地不詳。

東洋文庫：

　　　一張，紙本墨拓，原片，55.0×75.0，編號：Ⅱ-16-C-t-3。

京都大學人文科學研究所：

　　　一張，紙本墨拓，原片，編號：SOU0346X。

5401　石經寺故秀公□誌

金貞元二年（1154）二月十四日葬，出土時地不詳。

京都大學人文科學研究所：

　　　一張，紙本墨拓，原片，編號：SOU0347X。

5402　通照正覺首座墓誌

金貞元三年（1155）正月葬，出土時地不詳。

大阪市立美術館：

　　　一張，紙本墨拓，原片，編號：2558。

［正隆］

5403　李山靈巖山詩三首

金正隆元年（1156）四月十三日刻，現存山東濟南長清靈巖寺。

京都大學人文科學研究所：

　　　一張，紙本墨拓，原片，編號：SOU0351X。

5404　游靈巖寺記

金正隆元年（1156）五月七日刻，現存山東濟南長清靈巖寺。

京都大學人文科學研究所：

　　　一張，紙本墨拓，原片，編號：SOU0352X。

5405　少林禪寺西堂老師和尚塔銘

金正隆二年（1157）十月一日刻，現存河南登封少林寺。

京都大學人文科學研究所：

　　　一張，紙本墨拓，原片，編號：SOU0353X。

5406　重修碑院七賢堂記

金正隆四年（1159）三月刻，現藏於西安碑林博物館。

東洋文庫：

一帖五葉，紙本墨拓，原片，28.0×15.0，編號：Ⅱ-16-C-837。

5407　古柏行碑

金正隆五年（1160）九月立，龍巖书，南圭刻石，現藏於西安碑林博物館。

東洋文庫：

二張，各 117.0×57.0，原片，編號：Ⅱ-16-C-1411。

京都大學人文科學研究所：

一張，紙本墨拓，原片，編號：MIN0467A。

一張，紙本墨拓，原片，編號：MIN0467B。

有鄰館：

一册，舊拓，册頁，紙本墨拓。

［大定］

5408　西京大華嚴寺重修薄伽藏教記

金大定二年（1162）刻，現存山西大同華嚴寺。

京都大學人文科學研究所：

一張，紙本墨拓，原片，編號：SOU0638X。

5409　净法界陀羅尼真言頂幢

金大定三年（1163）二月二十四日刻，現藏於北京通州區文物管理所。

東洋文庫：

一張，紙本墨拓，原片，56.0×75.0，編號：Ⅱ-16-C-t-4。

淑德大學書學文化中心：

一軸，紙本墨拓，卷軸，編號：000865。

京都大學人文科學研究所：

一張，紙本墨拓，原片，編號：SOU0357X。

5410　普照禪院牒

金大定四年（1164）七月一日刻，現存山東泰山普照寺。

東洋文庫：

一張，紙本墨拓，原片，58.0×70.0，編號：Ⅱ-16-C-t-5。

淑德大學書學文化中心：

　　一軸，紙本墨拓，卷軸，編號：000866。

京都大學人文科學研究所：

　　一張，紙本墨拓，原片，編號：SOU0361X。

　　一張，紙本墨拓，原片，編號：SOU0362X。

5411　梵本般若波羅蜜多心經

金大定六年（1166）刻，今藏地不詳。

佛教大學：

　　一張，紙本墨拓，原片，42.0×77.0。

5412　海龍女真字摩崖石刻

又稱"半截山摩崖"，金大定七年（1167）三月刻，現存吉林梅河口市小楊鄉慶雲村北九缸十八鍋山南麓。

東洋文庫：

　　一張，紙本墨拓，原片，125.0×80.0，編號：II-16-C-1409。

5413　柏林院三千邑碑記

全稱"大金沃州柏林禪院三千邑眾碑記"，金大定七年（1167）九月十八日刻，現存河北趙縣柏林禪寺。

京都大學人文科學研究所：

　　一張，紙本墨拓，原片，編號：SOU0363A。

　　一張，紙本墨拓，原片，編號：SOU0363B。

5414　前住持嵩山少林寺端禪師塔銘

金大定八年（1168）刻，現存河南登封少林寺。

京都大學人文科學研究所：

　　一張，紙本墨拓，原片，編號：SOU0366A。

　　一張，紙本墨拓，原片，編號：SOU0366B。

5415　宣聖四十九代墓碑

金大定九年（1169）立，現存山東曲阜孔林。

京都大學人文科學研究所：

　　一張，紙本墨拓，原片，編號：SOU0368X。

5416　馬君墓碑

金大定十年（1170）十一月八日立，今藏地不詳。

東洋文庫：

　　　一張，紙本墨拓，原片，47.0×27.0，編號：Ⅱ-16-C-1616。

5417　陳氏蓋殿題記

金大定十年（1170）四月二十三日刻，原在河北邯鄲南響堂山寺第七龕。

京都大學人文科學研究所：

　　　一張，紙本墨拓，原片，編號：SOU0369X。

5418　楊伯昌造陀羅尼經幢

金大定十一年（1171）二月二十一日刻，現存河北秦皇島盧龍縣。

淑德大學書學文化中心：

　　　一軸，紙本墨拓，卷軸，編號：000867。

東洋文庫：

　　　一張，紙本墨拓，原片，50.0×81.0，編號：Ⅱ-16-C-t-6。

京都大學人文科學研究所：

　　　一張，紙本墨拓，原片，編號：SOU0370X。

5419　重修康澤王廟記

金大定十一年（1171）九月刻，現存山西臨汾龍子祠。

京都大學人文科學研究所：

　　　一張，紙本墨拓，原片，編號：SOU0372X。

5420　李惠深墓誌

金大定十三年（1173）正月葬，出土時地不詳。

淑德大學書學文化中心：

　　　一張，紙本墨拓，托裱，編號：195387。

5421　尚書禮部薦福禪院牒

金大定十三年（1173）四月刻。

京都大學人文科學研究所：

　　　一張，紙本墨拓，原片，編號：SOU0373X。

龍谷大學：

　　　一幅，紙本墨拓，原片，98.0×65.0。

5422　寶公禪師塔銘

金大定十三年（1173）十月七日刻，原在山東濟南長清靈巖寺。

京都大學人文科學研究所：

　　　一張，紙本墨拓，原片，編號：SOU0374X。

5423　法寶塔銘

金大定十四年（1174）七月一日刻，原在山東濟南長清靈巖寺。

淑德大學書學文化中心：

　　　一張，紙本墨拓，原片，編號：001791。

5424　皇女唐國公主祀靈巖寺頌

又稱“唐國公主祈嗣施資頌碑”，惠才書丹，金大定十五年（1175）五月十五日立，現存山東濟南長清靈巖寺。

京都大學人文科學研究所：

　　　一張，紙本墨拓，原片，編號：SOU0376X。

5425　遼州晋先大夫廟碑

金大定十五年（1175）十月十九日立，原在山西左權先軫祠。

京都大學人文科學研究所：

　　　一張，紙本墨拓，原片，編號：SOU0378X。

5426　西京大普恩寺重修大殿記

又稱“金碑”“朱弁碑”，朱弁撰文，金大定十六年（1176）八月一日立，現存山西大同善化寺。

京都大學人文科學研究所：

　　　一張，紙本墨拓，原片，編號：SOU0384X。

5427　完顔希尹神道碑

全稱“大金故尚書左丞相金源郡貞憲王完顔公神道碑”，王彦潛撰文，任詢書丹，左光慶篆額，金大定十六年（1176）立，原在吉林舒蘭小城鎮完顔希尹家族墓地，後損毀，殘石現藏於吉林省博物院。

東洋文庫：

　　　一張，碑陽，紙本墨拓，原片，293.0×135.0。一張，碑額，紙本墨拓，原片，46.0×44.0。一張，碑陰，紙本墨拓，原片，293.0×132.0。編號：Ⅱ-16-C-1414。

淑德大學書學文化中心：

　　　一軸，紙本墨拓，卷軸，編號：196926。

　　　一軸，紙本墨拓，卷軸，編號：196927。

京都大學人文科學研究所：

　　　一張，紙本墨拓，原片，編號：SOU0392A。

5428 劉瑋建寺畫像記

金大定十七年（1177）七月十三日刻，今藏地不詳。

淑德大學書學文化中心：

一軸，紙本墨拓，卷軸，編號：000868。

京都大學人文科學研究所：

一張，紙本墨拓，原片，編號：SOU0386X。

5429 智炬如來心破地獄真言頂幢

金大定十七年（1177）七月二十四日刻，今藏地不詳。

東洋文庫：

一張，紙本墨拓，原片，51.0×80.0，編號：Ⅱ-16-C-t-7。

京都大學人文科學研究所：

一張，紙本墨拓，原片，編號：SOU0387X。

5430 三清觀道士趙師通等鐘銘

又稱"三清觀鐵醮盆銘"，金大定十七年（1177）八月十五日刻，現存陝西涇陽。

淑德大學書學文化中心：

一軸，紙本墨拓，卷軸，編號：196903-6908。

一册，紙本墨拓，册頁，編號：197490，天放樓舊藏。

京都大學人文科學研究所：

一張，紙本墨拓，原片，編號：SOU0388A。

一張，紙本墨拓，原片，編號：SOU0388B。

一張，紙本墨拓，原片，編號：SOU0388C。

一張，紙本墨拓，原片，編號：SOU0388D。

一張，紙本墨拓，原片，編號：SOU0388E。

一張，紙本墨拓，原片，編號：SOU0388F。

5431 平陽武氏墓表

金大定十七年（1177）刻，出土時地不詳。

京都大學人文科學研究所：

一張，紙本墨拓，原片，編號：SOU0391A。

一張，紙本墨拓，原片，編號：SOU0391B。

一張，紙本墨拓，原片，編號：SOU0391C。

5432 陝州後修塔記

金大定十八年（1178）六月十七日刻，原河南陝縣出土。

京都大學人文科學研究所：

  一張，紙本墨拓，原片，編號：SOU0394X。

5433 禮部令史題名記

金大定十八年（1178）八月三日刻，現存北京法源寺。

京都大學人文科學研究所：

  一張，紙本墨拓，原片，編號：SOU0396X。

5434 大昊天寺妙行大師行狀碑

全稱"中都大昊天寺建寺功德主傳菩薩戒妙行大師行狀碑"，金大定二十年（1180）八月十五日立，碑陰刻"中都大昊天寺妙行大師碑銘并序"，現藏於遼寧省博物館。

東洋文庫：

  一張，碑陽連額，紙本墨拓，原片，192.0×95.0+44.0×33.0，編號：Ⅱ-16-C-2.64。

  一張，碑陽，紙本墨拓，原片，193.0×93.0。一張，碑額，紙本墨拓，原片，43.0×33.0。編號：Ⅱ-16-C-1612。

  一張，碑陽連額，紙本墨拓，原片，190.0×94.0+45.0×34.0，編號：Ⅱ-16-C-2.65。

  一張，碑陽連額，紙本墨拓，原片，193.0×93.0+47.0×33.0，編號：Ⅱ-16-C-1617。

京都大學人文科學研究所：

  一張，碑陽，紙本墨拓，原片，編號：SOU0401A。

  一張，碑陰，紙本墨拓，原片，編號：SOU0401B。

5435 陀羅尼頂幢

金大定二十年（1180）九月刻，今藏地不詳。

東洋文庫：

  一張，紙本墨拓，原片，51.0×78.0，編號：Ⅱ-16-C-t-9。

京都大學人文科學研究所：

  一張，紙本墨拓，原片，編號：SOU0399X。

5436 龍興寺廣惠大師經幢銘

全稱"鎮陽龍興寺河北西路都僧錄改授廣惠大師經幢銘并序"，金大定二十年（1180）十月一日立，現存河北正定隆興寺。

京都大學人文科學研究所：

  一張，紙本墨拓，原片，編號：SOU0400X。

5437 經幢殘石

金大定二十一年（1181）正月二十七日刻，今藏地不詳。

京都大學人文科學研究所：

　　　一張，紙本墨拓，原片，編號：SOU0402X。

5438　陀羅尼經幢

金大定二十一年（1181）閏三月刻，今藏地不詳。

京都大學人文科學研究所：

　　　一張，紙本墨拓，原片，編號：SOU0404X。

5439　紀宗建經幢記

金大定二十一年（1181）四月十六日刻，今藏地不詳。

京都大學人文科學研究所：

　　　一張，紙本墨拓，原片，編號：SOU0405X。

東洋文庫：

　　　一張，紙本墨拓，原片，55.0×83.0，編號：Ⅱ-16-C-t-10。

淑德大學書學文化中心：

　　　一軸，紙本墨拓，卷軸，編號：000869。

5440　陀羅尼真言頂幢

金大定二十一年（1181）八月二十三日刻，今藏地不詳。

東洋文庫：

　　　一張，紙本墨拓，原片，56.0×87.0，編號：Ⅱ-16-C-t-11。

京都大學人文科學研究所：

　　　一張，紙本墨拓，原片，編號：SOU0406X。

5441　趙景興靈柩記

金大定二十二年（1182）二月二十六日葬，出土時地不詳。

東洋文庫：

　　　一張，紙本墨拓，原片，50.0×30.0，編號：Ⅱ-16-C-1618。

5442　栖雲老人題名

金大定二十二年（1182）刻，現存河南登封，嵩山石淙河摩崖。

東京國立博物館：

　　　一幅，紙本墨拓，原片，編號：590。

5443　重修宣聖廟碑

金大定二十三年（1183）四月二十六日立，現存山東泰安岱廟。

京都大學人文科學研究所：

    一張，紙本墨拓，原片，編號：SOU0412X。

    一張，紙本墨拓，原片，編號：SOU0636X。

5444　滌公長老開堂記

金大定二十三年（1183）九月刻，原在山東濟南長清靈巖寺。

京都大學人文科學研究所：

    一張，紙本墨拓，原片，編號：SOU0413X。

5445　幀始公碑

金大定二十三年（1183）立，今藏地不詳。

淑德大學書學文化中心：

    一張，紙本墨拓，原片，編號：001927。

5446　劉瘦兒建頂幢

金大定二十四年（1184）二月十六日刻，原在河北涿州范陽孝義鄉。

京都大學人文科學研究所：

    一張，紙本墨拓，原片，編號：SOU0414X。

5447　艾宏建頂幢

金大定二十四年（1184）二月刻，原在河北涿州范陽仁和鄉。

淑德大學書學文化中心：

    一軸，紙本墨拓，卷軸，編號：000870。

東洋文庫：

    一張，紙本墨拓，原片，編號：Ⅱ-16-C-t-13。

京都大學人文科學研究所：

    一張，紙本墨拓，原片，編號：SOU0415X。

5448　戒壇院威公山主塔銘

金大定二十五年（1185）二月二十八日刻，現存河南登封少林寺。

京都大學人文科學研究所：

    一張，紙本墨拓，原片，編號：SOU0417X。

5449　得勝陀頌碑

全稱“大金得勝陀頌碑”，趙可撰文，孫俟書丹，党懷英篆額，金大定二十五年（1185）七月二十八日立，現存吉林松原扶餘市石碑崴子村。

東洋文庫：

一張，碑陽，紙本墨拓，158.0×72.0。一張，碑額，紙本墨拓，36.0×29.0。一張，碑陰，紙本墨拓，158.0×75.0。一張，碑陰額，紙本墨拓，48.0×36.0。編號：Ⅱ-16-C-1412。

一張，碑陽，紙本墨拓，176.0×80.0。一張，碑額，紙本墨拓，47.0×39.0。一張，碑陰，紙本墨拓，175.0×84.0。一張，碑陰額，紙本墨拓，48.0×36.0。編號：Ⅱ-16-C-1619。

京都大學人文科學研究所：

一張，紙本墨拓，原片，編號：SOU0419X。

5450 李訓墓誌

金大定二十六年（1186）八月十六日葬，河北涿州出土，今藏地不詳。

東洋文庫：

一張，紙本墨拓，原片，56.0×86.0，編號：Ⅱ-16-C-t-14。

京都大學人文科學研究所：

一張，紙本墨拓，原片，編號：SOU0422X。

淑德大學書學文化中心：

一張，紙本墨拓，原片，編號：000646。

5451 才公禪師塔銘

金大定二十七年（1187）十一月二十七日刻，現存山東濟南長清靈巖寺。

京都大學人文科學研究所：

一張，紙本墨拓，原片，編號：SOU0424X。

5452 寶嚴大師塔銘

金大定二十八年（1188）立，現藏於黑龍江省博物館。

東洋文庫：

六張，紙本墨拓，原片，各90.0×44.0，編號：Ⅱ-16-C-162。

5453 英公禪師塔銘

金大定二十九年（1189）二月十五日刻，遼寧遼陽出土，久佚。

東洋文庫：

一張，紙本墨拓，原片，85.0×72.0，編號：Ⅱ-16-C-23。

5454 皇伯漢王造佛經

金大定年間（1161—1189）刻，端方舊藏，今藏地不詳。

淑德大學書學文化中心：

一軸，紙本墨拓，卷軸，編號：000871。

京都大學人文科學研究所：

一張，紙本墨拓，原片，編號：SOU0430A。

一張，紙本墨拓，原片，編號：SOU0430B。

［明昌］

5455　西京大普恩寺重修釋迦如來成道碑銘

金明昌元年（1190）十二月八日刻，現存山西大同善化寺。

京都大學人文科學研究所：

一張，紙本墨拓，原片，編號：SOU0431A。

一張，紙本墨拓，原片，編號：SOU0431B。

5456　程明遠墓誌

金明昌二年（1191）正月二十四日葬，山西長治出土，今藏地不詳。

東洋文庫：

二張，紙本墨拓，原片，上部 24.0×28.0，下部 22.0×24.0，編號：Ⅱ-16-C-t-15。

5457　赫㸵題名

金明昌二年（1191）十一月十五日刻，河南安陽出土，今藏地不詳。

京都大學人文科學研究所：

一張，紙本墨拓，原片，編號：SOU0432X。

5458　大奉國寺賢聖題名記

全稱"宜州大奉國寺續裝兩洞賢聖題名記碑"，又稱"金明昌碑"，金明昌三年（1192）正月一日立，現存遼寧義縣奉國寺。

東洋文庫：

一張，碑陽，紙本墨拓，94.0×59.0。一張，碑額，紙本墨拓，19.0×14.0。編號：Ⅱ-16-C-37。

5459　大乘莊嚴寶王經六字大明陀羅尼經幢

金明昌三年（1192）三月十八日刻，今藏地不詳。

東洋文庫：

八張，紙本墨拓，原片，各 64.0×15.0，編號：Ⅱ-16-C-1612。

5460　佛頂尊勝陀羅尼幢

金明昌三年（1192）七月刻，今藏地不詳。

京都大學人文科學研究所：

一張，紙本墨拓，原片，編號：SOU0435X。

5461 尚公成建經幢

金明昌三年（1192）九月刻，現在河北涿州。

淑德大學書學文化中心：

一軸，紙本墨拓，卷軸，編號：000872。

東洋文庫：

一張，紙本墨拓，原片，50.0×67.0，編號：Ⅱ-16-C-t-16。

京都大學人文科學研究所：

一張，紙本墨拓，原片，編號：SOU0434X。

5462 路伯達七絶

金明昌五年（1194）二月十五日刻，現存山東濟南長清靈巖寺。

京都大學人文科學研究所：

一張，紙本墨拓，原片，編號：SOU0441X。

5463 王珩七絶

金明昌五年（1194）十月十五日刻，現存山東濟南長清靈巖寺。

京都大學人文科學研究所：

一張，紙本墨拓，原片，編號：SOU0441X。

5464 靈巖寺田園界至圖

全稱“濟南府長清縣靈巖寺明昌五年上奏斷定田園記碑陰界至圖本”，金明昌五年（1194）刻，現存山東濟南長清靈巖寺。

東北大學附屬圖書館：

一幅，紙本墨拓，原片，常盤大定舊藏。

5465 智照和尚開堂疏碑

金明昌六年（1195）二月刻，原在山東泰安普照寺。

淑德大學書學文化中心：

一張，紙本墨拓，原片，編號：001778。

5466 王荆公詩石刻

党懷英篆書，金明昌六年（1195）四月刻，現存山東泰安普照寺。

京都大學人文科學研究所：

一張，紙本墨拓，原片，編號：SOU0444A。

一張，紙本墨拓，原片，編號：SOU0444B。

一張，紙本墨拓，原片，編號：SOU0444C。

一張，紙本墨拓，原片，編號：SOU0444D。

5467　靈巖寺田園記

全稱"十方靈巖禪寺田園記"，周馳撰文，趙渢書丹，党懷英篆額，金明昌六年（1195）十月二十三日刻，現存山東濟南長清靈巖寺。

京都大學人文科學研究所：

一張，紙本墨拓，原片，編號：SOU0445X。

一張，紙本墨拓，原片，編號：SOU0447X。

東北大學附屬圖書館：

二幅，紙本墨拓，原片，常盤大定舊藏。

5468　戒壇院齋僧功德記

金明昌七年（1196）刻，原在河南汝州香山普門寺。

京都大學人文科學研究所：

一張，紙本墨拓，原片，編號：SOU0449X。

［承安］

5469　緱山詩刻

金承安二年（1197）十一月十四日刻，現存河南偃師緱山。

淑德大學書學文化中心：

一張，紙本墨拓，托裱，編號：001797。

5470　定州圓教院記

全稱"大金定州創建圓教院牒并記碑"，金承安三年（1198）三月三十日立，現藏於河北定州漢墓石刻管理所。

京都大學人文科學研究所：

一張，紙本墨拓，原片，編號：SOU0453X。

淑德大學書學文化中心：

一張，紙本墨拓，托裱，編號：197743，天放樓舊藏。

5471　陳渙等題名

金承安四年（1199）刻，今藏地不詳。

京都大學人文科學研究所：

一張，紙本墨拓，原片，編號：SOU0455X。

5472 大司農鄭公碑

又稱"大金重修鄭公祠記"，金承安五年（1200）三月立，現存山東濰坊峽山區鄭公祠。

淑德大學書學文化中心：

　　　一張，紙本墨拓，原片，編號：001796。

5473 王重陽書無夢令詞碑

金承安五年（1200）立，現存陝西西安重陽宮。

京都大學人文科學研究所：

　　　一張，紙本墨拓，原片，編號：SOU0456X。

［泰和］

5474 陀羅尼經幢

金泰和元年（1201）七月刻，今藏地不詳。

京都大學人文科學研究所：

　　　一張，紙本墨拓，原片，編號：SOU0457X。

5475 奧屯良弼餞飲題記

又稱"泰和題名殘石"，金泰和六年（1206）二月十一日刻，現藏於中國國家博物館。

東洋文庫：

　　　一張，紙本墨拓，原片，58.0×48.0，編號：Ⅱ-16-C-1413。

5476 劉公佐墓誌

金泰和八年（1208）十月二十五日葬，河北固安出土，今藏地不詳。

東洋文庫：

　　　一張，紙本墨拓，原片，53.0×80.0，編號：Ⅱ-16-C-t-18。

京都大學人文科學研究所：

　　　一張，紙本墨拓，原片，編號：SOU0462X。

［大安］

5477 觀世音像并贊

金大安元年（1209）二月十五日刻，現存河南登封少林寺。

京都大學人文科學研究所：

　　　一張，紙本墨拓，原片，編號：SOU0463X。

5478　達磨祖師隻履西歸相

金大安元年（1209）二月二十二日刻，現存河南登封少林寺。

京都大學人文科學研究所：

一張，紙本墨拓，原片，編號：SOU0464X。

5479　三教聖象

金大安元年（1209）七月十五日刻，現存河南登封少林寺。

京都大學人文科學研究所：

一張，紙本墨拓，原片，編號：SOU0465X。

5480　彌勒大士應化像

金大安元年（1209）八月十五日刻，現存河南登封少林寺。

京都大學人文科學研究所：

一張，紙本墨拓，原片，編號：SOU0466X。

5481　嵩山永禪寺均庵主塔記

金大安元年（1209）十一月十五日刻，現存河南登封永泰寺。

京都大學人文科學研究所：

一張，紙本墨拓，原片，編號：SOU0467X。

5482　敦公□等題記

金大安元年（1209）刻，今藏地不詳。

京都大學人文科學研究所：

一張，紙本墨拓，原片，編號：SOU0468X。

5483　李乂造蕭儀置門枕一副

金大安三年（1211）五月二十三日刻，現藏於故宮博物院。

淑德大學書學文化中心：

一軸，紙本墨拓，卷軸，編號：000863。

5484　張實刊造蕭儀置門枕一副

金大安三年（1211）五月二十六日刻，現藏於故宮博物院。

淑德大學書學文化中心：

一軸，紙本墨拓，卷軸，編號：000862。

5485　重修鄒國公廟記

金大安三年（1211）六月十五日刻，現存山東鄒城孟廟。

京都大學人文科學研究所：

一張，紙本墨拓，原片，編號：SOU0471X。

5486　句阿王玉容建頂幢記

金大安三年（1211）十月三日刻，今藏地不詳。

東洋文庫：

一張，紙本墨拓，原片，46.0×68.0，編號：Ⅱ-16-C-t-19。

京都大學人文科學研究所：

一張，紙本墨拓，原片，編號：SOU0472X。

［興定］

5487　北青女真字摩崖石刻

金興定二年（1218）七月刻，現存朝鮮咸鏡南道北青郡俗厚面蒼城里成串山。

東洋文庫：

一張，紙本墨拓，原片，113.0×77.0，編號：Ⅱ-16-C-1614。

一張，紙本墨拓，原片，112.0×80.0，編號：Ⅱ-16-C-1625。

京都大學人文科學研究所：

一張，紙本墨拓，原片，編號：SOU0628X。

5488　二祖大師像

金興定五年（1221）三月十五日刻，現存河南登封少林寺。

京都大學人文科學研究所：

一張，紙本墨拓，原片，編號：SOU0490X。

5489　重修面壁庵記

李純甫撰文，金興定六年（1222）二月刻，現存河南登封少林寺。

東北大學附屬圖書館：

二幅，紙本墨拓，原片，常盤大定舊藏。

5490　新修雪庭西舍記

李純甫撰文，金興定六年（1222）二月刻，現存河南登封少林寺。

東北大學附屬圖書館：

　　二幅，紙本墨拓，原片，常盤大定舊藏。

［正大］

5491　宴台女真進士題名碑

又稱"宴台國書女真碑"，金正大元年（1224）六月十五日立，現藏於河南開封博物館。

東洋文庫：

　　一張，紙本墨拓，原片，138.0×60.0+41.0×60.0，編號：Ⅱ-16-C-1621。

　　一張，紙本墨拓，原片，190.0×61.0，編號：Ⅱ-16-C-t-24。

淑德大學書學文化中心：

　　一軸，紙本墨拓，卷軸，編號：196752。

　　一軸，紙本墨拓，卷軸，編號：198042。

京都大學人文科學研究所：

　　一張，紙本墨拓，原片，編號：SOU0625X。

5492　重修府學教養碑

金正大二年（1225）刻，現藏於西安碑林博物館。

東京國立博物館：

　　一幅，紙本墨拓，原片，編號：538。

5493 女真字碑殘石

金刻，無紀年，今藏地不詳。

東洋文庫：

一張，紙本墨拓，原片，19.0×21.0，編號：Ⅱ-16-C-1626。

5494 吳立禮吳克禮題名

金刻，無紀年，現存陝西西安慈恩寺雁塔。

東洋文庫：

一張，紙本墨拓，原片，編號：Ⅱ-16-C-p-427。

5495 密語真言頂幢

金刻，無紀年，今藏地不詳。

東洋文庫：

一張，紙本墨拓，原片，46.0×68.0，編號：Ⅱ-16-C-t-21。

5496 生天真言頂幢

金刻，無紀年，今藏地不詳。

東洋文庫：

一張，紙本墨拓，原片，52.0×82.0，編號：Ⅱ-16-C-t-22。

5497 陀羅尼真言幢

金刻，無紀年，今藏地不詳。

東洋文庫：

一張，紙本墨拓，原片，47.0×76.0，編號：Ⅱ-16-C-t-23。

5498 法舍利真言

金刻，無紀年，今藏地不詳。

淑德大學書學文化中心：

    一軸，紙本墨拓，卷軸，編號：196884。

5499　姚慶温建頂幢

金刻，無紀年，今藏地不詳。

淑德大學書學文化中心：

    一軸，紙本墨拓，卷軸，編號：000873。

京都大學人文科學研究所：

    一張，紙本墨拓，原片，編號：SOU0607X。

元
（1271—1368）

［太宗］

5500　祖堂贊三歲洞府功畢銘

元太宗七年（1235）刻，現存山西太原天龍山石窟。

東北大學附屬圖書館：

　　　一幅，紙本墨拓，原片，常盤大定舊藏。

5501　總真玉室莊嚴慶成作祝文

元太宗八年（1236）五月刻，現存山西太原天龍山石窟。

東北大學附屬圖書館：

　　　一幅，紙本墨拓，原片，常盤大定舊藏。

5502　披雲創鑿石室尊像

元太宗八年（1236）七月刻，現存山西太原天龍山石窟。

東北大學附屬圖書館：

　　　一幅，紙本墨拓，原片，常盤大定舊藏。

［憲宗］

5503　建龍興觀碑

元憲宗七年（1257）刻，現存河北易縣龍興觀。

淑德大學書學文化中心：

　　　一張，紙本墨拓，托裱，編號：197744，天放樓舊藏。

［中統］

5504　王明道墓誌

元中統元年（1260）四月三日葬，山東曲阜出土，今藏地不詳。

京都大學人文科學研究所：

　　　一張，紙本墨拓，原片，編號：GEN0004A。

　　　一張，紙本墨拓，原片，編號：GEN0004B。

5505　宣聖四十九代孔琇墓碑

元中統二年（1261）八月十五日立，現存山東曲阜孔林。

京都大學人文科學研究所：

　　　一張，紙本墨拓，原片，編號：GEN0005X。

5506　宣聖五十八代孔端修墓碑

元中統二年（1261）八月十五日立，現存山東曲阜孔林。

京都大學人文科學研究所：

　　　一張，紙本墨拓，原片，編號：GEN0006X。

5507　宣聖五十四代衍聖公孔之全墓碑

元中統五年（1264）三月二十五日立，現存山東曲阜孔林。

京都大學人文科學研究所：

　　　一張，紙本墨拓，原片，編號：GEN0007X。

［至元］

5508　靈巖寺創建龍藏之記

全稱"大元泰山靈巖禪寺創建龍藏之記"，簡稱"龍藏殿碑"，張起巖撰文，張蒙古書丹，元至元元年（1264）二月十五日立，現存山東濟南長清靈巖寺。

京都大學人文科學研究所：

　　　一張，紙本墨拓，原片，編號：GEN0008X。

5509　東平府路宣慰張公登泰山記

杜仁傑撰文，王禎書丹并題額，元至元二年（1265）二月十五日立，現存山東泰安岱廟。

京都大學人文科學研究所：

　　　一張，紙本墨拓，原片，編號：GEN0009X。

5510　趙宣子墳廟碑

元至元二年（1265）刻，現存河南温縣方頭村趙宣子墓。

宇野雪村文庫：

　　　一張，紙本墨拓，原片，編號：1968。

5511　覺聚題記石扉

元至元四年（1267）三月刻，現存河南登封少林寺。

京都大學人文科學研究所：

　　　一張，紙本墨拓，原片，編號：GEN0011X。

5512　少林寺乳峰仁公禪師塔誌銘

元至元五年（1268）四月十三日刻，現存河南登封少林寺。

京都大學人文科學研究所：

　　　一張，紙本墨拓，原片，編號：GEN0012X。

5513　趙君墓碑

元至元十年（1273）二月十日立，山東曲阜出土，今藏地不詳。

京都大學人文科學研究所：

　　　一張，紙本墨拓，原片，編號：GEN0013X。

5514　福公禪師塔銘

元至元十年（1273）九月十日刻，現存山東濟南長清靈巖寺。

京都大學人文科學研究所：

　　　一張，紙本墨拓，原片，編號：GEN0014X。

5515　西京大華嚴寺佛日圓照明公和尚碑銘

元至元十年（1273）刻，現存山西大同華嚴寺。

京都大學人文科學研究所：

　　　一張，紙本墨拓，原片，編號：GEN0015X。

5516　宣聖四十八代孔端頤墓碑

元至元十三年（1276）十二月立，現存山東曲阜孔林。

京都大學人文科學研究所：

　　　一張，紙本墨拓，原片，編號：GEN0016X。

5517　宣聖四十九代孔璲墓碑

元至元十三年（1276）十二月立，現存山東曲阜孔林。

京都大學人文科學研究所：

　　　一張，紙本墨拓，原片，編號：GEN0017X。

　　　一張，紙本墨拓，原片，編號：GEN0018X。

5518　大龍山石壁寺圓明禪師道行碑

元至元十五年（1278）六月立，現存山西呂梁交城玄中寺。

京都大學人文科學研究所：

　　　一張，紙本墨拓，原片，編號：GEN0019X。

5519　栖雲王真人開澇水記

元至元十六年（1279）七月刻，現存天津市薊州盤山栖雲觀。

京都大學人文科學研究所：

　　　一張，紙本墨拓，原片，編號：GEN0020X。

5520　靈巖寺第二十五代方公禪師塔銘

元至元十九年（1282）六月十五日刻，現存山東濟南長清靈巖寺。

京都大學人文科學研究所：

　　　一張，紙本墨拓，原片，編號：GEN0021A。

　　　一張，紙本墨拓，原片，編號：GEN0021B。

　　　一張，紙本墨拓，原片，編號：GEN0022X。

5521　普顯壽塔記

元至元十九年（1282）八月十五日刻，現存河北涿州普壽寺塔。

淑德大學書學文化中心：

　　　一張，紙本墨拓，托裱，編號：197745，天放樓舊藏。

5522　靈巖寺第二十六代福公禪師塔銘

元至元十九年（1282）十月□日刻，現存山東濟南長清靈巖寺。

京都大學人文科學研究所：

　　　一張，紙本墨拓，原片，編號：GEN0023A。

　　　一張，紙本墨拓，原片，編號：GEN0023B。

5523　崇國寺皇帝聖旨碑

元至元二十一年（1284）二月十九日立，現存北京崇國寺。

京都大學人文科學研究所：

　　一張，紙本墨拓，原片，編號：GEN0024A。

　　一張，紙本墨拓，原片，編號：GEN0024B。

5524　宣慰謝公述修考妣功德之記

元至元二十一年（1284）五月十一日刻，現存山西呂梁交城玄中寺。

東北大學附屬圖書館：

　　一幅，紙本墨拓，原片，常盤大定舊藏。

5525　重修東嶽蒿里山神祠碑

徐世隆撰文，徐汝嘉書丹，楊桓篆額，元至元二十一年（1284）十月十五日立，現存山東泰安岱廟。

京都大學人文科學研究所：

　　一張，紙本墨拓，原片，編號：GEN0025X。

5526　靈巖寺第二十九代新公禪師塔銘

元至元二十二年（1285）十二月二十六日刻，現存山東濟南長清靈巖寺。

京都大學人文科學研究所：

　　一張，碑陽，紙本墨拓，原片，編號：GEN0026A。

　　一張，碑陽，紙本墨拓，原片，編號：GEN0027X。

　　一張，碑陰，紙本墨拓，原片，編號：GEN0026B。

5527　固公監寺塔銘

元至元二十四年（1287）二月二十七日刻，現存山東濟南長清靈巖寺。

京都大學人文科學研究所：

　　一張，紙本墨拓，原片，編號：GEN0028A。

　　一張，紙本墨拓，原片，編號：GEN0028B。

5528　重修李白酒樓記

陳儼撰文并書丹，元至元二十五年（1288）九月九日刻，現存山東濟寧太白樓。

京都大學人文科學研究所：

　　一張，紙本墨拓，原片，編號：GEN0029X。

5529　矩公宗主塔銘

元至元二十六年（1289）三月刻，現存河南登封少林寺。

京都大學人文科學研究所：

　　一張，紙本墨拓，原片，編號：GEN0030X。

5530　褚氏先塋碑

元至元二十七年（1290）二月立，山東曲阜出土，今藏地不詳。

京都大學人文科學研究所：

　　一張，紙本墨拓，原片，編號：GEN0031X。

5531　解鹽司新修鹽池神廟碑

元至元二十七年（1290）八月十五日刻，現存山西運城鹽池神廟。

京都大學人文科學研究所：

　　一張，碑陽，紙本墨拓，原片，編號：GEN0032A。

　　一張，碑陰，紙本墨拓，原片，編號：GEN0032B。

5532　趙文輝太白樓題詩

元至元二十九年（1292）二月十五日刻，現存山東濟寧太白樓。

京都大學人文科學研究所：

　　一張，紙本墨拓，原片，編號：GEN0033X。

5533　脫脫夫人造金剛手菩薩聖像記

元至元二十九年（1292）閏六月刻，現存浙江杭州靈隱寺。

東洋文庫：

　　一張，紙本墨拓，原片，45.0×25.0，編號：Ⅱ-16-C-u-1。

5534　楊造多聞天王像記

元至元二十九年（1292）八月刻，現存浙江杭州靈隱寺。

東洋文庫：

　　一張，紙本墨拓，原片，66.0×8.0，編號：Ⅱ-16-C-u-2。

京都大學人文科學研究所：

　　一張，紙本墨拓，原片，編號：GEN0034X。

5535　濟州重修廟學後記

李謙撰文，元至元二十九年（1292）刻，現存山東濟寧文廟。

京都大學人文科學研究所：

　　一張，紙本墨拓，原片，編號：GEN0035X。

5536　濟州重建大成殿記

全稱“蕭山縣學重建大成殿記碑”，張伯淳撰文，趙孟頫書丹，元至元三十年（1293）二月立，現存浙江杭州湘師實驗小學。

東洋文庫：

一帖四十六葉，紙本墨拓，30.0×17.0。碑額，失。碑陰，失。編號：XI-2-8。

京都大學人文科學研究所：

一張，紙本墨拓，原片，編號：GEN0036X。

5537 趙君墓誌

元至元三十年（1293）七月葬，山東曲阜出土，今藏地不詳。

京都大學人文科學研究所：

一張，紙本墨拓，原片，編號：GEN0037X。

一張，紙本墨拓，原片，編號：GEN0038X。

5538 靈巖足庵肅公禪師道行碑

元至元三十年（1293）九月九日立，現存山東濟南長清靈巖寺。

東北大學附屬圖書館：

一幅，紙本墨拓，原片，常盤大定舊藏。

京都大學人文科學研究所：

一張，碑陽，紙本墨拓，原片，編號：GEN0039A。

一張，碑陰，紙本墨拓，原片，編號：GEN0039B。

一張，紙本墨拓，原片，編號：GEN0040X。

5539 柏林寺元聖旨碑

元至元三十年（1293）十月立，現存河北趙縣柏林禪寺。

京都大學人文科學研究所：

一張，碑陽、額，紙本墨拓，原片，編號：GEN0041A。

一張，碑陰第一截蛇兒年、第二截猴兒年，紙本墨拓，原片，編號：GEN0041B。

一張，碑陰第三截鼠兒年，紙本墨拓，原片，編號：GEN0041C。

5540 廣公提點壽碑

元至元三十一年（1294）五月立，現存山東濟南長清靈巖寺。

京都大學人文科學研究所：

一張，紙本墨拓，原片，編號：GEN0042X。

5541 孔子廟學聖旨

元至元三十一年（1294）七月刻，現存山東曲阜孔廟。

東洋文庫：

    一張，碑陽，紙本墨拓，原片，284.0×116.0。一張，碑額，紙本墨拓，原片，62.0×50.0。

    編號：Ⅱ-16-C-1627。

京都大學人文科學研究所：

    一張，紙本墨拓，原片，編號：GEN0045X。

    一張，紙本墨拓，原片，編號：GEN0046X。

［元貞］

5542　崇奉儒學聖旨碑

元元貞元年（1295）正月立，現存雲南大理市博物館碑林。

東洋文庫：

    一張，紙本墨拓，原片，163.0×71.0，編號：Ⅱ-16-C-u-3。

5543　鄒孟子廟碑記

元元貞元年（1295）八月一日立，現存山東鄒城孟廟。

京都大學人文科學研究所：

    一張，紙本墨拓，原片，編號：GEN0047X。

5544　宣授太原路都僧録安公碑

元元貞元年（1295）八月立，現存山西吕梁交城玄中寺。

京都大學人文科學研究所：

    一張，紙本墨拓，原片，編號：GEN0048X。

5545　黃庭堅書劉明仲墨竹賦

元元貞二年（1296）三月刻，今藏地不詳。

東北大學附屬圖書館：

    一幅，紙本墨拓，原片，常盤大定舊藏。

5546　上清正一宮聖旨碑

元元貞二年（1296）五月立，現存河南洛陽上清宮。

京都大學人文科學研究所：

    一張，紙本墨拓，原片，編號：GEN0054X。

5547　復庵和尚塔銘

全稱"嵩山大法王禪寺第九代復庵和尚塔銘序"，元元貞二年（1296）七月刻，現存河南登封法王寺。

東北大學附屬圖書館：

　　　一幅，紙本墨拓，原片，常盤大定舊藏。

5548　重修康澤王廟碑

元元貞二年（1296）立，現存山西臨汾龍子祠。

京都大學人文科學研究所：

　　　一張，紙本墨拓，原片，編號：GEN0049X。

5549　重修東嶽行宮廟記

全稱“長興州修建東嶽行宮記”，趙孟頫書，元元貞三年（1297）正月三日刻，現藏於浙江長興縣博物館。

京都大學人文科學研究所：

　　　一張，紙本墨拓，原片，編號：GEN0050X。

［大德］

5550　趙君墓誌

元大德元年（1297）閏十一月二十四日葬，山東曲阜出土，今藏地不詳。

京都大學人文科學研究所：

　　　一張，紙本墨拓，原片，編號：GEN0051X。

5551　中山府大開元寺重修佛塔記

元大德元年（1297）刻，現存河北定州開元寺。

京都大學人文科學研究所：

　　　一張，碑陽，紙本墨拓，原片，編號：GEN0052A。

　　　一張，碑陰，紙本墨拓，原片，編號：GEN0052B。

5552　唐帝廟碑

元大德元年（1297）立，現存河北邯鄲磁縣觀台鎮乞伏村。

木雞室：

　　　一張，紙本墨拓，原片，全拓。

5553　加封五鎮聖詔碑

元大德二年（1298）二月立，現存雲南大理市博物館碑林。

東洋文庫：

　　　一張，碑陽連額，紙本墨拓，原片，140.0×90.0+27.0×26.0，編號：Ⅱ-16-C-50。

　　　一張，紙本墨拓，原片，148.0×100.0。碑額，失。碑陰，失。編號：Ⅱ-16-C-1628。

5554 申德茂御香題記

元大德二年（1298）五月九日刻，今藏地不詳。

東洋文庫：

  一張，紙本墨拓，原片，100.0×58.0，編號：Ⅱ-16-C-1415。

5555 重建至聖文宣王廟記

元大德二年（1298）十月十五日立，現存山東曲阜孔廟。

東洋文庫：

  一張，紙本墨拓，原片，210.0×94.0，編號：Ⅱ-16-C-u-4。

5556 韓魏王新廟碑

高書訓撰文并書丹，元大德二年（1298）十一月二十六日立，現存河南安陽天寧寺。

淑德大學書學文化中心：

  一張，紙本墨拓，原片，編號：197082。

京都大學人文科學研究所：

  一張，紙本墨拓，原片，編號：GEN0053X。

5557 普惠大師道公庵主塔銘

元大德三年（1299）二月四日刻，現存河南登封少林寺。

京都大學人文科學研究所：

  一張，紙本墨拓，原片，編號：GEN0055X。

5558 大元加號碑

元大德三年（1299）八月立，現存山西運城鹽池神廟。

京都大學人文科學研究所：

  一張，紙本墨拓，原片，編號：GEN0056X。

  一張，紙本墨拓，原片，編號：GEN0057X。

5559 郁氏少林寺鼓樓石柱記

元大德四年（1300）七月刻，現存河南登封少林寺。

京都大學人文科學研究所：

  一張，紙本墨拓，原片，編號：GEN0058X。

5560 靈巖寺第三十一代桂庵達公禪師道行碑

元大德五年（1301）三月□日立，現存山東濟南長清靈巖寺。

京都大學人文科學研究所：

　　　　一張，碑陽，紙本墨拓，原片，編號：GEN0059A。

　　　　一張，碑陰，紙本墨拓，原片，編號：GEN0059B。

　　　　一張，紙本墨拓，原片，編號：GEN0060X。

5561　石氏少林寺鼓樓石柱記

元大德六年（1302）六月刻，現存河南登封少林寺。

京都大學人文科學研究所：

　　　　一張，紙本墨拓，原片，編號：GEN0061X。

5562　馮士安壙記

元大德七年（1303）二月葬，現藏於故宮博物院。

京都大學人文科學研究所：

　　　　一張，紙本墨拓，原片，編號：GEN0062X。

5563　桑乾河神顯應洪濟王廟碑

元大德七年（1303）五月立，現存山西晉城陵川崔府君廟。

東洋文庫：

　　　　二張，碑陽，紙本墨拓，原片，147.0×90.0。一張，碑額，紙本墨拓，原片，57.0×38.0。
　　　　編號：Ⅱ-16-C-1416。

5564　義州重修大奉國寺碑

全稱“大元國大寧路義州重修大奉國寺碑并序”，又稱“元大德碑”，元大德七年（1303）九月
立，現存遼寧義縣奉國寺。

東洋文庫：

　　　　一張，碑陽，紙本墨拓，原片，197.0×100.0。一張，碑額，紙本墨拓，原片，59.0×32.0。

　　　　一張，碑陰，紙本墨拓，原片，188.0×59.0。編號：Ⅱ-16-C-35。

5565　僧智利建觀音圖贊

元大德八年（1304）四月刻，現存河南登封少林寺。

京都大學人文科學研究所：

　　　　一張，紙本墨拓，原片，編號：GEN0063X。

5566　大元國師法旨碑

元大德九年（1305）三月二十三日立，現存山東濟南長清靈巖寺。

京都大學人文科學研究所：

　　　　一張，紙本墨拓，原片，編號：GEN0065X。

5567　關帝廟碑

元大德十年（1306）四月立，現存遼寧遼陽關帝廟。

東洋文庫：

　　　　一張，碑陽，紙本墨拓，原片，110.0×68.0。碑額，失。碑陰，失。編號：Ⅱ-16-C-49。

京都大學人文科學研究所：

　　　　一張，碑陽，紙本墨拓，原片，編號：GEN0064A。

　　　　一張，碑陰，紙本墨拓，原片，編號：GEN0064B。

5568　宣聖五十一代孔元質墓碑

元大德十年（1306）七月立，現存山東曲阜孔林。

京都大學人文科學研究所：

　　　　一張，紙本墨拓，原片，編號：GEN0067X。

5569　仁宗皇帝讚達磨大師渡江圖

元大德十一年（1307）二月二十二日刻，現存河南登封少林寺。

京都大學人文科學研究所：

　　　　一張，紙本墨拓，原片，編號：GEN0068X。

5570　宣授少林住持達公禪師塔銘

元大德十一年（1307）四月刻，現存河南登封少林寺。

京都大學人文科學研究所：

　　　　一張，紙本墨拓，原片，編號：GEN0069X。

5571　加封孔子詔書碑

又稱“大成至聖文宣王追封碑”“上天眷命聖旨”，元大德十一年（1307）七月立，現存山東曲阜孔廟。

東洋文庫：

　　　　一張，紙本墨拓，原片，137.0×75.0，編號：Ⅱ-16-C-1417。

　　　　一張，碑陽，下部缺，紙本墨拓，原片，77.0×73.0。二張，碑陰，紙本墨拓，原片，110.0×74.0。編號：Ⅱ-16-C-u-5。

京都大學人文科學研究所：

　　　　一張，紙本墨拓，原片，編號：GEN0070X。

　　　　一張，紙本墨拓，原片，編號：GEN0071X。

　　　　一張，紙本墨拓，原片，編號：GEN0072X。

5572 聖旨禁約曉諭碑

元大德十一年（1307）十月刻，現存山東曲阜顏廟。

京都大學人文科學研究所：

      一張，紙本墨拓，原片，編號：GEN0074X。

      一張，紙本墨拓，原片，編號：GEN0075X。

      一張，紙本墨拓，原片，編號：GEN0076X。

      一張，紙本墨拓，原片，編號：GEN0066X。

      一張，紙本墨拓，原片，編號：GEN0043X。

      一張，紙本墨拓，原片，編號：GEN0044X。

      一張，紙本墨拓，原片，編號：GEN0073X。

5573 石壁寺宣授上都路都僧録寬公法行記碑

元大德十一年（1307）十一月立，現存山西呂梁交城玄中寺。

東北大學附屬圖書館：

      二幅，紙本墨拓，原片，常盤大定舊藏。

［至大］

5574 宣授少林提舉興福普照藏雲大師山公庵主塔銘

元至大元年（1308）七月十六日刻，現存河南登封少林寺。

京都大學人文科學研究所：

      一張，紙本墨拓，原片，編號：GEN0077X。

5575 答失蠻重裝佛像記

元至大三年（1310）九月刻，現存浙江杭州飛來峰。

東洋文庫：

      一張，紙本墨拓，原片，63.0×83.0，編號：Ⅱ-16-C-u-6。

5576 吳學糧田續記

元至大四年（1311）三月刻，原在江蘇蘇州文廟。

東洋文庫：

      一張，紙本墨拓，原片，202.0×105.0，編號：Ⅱ-16-C-u-7。

5577 宗派圖

元至大四年（1311）十月刻，現存河南登封少林寺。

京都大學人文科學研究所：

    一張，紙本墨拓，原片，編號：GEN0078X。

5578　妙行大師琇公碑

元至大四年（1311）立，現藏於遼寧省博物館。

淑德大學書學文化中心：

    一張，紙本墨拓，托裱，編號：197746，天放樓舊藏。

［皇慶］

5579　大崇國寺崇教大師演公碑銘

元皇慶元年（1312）三月立，現存北京崇國寺。

京都大學人文科學研究所：

    一張，碑陽，紙本墨拓，原片，編號：GEN0080A。

    一張，碑陰，紙本墨拓，原片，編號：GEN0080B。

5580　曲阜亞聖兗國公廟榜文

元皇慶元年（1312）八月三日刻，現存山東鄒城孟廟。

東洋文庫：

    一張，碑陽，紙本墨拓，138.0×58.0。一張，碑陰，紙本墨拓，138.0×58.0。編號：Ⅱ-16-C-48。

5581　陋巷故宅圖

元皇慶元年（1312）刻，現存山東鄒城孟廟。

京都大學人文科學研究所：

    一張，紙本墨拓，原片，編號：GEN0081X。

5582　華藏莊嚴世界海圖

元皇慶二年（1313）七月刻，原在山東泰安大雲寺，久佚。

京都大學人文科學研究所：

    一張，紙本墨拓，原片，編號：GEN0082X。

5583　靈巖寺第三十二代普耀月庵海公禪師道行碑

元皇慶二年（1313）八月一日立，現存山東濟南長清靈巖寺。

京都大學人文科學研究所：

    一張，紙本墨拓，原片，編號：GEN0083X。

    一張，紙本墨拓，原片，編號：GEN0084X。

5584 敕建大都路總治碑

元皇慶二年（1313）十月立，原在北京教育學院東城分院元代大都路總治舊署。

京都大學人文科學研究所：

一張，碑陽，紙本墨拓，原片，編號：GEN0085A。

一張，碑陰，紙本墨拓，原片，編號：GEN0085B。

［延祐］

5585 先師亞聖鄒國公續世系圖記

元延祐元年（1314）三月刻，現存山東鄒城孟廟。

京都大學人文科學研究所：

一張，紙本墨拓，原片，編號：GEN0002X。

5586 開化寺聖旨碑

元延祐元年（1314）四月十五日立，現存山西晉城高平開化寺。

京都大學人文科學研究所：

一張，紙本墨拓，原片，編號：GEN0088X。

一張，紙本墨拓，原片，編號：GEN0089X。

5587 孔子像

元延祐元年（1314）五月刻，現存山東曲阜孔廟。

京都大學人文科學研究所：

一張，紙本墨拓，原片，編號：GEN0094X。

5588 元皇慶二年聖旨碑

元延祐元年（1314）七月二十八日立，現存河南登封少林寺。

京都大學人文科學研究所：

一張，紙本墨拓，原片，編號：GEN0086X。

5589 靈巖寺第三十三代古巖就公禪師道行碑

元延祐元年（1314）九月十五日刻，現存山東濟南長清靈巖寺。

京都大學人文科學研究所：

一張，碑陽，紙本墨拓，原片，編號：GEN0090A。

一張，碑陰，紙本墨拓，原片，編號：GEN0090B。

一張，紙本墨拓，原片，編號：GEN0091X。

5590　舉公提點壽塔

元延祐元年（1314）九月十五日立，現存山東濟南長清靈巖寺。

京都大學人文科學研究所：

　　一張，碑陽，紙本墨拓，原片，編號：GEN0079A。

　　一張，碑陰，紙本墨拓，原片，編號：GEN0079B。

　　一張，紙本墨拓，原片，編號：GEN0092X。

5591　正法大禪師裕公碑

元延祐元年（1314）十一月六日立，現存河南登封少林寺。

東北大學附屬圖書館：

　　一幅，紙本墨拓，原片，常盤大定舊藏。

京都大學人文科學研究所：

　　一張，碑陽，紙本墨拓，原片，編號：GEN0093A。

　　一張，碑陰，紙本墨拓，原片，編號：GEN0093B。

5592　敕藏御服碑

全稱“大元敕藏御服之碑”，趙孟頫書，元延祐二年（1315）三月三日立，現存陝西鄠邑終南山重陽宮。

宇野雪村文庫：

　　一册，紙本墨拓，册頁，編號：427。

京都大學人文科學研究所：

　　一張，紙本墨拓，原片，編號：GEN0095X。

　　一張，紙本墨拓，原片，編號：GEN0096X。

5593　舍利塔記

元延祐二年（1315）三月刻，現存北京護國寺。

京都大學人文科學研究所：

　　一張，紙本墨拓，原片，編號：GEN0097X。

5594　泰山玉皇頂刻石

元延祐二年（1315）八月十五日刻，現存山東泰安泰山玉皇頂。

京都大學人文科學研究所：

　　一張，紙本墨拓，原片，編號：GEN0098X。

5595　宗公提點壽塔銘

元延祐二年（1315）八月十五日刻，現存山東濟南長清靈巖寺。

京都大學人文科學研究所：

　　一張，碑陽，紙本墨拓，原片，編號：GEN0099A。

　　一張，碑陰，紙本墨拓，原片，編號：GEN0099B。

　　一張，紙本墨拓，原片，編號：GEN0100X。

5596　教公首座壽塔

元延祐二年（1315）八月十五日刻，現存山東濟南長清靈巖寺。

京都大學人文科學研究所：

　　一張，碑陽，紙本墨拓，原片，編號：GEN0101A。

　　一張，碑陰，紙本墨拓，原片，編號：GEN0101B。

　　一張，紙本墨拓，原片，編號：GEN0102X。

5597　運公維那壽塔銘

元延祐二年（1315）八月十五日刻，現存山東濟南長清靈巖寺。

京都大學人文科學研究所：

　　一張，碑陽，紙本墨拓，原片，編號：GEN0103A。

　　一張，碑陰，紙本墨拓，原片，編號：GEN0103B。

　　一張，紙本墨拓，原片，編號：GEN0104X。

5598　重修廟學碑

元延祐二年（1315）八月十五日立，現存山東泰安文廟。

京都大學人文科學研究所：

　　一張，紙本墨拓，原片，編號：GEN0105X。

5599　太白樓賦

元延祐二年（1315）九月九日刻，現存山東濟寧太白樓。

京都大學人文科學研究所：

　　一張，紙本墨拓，原片，編號：GEN0106X。

5600　泰安州申准執照碑

元延祐二年（1315）九月立，現存山東濟南長清靈巖寺。

京都大學人文科學研究所：

　　一張，紙本墨拓，原片，編號：GEN0107X。

5601　靈巖寺聖旨碑附碑側

元延祐二年（1315）九月立，現存山東濟南長清靈巖寺。

京都大學人文科學研究所：

　　一張，紙本墨拓，原片，編號：GEN0108X。

5602　任城二賢祠堂記

元延祐三年（1316）六月刻，現存山東濟寧任城二賢堂。

京都大學人文科學研究所：

　　一張，紙本墨拓，原片，編號：GEN0109X。

5603　追封邾國公宣獻夫人聖旨碑

元延祐三年（1316）七月立，現存山東鄒城孟廟。

京都大學人文科學研究所：

　　一張，紙本墨拓，原片，編號：GEN0110X。

5604　永泰寺祖代供養塔銘

元延祐四年（1317）五月刻，現存河南登封少林寺。

京都大學人文科學研究所：

　　一張，紙本墨拓，原片，編號：GEN0111A。

　　一張，紙本墨拓，原片，編號：GEN0111B。

5605　代祀北鎮記

又稱“元北鎮廟代祀碑”，元延祐四年（1317）六月立，現存遼寧錦州北鎮廟。

東洋文庫：

　　一張，碑陽，紙本墨拓，原片，194.0×107.0。一張，碑額，紙本墨拓，原片，40.0×25.0。

　　一張，碑陰，紙本墨拓，原片，186.0×97.0。編號：Ⅱ-16-C-84。

　　一張，紙本墨拓，原片，203.0×117.0，編號：Ⅱ-16-C-1692。

　　一張，碑陽，紙本墨拓，原片，137.0×75.0。一張，碑額，紙本墨拓，原片，110.0×75.0。

　　編號：Ⅱ-16-C-56。

5606　何瑋神道碑

趙孟頫書，元延祐四年（1317）立，出土於河北易縣碼頭村，久佚。

淑德大學書學文化中心：

　　一張，紙本墨拓，托裱，編號：197747。

5607　白雲五華宮記

元延祐五年（1318）三月二十八日刻，現存山東鄒城嶧山五華宮。

京都大學人文科學研究所：

　　一張，紙本墨拓，原片，編號：GEN0112X。

5608　少林禪師第十代妙嚴弘法大禪師古巖就公和尚道行碑

元延祐五年（1318）六月立，現存河南登封少林寺。

京都大學人文科學研究所：

　　　　一張，紙本墨拓，原片，編號：GEN0116X。

5609　少林寺請疏碑

元延祐五年（1318）六月立，現存河南登封少林寺。

東北大學附屬圖書館：

　　　　一幅，紙本墨拓，原片，常盤大定舊藏。

京都大學人文科學研究所：

　　　　一張，紙本墨拓，原片，編號：GEN0113X。

5610　宣授大名僧録正宗弘法大師慶公塔

元延祐五年（1318）七月十日立，現存河南登封少林寺。

京都大學人文科學研究所：

　　　　一張，紙本墨拓，原片，編號：GEN0114X。

5611　嵩山少林寺和公山主塔銘

元延祐五年（1318）九月立，現存河南登封少林寺。

京都大學人文科學研究所：

　　　　一張，紙本墨拓，原片，編號：GEN0115X。

5612　慈濟大師封號記

元延祐五年（1318）刻，現存山東濟南長清靈巖寺。

京都大學人文科學研究所：

　　　　一張，紙本墨拓，原片，編號：GEN0117X。

5613　南無大師重修真定府大龍興寺功德記

元延祐六年（1319）四月刻，現存河北正定隆興寺。

京都大學人文科學研究所：

　　　　一張，紙本墨拓，原片，編號：GEN0120X。

5614　謝恩祭奠之記

元延祐六年（1319）六月十五日刻，現存山西運城鹽池神廟。

京都大學人文科學研究所：

　　　　一張，紙本墨拓，原片，編號：GEN0118X。

5615　元延祐六年碑

元延祐六年（1319）七月刻，現存山西運城鹽池神廟。

京都大學人文科學研究所：

　　一張，紙本墨拓，原片，編號：GEN0119X。

5616　甸城修道碑

李文煥撰文，劉仲義刻石，元延祐七年（1320）十一月立，現藏於內蒙古博物院。

東洋文庫：

　　一張，碑陽連額，紙本墨拓，原片，100.0×70.0。一張，碑陰，紙本墨拓，原片，108.0×74.0。二張，碑側，原片，[1] 67.0×10.0，[2] 70.0×11.0。編號：Ⅱ-16-C-1419。

京都大學人文科學研究所：

　　一張，紙本墨拓，原片，編號：GEN0121X。

［至治］

5617　平江路重修儒學記

楊載撰文，趙孟頫書丹并篆額，元至治元年（1321）七月十三日立，現存江蘇蘇州文廟。

東洋文庫：

　　一張，碑陽連額，紙本墨拓，原片，230.0×92.0+46.0×90.0，編號：Ⅱ-16-C-u-8。

京都大學人文科學研究所：

　　一張，紙本墨拓，原片，編號：GEN0122X。

5618　大元敕賜重修鹽池神廟碑記

元至治元年（1321）十二月十二日立，現存山西運城鹽池神廟。

京都大學人文科學研究所：

　　一張，碑陽，紙本墨拓，原片，編號：GEN0123A。

　　一張，碑陽，紙本墨拓，原片，編號：GEN0123B。

　　一張，碑陰，紙本墨拓，原片，編號：GEN0123C。

　　一張，碑陰，紙本墨拓，原片，編號：GEN0123D。

5619　明德真人道行碑

元至治二年（1322）十一月十五日立，現存山東鄒城嶧山東宮。

京都大學人文科學研究所：

　　一張，紙本墨拓，原片，編號：GEN0126X。

5620　仙人萬壽宮重建記

元至治二年（1322）十一月十五日立，現存山東鄒城嶧山東宮。

京都大學人文科學研究所：

　　　　一張，紙本墨拓，原片，編號：GEN0127X。

5621　崇德真人之記

元至治二年（1322）十一月十五日立，現存山東鄒城嶧山東宮。

京都大學人文科學研究所：

　　　　一張，紙本墨拓，原片，編號：GEN0128X。

5622　添公副寺塔銘

元至治二年（1322）十一月立，現存山東濟南長清靈巖寺。

京都大學人文科學研究所：

　　　　一張，紙本墨拓，原片，編號：GEN0124X。

　　　　一張，紙本墨拓，原片，編號：GEN0125X。

5623　善公主壽塔

元至治三年（1323）正月十五日立，現存山東濟南長清靈巖寺。

京都大學人文科學研究所：

　　　　一張，紙本墨拓，原片，編號：GEN0129X。

　　　　一張，紙本墨拓，原片，編號：GEN0130X。

［泰定］

5624　亞聖邾國公五十三代孫監修提領

元泰定元年（1324）二月四日刻，現存山東鄒城孟廟。

京都大學人文科學研究所：

　　　　一張，紙本墨拓，原片，編號：GEN0131X。

5625　邱公墓碑

元泰定元年（1324）三月立，今藏地不詳。

京都大學人文科學研究所：

　　　　一張，紙本墨拓，原片，編號：GEN0132X。

5626　常州真如院刹竿石刻

元泰定元年（1324）刻，現存江蘇江都真如寺。

淑德大學書學文化中心：

　　一册，紙本墨拓，册頁，編號：197486，天放樓舊藏。

5627　光孝寺達摩像贊碑

元泰定元年（1324）立，現存廣東廣州光孝寺。

東北大學附屬圖書館：

　　一幅，紙本墨拓，原片，常盤大定舊藏。

5628　祖師在法性古像

元泰定元年（1324）刻，現存廣東廣州光孝寺。

東北大學附屬圖書館：

　　一幅，紙本墨拓，原片，常盤大定舊藏。

5629　全寧路新建儒學記

元泰定二年（1325）六月二日刻，現藏於内蒙古赤峰翁牛特旗博物館。

東洋文庫：

　　一張，碑陽，紙本墨拓，原片，203.0×90.0。一張，碑額，紙本墨拓，原片，41.0×32.0。
　　編號：Ⅱ-16-C-3。

5630　聚公院主壽塔銘

元泰定三年（1326）正月二十日刻，現存山東濟南長清靈巖寺。

京都大學人文科學研究所：

　　一張，紙本墨拓，原片，編號：GEN0133X。

5631　壽公禪師捨財重建船舟殿記

元泰定三年（1326）三月刻，現存山東濟南長清靈巖寺。

京都大學人文科學研究所：

　　一張，紙本墨拓，原片，編號：GEN0134X。

5632　楊敬德于欽同登太白樓詩

元泰定三年（1326）六月十日刻，現存山東濟寧太白樓。

京都大學人文科學研究所：

　　一張，紙本墨拓，原片，編號：GEN0135X。

5633　謁孟子廟記

元泰定三年（1326）刻，現存山東鄒城孟廟。

京都大學人文科學研究所：

一張，紙本墨拓，原片，編號：GEN0136X。

5634 毗盧寺敕賜藏經記

元泰定四年（1327）刻，原存河北定州開元寺。

淑德大學書學文化中心：

一張，紙本墨拓，托裱，編號：197748，天放樓舊藏。

5635 皇帝聖旨給孟氏佃户公馮碑

元泰定五年（1328）正月立，現存山東鄒城孟廟。

京都大學人文科學研究所：

一張，紙本墨拓，原片，編號：GEN0137X。

［致和］

5636 邾國公祠堂記

元致和元年（1328）五月一日刻，現存山東鄒城孟廟。

京都大學人文科學研究所：

一張，紙本墨拓，原片，編號：GEN0138X。

5637 孟子廟貲田記

元致和元年（1328）七月刻，現存山東鄒城孟廟。

京都大學人文科學研究所：

一張，紙本墨拓，原片，編號：GEN0139X。

5638 田彬等創修牛王德勝將軍行宫廟記

元致和元年（1328）九月刻。

東洋文庫：

一張，碑陽，紙本墨拓，原片，45.0×78.0，編號：Ⅱ-16-C-u-9。

淑德大學書學文化中心：

一軸，紙本墨拓，卷軸，編號：000874。

京都大學人文科學研究所：

一張，紙本墨拓，原片，編號：GEN0140X。

［天曆］

5639　舉公提點勳績施財記

元天曆二年（1329）正月刻，現存山東濟南長清靈巖寺。

京都大學人文科學研究所：

　　　　一張，紙本墨拓，原片，編號：GEN0142X。

5640　玄真觀記

元天曆二年（1329）三月刻，原在河北武安玄真觀。

淑德大學書學文化中心：

　　　　一軸，紙本墨拓，卷軸，編號：000875。

京都大學人文科學研究所：

　　　　一張，紙本墨拓，原片，編號：GEN0143X。

5641　大元敕賜開府儀同三司領諸路道教事張公碑銘

趙孟頫撰文并書丹，元天曆二年（1329）五月立，現存北京東嶽廟。

東北大學附屬圖書館：

　　　　一幅，紙本墨拓，原片，常盤大定舊藏。

5642　張留孫碑

元天曆二年（1329）五月立，現存北京東嶽廟。

京都大學人文科學研究所：

　　　　一張，紙本墨拓，原片，編號：GEN0144A。

　　　　一張，紙本墨拓，原片，編號：GEN0144B。

　　　　一張，紙本墨拓，原片，編號：GEN0144C。

5643　曹超然李絅太白樓題詩

元天曆二年（1329）十月刻，現存山東濟寧太白樓。

京都大學人文科學研究所：

　　　　一張，紙本墨拓，原片，編號：GEN0145X。

5644　宣聖五十一代孔元孝墓碑

元天曆三年（1330）三月立，現存山東曲阜孔林。

京都大學人文科學研究所：

　　　　一張，紙本墨拓，原片，編號：GEN0146X。

5645　宣聖五十二代墓碑

元天曆三年（1330）三月立，現存山東曲阜孔林。

京都大學人文科學研究所：

　　　　一張，紙本墨拓，原片，編號：GEN0147X。

5646　宣聖五十三代孔浣墓碑

元天曆三年（1330）三月立，現存山東曲阜孔林。

京都大學人文科學研究所：

　　　　一張，紙本墨拓，原片，編號：GEN0148X。

5647　重修文憲王廟之記附額

元天曆三年（1330）立，現存山東曲阜孔廟。

京都大學人文科學研究所：

　　　　一張，紙本墨拓，原片，編號：GEN0149X。

［至順］

5648　蕭處仁等題名

元至順元年（1330）七月刻，現存河北磁縣南響堂山。

京都大學人文科學研究所：

　　　　一張，紙本墨拓，原片，編號：GEN0150X。

5649　白塔村碑

元至順元年（1330）十月二十五日立。

東洋文庫：

　　　　一張，紙本墨拓，原片，55.0×90.0，編號：Ⅱ-16-C-1630。

5650　靈巖寺聖旨碑

元至順元年（1330）十二月立，現存山東濟南長清靈巖寺。

京都大學人文科學研究所：

　　　　一張，紙本墨拓，原片，編號：GEN0151X。

　　　　一張，紙本墨拓，原片，編號：GEN0152X。

5651　康君墓誌

元至順元年（1330）葬，出土時地不詳。

東洋文庫：

　　　一張，紙本墨拓，原片，27.0×56.0，編號：Ⅱ-16-C-u-10。

5652　亨公首座壽塔記

元至順二年（1331）七月刻，現存山東濟南長清靈巖寺。

京都大學人文科學研究所：

　　　一張，紙本墨拓，原片，編號：GEN0155X。

5653　靈巖寺亨公道行懃績壽塔記

元至順二年（1331）七月刻，現存山東濟南長清靈巖寺。

京都大學人文科學研究所：

　　　一張，碑陽，紙本墨拓，原片，編號：GEN0154A。

　　　一張，碑陰，紙本墨拓，原片，編號：GEN0154B。

　　　一張，碑側，紙本墨拓，原片，編號：GEN0154C。

　　　一張，碑側，紙本墨拓，原片，編號：GEN0154D。

5654　加封鄒國亞聖公聖旨碑

元至順二年（1331）九月立，現存山東鄒城孟廟。

京都大學人文科學研究所：

　　　一張，紙本墨拓，原片，編號：GEN0156X。

　　　一張，紙本墨拓，原片，編號：GEN0157X。

　　　一張，紙本墨拓，原片，編號：GEN0158X。

5655　大元加封兗國復聖公制詞并大元追封兗國夫人制詞

元至順二年（1331）九月刻，現存山東曲阜顏廟。

東洋文庫：

　　　一張，紙本墨拓，原片，227.0×95.0，編號：Ⅱ-16-C-42。

京都大學人文科學研究所：

　　　一張，紙本墨拓，原片，編號：GEN0159X。

　　　一張，紙本墨拓，原片，編號：GEN0160A。

　　　一張，紙本墨拓，原片，編號：GEN0160B。

5656　靈巖寺第三十四代慧公禪師碑塔銘

元至順二年（1331）十月五日刻，現存山東濟南長清靈巖寺。

京都大學人文科學研究所：

　　　一張，碑陽，紙本墨拓，原片，編號：GEN0153A。

一張，碑陰，紙本墨拓，原片，編號：GEN0153B。

一張，紙本墨拓，原片，編號：GEN0161X。

5657 御香碑記

元至順二年（1331）十月立，現存遼寧錦州北鎮廟。

東洋文庫：

一張，碑陽，紙本墨拓，原片，127.0×90.0。一張，碑陰，紙本墨拓，原片，110.0×78.0。編號：Ⅱ-16-C-52。

一張，碑陽，紙本墨拓，原片，110.0×7.0。一張，碑陰，紙本墨拓，原片，110.0×69.0。編號：Ⅱ-16-C-51。

一張，碑陽，紙本墨拓，原片，110.0×73.0。一張，碑陰，紙本墨拓，原片，110.0×71.0。編號：Ⅱ-16-C-54。

5658 國書皇太后懿旨碑

元至順二年（1331）刻。

東洋文庫：

一張，碑陽，紙本墨拓，原片，113.0×77.0。

淑德大學書學文化中心：

一張，碑陽，紙本墨拓，托裱，編號：197749，天放樓舊藏。

一張，碑陰，紙本墨拓，托裱，編號：197750，天放樓舊藏。

5659 唐石壁禪寺甘露義壇碑

元至順三年（1332）三月立，現存山西呂梁交城玄中寺。

東北大學附屬圖書館：

一幅，紙本墨拓，原片，常盤大定舊藏。

5660 致嚴堂記

元至順四年（1333）二月刻，現存山東鄒城孟廟。

京都大學人文科學研究所：

一張，紙本墨拓，原片，編號：GEN0162X。

5661 張處約靈巖詩

元至順四年（1333）二月刻，現存山東濟南長清靈巖寺。

京都大學人文科學研究所：

一張，紙本墨拓，原片，編號：GEN0163X。

5662　府學附地經界碑

元至順四年（1333）七月刻，原在江蘇蘇州文廟。

東洋文庫：

　　　一張，紙本墨拓，109.0×85.0，原片，編號：Ⅱ-16-C-u-12。

5663　新修平江路學記

元至順四年（1333）九月刻，現存江蘇蘇州文廟。

東洋文庫：

　　　一張，紙本墨拓，210.0×103.0，原片，編號：Ⅱ-16-C-u-13。

5664　張公先德碑

元至順四年（1333）刻，現存內蒙古赤峰翁牛特旗張應瑞家族墓地。

東洋文庫：

　　　一張，碑陽，紙本墨拓，原片，256.0×108.0。一張，碑額，紙本墨拓，原片，79.0×37.0。

　　　編號：Ⅱ-16-C-4。

［元統］

5665　加封顏子父母妻懿旨

元元統二年（1334）正月二十六日刻，現存山東曲阜顏廟。

京都大學人文科學研究所：

　　　一張，紙本墨拓，原片，編號：GEN0164X。

5666　加封顏子父母妻謚議

元元統二年（1334）正月二十六日刻，現存山東曲阜顏廟。

京都大學人文科學研究所：

　　　一張，紙本墨拓，原片，編號：GEN0165X。

5667　曲阜泗水等縣達魯花赤鐵哥答公宗支碑

元元統二年（1334）二月立，現存山東曲阜梁公林。

京都大學人文科學研究所：

　　　一張，紙本墨拓，原片，編號：GEN0166X。

5668　加封顏子父母制詞碑

元元統二年（1334）五月立，現存山東曲阜顏廟。

東洋文庫：

　　　一張，紙本墨拓，原片，184.0×75.0，編號：Ⅱ-16-C-63。

京都大學人文科學研究所：

　　　一張，紙本墨拓，原片，編號：GEN0167X。

5669　鄧昌世祝文

元元統二年（1334）六月八日刻，現存山東曲阜顏廟。

京都大學人文科學研究所：

　　　一張，紙本墨拓，原片，編號：GEN0168X。

5670　宣聖五十三代墓碑

元元統二年（1334）八月立，現存山東曲阜孔林。

京都大學人文科學研究所：

　　　一張，紙本墨拓，原片，編號：GEN0169X。

5671　張氏先塋碑

元元統三年（1335）正月立，現存内蒙古赤峰翁牛特旗張應瑞家族墓地。

東洋文庫：

　　　一張，碑陽，紙本墨拓，316.0×128.0。一張，碑額，紙本墨拓，72.0×48.0。一張，碑陰，紙本墨拓，316.0×128.0。一張，碑陰額，紙本墨拓，85.0×44.0。編號：Ⅱ-16-C-6。

5672　元代聖旨碑

元元統三年（1335）七月十四日立，現存山東鄒城嶧山東宫。

京都大學人文科學研究所：

　　　一張，紙本墨拓，原片，編號：GEN0172X。

5673　孫真人孫德彧道行碑

元元統三年（1335）九月二日立，現存陝西鄠邑終南山重陽宫。

京都大學人文科學研究所：

　　　一張，紙本墨拓，原片，編號：GEN0170X。

5674　萬權墓誌

元元統三年（1335）九月五日葬，現藏於故宫博物院。

淑德大學書學文化中心：

　　　一張，紙本墨拓，原片，編號：000647。

京都大學人文科學研究所：

　　　一張，紙本墨拓，原片，編號：GEN0171X。

<h1 style="text-align:center">［後至元］</h1>

5675　圓明廣照大師舉公提點勣績塔銘

元後至元二年（1336）四月十五日刻，現存山東濟南長清靈巖寺。

京都大學人文科學研究所：

　　　　一張，碑陽，紙本墨拓，原片，編號：GEN0173A。

　　　　一張，碑陰，紙本墨拓，原片，編號：GEN0173B。

　　　　一張，紙本墨拓，原片，編號：GEN0174X。

5676　西湖書院重修大成殿記

元後至元二年（1336）五月刻，現存浙江杭州碑林。

東洋文庫：

　　　　一張，紙本墨拓，原片，144.0×100.0，編號：Ⅱ-16-C-u-14。

5677　石經山雲居寺藏經記題額

元後至元二年（1336）六月一日刻，現存北京房山雲居寺。

京都大學人文科學研究所：

　　　　一張，紙本墨拓，原片，編號：GEN0175X。

5678　加封孔子號詔碑

元後至元二年（1336）九月立，現存山東曲阜孔廟。

東洋文庫：

　　　　一張，紙本墨拓，原片，142.0×100.0，編號：Ⅱ-16-C-u-15。

5679　武當山大五龍靈應萬壽宮碑

元後至元三年（1337）三月二十日立，現存湖北十堰武當山五龍宮。

京都大學人文科學研究所：

　　　　一張，紙本墨拓，原片，編號：GEN0176X。

5680　暴書堂碑

元後至元三年（1337）四月一日立，現存山東鄒城子思書院。

京都大學人文科學研究所：

　　　　一張，碑陽，紙本墨拓，原片，編號：GEN0177A。

　　　　一張，碑陰，紙本墨拓，原片，編號：GEN0177B。

5681　鄒國亞聖公廟興造記

元後至元三年（1337）六月十五日刻，現存山東鄒城孟廟。

京都大學人文科學研究所：

一張，紙本墨拓，原片，編號：GEN0178A。

一張，紙本墨拓，原片，編號：GEN0178B。

一張，紙本墨拓，原片，編號：GEN0178C。

一張，紙本墨拓，原片，編號：GEN0178D。

5682　濟州重修尊經閣記

元後至元三年（1337）六月刻，現存山東濟寧文廟。

京都大學人文科學研究所：

一張，紙本墨拓，原片，編號：GEN0179X。

5683　李欽嗣墓誌

元後至元三年（1337）十一月二十四日葬，現藏於故宮博物院。

京都大學人文科學研究所：

一張，紙本墨拓，原片，編號：GEN0180A。

一張，紙本墨拓，原片，編號：GEN0180B。

淑德大學書學文化中心：

一張，紙本墨拓，原片，編號：000648。

5684　靈巖寺第三十五代無爲容公禪師道行碑

元後至元四年（1338）三月一日立，現存山東濟南長清靈巖寺。

京都大學人文科學研究所：

一張，碑陽，紙本墨拓，原片，編號：KAN0007X。

一張，碑陽，紙本墨拓，原片，編號：GEN0181A。

一張，碑陰，紙本墨拓，原片，編號：GEN0181B。

5685　通宗英德大師輔成堂提點揮公碑記

元後至元四年（1338）五月一日立，現存山東濟南長清靈巖寺。

京都大學人文科學研究所：

一張，碑陽，紙本墨拓，原片，編號：GEN0183A。

一張，碑陰，紙本墨拓，原片，編號：GEN0183B。

一張，紙本墨拓，原片，編號：GEN0184X。

5686　竹温臺碑

元後至元四年（1338）五月立，現藏於內蒙古赤峰翁牛特旗博物館。

東洋文庫：

　　一張，碑陽，紙本墨拓，263.0×108.0。一張，碑額，紙本墨拓，67.0×39.0。一張，碑陰，
　　紙本墨拓，250.0×107.0。一張，碑陰額，紙本墨拓，63.0×36.0。編號：Ⅱ-16-C-5。

5687　創建洙泗書院記

元後至元四年（1338）八月立，現存山東曲阜洙泗書院。

京都大學人文科學研究所：

　　一張，紙本墨拓，原片，編號：GEN0185X。

5688　顯教圓通大師照公和尚塔銘

元後至元五年（1339）正月刻，現存河南登封少林寺。

京都大學人文科學研究所：

　　一張，紙本墨拓，原片，編號：GEN0187X。

5689　御香代祀碑

元後至元五年（1339）二月立，現存遼寧錦州北鎮廟。

東洋文庫：

　　一張，碑陽，紙本墨拓，104.0×58.0。碑額，失。一張，碑陰，紙本墨拓，102.0×57.0。
　　編號：Ⅱ-16-C-53。

5690　五臺山大萬聖佑國寺弘教大師碑

元後至元五年（1339）八月立，現存山西忻州五臺山極樂寺。

京都大學人文科學研究所：

　　一張，紙本墨拓，原片，編號：GEN0188X。

5691　石鼓文音訓碑

元後至元五年（1339）立，現存北京國子監。

京都大學人文科學研究所：

　　一張，紙本墨拓，原片，編號：GEN0189A。
　　一張，紙本墨拓，原片，編號：GEN0190A。

5692　說文系統圖

元後至元五年（1339）立，現存北京國子監。

京都大學人文科學研究所：

　　　一張，紙本墨拓，原片，編號：GEN0189B。

5693　乳峰和尚塔銘

元後至元五年（1339）刻，現存河南登封少林寺。

京都大學人文科學研究所：

　　　一張，紙本墨拓，原片，編號：GEN0186A。

5694　顯教圓通大師照公和尚塔銘

元後至元五年（1339）刻，現存河南登封少林寺。

京都大學人文科學研究所：

　　　一張，紙本墨拓，原片，編號：GEN0186B。

5695　鄒國復聖公五十五代孫顏公墓碑

元後至元六年（1340）二月十五日立，現存山東寧陽顏林。

京都大學人文科學研究所：

　　　一張，紙本墨拓，原片，編號：GEN0191X。

5696　宣聖五十三代孔治神道碑

元後至元六年（1340）七月立，現存山東曲阜孔林。

京都大學人文科學研究所：

　　　一張，紙本墨拓，原片，編號：GEN0192X。

［至正］

5697　大元泰山靈巖寺創建龍藏記

元至正元年（1341）二月立，現存山東濟南長清靈巖寺。

東北大學附屬圖書館：

　　　一幅，紙本墨拓，原片，常盤大定舊藏。

5698　息庵禪師道行碑

元至正元年（1341）三月立，現存河南登封少林寺。

宇野雪村文庫：

　　　一張，紙本墨拓，原片，編號：1061。

京都大學人文科學研究所：

　　　一張，紙本墨拓，原片，編號：GEN0193X。

5699　重修華嚴堂經本記

元至正元年（1341）五月八日刻，現存北京房山雲居寺。

京都大學人文科學研究所：

　　　　一張，紙本墨拓，原片，編號：GEN0194X。

5700　重修真武廟施地施米記

元至正元年（1341）五月刻，原在河北定縣真武廟。

淑德大學書學文化中心：

　　　　一軸，紙本墨拓，卷軸，編號：000876。

京都大學人文科學研究所：

　　　　一張，紙本墨拓，原片，編號：GEN0195X。

5701　明德大師輔成堂提點貞吉祥碑記

元至正元年（1341）十一月立，現存山東濟南長清靈巖寺。

京都大學人文科學研究所：

　　　　一張，碑陽，紙本墨拓，原片，編號：GEN0196A。

　　　　一張，碑陰，紙本墨拓，原片，編號：GEN0196B。

5702　明德大師貞公塔銘

元至正元年（1341）十一月立，現存山東濟南長清靈巖寺。

京都大學人文科學研究所：

　　　　一張，紙本墨拓，原片，編號：GEN0197X。

5703　靈巖寺第三十九代息庵讓公禪寺道行碑

元至正元年（1341）十一月立，現存山東濟南長清靈巖寺。

京都大學人文科學研究所：

　　　　一張，碑陽，紙本墨拓，原片，編號：GEN0198A。

　　　　一張，碑陰，紙本墨拓，原片，編號：GEN0198B。

5704　息庵禪師道行碑記

元至正元年（1341）十一月立，現存山東濟南長清靈巖寺。

京都大學人文科學研究所：

　　　　一張，紙本墨拓，原片，編號：GEN0199X。

　　　　一張，紙本墨拓，原片，編號：GEN0200X。

5705　勝鬘獅子吼一乘大方便方廣經

元至正元年（1341）刻，今藏地不詳。

佛教大學：

　　　　一張，紙本墨拓，原片，182.0×60.0。

5706　曹元用太白樓題詩

元至正二年（1342）三月十五日刻，現存山東濟寧太白樓。

京都大學人文科學研究所：

　　　　一張，紙本墨拓，原片，編號：GEN0201X。

5707　馮祜墓誌

元至正二年（1342）四月九日葬，陝西西安出土，今藏地不詳。

京都大學人文科學研究所：

　　　　一張，紙本墨拓，原片，編號：GEN0202X。

5708　周源義行銘

元至正二年（1342）四月刻，今藏地不詳。

淑德大學書學文化中心：

　　　　一張，紙本墨拓，托裱，編號：197751，天放樓舊藏。

5709　宣聖五十四代孔思古墓碑

元至正三年（1343）五月立，現存山東曲阜孔林。

京都大學人文科學研究所：

　　　　一張，紙本墨拓，原片，編號：GEN0203X。

5710　濟州新遷二賢祠記碑

元至正三年（1343）五月立，現存山東濟寧太白樓。

京都大學人文科學研究所：

　　　　一張，紙本墨拓，原片，編號：GEN0204X。

5711　北鎮廟代祀記

元至正三年（1343）十月立，現存遼寧錦州北鎮廟。

東洋文庫：

　　　　一張，碑陽，紙本墨拓，原片，93.0×68.0。一張，碑陰，紙本墨拓，原片，93.0×69.0。
　　　　編號：Ⅱ-16-C-55。

5712 太原文廟宣聖兗公小景

元至正三年（1343）十月立，現存山西太原文廟。

東北大學附屬圖書館：

　　一幅，紙本墨拓，原片，常盤大定舊藏。

5713 武林弨笛記

元至正三年（1343）十二月刻，現存浙江杭州文廟。

東洋文庫：

　　一張，紙本墨拓，原片，156.0×76.0，編號：Ⅱ-16-C-u-17。

5714 子思書院新廟記

元至正四年（1344）二月一日立，現存山東鄒城子思書院。

京都大學人文科學研究所：

　　一張，紙本墨拓，原片，編號：GEN0205X。

5715 重修宣聖廟碑

元至正四年（1344）閏二月立，現存山東泰安文廟。

京都大學人文科學研究所：

　　一張，紙本墨拓，原片，編號：GEN0206X。

5716 重修長生觀記

元至正四年（1344）十一月立，現存山東鄒城嶧山長生觀。

京都大學人文科學研究所：

　　一張，紙本墨拓，原片，編號：GEN0207X。

5717 重繪賢像記

元至正四年（1344）十一月立，現存山東濟寧文廟。

京都大學人文科學研究所：

　　一張，紙本墨拓，原片，編號：GEN0208X。

5718 居庸關城壁佛經

元至正五年（1345）刻，現存北京居庸關過街塔。

東京國立博物館：

　　十幅，紙本墨拓，原片，編號：934，今泉雄作舊藏。

　　十幅，紙本墨拓，原片，編號：1176，桑野銳舊藏。

京都大學人文科學研究所：

  一張，紙本墨拓，原片，編號：GEN0209A。

  一張，紙本墨拓，原片，編號：GEN0209B。

  一張，紙本墨拓，原片，編號：GEN0209C。

  一張，紙本墨拓，原片，編號：GEN0209D。

淑德大學書學文化中心：

  一張，紙本墨拓，托裱，編號：196202。

東京藝術大學藝術資料館：

  一張，紙本墨拓，掛幅裝，256.0×640.0，編號：392。

  一張，紙本墨拓，掛幅裝，257.0×640.0，編號：392。

5719　玄中寺聖旨碑

元至正五年（1345）刻，現存山西吕梁交城玄中寺。

東北大學附屬圖書館：

  一幅，紙本墨拓，原片，常盤大定舊藏。

5720　御香代祀記

元至正六年（1346）三月立，現存遼寧錦州北鎮廟。

東洋文庫：

  一張，碑陽，紙本墨拓，原片，144.0×77.0。一張，碑陰，紙本墨拓，原片，114.0×69.0。編號：Ⅱ-16-C-57。

  一張，碑陽，紙本墨拓，原片，132.0×72.0。一張，碑陰，紙本墨拓，原片，110.0×74.0。編號：Ⅱ-16-C-58。

  一張，碑陽，紙本墨拓，原片，104.0×74.0。一張，碑陰，紙本墨拓，原片，104.0×74.0。編號：Ⅱ-16-C-59。

5721　石扉題記

元至正六年（1346）五月刻，現存河南登封少林寺。

京都大學人文科學研究所：

  一張，紙本墨拓，原片，編號：GEN0210X。

5722　瑞麥圖

元至正七年（1347）三月三日刻，現存山東濟寧太白樓。

京都大學人文科學研究所：

  一張，紙本墨拓，原片，編號：GEN0211X。

5723 重立石佛碑記

元至正七年（1347）七月立，現存河北石家莊贊皇石佛寺。

淑德大學書學文化中心：

　　一軸，紙本墨拓，卷軸，編號：198395。

5724 鹽池神御香記

元至正七年（1347）八月立，現存山西運城鹽池神廟。

京都大學人文科學研究所：

　　一張，紙本墨拓，原片，編號：GEN0214X。

5725 荆南承天禪院叢蘭精舍碑

元至正七年（1347）十月十五日立，現存湖北荆州承天寺。

京都大學人文科學研究所：

　　一張，紙本墨拓，原片，編號：GEN0212X。

5726 大元敕賜灌頂國師阿麻剌室利板的達建寺功德碑

元至正七年（1347）立，現存山西忻州五臺山普安寺。

京都大學人文科學研究所：

　　一張，紙本墨拓，原片，編號：GEN0213X。

5727 緱德寧功行碑

元至正八年（1348）二月立，現存河北易縣龍興觀。

淑德大學書學文化中心：

　　一張，紙本墨拓，托裱，編號：197752，天放樓舊藏。

5728 張成墓碑

元至正八年（1348）三月一日立，現藏於遼寧旅順博物館。

東洋文庫：

　　一張，碑陽，紙本墨拓，原片，122.0×59.0。一張，碑陰，紙本墨拓，原片，122.0×60.0。

　　編號：Ⅱ-16-C-1421。

京都大學人文科學研究所：

　　一張，碑陽，紙本墨拓，原片，編號：GEN0215A。

　　一張，碑陰，紙本墨拓，原片，編號：GEN0215B。

　　一張，碑陽，紙本墨拓，原片，編號：GEN0216A。

　　一張，碑陰，紙本墨拓，原片，編號：GEN0216B。

5729　莫高窟六字真言碑

元至正八年（1348）五月立，現存甘肅敦煌莫高窟。

宇野雪村文庫：

　　　　一張，紙本墨拓，原片，編號：1694。

　　　　一張，紙本墨拓，原片，編號：1922。

京都大學人文科學研究所：

　　　　一張，紙本墨拓，原片，編號：GEN0217X。

東北大學附屬圖書館：

　　　　一幅，紙本墨拓，原片，常盤大定舊藏。

淑德大學書學文化中心：

　　　　一軸，紙本墨拓，卷軸，編號：195987。

5730　雪巖和尚碑

元至正八年（1348）十一月二十日立，今藏地不詳。

淑德大學書學文化中心：

　　　　一張，紙本墨拓，托裱，編號：197753，天放樓舊藏。

5731　津公禪者塔

元至正九年（1349）四月立，現存山東濟南長清靈巖寺。

京都大學人文科學研究所：

　　　　一張，碑陽，紙本墨拓，原片，編號：GEN0219A。

　　　　一張，碑陽，紙本墨拓，原片，編號：GEN0219B。

　　　　一張，碑陰，紙本墨拓，原片，編號：GEN0220X。

5732　嵩山祖庭少林禪寺第十一代住持鳳林珪公禪師行狀碑

元至正九年（1349）四月立，現存河南登封少林寺。

京都大學人文科學研究所：

　　　　一張，碑陽，紙本墨拓，原片，編號：GEN0221A。

5733　鳳林禪師宗派圖

元至正九年（1349）四月刻，現存河南登封少林寺。

京都大學人文科學研究所：

　　　　一張，紙本墨拓，原片，編號：GEN0221B。

5734　洪公提點塔銘

元至正九年（1349）四月刻，現存山東濟南長清靈巖寺。

京都大學人文科學研究所：

  一張，碑陽，紙本墨拓，原片，編號：GEN0222A。

  一張，碑陽，紙本墨拓，原片，編號：GEN0222B。

  一張，碑陰，紙本墨拓，原片，編號：GEN0223X。

5735 創塑七十子像記

元至正九年（1349）五月刻，現存山東泰安文廟。

京都大學人文科學研究所：

  一張，紙本墨拓，原片，編號：GEN0224X。

5736 靄公提點壽塔銘

元至正九年（1349）十月刻，現存山東濟南長清靈巖寺。

京都大學人文科學研究所：

  一張，碑陽，紙本墨拓，原片，編號：GEN0225A。

  一張，碑陰，紙本墨拓，原片，編號：GEN0225B。

  一張，碑側，紙本墨拓，原片，編號：GEN0225C。

  一張，碑側，紙本墨拓，原片，編號：GEN0225D。

  一張，紙本墨拓，原片，編號：GEN0226X。

5737 敕賜鄒國復聖公新廟記

元至正九年（1349）十一月二十五日刻，現存山東曲阜顏廟。

京都大學人文科學研究所：

  一張，紙本墨拓，原片，編號：GEN0227X。

  一張，紙本墨拓，原片，編號：GEN0228A。

5738 莫簡墓誌

元至正九年（1349）葬，現藏於故宮博物院。

東洋文庫：

  一張，紙本墨拓，原片，52.0×52.0，編號：Ⅱ-16-C-u-18。

京都大學人文科學研究所：

  一張，紙本墨拓，原片，編號：GEN0218X。

5739 敞公倉主壽塔銘

元至正十年（1350）八月刻，現存山東濟南長清靈巖寺。

京都大學人文科學研究所：

  一張，紙本墨拓，原片，編號：GEN0228B。

一張，紙本墨拓，原片，編號：GEN0228C。

一張，紙本墨拓，原片，編號：GEN0228D。

一張，紙本墨拓，原片，編號：GEN0229X。

5740　重建懷聖寺記

元至正十年（1350）八月刻，現存廣東廣州懷聖寺。

東北大學附屬圖書館：

一幅，紙本墨拓，原片，常盤大定舊藏。

5741　兀氏也仙帖木題名

元至正十年（1350）刻，現存浙江杭州西湖龍隱洞。

東洋文庫：

一張，紙本墨拓，原片，50.0×25.0，編號：Ⅱ-16-C-u-19。

5742　進士題名碑

元至正十一年（1351）二月立，現存北京國子監。

東洋文庫：

一張，碑陽，紙本墨拓，113.0×71.0，編號：Ⅵ-2-69。

一張，碑陽，紙本墨拓，114.0×73.0。一張，碑額，紙本墨拓，31.0×28.0。編號：Ⅱ-16-C-u-20。

京都大學人文科學研究所：

一張，紙本墨拓，原片，編號：GEN0230A。

5743　大都崇國寺重修建碑

元至正十一年（1351）四月十一日立，現存北京護國寺。

京都大學人文科學研究所：

一張，紙本墨拓，原片，編號：GEN0231A。

一張，紙本墨拓，原片，編號：GEN0231B。

5744　緊那羅像碑

元至正十一年（1351）立，現存河南登封少林寺。

書道博物館：

一册，紙本墨拓，全拓，綴帖。

京都大學人文科學研究所：

一張，碑陽，紙本墨拓，原片，編號：GEN0232X。

一張，碑陰，紙本墨拓，原片，編號：GEN0233X。

5745　龍興觀正一宗派圖

元至正十一年（1351）刻，現存河北易縣龍興觀。

淑德大學書學文化中心：

　　一張，紙本墨拓，托裱，編號：197754，天放樓舊藏。

5746　瀋陽路城隍廟記

元至正十二年（1352）八月立，現藏於瀋陽故宮博物院。

東洋文庫：

　　一張，碑陽，紙本墨拓，原片，141.0×63.0。一張，碑陰，紙本墨拓，原片，135.0×63.0。

　　編號：Ⅱ-16-C-u-21。

京都大學人文科學研究所：

　　一張，紙本墨拓，原片，編號：GEN0235A。

　　一張，紙本墨拓，原片，編號：GEN0235B。

　　一張，紙本墨拓，原片，編號：GEN0235C。

　　一張，紙本墨拓，原片，編號：GEN0235D。

　　一張，紙本墨拓，原片，編號：GEN0235E。

　　一張，紙本墨拓，原片，編號：GEN0235F。

　　一張，紙本墨拓，原片，編號：GEN0235G。

　　一張，紙本墨拓，原片，編號：GEN0235H。

　　一張，紙本墨拓，原片，編號：GEN0235I。

5747　太師右丞相過鄒祀孟子碑

元至正十二年（1352）八月立，現存山東鄒城孟廟。

京都大學人文科學研究所：

　　一張，紙本墨拓，原片，編號：GEN0234X。

5748　雲泉普潤禪師隆公塔銘

元至正十三年（1353）八月刻，現存山西應縣佛宮寺。

京都大學人文科學研究所：

　　一張，紙本墨拓，原片，編號：GEN0236A。

　　一張，紙本墨拓，原片，編號：GEN0236B。

5749　少林淳拙禪師塔記

元至正十四年（1354）二月刻，現存河南登封少林寺。

京都大學人文科學研究所：

　　一張，紙本墨拓，原片，編號：GEN0237X。

5750　聖旨碑

元至正十四年（1354）七月十四日立，現存北京護國寺。

京都大學人文科學研究所：

一張，紙本墨拓，原片，編號：GEN0238A。

一張，紙本墨拓，原片，編號：GEN0238B。

5751　達魯花赤忽篤禄拜亞聖廟記

元至正十四年（1354）七月二十三日立，現存山東鄒城孟廟。

京都大學人文科學研究所：

一張，紙本墨拓，原片，編號：GEN0239X。

5752　朔州林衙崇福寺量公禪師施財遺迹記

元至正十四年（1354）十月六日立，現存山西朔州崇福寺。

東洋文庫：

一張，紙本墨拓，原片，54.0×55.0，編號：Ⅱ-16-C-1422。

5753　游靈巖寺記

元至正十五年（1355）正月一日刻，現存山東濟南長清靈巖寺。

京都大學人文科學研究所：

一張，紙本墨拓，原片，編號：GEN0240X。

5754　宣聖五十四代衍聖公孔思晦墓碑

元至正十五年（1355）二月立，現存山東曲阜孔林。

京都大學人文科學研究所：

一張，紙本墨拓，原片，編號：GEN0241X。

5755　大奉國寺莊田記

元至正十五年（1355）六月立，現存遼寧義縣奉國寺。

東洋文庫：

一張，碑陽，紙本墨拓，145.0×78.0。一張，碑額，紙本墨拓，34.0×27.0。一張，碑陰，紙本墨拓，145.0×76.0。一張，碑陰額，紙本墨拓，19.0×15.0。編號：Ⅱ-16-C-38。

5756　杭州路重建廟學碑

元至正十五年（1355）立，現存浙江杭州文廟。

東洋文庫：

一張，碑陽連額，紙本墨拓，原片，233.0×136.0+73.0×40.0，編號：Ⅱ-16-C-u-22。

5757 宣聖五十二代孫孔之容墓碑

元至正十六年（1356）四月立，現存山東曲阜孔林。

京都大學人文科學研究所：

　　一張，紙本墨拓，原片，編號：GEN0242X。

5758 代祀碑

元至正十七年（1357）三月立，現存遼寧錦州北鎮廟。

東洋文庫：

　　一張，碑陽，紙本墨拓，原片，134.0×73.0。一張，碑陰，紙本墨拓，原片，109.0×74.0。
　　編號：Ⅱ-16-C-60。

5759 歸暘禹王廟詩

元至正二十二年（1362）刻，現存山西夏縣禹王廟。

京都大學人文科學研究所：

　　一張，紙本墨拓，原片，編號：GEN0243X。

5760 帝舜廟碑

元至正二十三年（1363）四月立，現存廣西桂林虞山舜帝廟。

京都大學人文科學研究所：

　　一張，紙本墨拓，原片，編號：GEN0244X。

5761 萬壽宮聖旨碑

元至正二十三年（1363）十月二十三日立，現存陝西鄠邑重陽宮。

京都大學人文科學研究所：

　　一張，紙本墨拓，原片，編號：GEN0245X。

5762 敕賜大崇國寺壇主隆安選公特賜澄慧國師傳戒碑

元至正二十四年（1364）九月刻，現存北京崇國寺。

京都大學人文科學研究所：

　　一張，碑陽，紙本墨拓，原片，編號：GEN0246A。
　　一張，碑額，紙本墨拓，原片，編號：GEN0246B。
　　一張，碑額，紙本墨拓，原片，編號：GEN0246C。

5763 國子中選生題名記

元至正二十六年（1366）刻，現存北京國子監。

東洋文庫：

一張，碑陽，紙本墨拓，原片，189.0×94.0。一張，碑額，紙本墨拓，原片，32.0×42.0。

編號：Ⅱ-16-C-u-23。

京都大學人文科學研究所：

一張，紙本墨拓，原片，編號：GEN0247X。

5764　重修宣聖廟記

元至正二十六年（1366）立，現藏於西安碑林博物館。

東京國立博物館：

二幅，紙本墨拓，原片，編號：539。

5765　大禹王碑

元刻，無紀年，今藏地不詳。

東洋文庫：

　　一張，紙本墨拓，113.0×50.0，原片，編號：Ⅱ-16-C-1631。

5766　御服碑

元刻，無紀年，現存陝西西安重陽宮。

黑川古文化研究所：

　　一帖，紙本墨拓，25.2×14.0，原片，書1080。

5767　回教墓碑

元刻，無紀年，現存河北趙縣柏林禪寺。

京都大學人文科學研究所：

　　一張，紙本墨拓，原片，編號：GEN0269X。

　　一張，紙本墨拓，原片，編號：GEN0271X。

5768　康公墓誌

元刻，無紀年，出土時地不詳。

京都大學人文科學研究所：

　　一張，紙本墨拓，原片，編號：GEN0141X。

5769　雷彪重裝題名

元刻，無紀年，今藏地不詳。

東洋文庫：

　　一張，紙本墨拓，原片，58.0×13.0，編號：Ⅱ-16-C-u-25。

5770　阿里□重裝題名

元刻，無紀年，今藏地不詳。

東洋文庫：

一張，紙本墨拓，原片，28.0×22.0，編號：Ⅱ-16-C-u-26。

5771　戚□題名

元刻，無紀年，今藏地不詳。

東洋文庫：

一張，紙本墨拓，原片，54.0×14.0，編號：Ⅱ-16-C-u-27。

5772　前度劉郎詩

元刻，無紀年，今藏地不詳。

東洋文庫：

一張，紙本墨拓，原片，90.0×31.0，編號：Ⅱ-16-C-u-24。

5773　房山十字景教石刻

元刻，無紀年，原在北京房山雲居寺。

京都大學人文科學研究所：

一張，紙本墨拓，原片，編號：GEN0270A。

一張，紙本墨拓，原片，編號：GEN0270B。

5774　龍興觀宗支恒産記

元刻，無紀年，現存河北易縣龍興觀。

淑德大學書學文化中心：

一張，紙本墨拓，托裱，編號：197755，天放樓舊藏。

5775　趙孟頫天冠山詩

元刻，無紀年，原在江西貴溪三峰山。

淑德大學書學文化中心：

一張，紙本墨拓，托裱，編號：197756，天放樓舊藏。

5776　釋朗公令旨

元刻，無紀年，原在河北易縣興國寺。

淑德大學書學文化中心：

一張，紙本墨拓，托裱，編號：197757，天放樓舊藏。

5777　趙子昂臨蘭亭序

元刻，無紀年，今藏地不詳。

宇野雪村文庫：

一册，紙本墨拓，册頁，編號：74。

5778　行書千字文

元刻，無紀年，今藏地不詳。

宇野雪村文庫：

一册，紙本墨拓，册頁，編號：421。

5779　石佛龕

元刻，無紀年，今藏地不詳。

淑德大學書學文化中心：

一軸，紙本墨拓，卷軸，編號：198396。

5780　造像記

元刻，無紀年，今藏地不詳。

淑德大學書學文化中心：

十二張，紙本墨拓，托裱，編號：195387。

5781　月空首座浩公壽塔銘

元刻，無紀年，現存山東濟南長清靈巖寺。

京都大學人文科學研究所：

一張，碑陽，紙本墨拓，原片，編號：GEN0256A。

一張，碑陰，紙本墨拓，原片，編號：GEN0256B。

5782　靈巖寺御書閣玉皇像記

元刻，無紀年，現存山東濟南長清靈巖寺。

京都大學人文科學研究所：

一張，紙本墨拓，原片，編號：GEN0257X。

5783　游靈巖寺詩

元刻，無紀年，現存山東濟南長清靈巖寺。

京都大學人文科學研究所：

一張，紙本墨拓，原片，編號：GEN0258X。

5784　趙孟頫書蜀山圖歌

元刻，無紀年，現存河北保定蓮池書院。

京都大學人文科學研究所：

　　　　一張，紙本墨拓，原片，編號：GEN0259A。

　　　　一張，紙本墨拓，原片，編號：GEN0259B。

5785　佛頂尊勝陀羅尼

元刻，無紀年，現存山東濟南長清靈巖寺。

京都大學人文科學研究所：

　　　　一張，紙本墨拓，原片，編號：GEN0262A。

　　　　一張，紙本墨拓，原片，編號：GEN0262B。

　　　　一張，紙本墨拓，原片，編號：GEN0262C。

5786　梵文經幢

元刻，無紀年，現存河北保定蓮池書院。

京都大學人文科學研究所：

　　　　一張，紙本墨拓，原片，編號：GEN0264A。

　　　　一張，紙本墨拓，原片，編號：GEN0264B。

5787　陀羅尼經

元刻，無紀年，現存河北保定蓮池書院。

京都大學人文科學研究所：

　　　　一張，紙本墨拓，原片，編號：GEN0265X。

5788　經幢殘石

元刻，無紀年，現存河北保定蓮池書院。

京都大學人文科學研究所：

　　　　一張，紙本墨拓，原片，編號：GEN0263X。

5789　石槨墓畫像

元刻，無紀年，現存河北保定蓮池書院。

京都大學人文科學研究所：

　　　　一張，紙本墨拓，原片，編號：GEN0266X。

5790　社稷神位

元刻，無紀年，今藏地不詳。

京都大學人文科學研究所：

　　一張，紙本墨拓，原片，編號：GEN0267A。

　　一張，紙本墨拓，原片，編號：GEN0267B。

5791　終南山古樓觀道祖説經臺之圖

元刻，無紀年，現存陝西周至終南山北麓。

京都大學人文科學研究所：

　　一張，紙本墨拓，原片，編號：GEN0273X。

明
（1368—1644）

［洪武］

5792　謁孟廟七律

明洪武元年（1368）六月一日刻，現存山東鄒城孟廟。

京都大學人文科學研究所：

　　　一張，紙本墨拓，原片，編號：MIN0001X。

5793　少林寺定公禪師碑

明洪武二年（1369）四月立，現存河南登封少林寺。

京都大學人文科學研究所：

　　　一張，紙本墨拓，原片，編號：MIN0002X。

5794　讀孟子廟記

明洪武三年（1370）正月刻，現存山東鄒城孟廟。

京都大學人文科學研究所：

　　　一張，紙本墨拓，原片，編號：MIN0003X。

5795　明太祖封五嶽等詔碑

明洪武三年（1370）六月三日立，現存山東泰安岱廟。

淑德大學書學文化中心：

　　　一張，紙本墨拓，托裱，編號：197758，天放樓舊藏。

京都大學人文科學研究所：

　　　一張，紙本墨拓，原片，編號：MIN0004X。

5796　孟氏宗支記

明洪武四年（1371）三月立，現存山東鄒城孟廟。

京都大學人文科學研究所：

  一張，紙本墨拓，原片，編號：MIN0005X。

5797　方山璧公禪師壽碑

明洪武五年（1372）立，現存山東濟南長清靈巖寺。

京都大學人文科學研究所：

  一張，紙本墨拓，原片，編號：MIN0006X。

5798　明洞宗山休堂聯傳道行碑

明洪武五年（1372）立，現存山東濟南長清靈巖寺。

京都大學人文科學研究所：

  一張，紙本墨拓，原片，編號：MIN0007A。

  一張，紙本墨拓，原片，編號：MIN0007B。

5799　蘇州府學圖

明洪武六年（1373）六月立，現存江蘇蘇州文廟。

東洋文庫：

  一張，紙本墨拓，原片，148.0×75.0，編號：Ⅱ-16-C-v-1。

5800　陳了翁格言

明洪武六年（1373）刻，現存山東鄒城孟廟。

京都大學人文科學研究所：

  一張，紙本墨拓，原片，編號：MIN0008X。

5801　樓桑廟詩刻

明洪武七年（1374）二月刻，原在河北涿州樓桑廟。

淑德大學書學文化中心：

  一軸，紙本墨拓，卷軸，編號：000877。

5802　程羽肅詩刻

明洪武七年（1374）二月刻，原在四川成都漢昭烈廟。

京都大學人文科學研究所：

  一張，紙本墨拓，原片，編號：MIN0009X。

5803　李思迪題記
明洪武七年（1374）刻，現存廣東肇慶七星巖。
京都大學人文科學研究所：
　　　　一張，紙本墨拓，原片，編號：MIN0010X。

5804　謁孟子廟記
明洪武八年（1375）六月三日刻，現存山東鄒城孟廟。
京都大學人文科學研究所：
　　　　一張，紙本墨拓，原片，編號：MIN0011X。

5805　宣聖五十五代墓碑
明洪武九年（1376）八月立，現存山東曲阜孔林。
京都大學人文科學研究所：
　　　　一張，紙本墨拓，原片，編號：MIN0012X。

5806　宣聖五十五代衍聖公墓碑
明洪武十年（1377）十月立，現存山東曲阜孔林。
京都大學人文科學研究所：
　　　　一張，紙本墨拓，原片，編號：MIN0014X。

5807　宣聖五十四代墓碑
明洪武十一年（1378）二月立，現存山東曲阜孔林。
京都大學人文科學研究所：
　　　　一張，紙本墨拓，原片，編號：MIN0015X。

5808　宣聖五十四代墓碑
明洪武十二年（1379）四月立，現存山東曲阜孔林。
京都大學人文科學研究所：
　　　　一張，紙本墨拓，原片，編號：MIN0016X。

5809　謁孟子廟記
明洪武十三年（1380）四月刻，現存山東鄒城孟廟。
京都大學人文科學研究所：
　　　　一張，紙本墨拓，原片，編號：MIN0017X。

5810　宣聖五十二代墓碑
明洪武十四年（1381）三月立，現存山東曲阜孔林。

京都大學人文科學研究所：

　　　一張，紙本墨拓，原片，編號：MIN0018X。

5811　宣聖五十四代墓碑

明洪武十四年（1381）三月立，現存山東曲阜孔林。

京都大學人文科學研究所：

　　　一張，紙本墨拓，原片，編號：MIN0019X。

5812　宣聖五十四代墓碑

明洪武十四年（1381）立，現存山東曲阜孔林。

京都大學人文科學研究所：

　　　一張，紙本墨拓，原片，編號：MIN0020X。

5813　重修顏廟記

明洪武十五年（1382）八月立，現存山東曲阜顏廟。

京都大學人文科學研究所：

　　　一張，紙本墨拓，原片，編號：MIN0021X。

5814　宣聖五十四代墓碑

明洪武十六年（1383）十一月六日立，現存山東曲阜孔林。

京都大學人文科學研究所：

　　　一張，紙本墨拓，原片，編號：MIN0022X。

5815　宣聖五十四代墓碑

明洪武十六年（1383）十一月立，現存山東曲阜孔林。

京都大學人文科學研究所：

　　　一張，紙本墨拓，原片，編號：MIN0023X。

5816　宣聖五十二代墓碑

明洪武十六年（1383）十一月立，現存山東曲阜孔林。

京都大學人文科學研究所：

　　　一張，紙本墨拓，原片，編號：MIN0024X。

5817　元福堂提點禎公壽塔銘

明洪武十六年（1383）刻，現存山東濟南長清靈巖寺。

京都大學人文科學研究所：

一張，紙本墨拓，原片，編號：MIN0025A。

一張，紙本墨拓，原片，編號：MIN0025B。

一張，紙本墨拓，原片，編號：MIN0025C。

一張，紙本墨拓，原片，編號：MIN0025D。

5818　重修兖國復聖廟記

明洪武十□年（1377—1386）十月立，現存山東曲阜顏廟。

京都大學人文科學研究所：

一張，紙本墨拓，原片，編號：MIN0013X。

5819　宣聖五十四代墓碑

明洪武二十年（1387）八月立，現存山東曲阜孔林。

京都大學人文科學研究所：

一張，紙本墨拓，原片，編號：MIN0026X。

5820　宣聖五十五代墓碑

明洪武二十年（1387）八月立，現存山東曲阜孔林。

京都大學人文科學研究所：

一張，紙本墨拓，原片，編號：MIN0027X。

5821　重修廟垣記

明洪武二十三年（1390）五月十五日立，現存山東鄒城孟廟。

京都大學人文科學研究所：

一張，紙本墨拓，原片，編號：MIN0028X。

5822　大慈山會集諸祖列名

明洪武二十三年（1390）六月刻，現存浙江寧波大慈寺。

東洋文庫：

一張，紙本墨拓，原片，30.0×48.0，編號：Ⅱ-16-C-v-3。

5823　松庭和尚壽塔銘

明洪武二十五年（1392）四月八日刻，現存河南登封少林寺。

京都大學人文科學研究所：

一張，紙本墨拓，原片，編號：MIN0029X。

5824　嵩海禪師定公行實碑

明洪武二十五年（1392）四月立，現存河南登封少林寺。

京都大學人文科學研究所：

一張，紙本墨拓，原片，編號：MIN0031A。

一張，紙本墨拓，原片，編號：MIN0031B。

5825　淳拙禪師才公塔銘

明洪武二十五年（1392）五月五日刻，現存河南登封少林寺。

京都大學人文科學研究所：

一張，紙本墨拓，原片，編號：MIN0032X。

5826　宣聖五十五代衍聖公神道碑

明洪武三十年（1397）九月立，現存山東曲阜孔林。

京都大學人文科學研究所：

一張，紙本墨拓，原片，編號：MIN0034X。

［建文］

5827　創建清真寺碑記

明建文四年（1402）立，現存西安化覺巷清真寺。

東洋文庫：

一張，紙本墨拓，原片，113.0×73.0+27.0×23.0，編號：Ⅱ-16-C-1642。

［永樂］

5828　宣聖五十一代墓碑

明永樂二年（1404）二月立，現存山東曲阜孔林。

京都大學人文科學研究所：

一張，紙本墨拓，原片，編號：MIN0036X。

5829　宣聖五十四代墓碑

明永樂二年（1404）二月立，現存山東曲阜孔林。

京都大學人文科學研究所：

一張，紙本墨拓，原片，編號：MIN0037X。

5830　宣聖五十二代墓碑

明永樂二年（1404）五月立，現存山東曲阜孔林。

京都大學人文科學研究所：

　　　一張，紙本墨拓，原片，編號：MIN0038X。

5831　齊門無量壽院林園詩碑

明永樂二年（1404）七月二十九日立。

東洋文庫：

　　　一張，紙本墨拓，原片，64.0×29.0，編號：Ⅱ-16-C-v-2。

5832　重修兩廡記

明永樂三年（1405）八月立，現存山東鄒城孟廟。

京都大學人文科學研究所：

　　　一張，紙本墨拓，原片，編號：MIN0039X。

5833　天妃聖母廟碑

明永樂六年（1408）四月立，現藏於遼寧旅順博物館。

東洋文庫：

　　　一張，碑陽，紙本墨拓，原片，128.0×79.0。碑額，失。編號：Ⅱ-16-C-1632。

5834　錫蘭山鄭和碑

又稱“布施錫蘭山佛寺碑”，明永樂七年（1409）四月一日立，現藏於斯里蘭卡國家博物館。

京都大學人文科學研究所：

　　　一張，紙本墨拓，原片，編號：MIN0040X。

5835　敕修奴兒干永寧寺碑

又稱“永寧寺碑”，明永樂十一年（1413）九月立，現藏於俄羅斯符拉迪沃斯托克（海參崴）阿爾謝涅夫博物館。

京都大學人文科學研究所：

　　　一張，碑陽，紙本墨拓，原片，編號：MIN0042A。

　　　一張，碑陰，女真文，紙本墨拓，原片，編號：MIN0042B。

　　　一張，碑側，紙本墨拓，原片，編號：MIN0042C。

5836　宣聖五十四代墓碑

明永樂十一年（1413）十一月二日立，現存山東曲阜孔林。

京都大學人文科學研究所：

　　　一張，紙本墨拓，原片，編號：MIN0041X。

5837　宣聖五十六代墓誌

明永樂十二年（1414）九月立，現存山東曲阜孔林。

京都大學人文科學研究所：

　　一張，紙本墨拓，原片，編號：MIN0044X。

5838　少林寺人山大和尚行實碑

明永樂十四年（1416）立，現存河南登封少林寺。

京都大學人文科學研究所：

　　一張，紙本墨拓，原片，編號：MIN0045X。

5839　宣聖五十六代墓碑

明永樂十五年（1417）三月立，現存山東曲阜孔林。

京都大學人文科學研究所：

　　一張，紙本墨拓，原片，編號：MIN0046X。

5840　榮國公神道碑

全稱"御製贈推忠輔國協謀宣力文臣特進榮禄大夫柱國榮國公謚恭靖姚廣孝神道碑銘"，又稱
"姚廣孝碑"，明成祖朱棣撰文，明永樂十六年（1418）八月十三日立，現存北京房山青龍湖鎮常樂
寺村姚廣孝墓塔前。

東京國立博物館：

　　一幅，紙本墨拓，原片，編號：2361，日向俊馬舊藏。

5841　遼東郡都指揮劉公紀功摩崖碑

又稱"阿什哈達摩崖石刻"，明永樂十八年（1420）刻，現存吉林省吉林市阿什哈達屯松花江北岸摩崖。

東洋文庫：

　　二張，紙本墨拓，原片，[1] 148.0×65.0，[2] 125.0×65.0，編號：Ⅱ-16-C-64。

京都大學人文科學研究所：

　　一張，紙本墨拓，原片，編號：MIN0047A。

　　一張，紙本墨拓，原片，編號：MIN0047B。

　　一張，紙本墨拓，原片，編號：MIN0048X。

5842　龍圖閣直學士御史中丞孔公墓碑

明永樂十九年（1421）十月立，現存山東曲阜孔林。

京都大學人文科學研究所：

　　一張，紙本墨拓，原片，編號：MIN0049X。

5843　林公古山和尚靈骨塔記

明永樂十九年（1421）刻。

京都大學人文科學研究所：

一張，紙本墨拓，原片，編號：MIN0051X。

5844　宣聖五十三代墓碑

明永樂二十年（1422）十月立，現存山東曲阜孔林。

京都大學人文科學研究所：

一張，紙本墨拓，原片，編號：MIN0052X。

5845　般若波羅蜜多心經

明永樂二十一年（1423）二月一日刻。

京都大學人文科學研究所：

一張，紙本墨拓，原片，編號：MIN0053X。

5846　宣聖五十一代墓碑

明永樂二十二年（1424）五月立，現存山東曲阜孔林。

京都大學人文科學研究所：

一張，紙本墨拓，原片，編號：MIN0054X。

5847　宣聖五十四代墓碑

明永樂二十二年（1424）五月立，現存山東曲阜孔林。

京都大學人文科學研究所：

一張，紙本墨拓，原片，編號：MIN0055X。

［宣德］

5848　製龍封孔公鑒及妻胡氏衍聖公及夫人碑

明宣德元年（1426）二月二日立，現存山東曲阜孔林。

京都大學人文科學研究所：

一張，紙本墨拓，原片，編號：MIN0056X。

5849　宣聖五十八代衍聖公墓表

明宣德元年（1426）十月一日立，現存山東曲阜孔林。

京都大學人文科學研究所：

一張，紙本墨拓，原片，編號：MIN0057X。

5850　皇帝特贈孔思政曲阜縣服妻李氏孺人服碑

明宣德元年（1426）十二月十二日立，現存山東曲阜孔林。

京都大學人文科學研究所：

一張，紙本墨拓，原片，編號：MIN0058X。

5851　新創順河廟碑

明宣德二年（1427）四月立，現藏於河南開封博物館。

京都大學人文科學研究所：

一張，紙本墨拓，原片，編號：MIN0059X。

東洋文庫：

一張，紙本墨拓，原片，181.0×60.0，編號：Ⅱ-16-C-1425。

5852　石經歌

明宣德二年（1427）七月一日刻，現存浙江杭州孔廟。

東洋文庫：

一張，紙本墨拓，原片，108.0×63.0，編號：Ⅱ-16-C-v-4。

5853　宣聖及七十二弟子圖

明宣德二年（1427）刻，現存浙江杭州孔廟。

京都大學人文科學研究所：

一張，紙本墨拓，原片，編號：MIN0061X。

5854　宣聖五十四代孔思政神道碑

明宣德四年（1429）四月十日立，現存山東曲阜孔林。

京都大學人文科學研究所：

一張，紙本墨拓，原片，編號：MIN0062X。

5855　王輔神墓表

明宣德四年（1429）四月立。

京都大學人文科學研究所：

一張，紙本墨拓，原片，編號：MIN0063X。

5856　復聖五十七代孫顔池墓碑

明宣德六年（1431）三月立，現存山東寧陽顔林。

京都大學人文科學研究所：

　　　一張，紙本墨拓，原片，編號：MIN0065X。

5857　重建永寧寺記碑

明宣德八年（1433）三月立，現藏於俄羅斯符拉迪沃斯托克（海參崴）阿爾謝涅夫博物館。

京都大學人文科學研究所：

　　　一張，紙本墨拓，原片，編號：MIN0066X。

5858　皇帝特錫孔公鎧承郎服特封夫人王氏孺人服碑

明宣德九年（1434）四月二十九日立，現存山東曲阜孔林。

京都大學人文科學研究所：

　　　一張，紙本墨拓，原片，編號：MIN0067X。

5859　宣聖五十五代墓碑

明宣德九年（1434）四月立，現存山東曲阜孔林。

京都大學人文科學研究所：

　　　一張，紙本墨拓，原片，編號：MIN0068X。

5860　敕任孔謂行在雲南道監察御史特封妻王氏孺人衹服碑

明宣德十年（1435）十月二十一日立，現存山東曲阜孔林。

京都大學人文科學研究所：

　　　一張，紙本墨拓，原片，編號：MIN0069X。

5861　西天佛子大國師班丹札釋壽像記殘碑

明宣德十年（1435）立，現存北京護國寺。

京都大學人文科學研究所：

　　　一張，紙本墨拓，原片，編號：MIN0070X。

［正統］

5862　宣聖五十九代墓碣銘

明正統二年（1437）十月十一日立，現存山東曲阜孔林。

京都大學人文科學研究所：

　　　一張，紙本墨拓，原片，編號：MIN0071X。

5863　陳祥墓誌

明正統二年（1437）十月二十九日葬，江蘇揚州出土，今藏地不詳。

淑德大學書學文化中心：

　　一張，墓誌蓋，紙本墨拓，原片，編號：000878。

　　一張，墓誌，紙本墨拓，原片，編號：000649。

京都大學人文科學研究所：

　　一張，紙本墨拓，原片，編號：MIN0073A。

　　一張，紙本墨拓，原片，編號：MIN0073B。

5864　宣聖五十八代墓碑

明正統二年（1437）十月立，現存山東曲阜孔林。

京都大學人文科學研究所：

　　一張，紙本墨拓，原片，編號：MIN0072X。

5865　靈巖寺重建五花殿記

明正統五年（1440）九月十五日立，現存山東濟南長清靈巖寺。

京都大學人文科學研究所：

　　一張，紙本墨拓，原片，編號：MIN0074X。

5866　竇敬墓誌

明正統六年（1441）二月十七日葬，現藏於故宮博物院。

淑德大學書學文化中心：

　　一張，紙本墨拓，原片，編號：000650。

京都大學人文科學研究所：

　　一張，紙本墨拓，原片，編號：MIN0075X。

5867　重修子思書院記

明正統六年（1441）十月十三日立，現存山東鄒城子思書院。

京都大學人文科學研究所：

　　一張，紙本墨拓，原片，編號：MIN0076X。

5868　敕賜兗國復聖公新廟碑

明正統六年（1441）十一月四日刻，現存山東曲阜顏廟。

京都大學人文科學研究所：

　　一張，紙本墨拓，原片，編號：MIN0077X。

5869　重修鄒國亞聖公廟記

明正統八年（1443）三月立，現存山東鄒城孟廟。

京都大學人文科學研究所：

　　　　一張，紙本墨拓，原片，編號：MIN0080X。

5870　白雲觀重修記

明正統九年（1444）二月立，現存北京白雲觀。

京都大學人文科學研究所：

　　　　一張，紙本墨拓，原片，編號：MIN0081X。

5871　皇帝祭告醫巫閭山碑

明正統九年（1444）四月二十四日立，現存遼寧錦州北鎮廟。

京都大學人文科學研究所：

　　　　一張，紙本墨拓，原片，編號：MIN0082X。

5872　敕賜智化禪寺記

明正統九年（1444）九月九日立，現存北京智化寺。

京都大學人文科學研究所：

　　　　一張，紙本墨拓，原片，編號：MIN0083X。

5873　普恩禪寺安置藏經碑

明正統十年（1445）正月十五日立，現存山西忻州五臺山普恩寺。

京都大學人文科學研究所：

　　　　一張，紙本墨拓，原片，編號：MIN0085X。

5874　双塔崇興禪寺頒賜大藏經敕諭碑

明正統十年（1445）二月十五日立，現存遼寧錦州北鎮崇興寺。

東洋文庫：

　　　　一張，紙本墨拓，原片，154.0×78.0，編號：Ⅱ-16-C-1。

5875　虞集詩十二首

明正統十年（1445）刻，原在陝西戶縣（今鄠邑）重陽宮。

京都大學人文科學研究所：

　　　　一張，紙本墨拓，原片，編號：GEN0261X。

5876　孔哲墓誌

明正統十二年（1447）三月二十一日葬，現藏於故宮博物院。

淑德大學書學文化中心：

一張，紙本墨拓，原片，編號：000651。

京都大學人文科學研究所：

一張，紙本墨拓，原片，編號：MIN0086X。

5877　重修石塔寺碑

全稱"明開原重修石塔寺碑記"，黃瓚撰文，明正統十二年（1447）四月八日立，現存遼寧開原崇壽寺。

京都大學人文科學研究所：

一張，紙本墨拓，原片，編號：MIN0087A。

一張，紙本墨拓，原片，編號：MIN0087B。

一張，紙本墨拓，原片，編號：MIN0087C。

5878　敕賜居庸關泰安禪寺修建碑

明正統十三年（1448）六月立，原在北京居庸關泰安寺。

京都大學人文科學研究所：

一張，紙本墨拓，原片，編號：MIN0088A。

一張，紙本墨拓，原片，編號：MIN0088B。

5879　濟寧重修大成殿記

明正統十三年（1448）七月立，現存山東濟寧文廟。

京都大學人文科學研究所：

一張，紙本墨拓，原片，編號：MIN0089X。

5880　遼東都司宋真碑

明正統十三年（1448）八月十六日立，今藏地不詳。

京都大學人文科學研究所：

一張，紙本墨拓，原片，編號：MIN0090A。

一張，紙本墨拓，原片，編號：MIN0090B。

5881　賜經碑

明正統十三年（1448）八月立，現存北京智化寺。

京都大學人文科學研究所：

一張，紙本墨拓，原片，編號：MIN0091X。

［景泰］

5882　崔源墓誌

明景泰元年（1450）七月十七日葬，現藏於遼寧省博物館。

東洋文庫：

　　一張，墓誌，紙本墨拓，原片，41.0×40.0。一張，墓誌蓋，紙本墨拓，原片，41.0×40.0。

　　編號：Ⅱ-16-C-14。

　　一張，墓誌，紙本墨拓，原片，41.0×40.0。一張，墓誌蓋，紙本墨拓，原片，40.0×41.0。

　　編號：Ⅱ-16-C-1633。

5883　敕特進孔諤文林郎特贈妻黄氏孺人碑

明景泰元年（1450）八月二十七日立，現存山東曲阜孔林。

京都大學人文科學研究所：

　　一張，紙本墨拓，原片，編號：MIN0093X。

5884　敕特孔希武文林郎曲阜知縣妻胡氏特封太孺人服碑

明景泰元年（1450）八月二十七日立，現存山東曲阜孔林。

京都大學人文科學研究所：

　　一張，紙本墨拓，原片，編號：MIN0094X。

5885　重修兖國復聖廟記付額

明景泰元年（1450）十月刻，現存山東曲阜顔廟。

京都大學人文科學研究所：

　　一張，紙本墨拓，原片，編號：MIN0095X。

5886　重修寶慶寺記碑

明景泰二年（1451）十一月立，現存陝西西安寶慶寺。

京都大學人文科學研究所：

　　一張，紙本墨拓，原片，編號：MIN0096X。

5887　趙公墓碑

明景泰三年（1452）三月立，今藏地不詳。

京都大學人文科學研究所：

　　一張，紙本墨拓，原片，編號：MIN0097X。

5888　文殊菩薩真容赴殿圖

明景泰三年（1452）五月二十四日刻，現存山西忻州五臺山。

京都大學人文科學研究所：

　　一張，紙本墨拓，原片，編號：MIN0098X。

5889　敕賜藏經閣記

明景泰四年（1453）二月立，現存江蘇蘇州虎丘寺。

東洋文庫：

一張，紙本墨拓，原片，213.0×108.0+59.0×51.0，編號：Ⅱ-16-C-v-5。

5890　宣聖五十六代墓碑

明景泰五年（1454）二月立，現存山東曲阜孔林。

京都大學人文科學研究所：

一張，紙本墨拓，原片，編號：MIN0099X。

5891　凝然禪師道行碑

明景泰六年（1455）十一月立，現存河南登封少林寺。

京都大學人文科學研究所：

一張，紙本墨拓，原片，編號：MIN0101A。

5892　段公禪師宗派圖

明景泰六年（1455）十一月立，現存河南登封少林寺。

京都大學人文科學研究所：

一張，紙本墨拓，原片，編號：MIN0101B。

5893　追贈孔承慶衍聖公妻王氏特封衍聖公夫人碑

明景泰六年（1455）十二月二十五日立，現存山東曲阜孔林。

京都大學人文科學研究所：

一張，紙本墨拓，原片，編號：MIN0100X。

［天順］

5894　皇帝諭祭僧錄道遐碑付遺像贊

明天順元年（1457）立，現存山西忻州五臺山。

京都大學人文科學研究所：

一張，紙本墨拓，原片，編號：MIN0103X。

5895　武略將軍兗州護衛鎮撫吉公墓碑

明天順二年（1458）三月立，今藏地不詳。

京都大學人文科學研究所：

一張，紙本墨拓，原片，編號：MIN0104X。

5896　皇帝敕諭護持山西五臺山顯通寺碑

明英宗朱祁鎮撰文并書丹，明天順二年（1458）五月二十八日立，現存山西忻州五臺山顯通寺。

京都大學人文科學研究所：

一張，紙本墨拓，原片，編號：MIN0105X。

5897　敕賜崇恩寺剌麻桑渴巴辣實行碑

明天順二年（1458）九月立，現存北京西城區護國寺。

京都大學人文科學研究所：

一張，紙本墨拓，原片，編號：MIN0106A。

一張，紙本墨拓，原片，編號：MIN0106B。

5898　銀州重修圓通塔寺碑

明天順三年（1459）九月立，現存遼寧鐵嶺圓通寺。

京都大學人文科學研究所：

一張，紙本墨拓，原片，編號：MIN0107A。

一張，紙本墨拓，原片，編號：MIN0107B。

一張，紙本墨拓，原片，編號：MIN0107C。

一張，紙本墨拓，原片，編號：MIN0107D。

5899　重修大悲閣記

明天順四年（1460）十二月立，現存遼寧覺華島大悲閣遺址。

東洋文庫：

一張，紙本墨拓，原片，166.0×82.0，編號：Ⅱ-16-C-1634。

5900　牧愛堂碑

明天順四年（1460）立，現藏於西安碑林博物館。

東洋文庫：

一張，紙本墨拓，原片，58.0×143.0，編號：Ⅱ-16-C-1391。

京都大學人文科學研究所：

一張，摹刻，紙本墨拓，原片，編號：SOU0514X。

5901　謁孟子廟詩

明天順六年（1462）十二月三日刻，現存山東鄒城孟廟。

京都大學人文科學研究所：

一張，紙本墨拓，原片，編號：MIN0108X。

5902　皇帝聖旨碑

明天順六年（1462）十二月十五日立，現存北京智化寺。

京都大學人文科學研究所：

一張，紙本墨拓，原片，編號：MIN0109X。

5903　重修鹽池神廟記

明天順七年（1463）四月十四日立，現存山西運城鹽池神廟。

京都大學人文科學研究所：

一張，紙本墨拓，原片，編號：MIN0110X。

［成化］

5904　釋迦如來成道記

明成化元年（1465）二月二十三日立，現存山西大同上華嚴寺。

京都大學人文科學研究所：

一張，紙本墨拓，原片，編號：MIN0112X。

5905　皇帝祭北鎮廟碑

明成化元年（1465）四月八日立，現存遼寧錦州北鎮廟。

東洋文庫：

一張，紙本墨拓，原片，114.0×73.0，編號：Ⅱ-16-C-v-1。

京都大學人文科學研究所：

一張，紙本墨拓，原片，編號：MIN0111X。

5906　新開通濟渠記

明成化元年（1465）立，現藏於西安碑林博物館。

東京國立博物館：

一幅，紙本墨拓，原片，編號：425。

5907　重修東嶽廟記

明成化二年（1466）六月立，現存山東泰安岱廟。

京都大學人文科學研究所：

一張，紙本墨拓，原片，編號：MIN0114X。

5908　宣聖五十八代墓碑

明成化四年（1468）二月立，現存山東曲阜孔林。

京都大學人文科學研究所：

　　　　一張，紙本墨拓，原片，編號：MIN0115X。

5909　辦善大國師加封西天佛子追封大通寶舍利碑

明成化四年（1468）四月八日立，現存山西忻州五臺山普恩寺。

京都大學人文科學研究所：

　　　　一張，紙本墨拓，原片，編號：MIN0116X。

5910　敕賜五大普恩禪寺第一代開山臺喇嘛功行碑

明成化四年（1468）四月八日立，現存山西忻州五臺山普恩寺。

京都大學人文科學研究所：

　　　　一張，紙本墨拓，原片，編號：MIN0117A。

　　　　一張，紙本墨拓，原片，編號：MIN0117B。

5911　紀師徒功德碑

明成化五年（1469）立，現存山西呂梁交城玄中寺。

京都大學人文科學研究所：

　　　　一張，紙本墨拓，原片，編號：MIN0118X。

5912　朱熹書易經屏

明成化六年（1470）二月十五日刻，現藏於山西大同博物館。

京都大學人文科學研究所：

　　　　一張，紙本墨拓，原片，編號：MIN0119A。

　　　　一張，紙本墨拓，原片，編號：MIN0119B。

　　　　一張，紙本墨拓，原片，編號：MIN0119C。

　　　　一張，紙本墨拓，原片，編號：MIN0119D。

　　　　一張，紙本墨拓，原片，編號：MIN0119E。

　　　　一張，紙本墨拓，原片，編號：MIN0119F。

　　　　一張，紙本墨拓，原片，編號：MIN0119G。

　　　　一張，紙本墨拓，原片，編號：MIN0119H。

5913　遼陽天王寺重修碑記

明成化七年（1471）四月立，原在遼寧遼朝天王寺。

東洋文庫：

　　　　一張，碑陽，紙本墨拓，原片，210.0×78.0。一張，碑額，紙本墨拓，原片，210.0×78.0。

　　　　編號：Ⅱ-16-C-18。

5914　鄭剛妻孫氏墓誌

明成化七年（1471）九月十四日葬，現藏於河南開封博物館。

京都大學人文科學研究所：

　　　一張，紙本墨拓，原片，編號：MIN0120A。

　　　一張，紙本墨拓，原片，編號：MIN0120B。

5915　鄭剛墓誌

明成化七年（1471）九月十四日葬，現藏於河南開封博物館。

京都大學人文科學研究所：

　　　一張，紙本墨拓，原片，編號：MIN0121A。

　　　一張，紙本墨拓，原片，編號：MIN0121B。

5916　汝太白樓題詩

明成化八年（1472）四月十五日刻，現存山東濟寧太白樓。

京都大學人文科學研究所：

　　　一張，紙本墨拓，原片，編號：MIN0122X。

5917　助賜修造碑

明成化八年（1472）十一月立，現存北京護國寺。

京都大學人文科學研究所：

　　　一張，碑陽，紙本墨拓，原片，編號：MIN0123A。

　　　一張，碑陰，紙本墨拓，原片，編號：MIN0123B。

5918　樂助善緣碑

明成化八年（1472）十一月立，現存北京護國寺。

京都大學人文科學研究所：

　　　一張，紙本墨拓，原片，編號：MIN0124A。

　　　一張，紙本墨拓，原片，編號：MIN0124B。

5919　李靖獻書西嶽大王碑

明成化八年（1472）立，現存陝西華陰西嶽廟。

京都大學人文科學研究所：

　　　一張，紙本墨拓，原片，編號：TOU1733X。

5920　雷音洞重修記

明成化九年（1473）五月刻，現存北京房山雲居寺。

京都大學人文科學研究所：

一張，紙本墨拓，原片，編號：MIN0126X。

5921 誥封灌頂廣喜國師塔銘

明成化十年（1474）八月刻，現存山西忻州五臺山普恩寺。

京都大學人文科學研究所：

一張，紙本墨拓，原片，編號：MIN0127X。

5922 韓杜社修善記

明成化十年（1474）十月刻，今藏地不詳。

京都大學人文科學研究所：

一張，紙本墨拓，原片，編號：MIN0128X。

5923 成化十二年御製碑

明成化十二年（1476）十二月二十二日立，現存山東曲阜孔廟。

京都大學人文科學研究所：

一張，紙本墨拓，原片，編號：MIN0129X。

5924 皇帝祭告醫巫閭山碑

明成化十三年（1477）五月八日立，現存遼寧錦州北鎮廟。

東洋文庫：

一張，紙本墨拓，原片，139.0×78.0，編號：Ⅱ-16-C-94。

京都大學人文科學研究所：

一張，紙本墨拓，原片，編號：MIN0130X。

5925 章氏壙誌

明成化十三年（1477）葬，出土時地不詳。

東京國立博物館：

一幅，紙本墨拓，原片，130.0×80.6，編號：425，今泉雄作舊藏。

5926 誥封圓頂頓慈濟國師碑

明成化十六年（1480）四月八日立，現存山西忻州五臺山普恩寺。

京都大學人文科學研究所：

一張，紙本墨拓，原片，編號：MIN0131X。

5927 補修光祖國師真際靈塔記

明成化十六年（1480）八月立，現存河北趙縣柏林禪寺。

京都大學人文科學研究所：

  一張，紙本墨拓，原片，編號：MIN0132X。

5928　詠孟子廟七律

明成化十七年（1481）四月十八日刻，現存山東鄒城孟廟。

京都大學人文科學研究所：

  一張，紙本墨拓，原片，編號：MIN0133X。

5929　諭祭衍聖公夫人王氏文

明成化十七年（1481）六月三日刻，現存山東曲阜孔林。

京都大學人文科學研究所：

  一張，紙本墨拓，原片，編號：MIN0134X。

5930　宣聖五十七代墓碑

明成化二十年（1484）三月立，現存山東曲阜孔林。

京都大學人文科學研究所：

  一張，紙本墨拓，原片，編號：MIN0135X。

5931　從公無方碑銘

明成化二十年（1484）四月八日立，現存河南登封少林寺。

京都大學人文科學研究所：

  一張，碑陽，紙本墨拓，原片，編號：MIN0136A。

  一張，碑陰，紙本墨拓，原片，編號：MIN0136B。

5932　謁孟子廟七律

明成化二十年（1484）八月十五日刻，現存山東曲阜孟廟。

京都大學人文科學研究所：

  一張，紙本墨拓，原片，編號：MIN0138X。

5933　歲寒松竹題字

明成化二十一年（1485）九月刻，現存浙江杭州寶成寺。

東洋文庫：

  二張，紙本墨拓，原片，上 150.0×66.0，下 146.0×84.0，編號：Ⅱ-16-C-v-6。

5934　魯國重修萬壽宮碑

明成化二十一年（1485）十月立，原在山東濟寧萬壽宮。

京都大學人文科學研究所：

　　一張，紙本墨拓，原片，編號：MIN0139X。

5935　御製六祖壇經法寶序

明成化二十一年（1485）十一月立，現存廣東曲江南華寺。

東北大學附屬圖書館：

　　一幅，紙本墨拓，原片，常盤大定舊藏。

5936　敕賜普濟寺碑記

明成化二十三年（1487）正月立，現存山西忻江五臺山碧山寺。

京都大學人文科學研究所：

　　一張，紙本墨拓，原片，編號：MIN0140A。

　　一張，紙本墨拓，原片，編號：MIN0140B。

5937　重修瀋陽長安禪寺碑

明成化二十三年（1487）四月八日立，現存遼寧瀋陽長安寺。

東洋文庫：

　　一張，碑陽，紙本墨拓，原片，155.0×76.0。一張，碑陰，紙本墨拓，原片，156.0×72.0。

　　編號：Ⅱ-16-C-19。

5938　錢塘下扇□士刊觀世音菩薩記

明成化二十三年（1487）六月刻，現存浙江杭州玉皇山慈雲嶺。

東洋文庫：

　　一張，紙本墨拓，原片，24.0×8.0，編號：Ⅱ-16-C-v-7。

［弘治］

5939　宣聖五十五代墓碑

明弘治元年（1488）二月立，現存山東曲阜孔林。

京都大學人文科學研究所：

　　一張，紙本墨拓，原片，編號：MIN0142X。

5940　佛頂尊勝總持神咒

明弘治元年（1488）五月二十一日刻，現存山西忻州五臺山碧山寺。

京都大學人文科學研究所：

　　一張，紙本墨拓，原片，編號：MIN0143X。

5941　謁孟子廟七律

明弘治元年（1488）八月刻，現存山東鄒城孟廟。

京都大學人文科學研究所：

　　一張，紙本墨拓，原片，編號：MIN0144X。

5942　祀孟子廟記

明弘治元年（1488）九月二十六日刻，現存山東鄒城孟廟。

京都大學人文科學研究所：

　　一張，紙本墨拓，原片，編號：MIN0145X。

5943　謁兗國復聖公廟詩

明弘治元年（1488）九月刻，現存山東曲阜顏廟。

京都大學人文科學研究所：

　　一張，紙本墨拓，原片，編號：MIN0146X。

5944　宣聖五十七代墓碑

明弘治二年（1489）二月十三日立，現存山東曲阜孔林。

京都大學人文科學研究所：

　　一張，紙本墨拓，原片，編號：MIN0147X。

5945　重建清真寺記

明弘治二年（1489）五月一日立，現存陝西西安化覺巷清真寺。

東洋文庫：

　　一張，紙本墨拓，原片，120.0×77.0+27.0×25.0，編號：Ⅵ-2-54。

京都大學人文科學研究所：

　　一張，紙本墨拓，原片，編號：MIN0149X。

　　一張，紙本墨拓，原片，編號：MIN0148X。

5946　新建環翠樓記

明弘治二年（1489）立，現藏於山東威海博物館。

東京國立博物館：

　　一幅，紙本墨拓，原片，編號：1206。

5947　楊釋重修記

明弘治二年（1489）刻，現存河北邯鄲南響堂山石窟。

東北大學附屬圖書館：

　　一幅，紙本墨拓，原片，常盤大定舊藏。

5948　倭寇碑

明弘治二年（1489）立。

東京藝術大學藝術資料館：

　　一張，紙本墨拓，掛幅裝，134.8×68.8，編號：2117。

5949　李儁墓誌

明弘治三年（1490）十二月十九日葬，出土時地不詳。

東洋文庫：

　　一張，墓誌，紙本墨拓，原片，49.0×58.0。一張，墓誌蓋，紙本墨拓，原片，57.0×58.0。
編號：Ⅱ-16-C-1635。

5950　環翠樓七言排律詩

明弘治四年（1491）刻，現存山東威海環翠樓。

東京國立博物館：

　　一幅，紙本墨拓，原片，編號：1207。

5951　趙府重修五臺山羅睺寺碑記

明弘治五年（1492）四月八日立，現存山西忻州五臺山羅睺寺。

京都大學人文科學研究所：

　　一張，紙本墨拓，原片，編號：MIN0151X。

5952　敕建大吉祥顯通禪寺修净業長期碑

明弘治五年（1492）四月八日立，現存山西忻州五臺山顯通寺。

京都大學人文科學研究所：

　　一張，紙本墨拓，原片，編號：MIN0152X。

5953　皇帝祭醫巫閭山碑

明弘治六年（1493）五月五日立，現存遼寧錦州北鎮廟。

京都大學人文科學研究所：

　　一張，紙本墨拓，原片，編號：MIN0153X。

5954　北鎮祈雨碑

明弘治六年（1493）五月五日立，現存遼寧錦州北鎮廟。

東洋文庫：

    一張，紙本墨拓，原片，182.0×77.0，編號：Ⅱ-16-C-93。

5955　謁孟子廟七律

明弘治七年（1494）三月十五日刻，現存山東鄒城孟廟。

京都大學人文科學研究所：

    一張，紙本墨拓，原片，編號：MIN0154X。

5956　遷建廣寧東嶽廟記

明弘治七年（1494）三月二十四日立，原在遼寧錦州北鎮廟。

東洋文庫：

    一張，碑陽，紙本墨拓，原片，196.0×100.0。一張，碑陰，紙本墨拓，原片，203.0×104.0。編號：Ⅱ-16-C-82。

5957　錢塘縣秦□造像記

明弘治七年（1494）四月十九日刻。

東洋文庫：

    一張，紙本墨拓，原片，16.0×11.0，編號：Ⅱ-16-C-v-8。

5958　增修廣寧崇興寺記

明弘治七年（1494）六月立，現存遼寧錦州北鎮崇寧寺。

東洋文庫：

    一張，碑陽，紙本墨拓，原片，151.0×84.0。一張，碑額，紙本墨拓，原片，35.0×28.0。編號：Ⅱ-16-C-61。

5959　宣聖五十七代墓表

明弘治八年（1495）三月立，現存山東曲阜孔林。

京都大學人文科學研究所：

    一張，紙本墨拓，原片，編號：MIN0155X。

5960　北鎮廟重修記

明弘治八年（1495）八月十五日立，現存遼寧錦州北鎮廟。

京都大學人文科學研究所：

    一張，紙本墨拓，原片，編號：MIN0156X。

5961　監臨官李瀚等臨闈誓詞碑

明弘治八年（1495）立，今藏地不詳。

京都大學人文科學研究所：

　　　一張，紙本墨拓，原片，編號：MIN0157X。

5962　復聖六十世顏信墓碑

明弘治九年（1496）十一月立，現存山東寧陽顏林。

京都大學人文科學研究所：

　　　一張，紙本墨拓，原片，編號：MIN0158X。

5963　重修易州龍興觀經幢記

明弘治十年（1497）正月十五日刻，現存河北易縣龍興觀。

京都大學人文科學研究所：

　　　一張，紙本墨拓，原片，編號：MIN0159X。

5964　復聖五十九世顏士宣墓碑

明弘治十年（1497）二月立，現存山東寧陽顏林。

京都大學人文科學研究所：

　　　一張，紙本墨拓，原片，編號：MIN0160X。

5965　伊府西鄂王妃郭氏壙誌文

明弘治十一年（1498）十月八日葬，現藏於河南開封博物館。

京都大學人文科學研究所：

　　　一張，紙本墨拓，原片，編號：MIN0161X。

5966　孟子廟七律

明弘治十二年（1499）正月刻，現存山東鄒城孟廟。

京都大學人文科學研究所：

　　　一張，紙本墨拓，原片，編號：MIN0162X。

5967　鐵林禪師行實碑記

明弘治十二年（1499）三月立，現存山西忻州五臺山殊像寺。

京都大學人文科學研究所：

　　　一張，紙本墨拓，原片，編號：MIN0163A。

　　　一張，紙本墨拓，原片，編號：MIN0163B。

5968　孫磐母曹氏壙記

明弘治十三年（1500）三月六日葬，清光緒十年（1884）出土於遼寧遼陽。

東洋文庫：

    一張，紙本墨拓，原片，39.0×39.0，編號：Ⅱ-16-C-17。

    一張，紙本墨拓，原片，39.0×40.0，編號：Ⅱ-16-C-1636。

5969　五臺山重建殊祥寺記

明弘治十三年（1500）立，現存山西忻州五臺山殊像寺。

京都大學人文科學研究所：

    一張，紙本墨拓，原片，編號：MIN0165X。

5970　謁孟子廟七律二首

明弘治十四年（1501）三月刻，現存山東鄒城孟廟。

京都大學人文科學研究所：

    一張，紙本墨拓，原片，編號：MIN0166X。

5971　李儁夫人韓氏墓誌

明弘治十五年（1502）正月十五日葬，出土時地不詳。

東洋文庫：

    一張，墓誌，紙本墨拓，原片，50.0×48.0。一張，墓誌蓋，紙本墨拓，原片，50.0×48.0。

    編號：Ⅱ-16-C-1637。

5972　孫貴墓誌

明弘治十五年（1502）八月二十一日葬，遼寧海城出土，今藏地不詳。

東洋文庫：

    一張，墓誌，紙本墨拓，原片，75.0×79.0。一張，墓誌蓋，紙本墨拓，原片，76.0×79.0。

    編號：Ⅱ-16-C-1638。

5973　復聖六十世孫處士顏贊墓碑

明弘治十六年（1503）三月一日立，現存山東寧陽顏林。

京都大學人文科學研究所：

    一張，紙本墨拓，原片，編號：MIN0167X。

5974　弘治十六年諭祭衍聖公孔弘泰碑

明弘治十六年（1503）十月八日立，現存山東曲阜孔林。

京都大學人文科學研究所：

    一張，紙本墨拓，原片，編號：MIN0168X。

5975　重建解州鹽池神祠記附額

明弘治十七年（1504）三月立，現存山西運城鹽池神廟。

京都大學人文科學研究所：

　　　　一張，紙本墨拓，原片，編號：MIN0169X。

5976　敕賜普濟禪寺孤月禪師行實碑

明弘治十七年（1504）七月立，現存山西忻州五臺山普濟寺。

京都大學人文科學研究所：

　　　　一張，紙本墨拓，原片，編號：MIN0170A。

　　　　一張，紙本墨拓，原片，編號：MIN0170B。

5977　北鎮請雨祭告碑

明弘治十八年（1505）正月立，現存遼寧錦州北鎮廟。

東洋文庫：

　　　　一張，碑陽，紙本墨拓，原片，166.0×86.0。一張，碑陰，紙本墨拓，原片，175.0×78.0。

　　　　編號：Ⅱ-16-C-97。

［正德］

5978　望海堝真武廟得勝碑

明正德元年（1506）三月立，現藏於遼寧大連金州博物館。

東洋文庫：

　　　　一張，碑陽，紙本墨拓，原片，130.0×55.0。碑陰，失。編號：Ⅱ-16-C-1426。

5979　北鎮武宗即位奉告碑

明正德元年（1506）十月十五日立，現存遼寧錦州北鎮廟。

東洋文庫：

　　　　一張，紙本墨拓，原片，163.0×84.0，編號：Ⅱ-16-C-91。

5980　宣聖六十一代衍聖公墓碑

明正德二年（1507）二月立，現存山東曲阜孔林。

京都大學人文科學研究所：

　　　　一張，紙本墨拓，原片，編號：MIN0171X。

5981　李欽夫人吳氏墓誌

明正德二年（1507）六月十二日葬，今藏地不詳。

東洋文庫：

　　　一張，墓誌，紙本墨拓，原片，51.0×52.0。一張，墓誌蓋，紙本墨拓，原片，50.0×45.0。

　　　編號：Ⅱ-16-C-1639。

5982　欽差山西御馬太監韋敏蓋造五臺山東頂銅瓦殿碑

明正德二年（1507）七月十五日立，現存山西忻州五臺山廣宗寺。

京都大學人文科學研究所：

　　　一張，紙本墨拓，原片，編號：MIN0172X。

5983　趙縣小石橋欄干及修造記

明正德二年（1507）八月立，現存河北趙縣永通橋公園。

京都大學人文科學研究所：

　　　一張，紙本墨拓，原片，編號：MIN0173X。

5984　宣聖五十八代墓碑

明正德三年（1508）二月立，現存山東曲阜孔林。

京都大學人文科學研究所：

　　　一張，紙本墨拓，原片，編號：MIN0174X。

5985　欽差山西御馬太監韋敏蓋造五臺山東頂銅瓦殿碑

明正德三年（1508）八月立，現存山西忻州五臺山廣宗寺。

京都大學人文科學研究所：

　　　一張，紙本墨拓，原片，編號：MIN0175X。

5986　御製重修顏子廟碑記

明正德四年（1509）四月十六日立，現存山東曲阜顏廟。

京都大學人文科學研究所：

　　　一張，紙本墨拓，原片，編號：MIN0176X。

5987　重修北鎮廟碑記

明正德四年（1509）六月十五日立，現存遼寧錦州北鎮廟。

東洋文庫：

　　　一張，碑陽，紙本墨拓，153.0×76.0。碑額，失。碑陰，失。編號：Ⅱ-16-C-83。

5988　重修顏廟落成記附額

明正德四年（1509）七月立，現存山東曲阜顏廟。

京都大學人文科學研究所：

　　　一張，紙本墨拓，原片，編號：MIN0177X。

5989　喬宇東嶽祝文

明正德五年（1510）立，現存山東泰安泰山。

京都大學人文科學研究所：

　　　一張，紙本墨拓，原片，編號：MIN0178X。

　　　一張，紙本墨拓，原片，編號：MIN0179X。

5990　尊勝陀羅尼經幢

明正德五年（1510）立，今藏地不詳。

淑德大學書學文化中心：

　　　一張，紙本墨拓，托裱，編號：197759，天放樓舊藏。

5991　御製祭文

明正德六年（1511）四月立，現存山西運城鹽池神廟。

京都大學人文科學研究所：

　　　一張，紙本墨拓，原片，編號：MIN0180X。

5992　宣聖五十八代墓碑

明正德六年（1511）五月立，現存山東曲阜孔林。

京都大學人文科學研究所：

　　　一張，紙本墨拓，原片，編號：MIN0181X。

5993　顏子廟詩

明正德七年（1512）三月刻，現存山東曲阜顏廟。

京都大學人文科學研究所：

　　　一張，紙本墨拓，原片，編號：MIN0184X。

5994　尊崇道經寺記碑

明正德七年（1512）七月立，原在河南開封猶太會堂，現藏於開封博物館。

京都大學人文科學研究所：

　　　一張，紙本墨拓，原片，編號：MIN0185X。

5995　伊府西鄂恭靖王合葬壙誌文

明正德七年（1512）十月九日葬，現藏於河南開封博物館。

京都大學人文科學研究所：

　　　一張，紙本墨拓，原片，編號：MIN0186X。

5996　復聖五十六世孫顏美墓碑

明正德八年（1513）四月立，現存山東寧陽顏林。

京都大學人文科學研究所：

　　　一張，紙本墨拓，原片，編號：MIN0187X。

5997　復聖六十一世孫處士顏銅墓碑

明正德八年（1513）四月立，現存山東寧陽顏林。

京都大學人文科學研究所：

　　　一張，紙本墨拓，原片，編號：MIN0188X。

5998　月舟禪師行實碑

明正德八年（1513）十二月一日立，現存河南登封少林寺。

京都大學人文科學研究所：

　　　一張，紙本墨拓，原片，編號：MIN0189X。

5999　重修觀音寺記

明正德八年（1513）立，現存山東濟南九塔寺。

東北大學附屬圖書館：

　　　一幅，紙本墨拓，原片，常盤大定舊藏。

6000　宋武安王山河廟詩

明正德九年（1514）三月刻，今藏地不詳。

京都大學人文科學研究所：

　　　一張，紙本墨拓，原片，編號：MIN0191X。

6001　景易題名

明正德九年（1514）七月三日刻，現存山東鄒城孟廟。

京都大學人文科學研究所：

　　　一張，紙本墨拓，原片，編號：MIN0192X。

6002　敕賜普濟禪寺記

明正德九年（1514）立，現存山西忻州五臺山普濟寺。

京都大學人文科學研究所：

　　一張，紙本墨拓，原片，編號：MIN0193A。

　　一張，紙本墨拓，原片，編號：MIN0193B。

6003　謁孟子廟七律

明正德十年（1515）正月七日刻，現存山東鄒城孟廟。

京都大學人文科學研究所：

　　一張，紙本墨拓，原片，編號：MIN0194X。

6004　張志得等造像記

明正德十年（1515）四月四日刻，現存河北邯鄲響堂山石窟。

京都大學人文科學研究所：

　　一張，紙本墨拓，原片，編號：MIN0195X。

6005　王譓等造觀音像記

明正德十年（1515）四月十三日刻，現存河北邯鄲響堂山石窟。

京都大學人文科學研究所：

　　一張，紙本墨拓，原片，編號：MIN0196X。

6006　李青等觀世音造像記

明正德十年（1515）四月刻，現存河北邯鄲響堂山石窟。

京都大學人文科學研究所：

　　一張，紙本墨拓，原片，編號：MIN0197X。

6007　謁孟子廟記

明正德十年（1515）八月一日立，現存山東鄒城孟廟。

京都大學人文科學研究所：

　　一張，紙本墨拓，原片，編號：MIN0198X。

6008　皇帝賜名廣宗寺碑

明正德十年（1515）十一月五日立，現存山西忻州五臺山廣宗寺。

京都大學人文科學研究所：

　　一張，紙本墨拓，原片，編號：MIN0199X。

6009　李東陽書宋范成大詩

明正德十年（1515）刻。

淑德大學書學文化中心：

　　一張，紙本墨拓，托裱，編號：197760，天放樓舊藏。

6010　乾清坤寧二宮石材記
明正德十一年（1516）正月刻，現藏於故宮博物院。

京都大學人文科學研究所：

一張，紙本墨拓，原片，編號：MIN0200X。

6011　朱裳撈鹽詩并序
明正德十一年（1516）五月刻，現存山西運城鹽池神廟。

京都大學人文科學研究所：

一張，紙本墨拓，原片，編號：MIN0201X。

6012　壽萱題字
明正德十一年（1516）六月十五日刻，今藏地不詳。

東洋文庫：

一張，紙本墨拓，原片，69.0×155.0，編號：Ⅱ-16-C-1427。

京都大學人文科學研究所：

一張，紙本墨拓，原片，編號：MIN0202X。

6013　那羅延神護法示迹碑
明正德十二年（1517）正月，現存河南登封少林寺。

京都大學人文科學研究所：

一張，紙本墨拓，原片，編號：MIN0204X。

6014　兗州府滋陽縣儒學記
明正德十二年（1517）七月十六日刻，原在山東滋陽文廟。

京都大學人文科學研究所：

一張，紙本墨拓，原片，編號：MIN0205X。

6015　韓琦墓誌
明正德十二年（1517）重刻，現存河南安陽天寧寺。

京都大學人文科學研究所：

一張，紙本墨拓，原片，編號：MIN0206X。

6016　新修河東鹽池禁門垣隍記
明正德十三年（1518）三月十三日立，現存山西運城鹽池神廟。

京都大學人文科學研究所：

一張，紙本墨拓，原片，編號：MIN0207X。

6017　新修河東陝西轉運鹽使司鹽池周垣碑

明正德十三年（1518）三月立，現存山西運城鹽池神廟。

京都大學人文科學研究所：

　　　一張，紙本墨拓，原片，編號：MIN0208X。

6018　鼓山鄉堂補修聖僧遺記

明正德十三年（1518）六月二十六日立，現存河北邯鄲響堂山石窟。

京都大學人文科學研究所：

　　　一張，紙本墨拓，原片，編號：MIN0209X。

6019　善士張清修廟記

明正德十三年（1518）七月十五日立，今藏地不詳。

京都大學人文科學研究所：

　　　一張，紙本墨拓，原片，編號：MIN0210X。

6020　敕賜靈應宮碑記

明正德十三年（1518）七月十五日立，現存山東泰安泰山靈應宮。

京都大學人文科學研究所：

　　　一張，紙本墨拓，原片，編號：MIN0211X。

6021　韶音調詞

明正德十三年（1518）刻。

京都大學人文科學研究所：

　　　一張，紙本墨拓，原片，編號：MIN0212X。

6022　顔廟詩

明正德十四年（1519）刻，現存山東曲阜顔廟。

京都大學人文科學研究所：

　　　一張，紙本墨拓，原片，編號：MIN0213X。

6023　孫貴夫人項妙明墓誌

明正德十五年（1520）十二月二日葬，現藏於遼寧省博物館。

東洋文庫：

　　　一張，墓誌，紙本墨拓，原片，63.0×62.0。一張，墓誌蓋，紙本墨拓，原片，63.0×62.0。

　　　編號：Ⅱ-16-C-1640。

6024　張祐詩

明正德十六年（1521）刻。

京都大學人文科學研究所：

　　　一張，紙本墨拓，原片，編號：MIN0215X。

6025　澤會等造像記

明正德年間（1506—1521）刻，現存河北邯鄲響堂山石窟。

京都大學人文科學研究所：

　　　一張，紙本墨拓，原片，編號：MIN0216X。

6026　張□等造像記

明正德年間（1506—1521）刻，現存河北邯鄲響堂山石窟。

京都大學人文科學研究所：

　　　一張，紙本墨拓，原片，編號：MIN0217X。

6027　楊懷造像記

明正德年間（1506—1521）刻，現存河北邯鄲響堂山石窟。

京都大學人文科學研究所：

　　　一張，紙本墨拓，原片，編號：MIN0218X。

6028　呂賢造像記

明正德年間（1506—1521）刻，現存河北邯鄲響堂山石窟。

京都大學人文科學研究所：

　　　一張，紙本墨拓，原片，編號：MIN0219X。

6029　張雄等造像記

明正德年間（1506—1521）刻，現存河北邯鄲響堂山石窟。

京都大學人文科學研究所：

　　　一張，紙本墨拓，原片，編號：MIN0220X。

6030　楊能等造像記

明正德年間（1506—1521）刻，現存河北邯鄲響堂山石窟。

京都大學人文科學研究所：

　　　一張，紙本墨拓，原片，編號：MIN0221X。

6031　李青等造像記
明正德年間（1506—1521）刻，現存河北邯鄲響堂山石窟。
京都大學人文科學研究所：
　　　　一張，紙本墨拓，原片，編號：MIN0222X。

6032　孫成等造像記
明正德年間（1506—1521）刻，現存河北邯鄲響堂山石窟。
京都大學人文科學研究所：
　　　　一張，紙本墨拓，原片，編號：MIN0223X。

6033　陳鑒等造像記
明正德年間（1506—1521）刻，現存河北邯鄲響堂山石窟。
京都大學人文科學研究所：
　　　　一張，紙本墨拓，原片，編號：MIN0224X。

6034　張與等造像記
明正德年間（1506—1521）刻，現存河北邯鄲響堂山石窟。
京都大學人文科學研究所：
　　　　一張，紙本墨拓，原片，編號：MIN0225X。

［嘉靖］

6035　萬壽宮重修記
明嘉靖元年（1522）十月立，原在山東臨沂萬壽宮。
京都大學人文科學研究所：
　　　　一張，紙本墨拓，原片，編號：MIN0226X。

6036　集李邕書曹娥碑
明嘉靖元年（1522）刻，現存浙江紹興曹娥廟。
京都大學人文科學研究所：
　　　　一張，紙本墨拓，原片，編號：MIN0227X。

6037　州統聖賢贊
明嘉靖二年（1523）四月十五日刻，現存山東曲阜孔廟。
京都大學人文科學研究所：
　　　　一張，紙本墨拓，原片，編號：MIN0228X。

6038　楊秦等題記

明嘉靖二年（1523）至萬曆三年（1575）刻，現存陝西薦福寺小雁塔南門。

東洋文庫：

二段。上段：［1］嘉靖五年王鼎題記；［2］嘉靖十一年周仲仁等題名；［3］不分明一張。拱形，45.0×145.0。下段：［1］嘉靖二年楊秦等題記；［2］嘉靖二年蔡天祐等題記；［3］嘉靖二年毛良題記；［4］萬曆三年題記。一張，長方形，45.0×156.0。編號：Ⅱ-16-C-1428。

6039　藐姑射山碑

明嘉靖三年（1524）十月立，原在山西臨汾姑射山。

京都大學人文科學研究所：

一張，紙本墨拓，原片，編號：MIN0229X。

6040　重修洙泗講壇記

明嘉靖三年（1524）十一月立，現存山東曲阜洙泗書院。

京都大學人文科學研究所：

一張，紙本墨拓，原片，編號：MIN0230X。

6041　五臺山敕賜普濟禪寺大空滿禪師重修功德記

明嘉靖四年（1525）七月二十九日立，現存山西忻州五臺山普濟寺。

京都大學人文科學研究所：

一張，紙本墨拓，原片，編號：MIN0231A。

一張，紙本墨拓，原片，編號：MIN0231B。

6042　海光樓別詩

明嘉靖五年（1526）三月刻，現存山西運城鹽池神廟。

京都大學人文科學研究所：

一張，紙本墨拓，原片，編號：MIN0232X。

6043　謁顏廟詩

明嘉靖五年（1526）五月六日刻，現存山東曲阜顏廟。

京都大學人文科學研究所：

一張，紙本墨拓，原片，編號：MIN0233X。

6044　周公廟樂章并序

明嘉靖五年（1526）八月七日刻，現存山東曲阜周公廟。

京都大學人文科學研究所：

一張，紙本墨拓，原片，編號：MIN0234X。

6045　山東布政使釋菜碑

明嘉靖五年（1526）九月二十五日立，現存山東曲阜周公廟。

京都大學人文科學研究所：

一張，紙本墨拓，原片，編號：MIN0235X。

6046　修治洙河碑

明嘉靖五年（1526）立，現存山東曲阜魯城街道。

京都大學人文科學研究所：

一張，紙本墨拓，原片，編號：MIN0236X。

6047　送邃庵楊公題

明嘉靖五年（1526）刻，今藏地不詳。

東京國立博物館：

一幅，紙本墨拓，原片，195.0×78.0，編號：591。

6048　宋儒范氏心箴

明嘉靖六年（1527）十二月三日刻，現存陝西鄠邑文廟。

東洋文庫：

一張，紙本墨拓，原片，65.0×108.0，編號：Ⅱ-16-C-v-9。

6049　程子四箴之内言箴

明嘉靖六年（1527）十二月刻，現存湖南長沙嶽麓書院四箴亭。

東洋文庫：

一張，紙本墨拓，原片，41.0×100.0，編號：Ⅱ-16-C-v-10。

6050　渠堰志

明嘉靖七年（1528）十一月刻，現存山西運城鹽池神廟。

京都大學人文科學研究所：

一張，紙本墨拓，原片，編號：MIN0237X。

6051　胡松游三海巖詩

明嘉靖七年（1528）刻，現存廣西靈山三海巖。

京都大學人文科學研究所：

一張，紙本墨拓，原片，編號：MIN0238X。

6052 過顏井詩

明嘉靖八年（1529）七月刻，現存山東曲阜顏廟。

京都大學人文科學研究所：

　　一張，紙本墨拓，原片，編號：MIN0239X。

6053 肇修嶧山大通巖祀孔子顏曾思孟石像記

明嘉靖八年（1529）七月刻，現存山東嶧山五華峰大通巖。

京都大學人文科學研究所：

　　一張，紙本墨拓，原片，編號：MIN0240X。

6054 續宗鹽池小坐詩

明嘉靖九年（1530）刻，現存山西運城鹽池神廟。

京都大學人文科學研究所：

　　一張，紙本墨拓，原片，編號：MIN0241X。

6055 兗國復聖公六十世顏誜墓碑

明嘉靖十年（1531）三月十一日立，現存山東寧陽顏林。

京都大學人文科學研究所：

　　一張，紙本墨拓，原片，編號：MIN0244X。

6056 復聖六十一代孫顏鐔墓碑

明嘉靖十年（1531）三月立，現存山東寧陽顏林。

京都大學人文科學研究所：

　　一張，紙本墨拓，原片，編號：MIN0243X。

6057 少林寺營造祖龕記

明嘉靖十年（1531）四月刻，現存河南登封少林寺。

京都大學人文科學研究所：

　　一張，紙本墨拓，原片，編號：MIN0245X。

6058 宣聖五十二代墓碑

明嘉靖十一年（1532）二月二十二日立，現存山東曲阜孔林。

京都大學人文科學研究所：

　　一張，紙本墨拓，原片，編號：MIN0246X。

6059　復聖六十一代孫處士顏慶墓碑

明嘉靖十一年（1532）三月立，現存山東寧陽顏林。

京都大學人文科學研究所：

　　　　一張，紙本墨拓，原片，編號：MIN0247X。

6060　鹽池虎異記

明嘉靖十一年（1532）十一月一日刻，現存山西運城鹽池神廟。

京都大學人文科學研究所：

　　　　一張，紙本墨拓，原片，編號：MIN0248X。

6061　叙虎吉文

明嘉靖十一年（1532）十一月十九日刻，現存山西運城鹽池神廟。

京都大學人文科學研究所：

　　　　一張，紙本墨拓，原片，編號：MIN0249A。

　　　　一張，紙本墨拓，原片，編號：MIN0249B。

　　　　一張，紙本墨拓，原片，編號：MIN0249C。

6062　文徵明書玉磬山房記

明嘉靖十一年（1532）刻，現藏於江蘇蘇州博物館。

東洋文庫：

　　　　一張，紙本墨拓，原片，207.0×102.0，編號：Ⅱ-16-C-v-11。

6063　讀顏廟絶句二首

明嘉靖十二年（1533）二月二十三日刻，現存山東曲阜顏廟。

京都大學人文科學研究所：

　　　　一張，紙本墨拓，原片，編號：MIN0250X。

6064　王世隆詩

明嘉靖十三年（1534）刻，現存山西運城鹽池神廟。

京都大學人文科學研究所：

　　　　一張，紙本墨拓，原片，編號：MIN0251X。

6065　余光海光樓賦附額

明嘉靖十四年（1535）二月刻，現存山西運城鹽池神廟。

京都大學人文科學研究所：

　　　　一張，紙本墨拓，原片，編號：MIN0252X。

6066　河東運司重修鹽池神廟記

明嘉靖十四年（1535）三月刻，現存山西運城鹽池神廟。

京都大學人文科學研究所：

　　　一張，紙本墨拓，原片，編號：MIN0253X。

6067　陋巷井碑

明嘉靖十五年（1536）正月刻，現存山東曲阜顏廟。

京都大學人文科學研究所：

　　　一張，紙本墨拓，原片，編號：MIN0255X。

6068　恭謁顏廟詩

明嘉靖十五年（1536）二月十五日刻，現存山東曲阜顏廟。

京都大學人文科學研究所：

　　　一張，紙本墨拓，原片，編號：MIN0256X。

6069　簡霄謁朱仙鎮岳廟祠題詩

明嘉靖十五年（1536）三月刻，現存河南開封朱仙鎮岳廟祠。

京都大學人文科學研究所：

　　　一張，紙本墨拓，原片，編號：MIN0257X。

6070　長洲縣學重修儒學碑

明嘉靖十五年（1536）立，現存江蘇長洲文廟。

東京國立博物館：

　　　一帖，紙本墨拓，原片，編號：320，昌平坂學問所舊藏。

6071　太空禪師靈塔記

明嘉靖十六年（1537）四月二十日刻，現存山西忻州五臺山普濟寺。

京都大學人文科學研究所：

　　　一張，紙本墨拓，原片，編號：MIN0258A。

　　　一張，紙本墨拓，原片，編號：MIN0258B。

6072　開元寺塔內碑記

明嘉靖十六年（1537）九月立，現存河北定州開元寺。

京都大學人文科學研究所：

　　　一張，紙本墨拓，原片，編號：MIN0259X。

6073 秋日謁孟廟詩

明嘉靖十六年（1537）刻，現存山東鄒城孟廟。

京都大學人文科學研究所：

一張，紙本墨拓，原片，編號：MIN0260X。

6074 蘇祐何贊海光樓詩

明嘉靖十七年（1538）三月十五日刻，現存山西運城鹽池神廟。

京都大學人文科學研究所：

一張，紙本墨拓，原片，編號：MIN0261X。

6075 玉公大和尚緣起實行功德碑

明嘉靖十七年（1538）四月八日立，現存山西忻州五臺山金剛窟。

京都大學人文科學研究所：

一張，紙本墨拓，原片，編號：MIN0262X。

6076 五臺山大塔院寺重修阿育王所建釋迦文佛直身舍利寶塔碑

明嘉靖十七年（1538）七月立，現存山西忻州五臺山塔院寺。

京都大學人文科學研究所：

一張，紙本墨拓，原片，編號：MIN0263X。

6077 王常等供養記

明嘉靖十八年（1539）九月九日刻。

東洋文庫：

一張，紙本墨拓，原片，32.0×30.0，編號：Ⅱ-16-C-v-12。

6078 陶謨詩

明嘉靖十八年（1539）九月十五日刻，現存山西運城鹽池神廟。

京都大學人文科學研究所：

一張，紙本墨拓，原片，編號：MIN0264X。

一張，紙本墨拓，原片，編號：MIN0270X。

6079 九日赴海光樓約詩

明嘉靖十八年（1539）刻，現存山西運城鹽池神廟。

京都大學人文科學研究所：

一張，紙本墨拓，原片，編號：MIN0265X。

6080　劉欽順詩

明嘉靖十九年（1540）六月十四日刻，現存山西運城鹽池神廟。

京都大學人文科學研究所：

　　　一張，紙本墨拓，原片，編號：MIN0266X。

6081　劉泉海光樓詩

明嘉靖十九年（1540）六月十八日刻，現存山西運城海光樓。

京都大學人文科學研究所：

　　　一張，紙本墨拓，原片，編號：MIN0267X。

6082　新三龍王廟記

明嘉靖十九年（1540）九月十三日刻。

東洋文庫：

　　　一張，紙本墨拓，原片，185.0×80.0，編號：Ⅱ-16-C-1429。

6083　舒遷鹽池詩

明嘉靖十九年（1540）十二月刻，現存山西運城鹽池神廟。

京都大學人文科學研究所：

　　　一張，紙本墨拓，原片，編號：MIN0268X。

6084　孟子廟記

明嘉靖十九年（1540）刻，現存山東鄒城孟廟。

京都大學人文科學研究所：

　　　一張，紙本墨拓，原片，編號：MIN0269X。

6085　重修玄帝廟記

明嘉靖十九年（1540）立。

東洋文庫：

　　　一張，紙本墨拓，原片，174.0×77.0，編號：Ⅱ-16-C-1641。

6086　欽差敕建五臺山大萬聖佑國禪寺碑記

明嘉靖二十年（1541）三月立，現存山西忻州五臺山南山寺。

京都大學人文科學研究所：

　　　一張，紙本墨拓，原片，編號：MIN0271X。

　　　一張，紙本墨拓，原片，編號：MIN0272X。

6087　送張風泉之詩

明嘉靖二十一年（1542）二月二十二日刻，現存山西運城鹽池神廟。

京都大學人文科學研究所：

　　　　一張，紙本墨拓，原片，編號：MIN0273X。

6088　兗州知府乞賜祭田碑

明嘉靖二十一年（1542）七月二十日立，現存山東曲阜周公廟。

京都大學人文科學研究所：

　　　　一張，紙本墨拓，原片，編號：MIN0274X。

6089　黄行可詩

明嘉靖二十一年（1542）十一月刻，現存山西運城鹽池神廟。

京都大學人文科學研究所：

　　　　一張，紙本墨拓，原片，編號：MIN0275X。

6090　魏謙吉詩

明嘉靖二十二年（1543）正月十七日刻，現存山西運城鹽池神廟。

京都大學人文科學研究所：

　　　　一張，紙本墨拓，原片，編號：MIN0276X。

6091　敕建大隆善護國寺卜堅參承繼祖傳住持碑

明嘉靖二十二年（1543）十月立，現存北京護國寺。

京都大學人文科學研究所：

　　　　一張，紙本墨拓，原片，編號：MIN0277X。

6092　嚴鳳墓誌

明嘉靖二十三年（1544）正月八日葬，浙江湖州出土，今藏地不詳。

東洋文庫：

　　　　一張，紙本墨拓，原片，32.0×87.0，編號：Ⅱ-16-C-v-13。

6093　曲阜縣重修聖廟碑

明嘉靖二十四年（1545）三月立，現存山東曲阜孔廟。

京都大學人文科學研究所：

　　　　一張，紙本墨拓，原片，編號：MIN0278X。

6094 阿拉伯文碑

明嘉靖二十四年（1545）立，現存陝西西安化覺巷清真寺。

東洋文庫：

　　一張，紙本墨拓，原片，129.0×64.0，編號：Ⅱ-16-C-1643。

6095 重修曲阜縣儒學記

明嘉靖二十五年（1546）十二月十一日立，現存山東曲阜孔廟。

京都大學人文科學研究所：

　　一張，紙本墨拓，原片，編號：MIN0279X。

6096 謁顏廟詩

明嘉靖二十六年（1547）二月刻，現存山東曲阜顏廟。

京都大學人文科學研究所：

　　一張，紙本墨拓，原片，編號：MIN0280X。

6097 宣聖五十八代墓碑

明嘉靖二十六年（1547）四月立，現存山東曲阜孔林。

京都大學人文科學研究所：

　　一張，紙本墨拓，原片，編號：MIN0281X。

6098 孔幹承墓碑

明嘉靖二十六年（1547）四月立，現存山東曲阜孔林。

京都大學人文科學研究所：

　　一張，紙本墨拓，原片，編號：MIN0282X。

6099 敕賜普濟禪寺第□代吉登禪師行實碑記

明嘉靖二十六年（1547）六月立，現存山西忻州五臺山普濟寺。

京都大學人文科學研究所：

　　一張，紙本墨拓，原片，編號：MIN0283X。

6100 謁復聖公古詩

明嘉靖二十六年（1547）十二月刻，現存山東曲阜顏廟。

京都大學人文科學研究所：

　　一張，紙本墨拓，原片，編號：MIN0284X。

6101 鎮邊寺碑

明嘉靖二十六年（1547）立，現藏於遼寧省博物館。

東洋文庫：

一張，紙本墨拓，原片，55.0×67.0，編號：Ⅱ-16-C-1644。

京都大學人文科學研究所：

一張，紙本墨拓，原片，編號：MIN0285X。

6102　鎮州廣惠寺多寶塔記

明嘉靖二十七年（1548）三月立，現存河北正定廣惠寺。

京都大學人文科學研究所：

一張，紙本墨拓，原片，編號：MIN0286X。

6103　少林寺三奇和尚封塔銘

明嘉靖二十七年（1548）立，現存河南登封少林寺。

京都大學人文科學研究所：

一張，紙本墨拓，原片，編號：MIN0287X。

6104　復聖六十二代龍潭顏君墓碑

明嘉靖二十八年（1549）三月二十一日立，現存山東寧陽顏林。

京都大學人文科學研究所：

一張，紙本墨拓，原片，編號：MIN0288X。

6105　孔希武側室李孺人墓碣

明嘉靖二十八年（1549）四月立，現存山東曲阜孔林。

京都大學人文科學研究所：

一張，紙本墨拓，原片，編號：MIN0289X。

6106　張穆及妻方氏合葬墓誌

明嘉靖二十八年（1549）十一月二日葬，現藏於故宮博物院。

京都大學人文科學研究所：

一張，紙本墨拓，原片，編號：MIN0290A。

一張，紙本墨拓，原片，編號：MIN0290B。

6107　特贈孔公杰徵仕郎特封妻劉氏太孺人服碑

明嘉靖三十年（1551）三月十日立，現存山東曲阜孔林。

京都大學人文科學研究所：

一張，紙本墨拓，原片，編號：MIN0291X。

6108 薦福寺小雁塔北門題記

明嘉靖三十年（1551）八月刻，現存陝西西安薦福寺小雁塔。

東洋文庫：

一張，紙本墨拓，70.0×140.0，原片，編號：Ⅱ-16-C-1007。

一張，紙本墨拓，70.0×142.0，原片，編號：Ⅱ-16-C-1430。

6109 柏林寺增修大慈殿碑記

明嘉靖三十一年（1552）十月十五日立，現存河北趙縣柏林禪寺。

京都大學人文科學研究所：

一張，紙本墨拓，原片，編號：MIN0292A。

一張，紙本墨拓，原片，編號：MIN0292B。

6110 李良臣并夫人王氏墓誌

明嘉靖三十一年（1552）十二月葬，今藏地不詳。

東洋文庫：

一張，墓誌，紙本墨拓，原片，58.0×58.0。一張，墓誌蓋，紙本墨拓，原片，58.0×58.0。

一張，紙本墨拓，原片，58.0×58.0。編號：Ⅱ-16-C-15。

6111 特贈孔彥學文林郎曲阜知縣服妻陳氏孺人碑

明嘉靖三十二年（1553）三月八日立，現存山東曲阜孔林。

京都大學人文科學研究所：

一張，紙本墨拓，原片，編號：MIN0293X。

6112 徽府造緊那羅像

明嘉靖三十二年（1553）立，現存河南登封少林寺。

京都大學人文科學研究所：

一張，紙本墨拓，原片，編號：MIN0294X。

6113 兗州知府朱應奎謁廟詩

明嘉靖三十四年（1555）正月二日立，現存山東曲阜周公廟。

京都大學人文科學研究所：

一張，紙本墨拓，原片，編號：MIN0295X。

6114 重建本願寺石佛塔記銘

明嘉靖三十四年（1555）三月立，現存河北石家莊鹿泉本願寺。

京都大學人文科學研究所：

一張，紙本墨拓，原片，編號：MIN0296X。

6115 宣聖六十二代衍聖公墓碑

明嘉靖三十五年（1556）三月立，現存山東曲阜孔林。

京都大學人文科學研究所：

一張，紙本墨拓，原片，編號：MIN0297X。

6116 重鐫解池形勝之圖

明嘉靖三十五年（1556）立，現存山西運城鹽池神廟。

京都大學人文科學研究所：

一張，紙本墨拓，原片，編號：MIN0298X。

6117 靈隱五兀山人詩

明嘉靖三十五年（1556）刻，現存四川樂山千佛巖。

東洋文庫：

一張，紙本墨拓，原片，26.0×41.0，編號：Ⅱ-16-C-v-14。

6118 五臺開山歷代傳芳萬古題名記

明嘉靖三十六年（1557）六月十日立，現存山西忻州五臺山。

京都大學人文科學研究所：

一張，紙本墨拓，原片，編號：MIN0299A。
一張，紙本墨拓，原片，編號：MIN0299B。

6119 懸筆詩碑

明嘉靖三十七年（1558）立，現存山西太原晋祠。

京都大學人文科學研究所：

一張，紙本墨拓，原片，編號：MIN0300X。

6120 受堂海莊山人海光樓詩

明嘉靖三十八年（1559）二月十二日刻，現存山西運城海光樓。

京都大學人文科學研究所：

一張，紙本墨拓，原片，編號：MIN0302X。

6121 復聖六十世顏詢墓碑

明嘉靖三十八年（1559）二月立，現存山東寧陽顏林。

京都大學人文科學研究所：

　　一張，紙本墨拓，原片，編號：MIN0301X。

6122　護國關王廟義會碑記

明嘉靖三十八年（1559）立，現存北京白馬關帝廟。

京都大學人文科學研究所：

　　一張，紙本墨拓，原片，編號：MIN0303X。

6123　吳道子畫宣聖遺像

明嘉靖三十九年（1560）刻，現存山東曲阜孔廟。

東洋文庫：

　　一張，紙本墨拓，原片，185.0×83.0，編號：Ⅱ-16-C-1579。

6124　宣聖五十八代神道碑

明嘉靖四十年（1561）三月立，現存山東曲阜孔廟。

京都大學人文科學研究所：

　　一張，紙本墨拓，原片，編號：MIN0304X。

6125　明世宗敕賜嵩山少林禪寺第二十四世竺東萬公和靈塔旨

明嘉靖四十年（1561）四月八日立，現存河南登封少林寺。

京都大學人文科學研究所：

　　一張，紙本墨拓，原片，編號：MIN0305X。

6126　宣聖五十九代墓碑

明嘉靖四十年（1561）四月立，現存山東曲阜孔林。

京都大學人文科學研究所：

　　一張，紙本墨拓，原片，編號：MIN0306X。

6127　宣聖五十二代衍聖公墓碑

明嘉靖四十年（1561）立，現存山東曲阜孔林。

京都大學人文科學研究所：

　　一張，紙本墨拓，原片，編號：MIN0307X。

6128　顏魯野墓碑

明嘉靖四十二年（1563）四月立，現存山東寧陽顏林。

京都大學人文科學研究所：

　　一張，紙本墨拓，原片，編號：MIN0308X。

6129　吴道子筆孔子及顔回

明嘉靖四十二年（1563）刻，現存山東曲阜孔廟。

京都大學人文科學研究所：

一張，紙本墨拓，原片，編號：MIN0309X。

6130　欽依住持少林寺嗣曹洞第二十四代當代傳法小山禪師行實

明嘉靖四十四年（1565）三月一日立，現存河南登封少林寺。

京都大學人文科學研究所：

一張，紙本墨拓，原片，編號：MIN0312X。

6131　混元三教九流圖

又稱“一團和氣圖”，明嘉靖四十四年（1565）三月刻於小山碑（少林寺曹洞宗二十四代住持小山禪師碑）碑陰，現存河南登封少林寺。

京都大學人文科學研究所：

一張，紙本墨拓，原片，編號：MIN0313X。

6132　創建響堂石欄杆記

明嘉靖四十四年（1565）五月立，現存河北邯鄲響堂山石窟。

京都大學人文科學研究所：

一張，紙本墨拓，原片，編號：MIN0314X。

6133　乾没哪塔扁囤和尚靈塔

明嘉靖四十四年（1565）八月立，現存河南登封少林寺。

京都大學人文科學研究所：

一張，紙本墨拓，原片，編號：MIN0315X。

6134　太上五帝使墓碑

明嘉靖四十四年（1565）立，今藏地不詳。

宇野雪村文庫：

一張，紙本墨拓，原片，編號：1777。

6135　少林寺釋迦如來雙迹靈相圖

明嘉靖四十五年（1566）二月十五日刻，現存河南登封少林寺。

京都大學人文科學研究所：

一張，紙本墨拓，原片，編號：MIN0316X。

6136　復聖六十一代孫顏公鉞墓碑

明嘉靖四十五年（1566）三月立，現存山東寧陽顏林。

京都大學人文科學研究所：

　　一張，紙本墨拓，原片，編號：MIN0317X。

6137　復聖六十二代孫顏重禮墓碑

明嘉靖四十五年（1566）三月立，現存山東寧陽顏林。

京都大學人文科學研究所：

　　一張，紙本墨拓，原片，編號：MIN0318X。

6138　重修子思書院記

明嘉靖四十五年（1566）五月立，現存山東鄒城子思書院。

京都大學人文科學研究所：

　　一張，紙本墨拓，原片，編號：MIN0319X。

6139　僧録司焚修五臺山牒碑

明嘉靖四十五年（1566）十月二十日立，現存山西忻州五臺山。

京都大學人文科學研究所：

　　一張，紙本墨拓，原片，編號：MIN0320X。

6140　五臺僧録司免糧卷案碑

明嘉靖四十五年（1566）十月二十一日立，現存山西忻州五臺山。

京都大學人文科學研究所：

　　一張，紙本墨拓，原片，編號：MIN0321X。

6141　敕賜普濟禪寺第四代海公和尚靈塔碑記

明嘉靖四十五年（1566）立，現存山西忻州五臺山普濟寺。

京都大學人文科學研究所：

　　一張，紙本墨拓，原片，編號：MIN0322X。

6142　楓橋夜泊詩

明嘉靖年間（1522—1566）刻，現存江蘇蘇州寒山寺。

東洋文庫：

　　一張，紙本墨拓，原片，110.0×62.0，編號：Ⅱ-16-C-v-15。

6143 三游洞記

明嘉靖年間（1522—1566）刻。

東北大學附屬圖書館：

　　　一幅，紙本墨拓，原片，常盤大定舊藏。

6144 陳鳳梧詩刻

明嘉靖年間（1522—1566）刻。

京都大學人文科學研究所：

　　　一張，紙本墨拓，原片，編號：MIN0323X。

［隆慶］

6145 古豐相圖記

明隆慶元年（1567）八月刻，現存山東曲阜孔廟。

京都大學人文科學研究所：

　　　一張，紙本墨拓，原片，編號：MIN0324X。

6146 皇帝祭北鎮廟碑

明隆慶元年（1567）九月十六日立，現存遼寧錦州北鎮廟。

京都大學人文科學研究所：

　　　一張，紙本墨拓，原片，編號：MIN0325X。

6147 宋秀買地券

明隆慶二年（1568）三月四日葬，出土時地不詳。

淑德大學書學文化中心：

　　　一軸，紙本墨拓，卷軸，編號：000879。

6148 五臺山鳳林寺徹天和尚行實碑

明隆慶三年（1569）四月立，現存山西忻州五臺山鳳林寺。

京都大學人文科學研究所：

　　　一張，紙本墨拓，原片，編號：MIN0326A。

　　　一張，紙本墨拓，原片，編號：MIN0326B。

6149 重修圓照寺碑記

明隆慶三年（1569）立，現存山西忻州五臺山圓照寺。

京都大學人文科學研究所：

　　　一張，紙本墨拓，原片，編號：MIN0327A。

　　　一張，紙本墨拓，原片，編號：MIN0327B。

6150　謁孟子廟七律

明隆慶四年（1570）正月五日刻，現藏於山東鄒城孟廟。

京都大學人文科學研究所：

　　　一張，紙本墨拓，原片，編號：MIN0328X。

6151　題弘濟橋記

明隆慶四年（1570）刻，原在河北邯鄲永濟橋。

京都大學人文科學研究所：

　　　一張，紙本墨拓，原片，編號：MIN0329X。

6152　碧山寺孫枝詩

明隆慶五年（1571）八月二十五日刻，現存山西忻州五臺山碧山寺。

京都大學人文科學研究所：

　　　一張，紙本墨拓，原片，編號：MIN0330X。

6153　考公靈塔碑記

明隆慶五年（1571）立，現存山西忻州五臺山普濟寺。

京都大學人文科學研究所：

　　　一張，紙本墨拓，原片，編號：MIN0331X。

6154　小山禪師塔銘

明隆慶六年（1572）五月立，現存河南登封少林寺。

京都大學人文科學研究所：

　　　一張，紙本墨拓，原片，編號：MIN0332A。

　　　一張，紙本墨拓，原片，編號：MIN0332B。

［萬曆］

6155　皇帝祭北鎮廟碑

明萬曆元年（1573）五月十三日立，現存遼寧錦州北鎮廟。

京都大學人文科學研究所：

　　　一張，紙本墨拓，原片，編號：MIN0333X。

6156　河南府登封縣下少林寺帖

明萬曆元年（1573）十月二十一日立，現存河南登封少林寺。

京都大學人文科學研究所：

　　　　一張，紙本墨拓，原片，編號：MIN0334X。

6157　醉白堂記

明萬曆二年（1574）二月一日刻，今藏地不詳。

京都大學人文科學研究所：

　　　　一張，紙本墨拓，原片，編號：MIN0335X。

6158　環湖道人詩

明萬曆二年（1574）刻，今藏地不詳。

京都大學人文科學研究所：

　　　　一張，紙本墨拓，原片，編號：MIN0336X。

6159　謁顔廟詩

明萬曆三年（1575）正月刻，現存山東曲阜顔廟。

京都大學人文科學研究所：

　　　　一張，紙本墨拓，原片，編號：MIN0337X。

6160　宋定墓誌

明萬曆三年（1575）二月三日葬，出土時地不詳。

京都大學人文科學研究所：

　　　　一張，紙本墨拓，原片，編號：MIN0338X。

6161　李廷龍秋日游少林韻詩

明萬曆三年（1575）七月十六日刻，現存河南登封少林寺。

京都大學人文科學研究所：

　　　　一張，紙本墨拓，原片，編號：MIN0339X。

6162　智化寺額

明萬曆五年（1577）三月三日刻，現存北京智化寺。

京都大學人文科學研究所：

　　　　一張，紙本墨拓，原片，編號：MIN0340X。

6163　御史王藻昭告復聖碑

明萬曆五年（1577）閏八月九日立，現存山東曲阜顏廟。

京都大學人文科學研究所：

　　一張，紙本墨拓，原片，編號：MIN0341X。

6164　山東巡撫趙賢謁告碑

明萬曆六年（1578）二月十六日立，現存山東曲阜孔廟。

京都大學人文科學研究所：

　　一張，紙本墨拓，原片，編號：MIN0342X。

6165　陋巷故址刻石

明萬曆六年（1578）二月立，現存山東曲阜顏廟。

京都大學人文科學研究所：

　　一張，紙本墨拓，原片，編號：MIN0344X。

6166　重修復聖顏子廟碑

明萬曆六年（1578）九月立，現存山東曲阜顏廟。

京都大學人文科學研究所：

　　一張，紙本墨拓，原片，編號：MIN0345X。

6167　無窮禪師碑

明萬曆六年（1578）立，現存四川峨眉山大佛寺。

京都大學人文科學研究所：

　　一張，紙本墨拓，原片，編號：MIN0346X。

6168　重修周公廟落成記

明萬曆七年（1579）八月立，現存陝西岐山周公廟。

京都大學人文科學研究所：

　　一張，紙本墨拓，原片，編號：MIN0347X。

6169　復聖六十三代孫處士顏從㴻墓碑

明萬曆七年（1579）十月一日立，現存山東寧陽顏林。

京都大學人文科學研究所：

　　一張，紙本墨拓，原片，編號：MIN0348X。

6170　復聖六十三代嫡孫顏光弼墓碑

明萬曆八年（1580）三月立，現存山東寧陽顏林。

京都大學人文科學研究所：

　　　　一張，紙本墨拓，原片，編號：MIN0349X。

6171　坦然和尚塔記

明萬曆八年（1580）九月立，現存河南登封少林寺。

京都大學人文科學研究所：

　　　　一張，紙本墨拓，原片，編號：MIN0350X。

6172　關中雁峰王傅詩

明萬曆九年（1581）正月刻，現存山西忻州五臺山碧山寺。

京都大學人文科學研究所：

　　　　一張，紙本墨拓，原片，編號：MIN0351X。

6173　五臺山都綱司爲大田敏清浮糧以蘇民田事帖碑

明萬曆九年（1581）七月十二日立，現存山西忻州五臺山顯通寺。

京都大學人文科學研究所：

　　　　一張，紙本墨拓，原片，編號：MIN0352X。

6174　重修上華嚴寺碑

明萬曆九年（1581）立，現存山西大同華嚴寺。

京都大學人文科學研究所：

　　　　一張，紙本墨拓，原片，編號：MIN0353X。

6175　王雪樵妻吴氏墓誌

明萬曆九年（1581）葬，出土時地不詳。

東京國立博物館：

　　　　一幅，紙本墨拓，原片，127.0×78.0，編號：844，今泉雄作舊藏。

6176　敕重建大塔院寺碑記

明萬曆十年（1582）七月立，現存山西忻州五臺山塔院寺。

京都大學人文科學研究所：

　　　　一張，紙本墨拓，原片，編號：MIN0354X。

6177　清凉國師華嚴經疏緣起

明萬曆十年（1582）刻。

京都大學人文科學研究所：

　　一張，紙本墨拓，原片，編號：MIN0355X。

6178　重修善化寺碑記

明萬曆十一年（1583）三月十六日立，現存山西大同善化寺。

京都大學人文科學研究所：

　　一張，紙本墨拓，原片，編號：MIN0356X。

6179　王之召墓誌

明萬曆十二年（1584）二月葬，今藏地不詳。

東洋文庫：

　　一張，紙本墨拓，原片，55.0×52.0，編號：Ⅱ-16-C-1646。

6180　息庵禪師宗派之圖附王三錫游少林寺詩

明萬曆十二年（1584）立，現存河南登封少林寺。

京都大學人文科學研究所：

　　一張，紙本墨拓，原片，編號：MIN0357X。

6181　五臺山普濟寺和尚功行靈塔

明萬曆十三年（1585）四月一日立，現存山西忻州五臺山普濟寺。

京都大學人文科學研究所：

　　一張，紙本墨拓，原片，編號：MIN0358X。

6182　復聖刻石

明萬曆十四年（1586）二月刻，現存山東曲阜顏廟。

京都大學人文科學研究所：

　　一張，紙本墨拓，原片，編號：MIN0359X。

6183　泰山行宮禮醮記

明萬曆十五年（1587）五月刻，現存山東泰安岱廟。

京都大學人文科學研究所：

　　一張，紙本墨拓，原片，編號：MIN0361X。

6184　御史鍾化民昭告碑

明萬曆十八年（1590）二月八日立，現存山東鄒城孟廟。

京都大學人文科學研究所：

　　　　一張，紙本墨拓，原片，編號：MIN0363X。

　　　　一張，紙本墨拓，原片，編號：MIN0364X。

6185　董基詩

明萬曆十八年（1590）五月九日刻，現存山西忻州五臺山塔院寺。

京都大學人文科學研究所：

　　　　一張，紙本墨拓，原片，編號：MIN0365X。

6186　趙可光等朱仙鎮岳廟題詩

明萬曆十八年（1590）八月刻，現存河南開封朱仙鎮岳廟祠。

京都大學人文科學研究所：

　　　　一張，紙本墨拓，原片，編號：MIN0366X。

6187　慧理大師塔銘

明萬曆十八年（1590）刻，現存浙江杭州飛來峰龍泓洞。

東北大學附屬圖書館：

　　　　一幅，紙本墨拓，原片，常盤大定舊藏。

6188　衆春園記

明萬曆十九年（1591）八月刻。

京都大學人文科學研究所：

　　　　一張，紙本墨拓，原片，編號：MIN0367X。

6189　秣陵卜氏朱仙鎮岳廟題詩

明萬曆二十年（1592）二月十五日刻，現存河南開封朱仙鎮岳廟祠。

京都大學人文科學研究所：

　　　　一張，紙本墨拓，原片，編號：MIN0369X。

6190　奉敕重修鹽池神廟碑記

明萬曆二十年（1592）四月刻，現存山西運城鹽池神廟。

京都大學人文科學研究所：

　　　　一張，紙本墨拓，原片，編號：MIN0370A。

　　　　一張，紙本墨拓，原片，編號：MIN0370B。

6191　金剛般若波羅蜜經

明萬曆二十年（1592）五月十九日刻。

東洋文庫：

　　四張，紙本墨拓，原片，各84.0×63.0，編號：Ⅱ-16-C-10。

京都大學人文科學研究所：

　　一張，紙本墨拓，原片，編號：MIN0377A。

　　一張，紙本墨拓，原片，編號：MIN0377B。

　　一張，紙本墨拓，原片，編號：MIN0377C。

　　一張，紙本墨拓，原片，編號：MIN0377D。

　　一張，紙本墨拓，原片，編號：MIN0377E。

　　一張，紙本墨拓，原片，編號：MIN0377F。

　　一張，紙本墨拓，原片，編號：MIN0377G。

　　一張，紙本墨拓，原片，編號：MIN0377H。

　　一張，紙本墨拓，原片，編號：MIN0377I。

　　一張，紙本墨拓，原片，編號：MIN0377J。

　　一張，紙本墨拓，原片，編號：MIN0377K。

　　一張，紙本墨拓，原片，編號：MIN0377L。

6192　邢雲路詩

明萬曆二十年（1592）五月刻，現存山西忻州五臺山塔院寺。

京都大學人文科學研究所：

　　一張，紙本墨拓，原片，編號：MIN0371X。

　　一張，紙本墨拓，原片，編號：MIN0372X。

6193　復涿州石經山琬公塔院記

明萬曆二十年（1592）七月十五日立，現存北京房山雲居寺。

京都大學人文科學研究所：

　　一張，紙本墨拓，原片，編號：MIN0374X。

6194　五臺山重建佛頂碑記

明萬曆二十年（1592）八月十五日立，現存山西忻州五臺山黛螺頂。

京都大學人文科學研究所：

　　一張，紙本墨拓，原片，編號：MIN0375X。

6195　兗州府重修靈應祠記

明萬曆二十三年（1595）立。

京都大學人文科學研究所：

　　　　一張，紙本墨拓，原片，編號：MIN0379X。

6196　趙顧光兄弟題名

明萬曆二十三年（1595）刻，今藏地不詳。

東洋文庫：

　　　　一張，紙本墨拓，原片，31.0×16.0，編號：Ⅱ-16-C-v-17。

6197　石經寺施茶碑記

明萬曆二十四年（1596）二月刻，現存北京房山石經山。

京都大學人文科學研究所：

　　　　一張，紙本墨拓，原片，編號：MIN0380X。

6198　謁孟夫子廟七律

明萬曆二十四年（1596）四月刻，現存山東鄒城孟廟。

京都大學人文科學研究所：

　　　　一張，紙本墨拓，原片，編號：MIN0381X。

6199　創修鹽池石工碑記附額

明萬曆二十五年（1597）立，現存山西運城鹽池神廟。

京都大學人文科學研究所：

　　　　一張，紙本墨拓，原片，編號：MIN0383X。

6200　宣聖六十一代墓碑

明萬曆二十六年（1598）三月立，現存山東曲阜孔林。

京都大學人文科學研究所：

　　　　一張，紙本墨拓，原片，編號：MIN0384X。

6201　題孟廟五言古詩

明萬曆二十六年（1598）三月刻，現存山東鄒城孟廟。

京都大學人文科學研究所：

　　　　一張，紙本墨拓，原片，編號：MIN0385X。

6202　重修滋陽縣儒學記

明萬曆二十七年（1599）五月刻，山東兖州滋陽文廟舊藏。

京都大學人文科學研究所：

　　　　一張，紙本墨拓，原片，編號：MIN0386X。

6203　復聖六十三代顏從美墓碑

明萬曆二十七年（1599）九月二十四日立，現存山東寧陽顏林。

京都大學人文科學研究所：

　　　一張，紙本墨拓，原片，編號：MIN0387X。

6204　復聖六十一代顏公和墓碑

明萬曆二十七年（1599）九月二十四日立，現存山東寧陽顏林。

京都大學人文科學研究所：

　　　一張，紙本墨拓，原片，編號：MIN0388X。

6205　廣化寺彌陀會記

明萬曆二十七年（1599）立，現存北京廣化寺。

京都大學人文科學研究所：

　　　一張，紙本墨拓，原片，編號：MIN0389A。
　　　一張，紙本墨拓，原片，編號：MIN0389B。

6206　復聖六十四代顏敬亭墓碑

明萬曆二十九年（1601）三月立，現存山東寧陽顏林。

京都大學人文科學研究所：

　　　一張，紙本墨拓，原片，編號：MIN0390X。

6207　創建靈感觀音堂記

明萬曆二十九年（1601）立，今藏地不詳。

京都大學人文科學研究所：

　　　一張，紙本墨拓，原片，編號：MIN0391X。

6208　南京栖霞寺神禹碑記

明萬曆三十一年（1603）二月立，現存江蘇南京栖霞寺。

東北大學附屬圖書館：

　　　四幅，紙本墨拓，原片，常盤大定舊藏。

6209　五臺縣禁約牒碑

明萬曆三十一年（1603）八月十五日立，現存山西忻州五臺山萬佛閣。

京都大學人文科學研究所：

　　　一張，紙本墨拓，原片，編號：MIN0392A。
　　　一張，紙本墨拓，原片，編號：MIN0392B。

6210　鎮夷門額

明萬曆三十一年（1603）八月刻，原在寧夏固原城。

東洋文庫：

　　一張，紙本墨拓，原片，44.0×81.0，編號：Ⅱ-16-C-1648。

6211　峨眉山普賢金殿碑

明萬曆三十一年（1603）立，現存四川峨眉山金頂。

東京國立博物館：

　　一幅，紙本墨拓，原片，編號：777。

6212　鹽池生花誌喜詩

明萬曆三十二年（1604）六月十九日刻，現存山西運城鹽池神廟。

京都大學人文科學研究所：

　　一張，紙本墨拓，原片，編號：MIN0394X。

6213　五嶽真形圖

明萬曆三十二年（1604）立，現存河南登封嵩山中嶽廟。

京都大學人文科學研究所：

　　一張，紙本墨拓，原片，編號：MIN0393X。

東北大學附屬圖書館：

　　一幅，紙本墨拓，原片，常盤大定舊藏。

6214　曾大裕鹽儲記

明萬曆三十三年（1605）四月刻，現存山西運城鹽池神廟。

京都大學人文科學研究所：

　　一張，紙本墨拓，原片，編號：MIN0395X。

6215　玉峰和尚法嗣西竺上公傳及碑記

明萬曆三十三年（1605）六月十五日立，現存河南鄭州新密槐蔭寺。

京都大學人文科學研究所：

　　一張，紙本墨拓，原片，編號：MIN0396A。

　　一張，紙本墨拓，原片，編號：MIN0396B。

6216　重修北鎮廟記

明萬曆三十四年（1606）十一月立，現存遼寧錦州北鎮廟。

京都大學人文科學研究所：

　　一張，紙本墨拓，原片，編號：MIN0397X。

6217　創建三元廟碑記

明萬曆三十五年（1607）四月立，現藏於山西運城青龍寺稷山縣博物館。

京都大學人文科學研究所：

　　一張，紙本墨拓，原片，編號：MIN0398A。

　　一張，紙本墨拓，原片，編號：MIN0398B。

6218　侍御康公特祭鹽池諸神廟碑附額

明萬曆三十五年（1607）閏六月十五日立，現存山西運城鹽池神廟。

京都大學人文科學研究所：

　　一張，紙本墨拓，原片，編號：MIN0399X。

6219　敕諭山西五臺山敕建護國聖光永明寺住持福登及衆人等碑

明萬曆三十五年（1607）九月四日立，現存山西忻州五臺山永明寺。

京都大學人文科學研究所：

　　一張，紙本墨拓，原片，編號：MIN0400X。

6220　重修殊像寺碑記

明萬曆三十六年（1608）四月立，現存山西忻州五臺山殊像寺。

京都大學人文科學研究所：

　　一張，碑陽，紙本墨拓，原片，編號：MIN0401A。

　　一張，碑陰，紙本墨拓，原片，編號：MIN0401B。

6221　史松峰妻楊氏墓誌

明萬曆三十六年（1608）十二月七日葬，現藏於故宮博物院。

淑德大學書學文化中心：

　　一張，紙本墨拓，原片，編號：000652。

京都大學人文科學研究所：

　　一張，紙本墨拓，原片，編號：MIN0402A。

　　一張，紙本墨拓，原片，編號：MIN0402B。

6222　鄒縣重修孟廟記

明萬曆三十六年（1608）十二月立，現存山東鄒城孟廟。

京都大學人文科學研究所：

　　一張，紙本墨拓，原片，編號：MIN0403X。

6223 道公碑銘

董其昌撰文并書丹，明萬曆三十七年（1609）正月立，現存河南登封少林寺。

京都大學人文科學研究所：

一張，紙本墨拓，原片，編號：MIN0404X。

6224 楊五山墓誌

明萬曆三十八年（1610）閏三月二十五日葬，出土時地不詳。

東洋文庫：

一張，墓誌，紙本墨拓，原片，50.0×47.0。一張，墓誌蓋，紙本墨拓，原片，50.0×47.0。

一張，紙本墨拓，原片，50.0×48.0。編號：Ⅱ-16-C-13。

6225 利瑪竇墓碑

明萬曆三十八年（1610）立，現存中共北京市委黨校（北京行政學院）院内。

東京藝術大學藝術資料館：

一張，紙本墨拓，掛幅裝，167.5×93.0，編號：368。

6226 重修子思書院記

明萬曆三十九年（1611）三月立，現存山東鄒城子思書院。

京都大學人文科學研究所：

一張，紙本墨拓，原片，編號：MIN0407X。

6227 韓陵碑

又稱“韓陵山寺碑”“韓陵片石”，温子昇撰，北朝立，五代毁，明萬曆三十九年（1611）六月重刻，現存河南安陽韓陵山寺。

京都大學人文科學研究所：

一張，紙本墨拓，原片，編號：MIN0408X。

6228 敕封妙峰真正佛子清凉妙高處碑

明萬曆四十年（1612）立，現存山西忻州五臺山顯通寺。

京都大學人文科學研究所：

一張，紙本墨拓，原片，編號：MIN0409X。

一張，紙本墨拓，原片，編號：MIN0410X。

6229 廣州光孝寺重修六祖菩提碑記

明萬曆四十年（1612）立，現存廣東廣州光孝寺。

東北大學附屬圖書館：

二幅，紙本墨拓，原片，常盤大定舊藏。

6230　泡子河開創太清宮碑

明萬曆四十一年（1613）三月立，現存北京太清宮。

京都大學人文科學研究所：

一張，紙本墨拓，原片，編號：MIN0411X。

6231　五臺山各寺免糧碑記

明萬曆四十一年（1613）三月立，現存山西忻州五臺山萬佛閣。

京都大學人文科學研究所：

一張，碑陽，紙本墨拓，原片，編號：MIN0412A。

一張，碑陰，紙本墨拓，原片，編號：MIN0412B。

6232　謁孟子廟七律

明萬曆四十二年（1614）刻，現存山東鄒城孟廟。

京都大學人文科學研究所：

一張，紙本墨拓，原片，編號：MIN0413X。

6233　蘇州虎丘刻石

明萬曆四十二年（1614）刻，現存江蘇蘇州虎丘摩崖。

龍谷大學：

二幅，紙本墨拓，原片，[1]虎丘二字，206.0×106.5。[2]劍池二字，187.0×107.0。

6234　王策岳廟題詩

明萬曆四十三年（1615）刻，現存河南開封朱仙鎮岳廟祠。

京都大學人文科學研究所：

一張，紙本墨拓，原片，編號：MIN0414X。

一張，紙本墨拓，原片，編號：MIN0415X。

6235　茅山鬱岡重建乾元觀碑記

明萬曆四十四年（1616）五月立，現存江蘇常州茅山乾元觀。

東北大學附屬圖書館：

一幅，紙本墨拓，原片，常盤大定舊藏。

6236　重修南宗六祖大鑒禪師寶塔碑記

明萬曆四十五年（1617）立，現存廣東廣州光孝寺。

東北大學附屬圖書館：

　　二幅，紙本墨拓，原片，常盤大定舊藏。

6237　靈峰寺修塑記

明萬曆四十五年（1617）正月一日立，原在内蒙古赤峰靈峰寺。

京都大學人文科學研究所：

　　一張，紙本墨拓，原片，編號：MIN0418X。

6238　徐公家訓碑

又稱“檇李徐翼所公家訓”，徐學周撰文，董其昌書丹，明萬曆四十五年（1617）二月立，現藏於西安碑林博物館。

京都大學人文科學研究所：

　　一張，紙本墨拓，原片，編號：MIN0419X。

6239　重修鹽池神廟記附額

明萬曆四十五年（1617）十月一日立，現存山西運城鹽池神廟。

京都大學人文科學研究所：

　　一張，紙本墨拓，原片，編號：MIN0420X。

6240　滋陽劉侯學田記

明萬曆四十六年（1618）二月立，原在山東兗州滋陽文廟。

京都大學人文科學研究所：

　　一張，紙本墨拓，原片，編號：MIN0421X。

6241　知縣李鳳翔捐俸置買祭田碑

明萬曆四十六年（1618）九月立，現存山東鄒城孟廟。

京都大學人文科學研究所：

　　一張，紙本墨拓，原片，編號：MIN0422X。

6242　洪翼岳廟祠題詩

明萬曆四十六年（1618）刻，現存河南開封朱仙鎮岳廟祠。

京都大學人文科學研究所：

　　一張，紙本墨拓，原片，編號：MIN0423X。

6243　恭謁孟廟作七律

明萬曆四十七年（1619）五月刻，現存山東鄒城孟廟。

京都大學人文科學研究所：

　　　一張，紙本墨拓，原片，編號：MIN0424X。

6244　興隆寺比丘禁步圓滿修建□華大會功德碑記

明萬曆四十八年（1620）正月立，現存北京萬壽興隆寺。

京都大學人文科學研究所：

　　　一張，紙本墨拓，原片，編號：MIN0425X。

6245　王在晋致祭碑

明萬曆四十八年（1620）四月五日立，現存山東曲阜孔廟。

京都大學人文科學研究所：

　　　一張，紙本墨拓，原片，編號：MIN0426X。

6246　滋邑楊侯重學官兼開啓聖祠宇記

明萬曆四十八年（1620）十月立，原在山東兗州滋陽文廟。

京都大學人文科學研究所：

　　　一張，紙本墨拓，原片，編號：MIN0427X。

6247　天仙廟重修造像功德碑

明萬曆四十八年（1620）立，原在山東兗州新兗天仙廟。

京都大學人文科學研究所：

　　　一張，紙本墨拓，原片，編號：MIN0428X。

6248　塔山安寧寺重修觀音閣碑記

明萬曆四十八年（1620）立，原在遼寧蘇家屯塔山安寧寺，現存沈陽北塔塔林。

東洋文庫：

　　　一張，碑陽連額，紙本墨拓，原片，100.0×65.0，編號：Ⅱ-16-C-129。

6249　敕建清凉五臺山翻修殊祥寺碑記

明萬曆年間（1573—1620）立，現存山西忻州五臺山殊像寺。

京都大學人文科學研究所：

　　　一張，紙本墨拓，原片，編號：MIN0429A。

　　　一張，紙本墨拓，原片，編號：MIN0429B。

6250　重修文殊菩薩發塔碑

明萬曆年間（1573—1620）刻，現存山西忻州五臺山塔院寺。

京都大學人文科學研究所：

一張，紙本墨拓，原片，編號：MIN0430X。

6251 孫瑋表平倭功略殘石

明萬曆年間（1573—1620）立，今藏地不詳。

京都大學人文科學研究所：

一張，紙本墨拓，原片，編號：MIN0431X。

［天啓］

6252 小西天施茶亭新建石記

明天啓三年（1623）十二月八日刻，現存北京石經山。

京都大學人文科學研究所：

一張，紙本墨拓，原片，編號：MIN0433X。

6253 大方廣佛華嚴經

明天啓三年（1623）刻，今藏地不詳。

佛教大學：

二張，紙本墨拓，原片，31.0×96.5。

6254 米元章墓記

明天啓四年（1624）五月十五日葬，原在江蘇南京鶴林寺。

京都大學人文科學研究所：

一張，紙本墨拓，原片，編號：MIN0435X。

6255 子思作中庸處

明天啓五年（1625）六月刻，現存山東鄒城子思書院。

京都大學人文科學研究所：

一張，紙本墨拓，原片，編號：MIN0436X。

6256 宣聖六十一代墓碑

明天啓五年（1625）十月一日立，現存山東曲阜孔林。

京都大學人文科學研究所：

一張，紙本墨拓，原片，編號：MIN0437X。

6257 白衣觀音

明天啓五年（1625）刻。

京都大學人文科學研究所：

  一張，紙本墨拓，原片，編號：MIN0438X。

6258 關羽像

明天啓六年（1626）刻。

京都大學人文科學研究所：

  一張，紙本墨拓，原片，編號：MIN0439X。

［崇禎］

6259 華山大圖

明崇禎元年（1628）刻，今藏地不詳。

京都大學人文科學研究所：

  一張，紙本墨拓，原片，編號：MIN0440X。

6260 斷機堂七律

明崇禎二年（1629）九月四日刻，現存山東鄒城子思書院。

京都大學人文科學研究所：

  一張，紙本墨拓，原片，編號：MIN0442X。

6261 優免顏氏雜差闔族感恩記

明崇禎四年（1631）二月刻，現存山東曲阜孔林。

京都大學人文科學研究所：

  一張，紙本墨拓，原片，編號：MIN0445X。

6262 宣聖六十四代衍聖公墓碑

明崇禎四年（1631）四月立，現存山東曲阜孔林。

京都大學人文科學研究所：

  一張，紙本墨拓，原片，編號：MIN0446X。

6263 游感花巖詩崔世石跋

明崇禎四年（1631）刻，今藏地不詳。

東洋文庫：

  一張，紙本墨拓，編號：Ⅱ-16-C-v-18。

6264 雷音洞題字

明崇禎四年（1631）刻，現存北京房山雲居寺。

東北大學附屬圖書館：

　　一幅，紙本墨拓，原片，常盤大定舊藏。

6265　復聖六十四代顏弘紳墓碑

明崇禎五年（1632）二月十七日立，現存山東寧陽顏林。

京都大學人文科學研究所：

　　一張，紙本墨拓，原片，編號：MIN0448X。

6266　息馬地建醮報恩功德記

明崇禎五年（1632）五月立，原在山東兗州息馬地關帝廟。

京都大學人文科學研究所：

　　一張，紙本墨拓，原片，編號：MIN0449X。

6267　重修下華嚴寺碑記

明崇禎五年（1632）立，現存山西大同華嚴寺。

京都大學人文科學研究所：

　　一張，紙本墨拓，原片，編號：MIN0450A。

　　一張，紙本墨拓，原片，編號：MIN0450B。

6268　宣聖六十一代墓碑

明崇禎八年（1635）立，現存山東曲阜孔林。

京都大學人文科學研究所：

　　一張，紙本墨拓，原片，編號：MIN0452X。

6269　重修鹽池神廟記

明崇禎九年（1636）正月十五日立，現存山西運城鹽池神廟。

京都大學人文科學研究所：

　　一張，紙本墨拓，原片，編號：MIN0453X。

6270　宣聖六十二代墓碑

明崇禎九年（1636）三月一日立，現存山東曲阜孔林。

京都大學人文科學研究所：

　　一張，紙本墨拓，原片，編號：MIN0454X。

6271　重修永明寺七處九會殿碑記

明崇禎九年（1636）十月立，現存山西忻州五臺山永明寺。

京都大學人文科學研究所：

　　　一張，紙本墨拓，原片，編號：MIN0455X。

6272　玉皇上帝廟預賀聖誕碑記

明崇禎十年（1637）十一月立，今藏地不詳。

京都大學人文科學研究所：

　　　一張，紙本墨拓，原片，編號：MIN0456X。

6273　重修昊天至尊廟記

明崇禎十年（1637）立，今藏地不詳。

京都大學人文科學研究所：

　　　一張，紙本墨拓，原片，編號：MIN0457X。

6274　姚誠立河東鹽池賦

明崇禎十一年（1638）正月一日立，現存山西運城鹽池神廟。

京都大學人文科學研究所：

　　　一張，紙本墨拓，原片，編號：MIN0458X。

6275　清理祭田記

明崇禎十一年（1638）七月立，今藏地不詳。

京都大學人文科學研究所：

　　　一張，紙本墨拓，原片，編號：MIN0459X。

6276　寶華山隆昌寺同住略禁

明崇禎十一年（1638）立，現存江蘇鎮江寶華山隆昌寺。

東北大學附屬圖書館：

　　　一幅，紙本墨拓，原片，常盤大定舊藏。

6277　顏伯貞贈修職敕命碑

明崇禎十二年（1639）三月立，現存山東曲阜顏廟。

京都大學人文科學研究所：

　　　一張，紙本墨拓，原片，編號：MIN0460X。

6278　復聖六十五代顏廉吾及夫人墓碑

明崇禎十二年（1639）十月立，現存山東寧陽顏林。

京都大學人文科學研究所：

　　　一張，紙本墨拓，原片，編號：MIN0461X。

6279　復聖六十四代孫顏弘素墓記

明崇禎十二年（1639）十一月立，現存山東寧陽顏林。

京都大學人文科學研究所：

　　　　一張，紙本墨拓，原片，編號：MIN0462X。

6280　改正顏族地糧原詳碑

明崇禎十三年（1640）五月立，現存山東曲阜顏廟。

京都大學人文科學研究所：

　　　　一張，紙本墨拓，原片，編號：MIN0463X。

6281　宋慈雲遵式瑞光塔銘

明崇禎十三年（1640）立，今藏地不詳。

龍谷大學：

　　　　四幅，六角重層拓，紙本墨拓，原片，［1］58.0×45.0，［2］55.0×45.0，［3］109.0×
47.0，［4］111.0×47.0。

6282　新法地平日晷圖

明崇禎十五年（1642）刻，今藏地不詳。

東洋文庫：

　　　　一張，紙本墨拓，原片，12.0×20.0，編號：Ⅱ-16-C-v-19。

6283　復聖六十三代顏從善墓碑

明崇禎十六年（1643）三月立，現存山東寧陽顏林。

京都大學人文科學研究所：

　　　　一張，紙本墨拓，原片，編號：MIN0465X。

6284　復聖六十五代顏廣明墓碑

明崇禎十六年（1643）十月立，現存山東寧陽顏林。

京都大學人文科學研究所：

　　　　一張，紙本墨拓，原片，編號：MIN0466X。

明無紀年

6285　孝經殘石

明刻，無紀年，現藏於河南開封博物館。

淑德大學書學文化中心：

　　　　一軸，紙本墨拓，卷軸，編號：000880。

京都大學人文科學研究所：

　　　　一張，紙本墨拓，原片，編號：MIN0479X。

6286　廬山栖賢寺米萬鍾詩碑

明刻，無紀年，現存江西星子廬山栖賢寺。

東北大學附屬圖書館：

　　　　一幅，紙本墨拓，原片，常盤大定舊藏。

6287　孔承業詩碑

明刻，無紀年，原在山東曲阜周公廟。

京都大學人文科學研究所：

　　　　一張，紙本墨拓，原片，編號：MIN0498X。

6288　明代碑額

明刻，無紀年，今藏地不詳。

京都大學人文科學研究所：

　　　　一張，紙本墨拓，原片，編號：MIN0505X。

6289　明碑陰題名附額

明刻，無紀年，原在山西忻州五臺山顯通寺。

京都大學人文科學研究所：

　　　　一張，紙本墨拓，原片，編號：MIN0514X。

6290　明碑陰

明刻，無紀年，今藏地不詳。

京都大學人文科學研究所：

　　　　一張，紙本墨拓，原片，編號：MIN0517X。

6291　瑞光塔記

明刻，無紀年，現存江蘇蘇州瑞光塔。

龍谷大學：

　　　　二幅，紙本墨拓，原片，［1］108.0×47.0，［2］88.5×48.0。

6292　大同雲岡石佛寺記

明刻，無紀年，現存山西大同石佛寺。

東北大學附屬圖書館：

　　　　一幅，紙本墨拓，原片，常盤大定舊藏。

6293　延壽寺大明祖庭世統題記

明刻，無紀年，現存北京延壽寺。

龍谷大學：

　　　　一幅，紙本墨拓，原片，186.5×92.0。

6294　王母殿題名

明刻，無紀年，今藏地不詳。

京都大學人文科學研究所：

　　　　一張，紙本墨拓，原片，編號：MIN0497A。

　　　　一張，紙本墨拓，原片，編號：MIN0497B。

6295　皇明五臺山助修寶塔高僧檀信題名記

明刻，無紀年，現存山西忻州五臺山塔院寺。

京都大學人文科學研究所：

　　　　一張，紙本墨拓，原片，編號：MIN0515X。

6296　知覺寺住山無壞空禪師壽塔銘

明刻，無紀年，今藏地不詳。

京都大學人文科學研究所：

　　　　一張，紙本墨拓，原片，編號：MIN0516X。

6297　顏子廟篆文石刻

明刻，無紀年，現存山東曲阜顏廟。

京都大學人文科學研究所：

　　　一張，紙本墨拓，原片，編號：MIN0492X。

6298　易序卦傳殘石

明刻，無紀年，今藏地不詳。

京都大學人文科學研究所：

　　　一張，紙本墨拓，原片，編號：MIN0478X。

6299　八大題字

明刻，無紀年，今藏地不詳。

東京國立博物館：

　　　一幅，紙本墨拓，原片，編號：540。

6300　太極圖說殘石

明刻，無紀年，今藏地不詳。

淑德大學書學文化中心：

　　　一軸，紙本墨拓，原片，卷軸，編號：000881。

京都大學人文科學研究所：

　　　一張，紙本墨拓，原片，編號：MIN0480X。

6301　性理韻語殘刻

明刻，無紀年，今藏地不詳。

淑德大學書學文化中心：

　　　一軸，紙本墨拓，原片，卷軸，編號：000882。

京都大學人文科學研究所：

　　　一張，紙本墨拓，原片，編號：MIN0481X。

6302　董其昌書李白詩

明刻，無紀年，今藏地不詳。

京都大學人文科學研究所：

　　　一張，紙本墨拓，原片，編號：MIN0469A。

　　　一張，紙本墨拓，原片，編號：MIN0469B。

6303　魯壁題字

明刻，無紀年，現存山東曲阜孔廟。

京都大學人文科學研究所：

　　　一張，紙本墨拓，原片，編號：MIN0472X。

6304　李成梁等題名

明刻，無紀年，今藏地不詳。

京都大學人文科學研究所：

　　　一張，紙本墨拓，原片，編號：MIN0486A。

　　　一張，紙本墨拓，原片，編號：MIN0486B。

6305　劉擢德等題名

明刻，無紀年，今藏地不詳。

京都大學人文科學研究所：

　　　一張，紙本墨拓，原片，編號：MIN0487A。

　　　一張，紙本墨拓，原片，編號：MIN0487B。

6306　謁顔子廟詩

明刻，無紀年，現存山東曲阜顔廟。

京都大學人文科學研究所：

　　　一張，紙本墨拓，原片，編號：MIN0488X。

　　　一張，紙本墨拓，原片，編號：MIN0489X。

　　　一張，紙本墨拓，原片，編號：MIN0490X。

　　　一張，紙本墨拓，原片，編號：MIN0491X。

6307　徐世隆記夢五言詩

明刻，無紀年，原在山東泰安岱廟環詠亭。

京都大學人文科學研究所：

　　　一張，紙本墨拓，原片，編號：MIN0494X。

6308　漢張衡四思篇

明刻，無紀年，原在山東泰安岱廟環詠亭。

京都大學人文科學研究所：

　　　一張，紙本墨拓，原片，編號：MIN0495X。

6309　晉陸機泰山吟

明刻，無紀年，原在山東泰安岱廟環詠亭。

京都大學人文科學研究所：

一張，紙本墨拓，原片，編號：MIN0496X。

6310　李翰林酒樓記

明刻，無紀年，現存山東濟寧太白樓。

京都大學人文科學研究所：

一張，紙本墨拓，原片，編號：MIN0503A。

一張，紙本墨拓，原片，編號：MIN0503B。

一張，紙本墨拓，原片，編號：MIN0503C。

一張，紙本墨拓，原片，編號：MIN0503D。

6311　完顏偉游少陵臺兼太白樓懷古詩

明刻，無紀年，現存山東濟寧太白樓。

京都大學人文科學研究所：

一張，紙本墨拓，原片，編號：MIN0504X。

6312　張士儁等岳廟祠題詩

明刻，無紀年，現存河南開封朱仙鎮岳廟祠。

京都大學人文科學研究所：

一張，紙本墨拓，原片，編號：MIN0507X。

6313　朱仙岳廟祠題詩

明刻，無紀年，現存河南開封朱仙鎮岳廟祠。

京都大學人文科學研究所：

一張，紙本墨拓，原片，編號：MIN0508X。

6314　胡江游龍隱巖詩

明刻，無紀年，現存廣西桂林龍隱巖。

京都大學人文科學研究所：

一張，紙本墨拓，原片，編號：MIN0510X。

6315　明人詩

明刻，無紀年，今藏地不詳。

京都大學人文科學研究所：

　　　一張，紙本墨拓，原片，編號：MIN0511X。

6316　劉真人贊

明刻，無紀年，現藏於廣西桂林桂海碑林博物館。

京都大學人文科學研究所：

　　　一張，紙本墨拓，原片，編號：MIN0512X。

6317　韶音洞題記

明刻，無紀年，現存廣西桂林虞山韶音洞。

京都大學人文科學研究所：

　　　一張，紙本墨拓，原片，編號：MIN0513X。

6318　智化寺萬佛閣須彌座及羅漢臺雕刻

明刻，無紀年，現存北京智化寺。

京都大學人文科學研究所：

　　　一張，紙本墨拓，原片，編號：MIN0500A。

　　　一張，紙本墨拓，原片，編號：MIN0500B。

6319　智化寺法輪殿基壇雕刻

明刻，無紀年，現存北京智化寺。

京都大學人文科學研究所：

　　　一張，紙本墨拓，原片，編號：MIN0501X。

6320　易縣龍興觀宗支恒産形圖

明刻，無紀年，現存河北易縣龍興觀。

京都大學人文科學研究所：

　　　一張，紙本墨拓，原片，編號：MIN0518X。

6321　蘭亭圖

明刻，無紀年。

宇野雪村文庫：

　　　一册，紙本墨拓，册頁，編號：63。

6322　華山全圖

明刻，無紀年，現藏於西安碑林博物館。

京都大學人文科學研究所：

一張，紙本墨拓，原片，編號：MIN0468X。

6323　顔回像

明刻，無紀年，現存山東曲阜顔廟。

京都大學人文科學研究所：

一張，紙本墨拓，原片，編號：MIN0474X。

6324　顔子廟唐柏圖

明刻，無紀年，現存山東曲阜顔廟。

京都大學人文科學研究所：

一張，紙本墨拓，原片，編號：MIN0493X。

6325　述聖遺像

明刻，無紀年，現存山東鄒城孟廟。

京都大學人文科學研究所：

一張，紙本墨拓，原片，編號：MIN0502X。

清
（1636—1911）

[天聰]

6326　大金喇嘛法師寶記

清天聰四年（1630）四月立，原在遼寧遼陽老城喇嘛塔前，現藏於遼陽博物館。

東洋文庫：

　　　一張，碑陽，紙本墨拓，原片，94.0×60.0。一張，碑額，紙本墨拓，原片，94.0×60.0。

　　　編號：Ⅱ-16-C-20。

6327　重建玉皇廟碑記

清天聰四年（1630）九月立，現存遼寧遼陽玉皇廟。

東洋文庫：

　　　一張，碑陽，紙本墨拓，原片，162.0×65.0。一張，碑陰，紙本墨拓，原片，109.0×65.0。

　　　編號：Ⅱ-16-C-22。

6328　娘娘廟碑記

清天聰四年（1630）十月立，現存遼寧鞍山娘娘廟。

東洋文庫：

　　　一張，紙本墨拓，原片，173.0×69.0，編號：Ⅱ-16-C-85。

6329　重修娘娘廟碑記

清天聰九年（1635）十月十日立，現存遼寧鞍山娘娘廟。

東洋文庫：

　　　一張，碑陽，紙本墨拓，原片，162.0×78.0。一張，碑額，紙本墨拓，原片，34.0×31.0。

　　　編號：Ⅱ-16-C-34。

［崇德］

6330　揚古里追封碑

清崇德二年（1637）十一月立，原在遼寧瀋陽陵東鄉揚古里墓前，久佚。

東洋文庫：

> 一張，碑陽，紙本墨拓，原片，207.0×82.0。一張，碑陰，紙本墨拓，原片，165.0×79.0。
> 編號：Ⅱ-16-C-105。

6331　蓮華净土實勝寺碑記

清崇德三年（1638）七月立，現存遼寧瀋陽實勝寺。

東洋文庫：

> 一張，東碑，碑陽，紙本墨拓，原片，229.0×96.0。一張，碑陰，紙本墨拓，原片，229.0×96.0。編號：Ⅱ-16-C-1649。
> 一張，西碑，碑陽，紙本墨拓，原片，232.0×94.0。一張，碑陰，紙本墨拓，原片，229.0×95.0。編號：Ⅱ-16-C-1650。
> 四張，東碑、西碑，碑陽、碑陰，原片，各235.0×96.0，編號：Ⅱ-16-C-w-1。

京都大學人文科學研究所：

> 一張，紙本墨拓，原片，編號：SIN0002X。
> 一張，紙本墨拓，原片，編號：SIN0003X。
> 一張，紙本墨拓，原片，編號：SIN0004X。
> 一張，紙本墨拓，原片，編號：SIN0005X。

6332　大清皇帝功德碑

又稱“三田渡碑”“松坡碑”，清崇德四年（1639）十二月八日立，現存韓國首爾松坡區三田渡。

京都大學人文科學研究所：

> 一張，紙本墨拓，原片，編號：SIN0006A。
> 一張，紙本墨拓，原片，編號：SIN0006B。

6333　重修無垢净光舍利佛塔碑銘

清崇德六年（1641）立，現存遼寧瀋陽市皇姑區塔灣街無垢净光舍利塔南。

東洋文庫：

> 一張，碑陽，紙本墨拓，原片，160.0×74.0。一張，碑額，紙本墨拓，原片，32.0×19.0。
> 一張，碑陰，紙本墨拓，原片，155.0×74.0。一張，碑陰額，紙本墨拓，30.0×65.0。

京都大學人文科學研究所：

> 一張，紙本墨拓，原片，編號：SIN0008A。

　　　　一張，紙本墨拓，原片，編號：SIN0008B。

　　　　一張，紙本墨拓，原片，編號：SIN0008D。

［順治］

6334　護國永光寺碑記

清順治二年（1645）五月立，現存遼寧瀋陽護國永光寺。

東洋文庫：

　　　　二張，東塔，碑陽，漢滿蒙藏文各一張，各230.0×100.0，編號：Ⅱ-16-C-1431。

　　　　二張，西塔，漢滿蒙藏文各一張，各230.0×100.0，編號：Ⅱ-16-C-1433。

　　　　二張，西塔，漢滿蒙藏文各一張，各240.0×105.0~244.0×105.0，編號：Ⅱ-16-C-w-2。

　　　　二張，南塔，漢滿蒙藏文各一張，各230.0×100.0，編號：Ⅱ-16-C-1433。

　　　　二張，北塔，漢滿蒙藏文各一張，各230.0×100.0，編號：Ⅱ-16-C-1334。

京都大學人文科學研究所：

　　　　一張，紙本墨拓，原片，編號：SIN0015A。

　　　　一張，紙本墨拓，原片，編號：SIN0015B。

　　　　一張，紙本墨拓，原片，編號：SIN0015C。

　　　　一張，紙本墨拓，原片，編號：SIN0015D。

6335　增修舍利塔寺碑記

清順治二年（1645）九月二十四日立，現存遼寧瀋陽市皇姑區塔灣街無垢淨光舍利塔。

東洋文庫：

　　　　一張，紙本墨拓，原片，168.0×65.0，編號：Ⅱ-16-C-106。

6336　敕建護國延壽寺碑

清順治二年（1645）立，現存遼寧瀋陽護國延壽寺。

京都大學人文科學研究所：

　　　　一張，紙本墨拓，原片，編號：SIN0011X。

　　　　一張，紙本墨拓，原片，編號：SIN0012X。

　　　　一張，紙本墨拓，原片，編號：SIN0013X。

　　　　一張，紙本墨拓，原片，編號：SIN0014X。

6337　清風勝會碑記

清順治六年（1649）三月立，現存北京城隍廟。

京都大學人文科學研究所：

　　　　一張，紙本墨拓，原片，編號：SIN0016X。

6338 五臺碧山寺募造羅漢聖像功德記

清順治七年（1650）八月立，現存山西忻州五臺山碧山寺。

京都大學人文科學研究所：

一張，紙本墨拓，原片，編號：SIN0017X。

6339 額筆倫并先祖誥封碑

清順治八年（1651）八月二十一日立，現存遼寧瀋陽東陵碑林。

東洋文庫：

一張，碑陽，紙本墨拓，原片，122.0×69.0。一張，碑陰，紙本墨拓，原片，122.0×70.0。

編號：Ⅱ-16-C-104.2。

6340 石漢并夫人玉甲氏誥封碑

清順治八年（1651）八月二十一日立，現存遼寧瀋陽東陵碑林。

東洋文庫：

一張，紙本墨拓，原片，245.0×78.0，編號：Ⅱ-16-C-62。

6341 重修鹽池神廟碑記

清順治九年（1652）四月立，現存山西運城鹽池神廟。

京都大學人文科學研究所：

一張，紙本墨拓，原片，編號：SIN0019X。

6342 五臺碧山寺造像功德碑記

清順治十年（1653）四月八日立，現存山西忻州五臺山碧山寺。

京都大學人文科學研究所：

一張，紙本墨拓，原片，編號：SIN0020X。

6343 圖爾格碑

清順治十一年（1654）四月十八日立，現存瀋陽故宮博物院。

東洋文庫：

一張，碑陽，紙本墨拓，原片，248.0×82.0。一張，碑陰，紙本墨拓，原片，122.0×69.0。

編號：Ⅱ-16-C-103。

6344 費英東碑

清順治十一年（1654）四月十八日立，現存遼寧瀋陽東陵碑林。

東洋文庫：

　　　一張，紙本墨拓，原片，253.0×84.0。二張，紙本墨拓，原片，[1] 61.0×37.0，[2] 62.0×35.0。編號：Ⅱ-16-C-102。

6345　額亦都碑

清順治十一年（1654）四月十八日立，原在遼寧瀋陽英達鄉額亦都墓，已殘損，現藏於瀋陽故宮博物院。

東洋文庫：

　　　一張，紙本墨拓，原片，250.0×85.0，編號：Ⅱ-16-C-104.1。

6346　安達禮碑

清順治十一年（1654）五月十一日立，現藏於遼寧瀋陽故宮博物院。

東洋文庫：

　　　一張，紙本墨拓，原片，233.0×79.0，編號：Ⅱ-16-C-122。

6347　索尼曾祖父特黑訥曾祖母納剌氏碑

清順治十三年（1656）四月立，現存遼寧瀋陽北塔碑林。

東洋文庫：

　　　一張，碑陽，紙本墨拓，原片，160.0×70.0。一張，碑額，紙本墨拓，原片，30.0×23.0。編號：Ⅱ-16-C-1435。

6348　索尼祖父扈世穆祖母納剌氏碑

清順治十三年（1656）四月立，現存遼寧瀋陽北塔碑林。

東洋文庫：

　　　一張，碑陽，紙本墨拓，原片，160.0×67.0。一張，碑額，紙本墨拓，原片，30.0×23.0。編號：Ⅱ-16-C-1436。

6349　索尼父碩色母誥封碑

清順治十三年（1656）四月立，現存遼寧瀋陽北塔碑林。

東洋文庫：

　　　一張，紙本墨拓，原片，211.0×84.0，編號：Ⅱ-16-C-45。

6350　索尼先祖三代敕封碑

清順治十三年（1656）四月立，現存遼寧瀋陽北塔碑林。

東洋文庫：

　　　一張，碑陽，紙本墨拓，原片，216.0×80.0。一張，碑額，紙本墨拓，原片，30.0×23.0。編號：Ⅱ-16-C-1437。

6351　冷格里賜謐碑

清順治十三年（1656）十二月十一日立，原在遼寧瀋陽瓦子窯。

東洋文庫：

　　　一張，紙本墨拓，原片，233.0×76.0，編號：Ⅱ-16-C-107。

6352　佟養性碑

清順治十四年（1657）二月十九日立，現存遼寧撫順市佟家墳陵園。

東洋文庫：

　　　一張，紙本墨拓，原片，209.0×80.0，編號：Ⅱ-16-C-132。

　　　一張，紙本墨拓，原片，220.0×89.0，編號：Ⅱ-16-C-1651。

6353　圖爾格誥封碑

清順治十四年（1657）三月十日立，原在遼寧瀋陽東陵碑林。

東洋文庫：

　　　一張，紙本墨拓，原片，122.0×69.0，編號：Ⅱ-16-C-103.2。

6354　梅勒章京誥封碑

清順治十四年（1657）三月十日立，原在北京朝陽十八里店滿井。

東洋文庫：

　　　一張，紙本墨拓，原片，236.0×78.0，編號：Ⅱ-16-C-1441。

6355　蘇公碑記

清順治十四年（1657）三月立，今藏地不詳。

東洋文庫：

　　　一張，紙本墨拓，原片，144.0×78.0，編號：Ⅱ-16-C-98。

6356　關維奇并夫人王氏墓碑

清順治十四年（1657）四月立，今藏地不詳。

東洋文庫：

　　　一張，紙本墨拓，原片，150.0×67.0，編號：Ⅱ-16-C-46。

6357　查哈尼等碑

清順治十四年（1657）四月立，今藏地不詳。

東洋文庫：

　　　一張，紙本墨拓，原片，146.0×77.0，編號：Ⅱ-16-C-167。

6358 超合羅碑

清順治十四年（1657）七月十一日立，原在遼寧瀋陽東陵區山梨村。

東洋文庫：

　　　　一張，紙本墨拓，原片，150.0×78.0，編號：Ⅱ-16-C-101。

6359 雅希禪碑

清順治十五年（1658）三月十五日立，原在遼寧瀋陽曾家屯，二〇〇六年發現於瀋陽大東區二臺子。

東洋文庫：

　　　　一張，碑陽，紙本墨拓，原片，231.0×75.0。一張，碑額，紙本墨拓，原片，23.0×22.0。
　　　　編號：Ⅱ-16-C-44。

6360 大喇嘛墳塔碑

清順治十五年（1658）七月十七日立，現藏於遼寧遼陽博物館。

東洋文庫：

　　　　一張，碑陽，紙本墨拓，原片，240.0×76.0。一張，碑陰，紙本墨拓，原片，240.0×76.0。
　　　　編號：Ⅱ-16-C-21。

6361 西棚老會碑

清順治十五年（1658）立，現存北京城隍廟。

京都大學人文科學研究所：

　　　　一張，紙本墨拓，原片，編號：SIN0022X。

6362 重修大龍興寺轉輪藏記

清順治十六年（1659）二月二十四日立，現存河北正定隆興寺。

京都大學人文科學研究所：

　　　　一張，紙本墨拓，原片，編號：SIN0023X。

6363 東嶽廟禪塵碑記

清順治十六年（1659）八月立，原在北京朝陽區東嶽廟。

京都大學人文科學研究所：

　　　　一張，紙本墨拓，原片，編號：SIN0024X。

6364 穆爾察碑

清順治十六年（1659）立，原在遼寧瀋陽福陵湯古岱家族墓地。

東洋文庫：

　　　一張，紙本墨拓，245.0×80.0，原片，編號：Ⅱ-16-C-1442。

6365　京都大隆善護國寺新續臨濟正宗碑記

清順治十八年（1661）七月立，現存北京護國寺。

京都大學人文科學研究所：

　　　一張，紙本墨拓，原片，編號：SIN0025X。

6366　衛奇詰封碑

清順治年間（1644—1661）立，今藏地不詳。

東洋文庫：

　　　一張，紙本墨拓，原片，145.0×77.0，編號：Ⅱ-16-C-168。

［康熙］

6367　帝舜彈琴臺詩

清康熙元年（1662）刻，現存山西運城鹽池神廟。

京都大學人文科學研究所：

　　　一張，紙本墨拓，原片，編號：SIN0026X。

6368　車爾格碑

清康熙三年（1664）八月立，原在遼寧瀋陽東陵區山梨村。

東洋文庫：

　　　一張，碑陽，紙本墨拓，原片，127.0×65.0。一張，碑陰，紙本墨拓，原片，120.0×35.0。
　　　編號：Ⅱ-16-C-109。

6369　吴道子觀世音菩薩像

清康熙三年（1664）立，現藏於西安碑林博物館。

京都大學人文科學研究所：

　　　一張，紙本墨拓，原片，編號：SIN0027X。

東京藝術大學藝術資料館：

　　　一張，紙本墨拓，掛幅裝，220.0×78.6，編號：1440。

6370　愛松古先烈功德碑

清康熙四年（1665）二月十八日立，今藏地不詳。

東洋文庫：

　　　一張，紙本墨拓，原片，235.0×75.0，編號：Ⅱ-16-C-1652。

6371　達海碑

清康熙四年（1665）四月立，現藏於遼寧省博物館。

東洋文庫：

　　　一張，碑陽，紙本墨拓，原片，160.0×59.0。一張，碑陰，紙本墨拓，原片，162.0×59.0。

　　　編號：Ⅱ-16-C-1444。

京都大學人文科學研究所：

　　　一張，紙本墨拓，原片，編號：SIN0029A。

　　　一張，紙本墨拓，原片，編號：SIN0029B。

　　　一張，紙本墨拓，原片，編號：SIN0029C。

6372　重修河東鹽池諸神廟記

清康熙四年（1665）六月立，現存山西運城鹽池神廟。

京都大學人文科學研究所：

　　　一張，紙本墨拓，原片，編號：SIN0028X。

6373　湯若望墓碑

清康熙四年（1665）立，現存中共北京市委黨校（北京行政學院）院内。

東京藝術大學藝術資料館：

　　　一張，紙本墨拓，掛幅裝，201.0×99.0，編號：369。

6374　聶克塞碑

清康熙五年（1666）五月十二日立，原在遼寧瀋陽福陵湯古岱家族墓地。

東洋文庫：

　　　一張，紙本墨拓，原片，245.0×82.0，編號：Ⅱ-16-C-114。

6375　索尼曾祖父母誥封碑

清康熙六年（1667）六月立，現存北京海淀區北太平莊索家墳。

東洋文庫：

　　　一張，碑陽，紙本墨拓，原片，160.0×70.0。一張，碑額，紙本墨拓，原片，28.0×23.0。

　　　一張，碑陰，紙本墨拓，原片，160.0×70.0。一張，碑陰額，紙本墨拓，原片，29.0×

　　　22.0。編號：Ⅱ-16-C-1438。

6376　索尼祖父母誥封碑

清康熙六年（1667）六月立，現存北京海淀區北太平莊索家墳。

東洋文庫：

一張，碑陽，紙本墨拓，原片，160.0×70.0。一張，碑額，紙本墨拓，原片，29.0×23.0。
一張，碑陰，紙本墨拓，原片，160.0×70.0。一張，碑陰額，紙本墨拓，原片，28.0×
22.0。編號：Ⅱ-16-C-1439。

6377　索尼父母誥封碑

清康熙六年（1667）六月立，現存北京海淀區北太平莊索家墳。

東洋文庫：

一張，碑陽，紙本墨拓，原片，210.0×84.0。一張，碑額，紙本墨拓，原片，30.0×23.0。
編號：Ⅱ-16-C-1440。

6378　宜爾登賜謚碑

清康熙六年（1667）七月二十七日立，今藏地不詳。

東洋文庫：

一張，紙本墨拓，原片，267.0×88.0，編號：Ⅱ-16-C-108。

6379　遼陽城撫近門額

清康熙八年（1669）七月二十一日刻，現存遼寧遼陽東京陵新城村。

京都大學人文科學研究所：

一張，紙本墨拓，原片，編號：SIN0033A。
一張，紙本墨拓，原片，編號：SIN0033B。
一張，紙本墨拓，原片，編號：SIN0033C。
一張，紙本墨拓，原片，編號：SIN0033D。

6380　達海巴克式碑

清康熙九年（1670）四月十七日立，現藏於遼寧省博物館。

東洋文庫：

一張，碑陽連額，紙本墨拓，原片，240.0×85.0+30.0×25.0，編號：Ⅱ-16-C-1443。

6381　杜甫像

清康熙十年（1671）立，現存四川成都杜甫草堂。

宇野雪村文庫：

一張，紙本墨拓，原片，編號：1924。

東北大學附屬圖書館：

　　　一幅，紙本墨拓，原片，常盤大定舊藏。

　　　一張，紙本墨拓，原片，編號：SIN0034X。

6382　石經山雷音寺施香火地碑記

清康熙十一年（1672）七月立，現存北京房山雲居寺。

京都大學人文科學研究所：

　　　一張，紙本墨拓，原片，編號：SIN0035X。

6383　佟愛父義方并母納喇氏誥封碑

清康熙十二年（1673）七月二十八日立，今藏地不詳。

東洋文庫：

　　　一張，碑陽，紙本墨拓，原片，200.0×65.0。一張，碑額，紙本墨拓，原片，35.0×30.0。

　　　一張，碑陰，紙本墨拓，原片，200.0×65.0。編號：Ⅱ-16-C-128。

6384　東棚二聖會碑記

清康熙十二年（1673）立，現存北京城隍廟。

京都大學人文科學研究所：

　　　一張，紙本墨拓，原片，編號：SIN0036X。

6385　重修五臺山佛舍利塔碑

清康熙十三年（1674）四月八日立，現存山西忻州五臺山塔院寺。

京都大學人文科學研究所：

　　　一張，紙本墨拓，原片，編號：SIN0037X。

6386　何元英詩

清康熙十三年（1674）刻，現存山西運城鹽池神廟。

京都大學人文科學研究所：

　　　一張，紙本墨拓，原片，編號：SIN0038X。

6387　安達里父賴□庫并母敦覺羅氏誥封碑

清康熙十四年（1675）十二月十四日立，現存遼寧瀋陽故宮博物院。

東洋文庫：

　　　一張，紙本墨拓，原片，240.0×78.0，編號：Ⅱ-16-C-171。

6388　宜爾登碑

清康熙十五年（1676）十月四日立，今藏地不詳。

東洋文庫：

　　　一張，紙本墨拓，原片，140.0×68.0，編號：Ⅱ-16-C-110。

6389　張爾鋪禮臺事迹

清康熙十五年（1676）立，現存山西忻州五臺山塔院寺。

京都大學人文科學研究所：

　　　一張，紙本墨拓，原片，編號：SIN0039X。

6390　五臺聖境題字

清康熙十七年（1678）刻，現存山西忻州五臺山菩薩頂。

京都大學人文科學研究所：

　　　一張，紙本墨拓，原片，編號：SIN0040X。

6391　關中八景

清康熙十九年（1680）刻，現藏於陝西西安碑林博物館。

京都大學人文科學研究所：

　　　一張，紙本墨拓，原片，編號：SIN0041X。

6392　陋巷井碑

清康熙二十年（1681）十月刻，現存山東曲阜顏廟。

京都大學人文科學研究所：

　　　一張，紙本墨拓，原片，編號：SIN0042X。

6393　皇帝祭北鎮廟碑

清康熙二十一年（1682）九月十日立，現存遼寧錦州北鎮廟。

京都大學人文科學研究所：

　　　一張，紙本墨拓，原片，編號：SIN0044X。

6394　天冠山詩

趙孟頫撰，文徵明跋，清康熙二十一年（1862）鄧霖臨摹，卜世合刻，現藏於陝西西安碑林博物館。

京都大學人文科學研究所：

　　　一張，紙本墨拓，原片，編號：GEN0260X。

6395　安公碑

清康熙二十二年（1683）五月二十五日立，今藏地不詳。

東洋文庫：

　　一張，紙本墨拓，原片，238.0×81.0，編號：Ⅱ-16-C-121。

6396　述聖遺像

清康熙二十二年（1683）立，現存山東鄒城孟廟。

東北大學附屬圖書館：

　　一幅，紙本墨拓，原片，常盤大定舊藏。

6397　甘棠遺愛記

清康熙二十三年（1684）刻，現存陝西岐山周公廟。

京都大學人文科學研究所：

　　一張，紙本墨拓，原片，編號：SIN0045X。

6398　菊薰之歌

清康熙二十五年（1686）刻，現存山西運城鹽池神廟。

京都大學人文科學研究所：

　　一張，紙本墨拓，原片，編號：SIN0046X。

6399　張鵬翮歌董樓詩

清康熙二十五年（1686）刻，現存山西運城鹽池神廟。

京都大學人文科學研究所：

　　一張，紙本墨拓，原片，編號：SIN0047X。

6400　岳託碑

清康熙二十七年（1688）十一月立，現存遼寧瀋陽岳託墓。

東洋文庫：

　　一張，紙本墨拓，原片，245.0×78.0，編號：Ⅱ-16-C-130。

6401　福陵神功聖德碑

清康熙二十七年（1688）十二月五日立，現存遼寧瀋陽福陵碑樓。

東洋文庫：

　　一張，紙本墨拓，原片，337.0×171.0。一張，碑額，紙本墨拓，原片，50.0×47.0。編號：Ⅱ-16-C-140。

　　一張，紙本墨拓，原片，340.0×172.0。一張，碑額，紙本墨拓，原片，50.0×44.0。編號：Ⅱ-16-C-141。

6402　游晋祠記石刻

清康熙二十七年（1688）刻，現存山西太原晋祠。

京都大學人文科學研究所：

　　一張，紙本墨拓，原片，編號：SIN0048A。

　　一張，紙本墨拓，原片，編號：SIN0048B。

6403　涿州聖會碑記

清康熙二十八年（1689）三月立，現存北京西城區北溝沿小護國寺。

京都大學人文科學研究所：

　　一張，紙本墨拓，原片，編號：SIN0049A。

　　一張，紙本墨拓，原片，編號：SIN0049B。

6404　大塔重建碑

清康熙二十八年（1689）七月立，現存山西忻州五臺山塔院寺。

京都大學人文科學研究所：

　　一張，紙本墨拓，原片，編號：SIN0050X。

　　一張，紙本墨拓，原片，編號：SIN0051X。

6405　大修池陽祠宇記

清康熙二十九年（1690）四月立，現存山西運城鹽池神廟。

京都大學人文科學研究所：

　　一張，紙本墨拓，原片，編號：SIN0052X。

6406　青峰頂造像建亭記

清康熙三十年（1691）八月刻，現存山西忻州五臺山黛螺頂。

京都大學人文科學研究所：

　　一張，紙本墨拓，原片，編號：SIN0053X。

6407　關祠碑

清康熙三十四年（1695）八月立，現存山東淄博蒲松齡故居。

東洋文庫：

　　一張，碑陽，紙本墨拓，174.0×61.0。一張，碑陰，173.0×61.0。編號：Ⅱ-16-C-118。

6408　寧静致遠題字

清康熙三十六年（1697）刻，現藏於西安碑林博物館。

東京國立博物館：

　　一幅，紙本墨拓，原片，編號：541。

6409　重修白衣送子觀音殿起盆會碑記

清康熙三十八年（1699）立，現存北京白衣庵。

京都大學人文科學研究所：

　　　　一張，紙本墨拓，原片，編號：SIN0055X。

6410　江閭鹽池廟

清康熙三十九年（1700）刻，現在山西運城鹽池神廟。

京都大學人文科學研究所：

　　　　一張，紙本墨拓，原片，編號：SIN0056X。

6411　揚古里碑

清康熙三十九年（1700）立，原在遼寧瀋陽于洪區陵東鄉上崗子村，後移至本溪鐵刹山。

東洋文庫：

　　　　一張，紙本墨拓，原片，200.0×78.0，編號：Ⅱ-16-C-99。

6412　火帝真君廟記

清康熙四十年（1701）十一月立，原在山東兖州真君廟。

京都大學人文科學研究所：

　　　　一張，紙本墨拓，原片，編號：SIN0057X。

6413　清聖祖仁皇帝御筆

清康熙四十一年（1702）正月刻，現藏於陝西西安碑林博物館。

京都大學人文科學研究所：

　　　　一張，紙本墨拓，原片，編號：SIN0058X。

6414　光孝寺重建六祖殿宇拜亭碑記

清康熙四十一年（1702）立，現存廣東廣州光孝寺。

東北大學附屬圖書館：

　　　　二幅，紙本墨拓，原片，常盤大定舊藏。

6415　顧揚載碑

清康熙四十二年（1703）三月立，今藏地不詳。

東洋文庫：

　　　　一張，碑陽，紙本墨拓，原片，192.0×70.0。一張，碑陰，紙本墨拓，原片，194.0×72.0。
　　　　編號：Ⅱ-16-C-126。

6416　皇帝祭北鎮廟碑

清康熙四十二年（1703）六月十二日立，現存遼寧錦州北鎮廟。

京都大學人文科學研究所：

　　　一張，紙本墨拓，原片，編號：SIN0059X。

6417　安塔穆碑

清康熙四十二年（1703）八月二十九日立。

東洋文庫：

　　　一張，紙本墨拓，原片，203.0×65.0，編號：Ⅱ-16-C-111。

6418　御製中臺菩薩頂碑

清康熙四十六年（1707）七月十五日立，現存山西忻州五臺山菩薩頂。

京都大學人文科學研究所：

　　　一張，紙本墨拓，原片，編號：SIN0062X。

6419　御製五臺山顯通寺碑

清康熙四十六年（1707）七月十九日立，現存山西忻州五臺山顯通寺。

京都大學人文科學研究所：

　　　一張，紙本墨拓，原片，編號：SIN0063X。

6420　御製五臺山廣宗寺碑

清康熙四十六年（1707）七月十九日立，現存山西忻州五臺山廣宗寺。

京都大學人文科學研究所：

　　　一張，紙本墨拓，原片，編號：SIN0064X。

6421　御製五臺山栖賢寺碑

清康熙四十六年（1707）七月十九日立，現存山西忻州五臺山栖賢寺。

京都大學人文科學研究所：

　　　一張，紙本墨拓，原片，編號：SIN0065X。

6422　北鎮廟碑

清康熙四十七年（1708）十一月立，現存遼寧錦州北鎮廟。

東洋文庫：

　　　一張，紙本墨拓，原片，227.0×101.0，編號：Ⅱ-16-C-92。

京都大學人文科學研究所：

　　　一張，紙本墨拓，原片，編號：SIN0066X。

6423　靈官保碑

清康熙四十九年（1710）九月立。

東洋文庫：

　　　一張，碑陽，紙本墨拓，原片，154.0×53.0。一張，碑陰，紙本墨拓，原片，98.0×52.0。
　　　編號：Ⅱ-16-C-117。

6424　御製羅睺寺碑文

清康熙四十九年（1710）十月立，現存山西忻州五臺山羅睺寺。

京都大學人文科學研究所：

　　　一張，紙本墨拓，原片，編號：SIN0068X。

6425　觀音大士像

清康熙四十九年（1710）十二月十九日立，現存北京白雲觀。

京都大學人文科學研究所：

　　　一張，紙本墨拓，原片，編號：SIN0069X。

6426　白居易寄韜光禪師詩并答詩

清康熙四十九年（1710）刻。

東洋文庫：

　　　一張，紙本墨拓，原片，101.0×58.0，編號：Ⅱ-16-C-w-3。

6427　御製五臺殊像寺碑

清康熙四十九年（1710）立，現存山西忻州五臺山殊像寺。

京都大學人文科學研究所：

　　　一張，紙本墨拓，原片，編號：SIN0070X。

6428　御製五臺碧山寺碑

清康熙四十九年（1710）立，現存山西忻州五臺山碧山寺。

京都大學人文科學研究所：

　　　一張，紙本墨拓，原片，編號：SIN0071X。

6429　御製護國寺碑文

清康熙五十年（1711）正月，現存北京護國寺。

京都大學人文科學研究所：

　　一張，紙本墨拓，原片，編號：SIN0072X。

6430　皇上萬壽無疆碑

清康熙五十年（1711）三月十八日刻，今藏地不詳。

東洋文庫：

　　一張，紙本墨拓，原片，202.0×77.0，編號：Ⅱ-16-C-95。

京都大學人文科學研究所：

　　一張，紙本墨拓，原片，編號：SIN0073X。

6431　重修太平興國寺碑記

清康熙五十年（1711）八月立，現存山西忻州五臺山五郎廟。

京都大學人文科學研究所：

　　一張，紙本墨拓，原片，編號：SIN0074X。

　　一張，紙本墨拓，原片，編號：SIN0075X。

6432　重修興隆寺碑記

清康熙五十一年（1712）六月立，現存北京萬壽興隆寺。

東洋文庫：

　　一張，紙本墨拓，原片，212.0×62.0，編號：Ⅱ-16-C-136。

6433　重修金剛窟般若寺功德碑記

清康熙五十三年（1714）八月立，現存山西忻州五臺山金剛窟般若寺。

京都大學人文科學研究所：

　　一張，紙本墨拓，原片，編號：SIN0076X。

6434　重修池神廟碑記

清康熙五十六年（1717）十二月立，現存山西運城鹽池神廟。

京都大學人文科學研究所：

　　一張，紙本墨拓，原片，編號：SIN0078X。

　　一張，紙本墨拓，原片，編號：SIN0079X。

6435　重修清凉山羅睺寺碑記

清康熙六十一年（1722）二月立，現存山西忻州五臺山羅睺寺。

京都大學人文科學研究所：

　　一張，紙本墨拓，原片，編號：SIN0082X。

6436 三保姚郭氏碑

清康熙六十一年（1722）三月立，今藏地不詳。

東洋文庫：

一張，紙本墨拓，原片，169.0×57.0，編號：Ⅱ-16-C-47。

6437 御製崇國寺碑

清康熙六十一年（1722）立，現存北京護國寺。

京都大學人文科學研究所：

一張，紙本墨拓，原片，編號：SIN0081A。

一張，紙本墨拓，原片，編號：SIN0081B。

6438 康熙帝賜山西布政使書

清康熙年間（1662—1722）刻，今藏地不詳。

京都大學人文科學研究所：

一張，紙本墨拓，原片，編號：SIN0083A。

一張，紙本墨拓，原片，編號：SIN0083B。

6439 康熙年未詳碑

清康熙年間（1662—1722）刻，今藏地不詳。

東洋文庫：

一張，紙本墨拓，原片，197.0×68.0，編號：Ⅱ-16-C-116。

6440 古柏題辭石刻

清康熙年間（1662—1722）刻，現存山西太原晋祠。

京都大學人文科學研究所：

一張，紙本墨拓，原片，編號：SIN0088X。

［雍正］

6441 清世宗書岷峨稱重鎮碑

清雍正二年（1724）四月四日立，現藏於陝西西安碑林博物館。

東洋文庫：

一張，紙本墨拓，原片，244.0×63.0，編號：Ⅱ-16-C-1445。

京都大學人文科學研究所：

一張，紙本墨拓，原片，編號：SIN0090X。

6442　重修娘娘廟碑
清雍正三年（1725）四月立，現存遼寧鞍山娘娘廟。
東洋文庫：
　　　一張，紙本墨拓，180.0×56.0，原片，編號：Ⅱ-16-C-135。

6443　平定青海告成太學碑
清雍正三年（1725）五月十七日立，現存北京國子監。
東洋文庫：
　　　三張，紙本墨拓，原片，188.0×88.0，編號：Ⅱ-16-C-1446。

6444　北鎮廟碑
清雍正五年（1727）九月四日立，現存遼寧錦州北鎮廟。
東洋文庫：
　　　一張，紙本墨拓，原片，219.0×96.0，編號：Ⅱ-16-C-89。

6445　天龍古寺會館碑記
清雍正五年（1727）立，現存北京天龍寺。
京都大學人文科學研究所：
　　　一張，紙本墨拓，原片，編號：SIN0092A。
　　　一張，紙本墨拓，原片，編號：SIN0092B。
　　　一張，紙本墨拓，原片，編號：SIN0092C。

6446　重修開元寺寶塔佛像碑記
清雍正七年（1729）十月立，現存河北定州開元寺。
京都大學人文科學研究所：
　　　一張，紙本墨拓，原片，編號：SIN0093A。
　　　一張，紙本墨拓，原片，編號：SIN0093B。

6447　建三泉寺碑記
清雍正十二年（1734）八月立，現存山西忻州五臺山三泉寺。
京都大學人文科學研究所：
　　　一張，紙本墨拓，原片，編號：SIN0094X。

6448　孔子像
清雍正十二年（1734）立，現藏於陝西西安碑林博物館。

京都大學人文科學研究所：

    一張，紙本墨拓，原片，編號：SIN0095X。

6449　重修京都城隍廟掛燈會碑記

清雍正十二年（1734）立，現存北京城隍廟。

京都大學人文科學研究所：

    一張，紙本墨拓，原片，編號：SIN0096X。

6450　歸化城会盟碑陰丹津等題名

清雍正十三年（1735）正月刻。

東洋文庫：

    二張，紙本墨拓，原片，105.0×83.0，編號：Ⅱ-16-C-1447。

    一張，紙本墨拓，原片，115.0×80.0，編號：Ⅱ-16-C-1448。

6451　雲臺山二十四景

清雍正十三年（1735）刻，現藏於江蘇連雲港市博物館。

京都大學人文科學研究所：

    一張，紙本墨拓，原片，編號：SIN0098A。

    一張，紙本墨拓，原片，編號：SIN0098B。

    一張，紙本墨拓，原片，編號：SIN0098C。

    一張，紙本墨拓，原片，編號：SIN0098D。

    一張，紙本墨拓，原片，編號：SIN0098E。

    一張，紙本墨拓，原片，編號：SIN0098F。

    一張，紙本墨拓，原片，編號：SIN0098G。

    一張，紙本墨拓，原片，編號：SIN0098H。

    一張，紙本墨拓，原片，編號：SIN0098I。

    一張，紙本墨拓，原片，編號：SIN0098J。

    一張，紙本墨拓，原片，編號：SIN0098K。

    一張，紙本墨拓，原片，編號：SIN0098L。

    一張，紙本墨拓，原片，編號：SIN0098M。

    一張，紙本墨拓，原片，編號：SIN0098N。

    一張，紙本墨拓，原片，編號：SIN0098O。

    一張，紙本墨拓，原片，編號：SIN0098P。

    一張，紙本墨拓，原片，編號：SIN0098Q。

    一張，紙本墨拓，原片，編號：SIN0098R。

    一張，紙本墨拓，原片，編號：SIN0098S。

一張，紙本墨拓，原片，編號：SIN0098T。
一張，紙本墨拓，原片，編號：SIN0098U。
一張，紙本墨拓，原片，編號：SIN0098V。
一張，紙本墨拓，原片，編號：SIN0098W。
一張，紙本墨拓，原片，編號：SIN0098X。
一張，紙本墨拓，原片，編號：SIN0099X。

［乾隆］

6452　意園處士墓碑
清乾隆三年（1738）十月一日立，現存山東寧陽顏林。
京都大學人文科學研究所：
一張，紙本墨拓，原片，編號：SIN0100X。

6453　額騰義碑
清乾隆四年（1739）十月立，今藏地不詳。
東洋文庫：
一張，紙本墨拓，原片，254.0×83.0，編號：Ⅱ-16-C-115。

6454　御筆西番蓮石刻
清乾隆四年（1739）刻，現藏於遼寧瀋陽故宮博物院。
京都大學人文科學研究所：
一張，紙本墨拓，原片，編號：SIN0102X。

6455　宋蘇文忠公笠履像
清乾隆五年（1740）五月二十日刻。
東北大學附屬圖書館：
一幅，紙本墨拓，原片，常盤大定舊藏。

6456　重修善化寺碑記
清乾隆五年（1740）刻，現存山西大同善化寺。
京都大學人文科學研究所：
一張，紙本墨拓，原片，編號：SIN0103A。
一張，紙本墨拓，原片，編號：SIN0103B。

6457　醫王山十景
清乾隆七年（1742）刻。

東京國立博物館：

　　　　一幅，紙本墨拓，原片，編號：845，今泉雄作舊藏。

6458　西崖道人詩

清乾隆七年（1742）刻。

東京國立博物館：

　　　　一幅，紙本墨拓，原片，編號：846，今泉雄作舊藏。

　　　　一幅，紙本墨拓，原片，編號：847，今泉雄作舊藏。

6459　岳陽樓記

清乾隆八年（1743）刻，現存湖南岳陽岳陽樓。

東京國立博物館：

　　　　三幅，紙本墨拓，原片，編號：936，今泉雄作舊藏。

6460　周景柱太原晋祠記

清乾隆十二年（1747）刻，現存山西太原晋祠。

京都大學人文科學研究所：

　　　　一張，紙本墨拓，原片，編號：SIN0108A。

　　　　一張，紙本墨拓，原片，編號：SIN0108B。

6461　御製菩薩頂碑文

清乾隆十四年（1749）三月立，現存山西忻州五臺山菩薩頂。

京都大學人文科學研究所：

　　　　一張，紙本墨拓，原片，編號：SIN0111X。

6462　御製殊像寺碑文

清乾隆十四年（1749）三月立，現存山西忻州五臺山殊像寺。

京都大學人文科學研究所：

　　　　一張，紙本墨拓，原片，編號：SIN0112X。

6463　雍正八年上諭碑

清乾隆十五年（1750）七月刻，現存陝西西安化覺巷清真寺。

京都大學人文科學研究所：

　　　　一張，紙本墨拓，原片，編號：SIN0113X。

6464　御製大螺頂碑

清乾隆十五年（1750）十二月刻，現存山西忻州五臺山黛螺頂。

京都大學人文科學研究所：

　　　一張，紙本墨拓，原片，編號：SIN0114X。

6465　重修蓮花池東西二渠碑

清乾隆十六年（1751）五月立，現存河北保定古蓮池。

京都大學人文科學研究所：

　　　一張，紙本墨拓，原片，編號：SIN0116X。

6466　盧溝曉月碑

清乾隆十六年（1751）七月立，現存北京盧溝橋。

東洋文庫：

　　　一張，碑陽，紙本墨拓，原片，185.0×62.0。一張，碑陰，紙本墨拓，原片，188.0×97.0。
　　　編號：Ⅱ-16-C-127。

6467　藥王傳善聖會碑記

清乾隆十七年（1752）四月立，現存北京大覺寺。

京都大學人文科學研究所：

　　　一張，紙本墨拓，原片，編號：SIN0119A。
　　　一張，紙本墨拓，原片，編號：SIN0119B。

6468　王太公祖承修少林寺工程記

清乾隆十七年（1752）九月立，現存河南登封少林寺。

京都大學人文科學研究所：

　　　一張，紙本墨拓，原片，編號：SIN0120A。
　　　一張，紙本墨拓，原片，編號：SIN0120B。

6469　北鎮廟古松圖并乾隆御題詩

清乾隆十九年（1754）九月二十四日刻，現存遼寧錦州北鎮廟。

京都大學人文科學研究所：

　　　一張，紙本墨拓，原片，編號：SIN0122X。

6470　游醫巫閭山五言詩

清乾隆十九年（1754）刻，現存遼寧錦州北鎮廟。

京都大學人文科學研究所：

　　　一張，紙本墨拓，原片，編號：SIN0123X。

6471 聖水盆題詩

清乾隆十九年（1754）刻，現存遼寧錦州北鎮廟。

東京國立博物館：

　　　一幅，紙本墨拓，原片，133.0×180.0，編號：894。

6472 避暑山莊詩

清乾隆二十年（1755）刻，現存河北承德避暑山莊。

京都大學人文科學研究所：

　　　一張，紙本墨拓，原片，編號：SIN0126X。

6473 重修漢孝子郭公祠記碑

清乾隆二十二年（1757）五月立，現存山東濟南孝堂山郭氏墓石祠。

京都大學人文科學研究所：

　　　一張，紙本墨拓，原片，編號：SIN0128X。

6474 各省城隍白紙簿籍老會碑

清乾隆二十二年（1757）五月立，現存北京城隍廟。

京都大學人文科學研究所：

　　　一張，紙本墨拓，原片，編號：SIN0129X。

6475 萬壽興隆寺養老義會碑

清乾隆二十二年（1757）立，現存北京萬壽興隆寺。

京都大學人文科學研究所：

　　　一張，紙本墨拓，原片，編號：SIN0130X。

6476 拜孟子廟詩

清乾隆二十五年（1760）刻，現存山東鄒城孟廟。

京都大學人文科學研究所：

　　　一張，紙本墨拓，原片，編號：SIN0131X。

6477 重修正覺寺碑

清乾隆二十六年（1761）立，現存北京五塔寺。

京都大學人文科學研究所：

　　　一張，紙本墨拓，原片，編號：SIN0132X。

6478 乾隆登黛螺頂詩

清乾隆二十七年（1762）三月刻，現存山西忻州五臺山黛螺頂。

京都大學人文科學研究所：

　　　一張，紙本墨拓，原片，編號：SIN0133X。

6479 馬王老會碑記

清乾隆三十年（1765）立，現存北京真武廟。

京都大學人文科學研究所：

　　　一張，紙本墨拓，原片，編號：SIN0134X。

6480 郎世寧墓碑

清乾隆三十一年（1766）六月十日立，現存中共北京市委黨校（北京行政學院）院內。

淑德大學書學文化中心：

　　　一張，紙本墨拓，托裱，編號：001725。

東京藝術大學藝術資料館：

　　　一張，紙本墨拓，掛幅裝，118.5×69.0，編號：370。

6481 獻花老會題名碑

清乾隆三十二年（1767）三月立，現存北京萬壽興隆寺。

京都大學人文科學研究所：

　　　一張，紙本墨拓，原片，編號：SIN0135X。

6482 公議傳膳音樂聖會碣文

清乾隆三十二年（1767）四月立，現存北京大覺寺。

京都大學人文科學研究所：

　　　一張，紙本墨拓，原片，編號：SIN0136A。

　　　一張，紙本墨拓，原片，編號：SIN0136C。

6483 張九齡像

清乾隆三十五年（1770）立，現藏於廣東韶關張九齡紀念館。

京都大學人文科學研究所：

　　　一張，紙本墨拓，原片，編號：SIN0140X。

6484 白鸚鵡賦翁方綱釋文并跋

清乾隆三十六年（1771）七月五日刻，現存廣東潮州景韓亭。

東北大學附屬圖書館：

一幅，紙本墨拓，原片，常盤大定舊藏。

6485　太原縣重修唐叔祠記

清乾隆三十七年（1772）立，現存山西太原晉祠。

東北大學附屬圖書館：

一幅，紙本墨拓，原片，常盤大定舊藏。

6486　文津閣記

清乾隆三十九年（1774）立，現存河北承德文津閣。

京都大學人文科學研究所：

一張，紙本墨拓，原片，編號：SIN0143X。

6487　繼行恭逢聖會記

清乾隆四十年（1775）四月刻，現存北京哪吒廟。

京都大學人文科學研究所：

一張，紙本墨拓，原片，編號：SIN0144X。

6488　畢沅奏摺碑

清乾隆四十年（1775）十二月十三日立，現在陝西華陰華嶽廟。

京都大學人文科學研究所：

一張，紙本墨拓，原片，編號：SIN0145X。

6489　薩爾滸山記

又稱“薩爾滸之戰書事碑”，清高宗弘曆撰文，清乾隆四十一年（1776）二月立，原在遼寧撫順市大伙房水庫薩爾滸山，現藏於瀋陽故宮博物院。

京都大學人文科學研究所：

一張，紙本墨拓，原片，編號：SIN0147A。

一張，紙本墨拓，原片，編號：SIN0147B。

6490　七佛塔碑記

清乾隆四十二年（1777）十月立，現存北京北海公園。

京都大學人文科學研究所：

一張，紙本墨拓，原片，編號：SIN0151A。

一張，紙本墨拓，原片，編號：SIN0151B。

一張，紙本墨拓，原片，編號：SIN0151C。

一張，紙本墨拓，原片，編號：SIN0151D。

一張，紙本墨拓，原片，編號：SIN0151E。

一張，紙本墨拓，原片，編號：SIN0151F。

一張，紙本墨拓，原片，編號：SIN0151G。

一張，紙本墨拓，原片，編號：SIN0151H。

6491　顏懋企墓表

清乾隆四十二年（1777）立，現存山東寧陽顏林。

京都大學人文科學研究所：

一張，紙本墨拓，原片，編號：SIN0152X。

6492　廣寧道中詩

清乾隆四十三年（1778）八月刻，現存遼寧錦州北鎮廟。

京都大學人文科學研究所：

一張，紙本墨拓，原片，編號：SIN0153X。

6493　祭北鎮醫巫閭山詩

清乾隆四十三年（1778）八月刻，現存遼寧錦州北鎮廟。

京都大學人文科學研究所：

一張，紙本墨拓，原片，編號：SIN0154X。

6494　觀音閣即景詩

清乾隆四十三年（1778）八月刻，現存遼寧錦州北鎮廟。

京都大學人文科學研究所：

一張，紙本墨拓，原片，編號：SIN0155X。

6495　游醫巫閭雜詠

清乾隆四十三年（1778）九月刻，現存遼寧錦州北鎮廟。

京都大學人文科學研究所：

一張，紙本墨拓，原片，編號：SIN0156X。

6496　重修泗水橋記

清乾隆四十四年（1779）八月刻，現存北京大覺寺。

京都大學人文科學研究所：

一張，紙本墨拓，原片，編號：SIN0158X。

6497　藥王聖前公議傳膳老會碑記

清乾隆四十四年（1779）刻，現存北京大覺寺。

京都大學人文科學研究所：

　　　　一張，紙本墨拓，原片，編號：SIN0159A。

　　　　一張，紙本墨拓，原片，編號：SIN0159B。

　　　　一張，紙本墨拓，原片，編號：SIN0159C。

6498　清財神聖會碑

清乾隆四十四年（1779）刻，現存北京真武廟。

京都大學人文科學研究所：

　　　　一張，紙本墨拓，原片，編號：SIN0160X。

6499　蘭亭詩記并題跋

清乾隆四十五年（1780）刻，今藏地不詳。

宇野雪村文庫：

　　　　二册，紙本墨拓，册頁，編號：59。

6500　賜額賞銀碑

清乾隆四十六年（1781）六月十五日立，現存山西忻州五臺山普樂寺。

京都大學人文科學研究所：

　　　　一張，紙本墨拓，原片，編號：SIN0161X。

　　　　一張，紙本墨拓，原片，編號：SIN0162X。

6501　宋左詩墓表

清乾隆四十六年（1781）十二月刻，今藏地不詳。

京都大學人文科學研究所：

　　　　一張，紙本墨拓，原片，編號：SIN0163A。

　　　　一張，紙本墨拓，原片，編號：SIN0163B。

6502　畢沅德政碑

清乾隆四十六年（1781）立，現存陝西西安化覺巷清真寺。

京都大學人文科學研究所：

　　　　一張，紙本墨拓，原片，編號：SIN0164X。

6503　鹽池廟重修廟記

清乾隆四十八年（1783）八月一日刻，現存山西運城鹽池神廟。

京都大學人文科學研究所：

　　一張，紙本墨拓，原片，編號：SIN0166X。

6504　觀音閣即景詩

清乾隆四十八年（1783）九月刻，現存遼寧錦州北鎮廟。

京都大學人文科學研究所：

　　一張，紙本墨拓，原片，編號：SIN0167X。

6505　廣寧道中詩

清乾隆四十八年（1783）九月刻，現存遼寧錦州北鎮廟。

京都大學人文科學研究所：

　　一張，紙本墨拓，原片，編號：SIN0168X。

6506　醫巫閭四景題詩

清乾隆四十八年（1783）刻，現存遼寧錦州北鎮廟。

京都大學人文科學研究所：

　　一張，紙本墨拓，原片，編號：SIN0169X。

6507　乾隆帝御筆詩

清乾隆五十一年（1786）三月刻，現存山西忻州五臺山黛螺頂。

京都大學人文科學研究所：

　　一張，紙本墨拓，原片，編號：SIN0174X。

6508　施銀永垂不朽碑

清乾隆五十一年（1786）十月十五日立，現存山西忻州五臺山顯通寺。

京都大學人文科學研究所：

　　一張，紙本墨拓，原片，編號：SIN0175X。

6509　至靈鷲峰文殊寺即寺詩碑

清乾隆五十一年（1786）立，現存山西忻州五臺山菩薩頂。

京都大學人文科學研究所：

　　一張，紙本墨拓，原片，編號：SIN0176X。

6510　重立漢武祠石記

清乾隆五十二年（1787）刻，現藏於山東嘉祥武氏墓群石刻博物館。

東京藝術大學藝術資料館：

　　　一張，紙本墨拓，掛幅裝，31.0×504.8，編號：1440。

6511　白雲觀詩碑

清乾隆五十三年（1788）二月立，現存北京白雲觀。

京都大學人文科學研究所：

　　　一張，紙本墨拓，原片，編號：SIN0177A。

　　　一張，紙本墨拓，原片，編號：SIN0177B。

6512　重修白雲觀碑記

清乾隆五十三年（1788）三月立，現存北京白雲觀。

京都大學人文科學研究所：

　　　一張，紙本墨拓，原片，編號：SIN0178X。

6513　濟寧天后宮碑

清乾隆五十三年（1788）八月十五日立，原在山東濟寧天后宮。

京都大學人文科學研究所：

　　　一張，紙本墨拓，原片，編號：SIN0179X。

6514　避暑山莊詩

清乾隆五十三年（1788）刻，現存河北承德避暑山莊。

京都大學人文科學研究所：

　　　一張，紙本墨拓，原片，編號：SIN0180X。

6515　創立公會議地碑記

清乾隆五十四年（1789）六月立，現存北京祖師廟。

京都大學人文科學研究所：

　　　一張，紙本墨拓，原片，編號：SIN0181A。

　　　一張，紙本墨拓，原片，編號：SIN0181B。

6516　蘇軾像

清乾隆五十四年（1789）刻，今藏地不詳。

京都大學人文科學研究所：

　　　一張，紙本墨拓，原片，編號：SIN0182X。

6517　重修蘇州府學記

清乾隆五十四年（1789）刻，現存江蘇蘇州文廟。

東京國立博物館：

　　一帖，紙本墨拓，原片，編號：307，昌平坂學問所舊藏。

6518　晋祠難老泉序

清乾隆五十五年（1790）立，現在山西太原晋祠。

京都大學人文科學研究所：

　　一張，紙本墨拓，原片，編號：SIN0183X。

6519　乾隆御筆詩碑

清乾隆五十七年（1792）三月立，現存山西忻州五臺山菩薩頂。

京都大學人文科學研究所：

　　一張，紙本墨拓，原片，編號：SIN0184X。

6520　彰癉十敬牌老會碑記

清乾隆五十七年（1792）五月立，現存北京城隍廟。

京都大學人文科學研究所：

　　一張，紙本墨拓，原片，編號：SIN0185X。

6521　佛公祠記

清乾隆五十七年（1792）七月一日刻，現存山東濟南大明湖。

京都大學人文科學研究所：

　　一張，紙本墨拓，原片，編號：SIN0186X。

　　一張，紙本墨拓，原片，編號：SIN0187X。

6522　小滄浪記

清乾隆五十七年（1792）七月十三日刻，現存山東濟南大明湖。

京都大學人文科學研究所：

　　一張，紙本墨拓，原片，編號：SIN0188X。

6523　題小滄浪詩

清乾隆五十七年（1792）七月刻，現存山東濟南大明湖。

京都大學人文科學研究所：

　　一張，紙本墨拓，原片，編號：SIN0189A。

　　一張，紙本墨拓，原片，編號：SIN0189B。

6524　永護聖會碑記

清乾隆五十九年（1794）立，現存北京大覺寺。

京都大學人文科學研究所：

　　　　一張，紙本墨拓，原片，編號：SIN0192X。

6525　重修古林院大殿戲樓碑記

清乾隆六十年（1795）立。

京都大學人文科學研究所：

　　　　一張，碑陽，紙本墨拓，原片，編號：SIN0193A。

　　　　一張，碑陰，紙本墨拓，原片，編號：SIN0193B。

6526　乾隆耕織圖石刻

清乾隆年間（1736—1795）刻，現藏於中國國家博物館。

京都大學人文科學研究所：

　　　　一張，紙本墨拓，原片，編號：SIN0202A。

　　　　一張，紙本墨拓，原片，編號：SIN0202B。

　　　　一張，紙本墨拓，原片，編號：SIN0202C。

　　　　一張，紙本墨拓，原片，編號：SIN0202D。

　　　　一張，紙本墨拓，原片，編號：SIN0202E。

　　　　一張，紙本墨拓，原片，編號：SIN0202F。

　　　　一張，紙本墨拓，原片，編號：SIN0202G。

　　　　一張，紙本墨拓，原片，編號：SIN0202H。

　　　　一張，紙本墨拓，原片，編號：SIN0201I。

　　　　一張，紙本墨拓，原片，編號：SIN0202J。

　　　　一張，紙本墨拓，原片，編號：SIN0202K。

　　　　一張，紙本墨拓，原片，編號：SIN0202L。

　　　　一張，紙本墨拓，原片，編號：SIN0202M。

　　　　一張，紙本墨拓，原片，編號：SIN0202N。

　　　　一張，紙本墨拓，原片，編號：SIN0202O。

　　　　一張，紙本墨拓，原片，編號：SIN0202P。

　　　　一張，紙本墨拓，原片，編號：SIN0202Q。

　　　　一張，紙本墨拓，原片，編號：SIN0202R。

　　　　一張，紙本墨拓，原片，編號：SIN0202S。

　　　　一張，紙本墨拓，原片，編號：SIN0202T。

　　　　一張，紙本墨拓，原片，編號：SIN0202U。

　　　　一張，紙本墨拓，原片，編號：SIN0202V。

　　　　一張，紙本墨拓，原片，編號：SIN0202W。

6527　賜直隸總督周元理詩

清乾隆年間（1736—1795）刻，現存河北保定古蓮池。

京都大學人文科學研究所：

一張，紙本墨拓，原片，編號：SIN0194X。

6528　賜直隸總督梁肯堂詩碑

清乾隆年間（1736—1795）刻，現存河北保定古蓮池。

京都大學人文科學研究所：

一張，紙本墨拓，原片，編號：SIN0195X。

6529　賜直隸總督劉峩詩

清乾隆年間（1736—1795）刻，現存河北保定古蓮池。

京都大學人文科學研究所：

一張，紙本墨拓，原片，編號：SIN0196X。

6530　乾隆萬壽山五百羅漢堂記

清乾隆年間（1736—1795）刻，現存北京頤和園清華軒東院。

京都大學人文科學研究所：

一張，紙本墨拓，原片，編號：SIN0197X。

［嘉慶］

6531　重修塔碑記

清嘉慶三年（1798）六月立，現存山西忻州五臺山塔院寺。

京都大學人文科學研究所：

一張，紙本墨拓，原片，編號：SIN0206X。

6532　雷祖勝會碑

清嘉慶五年（1800）立，現存北京馬神廟。

京都大學人文科學研究所：

一張，紙本墨拓，原片，編號：SIN0208A。

一張，紙本墨拓，原片，編號：SIN0208B。

6533　顏思成墓碑

清嘉慶六年（1801）九月立，現存山東寧陽顏林。

京都大學人文科學研究所：

　　　　一張，紙本墨拓，原片，編號：SIN0210X。

6534　顏幼民墓碑

清嘉慶六年（1801）十月立，現存山東寧陽顏林。

京都大學人文科學研究所：

　　　　一張，紙本墨拓，原片，編號：SIN0211X。

6535　河東觀察使劉大觀題詞

清嘉慶六年（1801）刻。

京都大學人文科學研究所：

　　　　一張，紙本墨拓，原片，編號：SIN0212X。

6536　敕賜祖庭少林釋氏源流五家宗派世譜

清嘉慶七年（1802）四月刻，現存河南登封少林寺。

京都大學人文科學研究所：

　　　　一張，紙本墨拓，原片，編號：SIN0213A。

　　　　一張，紙本墨拓，原片，編號：SIN0213B。

　　　　一張，紙本墨拓，原片，編號：SIN0213C。

6537　重建北齊臨淮王像碑記

清嘉慶七年（1802）六月立，現藏於山東青州博物館。

京都大學人文科學研究所：

　　　　一張，紙本墨拓，原片，編號：SIN0214X。

東北大學附屬圖書館：

　　　　一幅，紙本墨拓，原片，常盤大定舊藏。

6538　甦道人生壙誌

清嘉慶七年（1802）刻，現存山東寧陽顏林。

京都大學人文科學研究所：

　　　　一張，紙本墨拓，原片，編號：SIN0215X。

6539　世孝祠記

清嘉慶七年（1802）刻，現存安徽歙縣世孝祠。

東京國立博物館：

　　　　三幅，紙本墨拓，原片，編號：424，市河三鼎舊藏。

6540 軒轅聖會碑

清嘉慶九年（1804）七月立，現存北京火神廟。

京都大學人文科學研究所：

　　一張，紙本墨拓，原片，編號：SIN0216A。

　　一張，紙本墨拓，原片，編號：SIN0216B。

6541 薩爾滸山詠詩

清嘉慶十年（1805）二月刻，現藏於瀋陽故宮博物院。

京都大學人文科學研究所：

　　一張，紙本墨拓，原片，編號：SIN0218X。

6542 重修莊嚴碑記

清嘉慶十四年（1809）七月刻，現存山西忻州五臺山善財洞。

京都大學人文科學研究所：

　　一張，紙本墨拓，原片，編號：SIN0220X。

6543 藥王殿同心獻燈聖會文引

清嘉慶十五年（1810）刻，現存北京大覺寺。

京都大學人文科學研究所：

　　一張，紙本墨拓，原片，編號：SIN0222A。

　　一張，紙本墨拓，原片，編號：SIN0222B。

6544 五臺贊

清嘉慶十六年（1811）閏三月刻，現存山西忻州五臺山菩薩頂。

京都大學人文科學研究所：

　　一張，紙本墨拓，原片，編號：SIN0224X。

6545 涼山記

清嘉慶十六年（1811）閏三月刻，現存山西忻州五臺山菩薩頂。

京都大學人文科學研究所：

　　一張，紙本墨拓，原片，編號：SIN0225X。

6546 張應辰過韓侯嶺詩

清嘉慶十六年（1811）刻，原在山西靈石韓侯嶺。

京都大學人文科學研究所：

　　　一張，紙本墨拓，原片，編號：SIN0226X。

6547　賜直隸布政使方受疇詩碑

清嘉慶十六年（1811）刻，現存河北保定古蓮池。

京都大學人文科學研究所：

　　　一張，紙本墨拓，原片，編號：SIN0227X。

6548　賜直隸總督溫受惠詩碑

清嘉慶十六年（1811）刻，現存河北保定古蓮池。

京都大學人文科學研究所：

　　　一張，紙本墨拓，原片，編號：SIN0229X。

6549　重修復聖廟碑記

清嘉慶十七年（1812）二月立，現存山東曲阜顏廟。

京都大學人文科學研究所：

　　　一張，紙本墨拓，原片，編號：SIN0231X。

6550　蘇東坡像

清嘉慶二十一年（1816）刻，今藏地不詳。

東京藝術大學藝術資料館：

　　　一張，紙本墨拓，掛幅裝，99.5×52.5，編號：9。

6551　張應辰詩

清嘉慶二十二年（1817）刻，現存山西運城鹽池神廟。

京都大學人文科學研究所：

　　　一張，紙本墨拓，原片，編號：SIN0233X。

[　道光　]

6552　白石道人像

清道光元年（1821）二月刻，現存浙江杭州林和靖祠。

京都大學人文科學研究所：

　　　一張，紙本墨拓，原片，編號：SIN0234X。

6553　廬山東嶽廟門壁碑

清道光三年（1823）六月立，原在江西九江廬山白雲峰東嶽廟。

東北大學附屬圖書館：

一幅，紙本墨拓，原片，常盤大定舊藏。

6554　七姬權厝志

清道光三年（1823）葬，出土時地不詳。

宇野雪村文庫：

一張，紙本墨拓，原片，編號：1565。

6555　林和靖像

清道光五年（1825）刻，現存浙江杭州林和靖祠。

京都大學人文科學研究所：

一張，紙本墨拓，原片，編號：SIN0236X。

6556　諸葛亮像

清道光六年（1826）刻，今藏地不詳。

京都大學人文科學研究所：

一張，紙本墨拓，原片，編號：SIN0237X。

6557　白雲觀火祖殿香燈布施勒名之碑記

清道光六年（1826）立，現存北京白雲觀。

京都大學人文科學研究所：

一張，紙本墨拓，原片，編號：SIN0238X。

6558　王省山吊晋祠古柏詩

清道光七年（1827）刻，現在山西太原晋祠。

京都大學人文科學研究所：

一張，紙本墨拓，原片，編號：SIN0240X。

6559　重修白雲觀宗師廡記

清道光八年（1828）十二月立，現存北京白雲觀。

京都大學人文科學研究所：

一張，紙本墨拓，原片，編號：SIN0241X。

6560　北鎮醫巫閭山詩

清道光九年（1829）立，現存遼寧錦州北鎮廟。

京都大學人文科學研究所：

　　　　一張，紙本墨拓，原片，編號：SIN0242X。

6561　朱夫子治家格言

清道光十一年（1831）刻，現藏於陝西韓城博物館。

宇野雪村文庫：

　　　　一册，紙本墨拓，册頁，編號：415。

6562　重修咸陽縣城碑記

清道光十三年（1833）十月立，現藏於陝西咸陽博物院。

京都大學人文科學研究所：

　　　　一張，紙本墨拓，原片，編號：SIN0247X。

6563　九皇會碑記

清道光十四年（1834）九月立，現存北京白雲觀。

京都大學人文科學研究所：

　　　　一張，紙本墨拓，原片，編號：SIN0249X。

6564　修建舜彈琴處牌樓記

清道光十五年（1835）立，現存山西運城鹽池神廟。

京都大學人文科學研究所：

　　　　一張，紙本墨拓，原片，編號：SIN0250X。

6565　重修鹽池神廟碑記

清道光十七年（1837）五月立，現存山西運城鹽池神廟。

京都大學人文科學研究所：

　　　　一張，紙本墨拓，原片，編號：SIN0253X。

　　　　一張，紙本墨拓，原片，編號：SIN0254X。

　　　　一張，紙本墨拓，原片，編號：SIN0255X。

6566　重修孟母三遷祠斷機堂碑記

清道光二十年（1840）六月立，現存山東鄒城孟廟。

京都大學人文科學研究所：

　　　　一張，紙本墨拓，原片，編號：SIN0256X。

　　　　一張，紙本墨拓，原片，編號：SIN0443X。

6567　清真寺宗規碑

清道光二十年（1840）立，現存陝西西安化覺巷清真寺。

京都大學人文科學研究所：

一張，紙本墨拓，原片，編號：SIN0257A。

一張，紙本墨拓，原片，編號：SIN0257B。

6568　蘇東坡像

清道光二十三年（1843）立，今藏地不詳。

宇野雪村文庫：

一張，紙本墨拓，原片，編號：1190。

6569　顧亭林先生祠記

清道光二十三年（1843）立，現存北京顧亭林祠。

宇野雪村文庫：

一張，紙本墨拓，原片，編號：1921。

6570　白雲觀真君殿香火地記

清道光二十四年（1844）七月立，現存北京白雲觀。

京都大學人文科學研究所：

一張，紙本墨拓，原片，編號：SIN0260X。

6571　吳昌碩生壙誌

清道光二十四年（1844）刻。

宇野雪村文庫：

一張，紙本墨拓，原片，編號：1148。

6572　创建華林寺五百羅漢堂碑記

清道光二十九年（1849）立，現存廣東廣州華林寺。

東北大學附屬圖書館：

一幅，紙本墨拓，原片，常盤大定舊藏。

6573　僧滋亭上人修補藏經并整頓寺務記

清道光三十年（1850）正月立，現存福建鼓山涌泉寺。

東北大學附屬圖書館：

一幅，紙本墨拓，原片，常盤大定舊藏。

［咸豐］

6574　祥河潼關十二連寨記

清咸豐三年（1853）刻，原在陝西潼關，今藏地不詳。

京都大學人文科學研究所：

一張，紙本墨拓，原片，編號：SIN0268X。

6575　古耿龍門全圖

清咸豐四年（1854）刻，原在河南洛陽龍門大禹廟，今藏地不詳。

京都大學人文科學研究所：

一張，紙本墨拓，原片，編號：SIN0270X。

6576　龍門山全圖

清咸豐五年（1855）二月刻，現藏於陝西大荔博物館。

宇野雪村文庫：

一張，紙本墨拓，原片，編號：1069。

京都大學人文科學研究所：

一張，紙本墨拓，原片，編號：SIN0271X。

6577　徐繼畬上黨團練防堵成功詩

清咸豐五年（1855）刻。

京都大學人文科學研究所：

一張，紙本墨拓，原片，編號：SIN0273X。

6578　沈魏皆書朱竹垞聯

清咸豐五年（1855）刻，現存山西太原晉祠。

京都大學人文科學研究所：

一張，紙本墨拓，原片，編號：SIN0274A。

一張，紙本墨拓，原片，編號：SIN0274B。

6579　萬壽香社置産碑

清咸豐六年（1856）七月刻，現存山西忻州五臺山圓照寺。

京都大學人文科學研究所：

一張，紙本墨拓，原片，編號：SIN0275X。

6580　顧亭林祠堂記

清咸豐六年（1856）十月立，現存北京顧亭林祠。

京都大學人文科學研究所：

　　一張，紙本墨拓，原片，編號：SIN0276X。

6581　沈魏皆晋祠聖母廟碑

清咸豐六年（1856）立，現存山西太原晋祠。

京都大學人文科學研究所：

　　一張，紙本墨拓，原片，編號：SIN0278X。

6582　蘇軾像

清咸豐七年（1857）刻，今藏地不詳。

京都大學人文科學研究所：

　　一張，紙本墨拓，原片，編號：SIN0279X。

6583　莫春古吳潘介繁紀游

清咸豐九年（1859）三月刻，現存浙江杭州靈隱寺。

京都大學人文科學研究所：

　　一張，紙本墨拓，原片，編號：SIN0281X。

6584　漢淮陰侯設背水陣處

清咸豐九年（1859）刻，現存河北石家莊井陘韓信祠。

京都大學人文科學研究所：

　　一張，紙本墨拓，原片，編號：SIN0282X。

［同治］

6585　襟江書院記

清同治二年（1863）立，現藏於江蘇泰興博物館。

宇野雪村文庫：

　　一册，紙本墨拓，册頁，編號：410。

6586　味和堂晋祠詩

清同治三年（1864）刻，現存山西太原晋祠。

京都大學人文科學研究所：

　　　　一張，紙本墨拓，原片，編號：SIN0285X。

6587　大同厲壇碑

清同治四年（1865）七月立，山西大同孤魂廟舊藏。

京都大學人文科學研究所：

　　　　一張，紙本墨拓，原片，編號：SIN0286A。

　　　　一張，紙本墨拓，原片，編號：SIN0286B。

6588　厲壇勒亡伍骨冢碑記

清同治五年（1866）五月立，山西大同孤魂廟舊藏。

京都大學人文科學研究所：

　　　　一張，紙本墨拓，原片，編號：SIN0288A。

　　　　一張，紙本墨拓，原片，編號：SIN0288B。

6589　興隆寺辨馬全會碑

清同治五年（1866）立，現存北京萬壽興隆寺。

京都大學人文科學研究所：

　　　　一張，紙本墨拓，原片，編號：SIN0289X。

6590　興隆寺激請善會碑

清同治五年（1866）立，現存北京萬壽興隆寺。

京都大學人文科學研究所：

　　　　一張，紙本墨拓，原片，編號：SIN0290X。

6591　大同孤魂廟重修記

清同治六年（1867）六月立，山西大同孤魂廟舊藏。

京都大學人文科學研究所：

　　　　一張，紙本墨拓，原片，編號：SIN0291A。

　　　　一張，紙本墨拓，原片，編號：SIN0291B。

6592　重建葛仙祠記

清同治六年（1867）立，現存廣東廣州葛仙祠。

東北大學附屬圖書館：

　　　　一幅，紙本墨拓，原片，常盤大定舊藏。

6593　重修蘇州府學後記

清同治七年（1868）刻，現存江蘇蘇州文廟。

龍谷大學：

　　　　一幅，紙本墨拓，原片，157.5×81.5。

6594　黃庭堅書幽蘭賦

清同治八年（1869）刻，現存河南葉縣臥羊山摩崖。

京都大學人文科學研究所：

　　　　一張，紙本墨拓，原片，編號：SIN0293A。

　　　　一張，紙本墨拓，原片，編號：SIN0293B。

　　　　一張，紙本墨拓，原片，編號：SIN0293C。

　　　　一張，紙本墨拓，原片，編號：SIN0293D。

　　　　一張，紙本墨拓，原片，編號：SIN0293E。

　　　　一張，紙本墨拓，原片，編號：SIN0293F。

6595　重修半山亭記

清同治九年（1870）刻，現存江蘇南京半山園。

京都大學人文科學研究所：

　　　　一張，紙本墨拓，原片，編號：SIN0295X。

6596　孝兩祠祀典碑

清同治十年（1871）九月立，現存江蘇無錫隆亭。

淑德大學書學文化中心：

　　　　一張，碑陽，紙本墨拓，托裱，編號：197761，天放樓舊藏。

　　　　一張，碑陰，紙本墨拓，托裱，編號：197762，天放樓舊藏。

6597　萬壽興隆寺養老院置香火記

清同治十二年（1873）刻，現存北京萬壽興隆寺。

京都大學人文科學研究所：

　　　　一張，紙本墨拓，原片，編號：SIN0296A。

　　　　一張，紙本墨拓，原片，編號：SIN0296B。

　　　　一張，紙本墨拓，原片，編號：SIN0296C。

6598　梁武帝河中之水歌

清同治十二年（1873）刻，現存江蘇南京莫愁湖。

京都大學人文科學研究所：

　　　　一張，紙本墨拓，原片，編號：SIN0297X。

6599　書院義倉碑

清同治十三年（1874）刻。

淑德大學書學文化中心：

　　　　一張，紙本墨拓，托裱，編號：197763，天放樓舊藏。

［光緒］

6600　丁寶楨詩

清光緒元年（1875）刻，現存山東濟南千佛山興國禪寺。

京都大學人文科學研究所：

　　　　一張，紙本墨拓，原片，編號：SIN0301A。

　　　　一張，紙本墨拓，原片，編號：SIN0301B。

　　　　一張，紙本墨拓，原片，編號：SIN0301C。

6601　晋祠圖石刻

清光緒三年（1877）刻，現存山西太原晋祠。

京都大學人文科學研究所：

　　　　一張，紙本墨拓，原片，編號：SIN0304X。

6602　重修東關馬頭碑

清光緒四年（1878）立，原在江蘇揚州東關浮橋渡口。

京都大學人文科學研究所：

　　　　一張，紙本墨拓，原片，編號：SIN0308X。

6603　揚州東關馬頭坊額

清光緒四年（1878）立，原在江蘇揚州東關浮橋渡口。

京都大學人文科學研究所：

　　　　一張，紙本墨拓，原片，編號：SIN0309X。

6604　諸葛亮前出師表

清光緒四年（1878）刻，現存陝西五丈原武侯祠。

淑德大學書學文化中心：

　　　　一張，紙本墨拓，原片，編號：001922。

東京藝術大學藝術資料館：

　　一張，紙本墨拓，掛幅裝，56.7×1234.4，編號：1440。

6605　諸葛亮後出師表

清光緒四年（1878）刻，現存陝西五丈原武侯祠。

淑德大學書學文化中心：

　　一張，紙本墨拓，原片，編號：001923。

東京藝術大學藝術資料館：

　　一張，紙本墨拓，掛幅裝，54.3×1168.0，編號：1440。

6606　流芳碑

清光緒五年（1879）六月四日立，現存山西忻州五臺山羅睺寺。

京都大學人文科學研究所：

　　一張，紙本墨拓，原片，編號：SIN0310X。

6607　歐陽修像

清光緒五年（1879）刻，現存安徽滁州醉翁亭。

京都大學人文科學研究所：

　　一張，紙本墨拓，原片，編號：SIN0311X。

6608　衆檀重修舍利寶塔文碑

清光緒六年（1880）十月立，現存山西忻州五臺山塔院寺。

京都大學人文科學研究所：

　　一張，紙本墨拓，原片，編號：SIN0312X。

6609　邱長春真人事實碑

清光緒八年（1882）七月一日立，現存北京白雲觀。

京都大學人文科學研究所：

　　一張，紙本墨拓，原片，編號：SIN0313X。

6610　欽差敕建五臺山大萬聖佑國南山極樂寺重建萬人碑記

清光緒九年（1883）七月一日立，現存山西忻州五臺山極樂寺。

京都大學人文科學研究所：

　　一張，紙本墨拓，原片，編號：SIN0314X。

6611　葉公等置買香花散記

清光緒十一年（1885）六月刻，現存北京白雲觀。

京都大學人文科學研究所：

　　　　一張，紙本墨拓，原片，編號：SIN0316X。

6612　泰興縣慶雲寺照潭和尚身塔銘

清光緒十一年（1885）刻，現存江蘇泰興慶雲寺。

京都大學人文科學研究所：

　　　　一張，紙本墨拓，原片，編號：SIN0317A。
　　　　一張，紙本墨拓，原片，編號：SIN0317B。
　　　　一張，紙本墨拓，原片，編號：SIN0317C。
　　　　一張，紙本墨拓，原片，編號：SIN0317D。
　　　　一張，紙本墨拓，原片，編號：SIN0317E。
　　　　一張，紙本墨拓，原片，編號：SIN0317F。

6613　大佛寺公建善會碑

清光緒十一年（1885）立，現存北京大佛寺。

京都大學人文科學研究所：

　　　　一張，紙本墨拓，原片，編號：SIN0318A。
　　　　一張，紙本墨拓，原片，編號：SIN0318B。

6614　顧頤壽重修白雲觀記

清光緒十二年（1886）三月十九日立，現存北京白雲觀。

京都大學人文科學研究所：

　　　　一張，紙本墨拓，原片，編號：SIN0319X。

6615　劉效祖重修白雲觀記

清光緒十二年（1886）三月十九日立，現存北京白雲觀。

京都大學人文科學研究所：

　　　　一張，紙本墨拓，原片，編號：SIN0320X。

6616　長春邱真人道行碑

清光緒十二年（1886）三月二十一日立，現存北京白雲觀。

京都大學人文科學研究所：

　　　　一張，紙本墨拓，原片，編號：SIN0321X。

6617　白雲觀長春供會碑記

清光緒十二年（1886）三月立，現存北京白雲觀。

京都大學人文科學研究所：

  一張，紙本墨拓，原片，編號：SIN0322X。

6618　重修白雲觀碑記

清光緒十二年（1886）四月八日立，現存北京白雲觀。

京都大學人文科學研究所：

  一張，紙本墨拓，原片，編號：SIN0323X。

6619　七審道行碑

清光緒十二年（1886）四月十四日立，現存北京白雲觀。

京都大學人文科學研究所：

  一張，紙本墨拓，原片，編號：SIN0324X。

6620　崑陽王真人通行碑

清光緒十二年（1886）四月十四日立，現存北京白雲觀。

京都大學人文科學研究所：

  一張，紙本墨拓，原片，編號：SIN0325X。

6621　趙士賢重修白雲觀記

清光緒十二年（1886）四月十四日立，現存北京白雲觀。

京都大學人文科學研究所：

  一張，紙本墨拓，原片，編號：SIN0326X。

6622　重勒碑石之記

清光緒十二年（1886）四月十四日立，現存北京白雲觀。

京都大學人文科學研究所：

  一張，紙本墨拓，原片，編號：SIN0327X。

6623　羅真人道行碑

清光緒十二年（1886）四月十四日立，現存北京白雲觀。

京都大學人文科學研究所：

  一張，紙本墨拓，原片，編號：SIN0328X。

6624　六幢亭記

清光緒十二年（1886）七月六日立，現存河北保定古蓮池。

京都大學人文科學研究所：

　　　　一張，紙本墨拓，原片，編號：SIN0329X。

6625　玉清關香火田記

清光緒十二年（1886）立，現存北京白雲觀。

京都大學人文科學研究所：

　　　　一張，紙本墨拓，原片，編號：SIN0330X。

6626　重修南宮縣學記

張裕釗書，清光緒十二年（1886）立，原在河北南宮文廟，現藏於南宮文化局。

京都大學人文科學研究所：

　　　　一張，紙本墨拓，原片，編號：SIN0331X。

6627　重修呂祖殿碑記

清光緒十三年（1887）四月一日立，現存北京白雲觀。

京都大學人文科學研究所：

　　　　一張，紙本墨拓，原片，編號：SIN0332X。

6628　知五臺山縣事高曉諭裁免六月廟期影射索碑

清光緒十三年（1887）六月一日立，現存山西忻州五臺山塔院寺。

京都大學人文科學研究所：

　　　　一張，紙本墨拓，原片，編號：SIN0333X。

6629　重修三泉寺大佛殿碑記

清光緒十三年（1887）六月立，現存山西忻州五臺山三泉寺。

京都大學人文科學研究所：

　　　　一張，紙本墨拓，原片，編號：SIN0334X。

6630　高鳳泰施銀流芳碑

清光緒十四年（1888）十一月二十五日立，現存山西忻州五臺山圓照寺。

京都大學人文科學研究所：

　　　　一張，紙本墨拓，原片，編號：SIN0335X。

6631　真如自在題字

慈禧書，清光緒十四年（1888）立，現存山西忻州五臺山極樂寺。

京都大學人文科學研究所：

　　　　一張，紙本墨拓，原片，編號：SIN0336X。

6632　劉素雲募捐記

清光緒十五年（1889）三月立，現存北京白雲觀。

京都大學人文科學研究所：

　　　　一張，紙本墨拓，原片，編號：SIN0337X。

6633　重修呂祖殿靈感碑記

清光緒十五年（1889）四月十四日立，現存北京白雲觀。

京都大學人文科學研究所：

　　　　一張，紙本墨拓，原片，編號：SIN0338X。

6634　福緣喜慶碑

清光緒十五年（1889）四月立，現存山西忻州五臺山塔院寺。

京都大學人文科學研究所：

　　　　一張，紙本墨拓，原片，編號：SIN0339X。

6635　贈體智徐公布施序

清光緒十五年（1889）六月立，現存山西忻州五臺山圓照寺。

京都大學人文科學研究所：

　　　　一張，紙本墨拓，原片，編號：SIN0340X。

6636　置石獅子一對記碑

清光緒十五年（1889）立，現存山西忻州五臺山塔院寺。

京都大學人文科學研究所：

　　　　一張，紙本墨拓，原片，編號：SIN0341X。

6637　果澄師施銀萬古碑

清光緒十五年（1889）立，現存山西忻州五臺山圓照寺。

京都大學人文科學研究所：

　　　　一張，紙本墨拓，原片，編號：SIN0342X。

6638　四御殿皇壇香火記

清光緒十六年（1890）七月十五日立，現存北京白雲觀。

京都大學人文科學研究所：

　　　　一張，紙本墨拓，原片，編號：SIN0343X。

6639 白雲觀拓修雲集山房小引

清光緒十六年（1890）七月十五日立，現存北京白雲觀。

京都大學人文科學研究所：

一張，紙本墨拓，原片，編號：SIN0344X。

6640 巡撫禁革行力支備錫鐵札碑

清光緒十七年（1891）正月立，現存山西忻州五臺山塔院寺。

京都大學人文科學研究所：

一張，紙本墨拓，原片，編號：SIN0346X。

6641 重修鹽池神廟碑記

清光緒十七年（1891）八月十五日立，現存山西運城鹽池神廟。

京都大學人文科學研究所：

一張，紙本墨拓，原片，編號：SIN0347X。

6642 那木濟勒旺楚克萬代碑

清光緒十八年（1892）八月十五日立，現存山西忻州五臺山羅睺寺。

京都大學人文科學研究所：

一張，紙本墨拓，原片，編號：SIN0348X。

6643 欽命五臺山敕建萬聖佑國南山極樂禪寺碑記

清光緒十八年（1892）九月立，現存山西忻州五臺山極樂寺。

京都大學人文科學研究所：

一張，紙本墨拓，原片，編號：SIN0349X。

6644 緱行聖會碑記

清光緒十九年（1893）立，現存北京哪吒寺。

京都大學人文科學研究所：

一張，紙本墨拓，原片，編號：SIN0350X。

6645 重修大佛寺莊大石佛像碑

清光緒二十年（1894）立，現在北京大佛寺。

東北大學附屬圖書館：

一幅，紙本墨拓，原片，常盤大定舊藏。

6646 興隆寺養老義會緣起碑

清光緒二十一年（1895）立，現在北京萬壽興隆寺。

京都大學人文科學研究所：

  一張，紙本墨拓，原片，編號：SIN0353A。

  一張，紙本墨拓，原片，編號：SIN0353B。

6647 萬聖佑國南山極樂寺香火齋田碑記

清光緒二十四年（1898）立，現存山西忻州五臺山極樂寺。

京都大學人文科學研究所：

  一張，紙本墨拓，原片，編號：SIN0354X。

  一張，紙本墨拓，原片，編號：SIN0355X。

6648 大禹陵碑

清光緒二十六年（1900）立，現存浙江紹興禹廟。

京都大學人文科學研究所：

  一張，紙本墨拓，原片，編號：SIN0356X。

  一張，紙本墨拓，原片，編號：SIN0426X。

6649 設粥廠施濟記

清光緒二十七年（1901）九月立，現存北京白雲觀。

京都大學人文科學研究所：

  一張，紙本墨拓，原片，編號：SIN0357X。

6650 雲溪方丈功德碑記

清光緒二十八年（1902）八月立，現存北京白雲觀。

京都大學人文科學研究所：

  一張，紙本墨拓，原片，編號：SIN0358X。

6651 大同孤魂廟修記

清光緒三十年（1904）立，山西大同孤魂廟舊藏。

京都大學人文科學研究所：

  一張，紙本墨拓，原片，編號：SIN0360A。

  一張，紙本墨拓，原片，編號：SIN0360B。

6652　特授陽城縣正堂沈稟准禁絶尼章程六條

清光緒三十年（1904）刻，原在山西晋城陽城縣。

京都大學人文科學研究所：

　　　　一張，紙本墨拓，原片，編號：SIN0361X。

6653　介神祠敕賜封號碑

清光緒三十年（1904）立，現存山西靈石介神廟。

京都大學人文科學研究所：

　　　　一張，紙本墨拓，原片，編號：SIN0362X。

6654　嚴子陵像

清光緒三十三年（1907）刻。

京都大學人文科學研究所：

　　　　一張，紙本墨拓，原片，編號：SIN0363X。

6655　会稽刻石殘字

清光緒三十三年（1907）刻，現存江蘇蘇州曲園。

宇野雪村文庫：

　　　　一册，紙本墨拓，册頁，編號：396。

6656　蓮池書院六幢亭記

清光緒三十四年（1908）五月一日立，現存河北保定古蓮池。

京都大學人文科學研究所：

　　　　一張，紙本墨拓，原片，編號：SIN0365X。

［宣統］

6657　隆興寺意定和尚功德碑

清宣統元年（1909）九月立，現存河北正定隆興寺。

京都大學人文科學研究所：

　　　　一張，紙本墨拓，原片，編號：SIN0367X。

6658　修震澤許塘記

清宣統二年（1910）刻。

宇野雪村文庫：

  一册，紙本墨拓，册頁，編號：379。

6659　重修寶塔碑記

清宣統三年（1911）立，現存山西忻州五臺山塔院寺。

京都大學人文科學研究所：

  一張，紙本墨拓，原片，編號：SIN0369X。

清無紀年

6660　天澤碑

清刻，無紀年，現存山西太原純陽宮。

宇野雪村文庫：

　　　一張，紙本墨拓，原片，編號：1011。

6661　曹公碑

清刻，無紀年，現存山西太谷北洸鄉。

宇野雪村文庫：

　　　一冊，紙本墨拓，冊頁，編號：426。

6662　釋朗公開堂碑

清刻，無紀年，今藏地不詳。

淑德大學書學文化中心：

　　　一張，紙本墨拓，托裱，編號：197764，天放樓舊藏。

6663　臨張遷碑

清刻，無紀年，今藏地不詳。

宇野雪村文庫：

　　　二冊，紙本墨拓，冊頁，編號：399。

6664　臨麓山寺碑

清刻，無紀年，今藏地不詳。

宇野雪村文庫：

　　　一冊，紙本墨拓，冊頁，編號：400。

6665　清真寺回文碑

清刻，無紀年，今藏地不詳。

京都大學人文科學研究所：

　　　　一張，紙本墨拓，原片，編號：SIN0376X。

6666　果親王書詩碑

清刻，無紀年，現藏於西安碑林博物館。

京都大學人文科學研究所：

　　　　一張，紙本墨拓，原片，編號：SIN0379X。

6667　靈巖飯僧田碑

清刻，無紀年，現存江蘇木瀆靈巖寺。

京都大學人文科學研究所：

　　　　一張，紙本墨拓，原片，編號：SIN0394X。

6668　模刻嶧山碑

清刻，無紀年，現存山東曲阜顏廟。

京都大學人文科學研究所：

　　　　一張，紙本墨拓，原片，編號：SIN0445X。

6669　康衢擊壤碑

清刻，無紀年，現存山西臨汾段店鄉康莊小學。

京都大學人文科學研究所：

　　　　一張，紙本墨拓，原片，編號：SIN0446A。

　　　　一張，紙本墨拓，原片，編號：SIN0446B。

6670　滿文碑

清刻，無紀年，現存山西忻州五臺山菩薩頂。

京都大學人文科學研究所：

　　　　一張，紙本墨拓，原片，編號：SIN0447X。

　　　　一張，紙本墨拓，原片，編號：SIN0448X。

　　　　一張，紙本墨拓，原片，編號：SIN0449X。

　　　　一張，紙本墨拓，原片，編號：SIN0450X。

　　　　一張，紙本墨拓，原片，編號：SIN0451X。

　　　　一張，紙本墨拓，原片，編號：SIN0452X。

　　　　一張，紙本墨拓，原片，編號：SIN0456X。

　　　　一張，紙本墨拓，原片，編號：SIN0457X。

6671　刻經殘石

清刻，無紀年，今藏地不詳。

淑德大學書學文化中心：

　　　　一軸，紙本墨拓，卷軸，編號：198344。

　　　　一軸，紙本墨拓，卷軸，編號：198345。

　　　　一軸，紙本墨拓，卷軸，編號：198347。

　　　　一軸，紙本墨拓，卷軸，編號：198349-57。

　　　　一軸，紙本墨拓，卷軸，編號：198359。

　　　　一軸，紙本墨拓，卷軸，編號：198366。

　　　　一軸，紙本墨拓，卷軸，編號：198367。

　　　　一軸，紙本墨拓，卷軸，編號：196912。

6672　上蘭五龍祠場圃記

清刻，無紀年，原存山西太原傅公祠。

宇野雪村文庫：

　　　　一張，紙本墨拓，原片，編號：1507。

6673　臨書譜

清刻，無紀年，今藏地不詳。

宇野雪村文庫：

　　　　一册，紙本墨拓，册頁，編號：409。

6674　臨集王書般若心經

清刻，無紀年，今藏地不詳。

宇野雪村文庫：

　　　　一册，紙本墨拓，册頁，編號：417。

6675　貞淑婦人墓記

清刻，無紀年，今藏地不詳。

宇野雪村文庫：

　　　　一册，紙本墨拓，册頁，編號：419。

6676　吴熙載臨玉枕蘭亭

清刻，無紀年，今藏地不詳。

宇野雪村文庫：

　　　　一册，紙本墨拓，册頁，編號：435。

6677　莫友芝隸書刻石

清刻，無紀年，現存浙江杭州西泠印社。

宇野雪村文庫：

　　　　一張，紙本墨拓，原片，編號：1094，山本竟山舊藏。

6678　吳昌碩臨石鼓文

清刻，無紀年，現存浙江杭州西泠印社。

宇野雪村文庫：

　　　　一册，紙本墨拓，册頁，編號：394。

6679　吳昌碩刻石

清刻，無紀年，現存浙江杭州西泠印社。

宇野雪村文庫：

　　　　一册，紙本墨拓，册頁，編號：395。

6680　吳昌碩西泠印社記

清刻，無紀年，現存浙江杭州西泠印社。

宇野雪村文庫：

　　　　一册，紙本墨拓，册頁，編號：416。

6681　八大山人臨河序

清刻，無紀年，今藏地不詳。

宇野雪村文庫：

　　　　一册，紙本墨拓，册頁，編號：424。

6682　青山歌

清刻，無紀年，今藏地不詳。

宇野雪村文庫：

　　　　一册，紙本墨拓，册頁，編號：428。

6683　石經跋

清刻，無紀年，今藏地不詳。

宇野雪村文庫：

　　　　一張，紙本墨拓，原片，編號：1169。

6684　林氏墓銘

清刻，無紀年，今藏地不詳。

宇野雪村文庫：

　　　　一張，紙本墨拓，原片，編號：1627。

6685　造橋記

清刻，無紀年，今藏地不詳。

淑德大學書學文化中心：

　　　　一軸，紙本墨拓，卷軸，編號：196852。

6686　大般涅槃經偈

清刻，無紀年，今藏地不詳。

淑德大學書學文化中心：

　　　　一軸，紙本墨拓，卷軸，編號：198659。

6687　王享邑義等造塔寺銘

清刻，無紀年，今藏地不詳。

淑德大學書學文化中心：

　　　　一軸，紙本墨拓，卷軸，編號：196823。

6688　玄德方之等字殘石

清刻，無紀年，今藏地不詳。

淑德大學書學文化中心：

　　　　一軸，紙本墨拓，卷軸，編號：196814。

6689　成滿殘石

清刻，無紀年，今藏地不詳。

淑德大學書學文化中心：

　　　　一軸，紙本墨拓，卷軸，編號：196911。

6690　尊勝陀羅尼經幢

清刻，無紀年，今藏地不詳。

淑德大學書學文化中心：

　　　　一張，紙本墨拓，托裱，編號：197765，天放樓舊藏。

　　　　一張，紙本墨拓，托裱，編號：197766，天放樓舊藏。

一張，紙本墨拓，托裱，編號：197767，天放樓舊藏。

一軸，紙本墨拓，卷軸，編號：198053。

6691 宏濟施銀永垂記

清刻，無紀年，現存山西忻州五臺山塔院寺。

京都大學人文科學研究所：

一張，紙本墨拓，原片，編號：SIN0370X。

6692 擊壤處

清刻，無紀年，現存山西臨汾堯都。

京都大學人文科學研究所：

一張，紙本墨拓，原片，編號：SIN0371X。

6693 祠堂述古記

清刻，無紀年，現存陝西西安化覺巷清真寺。

京都大學人文科學研究所：

一張，紙本墨拓，原片，編號：SIN0377X。

6694 小滄浪亭柱集詩序

清刻，無紀年，現存江蘇蘇州鐵公祠。

京都大學人文科學研究所：

一張，紙本墨拓，原片，編號：SIN0381X。

6695 左宗棠書聯

清刻，無紀年，現藏於西安碑林博物館。

京都大學人文科學研究所：

一張，紙本墨拓，原片，編號：SIN0395X。

6696 岡禮游晋祠詩

清刻，無紀年，現存山西太原晋祠。

京都大學人文科學研究所：

一張，紙本墨拓，原片，編號：SIN0396X。

6697 真山晋源之柏

清刻，無紀年，現存山西太原晋祠。

京都大學人文科學研究所：

一張，紙本墨拓，原片，編號：SIN0397X。

6698　毛昌傑小碑林記

清刻，無紀年，現藏於西安碑林博物館。

京都大學人文科學研究所：

一張，紙本墨拓，原片，編號：SIN0398X。

6699　楊霈過邯鄲題盧生卧像

清刻，無紀年，現存河北邯鄲黄粱夢呂仙祠。

京都大學人文科學研究所：

一張，紙本墨拓，原片，編號：SIN0399X。

6700　張應徵登歌樓詩

清刻，無紀年，現存山西運城鹽池神廟。

京都大學人文科學研究所：

一張，紙本墨拓，原片，編號：SIN0422X。

6701　李月桂飲虞舜彈琴處詩

清刻，無紀年，現存山西運城鹽池神廟。

京都大學人文科學研究所：

一張，紙本墨拓，原片，編號：SIN0424X。

6702　項錫胤飲虞舜彈琴處詩

清刻，無紀年，現存山西運城鹽池神廟。

京都大學人文科學研究所：

一張，紙本墨拓，原片，編號：SIN0425X。

6703　龍興寺鑄金銅像菩薩并蓋大悲寶閣序

清刻，無紀年，現存河北正定隆興寺。

京都大學人文科學研究所：

一張，紙本墨拓，原片，編號：SIN0439X。

6704　龍興寺大悲閣須彌座石刻

清刻，無紀年，現存河北正定隆興寺。

京都大學人文科學研究所：

一張，紙本墨拓，原片，編號：SIN0440X。

6705　謁孟子廟五律

清刻，無紀年，現存山東鄒城孟廟。

京都大學人文科學研究所：

　　　一張，紙本墨拓，原片，編號：SIN0441X。

6706　謁孟子廟七絶三首

清刻，無紀年，現存山東鄒城孟廟。

京都大學人文科學研究所：

　　　一張，紙本墨拓，原片，編號：SIN0442X。

6707　十方檀信徒流芳萬古題名記

清刻，無紀年，現存山西忻州五臺山碧山寺。

京都大學人文科學研究所：

　　　一張，紙本墨拓，原片，編號：SIN0453X。
　　　一張，紙本墨拓，原片，編號：SIN0454X。
　　　一張，紙本墨拓，原片，編號：SIN0455X。

6708　北山寺詩

清刻，無紀年，現存山西忻州五臺山碧山寺。

京都大學人文科學研究所：

　　　一張，紙本墨拓，原片，編號：SIN0460X。
　　　一張，紙本墨拓，原片，編號：SIN0461X。

6709　南路口詩

清刻，無紀年，現存山西忻州五臺山碧山寺。

京都大學人文科學研究所：

　　　一張，紙本墨拓，原片，編號：SIN0462X。

6710　文天祥像

清刻，無紀年，現存北京文丞相祠。

京都大學人文科學研究所：

　　　一張，紙本墨拓，原片，編號：SIN0417X。

6711　張天師像

清刻，無紀年，今藏地不詳。

京都大學人文科學研究所：

　　　　一張，紙本墨拓，原片，編號：SIN0435X。

6712　杜甫像

清刻，無紀年，今藏地不詳。

京都大學人文科學研究所：

　　　　一張，紙本墨拓，原片，編號：SIN0444X。

6713　丁敬像

清刻，無紀年，今藏地不詳。

京都大學人文科學研究所：

　　　　一張，紙本墨拓，原片，編號：SIN0386X。

6714　岳飛像

清刻，無紀年，今藏地不詳。

京都大學人文科學研究所：

　　　　一張，紙本墨拓，原片，編號：SIN0387X。

6715　元始天尊像

清刻，無紀年，今藏地不詳。

淑德大學書學文化中心：

　　　　一軸，紙本墨拓，卷軸，編號：196921。

6716　孔子周流圖

清刻，無紀年，現存山東曲阜孔廟。

京都大學人文科學研究所：

　　　　一張，紙本墨拓，原片，編號：SIN0411A。
　　　　一張，紙本墨拓，原片，編號：SIN0411B。
　　　　一張，紙本墨拓，原片，編號：SIN0411C。
　　　　一張，紙本墨拓，原片，編號：SIN0411D。
　　　　一張，紙本墨拓，原片，編號：SIN0411E。
　　　　一張，紙本墨拓，原片，編號：SIN0411F。
　　　　一張，紙本墨拓，原片，編號：SIN0411G。
　　　　一張，紙本墨拓，原片，編號：SIN0411H。
　　　　一張，紙本墨拓，原片，編號：SIN0411I。
　　　　一張，紙本墨拓，原片，編號：SIN0411J。
　　　　一張，紙本墨拓，原片，編號：SIN0411K。

一張，紙本墨拓，原片，編號：SIN0411L。
一張，紙本墨拓，原片，編號：SIN0411M。
一張，紙本墨拓，原片，編號：SIN0411N。
一張，紙本墨拓，原片，編號：SIN0411O。
一張，紙本墨拓，原片，編號：SIN0411P。
一張，紙本墨拓，原片，編號：SIN0411Q。
一張，紙本墨拓，原片，編號：SIN0411R。
一張，紙本墨拓，原片，編號：SIN0411S。
一張，紙本墨拓，原片，編號：SIN0411T。
一張，紙本墨拓，原片，編號：SIN0411U。
一張，紙本墨拓，原片，編號：SIN0411V。
一張，紙本墨拓，原片，編號：SIN0411W。
一張，紙本墨拓，原片，編號：SIN0411X。
一張，紙本墨拓，原片，編號：SIN0411Y。
一張，紙本墨拓，原片，編號：SIN0411Z。
一張，紙本墨拓，原片，編號：SIN0412A。
一張，紙本墨拓，原片，編號：SIN0412B。
一張，紙本墨拓，原片，編號：SIN0412C。
一張，紙本墨拓，原片，編號：SIN0412D。
一張，紙本墨拓，原片，編號：SIN0412E。
一張，紙本墨拓，原片，編號：SIN0412F。
一張，紙本墨拓，原片，編號：SIN0412G。
一張，紙本墨拓，原片，編號：SIN0412H。
一張，紙本墨拓，原片，編號：SIN0412I。
一張，紙本墨拓，原片，編號：SIN0412J。
一張，紙本墨拓，原片，編號：SIN0412K。
一張，紙本墨拓，原片，編號：SIN0412L。
京都大學人文科學研究所：
一張，紙本墨拓，原片，編號：SIN0385X。
一張，紙本墨拓，原片，編號：SIN0384X。

6717　至聖先師孔子廟圖

清刻，無紀年，現存山東曲阜孔廟。
京都大學人文科學研究所：
一張，紙本墨拓，原片，編號：SIN0382X。
一張，紙本墨拓，原片，編號：SIN0383X。

6718 河東鹽池圖

清刻，無紀年，現存山西運城鹽池神廟。

京都大學人文科學研究所：

一張，紙本墨拓，原片，編號：SIN0423X。

6719 焦山勝境全圖

清刻，無紀年，現藏於江蘇蘇州碑刻博物館。

京都大學人文科學研究所：

一張，紙本墨拓，原片，編號：SIN0388A。

6720 甘露勝境全圖

清刻，無紀年，現藏於江蘇蘇州碑刻博物館。

京都大學人文科學研究所：

一張，紙本墨拓，原片，編號：SIN0388B。

6721 銀山勝境全圖

清刻，無紀年，現藏於江蘇蘇州碑刻博物館。

京都大學人文科學研究所：

一張，紙本墨拓，原片，編號：SIN0388C。

6722 金山勝境全圖

清刻，無紀年，現藏於江蘇蘇州碑刻博物館。

京都大學人文科學研究所：

一張，紙本墨拓，原片，編號：SIN0388D。

6723 天平禁山圖

清刻，無紀年，現藏於江蘇蘇州碑刻博物館。

京都大學人文科學研究所：

一張，紙本墨拓，原片，編號：SIN0389X。

6724 鄭燮竹圖

清刻，無紀年，現藏於江蘇蘇州碑刻博物館。

宇野雪村文庫：

一張，紙本朱拓，原片，編號：1792。

無紀年

6725　歸元寺歸元十大願碑

無紀年，現存湖北武漢歸元寺。

東北大學附屬圖書館：

　　一幅，紙本墨拓，原片，常盤大定舊藏。

6726　重建瓦官寺祝釐□□聖壽記碑

無紀年，原在江蘇南京鳳凰臺遺址。

東北大學附屬圖書館：

　　一幅，紙本墨拓，原片，常盤大定舊藏。

6727　敕賜嵩顯禪寺碑

無紀年，現藏於甘肅博物館。

東北大學附屬圖書館：

　　二幅，紙本墨拓，原片，常盤大定舊藏。

6728　石鼓書院神禹碑

無紀年，現存湖南衡陽石鼓書院。

東北大學附屬圖書館：

　　一幅，紙本墨拓，原片，常盤大定舊藏。

　　一幅，紙本墨拓，原片，常盤大定舊藏。

6729　占春園記碑

無紀年，今藏地不詳。

宇野雪村文庫：

　　一張，紙本墨拓，原片，編號：1998。

6730 南華寺六祖像碑

無紀年，現存廣東曲江南華寺。

東北大學附屬圖書館：

　　　一幅，紙本墨拓，原片，常盤大定舊藏。

6731 佛頂尊勝陀羅尼咒之帔碑

無紀年，今藏地不詳。

東北大學附屬圖書館：

　　　一幅，紙本墨拓，原片，常盤大定舊藏。

6732 道窟碑文

無紀年，今藏地不詳。

東北大學附屬圖書館：

　　　一幅，一組三拓，紙本墨拓，原片，常盤大定舊藏。

6733 少林寺歷代墓塔銘

無紀年，現存河南登封少林寺。

東北大學附屬圖書館：

　　　一幅，紙本墨拓，原片，常盤大定舊藏。
　　　一幅，紙本墨拓，原片，常盤大定舊藏。
　　　一幅，紙本墨拓，原片，常盤大定舊藏。
　　　一幅，紙本墨拓，原片，常盤大定舊藏。
　　　一幅，紙本墨拓，原片，常盤大定舊藏。

6734 西林寺塔磚銘

無紀年，現存江西九江西林寺。

東北大學附屬圖書館：

　　　一幅，紙本墨拓，原片，常盤大定舊藏。

6735 重建能仁寺大雄寶殿記

無紀年，現存浙江嘉興能仁寺。

東北大學附屬圖書館：

　　　一幅，紙本墨拓，原片，常盤大定舊藏。

6736 西域寺大殿前佛幢

無紀年，現存山西朔州山陰西域寺。

東北大學附屬圖書館：

一幅，紙本墨拓，原片，常盤大定舊藏。

6737　涿州司候内坊方實建頂幢

無紀年，原在河北涿州，端方舊藏，久佚。

京都大學人文科學研究所：

一張，紙本墨拓，原片，編號：SOU0608X。

6738　米氏女墓誌蓋

無紀年，今藏地不詳。

淑德大學書學文化中心：

四册二百一十九張，紙本墨拓，册頁，編號：197910-7913。

6739　孫模葬柩磚

無紀年，今藏地不詳。

淑德大學書學文化中心：

四册二百一十九張，紙本墨拓，册頁，編號：197910-7913。

6740　戴傳妻磚

無紀年，今藏地不詳。

淑德大學書學文化中心：

四册二百一十九張，紙本墨拓，册頁，編號：197910-7913。

6741　孟珍妻焦磚

無紀年，今藏地不詳。

淑德大學書學文化中心：

四册二百一十九張，紙本墨拓，册頁，編號：197910-7913。

6742　忠孝二字刻石

無紀年，現存武夷山二曲溪南勒馬巖。

東京藝術大學藝術資料館：

一張，紙本墨拓，掛幅裝，157.0×72.2，編號：366。

一張，紙本墨拓，掛幅裝，156.0×72.2，編號：367。

6743　石虎

無紀年，原在陝西漢中褒谷石門摩崖，現藏於漢中市博物館。

宇野雪村文庫：

　　　　一張，紙本墨拓，原片，編號：1316。

　　　　一張，紙本墨拓，原片，編號：1505。

京都大學人文科學研究所：

　　　　一張，紙本墨拓，原片，編號：KAN0084X。

淑德大學書學文化中心：

　　　　一軸，紙本墨拓，卷軸，編號：195003。

　　　　一張，紙本墨拓，原片，編號：198612。

金石拓本研究會：

　　　　一張，紙本墨拓，原片，93.5×56.7。

大阪市立美術館：

　　　　一張，紙本墨拓，原片，編號：2729。

白扇書道會：

　　　　一張，紙本墨拓，全拓，90.0×56.0，種谷扇舟舊藏。

6744　石門

無紀年，原在陝西漢中褒谷石門摩崖，現藏於漢中市博物館。

宇野雪村文庫：

　　　　一張，紙本墨拓，原片，編號：1315。

京都大學人文科學研究所：

　　　　一張，紙本墨拓，原片，編號：KAN0083X。

淑德大學書學文化中心：

　　　　一軸，紙本墨拓，卷軸，編號：195003。

　　　　一張，紙本墨拓，原片，編號：198613。

金石拓本研究會：

　　　　一張，紙本墨拓，原片，87.0×50.0。

大阪市立美術館：

　　　　一張，紙本墨拓，原片，編號：2729。

寄鶴軒：

　　　　一張，紙本墨拓，全拓。

白扇書道會：

　　　　一張，紙本墨拓，全拓，95.0×50.0，種谷扇舟舊藏。

6745　玉盆

無紀年，原在陝西漢中褒谷石門摩崖，現藏於漢中市博物館。

宇野雪村文庫：

　　　一張，紙本墨拓，原片，編號：1311。

京都大學人文科學研究所：

　　　一張，紙本墨拓，原片，編號：KAN0085X。

淑德大學書學文化中心：

　　　一軸，紙本墨拓，卷軸，編號：195003。

　　　一張，紙本墨拓，原片，編號：198611。

金石拓本研究會：

　　　一張，紙本墨拓，原片，103.0×61.0。

大阪市立美術館：

　　　一張，紙本墨拓，原片，編號：2729。

白扇書道會：

　　　一張，紙本墨拓，全拓，42.0×30.0，種谷扇舟舊藏。

6746　衮雪

無紀年，原在陝西漢中褒谷石門摩崖，現藏於漢中市博物館。

書道博物館：

　　　一張，紙本墨拓，全拓。

東洋文庫：

　　　二張，紙本墨拓，原片，［1］83.0×46.0，［2］62.0×132.0，編號：XI-6-A-10。

宇野雪村文庫：

　　　一張，紙本墨拓，原片，編號：1314。

大阪市立美術館：

　　　一張，紙本墨拓，原片，編號：2729。

京都大學人文科學研究所：

　　　一張，紙本墨拓，原片，編號：GIS0031X。

淑德大學書學文化中心：

　　　一軸，紙本墨拓，卷軸，編號：195003。

　　　一張，紙本墨拓，原片，編號：198610。

白扇書道會：

　　　一張，紙本墨拓，全拓，47.0×125.0，種谷扇舟舊藏。

6747　雲門山陽石壁題銘

無紀年，現存山東青州雲門山石窟。

淑德大學書學文化中心：

　　　二張，紙本墨拓，原片，編號：198016。

白扇書道會：

一張，紙本墨拓，全拓，69.0×160.0，種谷扇舟舊藏。

6748 寶山石窟石刻

無紀年，現存河南安陽寶山石窟。

淑德大學書學文化中心：

一張，大乘妙偈，紙本墨拓，托裱，編號：001273。

一張，大乘妙偈，紙本墨拓，托裱，編號：001274。

一張，涅槃經偈，紙本墨拓，托裱，編號：197213，天放樓舊藏。

東北大學附屬圖書館：

一幅，世尊去世傳法聖師像，紙本墨拓，常盤大定舊藏。

一幅，造像記，紙本墨拓，常盤大定舊藏。

一幅，造像記一種、刻經二種，紙本墨拓，常盤大定舊藏。

一幅，造像記三種、刻經三種、懺悔文一種，紙本墨拓，常盤大定舊藏。

一幅，大涅槃經無常偈、大集法滅盡品、勝鬘經如來常住文、大留聖窟、道馮造，紙本墨拓，常盤大定舊藏。

一幅，嘉運、僧堪、道雲、大信、呂小師、法珍、慧登、玄方，紙本墨拓，常盤大定舊藏。

一幅，慧林、慧静、大德智，紙本墨拓，常盤大定舊藏。

一幅，刻經，紙本墨拓，常盤大定舊藏。

京都大學人文科學研究所：

一張，紙本墨拓，原片，編號：ZUI0029X。

大阪市立美術館：

一帖，紙本墨拓，剪裝，編號：2622。

6749 小西天雷音洞題名

無紀年，現存北京石經山雷音洞。

東北大學附屬圖書館：

一幅，紙本墨拓，原片，常盤大定舊藏。

6750 唐大敏造像記

無紀年，今藏地不詳。

淑德大學書學文化中心：

一軸，紙本墨拓，卷軸，編號：195939。

一軸，紙本墨拓，卷軸，編號：196797。

一軸，紙本墨拓，卷軸，編號：195442。

一軸，紙本墨拓，卷軸，編號：196909。

6751　無字造像記

無紀年，今藏地不詳。

淑德大學書學文化中心：

　　　一軸，紙本墨拓，卷軸，編號：198362。

6752　端方藏石造像記

無紀年，今藏地不詳。

淑德大學書學文化中心：

　　　一軸，紙本墨拓，卷軸，編號：198647。

6753　□顯造像記

無紀年，今藏地不詳。

宇野雪村文庫：

　　　一張，紙本墨拓，編號：1636。

6754　與不生等字殘石

無紀年，今藏地不詳。

淑德大學書學文化中心：

　　　一軸，紙本墨拓，卷軸，編號：198318。

6755　阿彌陀佛題字

無紀年，今藏地不詳。

淑德大學書學文化中心：

　　　一軸，紙本墨拓，卷軸，編號：196859。

6756　大悲菩薩題字

無紀年，今藏地不詳。

淑德大學書學文化中心：

　　　一軸，紙本墨拓，卷軸，編號：198326。

6757　河內觀心寺本尊後背銘

無紀年，今藏地不詳。

宇野雪村文庫：

　　　一張，紙本墨拓，原片，編號：2003。

6758　佛教殘石

無紀年，今藏地不詳。

京都大學人文科學研究所：

　　　　一張，紙本墨拓，原片，編號：SOU0609X。

6759　樂亭篆文石刻

無紀年，現存山東曲阜顏廟。

京都大學人文科學研究所：

　　　　一張，紙本墨拓，原片，編號：SOU0629X。

6760　泰山頂上作記

無紀年，現存山東泰安泰山。

京都大學人文科學研究所：

　　　　一張，紙本墨拓，原片，編號：SOU0631X。

6761　孫慶之等白龍池題名

無紀年，現存山東泰安泰山。

京都大學人文科學研究所：

　　　　一張，紙本墨拓，原片，編號：SOU0637X。

6762　歸元寺觀音大士聖像

無紀年，現存湖北武漢歸元寺。

東北大學附屬圖書館：

　　　　一幅，紙本墨拓，原片，常盤大定舊藏。

6763　玉泉寺觀音大士像

無紀年，現存湖北當陽玉泉寺。

東北大學附屬圖書館：

　　　　一幅，紙本墨拓，原片，常盤大定舊藏。

6764　秀峰寺觀音菩薩像

無紀年，現存江西九江秀峰寺。

東北大學附屬圖書館：

　　　　一幅，紙本墨拓，原片，常盤大定舊藏。

6765 少林寺達摩坐禪像

無紀年，現存河南登封少林寺。

東北大學附屬圖書館：

一幅，紙本墨拓，原片，常盤大定舊藏。

6766 天龍山石窟菩薩像

無紀年，現存山西太原天龍山石窟。

東北大學附屬圖書館：

一幅，紙本墨拓，原片，常盤大定舊藏。

東洋文庫：

六軸，紙本墨拓，卷軸，編號：Ⅵ-2-1。

6767 天龍寺造像

無紀年，現存山西太原天龍山石窟。

淑德大學書學文化中心：

一軸，紙本墨拓，卷軸，編號：196364-69。

6768 釗公大法師像

無紀年，今藏地不詳。

東北大學附屬圖書館：

一幅，紙本墨拓，原片，常盤大定舊藏。

6769 佛像

無紀年，今藏地不詳。

淑德大學書學文化中心：

一軸，紙本墨拓，卷軸，編號：196822。

6770 龍門圖

無紀年，今藏地不詳。

東北大學附屬圖書館：

一幅，紙本墨拓，原片，常盤大定舊藏。

6771 浙江省古代磚拓片

無紀年。

淑德大學書學文化中心：

　　　　一百八十五張，紙本墨拓，原片，編號：000142。

6772　吴廷康藏磚拓片

無紀年。

淑德大學書學文化中心：

　　　　一册，紙本墨拓，册頁，編號：198984-8986。

　　　　四册，紙本墨拓，册頁，編號：001695。

6773　周進藏石拓本

無紀年。

淑德大學書學文化中心：

　　　　九十二張，紙本墨拓，原片，編號：198508-8600。

6774　馬起鳳舊藏磚册

無紀年。

淑德大學書學文化中心：

　　　　一册，紙本墨拓，册頁，編號：001741。

6775　陳介祺藏磚拓

無紀年。

淑德大學書學文化中心：

　　　　一册，紙本墨拓，册頁，編號：001819。

6776　三國至明磚拓

無紀年。

淑德大學書學文化中心：

　　　　二十八張，紙本墨拓，原片，編號：001948。

6777　小品拓

無紀年。

宇野雪村文庫：

　　　　三張，紙本墨拓，原片，編號：1813。

參考文獻

1. 歐陽修：《集古録跋尾》，清光緒十三年（1887）朱氏槐廬刻本。

2. 朱長文：《墨池編》，文淵閣《四庫全書》本。

3. 歐陽棐：《集古録目》，清光緒十四年（1888）槐廬自刻本。

4. 黄伯思：《東觀餘論》，《學津討原》本。

5. 趙明誠：《金石録》，清乾隆二十七年（1762）德州盧氏雅雨堂刻本。

6. 鄭樵：《金石略》，清光緒八年至三十年（1882—1904）刻本。

7. 王象之：《輿地碑記目》，《粵雅堂叢書》本。

8. 佚名：《寶刻類編》，清道光十八年（1838）刊本。

9. 陳思：《寶刻叢編》，清光緒十四年（1888）吳興陸氏十萬卷樓刻本。

10. 陶宗儀：《古刻叢鈔》，清嘉慶十六年（1811）蘭陵孫星衍平津館重編本。

11. 顧起元：《金陵古金石考目》，民國三十七年（1948）合衆圖書館紅印本。

12. 于奕正：《天下金石志》，明崇禎五年（1632）刻本。

13. 顧炎武：《金石文字記》，清光緒十四年（1888）上海掃葉山房刻本。

14. 葉奕苞：《金石録補》，清咸豐元年（1851）海昌蔣氏宜年堂刻本。

15. 胡謐：《山西金石記》，明成化十一年（1475）刻本。

16. 朱晨：《古今碑帖考》，錢塘胡氏刊本。

17. 來濬：《金石備考》，陝西省博物館藏清抄本。

18. 陳夢雷：《古今圖書集成》，民國二十三年（1934）上海中華書局影印康有爲藏本。

19. 王昶：《金石萃編》，清光緒十九年（1893）上海醉六堂石印本。

20. 錢大昕：《潛研堂金石文跋尾》，清光緒十年（1884）長沙龍氏刻本。

21. 畢沅、阮元：《山左金石志》，清嘉慶二年（1797）儀徵阮氏小琅嬛僊館刻本。

22. 畢沅：《中州金石記》，清光緒十三年（1887）上海大同書局石印本。

23. 翁方綱：《復初齋文集》，清道光十六年（1836）李彥章刻本。

24. 武億：《授堂金石跋》，清道光二十三年（1843）《授堂遺書》刻本。

25. 武億：《授堂金石文字續跋》，清道光二十三年（1843）《授堂遺書》刻本。

26. 武億：《偃師金石遺文記》，清乾隆五十三年（1788）小石山房刻本。

27. 武億：《安陽縣金石録》，清嘉慶二十四年（1819）刻本。

28. 趙魏：《竹崦庵金石目録》，清宣統元年（1909）刻本。

29. 馮敏昌：《孟縣金石志》，清乾隆五十五年（1790）刻本。

30. 趙紹祖：《金石文鈔》，清嘉慶七年（1802）涇縣趙氏刻本。

31. 趙紹祖：《金石續鈔》，清嘉慶七年（1802）涇縣趙氏刻本。

32. 趙紹祖：《古墨齋金石跋》，清道光十二年（1832）涇縣趙氏刻本。

33. 孫星衍：《續古文苑》，清嘉慶十七年（1812）冶城山館刻本。

34. 嚴可均：《鐵橋金石跋》，清光緒三十一年（1905）秀水王氏刻本。

35. 嚴可均：《平津館金石萃編》，嘉業堂抄本。

36. 嚴可均：《全上古三代秦漢三國六朝文》，清光緒十三年（1887）廣州廣雅書局刻本。

37. 李富孫：《漢魏六朝墓銘纂例》，別下齋校勘本。

38. 洪頤煊：《平津讀碑記》，清光緒十一年（1885）德化李氏木犀軒刻本。

39. 洪頤煊：《平津讀碑記三續》，清光緒十一年（1885）德化李氏木犀軒刻本。

40. 馮雲鵬、馮雲鵷：《金石索·石索》，清光緒三十二年（1906）上海文新書局石印本。

41. 瞿中溶：《古泉山館金石文編殘稿》，民國五年（1916）烏程張氏《適園叢書》刻本。

42. 陸耀遹：《金石續編》，清同治十三年（1874）毗陵雙白燕堂刻本。

43. 黄本驥：《古誌石華》，清道光二十七年（1847）三長物齋刻本。

44. 韓崇：《寶鐵齋金石文跋尾》，清光緒四年（1878）滂喜齋刻本。

45. 朱士端：《宜禄堂收藏金石記》，清同治二年（1863）《春雨樓叢書》刻本。

46. 方履籛：《金石萃編補正》，清光緒二十年（1894）上海醉六堂石印本。

47. 沈濤：《常山貞石志》，清光緒二十年（1894）靈溪精舍刻本。

48. 何紹基：《東洲草堂金石跋》，民國五年（1916）西泠印社聚珍本。

49. 張穆：《房齋文集》，清咸豐八年（1858）壽陽祁氏刻本。

50. 李佐賢：《石泉書屋金石題跋》，民國九年（1920）江浦陳氏刻本。

51. 陸增祥：《八瓊室金石補正》，民國十四年（1925）吴興劉氏希古樓刻本。

52. 陸增祥：《八瓊室金石袪僞》，民國十四年（1925）吴興劉氏希古樓刻本。

53. 汪鋆：《十二硯齋金石過眼録》，民國二十年（1931）揚州陳恒和書林刻本。

54. 汪鋆：《十二硯齋金石過眼續録》，民國二十年（1931）揚州陳恒和書林刻本。

55. 傅以禮：《有萬憙齋石刻跋》，民國十年（1921）山陰吴氏西泠印社印本。

56. 傅以禮：《華延年室題跋》，清宣統元年（1909）餘姚俞人蔚鉛印本。

57. 趙之謙：《六朝别字記》，民國八年（1919）上海商務印書館石印本。

58. 李慈銘：《越縵堂文集》，民國十九年（1930）北平圖書館鉛印本。

59. 毛鳳枝：《關中金石文字存逸考》，清光緒二十七年（1901）會稽顧氏刻本。

60. 黄瑞：《台州磚録》，民國三年（1914）吴興劉氏嘉業堂刻本。

61. 楊守敬：《壬癸金石跋》，清光緒三十三年（1907）宜都楊氏鄰蘇園刻本。

62. 胡聘之：《山右石刻叢編》，清光緒二十七年（1901）刻本。

63. 鄭業斅：《獨笑齋金石考略》，清光緒十三年（1887）長沙鄭氏刻本。

64. 徐樹鈞：《寶鴨齋題跋》，清宣統二年（1910）宏文社石印本。

65. 李宗蓮：《懷岷精舍金石跋尾》，民國十六年（1927）鉛印本。

66. 繆荃孫：《藝風堂金石文字續目》，民國三十三年（1944）抄本。

67. 繆荃孫：《藝風堂文漫存乙丁稿》，民國初年間江陰繆氏刻本。

68. 繆荃孫：《藝風堂文集》，清光緒二十六年（1900）刻本。

69. 王頌蔚：《寫禮廎讀碑記》，民國四年（1915）鄩溪王氏刻本。

70. 沈曾植：《寐叟題跋二集》，民國十五年（1926）上海商務印書館石印本。

71. 丁紹基：《求是齋碑跋》，民國五年（1916）烏程張氏《適園叢書》刻本。

72. 高鴻裁：《上陶室磚瓦文攟》，山東省立圖書館拓本。

73. 楊世沅：《句容金石記》，清光緒三十四年（1908）鉛印本。

74. 張仲炘：《湖北金石志》，清光緒間湖北通志局刻本。

75. 端方：《匋齋藏石記》，清宣統元年（1909）石印本。

76. 端方：《匋齋藏磚記》，清宣統元年（1909）石印本。

77. 陳漢章：《集古錄補目》，民國年間鉛印本。

78. 賈恩紱等：《定縣志》，民國二十三年（1934）刻本。

79. 羅振玉：《中州冢墓遺文》，民國間上虞羅氏刻本。

80. 羅振玉：《芒洛冢墓遺文》，民國間上虞羅氏刻本。

81. 羅振玉：《芒洛冢墓遺文補遺》，民國間上虞羅氏刻本。

82. 羅振玉：《芒洛冢墓遺文續編》，民國間上虞羅氏刻本。

83. 羅振玉：《芒洛冢墓遺文續補》，民國間上虞羅氏刻本。

84. 羅振玉：《芒洛冢墓遺文三編》，民國間上虞羅氏刻本。

85. 羅振玉：《芒洛冢墓遺文四編》，民國間上虞羅氏刻本。

86. 羅振玉：《芒洛冢墓遺文四編補遺》，民國間上虞羅氏刻本。

87. 羅振玉：《京畿冢墓遺文》，民國間上虞羅氏刻本。

88. 羅振玉：《山左冢墓遺文》，民國間上虞羅氏刻本。

89. 羅振玉：《山右冢墓遺文》，民國間上虞羅氏刻本。

90. 羅振玉：《鄴下冢墓遺文》，民國間上虞羅氏刻本。

91. 羅振玉：《鄴下冢墓遺文二編》，民國間上虞羅氏刻本。

92. 羅振玉：《丙寅稿》，民國十六年（1927）上虞羅氏鉛印本。

93. 羅振玉：《丁戊稿》，民國十八年（1929）上虞羅氏鉛印本。

94. 羅振玉：《遼居乙稿》，民國二十年（1931）上虞羅氏石印本。

95. 羅振玉：《松翁未焚稿》，民國二十二年（1933）上虞羅氏石印本。

96. 羅振玉：《蒿里遺文目錄》，民國十五年（1926）東方學會鉛印本。

97. 羅振玉：《蒿里遺文目錄續編》，民國十八年（1929）上虞羅氏石印本。

98. 羅振玉：《雪堂專錄》，民國七年（1918）上虞羅氏石印本。

99. 羅振玉：《雪堂金石文字跋尾》，民國九年（1920）上虞羅氏貽安堂刻本。

100. 羅振玉：《松翁近稿》，民國十四年（1925）上虞羅氏鉛印本。

101. 羅振玉：《面城精舍雜文》甲、乙編，各一卷，清光緒十八年（1892）上虞羅氏刻本。

102. 羅振玉：《六朝墓誌菁英》，民國六年（1917）上虞羅氏影印本。

103. 方若：《校碑隨筆》，民國十二年（1923）上海華璋書局石印本。

104. 范壽銘：《循園古冢遺文跋尾》，民國十九年（1930）金佳石好樓石印本。

105. 范壽銘：《循園金石文字跋尾》，民國十二年（1923）金佳石好樓石印本。

106. 顧燮光：《夢碧簃石言》，民國十四年（1925）上海科學儀器館鉛印本。

107. 顧燮光：《古誌新目初編》，民國二十三年（1934）金佳石好樓石印本。

108. 顧燮光：《古誌匯目初集六卷》，民國二十三年（1934）石印本。

109. 劉承幹：《希古樓金石萃編》，民國二十二年（1933）吳興劉氏希古樓刻本。

110. 周樹人：《俟堂專文雜集》，1960 年北京文物出版社影印本。

111. 姬佛陀：《廣倉專錄》，民國六年（1917）上海廣倉學窘影印本。

112. 張維：《隴右金石錄》，民国三十二年（1943）甘肅省文獻徵集委員會校印本。

113. 何日章：《河南圖書館藏石跋》，民國十四年（1925）河南官印刷局鉛印本。

114. 羅福頤：《滿洲金石志別錄》，民國二十六年（1937）滿日文化協會石印本。

115. 趙萬里：《漢魏六朝冢墓遺文圖錄》，民國二十五年（1936）北京中央研究院歷史語言研究所鉛印本。

116. 江蘇通志局：《江蘇金石志》，民國十六年（1927）江蘇通志局石印本。

117. 高鈝：《武鄉金石志》，清康熙三十一年（1692）刊本。

118. 吳鎬：《漢魏六朝志墓金石例》，常熟鮑氏後知不足齋刻本。

119. 夏寶晉：《山右金石錄跋尾》，清咸豐四年（1854）木威喜室刻本。

120. 黄立猷：《石刻名彙》，民國十五年（1926）沔陽黃氏萬碑館鉛印本。

121. 吳鼎昌：《誌石文錄》，民國間鉛印本。

122. 吳鼎昌：《誌石文錄續編》，民國間鉛印本。

123. 中村不折：《名碑百選》，東京：雄山閣 1931 年版。

124. 中村丙午郎：《書道博物館陳列品目錄（昭和十年十二月現在）》，東京：書道博物館 1935 年版。

125. 中村丙午郎：《書道博物館陳列品目錄（昭和十一年十二月現在）》，東京：書道博物館 1936 年版。

126. 中村丙午郎：《書道博物館陳列品目錄（昭和十四年七月現在）》，東京：書道博物館 1939 年版。

127. 藤原楚水：《書道博物館所藏法帖目錄》，《書苑》1-7—2-11，東京：三省堂，1937—1938 年。

128. 佚名：《書道博物館藏金石拓本目錄（1）—（22）》，《書苑》3-1—6-3，東京：三省堂，1939—1942 年。

129. 大崎新吉：《集古明鑑》，東京：大塚巧藝社株式會社 1962 年版。

130. 高島菊次郎：《槐安居樂事》，東京：求龍堂 1964 年版。

131. 東京國立博物館：《高島菊次郎氏寄贈中國美術展》，東京：東京國立博物館 1965 年版。

132. 京都國立博物館：《上野有竹齋蒐集中國書畫圖録》，京都：便利堂 1966 年版。

133. 朝日新聞社：《天理參考館圖録》（中國篇），東京：大日本印刷株式會社 1967 年版。

134. 中村準佑：《寧樂譜》，奈良：寧樂美術館 1969 年版。

135. 東洋文庫：《東洋文庫新收拓本目録稿》，《東洋文庫書報》3—5，1971 年—1973 年。

136. 東京都立中央圖書館：《東京都立中央圖書館藏特買上文庫目録：諸家拓本（中國·朝鮮）》，東京：東京都立中央圖書館 1974 年版。

137. 北九州市立美術館：《北九州市立美術館常設展：畫像石拓本展》，北九州：北九州市立美術館 1975 年版。

138. 中田勇次郎：《中國墓誌精華》，東京：中央公論社 1975 年版。

139. 書學院出版部：《藏拓古磚集録》，東京：玄美社 1975 年版。

140. 每日新聞社《重要文化財》委員會事務局：《重要文化財總目録》（書迹·典籍·古文書編），東京：圖書印刷株式會社 1977 年版。

141. 書壇院：《鄭道昭特集：吉田苞竹記念會館圖録·第七號》，東京：書道新聞社 1977 年版。

142. 書壇院：《漢碑拓片特集：吉田苞竹記念會館圖録·第九號》，東京：書道新聞社 1977 年版。

143. 大阪外國語大學附屬圖書館：《石濱文庫目録：大阪外國語大學所藏》，大阪：大阪外國語大學附屬圖書館 1977 年版。

144. 下中邦彥：《書道全集》，東京：平凡社 1977 年版。

145. 馬衡：《凡將齋金石叢稿》，北京：中華書局 1977 年版。

146. 大阪市立美術館：《大阪市立美術館紀要·中國金石拓本目録》，大阪：大阪市立美術館 1978 年版。

147. 書壇院：《唐·墓誌銘特集：吉田苞竹記念會館圖録·第十二號》，東京：書道新聞社 1979 年版。

148. 書壇院：《唐·墓誌銘特集（二）：吉田苞竹記念會館圖録·第十三號》，東京：書道新聞社 1979 年版。

149. 方若、王壯弘：《增補校碑隨筆》，上海：上海書畫出版社 1981 年版。

150. 楊震方：《碑帖叙録》，上海：上海古籍出版社 1982 年版。

151. 《歷代碑帖法書選》編輯組：《歷代碑帖法書選》，北京：文物出版社 1982 年版。

152. 書壇院：《西安碑林拓本特集（一）：吉田苞竹記念會館圖録·第十九號》，東京：書道新聞社 1982 年版。

153. 書壇院：《西安碑林拓本特集（二）：吉田苞竹記念會館圖録·第二十號》，東京：書道新聞社 1983 年版。

154. 二玄社：《原色法帖選》，東京：二玄社株式會社 1984—2000 年版。

155. 書壇院：《第二回鄭道昭特集（拓本·寫真）：吉田苞竹記念會館圖録·第二十二號》，東京：書道新聞社 1984 年版。

156. 河南省文物研究所、河南省洛陽地區文管處：《千唐誌齋藏誌》，北京：文物出版社 1984 年版。

157. 張彥生：《善本碑帖錄》，北京：中華書局 1984 年版。

158. 小川貫弌：《金石文拓本目錄：龍谷大學圖書館藏故高雄義堅和上收集》，京都：龍谷大學圖書館 1984 年版。

159. 黑川古文化研究所：《黑川古文化研究所收藏品目錄》，西宫：黑川古文化研究所 1985 年版。

160. 書壇院：《龍門造像特集（二十品・五十品）：吉田苞竹記念會館圖錄・第二十四號》，東京：書道新聞社 1985 年版。

161. 秦公：《碑别字新編》，北京：文物出版社 1985 年版。

162. 高文：《漢碑集釋》，鄭州：河南大學出版社 1985 年版。

163. 馬子雲：《碑帖鑒定淺説》，北京：紫禁城出版社 1986 年版。

164. 趙萬里：《漢魏南北朝墓誌集釋》，《石刻史料新編》第 3 輯第 3、4 册，臺北：新文豐出版公司 1986 年版。

165. 許寶馴、王壯弘：《北魏墓誌百種》（1—10 輯），上海：上海書畫出版社 1987 年版。

166. 北京魯迅博物館、上海魯迅紀念館：《魯迅輯校石刻手稿》，上海：上海書畫出版社 1987 年版。

167. 中國佛教協會、佛教大學：《中國房山石經拓片展》，京都：佛教大學 1987 年版。

168. 白扇書道會：《種谷扇舟藏原拓書道史展》，東京：大和美術印刷出版部 1987 年版。

169. 陝西省古籍整理辦公室：《北朝墓誌英華》，西安：三秦出版社 1988 年版。

170. 文字文化研究所：《觀峰館收藏圖錄第二號：唐代碑刻》，京都：便利堂株式會社 1988 年版。

171. 北京圖書館金石組：《北京圖書館藏中國歷代石刻拓本滙編》，鄭州：中州古籍出版社 1989—1991 年版。

172. 施蟄存：《北山集古錄》，成都：巴蜀書社 1989 年版。

173. 徐自强：《北京圖書館藏墓誌拓片目錄》，北京：中華書局 1990 年版。

174. 遼寧省博物館：《北魏墓誌二十品》，北京：文物出版社 1990 年版。

175. 王鏞、李淼：《中國古代磚文》，北京：知識出版社 1990 年版。

176. 張鴻傑：《咸陽碑石》，西安：三秦出版社 1990 年版。

177. 西村昭一：《新出土中國歷代書法》，陳滯冬譯，成都：成都出版社 1990 年版。

178. 洛陽市文物工作隊：《洛陽出土歷代墓誌輯繩》，北京：中國社會科學出版社 1991 年版。

179. 有鄰館學藝部：《有鄰館名品展圖册》，京都：日本書藝院 1991 年版。

180. 中濱慎昭：《淑德短期大學藏中國石刻拓本目錄》，愛知：淑德短期大學 1992 年版。

181. 陝西省博物館：《木雞室藏歷代金石名拓展覽》，西安：陝西旅游出版社 1992 年版。

182. 佚名：《日本木雞室收藏拓本選》，《中國書法》1992 年第 4 期。

183. 河南省文物局：《河南碑誌叙錄》，鄭州：中州古籍出版社 1992 年版。

184. 趙超：《漢魏南北朝墓誌彙編》，天津：天津古籍出版社 1992 年初版，2008 年再版。

185. 文物出版社：《中國金石集萃》，《六朝墓誌》（7—8 函），北京：文物出版社 1992—1994 年版。

186. 石永士、王素芳、裴淑蘭：《河北金石輯錄》，石家莊：河北人民出版社 1993 年版。

187. 榮麗華：《1949—1989 四十年出土墓誌目錄》，北京：中華書局 1993 年版。

188. 負安志：《中國北周珍貴文物》，西安：陝西人民美術出版社 1993 年版。

189. 姜豐榮：《泰山歷代石刻選注》，青島：青島海洋大學出版社 1993 年版。

190. 東京藝術大學藝術資料館：《東京藝術大學藝術資料館藏品目錄：拓本》，東京：第一法規出版公司 1993 年版。

191. 金石拓本研究會：《漢碑集成》，京都：同朋舍出版株式會社 1994 年版。

192. 李百勤：《河東出土墓誌録》，太原：山西人民出版社 1994 年版。

193. 中國文物研究所、河南省文物研究所：《新中國出土墓誌·河南〔壹〕》，北京：文物出版社 1994 年版。

194. 羅宗真：《六朝考古》，南京：南京大學出版社 1994 年版。

195. 石井實：《碑法帖·拓本入門》，《墨》21 號，東京：藝術新聞社株式會社 1994 年版。

196. 劉正成：《中國書法全集 13·三國兩晉南北朝墓誌卷》，北京：榮寶齋出版社 1995 年版。

197. 楊殿珣：《石刻題跋索引》（增訂本），北京：商務印書館 1995 年版。

198. 趙力光：《鴛鴦七誌齋藏石》，西安：三秦出版社 1995 年版。

199. 張江濤：《華山碑石》，西安：三秦出版社 1995 年版。

200. 李域錚：《陝西古代石刻藝術》，西安：三秦出版社 1995 年版。

201. 楊守敬：《楊守敬題跋書信遺稿》，成都：巴蜀書社 1996 年版。

202. 觀峰館：《觀峰館收藏品圖録（總合篇）》，京都：日本寫真印刷株式會社 1996 年版。

203. 觀峰館：《第一回特別企畫展：秦漢碑刻臨書展》，京都：日本寫真印刷株式會社 1996 年版。

204. 京都國立博物館：《京都國立博物館藏品圖版目録：書迹篇（中國·朝鮮）》，京都：京都國立博物館 1996 年版。

205. 山東省石刻藝術博物館：《山東石刻藝術選粹·歷代墓誌卷》（1—6 輯），杭州：浙江文藝出版社 1996 年版。

206. 洛陽市第二文物工作隊：《洛陽新獲墓誌》，北京：文物出版社 1996 年版。

207. 包備五：《齊魯碑刻》，濟南：齊魯書社 1996 年版。

208. 山東省地方史志編纂委員會：《山東省志·文物志》，濟南：山東人民出版社 1996 年版。

209. 山西省考古研究所：《山西碑碣》，太原：山西人民出版社 1997 年版。

210. 中原石刻藝術館：《河南碑誌叙録》（二），鄭州：河南美術出版社 1997 年版。

211. 中濱慎昭：《淑德大學書學文化研究中心藏中國石刻拓本目録》，愛知：淑德大學書學文化研究中心 1997 年版。

212. 三井文庫：《三井記念美術館藏品圖録：聽冰閣舊藏碑拓名帖撰——新町三井家》，京都：便利堂株式會社 1998 年版。

213. 胡海帆、湯燕：《北京大學圖書館藏歷代金石拓本菁華》，北京：文物出版社 1998 年版。

214. 故宮博物院《歷代碑帖墨蹟選》編輯組：《故宮博物院珍藏歷代碑帖墨蹟選》，北京：紫禁城出版社 1998 年版。

215. 殷蓀：《中國磚銘》，南京：江蘇美術出版社 1998 年版。

216. 日本書藝院：《五島美術館所藏宇野雪村收藏圖册》，東京：東京書籍株式會社 1998 年版。

217. 高峽：《西安碑林全集》，廣州：廣東經濟出版社，深圳：海天出版社 1999 年版。

218. 王綿厚、王海萍：《遼寧省博物館藏碑誌精粹》，北京：文物出版社，東京：日本中教出版株式會社 2000 年版。

219. 拓殖大學圖書館：《佐藤安之助文庫〈龍門石窟造像記〉拓本分類目録》，《拓殖大學圖書館藏書目録 18》，2000 年。

220. 中國文物研究所、陝西省古籍整理辦公室：《新中國出土墓誌·陝西〔壹〕》，北京：文物出版社 2000 年版。

221. 三井文庫：《別館開館 15 周年記念：館藏名品撰》，京都：便利堂株式會社 2000 年版。

222. 趙平：《中國西北地區歷代石刻匯編》，天津：天津古籍出版社 2000 年版。

223. 書道博物館：《書道博物館圖録》，東京：臺東區藝術文化財團 2000 年版。

224. 周天游：《尋覓散落的瑰寶——陝西歷史博物館徵集文物精粹》，西安：三秦出版社 2000 年版。

225. 孫啓治等：《北魏墓誌選粹》，武漢：湖北美術出版社 2001 年版。

226. 北京圖書館出版社：《墓誌精華三十八種》，北京：北京圖書館出版社 2001 年版。

227. 朱亮：《洛陽出土北魏墓誌選編》，北京：科學出版社 2001 年版。

228. 洛陽市文物工作隊：《洛陽出土墓誌目録》，北京：朝華出版社 2001 年版。

229. 嘯滄：《古代善本碑帖選萃》，北京：榮寶齋出版社 2002 年版。

230. 中國文物研究所、河南省文物考古研究所：《新中國出土墓誌·河南〔貳〕》，北京：文物出版社 2002 年版。

231. 王晶辰：《遼寧碑誌》，沈陽：遼寧人民出版社 2002 年版。

232. 東洋文庫：《東洋文庫所藏中國石刻拓本目録》，東京：興業社 2002 年版。

233. 伊藤滋：《游墨春秋——木雞室金石碑帖拾遺》，東京：日本習字普及協會 2002 年版。

234. 墨渚會事務局：《明清書畫拓本展》，越谷：靖文社 2002 年版。

235. 大谷大學：《古典籍的魅力：大谷大學名品》，東京：大塚巧藝新社株式會社 2003 年版。

236. 有鄰館學藝部：《有鄰館精華》，京都：藤井有鄰館 2003 年版。

237. 吳鋼：《新中國出土墓誌·陝西〔貳〕》，北京：文物出版社 2003 年版。

238. 中村不折：《禹域出土墨寶書法源流考》，李德範譯，北京：中華書局 2003 年版。

239. 北京市文物研究所：《北京市文物研究所藏墓誌拓片》，北京：北京燕山出版社 2003 年版。

240. 根津美術館：《白檮廬藏品受贈記念：中國古器愛玩》，東京：日本寫真印刷株式會社 2004 年版。

241. 玉村清司：《宇野雪村文庫拓本目録：大東文化大學書道研究所藏》，東京：大東文化大學書道研究所 2004 年版。

242. 孟繁峰、劉超英：《新中國出土墓誌·河北〔壹〕》，北京：文物出版社 2004 年版。

243. 《北京文物精粹大系》編委會：《北京文物精粹大系·石刻卷》，北京：北京出版社 2004 年版。

244. 解希恭、張新智：《三晋石刻總目·臨汾市卷》，太原：山西古籍出版社 2004 年版。

245. 趙君平：《邙洛碑誌三百種》，北京：中華書局 2004 年版。

246. 楊作龍、趙水森：《洛陽新出土墓誌釋録》，北京：北京圖書館出版社 2004 年版。

247. 董瑞山、古鴻飛、高平：《三晋石刻總目·大同市卷》，太原：山西古籍出版社 2005 年版。

248. 郭培育、郭培智:《洛陽出土石刻時地記》,鄭州:大象出版社 2005 年版。

249. 陳忠凱:《西安碑林博物館藏碑刻總目提要》,北京:綫裝書局 2006 年版。

250. 陝西省社會科學院、陝西省文物局:《陝西碑石精華》,西安:三秦出版社 2006 年版。

251. 吴鋼:《全唐文補遺・千唐誌齋新藏專輯》,西安:三秦出版社 2006 年版。

252. 張素顏、王德芩:《三晉石刻總目・太原市卷》,太原:山西古籍出版社 2006 年版。

253. 上海博物館圖書館:《戚叔玉捐贈歷代石刻文字拓本目錄》,上海:上海古籍出版社 2006 年版。

254. 堤一昭:《石濱文庫的拓本資料:概要和蒙古時代石刻拓本一覽》,《13・14 世紀東亞史料通信》6,2006 年第 3 期。

255. 趙君平、趙文成:《河洛墓刻拾零》,北京:北京圖書館出版社 2007 年版。

256. 趙力光:《西安碑林博物館新藏墓誌彙編》,北京:綫裝書局 2007 年版。

257. 殷憲:《北魏平城書迹二十品》,太原:山西人民出版社 2007 年版。

258. 李志賢:《秦漢碑刻校勘圖鑒》,北京:文物出版社 2007 年版。

259. 讀賣新聞西部本社:《給未來的餽贈:中國泰山石經與净土教美術》,東京:凸版印刷株式會社 2007 年版。

260. 謙慎書道會:《中日書法的傳承》,東京:二玄社株式會社 2008 年版。

261. 宗鳴安:《碑帖收藏與研究》,西安:陝西人民美術出版社 2008 年版。

262. 中國文物研究所、千唐誌齋博物館:《新中國出土墓誌・河南〔叁〕千唐誌齋〔壹〕》,北京:文物出版社 2008 年版。

263. 洛陽市第二文物工作隊:《洛陽新獲墓誌續編》,北京:科學出版社 2008 年版。

264. 王雁卿:《大同博物館精品選萃》,太原:山西人民出版社 2008 年版。

265. 李仁清:《中國北朝石刻拓片精品集》,鄭州:大象出版社 2008 年版。

266. 郭郁烈:《西北民族大學圖書館于右任舊藏金石拓片精選》,上海:上海古籍出版社 2008 年版。

267. 胡海帆、湯燕:《中國古代磚刻銘文集》,北京:文物出版社 2008 年版。

268. 王壯弘、馬成名:《六朝墓誌檢要》,上海:上海書店出版社 2008 年版。

269. 毛遠明:《漢魏六朝碑刻校注》,北京:綫裝書局 2008 年版。

270.《飯島春敬珍藏》實行委員會:《春敬之眼:飯島春敬珍藏》,東京:印象社 2008 年版。

271. 濱松學藝高等學校:《大谷青嵐氏所藏中國書法美・勁・美・巧》,静岡:濱松學藝高等學校 2008 年版。

272.《秀雲中國原拓展》運營委員會:《秀雲中國原拓展》,東京:墨華書道會 2008 年版。

273. 近代書道研究所:《寄鶴軒所藏金石圖書——以碑法帖拓本爲中心》,東京:槇社文會 2009 年版。

274. 蒼文篆會:《匋鋶室藏金石拓本選》,東京:藝文書院 2009 年版。

275. 奈良縣立橿原考古學研究所:《國内・國外拓本資料目錄》,《末永雅雄先生舊藏資料集》第 3 集,奈良:橿原考古學協會 2009 年版。

276. 西林昭一:《新中國出土書迹》,陳松長譯,北京:文物出版社 2009 年版。

277. 劉雨茂、榮遠大、丁武明:《彭州博物館藏李宗昉集北朝隋唐碑拓》,成都:四川美術出版社

2010 年版。

278. 胡永傑：《石刻拓片掠影》，北京：人民出版社 2010 年版。

279. 衡水市文物局：《衡水出土墓誌》，石家莊：河北美術出版社 2010 年版。

280. 安豐鄉志編纂委員會：《安豐鄉志》，鄭州：中州古籍出版社 2010 年版。

281. 尚曉周：《稀見古石刻叢刊》，鄭州：河南美術出版社 2010 年版。

282. 許雄志、崔學順：《新見秦漢魏唐銘刻精選》，鄭州：河南美術出版社 2010 年版。

283. 郭玉海、方斌：《故宮博物院藏歷代墓誌彙編》，北京：紫禁城出版社 2010 年版。

284. 仲威：《中國碑拓鑒別圖典》，北京：文物出版社 2010 年版。

285. 南京市文化廣電新聞出版局（文物局）：《南京歷代碑刻集成》，上海：上海書畫出版社 2011 年版。

286. 西安市長安博物館：《長安新出墓誌》，北京：文物出版社 2011 年版。

287. 齊淵、余黎星：《洛陽新見墓誌選·北魏元進墓誌》，北京：文物出版社 2011 年版。

288. 彭興林：《中國歷代名碑釋要》，濟南：山東美術出版社 2011 年版。

289. 洛陽市文物管理局：《洛陽出土少數民族墓誌彙編》，鄭州：河南美術出版社 2011 年版。

290. 安大鈞：《古都大同》，杭州：杭州出版社 2011 年版。

291. 張乃翥：《龍門區系石刻文萃》，北京：國家圖書館出版社 2011 年版。

292. 賈振林：《文化安豐》，鄭州：大象出版社 2011 年版。

293. 趙君平、趙文成：《秦晋豫新出墓誌蒐佚》，北京：國家圖書館出版社 2012 年版。

294. 京都國立博物館：《筆墨精神：中國書畫的世界》，京都：野崎印刷紙業株式會社 2011 年版。

295. 齊運通：《洛陽新獲七朝墓誌》，北京：中華書局 2012 年版。

296. 胡戟、榮新江：《大唐西市博物館藏墓誌》，北京：北京大學出版社 2012 年版。

297. 李亞平：《金石拓本題跋集萃》，石家莊：河北美術出版社 2012 年版。

298. 郭茂育、趙水森：《洛陽出土駕鴦誌輯錄》，北京：國家圖書館出版社 2012 年版。

299. 洛陽市文物考古研究院：《洛陽出土墓誌目錄續編》，北京：國家圖書館出版社 2012 年版。

300. 胡海帆、湯燕：《1996—2012 北京大學圖書館新藏金石拓本菁華》，北京：北京大學出版社 2012 年版。

301. 李家駿：《西安交通大學博物館藏品集錦》（碑石書法卷），西安：陝西人民美術出版社 2013 年版。

302. 賴非：《山東石刻分類全集·歷代墓誌》第 5 卷，濟南：山東文化音像出版社 2013 年版。

303. 梶山智史：《北朝隋代墓誌所在綜合目錄》，東京：汲古書院 2013 年版。

304. 王連龍：《新見北朝墓誌集釋》，北京：中國書籍出版社 2013 年版。

305. 楊莉、趙蘭香：《西北民族大學圖書館于右任舊藏金石拓片總目提要》，蘭州：甘肅文化出版社 2013 年版。

306. 胡海帆、湯燕、陶誠：《北京大學圖書館藏歷代墓誌拓片目錄》，上海：上海古籍出版社 2013 年版。

307. 謙慎書道會：《漢書法名品展圖錄》，東京：謙慎書道會 2013 年版。

308. 大野晃嗣、齋藤智寬、陳青、渡邊健哉：《中國金石文拓本集：東北大學附屬圖書館所藏》，仙臺：東北大學 2013 年版。

309. 趙力光：《西安碑林博物館新藏墓誌續編》，西安：陝西師範大學出版總社有限公司 2014 年版。

310. 故宮博物院、南京市博物館：《新中國出土墓誌·江蘇〔貳〕南京》，北京：文物出版社 2014 年版。

311. 故宮博物院、陝西省古籍整理辦公室：《新中國出土墓誌·陝西〔叁〕》，北京：文物出版社 2015 年版。

312. 西安碑林博物館：《西安碑林墓誌百種》，西安：三秦出版社 2015 年版。

313. 趙文成、趙君平：《秦晋豫新出墓誌蒐佚續編》，北京：國家圖書館出版社 2015 年版。

314. 安陽市文物考古研究所、安陽博物館：《安陽墓誌選編》，北京：科學出版社 2015 年版。

315. 譚淑琴：《琬琰流芳：河南博物院藏碑誌集粹》，鄭州：中州古籍出版社 2015 年版。

316. 田良島哲、平勢隆郎、三輪紫都香：《東京國立博物館所藏竹島卓一舊藏"中國史迹寫真"目錄》，東京：東京大學東洋文化研究所 2015 年版。

317. 書道博物館：《台東区立書道博物館圖錄》，東京：台東區藝術文化財團 2015 年版。

318. 《日本京都大學藏中國歷代碑刻文字拓本》編委會：《日本京都大學藏中國歷代碑刻文字拓本》，烏魯木齊：新疆美術攝影出版社 2016 年版。

319. 書學文化中心：《淑德大學書學文化中心藏中國石刻拓本目錄》，千葉：淑德大學 2016 年版。

320. 台東區立書道博物館：《拓本及其流傳情況》，東京：保文社 2016 年版。

321. 大同北朝藝術研究院：《北朝藝術研究院藏品圖錄·墓誌》，北京：文物出版社 2016 年版。

322. 葉煒、劉秀峰：《墨香閣藏北朝墓誌》，上海：上海古籍出版社 2016 年版。

323. 坂田和實、尾久彰三、山口信博：《日本民藝館》，徐元科譯，北京：新星出版社 2017 年版。

324. 九州國立博物館：《王羲之與日本書法》，Live Art Books 股份公司 2018 年第二版。

325. 東京國立博物館、每日新聞社：《顏真卿：超越王羲之的名筆》，NISSHA 2019 年版。

326. 上海博物館：《上海博物館藏碑帖珍本叢刊》，上海：上海書畫出版社 2020 年版。

後　記

　　石刻拓本，屬於圖録範疇，是一種通過製拓技術呈現石刻原貌的文獻形式。製拓技術在漢末已經出現，并以其易操作、復原性强、出品率高等特點，一直沿用至今。

　　本書之編撰，遵循文獻輯佚學規矩：首設"凡例"，叙述輯録方法原則；次置"輯録信息源集"，鋪陳輯録材料所在；再列"正文"，輯録解題條目并重；後附"參考文獻"，輯録信息增廣見聞。取輯佚之法，輯見存之書，精神趣旨，相互發凡。

　　本書之價值，約略有二。

　　一在拓本之内，是爲本體性。近現代以來，數以萬計的金石拓本以不同方式及途徑流傳至日本，種類齊全，名品繁多。本書輯録 6777 餘種中國古代石刻拓本中，孤本 9 種，唐拓 3 種，宋拓 112 種，元明清拓本不計其數，稀世之珍，可見一斑。經此輯目，辨章學術，考鏡源流，可填補學術之空白。

　　二在拓本之外，是爲功能性。拓本在金石歷史信息還原及傳遞中，穿越時空限制，呈現出直觀、具象等優勢，爲人文社科各學科所利用，又可擴展至拓本關聯之鑒賞收藏、商業往來、文化交流、藝術創作等文化屬性研究。凡欲治金石學及相關學術者，覽録而知旨，觀目而悉詞，由此問道，得門而入。

　　與價值相匹配，本書之不足，主要有兩點。

　　一曰量小力微。日本公私機構所藏拓本尚未整理者衆多，本人能力及精力有限，加之不可抗力因素，都使得拓本種類、數量存在較大增補空間。

　　二曰有目無圖。輯目徒有門徑之功，總不若圖録之形象具體，圖文并茂是爲旨歸。冀來日妥善解決版權等諸多問題，有序開展圖録整理研究工作。

　　此外，本書還有諸多缺點，待博雅君子賜教指正。能決定學術真正價值者，唯有後繼研究，期待着同仁們更好的研究成果。

　　本書之編成，承蒙前賢師友相助！

　　首先，致敬前賢學者。本目録信息輯自學術界公開印行的金石志書、學術著作、期刊論文、展覽圖册等，在此謹向相關作者致以崇高敬意！秉持學術公益，本人已放棄本書稿酬、版税等收益，所獲樣書也將捐贈國內外學術機構及學界同仁，來源於學術，服務於學術，美美與共，天下大同！

其次，感謝領導師友。在本書編撰過程中，有幸得到吳振武校長、馮勝君所長的支持，趙超先生、王素先生、礪波護先生、伊藤敏雄先生、張銘心先生等前輩的指導，山口正晃先生、江川式部女史、梶山智史先生、崎川隆先生、李弘喆先生、李航先生等的幫助。特別感謝趙超先生、伊藤敏雄先生慷慨賜序，以光小書聲價。我的學生胡宗華、王廣瑞、黃志明、明鵬飛、張喆、佘文玉、張瑞雨、鞏夢雪、郭彤等幫助校勘，在此一并表示感謝！

最後，社會科學文獻出版社歷史學分社社長鄭慶寰先生，責編趙晨先生，專業熱忱，認真負責，鼎力相助，使本書得以順利出版，謹致以衷心的感謝！

同以往的著述一樣，本書也要送給我的家人，感謝她們一直以來的支持和關愛！

王連龍於吉林大學古籍研究所

二〇二三年八月一日

圖書在版編目（CIP）數據

日本藏中國古代石刻拓本著録輯目：全二册／王連
龍編撰．--北京：社會科學文獻出版社，2023.9
（中國古代石刻研究叢書）
ISBN 978-7-5228-2209-9

Ⅰ.①日… Ⅱ.①王… Ⅲ.①石刻-拓本-匯編-中
國 Ⅳ.①K877.4
中國國家版本館 CIP 數據核字（2023）第 141159 號

·中國古代石刻研究叢書·

日本藏中國古代石刻拓本著録輯目（全二册）

編 撰／王連龍

出 版 人／冀祥德
組稿編輯／鄭慶寰
責任編輯／趙 晨
文稿編輯／單遠舉
責任印製／王京美

出 版／社會科學文獻出版社·歷史學分社（010）59367256
　　　　地址：北京市北三環中路甲 29 號院華龍大廈 郵編：100029
　　　　網址：www.ssap.com.cn
發 行／社會科學文獻出版社（010）59367028
印 裝／三河市東方印刷有限公司

規 格／開 本：889mm×1194mm 1/16
　　　　印 張：104.75 字 數：2725 千字
版 次／2023 年 9 月第 1 版 2023 年 9 月第 1 次印刷
書 號／ISBN 978-7-5228-2209-9
定 價／498.00 圓（全二册）

讀者服務電話：4008918866